筹海文集
Ad Mare

第二卷
Volume 2

主　　编　金永明

执行主编　王伟男

海洋出版社

2016年 · 北京

图书在版编目（CIP）数据

筹海文集. 第 2 卷/金永明，王伟男主编. —北京：海洋出版社，2016. 11
ISBN 978-7-5027-9613-6

Ⅰ. ①筹…　Ⅱ. ①金…　②王…　Ⅲ. ①社会科学-文集　Ⅳ. ①C53

中国版本图书馆 CIP 数据核字（2016）第 269066 号

责任编辑：鹿　　源
责任印制：赵麟苏

海洋出版社　出版发行

http://www.oceanpress.com.cn

北京市海淀区大慧寺路 8 号　邮编：100081
北京朝阳印刷厂有限责任公司印刷　　新华书店北京发行所经销
2016 年 11 月第 1 版　2016 年 11 月第 1 次印刷
开本：787 mm×1092 mm　1/16　印张：43. 75
字数：750 千字　定价：198. 00 元
发行部：62132549　邮购部：68038093　总编室：62114335

海洋版图书印、装错误可随时退换

前　言

海洋战略性问题已成为国际社会关注的重大问题，是我们必须着力的重要领域和研究任务。因为海洋战略性问题的合理管控和妥善解决，直接关系我国建设海洋强国进程、关联"一带一路"推进步伐，关系我国和平发展的周边环境和国家目标的实现。所以，进一步了解和认识我国面临的海洋战略性问题的缘由、发展趋势和解决方法等内容就特别紧要。

从我国所处的地理位置和周边环境及对我国发展的影响看，近期中国面临的海洋战略性问题主要体现在南海和东海区域，所谓的南海问题和东海问题。而南海问题的合理管控成为我国作为大国崛起的重要标志之一。

对于南海问题，表现为中国与东盟国家之间的南沙岛礁领土争议以及由此引发的其他争议（例如，海域划界争议、资源开发争议等）；对于东海问题，表现为中国与日本之间的岛屿归属争议、海域划界争议、资源开发争议以及东海海空安全争议等方面。此外，中美两国针对所谓的航行自由和通道安全也存在对立，集中表现在专属经济区内的军事活动争议和军舰在领海内的无害通过争议，焦点为自由使用论还是事先同意论的对立和分歧。

对于军事活动争议，由于在《联合国海洋法公约》框架内无法解决，所以应通过双边对话协商解决，以增进理解和共识，特别应遵守中美两国军事部门于2014年11月达成的两个谅解备忘录（《重大军事行动相互通报机制》和《海空相遇安全行为准则谅解备忘录》）及后续协议内容，以规范相关行为或活动，避免不测事态。

对于军舰在领海内的无害通过制度，关键为双方应保持沟通和克制，但不管如何，军舰在领海内的无害通过必须遵守沿海国关于领海内的法律和规章，以确保沿海国在领海内的主权、安全和海洋利益。如果无法遵守上述规范，则两国在南海尤其在南沙海域出现危险行为的可能性是存在的，但发生冲突和碰撞的几率很小。因为中美两国均没有发生冲突的意图。

对于中国与东盟国家之间的岛礁领土争议问题，现阶段最终获得和平解决的可能性不存在，因为各方均无法作出妥协和让步，所以应不断地加强双边对话协商进程，争取在双边乃至区域层面缔结海洋低敏感领域合作协议，以向外界显示中国与其他国家通过双边对话和协商可以稳定南海及发展双边关系的业绩，同时，尽早推动中国和东盟之间的"南海行为准则"磋商进程，争取不断地获得早期收获和成果，为改善关系和解决争议创造基础和条件，这是我们应该努力的方向。

遗憾的是，菲律宾提起的南海仲裁案得到了仲裁庭的支持，包括承认单方面提起仲裁不滥用国际法、排除或否定中国的法律依据、对提起的部分事项裁定具有管辖权等。尽管如此，中国政府仍坚持不参与、不接受的立场，所以菲律宾单方面提起仲裁的做法与我国提倡的"双轨思路"存在很大的偏差，对利用政治方法解决争议问题带来冲击。即使仲裁庭对菲律宾提起的仲裁事项作出裁定，中国也不会接受和遵守仲裁庭的裁决，因为这是中国政府的一贯立场。同时，中菲两国之间存在的核心争议（南沙岛礁领土争议和海域划界争议）也不会因为仲裁庭的裁决出现而消失，相反，双方的对立和冲突可能会更加复杂和扩大化。而是否出现此境况，直接与仲裁庭是否对中国南海断续线的性质和历史性权利作出裁定等有密切的关系。为此，中国能否针对菲律宾有关起诉事项的解释和向仲裁庭作出的回复意见，作出连续性、系统性的解释，包括进一步公布我国针对南海问题的立场文件、南海断续线的政策性文件，因为其是宣示我国南海政策和立场的重要途径。

为此，如何进一步实施中国针对南海问题提出的政策主张，包括"双轨思路"（2014 年 8 月）、"维护南海和平稳定三点倡议"（2015 年 8 月），利用亚洲新安全观、周边亲诚惠容外交观、新型国际关系、命运共同体等新理念处理和解决中国面临的诸如南海问题那样的海洋战略性问题就特别关键。同时，如何运用中国发展的新理念（创新、协调、绿色、开放和共享）处理海洋战略性问题也特别重要。换言之，中国发展的新理念不仅符合世界发展的潮流和趋势，也符合海洋的本质特征，因而完全可适用于海洋战略性问题。

鉴于上述考虑，我们于 2014 年 4 月自发地成立了研究海洋战略性问题的学术平台——"筹海"（Ad Mare）项目，以全面系统地研究国内外主要国家的海洋战略、海洋政策、海洋法制和海洋规划等问题，以便为我国推进海洋强国战略提供借鉴和服务。而此《筹海文集》即为"筹海"项目成果之一，其还包括筹海论坛、筹海论著、筹海茶社和筹海沙龙等系列产品，期望为进一步认识海洋、理解海洋、经略海洋提供学理支撑，并为提升国民海洋意识提供帮助。

考虑到海洋战略性问题的复杂性和综合性，所以，《筹海文集》（第二卷）的内容依然严守了《筹海文集》（第一卷）（海洋出版社，2015 年）的编制宗旨，即其包含了从多学科和多视角研究海洋战略性问题的学术作品。它们多为已经发表的作品，也有专门为此文集撰写的新作。对此，我们衷心地感谢各位作者的大力支持和帮助，希望《筹海文集》（第二卷）的出版能对提升海洋意识、研究海洋问题贡献绵薄的力量，这是我们所期待和希望的。

自 2015 年 7 月发出《筹海文集》（第二卷）约稿函以来，得到了全国知名专家学者的积极支持和配合，但由于多方面的原因，《筹海文集》（第二卷）中的错误甚至偏颇在所难免，敬请大家批评指正，以便我们在今后的"筹海"系列工作中逐步地修正完善。当然，《筹海文集》（第二卷）内的各种观点和见解，并不代表任何机构和组织，文责由作者承担，特此说明！

我们坚信，经过几年的共同努力，尤其在中国太平洋学会、中国海洋发展研究会和中国国际经济交流中心上海分中心的指导和帮助及资助下，"筹海"项目包括《筹海文集》一定会发光发热，为中国海洋事业的发展作出应有的贡献并获得一定的学术地位。特此共勉！

上海社会科学院法学研究所研究员
上海社会科学院创新工程特色人才

金永明

2015 年 12 月 28 日

目 录

上 篇

Contents

Section I

Section II

Preface

The ocean strategic issues, which have become significant ones attracting attentions from international society, are import fields and research tasks needing our efforts, because the reasonable management and suitable solution of those issues are directly related to the progress of China's development of ocean power and One Road and One Belt, to the surrounding environment of China's peaceful development and the realization of China's national aim. Therefore, it is crucial to have a further understanding of reasons, developing trends and solutions of China's ocean strategic issues.

In the light of influences imposed on China's development by its geographic location and surrounding environment, the recent China's ocean strategic issues are mainly related to South China Sea and East China Sea regions, which are so-called South China Sea issues and East China Sea issues. Furthermore, the reasonable management of South China Sea issues is one of important marks of China's rising.

The South China Sea issues are those territorial disputes over Nansha Islands and Reefs between China and ASEAN and other related disputes (such as sea area delimitation disputes and resources development disputes). The East China Sea issues are those islands ownership disputes, sea area delimitation disputes, resources development disputes, ocean and air security disputes and other disputes between China and Japan. In addition, there is opposition between China and the USA concerning the so-called free navigation and passage safety, which is mainly reflected in disputes over military activities in Exclusive Economic Zone and the warships' innocent passage through the territorial sea with focus on the opposition and difference between the theory of free use and the theory of advance approval.

The disputes over military activities cannot be solved within the frame of the United Nations Convention on the Law of the Sea, so they shall be solved through bilateral dialogue and consultation in order to enhance understanding and consensus, especially in compliance with two memos concluded in Nov. 2014 by Chinese and American military authorities (The Reciprocal Notification Mechanism for Major Military Action and Sea-to-air Code of Safety Conduct) and subsequent agreements to regulate relevant conducts and activities for avoiding unexpected events.

The key of system of warship's innocent passage through the territorial sea is that both parties keep communication and restraint. However, warship's innocent passage through the territorial sea shall be in compliance with laws and regulations of the coastal state on the territorial sea in order to ensure the coastal state's sovereignty, safety and marine interests in the territorial sea. If the above-mentioned rules cannot be obeyed, there is possibility that both countries take dangerous conducts in South China Sea especially Nansha sea areas. But the chance of conflict and collision is very small, because neither China nor the USA has the intention of conflict.

There is no possibility that islands and reefs ownership disputes between China and ASEAN can be settled peacefully at the current stage because each party will not make compromise and concession. Therefore, each party shall continuously promote the progress of bilateral dialogue and consultation and try to conclude cooperation agreement in low-sensitive ocean field bilaterally or regionally in order to show to the outside world that China and other countries may stabilize South China Sea through bilateral dialogue and consultation and show to the outside world China's performance of developing bilateral relations. Meanwhile, we shall make efforts to promote the negotiation on Code of Conducts in South China Sea between China and ASEAN as early as possible and endeavor to continuously win preliminary achievements and fruits in order to create foundations and conditions for relationship improvement and dispute settlement.

Unfortunately, the South China Sea arbitration case applied by Philippines is accepted by the arbitral tribunal including recognizing that application for arbitration is not a kind of abuse of international law, excluding or negating legal foundation proposed by China, ruling that it has jurisdiction over partial issues applied. Nevertheless, Chinese government still insists on its stance of not accepting or participating, so the unilateral application for arbitration by Philippines has great difference with the two-way thoughts advocated by China and brings impact to dispute settlement by political means. Although the arbitral tribunal grants a ruling on arbitration issues applied by Philippines, China will not accept and implement the ruling because it is the consistent stance of Chinese government. Meanwhile, the core dispute between China and Philippines（Nansha islands and reefs ownership disputes and sea area delimitation disputes）will not disappear due to an award of the arbitration tribunal, on the contrary, both parties' opposition and conflict will become more complicated or escalated. Whether such situation happens or not is directly related to whether the arbitration tribunal grants a ruling on the nature and historical rights of the dotted line of South China Sea. Therefore, China shall make continuous and systematic explanation targeting at Philippines' explanations on arbitration issues and opinions replied to the arbitration tribunal, including further publishing documents showing China's stance on South China Sea, documents showing policies on dotted line of South China Sea because they are important ways to indicate China's policies and stance on South China Sea.

Therefore, it's essential to further implement China's policies on South China Sea including two-way thoughts（Aug. 2014）and three proposals on maintaining peace and stability of South China Sea（Aug. 2015）, utilize new concepts such as Asia's New Outlook on Security, Diplomatic Outlook of Being Close, Honest, Beneficial and Tolerant for Neighboring Countries, New Type of International Relations and Destiny Community to deal with and solve China's ocean strategic issues such as South China Sea issues. Meanwhile, it is also crucial to use new concepts of China's development（innovation, coordination, green, opening and share）to deal with ocean strategic issues. In other words, the new concepts of China's development not only comply with trend and tide of world development, but also comply with essential characters of the Sea, so they may be totally applicable to ocean strategic issues.

In view of the above-mentioned facts, we created the Ad Mare Project, an academic platform for studying ocean strategic issues, on our own in Apr. 2004 to comprehensively and systematically study ocean strategies, policies, legal systems, planning and other issues home and abroad in order to provide references and services for promoting China's strategy of building an ocean power. This Ad Mare Collection of Essays is one of products of the Ad Mare Project which includes a series of products such as Ad Mare Forum, Academic Works, Tea Party and Salon in the hope of providing theoretical support for knowing, understanding and strategizing on the sea and providing assistance for improving people's ocean conscientiousness.

In the light of complexity and comprehensiveness of ocean strategic issues, the Ad Mare Collection of Essays (Volume II) still strictly stick to the compiling purpose of Volume I (China Ocean Press, 2015), that is to say, it consists of academic works studying ocean strategic issues based on multiple disciplines and from many perspectives. Most of them are published works and there are new works specially written for this collection. We hereby express our sincere gratitude to every author for their great support and help. We hope the publication of Ad Mare Collection of Essays (Volume II) will contribute a little to improvement of ocean conscientiousness and study of ocean issues, which is our expectation and desire.

Although we have won positive support and cooperation from nationally well-known experts and scholars since we sent the invitation of essay for Ad Mare Collection of Essays (Volume II) in July 2005, for various reasons, it is inevitable that there are some mistakes even errors. We welcome all comments and suggestions so that we can make improvement in a series of Ad Mare works. Of course, the point of view and understanding in Ad Mare Collection of Essays (Volume II) are held by respective authors other than any organization or institution. Each author shall be responsible for views in his or her own essay.

We firmly believe that Ad Mare Project including Ad Mare Collection of Essays will be give off its light and heat to make due contribution to China's ocean development and attain a certain academic status after sever years' common efforts especially with the guiding, help and sponsor from Pacific Society of China, China Association of Marine Affairs and China Center for International Economic Exchanges Shanghai Branch. We hereby encourage ourselves and seek common efforts.

Jin Yongming

Professor of Institute of Law of Shanghai Academy of Social Sciences

Featured Talent of Innovation Project of Shanghai Academy of Social Sciences

Dec. 28, 2015

上　篇

一、国际政治与海洋战略

海权争霸与俄苏的兴衰
及其启示

刘中民

（上海外国语大学中东研究所，200083）

摘要： 从海权的角度分析俄苏的兴衰是一个从未有人充分探讨的问题。本文认为，在数百年的争夺中，海权的扩张固然构成了俄苏崛起的一个因素，但从长远的角度看，对海权的过度追求又构成了俄苏走向衰落的根源之一。具体来说，从俄苏海权扩张西进、南下和东进三条线路中，西进战略较为成功，并促进了俄苏的崛起；南下和东进战略虽有所收获，但都遭遇挫折，尤其是南下的世界扩张战略直接导致了苏联的衰落。从本质上来说，地缘政治条件的制约、俄苏海权过度扩张所导致的一系列矛盾成为俄苏海权战略失败的根源。

关键词： 海权扩张；俄罗斯；苏联；霸权兴衰

马汉认为，"海权的历史乃是关于国家之间的竞争、相互间的敌意以及那种频繁地在战争过程中达到顶峰的暴力的一种叙述。""海上力量的历史，在很大程度上就是一部军事史。在其广阔的画卷中蕴涵着使得一个濒临于海洋或借助于海洋的民族成为伟大民族的秘密和根据。"[①] 从历史的角度看，对海权的控制的确构成了中世纪晚期以来葡萄牙、西班牙、英国、美国、日本等国家先后崛起的重要因素。但是，对于濒海的"陆权"国家来说，对海权的过度追求会受到"陆权"的制约，并对一个国家的实力提出挑战。法国在与英国长期争霸斗争的失败即为最鲜明的例证。[②] 而对于

---

① ［美］马汉著，萧伟中、梅然译：《海权论》，中国言实出版社，1997年版，第2-3页。
② 邵永灵、时殷弘：《近代欧洲陆海复合国家的命运与当代中国的选择》，《世界经济与政治》，2000年第10期。

横跨欧亚大陆的俄罗斯（苏联）来说，"俄苏的兴衰充分反映了'陆权'与'海权'的对抗和力量对比。"[①] 俄罗斯是一个典型的陆权国家，但谋求世界霸权的目标使其走上了贪婪追求海权的扩张道路。因为从彼得大帝开始的历代统治者都深信："只有陆军的君主是只有一只手的人，而同时拥有海军才能成为两手俱全的人。"[②]

从 16 世纪开始，俄罗斯沿西、南、东三个方向走上全面追求海权的道路，恰如 1913 年俄海军司令部的报告所言："保卫俄国海路的任务，一般说来，过去一向是，现在仍然是三项：保障俄国从波罗的海通往大西洋，由日本海通向太平洋和由黑海通往地中海的海路畅通。"[③] 在数百年的争夺中，海权的扩张固然构成了俄苏崛起的一个因素，但从长远的角度看，对海权的过度追求又构成了俄苏走向衰落的一个因素。因此，从海权争霸的视角来分析俄苏的兴衰无疑是分析俄苏兴衰的一个新的视角。

一、西进大西洋的海权扩张与俄罗斯的崛起

俄罗斯必须要通过波罗的海进入北海，然后经过英吉利海峡始能进入大西洋，而要保证这条通道的畅通则必须面对瑞典、德国和英国这些强国的海军。从 16 世纪中叶到 18 世纪初，沙俄通过一系列侵略扩张而成为雄踞欧亚大陆的帝国，但它仍然是一个与海洋隔绝的内陆国家。但是，正如马克思所言："对于一种地域性蚕食体制来说，陆地是足够的；对于一种世界性侵略体制来说，水域就成为不可缺少的了。"[④] 因此，沙俄首先选择了夺取波罗的海作为入海口迈出了俄海权争霸的第一步。

为征服波罗的海，俄国从伊凡四世开始发动了一系列的侵略战争，"1558—1583 年延续 25 年之久的战争反映了伊凡四世在位时期夺取通向波罗的海门户的坚定信念。"[⑤] 彼得一世在夺取黑海的努力未获成功后，转而向北再次面向波罗的海。为战胜波罗的海的主要强国瑞典，彼得拼凑了反瑞典的"北方同盟"，发动了 1700—1721 年的"北方战争"，最终占领了

　　① 刘从德：《地缘政治学：历史、方法与世界格局》，华中师范大学出版社，1998 年版，第 176 页。

　　② 山东大学历史系编写组：《海洋争霸史话》，人民出版社，1976 年版，第 91-92 页。

　　③ 山东大学历史系编写组：《海洋争霸史话》，人民出版社，1976 年版，第 92 页。

　　④ 马克思：《十八世纪外交史内幕》，人民出版社，1979 年版，第 80 页。

　　⑤ 刘从德：《地缘政治学：历史、方法与世界格局》，华中师范大学出版社，1998 年版，第 177 页。

波罗的海沿海的大片土地，并耗费巨资修建了新都城圣彼得堡，将之作为俄国新的政治中心。彼得一世为完全控制波罗的海而建立俄罗斯海军，俄国由一个内陆国转变为濒海国。

在"二战"期间，苏联为建立"东方战线"，将波罗的海沿岸的立陶宛、拉脱维亚、爱沙尼亚纳入了自己的版图，苏联在波罗的海沿岸的"缓冲区"得以建立。在苏联副外交人民委员洛佐夫斯基看来：无论如何都不能保持波罗的海和黑海的原来的状况，必须从安全和交通自由的角度考虑我国的陆地和海上边界问题。①

西进波罗的海的海权扩张是俄海洋战略最成功的部分，它直接促进了俄罗斯的崛起，波罗的海和圣彼得堡成了"俄国得以俯瞰欧洲的窗户"，尤其是圣彼得堡的建立"有意给他的领土制造了一个外偏中心"，② 并表明俄国不会在原有的内陆地位中生存，也不会听任自己的河流入海口控制在别人的手中。俄罗斯也因此可以介入欧洲政治而具有了欧洲属性。与此同时，更具意义的是"彼得大帝向俄罗斯种族传统的抗海本能提出了挑战"，尤其是"迁都以后，俄国在北方各邻国中的优势地位明显表现出来，而且也使俄国可以与欧洲所有国家保持经常接触，特别是与海上强国建立了相当程度的物质依赖关系。"③

结论：俄向西在波罗的海以通向大西洋为目标的海权扩张，通过建立圣彼得堡使俄国具有了海权国家的特性，同时也加强了自身的欧洲属性，从而也避免了俄国在西欧海权崛起后从属于西方的命运，而对波罗的海沿岸三国的窃取建立了抵御西方的"缓冲区"。在该线的扩张中，俄罗斯尽管受到了英国海上势力的阻遏，但是对瑞典的"北方战争"的胜利以及后来对波罗的海三国的侵吞都使俄苏在波罗的海保有了重要影响。对此斯大林曾对彼得大帝的这一战略做出较高的评价，称之为"为摆脱落后状态的最初尝试"。④ 用彼得大帝自己的话说，俄罗斯从此可以"畅快地呼吸自由海洋的气息"。⑤ 此举不仅使俄罗斯把"双头鹰"的一头伸向欧洲和西方，

---

① ［俄］《史料》杂志，1995 年 4 期，115 页。
② 马克思：《十八世纪外交史内幕》，人民出版社，1979 年版，第 81 页。
③ 刘从德：《地缘政治学：历史、方法与世界格局》，华中师范大学出版社，1998 年版，第 179 页。
④ ［美］斯塔夫里亚诺斯：《全球分裂》，上卷，商务印书馆，1995 年版，第 53 页。
⑤ 姚晓瑞：《地缘环境对俄国海军发展的影响》，载《广播电视大学学报》，1999 年第 3 期，第 108 页。

而且使其加入到争夺欧洲和世界权势的列强之中，在美国学者斯塔夫利亚诺斯看来，这甚至是俄国避免跌入第三世界的原因之一，"俄国在近代的初期并没有向东欧那样变成第三世界的一个地区"，其原因在于俄国的"领土一直在大规模地、不间断地扩张"，"扩展为从波罗的海伸向太平洋的欧亚大帝国"。① 苏联解体后，俄罗斯地缘战略空间大幅压缩的原因之一恰恰在于波罗的海三国的独立使俄在波罗的海只剩下了圣彼得堡、维堡（部分为芬兰使用）和加里宁格勒三个港口。"俄罗斯在波罗的海、黑海的出海口问题几乎又退回到了四百年前的状况，这种情况引起了俄罗斯国内一些极端民族主义者的强烈不满。"②

二、南下印度洋迷梦的破灭与俄苏的衰落

控制波罗的海远远无法满足俄罗斯的要求，"沙皇的这样大的一个帝国只有一个港口作为出海口，而且这个港口又是位于半年不能通航，半年容易遭到英国人进攻的海上，这种情况使沙皇感到不满和恼火，因此，他极力想实现他的先人的计划——开辟一条通向地中海的出路。"③ 彼得一世确立了南下地中海、波斯湾和阿拉伯海、印度洋的三条扩张路线，深远地影响了俄罗斯和苏联的对外战略。

俄南下的第一条路线是通过征服奥斯曼帝国控制黑海及黑海海峡，从而进入地中海。只有控制了黑海海峡和黑海沿岸地区，才能进入地中海，并进而对欧洲形成钳夹之势。控制黑海特别是伯斯普鲁斯海峡和达达尼尔海峡具有重要意义："谁掌握着这两个海峡谁就可以随意开放和封锁通向地中海的这个遥远角落的道路。"尤其是在控制土耳其后，"它的力量几乎会增加一倍，它就会比其他欧洲国家加在一起还要强大。"④

为进入地中海，彼得一世先后对奥斯曼帝国发动两次大规模的战争（1695—1700 年和 1711 年），但南下目标受挫；叶卡捷琳娜二世继续推行南下政策，发动了两次俄土战争（1768—1774 年，1787—1792 年），兼并了黑海沿岸的大片土地；整个 19 世纪，俄国对奥斯曼土耳其帝国共进行

---

① ［美］斯塔夫里亚诺斯：《全球分裂》，上卷，商务印书馆，1995 年版，第 49 页。

② 姚晓瑞：《地缘环境对俄国海军发展的影响》，载《广播电视大学学报》，1999 年第 3 期，第 109 页。

③ 《马克思恩格斯全集》，第 9 卷，第 240-241 页。

④ 《马克思恩格斯全集》，第 9 卷，第 16-18 页。

了四次战争（1806—1812 年，1828—1829 年，1853—1856 年，1877—1878 年），主要目标即夺取君士坦丁堡和黑海海峡，完全控制黑海地区，进而肢解奥斯曼帝国。至此，"俄国不仅夺得了出海口，而且在波罗的海和黑海都占领了广阔的滨海地区和许多港湾，受俄国统治的不仅有芬兰人、鞑靼人和蒙古人，而且还有立陶宛人、瑞典人、波兰人和德国人。这只不过是现在才得以开始的真正的掠夺的基础。"①

俄在地中海的扩张引起欧洲列强的不满，因为"俄国如果占领了这两个海峡，无论在贸易和政治方面，对英国实力都是一个沉重的打击，甚至是致命的打击。"② 1841 年英国逼迫俄罗斯签订《伦敦海峡公约》，致使俄独霸海峡的计划破产；克里米亚战争（1853—1856 年）结束后，俄与英法签订《巴黎和约》，"俄国被剥夺在黑海保有舰队的权力并拆除黑海沿岸的要塞，不准设立海军兵工厂等"。③ 尽管如此，俄国的胜利也相当重大，"土耳其由于领土丧失、国力空虚和过重的战争赔款而完全从属于俄国，并陷入这样一种境地：它只能是——按照俄国人的看法（而这种看法是完全正确的）——暂时为俄国守护着博斯普鲁斯海峡和达达尼尔海峡。因此，看来俄国只需要选择适当时机来实现它的伟大的最终目的，即攫取 La clef de notre maison（我们房屋的钥匙）——君士坦丁堡了。"④

直到"一战"爆发后，俄罗斯才找到实现夙愿的机会。1915 年，俄国正式向英、法两国政府提出战后瓜分君士坦丁堡、黑海海峡及其周围岛屿的要求。但由于随后十月革命的爆发，俄罗斯退出"一战"，控制黑海及海峡的目标破灭。苏俄政权通过支持黑海沿岸各国的民族独立运动，最大限度地消除英国、法国、德国在这一地区的影响，并在海峡问题上坚持由黑海沿岸各国共同管理，不允许外国在这一地区的军事存在。在黑海及海峡问题上苏联坚持与欧洲列强分享利益，但土耳其认为它对黑海拥有主权。为防止苏联的威胁，土耳其利用英法等国来制约苏联，其策略是在各大国或力量之间制造平衡，防止苏联完全控制黑海及海峡地区。

"二战"期间，土耳其问题也是盟国分歧的焦点，英国不顾苏联的强烈反对，执意要在地中海地区开辟第二战场，并要土耳其参加，其目的是

---

① 《马克思恩格斯全集》，第 22 卷，第 28-29 页。
② 《马克思恩格斯全集》，第 9 卷，第 14 页。
③ 山东大学历史系编写组：《海洋争霸史话》，人民出版社，1976 年版，第 102 页。
④ 《马克思恩格斯全集》，第 22 卷，第 48-49 页。

借战争之机夺回在黑海地区的传统利益。为防止战后土耳其成为苏联安全的隐患，并维护自己在黑海地区的利益，苏联于 1945 年 3 月宣布废除1925 年的《苏土中立和互不侵犯条约》，并提出缔结新条约的要求，其中在黑海问题上提出允许苏联参加对海峡的监管，并允许苏联有在海峡建立军事基地的权利。苏联的要求和企图迫使土耳其"选择倒向西方，借海权国家制约苏联";① 同时，美国在取代英国的地位后，将土耳其视为遏制苏联南下的最敏感地区之一。1947 年"杜鲁门主义"出台后，土耳其以欧洲国家的身份参加了马歇尔计划、北大西洋公约组织与巴格达条约组织而成为西方阵营的一员。

俄苏南下战略的第二条路线是占领波斯的北部，夺取里海西岸高加索地区和南岸地带，从而打开进入波斯湾和阿拉伯海的通道。彼得一世和叶卡捷琳娜二世都十分重视向波斯扩张。1809 年，俄发动对波斯的战争，夺取了格鲁吉亚、巴库与南高加索的其他地区。自 19 世纪 20 年代后，俄国开始对波斯进行渗透，力图将海权势力从波斯挤压出去。因此，"传统的海权与陆权的对抗到 20 世纪初已十分激烈，英国对俄国得寸进尺的推进感到恐慌和不满，强烈要求通过谈判划分势力范围，然而，俄国的目的显然不只是要蚕食土地，而是要夺取整个波斯，从而进入波斯湾和阿拉伯海，其目标在于海洋霸权。"②

十月革命后，苏俄从伊朗撤军。但伊朗作为欧亚大陆边缘地带的国家，要求苏俄政府归还沙皇俄国夺去的领土。苏俄政府感到极为不安，并重新占领了伊朗北部。伊朗在窘境中被迫改变对苏态度，于 1921 年批准了《苏伊友好条约》，条约规定"缔约双方同意如果任何第三国意图在波斯领土内推行一项侵略政策，或者使波斯领土成为在军事上攻击俄国的根据地，从而对苏维埃俄国或与其结成联盟的国家的边界有威胁的危险时，则苏维埃政府有权派军队进入波斯，以便采取为自卫所必要的军事步骤。"③ 苏俄的目的在于"要使伊朗成为阻止海权国家的屏障，并消除海权

---

① 刘从德：《地缘政治学：历史、方法与世界格局》，华中师范大学出版社，1998 年版，第185 页。

② 刘从德：《地缘政治学：历史、方法与世界格局》，华中师范大学出版社，1998 年版，第186 页。

③ 《国际条约集》（1917—1923 年），世界知识出版社，1961 年版，第 615 页。

势力在这一地区的影响"。① 此后，伊朗废除了 1919 年的《英伊条约》，英军陆续撤离伊朗。但这绝不意味着伊朗对苏联的戒心或敌视心理的消除。在"二战"中，伊朗期盼德国能够打败苏联并为自己收复失地提供机会。苏联感到极度不安，因此，苏、英军队南北夹击，于 1941 年共同占领伊朗。

战后，由于苏联在伊朗北部占领区支持阿塞拜疆人和库尔德人的民族自治，并拒不履行德黑兰会议就伊朗问题达成的协议，伊朗采取了亲西方的政策，伊朗问题也成为导致冷战爆发的一个主要根源，成为东西方争夺的焦点。其结果是 1947 年美伊签订军事同盟条约；1954 年，伊朗正式成为巴格达条约组织的一员。斯大林去世后苏伊关系虽时有改善，但"伊朗始终都是见风使舵，在海权国家和陆权国家之间制造均衡，从中渔利"②。尽管苏俄南下阿拉伯海和波斯湾的战略屡屡受挫，但与埃及、叙利亚、黎巴嫩、伊拉克外交关系的建立，实现了俄苏进入阿拉伯世界的愿望，旨在为它进入海洋与西方海权国家争夺霸权铺路搭桥。但好景不长，在 20 世纪 70 年代后期，苏联在中东地区遭到了越来越多的反对，最终导致几乎所有中东国家排斥苏联，集体反对苏联涉足波斯湾。

俄苏南下的第三条线是通过征服中亚，经阿富汗和印度抵达印度洋，建立"沟通西部港口和东部港口的天然通道"。③ 因此，从彼得一世时期开始，俄罗斯就进行了南下印度洋的试探性进攻，但却无功而返，彼得一世留下遗嘱说：要"尽可能迫近君士坦丁和印度，谁统治那里，谁就将是世界真正的主宰"。④ 到了 19 世纪中叶，沙俄开始大规模向中亚草原推进，"在 50 年之内，俄国在中亚把它的边界向南推进了约 1300 公里，一直推进到阿富汗的东北部"⑤。在俄的南下战略中，阿富汗成为俄英的必争之地。1907 年，俄、英划定在伊朗和阿富汗的势力范围，俄国放弃了在阿富汗的利益换取了对伊朗北部的控制，从此，阿富汗成了英国的保护国。

十月革命后，俄国与阿富汗都发生了政权更迭。1919 年 3 月，苏维埃政

---

① 刘从德：《地缘政治学：历史、方法与世界格局》，华中师范大学出版社，1998 年版，第 187 页。
② 刘从德：《地缘政治学：历史、方法与世界格局》，华中师范大学出版社，1998 年版，第 188 页。
③ 山东大学历史系编写组：《海洋争霸史话》，人民大学出版社，1976 年版，第 126 页。
④ 转引自李际均：《军事战略思维》，军事科学出版社，1988 年版。
⑤ 刘竞等：《苏联中东关系史》，中国社会科学出版社，1987 年版，第 37 页。

府在全世界第一个承认阿富汗的独立。英国势力被驱逐后，阿苏关系全面修好。1921 年 2 月两国签订友好条约，1926 年 8 月又签订《苏阿中立和互不侵犯条约》。"二战"爆发后，阿富汗考虑到它夹在苏联和英属印度之间的特殊地理位置，拒绝了轴心国的诱惑，宣布中立。战后，美国以经济和军事援助为诱饵竭力使阿富汗疏远苏联，但阿富汗政府出于各种原因，继续坚持中立的外交政策，苏联对此极为满意，作为回报，阿富汗得到了大量的援助。

为实现南下战略，从 20 世纪 60 年代开始，霸权扩张达到顶峰的苏联发动了一系列攻势，包括加强与印度的关系，控制也门、埃塞俄比亚，在越南建立海军基地等一系列战略举措。① 在南下印度洋的诱惑和抗衡美国的对外战略影响下，苏联已经走上了争夺世界霸权的不归路。由于阿富汗在东西方对抗中推行均衡政策，对此深感不安的苏联加紧了对阿富汗的军事控制，并最终导致 1979 年苏联入侵阿富汗战争的爆发。阿富汗战争成为苏联自"二战"以来最重大的军事失败，也成为苏联由盛转衰的一个重要转折点。称霸印度洋的"彼得遗嘱"不仅没有实现，苏联却因此走向了衰落。

结论：从俄罗斯的南下战略来看，俄苏在黑海、波斯湾以及印度洋一线的海权扩张由于受到英美等海权国家的遏制而深受挫折，除早年在与奥斯曼土耳其的争夺中在黑海有所收获外，后来在土耳其、伊朗和阿拉伯国家、阿富汗三线都遭遇沉重打击。土耳其在冷战中投向西方海权国家的怀抱；伊朗先是巴列维王朝成为美国的附庸，而后的霍梅尼政权也同样仇视苏联，其他亲苏的阿拉伯国家也日益疏远苏联；而通过占领阿富汗南下印度洋的战略却成为苏联战后最为沉重的失败。有学者指出："从拿破仑到彼得大帝、勃列日涅夫、小布什都在争夺这一个地方，最终决战和妥协的地点都在北印度洋的中亚，决战的目的都是为了控制印度洋。"② 而经过冷战之后海湾战争、阿富汗战争、伊拉克战争，印度洋已经基本上掌控在美国手中，苏联南下印度洋战略遭到了彻底的失败。"俄苏在几个世纪的时间里虽处心积虑实施南下政策，但收效甚微，特别是在处理同土耳其、伊朗和阿富汗等国的关系上，政策僵硬，过分强调自身利益的实现，而忽视别国的主权完整，最终导致在其边界出现了一条坚固的反内陆地带，使其南下印度洋受阻；同时，其本身的不安全感不仅没有消除反而加剧了。地

---

① 详细内容参见张文木：《世界霸权与印度洋——关于大国世界地缘战略的历史分析》，《战略与管理》，2001 年第 4 期，第 18 页。

② 张文木：《经济全球化与中国海权》，《战略与管理》，2003 年第 1 期，第 92 页。

缘政治的扩张过程及其结果造成了俄苏政治性格的恶性循环，即使心脏地带陷入了一种长期的不安和躁动之中。"①

三、东进太平洋霸权战略的得失

列宁指出："俄国在亚洲的大肆扩张政策应当说明它把未来寄托在海上；如果没有强大的和行动自由的舰队，不可能有什么俄国的亚洲。"② 从彼得一世开始，沙俄开始向太平洋海域扩张。1679 年，沙俄入侵堪察加半岛并陆续全部占领；1713 年派人窥测千岛群岛；从 18 世纪末到 19 世纪上半叶，沙俄的海上势力一度扩张到北美沿岸，并企图夺取夏威夷群岛，但遭到英美等国家的反对而被迫退出。吞并中国黑龙江地区、占领海参崴港，控制鞑靼海峡是俄罗斯远东扩张的夙愿，彼得一世曾指示"必须在濒临大洋的黑龙江口建立俄国的城堡"；叶卡捷琳娜二世也扬言要把黑龙江作为俄国"远东政策的中心"。③ 对此，马克思指出："俄国过去是极想把这个地域弄到手的，从沙皇阿列克塞·米哈伊洛维奇到尼古拉，一直都企图占有这个领域。"④

鸦片战争后，俄国加紧了对中国的瓜分和蚕食活动。1847 年，俄国人从海上进入黑龙江口进行非法考察，并拟定占领计划；1853 年，尼古拉下令占领库页岛；1854 年，沙俄舰队强行航行黑龙江；1858 年，强迫清政府签订《瑷珲条约》，将黑龙江北岸地区据为己有，将乌苏里江以东的中国领土划为中俄"共管"；1860 年，沙俄强迫清政府订立《北京条约》，获得黑龙江、乌苏里江和太平洋之间的一大片土地；1873 年，沙俄在海参崴设置军港，取得了向太平洋扩张的重要基地；1891 年，沙俄开始修建横贯西伯利亚的大铁路。在东扩中，俄罗斯面临着来自海权的挑战，为抗衡英国，俄国在太平洋地区与美国修好，并于 1867 年将阿拉斯加卖给了美国。但是，真正对俄构成威胁的不是英国或法国，而是正在崛起的日本。通过中日《马关条约》，日本吞并了澎湖列岛、台湾岛和包括旅顺在内的辽东半岛。俄以日本破坏远东均势为由，联合欧洲诸强强迫日本将辽东半

① 刘从德：《地缘政治学：历史、方法与世界格局》，华中师范大学出版社，1998 年版，第 189 页。
② 《列宁全集》，第 39 卷，第 761 页。
③ 山东大学历史系编写组：《海洋争霸史话》，人民出版社，1976 年版，第 105 页。
④ 《马克思恩格斯选集》，第 2 卷，第 34-35 页。

岛的管辖权归还中国。在外交上取胜后，沙俄开始对清政府进行操纵，中国允许俄国修筑"中东铁路"，从俄国抵达符拉迪沃斯托克港的路程缩短了约450英里，为沙俄国吞并中国东北地区奠定了基础，同时形成了对日本的威慑。

1897年，沙俄强占中国旅顺、大连及附近海域；1898年，沙俄强迫中国签订《中俄旅大租地条约》，取得在旅顺和大连的驻兵权和港口使用权；1899年，沙俄建立了以旅顺为基地的太平洋舰队。俄国在中国东北地区攫取利益的行动引起了海权国家的不满，尤其是日俄矛盾迅速激化，最终导致1904—1905年的日俄战争，日本借助优势的兵力、有利的地理位置和英美的支持战胜俄国，沙俄在远东与日、英等海权国家的对抗遭遇挫折，对于这一重大挫折，1907年，俄外交大臣伊兹沃斯基指出："俄国失去了满洲，连同旅顺口在内，因而也就失去了在对方通往海洋的道路。从此俄国扩张海陆军的主要地点只能是黑海了。俄国必须从这里通到地中海。"①

十月革命后，苏俄政府一再宣称废除沙皇时期中俄两国签订的一切不平等条约，但仍然要求使用中东铁路，并拒绝放弃支持蒙古独立的立场。20世纪30年代，苏联与日本在远东的矛盾也由于苏联的战略重点在欧洲而有所缓和。"二战"爆发后，美苏形成默契，苏联承认远东是美国的势力范围，而苏联保持其在大连港、旅顺港、中东铁路和南满铁路的传统利益。在1945年的雅尔塔秘密协定中，苏联在远东的既得利益尤其是对库页岛和海参崴的占领得以合法化。

经过数百年的扩张，俄苏尽管获得了在远东地区的重要出海口，并建立了以海参崴为基地的太平洋舰队，但由于受到日本、美国等海权国家的制约以及"二战"后中国政局的变动影响，苏联在远东的海洋势力基本上局限于太平洋的东北角。新中国的成立以及和苏联的结盟，"无疑是世界历史中海权与陆权力量对比变化中最重大的事件之一，世界上两个对国际事务具有巨大影响力的国家（一个位于心脏地带，一个位于边缘地带）结成了意识形态联盟，取代英国海权地位的美国被迫将防御线撤至太平洋地区的'外月形地带'（即由岛屿构成的环形地带）。"②

在冷战时期，为扩张其在远东太平洋地区的海权，苏联对中国提出建

---

① 山东大学历史系编写组：《海洋争霸史话》，人民出版社，1976年版，第111页。

② 刘从德：《地缘政治学：历史、方法与世界格局》，华中师范大学出版社，1998年版，第196页。

立"联合舰队"的无理要求，这成为中苏交恶的重要原因之一，这是"苏联在远东问题上再次失策，边缘地带中国在 70 年代重新与美国改善关系。海权与陆权的远东对抗最终以陆权的回归而趋于均衡状态。"①

结论：从俄苏太平洋一线的海权扩张战略来看，俄苏一定程度上通过对中国领土的蚕食而取得了通向太平洋的入海口——海参崴，并以此为基地建立了太平洋舰队，成为俄苏在远东地区施加影响的主要砝码，对鄂霍次克海和日本海的控制，对库页岛和日本北方四岛占领，在中国一度获得的对旅顺、大连的港口使用权，为俄苏对日本进行遏制，保持对朝鲜半岛问题的发言权都产生了重要影响。但是俄苏在远东的海权扩张先是受到日本的挑战而在日俄战争中惨遭败绩，而后在与美国的争夺中败下阵来，同时其过分贪婪的欲望尤其是谋求通过建立"联合舰队"控制中国海军的无理要求直接恶化了中苏关系，导致中苏关系破裂。

四、关于海权扩张与俄苏兴衰的若干思考

从沙皇俄国到苏联解体的数百年历史表明，海权扩张构成了俄罗斯历史发展的一个重要组成部分。从 17 世纪开始，沙俄已"不满足于历史上形成的内陆国家的格局，迫切要求夺取出海口，控制海上通道，开拓更广阔的国外市场。夺取出海口成为俄对外政策发展中的一个重要因素"。② 从此，沙俄走上了海权扩张的道路，并确立了控制"六海"（波罗的海、亚速海、黑海、里海、地中海、日本海）"三洋"（大西洋、印度洋、太平洋）的庞大计划。

从总体上看，俄罗斯海权势力的扩张对俄苏的兴衰产生双重影响，一方面，海权扩张推动了俄苏的崛起和强大；另一方面，由于面向"三洋"的贪婪扩张也使以陆权作为主要地缘政治特征的俄苏背上了沉重的包袱。从俄苏海权扩张取得的成果来看，通过三个方向的海权扩张，除了南下波斯湾和印度洋的目标没有实现外，在波罗的海、黑海和日本海，俄苏都通过其海权扩张打开了通向海洋的通道，从而使其身处欧亚大陆腹地的地缘政治缺陷得以改变，这也许是俄罗斯在近代地缘权势争夺中占据重要一席

---

① 刘从德：《地缘政治学：历史、方法与世界格局》，华中师范大学出版社，1998 年版，第 196 页。

② 刘从德：《地缘政治学：历史、方法与世界格局》，华中师范大学出版社，1998 年版，第 196 页。

之地的原因之一。但是，过分的海权扩张对俄苏的发展也产生了制约作用与消极影响，甚至说埋下了其走向衰落的历史隐患：

第一，受内陆国家地缘政治结构以及过于贪婪的海权野心的制约，俄苏背上了需要同时发展陆权与海权的沉重负担，并常常使其力不从心、难堪重负。因为一个国家无论多么强大都很难长期做双料强国，因为任何国家的资源都难以同时成功地支持两个方向的战略努力，战略集中是在国家竞争中生存和取胜的前提。① 俄苏"在夺取'六海三洋'的过程中，在不同的时期有不同的侧重点，基本趋向是在黑海两海峡、波斯湾和东北亚洲轮番出击。俄国对外政策的重心频繁转移，反映了它的霸权主义倾向与力不从心的深刻矛盾和虚弱本质。"②

第二，由于多方位的海权扩张使得俄苏在战略上树敌太多而疲于应付，并使其国家的经济与军事发展尤其是综合国力难以支撑。在俄苏的海权扩张中，俄苏几乎在各个方向都遭遇了严峻的挑战，英、法、德、日、美几乎都曾经成为俄苏海权扩张的敌手，甚至在某一区域或某一历史时期，俄罗斯要面对数个海陆强国的夹击。与此同时，土耳其、波斯（伊朗）、印度、阿拉伯国家、中国等地区性国家更因成为俄苏陆海权力扩张的对象而与其发生矛盾或冲突，俄苏在其海权扩张的过程中几乎与上述所有国家都发生过不同程度的冲突，这是任何国家都难以承受的。从1695年彼得大帝在沃罗涅日建立正规舰队开始，俄国陆续建立了波罗的海舰队、黑海舰队、北方舰队和太平洋舰队。18世纪以后，俄国已兼具陆海双重属性，其国土濒临世界四大洋中除印度洋外的三个大洋。从理论上讲已具备海军强国的自然条件。从历代沙皇到苏联政府也为建立一支强大的海军而一直在进行着不懈的努力，而且其工业基础和科学技术水平也完全具备建立一流舰队的条件。然而从彼得一世以来的二百多年里其海军的建设起起落落，始终没有很好地发展起来，基本上是一支近海防御力量，海权始终牢牢控制在英美的手中。"俄国呼吸到了海洋的气息，但并不畅快，始终只是一个两只手发育极不平衡的巨人。在历次海战中，除了对相对弱小的瑞典海军、土耳其海军小有胜利，并与英国联手战胜过拿破仑的地中海的分舰队外，很难与英美海军，甚至德国、日本的海军争雄，并有克里

---

① 邵永灵、时殷弘：《近代欧洲陆海复合国家的命运与当代中国的选择》，《世界经济与政治》，2000年第10期。

② 崔丕：《近代东北亚国际关系研究》，东北师范大学出版社，1992年版，第40页。

米亚战争和日俄战争惨败的记录。"①

第三，地处欧亚内陆的俄苏在海权扩张中，在许多地区需要征服并跨越数个陆权国家和地区才能将自己的势力扩展到海洋，俄苏在欧亚大陆的陆地蚕食是其走向并控制海洋的先决条件。因此俄苏的海权扩张需要强大的陆权配合，而陆权扩张又导致其不断将异族纳入帝国版图，造成了地缘政治结构的异常复杂。这一态势从两个方面对俄苏产生了消极影响：首先，俄苏走向海洋的道路更加艰难，这一点在俄苏企图南下波斯湾和印度洋的战略中得到了深刻体现，伊朗和阿富汗这样的地区性国家都可以对其构成深刻挑战，众所周知，阿富汗战争是俄苏长期以来南下印度洋战略的延续，但它也恰恰成为苏联的泥潭并成为苏联衰落的一个主要根源或转折点。其次，俄在陆海权力的双重扩张中，曾将许多民族和国家纳入自己的版图，使得俄罗斯的对外扩张形成了一种悖论：扩张的目的是为了安全，但扩张的结果却增添了新的不安全因素——新的种族地域集团的增加和新的可渗透边疆的增加，产生了新的不稳定因素，俄苏在中欧、中亚、西伯利亚的扩张，使整个帝国的种族构成随着扩张进程变得越来越复杂，从而形成了影响俄罗斯外交的另一个持久因素，即俄罗斯成为一个由不同的种族地域集团构成的多元文化的国家和社会。这些在种族、文化、宗教信仰方面都与俄罗斯民族有着根本区别的种族地域集团大多处于帝国边疆，帝国边疆则处于与外部世界没有明确的种族和地理分界线的地缘政治状况，由此又产生了影响俄罗斯外交的持久因素，即帝国边疆沿着其他国家权力的边缘处于一种可渗透状态。②

五、俄苏海权兴衰对中国的启示

俄苏海权兴衰的经验教训对中国的启示在于，中国既要通过发展海权推动海洋强国建设，但又必须基于各种复杂因素的制约，走有限性与区域性海权的发展道路。这在很大程度取决于所处的复杂地缘环境、国家实力的有限性，同时更取决于中国外交战略和海洋战略的多重需求。

有专家指出，当前中国的国家大战略有三种基本需求，即发展需求、

---

① 姚晓瑞：《地缘环境对俄国海军发展的影响》，《广播电视大学学报》，1999 年第 3 期，第 108 页。

② 龚洪烈：《俄罗斯外交：历史与现实》，《东欧中亚研究》，2001 年第 2 期。

主权需求和责任需求。从长远讲，三种需求是互利的，但在局部的时间和空间内又会产生重大矛盾，甚至在同一需求自身内部也存在一定的矛盾。①中国国家大战略要满足多重战略需求这一基本现实，要求中国海洋战略的构建要服务于国家大战略的多重战略需求，并有效弥合或减缓不同战略需求之间的矛盾张力，进而服务于国家大战略的实现。就主权需求与发展需求、责任需求的关系来说，中国既需要从台湾问题、钓鱼岛问题、中国南海问题等出发发展中国的海权力量，维护国家统一和海洋权益等主权利益，同时又面临着如何规避与周边国家的潜在海洋冲突，进而危及中国发展需求的满足以及负责任的地区和国际大国形象的塑造等问题的挑战。它决定了中国海权发展的基本需求在于主权需求而非霸权需求，也决定了中国海权发展的有限性，决定了中国海权战略的构建不可能以全方位的远洋海权国家为目标，中国海权发展的性质也不会超出作为一个陆海复合国家捍卫海洋主权的需求。

　　因此，中国海权的有限发展绝不是以挑战美国海洋霸权为归宿与目的的，中国所面临的来自陆地和海洋的多方向与多样性的安全压力决定了海权的有限性及其满足主权需求的性质，中国的综合国力根本无法建立美国式的全球海洋权力。②

Contending for Hegemony of Sea Power and the Rise and Fall of Russia and Soviet, and Historical Reflections

LIU Zhongmin

Abstract：Analyzing the rise and fall of Russia and Soviet from angel of Sea Power is an issue which had not been discussed adequately. This paper pointed out

---

　　①　关于这一观点可参见王逸舟：《全球政治与中国外交——探寻新的视角与解释》，世界知识出版社，2003 年版，第 307-323 页。
　　②　刘中民：《关于海权与大国崛起问题的若干思考》，《世界经济与政治》，2007 年第 12 期，第 13 页。

that expanding of Sea Power was one factor of the rise of Russia and Soviet, but contending for Sea Power excessively was one of roots of the fall of Russia and Soviet. Concretely, in three lines of expanding of Sea Power to the west, south and east, the strategy of expanding to the west was successful relatively and speeded up the rise of Russia and Soviet; the strategies of expanding to the south and east all encountered with frustrations, especially the strategy of expanding to the south resulted in the fall of Soviet directly. Essentially, the restriction of geopolitics conditions and a series of contradictions induced to contending for Sea Power excessively was one of roots of the failure of the strategy of Sea power, and leaded to decline of national power of Russia and Soviet.

Key Words: Contending for Sea Power; Russia; Soviet; the rise and fall of hegemony

（原文曾以《海权争霸与俄苏的兴衰及其历史反思》为题发表于《东北亚论坛》2004 年第 6 期，现略有修改。）

作者简介：刘中民，1968 年出生，男，河北省迁西县人，法学博士。现为上海外国语大学中东研究所教授、博士生导师，兼任中国亚非学会副会长、中国中东学会常务理事。主要研究领域为中东政治、国际政治理论、海洋战略问题、中国外交等。曾赴美国与 10 余个中东国家做学术交流。发表学术论文与译文 100 余篇，30 多篇论文被《新华文摘》《中国社会科学文摘》《高等学校文科学术文摘》与人大报刊复印资料转载。著有《世界海洋政治与中国海洋发展战略》《中国近代海防思想史论》《国际海洋政治专题研究》等专著 10 余部。在《人民日报》、《环球时报》发表时政评论 100 余篇。主持国家社科基金规划办课题、教育部人文社会科学研究基地重大研究项目等课题 10 余项。2006 年入选教育部"新世纪优秀人才支持计划"，2007 年入选上海市"曙光学者"。获得省部级以上优秀科研成果 10 余项。

印度蓝水海军建设及其对印、中、美海上关系的影响

何奇松

（上海政法学院国际事务与公共管理学院，201701）

摘要： 印度洋地区是一条动荡之弧线，传统安全与非传统安全威胁交织在一起，也是世界上自然灾害频发之地。同时，印度洋是重要的国际海上通道。因此，印度洋地区内外的行为体都想插足该地区事务。鉴于印度处于印度洋的独特位置，为维护经济利益和国家安全利益，印度组建蓝水海军，承担军事角色、外交角色、治安角色和仁爱角色。海军信奉海洋控制和海洋拒阻战略哲学。为此，印度加紧蓝水海军建设步伐。在此过程中，不可避免地影响中、美、印三国在印度洋上的海军关系。

关键词： 印度；印度洋地区；蓝水海军；中国；美国

一、前言

作为崛起中的印度，其一举一动都受到包括中国、美国在内的国家高度关注。象征国家地位、并维护国家地位的印度海军，也自然是国际社会关注的重点对象。有关 21 世纪印度海军方面的文献非常丰富。就国外研究而言，主要集中于印度海军战略与海军武器发展两个方面。国外（含印度）对印度海军战略的研究包括探讨其海军海洋学说、海军战略，尤其是海军核战略。2009 年詹姆斯·R·霍姆斯（James R. Holmes）等三位学者出版了《21 世纪的印度海军战略》，[①] 是有关印度海军战略研究领域的权

---

① James R. Holmes, et. al., Indian Navel Strategy in the Twenty-first Century, London & New York：Routledge, 2009. 作者非常感谢在德国汉堡大学的留学生范昀赫为作者提供了该书的扫描本。

威著作。该书全方位论述了印度海军战略，包括印度海洋认同的逻辑、印度海军海洋学说与战略、印度常规海军能力、印度海上核战略与能力，等等。印度与国外也关注印度海军发展与中国海军、美国海军"军备竞赛"以及对地区和全球安全影响。国内（含台湾地区）研究印度海军的文献也非常丰富。就武器系统（含航空母航战略、核潜艇战略）而言，研究成果主要发表在一些军事杂志和军事报刊上。就印度海军战略的学术论文主要研究印度的印度洋战略、印度海洋安全战略、海军战略（演变）以及印度上述战略对中印关系的影响和中国的对策研究。① 尤其值得一提的是，台湾地区的李春益详细论述了印度海军在不同时期的军事战略与目标、作战理论。② 有鉴于此，本文的研究主要集中于印度蓝水海军，阐明印度发展蓝水海军的地缘政治因素、蓝水海军的四种角色以及其战略哲学，最后论述其蓝水海军中印美三国在印度洋上的海军关系。

二、地缘政治视角下的印度洋地区

随着势不可挡的全球化推动，国际格局的大变化，印度洋地区成为全球关注的焦点之一。海权理论奠基人马汉曾经预言："谁掌握了印度洋，谁就控制了亚洲……二十一世纪将在印度洋上决定世界的命运。"③ 为什么这么说呢？答案就在于其自身的地缘政治。

印度洋地区，是一条动荡之弧，传统安全与非传统安全威胁交织一起。首先，印度洋沿海国家之间充满历史恩怨，冲突与战争似乎"绵绵无

① 宋德星，白俊：《论印度的海洋战略传统与现代海洋安全思想》，《世界经济与政治论坛》，2013 年第 1 期；胡娟：《印度的印度洋战略及其对中国的影响》，《东南亚南亚研究》，2012 年第 2 期；宋德星，白俊：《新时期印度海洋安全战略探析》，《世界经济与政治论坛》，2011 年第 4 期；马嫚：《试析印度的海洋战略》，《太平洋学报》，2010 年第 3 期；张威：《印度海洋战略析论》，《东南亚南亚研究》，2009 年第 4 期；胡庆亮：《印度海洋战略及其对中国能源安全的影响》，《南亚研究季刊》，2008 年第 1 期；张晓林，屈玉涛：《从近海防御到远海延伸——印度海军战略的演进》，《领导文萃》，2008 年第 8 期；赵亮：《印度海洋战略对南海的潜在威胁》，《内蒙古民族大学学报》，2007 年第 1 期；王新龙：《印度海洋战略及对中印关系的影响》，《南亚研究季刊》，2004 年第 1 期，等等。硕士论文包括，成飞：《印度海洋战略及其对我国的影响》，山西大学 2012 年；李国绪：《21 世纪初印度海洋战略的调整及其对中国的影响》，河北师范大学 2011 年；扶远明：《印度的海洋战略及其对中国的影响》，暨南大学 2007 年，等等。

② 李春益：《印度海军战略发展对亚太安全的影响》，《八十六周年校庆基础学术研讨会》，2000 年，第 6 页。http：//ishare. iask. sina. com. cn/download/explain. php? fileid = 15502320.

③ 转引自 A·J·科特雷尔，R·M·伯勒尔编：《印度洋：在政治、经济、军事上的重要性》，上海人民出版社，1976 年版，第 108 页。

绝期"。在可预见的将来，以色列与阿拉伯国家的冲突没有尽头。在视对方为主要安全威胁前提下，印巴就克什米尔问题的争端依然僵持着。其次，印度洋地区存在分裂势力和反政府武装力量。这些国家包括泰国、印度尼西亚、缅甸等国。最后，种族与民族矛盾、宗教与文化冲突，资源争夺与地缘冲突撕裂印度洋地区的国家。苏丹最具有典型性。因此，印度洋地区的武装冲突占世界的 50% 多。① 2009 年、2010 年和 2011 年世界上"最不安全的国家"坐落于印度洋地区。②

印度洋地区有些国家治理能力低下，加剧安全威胁程度。除了澳大利亚、沙特阿拉伯、新加坡等富裕国家，印度洋地区国家多数是发展中国家，而且贫穷、不稳定的国家较多，如索马里、也门、苏丹和厄立特里亚就是这样的国家。《失败国家指数：印度洋 2008 年》就有 20 个国家，占总数的 40%，位列该指数的四分位数（quartile）的顶端。③ 这些国家治理能力不足，政局动荡不安，进一步导致国家落后，反过来进一步弱化了国家的治理能力，治理能力与经济发展之间形成恶性循环，导致这些国家处于"失败国家"边缘或者已经是"失败国家"。这些国家将在接下来的几十年内影响地区、全球安全。

与此同时，印度洋地区人口增长率超越了经济发展水平，增大了安全威胁。印度洋地区人口约占世界 1/3，是世界上人口高增长率地区之一。为养活众多人口，连富裕的国家也面临巨大挑战，如也门和巴林将在未来 10~15 年耗尽其石油储备，④ 那些资源本来不丰富的国家雪上加霜。除了消极的社会影响和食物供应、饮水供应紧张外，这种情况也产生深远的政治后果，因为政府不能为他们解决就业问题确保他们的生活水平，年轻人质疑政府的合法性。

经济落后，治理失败以及人口激增，为极端宗教主义、恐怖主义提供

---

① Sergei DeSilva-Ranasinghe, Why The Indian Ocean Matters? Diplomat, March 2, 2011. http：//the-diplomat. com/2011/03/02/why-the-indian-ocean-matters/.

② 参见 SIPRI 的《全球安全指数》2009 年、2010 年和 2011 年。Appendix 2B. The Global Peace Index 2009 http：//www. sipri. org/yearbook/2009/files/SIPRIYB0902B. pdf Appendix 2B. The Global Peace Index 2010. http：//www. sipri. org/yearbook-files/SIPRIYB201002B. pdf Appendix 2B. The Global Peace Index 2011. http：//www. sipri. org/yearbook/2011/02/02B.

③ See "Research agendas for the Indian Ocean Region", Journal of the Indian Ocean Region, Vol. 6, No. 1, June 2010, p. 6-8.

④ Future Directions International（FDI）, Indian Ocean：A Sea of Uncertainty, February 2012, p. 15. http：//www. futuredirections. org. au/files/IndianOceanASeaofUncertainty%20. pdf.

了沃土。世界上最大的恐怖主义组织"基地"、虔诚军和拉什卡-塔伊巴组织、伊斯兰圣战者组织出现在印度洋地区不足为奇。恐怖主义扩大趋势很明显，因为极端宗教主义对失业、半失业的年轻人具有很大的吸引力。孟加拉、马尔代夫甚至斯里兰卡在接下来的 10 年里将面临这个问题。①

印度洋是世界上重要海上通道，举足轻重，关乎全球贸易与石油运输安全。就世界贸易而言，印度洋是世界上最重要的海上通道，印度洋也是世界上最重要的能源通道。因此确保印度洋海上安全运输对于世界的繁荣至关重要。石油进口安全对于中国、日本、欧洲、美国的作用从这些国家、地区从中东进口的石油可以窥见一斑：日本从中东进口 80%的石油、中国 39%、欧洲 21%和美国 16%。② 每年大约 7 万艘船舶往返于印度洋，货物总价值高达 2 万亿美元。③ 以上这些数据显示，印度洋对于全球贸易与石油运输的重要性不言而言。而印度洋可否自由航行取决于 9 个咽喉通道（Choke points）的安全：霍尔木兹海峡、苏伊士运河、曼德海峡、马六甲海峡、巽他海峡、龙目海峡、六度海峡、九度海峡和好望角。一旦这些海峡中的任何一个被封锁或被施加了其他限制，将会产生严重的经济与政治后果，在特征上具有全球特征。而且其中的三个海峡：霍尔木兹海峡、马六甲海峡、曼德海峡尤其重要，例如 2006 年，世界石油运输的 80%要通过印度洋上三个咽喉要道，霍尔木兹海峡占 40%，马六甲海峡占 35%，曼德海峡 8%。④ 印度洋上具有战略意义的海峡具有不可替代的作用，成为重要地缘政治棋手争夺的战略目标。同时海盗肆虐于印度洋地区，为区域外大国介入该地区提供了推手。全球供应链的原动力是"能源"，而"航运、港口安全和咽喉要道是其关键因素。在这三点中，印度洋地区大量存在"。⑤ 因此，印度洋区域内外大国都觊觎印度洋航道，力图掌控在自己手中。

印度洋地区是自然灾害频繁发生之地。印度洋地区有时被称为"世界灾难带"（World's Hazard belt），特别易受洪水、干旱、气旋、地震、海

---

① Future Directions International（FDI），op. cit. , p. 16.

② Future Directions International（FDI），op. cit. , p. 23.

③ R. S. Vasan, "India's Maritime Core Interests", Strategic Analysis, Vol. 36, No. 3, May－June 2012, p. 418.

④ Future Directions International（FDI），op. cit. , p. 23.

⑤ Lee Cordner, "Rethinking maritime security in the Indian Ocean Region", Journal of the Indian Ocean Region, Vol. 6, No. 1, June 2010, p. 69.

潮、滑坡、海啸等的影响。这些灾难多数是气候性灾难和地震灾难。这些灾难类型包括：（1）与天气和水文相关的灾难；（2）地质或构造灾害；（3）来自于全球变暖相关的自然灾害；（4）海啸。根据亚洲及太平洋经济社会委员会（ESCAP）1995年的一份报告，印度洋地区发生的自然灾害大约占全球的50%，[①] 甚至最近有报道说，印度洋地区所遭受的自然灾害占到世界的70%。[②]

最后，基于上述事实，印度洋地区交织着传统与非传统安全，是全球关注的重要的焦点之一。由是，区域外大国纷纷涉足地区事务。印度洋地区的大国博弈更加激烈。

三、印度洋地区中的印度

作为世界上唯一以国名来命名大洋、而且几乎囊括整个南亚次大陆的印度，在印度洋地区拥有自身的优势，同时也受其负面影响的拖累。这一点就在于这样一个事实：印度拥有7500多公里的海岸线（含联邦属地的海岸线），200万平方公里的专属经济区。

首先，印度依赖印度洋进行海外贸易。尽管其对外贸易还不到世界贸易的1%，但其对外贸易占整个印度GDP的20%，而对外贸易总量的97%是通过海洋。尽管印度拥有世界上第五大商船队（约有756艘商船，总吨位860万吨），但是国内商船只承担对外贸易的16%，其他的由来自外国船只承担。[③] 因此确保商船队的运输安全对于印度经济发展来说具有重要意义。

其次，印度洋的国际海上运输对于维持印度经济与贸易的快速增长也是至关重要。印度洋是世界上最大的货运中心，每年大约10万艘船只通过印度洋。印度洋承载着世界上2/3的石油运输，世界上1/3的散装货物

① Mohammad Abdur Rob1, Natural Disasters in Indian Ocean Region and its Impact on Socio-Economy of the Countries, pp. 2 - 5. http: //ions. gov. in/sites/default/files/Papers% 20presented% 20during% 20seminar%206. pdf.

② Prokhor Tebin, et. al., High sea: Indian Elephant versus Chinese Dragon, March 21, 2012. http: //indrus. in/articles/2012/03/21/high _ sea _ indian _ elephant _ versus _ chinese _ dragon _ 15211. html.

③ Lee Cordner, "Rethinking maritime security in the Indian Ocean Region", Journal of the Indian Ocean Region, Vol. 6, No. 1, June 2010, p. 69.

运输，世界上近一半的集装箱运输。① 在印度监视的 7 万艘船舶所携带的货物价值高达 2 万亿美元。②

能源安全关乎印度经济的发展，关乎印度国际地位。印度是世界上第 4 大能源消费国，仅次于美国、中国和俄罗斯，已经成为一个净能源进口国，大约 70% 的能源来自海外。根据美国能源信息局的统计，2012 年印度进口石油总量的 78% 都来自于印度洋地区，③ 而且来自西半球的石油（占 18%）估计全部也是通过海运。根据位于新德里的能源与资源研究所（Energy and Resources Institute）统计，到 2031 年，印度要进口 78% 的煤炭、67% 的天然气和 93% 的石油才能满足其需要。④ 因此，确保海上能源安全（通道安全、离岸资产安全）是印度经济发展的动力，只有经济发展了，印度的国际地位才能巩固与提升。

然而正如前述，印度洋地区各种威胁与不稳定因素，给印度的海上对外贸易、能源安全造成巨大威胁与挑战。从阿拉伯海到孟加拉湾，区域内外行为体介入的力度在持续增加（包括强化海军存在），导弹与大规模杀伤性武器扩散，宗教极端主义和恐怖主义均对印度洋海上安全构成严重威胁。这些对整个印度洋地区的安全形势产生深远影响。

印度关注印度洋不仅仅出于上述经济考虑，更是一个国家安全考虑。基于历史的教训，印度长期以来一直重视陆权，没有重视印度洋以及印度洋运输的重要性，忽视海洋发展以及海上力量的建设，并最终导致国家被列强侵略和殖民。"征服与统治印度的征服者不是来自山脉隘口，而是来自贯穿我们海岸的海洋"，"这个事实永远深置我们记忆中"，并"影响我们当前及未来对于海权的态度"。⑤ 实际上，正是在被西方殖民、侵略的过程中，印度才有现在的"领海"意识，并用西方的海权意识与海洋霸权意

①　Integrated Headquarters Ministry of Defence（Navy），Freedom to Use the Seas: India's Maritime Military Strategy，May 2007，p. 44. http://zh. scribd. com/doc/31917366/India-s-Maritime-Military-Strategy.

②　R. S. Vasan，"India's Maritime Core Interests"，Strategic Analysis，Vol. 36，No. 3，May–June 2012，p. 418.

③　US Energy Information Administration: India，March 18，2013，p. 8. http://www. eia. gov/countries/analysisbriefs/India/india. pdf.

④　Sergei DeSilva-Ranasinghe，Potent and Capable: India's Transformational 21st Century Navy，p. 2. http://www. futuredirections. org. au/files/sap/may/Potent_ and_ Capable_ -_ Indias_ Transformational_ 21st_ Century_ Navy. pdf.

⑤　Arun Prakash，"A Vision of India's Maritime Power in the 21st Century"，Air power Journal，Vol. 3 No. 1，Winter 2006，p. 7.

识，思考本国的海权。因此，印度海权之父潘尼迦也曾指出："印度来日的伟大，在于海洋。"因为"印度洋，对于别的国家说来，不过是许多重要海区之一，但对印度说来，却是唯一最重要的海区。印度的生命线集中在这里，它的未来有赖于保持这个海区的自由……主宰着印度国防全盘战略的，是海洋"。[①]

也就是说，历史上，印度的主要安全威胁不是来自陆地，而是海洋。同时，基于印度洋在国际海运线的重要性，一旦印度控制了这些航线，印度就掌握了世界命运。因此，马汉的预言也许不无道理。实际上，在印度基本上解决了陆地安全之后，印度开始谋划海洋大国地位，力图使印度洋变成"印度之洋"，从冷战时期开始大力发展海军，购买航空母舰和潜艇以及大型水面战舰。冷战结束后，印度宣称从阿拉伯海到南海，都是印度的利益范围，海军提出"东进、西出、南下"战略，即向东把活动范围与影响延伸到南海，乃至西太平洋，向西穿过红海与苏伊士运河，影响扩大到地中海，向南扩展到印度洋最南端，甚至绕过好望角到达大西洋。为实现该战略目标，印度加紧建设蓝水海军。蓝水海军建设的指导文件是2004年颁布《海洋学说》以及2007年颁布《海军军事战略》。2009年对《海洋学说》进行修正，重新颁布新的《海洋学说》。随着国力的增强，印度蓝水海军建设步伐逐渐加快。

四、印度蓝水海军角色定位

基于印度洋地区的地缘政治与经缘政治以及印度所处的地理位置，在上述文件中，印度政府和军方赋予印度海军四种角色：军事角色（military role）、外交角色（diplomatic role）、治安角色（constabulary role）和仁爱角色（benign role）。这四个角色在1998年的印度首份海军战略评估有说明，只不过用的是不同词汇。当时海军战略就提出了：海基威慑（sea-based deterrence）、经济与能源安全（economic and energy security）、前沿存在（forward presence）和海军外交（naval diplomacy）。当然，1998年的海军战略评估首先提出的海军外交，在后来的文件中将其分为两个单独的

---

① K·M·潘尼迦著：《印度和印度洋：略论海权对印度历史的影响》，世界知识出版社，1965年版，第82页，第96页。

角色，即仁爱角色和外交角色。① 军事角色就是立足于战争，控制海洋；外交角色，就是利用海军作为政治目标和外交政策的有效工具，实现印度的政治与外交目标，增进印度国家利益；治安角色，就是通过进行诸如打击海盗等低烈度的活动，维护正常的海上运输；仁爱角色，就是实施人道主义援助和灾难救援，为印度树立良好形象。印度海军承担四种角色就是为印度创造良好的安全环境与发展环境。

海军军事角色包括平时与战时两种角色，总体上就是实施战略威慑，包括核威慑与常规威慑。海军要拥有足够的实力，威慑印度洋沿岸任何一个国家对印度施加的海上军事挑战，同时慑止印度洋地区外敌对大国怀有的敌视意图。在战时就是争夺海上控制权，赢得制海权，提供第二次核打击能力，在沿海地区展开军事行动，包括登陆行动、与陆军和空军配合作战，等等。在平时，就是提供常规与核威慑。2009 年的《海洋学说》明确赋予了海军军事角色：其目标就是威慑战争与入侵；战时赢得决定性军事胜利；维护印度领土完整，保障公民与离岸资产免受海上威胁；对陆地事务发挥影响；保护印度商船与海上贸易安全；保护印度国家利益与海上安全。为实现这个目标，印度海军承担的使命（Mission）则包括第二次核打击、海上控制（Sea control）、海上拒阻（Sea denial）、海洋封锁、军力投送、远征作战、强迫（Compellance）、摧毁、海上交通线的阻断与保护、特种作战、离岸资产的保护、海上前沿防御等，海军的任务则是，监视、海上打击、反潜和反舰作战、防空作战、两栖作战、信息作战、电子战、特种作战、水雷战、港口保护等。② 当然，还包括执行在联合国主导下（或者与国际社会联合一道参与）的维和行动，含执行和平行动。③

海军的外交角色就是利用海军支持外交政策。在和平时期，印度需要投送军力，并显示军力存在；与外国结成伙伴关系；通过与外国海军联合行动与国际海上援助，与外军建立信任与创造协同性。可供选择的范围从单边的武装行动，到双边或多边防御合作。在西方传统概念中，"实力投

---

① Rahul Roy-Chaudhury, India's Maritime Security, New Delhi: Knowledge World, 2000, p. 125 - 126. 转引自 Iskander Rehman, Chapter 4: Indias Aspirational Naval Doctrine, p. 58. http://carnegieendowment. org/files/Indias_ Aspirational_ Naval_ Doctrine. pdf.

② Indian Maritime Doctrine, 2009, p. 92. 转引自 Iskander Rehman, Chapter 4: Indias Aspirational Naval Doctrine, p. 59.

③ Prokhor Tebin, et. al., High sea: Indian Elephant versus Chinese Dragon, March 21, 2012. http://indrus. in/articles/2012/03/21/high_ sea_ indian_ elephant_ versus_ chinese_ dragon_ 15211. html.

送”是指两栖行动和其他舰对岸行动，而在印度军事战略中，等同于对外存在与旗帜显示（flag showing）。① 通过海上联合演习，与外国结成伙伴关系，并实现相互信任，并在各国海军之间创造协同。最近，印度与多国进行了多次联合演习，如2011年9月同斯里兰卡举行了联合演习，旨在加强两国的协同作战。2012年2月，印度与印度洋地区的14国举行联合演习，旨在提升发生自然灾难（如海啸）时各方之间的协同能力。2012年6月，印度与日本进行联合演习，旨在增进两国互信合作，促进地区稳定。印度与美国海军的联合演习也逐渐频繁。印度海军与许多印度洋国家海军签署协议，进行海军合作，例如，2003年与莫桑比克签署进行海上防务合作协议；2008年和阿曼签署了海上安全合作的防务合作协议；与卡塔尔签署防务合作协议，使联合训练、演习正常化，等等。

　　海军外交角色的作用就是促进海上合作（含战略防御合作、防御工业与技术合作、海军对海军的合作）。这主要根据政治指导来进行。在政治层面上，政治指导作为战略工具，意味着追求更加广泛的合作意愿，承诺克服与应对在合作中产生的困难。这种海上合作压倒一切的推动力就是确保紧邻海的安全环境。另外一个重要的推动力就是对紧邻施加影响，并维持这种影响力，改变紧邻对印度利益的敌意。第三，塑造可能的战场空间（battle-space），这一点就是在可能的战场空间，如阿拉伯海和孟加拉湾，塑造有利于印度海军环境。这需要通过海上合作，积极接触环战场空间的国家，尤其是那些控制进出印度洋的那些国家。第四，确保印度洋及其以远的印度海上贸易的安全（含确保能源安全）。② 2007年7月在马达加斯加北部建立了监听和监视设施，监视非洲东海岸的船只。然而，最重要的有效的、成功的海军外交展示在2009年年末，那是马尔代夫把其外部安全的责任交给了印度海军，让其巡逻其水域，让印度部署人员管理26个海岸雷达，重新运转飞机场，进行空中监视活动。

　　海军的治安角色完全符合传统的所谓的“海上良好秩序”，包括宣示主权以及保护世界海洋资源，培育自由公开的海上贸易，应对非军事威胁，确保海上经济、政治与法律稳定。印度海军也要独立进行低烈度海上

---

① Prokhor Tebin, et. al. , High sea: Indian Elephant versus Chinese Dragon, March 21, 2012.

② Integrated Headquarters Ministry of Defence（Navy）, Freedom to Use the Seas: India's Maritime Military Strategy, May 2007, p. 83-89. http: //zh. scribd. com/doc/31917366/India-s-Maritime-Military-Strategy.

行动，打击海盗与恐怖分子，同时，与海岸卫队进行联合行动打击走私、毒品贸易、非法移民以及保护经济专属区、世界大洋的矿物与生物资源，并预防污染。治安角色包括两个方面，即低烈度的海上行动（LIMO），与维持海上良好秩序。前者是利用海军军事力量打击针对国家资助和非国家行为体破坏国家利益的行动。主要针对恐怖分子与核扩散。维护海上良好秩序，包括反恐主义行动、反毒品交易和反海盗行动。① 从 2008 年年末到 2011 年 12 月，印度部署了 26 艘军舰，为 1 779 艘船只进行了护航，挫败了海盗 39 次进攻。②

　　仁爱角色，就是印度海军所执行的"软实力"的所有方面。不像"硬"军事角色，仁爱角色是提升印度良好形象，促进有利于印度的国际环境以及促进印度文化与政治价值的传播。印度海军软实力包括对较小海军实力国家进行援助，帮助他们发展海军和海岸卫队、实施人道主义援助与灾难救助以及帮助他们了解世界海洋。③ 在实施人道主义救援方面，2004 年印度洋大海啸时，印度出动 27 艘军舰、5 000 名军人开展援助。同样，2006 年到 2011 年，海军部署了相当数量的军队进行人道主义与自然灾难援救。④ 印度还直接赠送飞机、军舰给有关国家，例如 2001 年，印度赠送毛里求斯赠送 1 艘拦截巡逻艇，2004 年赠送 1 架海上巡逻飞机。2011 年 4 月，印度赠送毛里求斯海岸监视雷达系统，并赠送 250 万欧元用于其加强海岸监视能力。⑤ 2005 年赠送塞舌尔 1 艘海军巡逻艇、1 架海上侦察飞机和 2 架直升机。印度海军还应有些国家的要求，为其巡逻海岸与经济专属区，如印度海军还应毛里求斯的要求，间歇性地为其巡逻经济专属区。

　　印度蓝水海军四种角色互为表里，展示印度海军"硬实力"与"软实力"，试图形成"巧实力"，为印度控制印度洋创造良好的战略环境，进而促进印度经济安全和国家安全利益。

---

　　① Integrated Headquarters Ministry of Defence （Navy）, Freedom to Use the Seas：India's Maritime Military Strategy, May 2007, p. 89-94.

　　② Sergei DeSilva-Ranasinghe, Potent and Capable：India's Transformational 21st Century Navy, p. 3.

　　③ See Integrated Headquarters Ministry of Defence （Navy）, Freedom to Use the Seas：India's Maritime Military Strategy, May 2007, p. 94-97.

　　④ Sergei DeSilva-Ranasinghe, Potent and Capable：India's Transformational 21st Century Navy, p. 3.

　　⑤ Yogesh V. Athawale, "Maritime Developments in the South Western Indian Ocean and the Potential for India's Engagement with the Region", *Strategic Analysis*, Vol. 36, No. 3, May-June 2012, p. 429.

五、蓝水海军战略哲学：海洋控制与海洋拒阻

鉴于印度洋地区的地缘政治以及印度在印度洋的地缘位置、战略态势，同时基于本国战略利益诉求和本国海军实力的增强，印度提出了21世纪海洋战略哲学，即海洋控制与海洋拒阻。[①]

根据西方的界定，海洋控制被界定为一种状态，即在一段时间内，为了自身目的，一国采取行动，自由地使用海洋区域，如果有必要，拒绝对手使用海洋。这个概念包括水域本身、水域上面的天空与太空，海底与电磁频谱。也可能包括太空资产（如导航卫星）和侦察设备的控制。海洋拒阻也是一种状态，即在一段时间内，出于自身目的，一国不给与对手使用海洋区域的能力。海洋拒止可以以多种方式出现，从维持对敌军的封锁，到打击对手的贸易或运输线。一国可以同时在一个海域实施海上控制，而在另一海域实施海洋拒阻。[②]

根据战略定位与自身的实力，印度提出了对不同海域实施不同程度的控制。具体来说就是：（1）绝对控制区域（Zone of positive control）——海岸向外延伸 500 公里内的海域；（2）中等控制区（Zone of medium control）——500~1 000 公里范围内的海域；（3）软控制区（Zone of soft control）——距离海岸 1 000 公里以远的印度洋。

就绝对控制区而言，印度最关心的就是保护领海、200 海里的专属经济区以及各种离岸经济、军事设施与资产。为了确保该海域的国家安全利益与经济利益，印度必须能对 500 公里范围的海域实施完全控制，包括拥有能控制该范围内水下、水面、空中，甚至包括太空的能力。

在中等控制区，主要是海域拒阻，也就是在距离海岸 500~1 000 公里的海洋上进行有效的防御行动。为保护 500 公里范围内的国家利益，印度设想就不能让敌国海军力量接近绝对控制区，拒敌于绝对控制区外。同敌海军交战的海域应该距离海岸 500~1 000 公里范围。这需要海军具备制

[①]　Arun Prakash，"A Vision of India's Maritime Power in the 21st Century"，Air power Journal，Vol. 3 No. 1，Winter 2006，p. 7.

[②]　Chapter 3：General Maritime Strategic Concepts，p. 29.　http：//www. navy. mil. za/SANGP100/ SANGP100_ CH03. pdf.

海、监视和反潜能力，[1] 航空母舰战斗群可以发挥关键性作用。

距离海岸 1 000 公里以远的印度洋海域则是软控制区。而且只有等上述两个作战区域的能力建成之后，才能考虑软控制区。正如前述，鉴于印度洋地区的地缘政治，是区域外大国高度关注的地方，大国不断向印度洋地区渗透，印度对此高度关切：这毕竟是国家安全隐患，惨痛的历史教训不能忘记。为此，印度在该区域要有自我防卫能力，同时要有远程侦察能力与预警能力，也要有相当的兵力投送能力，以便保护印度商船和其他海上利益，如海上采油资产与设备。

要确保这一战略哲学的实施，海军在战略任务上主张海洋控制与海洋威慑双管齐下。一是，要对印度洋周边国家拥有绝对的军事（包括海军）优势，阻止它们向印度洋进行扩展，威胁印度国家安全利益和经济利益。二是，要对区域外大国实施威慑战略，力争海上力量的均势，限制这些海军大国在印度洋上的行动。就印度现有的海军实力与整体国力而言，海洋控制主要是针对印度洋沿岸国家的。现在除了沿岸的巴基斯坦海军（拥有海洋拒阻能力，没有海洋控制能力）可以在阿拉伯海上施加一定程度的挑战与威胁外，印度海军拥有控制海洋能力。而印度的海洋拒阻则主要针对区域外海上强国的渗透与干涉。在没有能力控制海洋情况下，采取威慑方式抗衡这些海上强国，如果可能最好能遏止它们。虽然，印度海军也意识到当然不能战胜诸如美国海军这样的对手，但是可以让它们付出干涉的代价。

为实现威慑区域外海上强国，印度特别强调要确保拥有第二次核打击能力。1999 年印度在名为《核三位一体》（Nuclear Triad）的文件中首次提出，印度必须拥有装备携带核武器的巡航导弹和弹道导弹的核潜艇。文件强调，得出这种结论的依据是，与空基、陆基运载工具相比，携带核武器的潜艇具有一系列优势，更不容易被敌人发现和消灭。2003 年印度公布核战略学说，强调组建海基核力量的必要性，2004 年印度《海洋学说》明确指出，从核武器部署效能和能力及其作战使用的角度来看，海军是最合适的军种，而装备核战斗部的导弹的最佳运载工具是潜艇。"为了完成战略遏制任务，对于国家来说非常重要的是拥有能够携带装有核战斗部的

---

① 李春益：《印度海军战略发展对亚太安全的影响》，《八十六周年校庆基础学术研讨会》，2000年，第6页。http：//ishare. iask. sina. com. cn/download/explain. php？fileid = 15502320.

导弹的核潜艇。"2009 年新版《海洋学说》再次强调海军拥有核武器运载工具、特别是潜艇的重要性。[①] 2007 年公布的《海军军事战略》同样高度强调海基核力量的重要性，认为核潜艇选择方案是较小核力量国家的优先武库发展方向[②]。对于印度来说，组建海基核力量，才能完备其三位一体的核力量，更重要的是海基核力量是第二次核打击能力的保障，只有这样才能取得真正的战略威慑效果。

另外，威慑区域外海上强国，也需要有强大的常规威慑能力，毕竟核武器使用有很大的限制性，同时印度的"不首先使用核武器"的核政策限制了印度首先扣动核扳机。因此，印度也高度强调远距离的兵力投送能力建设，组建一支真正的蓝水海军，以便随时应对区域内可能发生的军事冲突，并阻止区域外海上强国势力的渗透与入侵，达到远洋歼敌的目标。

六、蓝水海军建设举措

无论海军承担上述的四种角色，还是落实海洋控制和海洋拒阻战略哲学，没有强大的海军实力作为坚强后盾，一切都是空中楼阁。因此，为实现蓝水海军梦想，实现远洋歼敌的战略目标，印度现在花大气力建设海军，毕竟目前的海军实力不足以实现其目标，尽管目前印度海军实力号称世界第五。

目前，印度海军总兵力 58 000 人，其中军官 8 000 人。[③] 印度水面舰船一共 120 艘，潜艇 16 艘，海军飞机、直升机、无人机编为 13 个中队。[④] 就水面舰船而言，包括 1 艘航空母舰、8 艘驱逐舰、15 艘护卫舰、24 艘轻型护卫舰、16 艘两栖战舰、7 艘巡逻艇、7 艘扫雷艇、7 艘辅助舰船、21 艘小型战斗舰、9 艘调查船、4 艘训练舰和 1 艘研究舰船。其中 16 艘潜艇，

[①] 以上内容参见知远：《俄专家点评印度"歼敌者"级战略核潜艇》，2012 年 6 月 11 日。http://mil.sohu.com/20120611/n345303289.shtml.

[②] Integrated Headquarters Ministry of Defence (Navy), Freedom to Use the Seas: India's Maritime Military Strategy, May 2007, p. 76.

[③] Sergei DeSilva-Ranasinghe, "Potent and Capable: India's Transformational 21st Century Navy", Strategic Analysis paper, 3 May 2012, p. 5.

[④] 有关数据参见印度海军网站（http://indiannavy.nic.in）中 Platform 下面的三个分项：Surface Ships, Aviation 和 Sub-surface, 只是航空兵力没有列出具体数目。根据 2011 年 12 月披露的数字，说印度海军航空兵一共拥有 216 架飞机、直升机、无人机，其中飞机 80 架、直升机 122 架，无人机 14 架。参见 Indian Navy to Grow into 150-Ship, 500-Aircraft Force by 2027, December 7, 2011. http://www.defencenow.com/news/404/indian-navy-to-grow-into-150-ship-500-aircraft-force-by-2027.html.

包括 10 "基洛"级（Kilo）、4 艘 1500 型潜艇，1 艘"阿库拉"（Akula）级核潜艇和 1 艘"歼敌者"（Arihant）核潜艇。其中"阿库拉"级潜艇，印度取名"查克拉"（Chakra）级，租自俄罗斯，"歼敌者"是印度自制的战略核潜艇，还没有完全服役。10 艘"基洛"级潜艇来自苏联，1500 型潜艇来自德国。后两者是传统的柴电潜艇。以上这些兵力由位于德里的海军参谋部指挥。海军参谋长为海军最高军事首脑。印度海军下设西部、东部、南部和远东 4 个地区海军司令部，为海军的区域性指挥机构，其中西部海军司令部设在孟买，东部海军司令部设在维沙卡帕特南，南部海军司令部设在科钦，远东海军司令部设在安达曼群岛的布莱尔港。分别管辖阿拉伯海、孟加拉湾、北印度洋和安达曼-尼科巴群岛周围等 4 个区域，负责辖区内海军部队的指挥、训练和管理。此外，印度海军还编有西部和东部、远东 3 支舰队，分别隶属于西部海军司令部、东部海军司令部和东部海军司令部，海军航空兵司令部则由南部海军司令部代管。

为实现蓝水海军梦想，印度扩充舰队。根据 2011 年编制的《海军海上能力展望规划》（Maritime Capability Perspective Plan，MCPP），到 2027 年印度海军拥有 150 艘水面舰船、潜艇，500 架飞机、直升机和无人机。时任印度海军参谋长维尔马上将在 2011 年 12 月的谈话中透露，印度订购了 49 艘战舰、潜艇，此外还有 100 艘正在订购之中。① 此外，加紧完善舰队设施，建立新基地，以便军事前沿配置，增强战略投送能力和威慑能力。

第一，建造核潜艇和研发潜射弹道导弹。如前所述，为实现海洋拒阻战略和第二次核打击能力，印度从战略高度重视发展战略核潜艇。为了发展战略核潜艇，印度秘密制定了"先进技术艇"（ATV）计划，列为海军发展的重中之重。从 1992 年起，印度以租借苏联的核潜艇为样板，发展本国核潜艇。从 1999 年印度正式宣布制造核潜艇以来，历时 10 年才完成首艘核潜艇"歼敌者"的建造。该潜艇排水量 6 000 吨，配备 4 个发射井，可以携带 12 枚射程 750~3 500 公里的可安装核弹头的弹道导弹。由此，印度跻身核潜艇俱乐部，目前只有美、俄、英、法、中等少数国家才能独立制造。但是目前，该艘核潜艇还处于海试阶段，没有进入现役。印度第二艘此类核潜艇也正在建造之中。要想实现核威慑，两艘核潜艇略显不足，

① Gurmeet Kanwal, India's Military Modernization: Plans and Strategic Underpinnings, September 24, 2012, p. 6. http://www.nbr.org/downloads/pdfs/Outreach/NBR_ IndiaCaucus_ September2012.pdf.

因此，印度打算还建造 2~3 艘核潜艇，在 2025 年前投入使用。

核潜艇只是核武器发射平台，还需要运载工具，也就是潜射弹道导弹。因此，印度在研发核潜艇之际，同时投入力量攻克潜射弹道导弹技术难关。2008 年 3 月，印度在水下平台成功发射射程为 750 公里的潜射弹道导弹 K-15。此类导弹试射了 10 多次，为装备在核潜艇"歼敌者"号上做相应准备。印度研发成功潜射弹道导弹，向建立海基核打击力量迈出了一步。尽管印度也迈入潜射弹道导弹俱乐部，但是 K-15 射程只有 750 公里。美、俄、英、法、中的潜射弹道导弹射程远远超过了 K-15，至少是其 10 倍。因此，即便"歼敌者"核潜艇具备行动能力，确保印度拥有海基战略核力量，但是只有其抵近敌国的近海，印度的战略核力量才能发挥作用，而且前提是核潜艇不能被敌国发现。因此，很难说印度具备第二次核打击能力。因此，印度需要研发更远的潜射弹道导弹。2013 年 1 月 27 日，印度在孟加拉湾在水下平台进行一次可携带核弹头的海基中程弹道导弹的点火测试，并取得成功。印度官方没有说明该型导弹的射程，媒体估计在 1 500 公里左右。① 这是印度朝着构建三位一体核打击能力迈出的又一大步。如果其能够装备在核潜艇上，基本上可以对区域外的介入印度洋上的他国海军形成战略威慑。

但要实现第二次核打击能力，只有在潜射弹道导弹与核潜艇完美结合之后。所以，从目前来看，只要潜射弹道导弹还没有与"歼敌者"融为一体，印度的海基核力量的战略核威慑以及第二次核打击能力都是虚幻的。历史经验表明，"艇弹合璧"需要经过漫长的试验才能实现，而且其中风险巨大，损失巨大。印度要想避开这个魔咒，似乎不可能。为弥补空缺，印度从俄罗斯租借了 1 艘"阿库拉"级核动力潜艇，印度命名为"查克拉-2"，并且正在与俄罗斯商讨租借第 2 艘此类潜艇。

第二，添购新战舰和新常规潜艇，租借攻击核潜艇，扩充飞机、直升机、无人机。如果说前述的海基核威慑力量存在相当技术难度，一时难以克服，现实战略核威慑与海洋拒阻战略存在一定困难的话，那么增加海军常规力量建设，使之具备远洋作战能力，拥有强大的常规海上威慑实力，实现海洋控制与海洋拒阻就显得尤其紧迫。为此，印度海军加紧编制计划，添购海军武器平台。首先，自制与租借航空母舰。印度的海军战略目标就是拥有三

---

① 陈雪莲：《印度媒体称印成功进行海基型弹道导弹点火测试》，新华网，2013 年 1 月 28 日。http：//world. huanqiu. com/regions/2013-01/3588141. html.

艘航空母舰战斗群。目前，只有 1 艘购自英国的航空母舰"维拉特"号。尽管进行了延寿，全面升级其武器系统与传感器系统，但是以老迈之躯，不足以承担海军交付的重担，将于近期退役。因此，印度决定采购 3 艘航空母舰，保证 1 艘处于保养维修状态之时，另外 2 艘航空母舰战斗群随时处于战斗执勤状态，2015 年有 2 艘航母战斗群，2018 年有 3 个航母战斗群。在自制航空母舰能服役之前，印度租借俄罗斯的排水量 4.4 万吨航母"戈尔什科夫海军元帅"，取名为"维克拉马蒂亚"号。但是，因为多方面原因，俄罗斯推迟租借航空母舰的期限，估计 2013 年该艘航空母舰才能到位。首艘自制航空母舰"维克兰特"命途多舛，从 1999 年批准建造，2006 年正式开工，3 年后才正式安放龙骨。并且一再拖延下水时间，2017 年以前很难下水。第二艘自制航空母舰，在一片争议之声中于 2012 年开始建造，设计排水量 6.5 万吨。其次，增加潜艇数量，替换老旧的潜艇。"基洛"级潜艇和德制 1500 型潜艇，多数老旧了，到 2012 年，63%的潜艇接近其行动寿命。[①] 为此，印度编制了 30 年的潜艇展望计划，购买、建造 24 艘潜艇。再次，增加导弹驱逐舰和导弹护卫舰、两栖舰船、补给舰。而且，导弹驱逐舰和导弹护卫舰，向大型化、隐身化、多功能化迈进。此外，购买战机。为了增加航空母舰的打击能力，印度除了自制"光辉"舰载机（已经试飞成功）外，最初从俄罗斯购买了 16 架米格 29 舰载机，后来再购买 29 架此类飞机。为提高海军的侦察与反潜能力，印度与美国签订协议，购买 12 架 P-8 I 远程飞机，不排除印度还会购买多架此类飞机。印度海军力图在 2027 年使其飞机数量达到 500 架。

第三，加速修建海军基地，提高远洋作战的后勤保障，做到军力前沿部署，使海军具备远距离"兵力投送"能力。在西部海岸，印度进行"海鸟工程"（Project Seabird），扩建卡沃（Kawar）海军基地。目前该基地驻扎 11 艘战舰。2012 年阶段 Ⅱ 计划得到批准，在卡沃基地附近建设卡达姆巴（Kadamba）基地，计划完成之后，将成为印度第三大海军基地，仅次于孟买和维沙卡帕特南（Visakhapatnam）海军基地，印度任何一艘战舰都可以进驻该基地。如果阶段 Ⅱ A 完成，卡达姆巴基地可以容纳 27~32 艘战舰。而整个卡沃基地将拥有空军基地、武器储备站、船舶复合体以及导

---

① Radhakrishna Rao, A Force Multiplier for The Indian Naval Capability, 31st May 2012. http：//www.vifindia.org/article/2012/may/31/a-force-multiplier-for-the-indian-naval-capability.

弹发射井。如果阶段 Ⅱ B 完成，卡达姆巴基地可以容纳 50 艘战舰。卡达姆巴基地为印度海军在西海岸提供"战略纵深"，可以为印度海军瞰制波斯湾、红海，甚至好望角提供便利。①

在东部海岸，印度发起了"瓦尔沙工程"（Project Varsha），可以与"海鸟工程"相比拟。该工程为"歼敌者"号核潜艇以及后续的几艘弹道导弹核潜艇和其他前线舰艇建设基地，该基地位于距离维沙卡帕特南海军基地只有 50 公里的拉姆空达（Ramkonda）。

在印度东南部，2012 年 7 月，印度开始升级其在安达曼·尼科巴群岛最南端的一个规模很小且不常用的军事前哨基地，未来将会把其打造为一个全面的"前沿行动基地"，海军为此命名为"巴兹"（Baaz）海军航空站。扩建该航空站，可以部署重型飞机，如 C-130J 以及即将服役的远程侦察与反潜飞机 P-8 I。该基地坐落孟加拉湾的关键战略位置坎贝尔湾（Cambell Bay），瞰制全球最重要的航道之一的六度海峡，该基地升级之后，这个前哨会成为印度能够用来监视马六甲海峡和孟加拉湾的"眼睛"。

在南部，印度在拉克沙（Lakshadweep）群岛把一个临时基地改建为一个永久性海军基地，即 Dweeprakshak 基地，2012 年 4 月建成运转。拉克沙群岛是印度最小的联邦属地，位于印度南部顶端西南部的阿拉伯海上。该基地的投入使用，进一步加强印度海军在阿拉伯海的存在，扩大在印度洋地区的达到范围。除了保护群岛外，基地也可以保护海上贸易，也有利于情报收集。

在西南方向，印度继在马达加斯加岛建立雷达监听站后，又租借了毛里求斯共和国的阿加莱加群岛；并在上述群岛建设海军基地和机场，以便扼守莫桑比克海峡等交通要道。阿加莱加群岛还可以将印度南部的科钦海军基地与马达加斯加连接起来，形成"海上侦察链"。

第四，扩大、提升造船能力，力争战舰与潜艇的自制能力。要想实施海洋控制与海基战略威慑，很重要的一点就是要保证本国有能力制造海军武器载台。舍此，海军战略目标和蓝水海军愿景无法实现。毕竟，海军现代化是买不来的。印度从俄罗斯租借航空母舰、从法国购买柴电潜艇的事

① India Opens Major Western Naval Base Near Karwar, May 21, 2012. http：//www. defenseindustry-daily. com/india-opens-major-naval-base-at-karwar-0647/；Rajat Pandit ，India readies hi-tech naval base to keep eye on China, Mar 26, 2013. http：//articles. timesofindia. indiatimes. com/2013 - 03 - 26/india/38039841_ 1_ akula-ii-ins-chakra-underground-nuclear-submarine-base.

实中得出，依靠外国完成海军目标是靠不住的。这两项交易不仅成本上升，而且拖了蓝水海军计划的后腿。例如，租借俄罗斯航空母舰成本一而再再而三地增加，其改装的成本完全可以购买 1 艘全新的航空母舰。另外，印度的造船能力与技术也不足，导致本国的海军舰船计划拖延，例如自制航空母舰进展落后于预期。因此，在这种情况下，印度现在扩大造船能力，提升造舰技术。印度采取的方式包括，扩大现有的国有造船能力；另外就是公私联合，让私有造船厂承担整个或部分军舰的建造；此外，通过购买外国军舰附带技术转让，进口几艘整舰，本国制造几艘整舰。印度从法国购买的潜艇和从俄罗斯购买的护卫舰都是采取的这种形式。正如前述，印度采购的 49 艘军舰，只有 4 艘由外国建造，其余 45 艘军舰由本国建造。[①] 根据有关自主化进程的一个报告说，船体和相关设备自给率达到 90%，推进机械诸如引擎发动机达到 60%，包括武器和传感器在内的"战斗"部件只有30% 的自给率。[②] 印度造舰自主化道路还有很长的一段路程要走。

七、对印、中、美海上关系的影响

印度海军为实现国家战略目标，维护包括能源安全在内的国家安全和国家经济利益，积极发展蓝水海军，建立前进基地，目的在于向外延伸防御纵深，提高远洋作战能力范围，以实现海洋控制与海洋拒阻，并提高威慑区域外海上强国、大国的能力，进而向西控制好望角，向东控制马六甲海峡，并把利益推进到南海。这些对中美印三国海上关系产生重大影响。

首先，对中印海上关系的影响，就是使得中国的"马六甲困局"更加难解。目前，中国石油进口主要来自中东与非洲几个国家，且主要采用海上运输。运输线是波斯湾—阿拉伯海—孟加拉湾—马六甲—南海一线，运输风险巨大，尤其是马六甲海峡是我国能源进口的咽喉要道。一旦马六甲海峡被封锁，我国能源安全堪虞。这就是中国的"马六甲困局"。

2004 年美国提出了一个所谓的"珍珠链战略"（String of Pearls），中国用此来破解"马六甲困局"。美国所称的该战略就是中国利用各种方式，在印度洋地区取得军舰海外停泊基地，包括巴基斯坦的瓜达尔港、孟加拉

---

① Sergei DeSilva-Ranasinghe, Potent and Capable: India's Transformational 21st Century Navy, p. 4.

② Nitin Gokhale, The Indian Navy's Big Ambitions, May 10, 2012. http://thediplomat.com/2012/05/10/the-indian-navy%e2%80%99s-big-ambitions/.

国的吉大港、斯里兰卡的汉班托特港、缅甸的实兑（Sittwe）、科科岛（Cocos Islands）以及柬埔寨的哈努维尔港（Hanuweier）。除此之外，中国在南海和海南岛建立海军基地，形成更好的战略布局。西方炒作"珍珠链战略"就是为中国利用这些外国的海军基地，监视霍尔木兹海峡、阿拉伯海上的交通以及马六甲海峡，确保中国能源运输安全。中国公司接管靠近霍尔木兹海峡的瓜达尔港经营权以及援建坦桑尼亚的巴加莫约港，似乎更加证实了所谓的"珍珠链战略"的存在。

如同前述，印度也是能源进口大国，也在寻求能源来源的多元化，在中东、非洲、南海等地寻找供应点。中国与印度在能源上存在竞争状态。因此，鉴于所谓"珍珠链战略"的存在，印度加紧建设蓝水海军，在印度本土东西海岸、联邦属地建立海军基地，意在应对中国这一战略。印度在安达曼-尼克巴群岛建立巴兹基地，瞰制六度海峡，监控马六甲海峡；在与中国南海核潜艇基地的同一纬度进行"瓦尔沙"工程，建立核潜艇基地。所有这些都是印度"向东看"政策的海军方面的举措，其意图再明显不过了。也就是印度正在编制"铁幕"网络，扼制中国的所谓"珍珠链战略"。[1] 印度的蓝水海军对我国能源运输安全构成了严重的威胁，一旦印度完全建立了蓝水海军，完全能够对印度洋咽喉通道实施有效控制时，我国的海上与陆上的能源通道，都将受到印度的控制，"马六甲困局"进一步加深。

为解决"马六甲困局"，中国也在谋求相应的海军实力，确保能源安全，但在印度等其他国家看来，这是对其海军的挑战，甚至是威胁。根据印度媒体报道，一份秘密文件说中国潜艇进入印度洋，削弱了印度海军控制"高度敏感的海上交通线"的锋芒；中国正在印度洋地区部署核动力潜艇和区域拒阻武器，发展中国海军远洋海上能力，给印度安全利益造成巨大威胁。[2] 作为反制措施，印度把利益扩展到南海，使用海军为其保驾护航。因此，两国海上力量的碰撞不可避免，存在着引发冲突的可能性。不管我们如何进行宣传，我们发展海军实力，是世界和平之福，目的在于维护国家安全利益与经济利益，绝不会走霸权之路，但无法消除印度、美国等国的无端猜疑、担

① Cmde Ranjit B. Rai, "China's String of Pearls vs India's Iron Curtain", Indian Defence Review, Vol. 24. No. 4, October - December, 2009. http：//www. indiandefencereview. com/news/chinas - string - of - pearls-vs-indias-iron-curtain/.

② Rahul Singh, China's submarines in Indian Ocean worry Indian Navy, Hindustan Times, April 7, 2013. http：//www. hindustantimes. com/India - news/NewDelhi/China - s - submarines - in - Indian - Ocean - worry-Indian-Navy/Article1-1038689. aspx.

心。2013 年中国要购买俄罗斯潜艇的消息传出来之后，印度马上与俄罗斯协商，租借更多的"阿库拉"级核潜艇。这就是典型的"安全困境"。

第二，对印美海上关系的影响，就是加剧了印美争夺印度洋主导权。作为世界上最大的两个"民主"国家，印美是"天然盟友"。美国需要印度，牵制亚洲地区其他大国的崛起，保持亚洲力量的均势。但同时，对印度的崛起也表示担忧。印度，也需要美国的"提携"，对美国表现出"趋炎附势"的一面，另一方面却玩起"制衡游戏"（Bandwagoning-Balancing Game），支持美国的一些对立面，如倡导世界多极化，削弱了美国全球霸主地位的合法性。① 因此，在美印两国在重大战略利益上并不一致，甚至对立，动摇了战略伙伴关系根基。双方都担心战略伙伴关系开始"迷失方向"。②

在印度洋上，随着印度蓝水海军扩张式的发展，印美海上关系复杂化了。如前所述，美国 20% 左右的能源来自印度洋地区，印度能源大部分也来自印度洋地区，因此两国对于护卫海上能源安全有着共同利益。两国出动海军打击海盗，为商船护航。但问题在于两国都想争夺印度洋的主导权，产生了重大的利益冲突。

基于历史以及地缘现实，印度需要发展强大海军，力图使印度洋变成"印度之洋"，防止任何一个区域外大国，包括美国、中国、俄罗斯，寻找各种借口染指印度洋。2004 年印度《海洋学说》明确提出印度的海洋使命，明确说到寻求保障印度在印度洋的绝对利益，这就是印度版的"门罗主义"。③ 因此，就不难理解为何印度大力发展蓝水海军，打造远洋作战能力的舰队。同时，印度全方面拉拢印度洋地区国家，甚至印度海军还派遣战舰和直升机为非洲首脑会议提供安全援助，塑造有利于印度的"战场空间"，力图在 1 000 公里之外的"软控制区"对美国的海军实施威慑。

对于美国而言，保证印度洋和太平洋航线的安全是美国核心利益，④

---

①　Yogesh Joshi, The Bandwagoning-Balancing Game: Contradictions of the India-US Partnership, August 5, 2011 http：//www. idsa. in/idsacomments/TheBandwagoningBalancingGameContradictionsoftheIndiaUSPartnership_ yjoshi_ 050811.

②　Rajeswari Pillai Rajagopalan, US-India Strategic Dialogue："Sky's No Limit" for Space, 18 July, 2011. http：//www. observerindia. com/cms/sites/orfonline/modules/analysis/AnalysisDetail. html? cmaid = 24899&mmacmaid = 24900.

③　The Indian Navy's " Monroe Doctrine", 11 April 2004. http：//www. indiadefence. com/doctrine. htm.

④　John F. Bradford, "The Maritime Strategy of the United States: Implications for Indo-Pacific Sea Lanes", Contemporary Southeast Asia, Vol. 33, No. 2, 2011, p. 183.

保持对海洋的绝对控制是美国大战略的核心之一，美国也正是通过对海洋的控制对世界发挥影响力，从而维护美国的霸权地位。美国保持着世界上最大的航空母舰战斗群和海军实力，就明确表明了美国这一战略意图。2013 年 4 月海军三将领撰文强调，"航空母舰不仅仅是力量的象征，而且航空母舰是力量之源"。[①] 因此，作为全球性霸权国家，美国绝对的制海权绝对不限于其本土所濒临的大西洋与太平洋，自然要扩展到印度洋，尤其是印度洋上战略咽喉通道。[②] 2007 年的美国海军战略强调，"在阿拉伯湾/印度洋地区继续部署可信的战斗力，保护美国的关键利益、向美国朋友和盟友展示对地区安全的承诺，并威慑与制服潜在敌人和竞争对手"。[③] 基于此，在一定程度上，美国与印度在争夺印度洋控制权存在结构性冲突。

为应对印度蓝水海军的建设所形成的挑战，美国继续在巴林部署第五舰队以及在印度洋上的迪戈加西亚建立先进的海空基地，同时与海湾国家建立紧密的军事合作，构筑前沿基地，控制印度洋上的咽喉通道。同时通过亚洲"再平衡战略"政策，美国调整兵力部署，计划把 60% 的海军实力部署到亚太，虽然很大程度上是应对中国崛起的，但也是应对印度蓝水海军计划的战略手段。

第三，印度蓝水海军建设，维系着中、印、美海上非敌非盟关系。如前所述，美国反对印度控制印度洋，中国也明确反对印度洋成为"印度之洋"。对此，中美之间有着默契。因此，美国拉拢中国海军进入印度洋。2008 年 12 月，中国决定派海军进入印度洋，在亚丁湾执行反海盗行动，为国际航运护航，美国政府表示欢迎包括中国在内的任何国家进入亚丁湾进行反海盗行动，并表示要与中国进行合作。2012 年，中美两国海军在亚丁湾举行反海盗联合演习。当然，美国拉中国海军进入印度洋，不仅仅在于利用中国牵制印度，而且还在于让美国充当中印之间的"离岸平衡手"，让美国海军存在印度洋具有正当性。印度确实担心中国、美国进入印度洋，但更担心美国控制印度洋，因此，在与美国争夺印度洋控制权时，印

---

① David H. Buss, William F Moran & Thomas J. Moore, "Why America Still Needs Aircraft Carriers", *Foreign Policy*, April 26, 2013. http：//www.foreignpolicy.com/articles/2013/04/26/why_ america_ still_ needs_ aircraft_ carriers? page＝0, 1.

② 1986 年，美国海军所列的 16 个全球咽喉航路，在印度洋上的 7 个；1999 年，美国能源部所列的世界石油 6 大咽喉通道，4 个在印度洋。

③ US Marine Corps, Department of the Navy, US Coast Guard, A Cooperative Strategy for 21st Century Seapower, October 2007, p.9. http：//www.navy.mil/maritime/Maritimestrategy.pdf.

度也需要中国海军进入印度洋，牵制印度洋上的美国海军。中国海军进入印度洋，旨在打破美军在印度洋、太平洋封锁中国能源通道，与印度谋求改变美国主导印度洋、求解"霍尔木兹困局的政策有不谋而合之处"。[①] 如同前述，另外一方面，印度发展蓝水海军以及强大的美国海军在印度洋的存在，对中国能源安全存在巨大安全隐患，派海军进入印度洋，在印美两国看来，挑战了两国的海军。因此，两国对中国海军进入印度洋保持着高度的警惕性，又联合牵制中国海军存在于印度洋的意图。

因此，印度蓝水海军建设维持着中印美三国海军在印度洋上非敌非盟的"战略三角关系"，但不是等边三角形的关系，中国处于相对劣势地位。就从地缘而言，印度加快蓝水海军建设，印度有着控制印度洋的优势，但想控制印度洋难免有"蛇吞象"之感，要顾忌中美两国在印度洋上的海军存在，并理解两国在印度洋上的国家利益关切。美国要正视并理解印度蓝水海军的发展，让印度承担维护印度洋的部分安全责任，更不能玩弄作为"离岸平衡手"的花招，在中印海军之间搞平衡。对于中国海军而言，目前还不具备改变印美两国主导印度洋安全的能力，从现实的角度来看，在中印、中美安全格局下，确保我国能源安全是现实的选择。"如果三国平静地看待印度，以及彼此之间平静地看待对方，那么合作的前景会相当光明"，[②] 那么本节前面两个问题不再是困扰印度洋安全的问题。

Construction of Indian Blue-water Navy and Its Influence on Sino-India-USA Relations in the Indian Ocean

He Qisong

Abstract：The Indian Ocean Region （IOR） is an arc of turbulence, which is interwoven by traditional and non-traditional security threats. IOR is also the region in which natural disasters often occur. At the same time, the Indian Ocean

---

① 楼春豪：《印度洋新变局与中美印博弈》，《现代国际关系》，2011 年第 5 期，第 6 页。

② James R. Holmes and Toshi Yoshihara, "China and the United States in the Indian Ocean：An Emerging Strategic Triangle", Naval War College Review, Vol. 61, No. 3, Summer 2008, p. 42.

is the important sea line of communications（SLOC）. Therefore, actors from IOR and outside wants to participate in the region's affairs. Because of its special geographical location in the Indian Ocean, in order to maintain its economic interests and national security interests, India is establishing blue-water navy, which bears military role, and diplomatic role, and constabulary role, and benign role. India's navy believes in philosophy of sea control and sea denial. So, India is taking steps in developing blue-water navy, having effects on Sino-India-USA navy relation in the India Ocean.

Key words：India IOR；Blue-water Navy；China；USA

（本文原载《学术界》2013 年第 7 期。）

作者简历：何奇松，复旦大学历史学博士，现为上海政法学院国际事务与公共管理学院教授。主要研究方向是安全与防务，研究领域为欧盟防务、大空安全、美国国防战略等。先后承担 2 个省部级，2 个局级课题。发表论文、参与编译著作和文章多篇，并出版专著、参与编写著作、百科全书和教材若干。曾在《中国社会科学》《中国军事科学》《欧洲研究》《美国研究》《现代国际关系》《国际问题研究》《俄罗斯中亚东欧研究》《国际论坛》《军事历史研究》《军事经济研究》《世界经济研究》《德国研究》等报刊发表论文 100 多篇，其中多篇学术论文被人大复印资料、中国社会科学文摘全文、部分转载。出版专著：《构筑堡垒——欧盟联合防务研究》。

中美在西太平洋的军事竞争与战略平衡

胡　波

（北京大学海洋研究院，100871）

摘要： 近年来，中国军事现代化加速发展，反强敌干预的力量建设尤其引人瞩目。与此同时，美国对中国的担心和疑虑也与日俱增，积极谋划针对中国的军事战略。目前，双方战略博弈的焦点依然集中在台海、东海及南海等中国近海海域，着力点是台湾问题与涉华海洋争端。未来随着中美力量差距的进一步缩小，双方战略竞争的范围将可能扩大至整个亚太地区。中美间的战略平衡正在发生改变，双方的军事战略也越来越针锋相对。然而，无论中美如何努力，考虑到地缘、技术和军事体系等因素，中美极有可能在 10~20 年后形成如下态势：美国不得不接受中国在近海海洋空间的战略优势，而中国不管崛起到何种程度，也无法动摇美国在整个西太平洋乃至世界海域的军事霸权。除非地缘态势和军事技术发生根本性变化，或者中美两国军事体系出现重大失误，否则，双方沿第一岛链附近海域形成的战略平衡就将长期得到维系。

关键词： 军事战略；反介入/区域拒止；空海一体战；战略平衡；中美关系

一、引言

中美关系已成为未来左右世界和平与发展的最重要的一对双边关系，而随着中美间实力差距的逐渐缩小，这对关系将趋于均衡，至少在西太平洋地区会是如此。这并不是说，中国将会最终取代美国成为世界霸权，但中国的崛起还是会有限地改变中美间的权力结构和关系态势。

　　冷战结束以来，中美之间在西太平洋地区大致形成了如罗伯特·罗斯（Robert Ross）描述的战略格局：两国各具优势，中国具有强大的陆权优势，而美国具有强大的海权优势，从而在该地区形成了两极格局或战略平衡。这种状况使中美在各自占主导的领域都有一定的防御优势，从而使双方在互相防范的同时，也留有一定的余地。① 中美在台海危机、南海"撞机事件"等较量中就深刻体现了这种平衡，双方都保持了必要的克制。只是，这种沿中国边境线或领海线附近形成的军事平衡是不太正常的，其前提是中国军队海外投送能力特别是海空实力的过度孱弱。

　　这种平衡注定也是不稳定的，至少在西太平洋地区，伴随中国综合实力的壮大和军事现代化的加速发展，中国坚定走向海洋，其权力开始向海上辐射，中国捍卫国家统一和领土完整、维护海洋权益的态度也随之更为坚决。力量对比的变化将迫使美国不得不重新审视自己在台湾问题、钓鱼岛等事务上的所谓"责任"或承诺，在中国专属经济区及毗邻中国腹地近海空间中的军事政策。②

　　平衡被修正或重塑的过程将是一个动荡不定、充满危机的时期。对于中国而言，捍卫领土主权、维护海洋权益、反对强敌干涉是自己的基本权利，在近海空间追求与自身国力相称的权力和地位也是海洋强国建设的应有之义。对于美国而言，作为西太平洋的长期主宰者，其对中国权力的增长极为敏感焦虑，美国已将中国当成未来最大的长期战略竞争对手，并开始对中国的崛起做提前预置，比如频繁指责中国进行海洋"扩张"，开始在钓鱼岛和南海问题上改变其"No position"的模糊中立政策，③ 推动

---

　　① Robert Ross, "Bipolarity and Balancing in East Asia", 载阎学通编：《东亚安全合作》，北京大学出版社，2004年版，第51-54页。

　　② 关于近海的范围界定，中国官方有两种流行的解释：其一，刘华清曾指出，中国的近海空间主要范围包括"黄海、东海、南海、南沙群岛和台湾，冲绳岛链内外海域以及太平洋北部海域"，参见刘华清：《刘华清回忆录》，解放军出版社，2004年版，第434页；其二，1997年版《中国人民解放军军语》提出："中华人民共和国的近海包括渤海、黄海、东海、南海和台湾岛以东的部分海域"，参见《中国人民解放军军语》，军事科学出版社，1997年版，第440页。按照这两种解释，中国近海涵盖了四大陆缘海及太平洋北部的部分海域，它不是专属经济区这样的法律概念，而是地理概念。

　　③ 美国长期声称在钓鱼岛、南海岛礁等主权问题上不持立场（No position），但实际上明里暗里支持日本、菲律宾等争端方，频繁单方面指责中国，拉偏架。近期美国国务卿约翰·克里、助理国务卿拉塞尔等高官甚至公然要求中国对"九段线"做出解释和澄清，此举反映美在主权问题不持立场的政策框架正在发生松动和调整。

"亚太再平衡"战略、贯彻"空海一体战"作战概念等。

　　中国的反强敌干预战略与美国类似"空海一体战"的进攻性威慑战略正日渐针锋相对。两国的军事战略均尚待完善，内容也待充实，但方向不会发生变化。中国提防美国介入台湾问题和涉华海洋争端，美国则担心中国越来越自信，进而危及美国在亚太的军事安全主导地位。这种战略分歧是制约两国战略互信改善的最大原因。随着中美两军各自战略的进一步完善，各类先进武器系统的列装，两国的战略博弈将进入一个新的阶段，新的平衡也将应运而生。

　　值得高度警惕的是，在中美两国正积极构建"不冲突不对抗、相互尊重、合作共赢"新型大国关系的背景下，中美军事战略对抗的风险却在攀升。为了规避这种风险，我们不妨对两国军队做"最坏打算"准备的战略和行为做客观的对比分析和假定推演，以促使两国相关决策者和部门对未来的形势有一个大致的理性预期，从而能更理智、更和平地进行战略博弈。

二、中美间正在改变的战略平衡

　　基于当前的发展趋势，哪怕是低一些的经济增长率，中国的经济总量超过美国将仅是时间早晚的问题。各类国际经济机构和战略预测专家几乎一致认为，中国经济总量将在 21 世纪前半期超过美国，最早的时间是英国《经济学人》杂志预测的 2018 年。[①] 2010 年世界银行的一份报告预计，中国经济总量将于 2020 年超过美国。[②] 根据 2011 年渣打银行预测，2020年中国经济总量将达 24.6 万亿美元，超过美国当年 23.3 万亿的水平。[③]美国国家情报委员会 2012 年 12 月发布的《全球趋势 2030》报告预测，中国将在 2030 年前超过美国成为世界第一大经济体。胡鞍钢等人在其《2030 中国：迈向共同富裕》一书中指出，2030 年中国将成为真正意义上

---

　　① Chinese and American GDP forecasts, Nov 20th 2013, http：//www.economist.com/blogs/graphic-detail-11/chinese-and-american-gdp-forecasts. 登录时间，2014 年 3 月 16 日。

　　② World Bank Office, China Through 2020 – A Macroeconomic Scenario, June 2010, http：//www-wds.worldbank.org/external/default/WDSContentServer/WDSP/IB/2010/06/21/000333038 _ 20100621011331/Rendered/PDF/551320NWP0medi00Box349441B00PUBLIC0.pdf. 登录时间，2014 年 4 月 12 日。

　　③ Kenneth Rapoza, "By 2020, China No.1, US No.2", http：//www.forbes.com/sites/kenrapoza/2011/05/26/by-2020-china-no-1-us-no-2/. 登录时间，2014 年 4 月 12 日。

的世界经济强国，经济总量相当于美国的 2.0~2.2 倍。^① 如果按照购买力平价计算，时间还将大幅提前，国际货币基金组织 2011 年就断言，中国经济总量将于 2016 年超过美国。^②

有关中国综合国力的预测则相对谨慎，美国国家情报委员会推测，根据国内生产总值、人口规模、军费开支及科技创新四大指标，中国将在 2030 年拥有与美国类似的世界权力；如果再加上健康、教育和政府治理三大指标，中国的综合国力将在 2045 年左右赶上美国。^③ 清华大学阎学通教授在其《历史的惯性：未来十年的中国与世界》一书中预测，2023 年世界可能出现中美两个超级大国，两极格局也将随即形成。不过，他也承认届时中美间仍有一些差距，"中国的经济实力有可能达到美国的水平，但是中国的军事实力、文化实力则难以达到美国的水平。中美综合实力差距只能缩小到同一级别，但中国无法全面赶上美国"。^④

就军事能力而言，在可预见的将来，中国尚不能在全球范围内与美国抗衡，但渐有在西太平洋地区与美分庭抗礼的底气。兰德公司预计，到 2025 年，中国的国防开支将略超美国国防开支的一半。^⑤ 英国伦敦国际战略研究所（IISS）在 2014 年 2 月 5 日发布的《2014 年全球军力报告》中指出，中国国防开支可能会在 21 世纪 30 年代赶上美国。^⑥ 笔者依据公开数据进行推算，也得到了大致相近的结论。以 2011 年美国的基础国防预算 5 663 亿美元（美国国防部提交的数额为 5 490 亿美元）为基准，^⑦ 按照 3% 的通行年均增长

---

① 胡鞍钢等著：《2030 中国：迈向共同富裕》，中国人民大学出版社，2011 年版，第 54 页。

② International Monetary Fund, World economic outlook, April 2011, http：//www.imf.org/external/pubs/ft/weo/2011/01/pdf/text.pdf；世界经合组织（OECD）有类似的预测，参见 http：//thediplomat.com-03/oecd-china-will-be-largest-economy-around-2016. 登录时间，2013 年 3 月 8 日。

③ National Intelligence Council, Global Trends 2030: Alternative Worlds, p. 17.

④ 阎学通：《历史的惯性：未来十年的中国与世界》，中信出版社，2013 年版，第 5 页。

⑤ International Monetary Fund, World economic outlook, April 2011, http：//www.imf.org/external/pubs/ft/weo/2011/01/pdf/text.pdf；世界经合组织（OECD）有类似的预测，参见 http：//thediplomat.com-03/oecd-china-will-be-largest-economy-around-2016. 登录时间，2013 年 3 月 8 日。

⑥ International Institute for Strategic Studies, The Military Balance 2014, February5, 2014.

⑦ 美国国防开支通常包括基础预算（Base Budget）、海外突发行动费用（OCO Funding）以及用于战争或非战争的补充性拨款（OCO Supplemental/ Non War Supplemental）三大部分。在此只计算基础预算，因为后两者根据形势的不同有较大变动，而且美国预算控制法案所针对的就是基础预算的削减。

速度，① 至 2021 年，美国国防开支预期将累计增长到约 8 300 亿美元。而随着《2011 年预算控制法案》的启动生效及美国国防预算消减政策的执行，2012 至 2021 财年，美国将累计少增长 4 870 亿美元的国防预算。若美国财政危机继续恶化，自动减赤计划还将每年再削减 500 亿美元的国防预算，直至 2021 年。虽然美国国会 2013 年采取了行动，暂时缓解了自动减赤危机，但 2016 财年，该机制重启的风险将再次来临。② 除非美国财政收支状况改善，否则 2012 至 2021 财年，美国国防预算仍可能累计削减近 10 000 亿美元，③ 在这种情况下，国防开支的计划削减基本与预期增长相抵消。即使自动减赤计划得以避免，美国国防预算十年间的实际增长也较为有限，约为 3 430 亿美元，平均每年 343 亿美元。这样，2021 年美国的基础国防预算也仅比 2011 年略有增长，约 6 000 亿美元左右。而过去近 20 年来，中国国防预算几乎不间断地保持 10% 以上的年增长速度，2012 年中国公布的国防预算为 6 702.74 亿人民币（按当时汇率约为 1 100 亿美元），若中国国防开支继续保持 10% 以上的年增长速度，那么中国的国防开支将会在 2025 年前后的时间达到约 4 600 亿美元，鉴于人民币汇率的升值可能，中国实际军费开支将与美国接近。即便出现中国经济及国防开支增长速度放缓、美国因财政状况好转并减缓削减国防开支等情况，中美国防开支差距大幅缩小的趋势也是无法改变的。况且，中国的几乎全部国防开支都集中在西太平洋地区，而美国无论如何"再平衡"，也只可能将其中一部分开支聚集在该地区。因此，中国将很快在该地区拥有比美国更充裕的财政资源。不过，军费开支只是衡量军事能力强弱的诸多重要指标之一，美军在军事理论、科技发展情况、装备水平、作战效率和海外政治支持等方面仍旧会遥遥领先。需要重点一提的是，与军费、装备等硬实力相比，中国军队在经验或"软实力"方面要赶上美军需要的时间还将更为漫长。

---

① 此速度主要基于近 10 年间美国国防开支中基础预算的平均年增长水平，参见 U. S. Department of Defense, Fiscal Year 2011 Budget Request, http：//www. defense. govnewsd2010rolloutbrief1. pdf, p. 2. 登录时间 2014 年 4 月 9 日。

② U. S. Department of Defense, Defense Budget Priorities And Choices Fiscal Year 2014, http：// www. defense. govpubsDefenseBudgetPrioritiesChoicesFiscalYear2014. pdf, p. 1.

③ 根据美国国会 2011 年通过的预算法案，最低减赤金额为 1.2 万亿美元，最高减赤金额为 1.8 万亿美元，联邦国防预算和非国防预算将各自承担减赤金额的一半，具体分配比例根据国内国际形势以及国会两党的博弈情况略有调整。参见 U. S. House of Representatives, Summary of the Budget Control Act of 2011, August 2011, http：//rigell. house. gov/uploadedfiles/summary_ of_ the_ budget_ control_ act_ of_ 2011. Pdf.

　　综合考量经济实力、军事科技与装备工业水平、军事战略与理论、军费开支等因素，各类战略报告或分析评估也普遍推断，未来 10 至 20 年间，中美在西太平洋的战略态势将发生质的变化。美国卡内基国际和平基金会的报告指出，未来 15 到 20 年间，中美的经济和军事实力差距将会缩小，中国的军事优势在其周边水域对美日同盟构成越来越大的挑战，美国主导地位会受到挤压，从而出现一种"被侵蚀的平衡"。① "美日同盟最可能受到的潜在挑战，并不包括中日之间会爆发全面军事冲突，或中国要把美国逐出西太平洋。实际上，北京最可能凭借其不断增长的实力，通过和平方式逐步侵蚀日本的安全利益，而非通过军事进攻解决争端。"美国海军情报办公室的评估报告称，到 2020 年，中美在太平洋上的主要军舰（航空母舰、巡洋舰、驱逐舰、潜艇等）数量将不相上下，大致都维持在 100 艘左右，② 中美间定然还存在巨大的质量和能力鸿沟，但由于中美作战范围的非对称性，中国海军毫无疑问会在东亚近海获得体量优势，这将一定程度上弥补质的差距。再加上中国庞大的陆基空中力量和导弹部队的加入，力量的天平势必向中国倾斜。美国海军分析家广泛认为，美国的主动和被动防御都可能不足以应对在第一岛链③——特别是中国大陆沿海水域内越来越不确定的作战环境。④ 事实上，台海军事力量对比已经失衡，中国还将在 2020 年前后取得东海对日的海空军事优势，那时美国将失去离岸平衡的空间，不得不直面与中国的战略对抗。⑤ 卡内基的报告还指出，"随着时间的推移，中国将能够逐步提高既有的'反介入/区域拒止'优势，将其扩展到东北亚地区，并最终到达东南亚"。兰德公司 2011 年的报告也认为，未来数十年，美国要在中国周边范围内保护其盟友和朋友的能力将逐

　　① Carnegie Endowment for International Peace, China's Military &The U. S. -Japan Alliance In 2030: A strategic Net Assessment, May 3, 2013, p. 308.

　　② Ronald O'Rourke, China Naval Modernization: Implications for U. S. Navy Capabilities-Background and Issues for Congress, September 2013, p. 42, http: //www. fas. org/sgp/crs/row/RL33153. pdf.

　　③ 第一岛链通常指北起日本群岛、琉球群岛，中接台湾岛，南至菲律宾、大巽他群岛的链形岛屿链。岛链内缘各点离中国大陆的距离多不超过 1 000 千米，南海南部部分海域离大陆的距离超过 1 000 千米。

　　④ Carnegie Endowment for International Peace, China's Military &The U. S. -Japan Alliance In 2030: A strategic Net Assessment, May 3, 2013, p. 186-187.

　　⑤ 袁鹏：《关于新时期中国大周边战略的思考》，载《现代国际关系》，2013 年第 10 期，第 31 页。

渐减弱。① 鉴于此，美国正试图未雨绸缪，积极推动"亚太再平衡"战略，调整亚太军事部署、重塑地区安全结构、落实"空海一体战"作战概念以应对未来强大的中国。为了在财政紧缩的情况下更好地应对中国等力量带来的反介入等威胁，保持美军的优势，五角大楼还于2014年9月发起第三次"抵消战略"，试图将国防投资聚焦于美国具有决定性的军事技术领域，以克服对手日益扩大的数量优势。

现实情况是，最近几年来，中国力量的增长已经导致了一定的后果，某种程度上正在改变亚太地区的"现状"和力量平衡。中国的海警执法力量开始对中国专属经济区海域实施有效管控，并在钓鱼岛、南沙群岛等争议岛礁的附近海域保持常态化存在；中国海空兵力在近海的警戒巡航密度急剧增大，设立东海防空识别区即是中国对自己力量日益自信的表现；中国海上力量发展迅速，在强化近海存在的同时正积极走向远洋，中国海军加快了"走出"第一岛链建设远洋海军的步伐，频繁派遣大规模编队赴西北太平洋及北部印度洋进行远洋演习训练。

三、中美日益针锋相对的军事战略

中美两军关系长期是两国关系的最大"短板"，两军严重缺乏信任。"彼此之间的'对手/敌人意向'逐渐强化，双方均越来越将对方视为主要（潜在）对手。在相当一部分中方人士看来，美国是中国维护主权和领土完整、保卫国家安全的最大威胁，而一系列事态也显示，美国则将中国看作至少是亚太地区的头号军事对手，即使中国并未试图挑战美国亚太军事主导权。"②

从现实利益和战略需求来看，中美两军也似乎不得不做最坏的打算。中国不仅需要构建可信的武力威慑，以反对"台独"，维护自己在近海的主权及权益，还需要发展远洋海军，在西太平洋和北部印度洋保持一定的远程投送能力，维持一定的有效存在，以维护国家安全和海上通道的畅通。而在美国看来，中国不断壮大的近海"反介入/区域拒止"能力会损害美国尤其是美军在该海域的"航行自由"或"自由进出"，削弱美国对

---

① James Dobbins, David C. Gompert, David A. Shlapak and Andrew Scobell, Conflict with China Prospects, Consequences, and Strategies for Deterrence, p. 5, p. 9.

② 参见李岩：《美国亚太军事战略调整与中美关系》，载袁鹏主编：《中美亚太共处之道：中国、美国与第三方》，时事出版社，2013年版，第77-78页。

本地区盟友安全承诺的可行度，进而危及美国在亚太的军事主导权；中国海军的快速发展，虽然起点较低，亦将冲击美国在亚太地区的军事影响。因此，美军必须投资确保在'反介入/区域拒止'环境下有效行动的能力。"这包括执行新的'联合作战介入概念'（JOAC）作战概念，保持持久水下作战能力，研发新型隐形战略轰炸机，改进导弹防御系统以及强化太空系统安全有效运行等"。①

　　中美双方都致力于发现对方军队的弱点，充分利用导弹、舰船、飞机、航天及信息等方面的技术革命带来的重大机遇，量体裁衣、极尽所能发挥自己所长去瞄准对方的弱点，以求在战略博弈中获得优势，并在可能的局部冲突中取胜。

（一）中国的反强敌干预战略

　　20世纪90年代初，美国国防部净评估办公室安德鲁·克雷宾涅维奇（Andrew F. Krepinevich）等在其撰写的《军事革命》的报告中指出，随着第三世界国家掌握一定数量的弹道导弹、巡航导弹及高性能飞机等远程武器系统，美国遍布世界的前沿基地将遭遇严峻挑战，在冲突或危机时期，它们不仅不能给予盟友信心，反而成为美国的焦虑源头或包袱。2003年在《应对反介入和区域拒止挑战》的报告中，克雷宾涅维奇等正式提出了"反介入/区域拒止"概念。② 所谓"反介入"，是指通过反舰弹道导弹、反舰巡航导弹、高性能战斗机、先进水雷、静音潜艇、反卫星武器、网络武器等迫使美军不得不在远离中国大陆或这些武器的有效射程之外活动，从而丧失对中国近海危机的介入能力。"区域拒止"是退而求其次的选择，若战时不能阻止美军自由进入，上述力量应立足于迟滞美军进入或通过袭扰降低美军的行动效率。该概念随后在美国观察家的评论、美国军方的各类报告中被频繁使用。虽然早期的著述中并没有确指威胁主体，但实际设定的最大挑战者始终是中国。③

　　需要指出的是，中国官方并没有"反介入/区域拒止"的提法，这是

① Department of U. S. Defense, Sustaining U. S. Global Leadership: Priorities for 21st Century Defense, January 2012, pp. 4-5, http://www.defense.gov/news/Defense_ Strategic_ Guidance. Pdf.

② Andrew Krepinevich, Barry Watts and Robert Work, Meeting the Anti-Access and Area-Denial Challenge, Center for Strategic and Budgetary Assessments, Washington, D. C., 2003.

③ Andrew Krepinevich, Why AirSea Battle? Center for Strategic and Budgetary Assessments, 2010, p. 24.

美国战略界和军方对中国军事战略与政策的一种解读。显然，中国无意破坏西太平洋的航行自由，更没有将美军逐出西太平洋的计划，中国针对美军的军事战略、武器发展和力量部署的实质是"反干涉、反侵略"，即反强敌干预。自新中国成立始，防止强敌干涉中国主权就成为中国军队的最重要任务，美国始终是重要防备对象，无论是统一台湾，还是保卫在钓鱼岛及南沙群岛的主权，美国的介入都是中国不得不认真对待的重要变数。中美建交后，美国通过《与台湾关系法》维持着与台湾当局的军政联系，继续向其兜售武器，并反对中国政府以武力方式收复台湾，扬言不惜为此付诸武力，在1995—1996年的台海危机中，美国就曾派遣两艘航空母舰赴台湾附近海域附近耀武扬威，对中国进行武力威慑。美国与日本签署有《日美安保条约》，中日围绕钓鱼岛的争端升级后，美国多次公开宣称，钓鱼岛在该条约的覆盖范围内，美国反对任何单方面改变日本对钓鱼岛"行政管辖权"的行为。美国与菲律宾签署有《美菲共同防御条约》，近年来在推动"亚太再平衡"战略的名义下，着力加强在东南亚地区的军事部署，外交上高调介入南海争端。从军事角度而言，美国在亚太地区广泛的防卫承诺使得美军成为中国捍卫主权的最大第三方障碍，中国在该地区的任何军事行动，均可能遭到美军的掣肘甚至是干预。因而，防止美军干涉中国在近海的军事行动渐成为中国军队必须予以应对的重要课题。中国军方高度关注美军在海湾战争、科索沃战争、阿富汗战争以及伊拉克战争中表现出来的高度一体化、信息化、现代化的作战能力，并将打赢信息化条件下的局部战争上升为中国军队的主要使命。

2004年12月，中国发布新版国防白皮书，描述未来需要打赢"信息化条件下的局部战争"。① 过去10年来，中国军方一直将打赢"高技术条件下的局部战争"作为最重要任务。2013年版的《国防白皮书》继续深化了这个概念，称"坚定不移把军事斗争准备基点放在打赢信息化条件下局部战争上，统筹推进各战略方向军事斗争准备，加强军兵种力量联合运用，提高基于信息系统的体系作战能力"。"加强针对性战备演习演练，周密组织边海空防战备巡逻和执勤，妥善应对各种危机和重大突发事件"。维护国家主权、安全、领土完整，保障国家和平发展被中国军队视为首要

---

① 中国国防部：《2004年中国的国防》（白皮书），http：//www. mod. gov. cn/affair/2011-01/06/content_ 4249947_ 2. Htm。

任务，"坚定不移实行积极防御军事战略，防备和抵抗侵略，遏制分裂势力，保卫边防、海防、空防安全，维护国家海洋权益和在太空、网络空间的安全利益。坚持'人不犯我，我不犯人，人若犯我，我必犯人'，坚决采取一切必要措施维护国家主权和领土完整"。① 鉴于美国在亚太地区广泛的军事安全承诺，中国要维护主权，就不得不做好应对美国介入的准备。

近 20 年来，中国军队加速推进军事现代化，重点打造导弹、静音潜艇、隐形战机等"撒手锏"武器，并利用信息技术发展传感器与指挥网络，优化舰机平台和制导武器，全面提高其导弹、战斗机、水面作战舰艇、潜艇和网络武器的目标定位和打击能力。这其中最为典型抢眼的"撒手锏"武器当属东风-21D 反舰弹道导弹。据美国国防部的报告称，"该导弹是东风-21 型中程导弹的改进型，采用二级固体燃料火箭发动机，公路机动发射，射程超过 1 500 千米，主要是用来打击西太平洋上的大型水面舰艇，尤其是美国的航空母舰"。② 由于其再入大气层后可主动寻的，改变或修正轨迹，它比普通弹道导弹更加难以被拦截，一些观察家甚至认为，它是一种改变战略博弈形式或平衡的武器。③ 迄今为止，中国官方并没有公布该型导弹的具体情况，但它确实存在。2011 年，美军前参谋长联席会议主席迈克尔·马伦（Michael Mullen）访问中国，中国时任总参谋长陈炳德向其透露："中国确实在发展反舰导弹东风-21D，但目前尚处在研发阶段"。④

中国之所以采取投射为主（Projectile-Centric Strategy）的力量投送方式，大力发展导弹、无人机等力量，很大程度上也是因为中国在追赶美国及其盟友强大的投送能力方面没有其他的选择，与美军相比，中国军队海上和空中平台的技术差距依然甚大。⑤

---

① 中国国防部：《国防白皮书：中国武装力量的多样化运用》，http：//www. mod. gov. cn/ affair/ 2013-04/16/content_ 4442839. Htm.

② U. S. Department of Defense，Annual Report to Congress：Military and Security Developments Involving the People's Republic of China，http：//www. defense. gov/pubs/2013_ China_ Report_ FINAL. pdf.

③ Ronald O'Rourke，China Naval Modernization：Implications for U. S. Navy Capabilities-Background andIssues for Congress，p. 10.

④ 陈炳德： 《东风 21D 导弹还在研究中》，http：//www. China'embassy. org/chn/zmgx/t838436. Htm.

⑤ Ian Easton，"China's Military Strategy in the Asia Pacific：Implications of Regional Stability"，the Project 2049 Institute，2013，p. 7. 登录时间：2013 年 12 月 18 日。

（二）美国的"空海一体战"作战概念

美国当前对华战略构想的核心目标就是防止中国改变，特别是通过武力改变亚太地区的现状，这包括阻止中国以武力或武力威胁的方式实现两岸统一、维护钓鱼岛及南海主权。美国决策者和分析家笃信实力保障和平的原则，认为美国能否向中国展示足够的能力，构建强大的威慑，防止中国使用武力或以武力相威胁的方式解决亚太地区的海洋争端是中美在太平洋和平共处的底线或基础。[①] 由于东亚力量对比的变化，为了维持现状，美国可能发现自己被迫要从防御性威慑转向报复性威慑：前者是基于美国在西太平洋直接保卫其利益和盟友的能力，而后者是基于在局面升级的威胁下，利用远程武器和更容易生存的平台对中国进行反击的效果。换句话说，就是"备战和升级战争都是为了止战"，过于害怕战争或局势升级反而会严重损害美国的利益，并助长中国的"野心"，准备打仗、构建确信无疑的威慑正是"空海一体战"概念出台的原因和努力的方向。[②]

"空海一体战"顾名思义，就是空海协同一体作战，这其实并不是一个新的概念，最早甚至可以追溯到"二战"时期的空海联合作战。只不过美国最近炒作的"空海一体战"概念确有其特殊的背景与内涵。2009 年 7月，美国时任国防部长罗伯特·盖茨（Robert Gates）指示海军和空军引进新的作战概念"空海一体战"，同年 9 月，美国空军前参谋长诺顿·施瓦茨（Norton A. Schwartz）上将和海军前作战部长加里·拉夫黑德（Gary Roughead）上将签署机密备忘录，联合研究"空海一体战"概念。2010年版的《四年防务评估报告》中首次提出空军和海军将共同开发"空海一体战"概念，以便在一系列军事行动中挫败对手。[③] 2011 年 11 月，美国国防部正式设立跨军种的"空海一体战"办公室来贯彻、验证这一概念，2012 年 1 月，美国国防部推出与此紧密相关的《联合作战介入概念》（the Joint Operational Acces Concept）。自此，"空海一体战"开始进入实际论证

---

① Andrew S. Erickson, "China's Naval Modernization: Implications and Recommendations", http://docs. house. gov/meetings/AS/AS28/20131211/101579/. HHRG－113－AS28－Wstate－EricksonA－20131211. pdf, p. 3. 登录时间：2014 年 1 月 15 日。

② Elbridge Colby, "Don't Sweat AirSea Battle", July 31, 2013, http:// nationalinterest. org/ commentary/Don't-sweat-airsea-battle-8804? page=6.

③ U. S. Department of Defense, Quadrennial Defense Review Report, February 1, 2010, p. 33, http://www. defense. gov/QDR/images/QDR_ as_ of_ 12Feb10_ 1000. pdf.

和实践验证阶段。

"空海一体战"概念自提出以来就受到了美国军方高层的热捧，2012年2月，施瓦茨和海军作战部长乔纳森·格林纳特（Jonathan W. Greenert）联合发表《空海一体战：在不确定的时代促进稳定》一文，提出"空海一体战"的"网络化、一体化及纵深打击"三大核心特征,[1] 此后格林纳特又多次发文鼓吹"空海一体战"概念。按其说法，"空海一体战"的作战任务一是"致盲"，指在战时迅速瘫痪敌方的指挥、控制、通信、计算机、情报、监视和侦察系统，这是现代军事一体化系统中的七个最重要的子系统，即 C_4ISR 系统；二是攻击敌方本土重要的"反介入/区域拒止"资源，如破坏敌方的机场、导弹发射架等；三是应对敌方已经发起的飞机、导弹和网络等攻击。[2]

严格意义上讲，"空海一体战"只能算是一种作战理念，美国提出并完善"空海一体战"显然是迫于技术和现实的双重压力，其目的一是为了促使美军联合部队跨越陆、海、空、天、网等作战空间范围进行优势整合，更好地遂行联合作战任务。这一点正如施瓦茨强调的那样，"空海一体战"的真正价值是为各军种提供了统一协调的手段，以应对联合部队作战所面临的挑战。[3] 二是为了应对中国等国日益强大的"反介入/区域拒止"能力，保证美军自由进入海洋、空中、太空、网络等"国际公域"的权利。美军判断，未来 10~20 年，中国人民解放军将具备阻止美国军事力量进入第一岛链甚至第二岛链[4]内海域的能力和限制其行动自由的"区域拒止"能力，能够打击美军前沿基地和部队，攻击其 C_4ISR 信息系统，破坏其后勤补给节点，迟滞其进入作战区域，最终使得美军丧失战略和作战

　　[1]　Norton A. Schwartz and Jonathan W. Greenert, "Air-Sea Battle：Promoting Stability in an Era of Uncertainty", The AmericanInterest, February 20, 2012, http：//www. The-american-interest. com/article. cfm? piece=1212.

　　[2]　Jonathan Greenert, "Breaking the Kill Chain", May 16, 2013, http：//www. foreignpolicy. com/articles/2013/05/16/ breaking_ the_ kill_ chain_ air_ sea_ battle? Page=0, 1.

　　[3]　The Brookings Institution, "Air-Sea Battle Doctrine：A Discussion With The Chief Of Staff Of The Air Force And Chief Of Naval Operations", http：//www. brookings. edu/~/media/events/2012/5/16% 20air% 20sea%20battle/20120516_ air_ sea_ doctrine_ corrected_ transcript, p. 9-10. 登录时间：2014 年 1 月 18 日。

　　[4]　第二岛链：北起日本群岛，经小笠原诸岛、火山列岛、马里亚纳群岛、帕劳群岛至印度尼西亚马鲁古群岛北端。

主动权，从而不得不与中国进行妥协。① 面对中国强大的"反介入/区域拒止"能力，美军前沿基地以及主要海空作战平台的可靠性将面临严峻挑战，对于习惯在靠近密布基地的战区和不受威胁的航母上发起战争的美国空海军而言，不得不做出调整。毋庸讳言，"空海一体战"设定的最大对手就是中国，《"空海一体战"初始作战概念》（AirSea Battle：A Point-of-Departure Operational Concept）开篇宗义阐明其宗旨，美国规划和落实该作战概念主要是为了应对中国日益强大的"反介入/区域拒止"能力，防止中国动摇美国在西太平洋的海上霸权，并赢得与中国可能冲突的胜利。② 为此，美军积极推动在亚太地区的兵力部署调整：在全球其他区域进行收缩，在亚太地区进行加强；在亚太区域内，"固北强南"，继续加快推动美日同盟军事合作，重点加强在东南亚地区及澳大利亚等构筑新的力量存在，并将兵力进行分散后撤，强化关岛等第二岛链基地的战略地位；在装备建设上，将侦察、预警、导弹、通信卫星等空间支援系统作为发展重点，将新一代隐形轰炸机、舰载无人机、无人潜航器、新型潜艇等远程、快速、隐形侦察及打击力量作为装备建设重点。

　　不过，"空海一体战"概念也招致了各种争议，即使是在美军内部，也不乏批评者。③ 一些观察家质疑"空海一体战"的战略属性和作用，认为它无法为美军应对中国军队提供有效路径。美国哈德逊研究所高级研究员赛思·克罗普西（Seth Cropsey）评论称，"空海一体战"不具备军事战略的基本要素，它非常模糊，更像一个美军各军兵种间加强合作的计划，而非针对中国的军事战略。它对美国应对中国的"反介入/区域拒止"力量毫无意义，只会徒增添中国的怀疑、戒心和反制。④ 美国国防大学研究员托马斯·哈梅斯博士（Thomas X. Hammes）称，"空海一体战"的流

---

　　① Center for Strategic and Budgetary Assessments, AirSea Battle：A Point-of-Departure Operational Concept, May 2010, p. 17-30, http：//www. csbaonline. org/publications/2010/05/airsea-battle-concept.

　　② Center for Strategic and Budgetary Assessments, AirSea Battle：A Point-of-Departure Operational Concept, p. xi.

　　③ 海军内部的异议主要是觉得"空海一体战"有缺陷，批评者们致力寻求替代方案；而陆军则直接质疑整个概念，认为其忽视了陆上力量的作用。参见 http：//www. rsis. edu. sg/publications/policy_ papers/RSIS_ Air%20Sea%20Battle_ 190213%20v1_ Print. pdf, p. 7. 登录时间：2014 年 4 月 12 日。

　　④ Seth Cropsey, "Statement of Seth Cropsey Subcommittee on Seapower and Projection Forces U. S. Asia-Pacific Strategic Considerations Related to P. L. A. Naval Forces Modernization", December 2013, http：//docs. house. gov/meetings/AS/AS28/20131211/101579/HHRG - 113 - AS28 - Wstate - CropseyS - 20131211. Pdf.

行，恰恰说明美国缺乏一个强有力的军事战略去支撑其国家战略。[1] 另外一种观点批评"空海一体战"计划过于庞大，而美国国防预算又日益吃紧，美国根本没有资源和能力去实施，事实上也没有有关"空海一体战"的详细预算。美国国会众议院军事委员会海上力量及投送小组委员会主席詹姆斯·兰迪·福布斯（James Randy Forbes）就曾在致美国时任国防部长莱昂·帕内塔（Leon Panetta）的信中表达了这种忧虑。[2] 最普遍的质疑来源于对大规模战争的担忧或恐惧，美军部分高层和一些分析家担心执行"空海一体战"会引发刺激中美间的战争甚至是核大战。乔治·华盛顿大学教授阿米泰·埃奇奥尼（Amitai Etzioni）曾对此有一句著名的评论："'空海一体战'本质上就是为了升级战争，甚至是为了打核战争而准备的。"[3] 为了斩断中国"反介入/区域拒止"力量的"杀伤链"，如格林纳特所言，最佳的办法就是攻击中国大陆的指挥控制中心、导弹阵地和机场，但这无疑会招致中国的猛烈报复，甚至会刺激中国采取"先发制人"的打击。战争将迅速升级，甚至引发核战争，这类结果美国根本无法承受，中国毕竟不是伊拉克、利比亚或伊朗。

除"空海一体战"之外，美国战略家与分析家们还酝酿着其他选择，比如哈梅斯博士提出的离岸控制（off shore Control）战略。该战略认为，"不能攻击中国本土，克制对中国本土的攻击将降低战争升级的可能性和使战争更容易结束"，美国可在中国"反介入/区域拒止"势力范围之外，通过远洋海上封锁，而非直接打击岸上目标的方式逼迫中国妥协。最终"通过一场损耗有限的战争来实现战略相持或停战，并回归现状"。[4] 这种战略最大的问题是其可操作性。远洋封锁或经济战不仅本身也存在扩大冲突的风险，而且在这个充满活力的商业世界，执行起来也非常困难，长期来看几乎不可能。即便美国能克服财政困难和经济压力，成功实施远洋封锁，也不可能凭此就能战胜中国。对此，美国海军分析中心的埃尔布里

① Thomas X. Hammes, "A Military Strategy to Deter China", December 1, 2013, http://www.realcleardefense.com/articles/2013/12/01/a_military_strategy_to_deter_china_106987.Html.

② U. S. House of Representatives, "from Representative J. Randy Forbes to the Honorable Leon Panetta", November 7, 2011, http://forbes.house.gov/UploadedFiles/Panetta_ASB.pdf.

③ Amitai Etzioni, "Preparing to Go to War With China", July 2013, http://www.huffingtonpost.om/amitaietzioni/preparing-to-go-to-war-wi_b_3533398.Html.

④ Thomas X. Hammes: "Offshore Control: A Proposed Strategy for an Unlikely Conflict", Strategic Forum, National Defense University, June 2012, p. 5-6.

奇·科尔比（Elbridge Colby）的批评最具典型，他指出，中美间的对抗是长期而战略性的，双方将会倾注足够的耐心并拥有强大的意志力，一场远距离封锁显然不足以迫使中国屈服并接受美国的条件。"就像两次世界大战以及对抗拿破仑那样，一个缺乏军事胜利计划的远距离封锁是不会有成效的。封锁对胜利很重要，但远不足以成就胜利。① 远距离封锁或许对美国是有用的，但对美国的盟友们来说，美国的支援也是同等的"远距离"，远水难解近渴，而离开美国的直接援助，美国的盟友们越来越不可能抗衡中国。更令美国决策者很难接受的是，这种"鸵鸟"政策意味着美国可能要将目前在中国近海的军事安全优势或权力拱手让给中国，无论其有多大的效用，美国政府也着实难以承受这种行动带来的风险和压力。

还有一种思路是以"其人之道还治其人之身"，推行拒止威慑（Pursue Deter ence by Denial）。倡导该战略的代表人物美国海军战争学院的安得烈·埃里克森（Andrew S. Erickson）认为，中国解决海洋争端的终极目标是占领并长期控制相关岛屿，美国不一定非得打败中国，只需要阻止中国达成自己的目标即可。美国需要通过是向中国展示自己强大的破坏能力，阻止中国对相关岛屿的占领或控制。鉴此，美军应该发展自己的反介入或区域拒止力量，重点部署潜艇、反舰巡航导弹和鱼雷等。② 这是一种相对被动的防御战略，意味着美国要承认中国的部分权利并能顶住其国内和盟友的压力，在美国没接受其霸权在西太平洋终结之前，美军都不太可能采纳这类政策建议。

综合来看，"空海一体战"显然更符合美国目前的总体战略，而无论是离岸控制、拒止威慑，甚或是"代理人战争"③ 等都不太符合美国的战略设想。面对中国的海上崛起和军事现代化，保持在西太平洋的强大前沿存在依然是美国亚太军事战略的基石。美军当前对华军事战略的两大前提，一是美国预料西太平洋地区的力量平衡正在被打破，再过 10 年左右，日本等美国的盟友将再也无力"抵抗"中国，美国必须准备"挺身而

---

① Elbridge Colby, "Don't Sweat AirSea Battle", http：//nationalinterest. org/commentary/don't-sweat-airsea-battle-8804? page=3.

② Andrew S. Erickson, "China's Naval Modernization: Implications and Recommendations", p. 11, http：//docs. house. gov/meetings/AS/AS28/20131211/101579/HHRG - 113 - AS28 - Wstate - EricksonA - 20131211. pdf.

③ Daniel Blumenthal, "A Sino-American Proxy War"? http：//shadow. foreignpolicy. com/posts-09/18/a_ sino_ american_ proxy_ war. 登录时间：2014 年 2 月 15 日。

出"，否则中国就将"得逞"；二是美国不能接受从西太平洋地区撤退，也不想与中国分享海上权力，美军依然要维持在该地区的海上霸权，维持对中国的力量优势。"空海一体战"战略概念正是基于此进行设计的，在推行"亚太再平衡"战略的背景下，离岸控制及区域拒止等与美国的整体方略不符，将很难成为美国决策者的选择。

总体上，美军应对中国"反介入/区域拒止"能力增长的战略是相互矛盾的。一方面美国认识到中美在中国近海乃至西太平洋的力量平衡对中国越来越有利，而受制于地缘障碍、技术限制和预算紧缩，美国暂时找不到很好的反制办法；另一方面，美国尚不愿意放弃其在东亚的权势，正试图采取更具进攻性的威慑方式对中国进行战略预置。

因此，尽管"空海一体战"概念有诸多缺陷，其本身也尚待完善，但这却是今后美军针对中国所谓"反介入/区域拒止"战略的基本思路，除非美国对华政策发生根本性变化，愿意改弦更张，与中国分享在西太平洋地区的海上权力，否则，美军都将对"空海一体战"概念进行进一步的深化与落实。

四、中美谁将胜出？

中美间的军事较量是两种平台、两种战略间的综合博弈。虽然两国军队的各类军兵种均非常齐全，发展也都较为全面，但比较而言，在西太平洋地区尤其是东亚海域，两国的力量建设和特点各有侧重。中国军队是一支主要依靠大陆的力量，在发展远洋海军的同时，更注重发展反海军技术；而美军则是一支以海上平台为核心的力量，正依托海洋，整合内部及盟友的资源，强化通过海空平台投送力量的能力。

总的来看，中美两军各具优势，也都存在劣势，双方的军事博弈和较量相当复杂，但通过综合分析技术、地缘和军事体系可靠性三大类因素，我们大致可以判定在不同的空间范围，哪一方的胜算更大。当然，前提是双方都合理利用了自己的优势，并较正常地发挥了自己的能力水平。

（一）中国有可能取得第一岛链内及附近海域的战略优势

首先，在第一岛链内及附近海域，技术的进步开始更有利于大陆国家。长期以来，在陆权强国与海权强国的对峙中，无论是进攻还是防御，陆权强国都处于明显劣势。海权强国可充分利用海上力量的机动性，迅速集结兵力，对陆权国家某一点进行致命打击。相反，陆上力量难以快速聚集，即便能形成有力拳头，也将隔海而望洋兴叹，进攻效率因而大打折扣。① 如在晚清与英法等帝国主义的较量中，英法军队虽然总体人数很少，但利用其海军的超强机动性，在上万千米的海岸线上随处寻找战机，总能在局部对中国军队形成兵力、火力上的优势；而晚清政府空有庞大的军队，却总是无法按时集结，处处被动。这种海权的进攻与防御优势正是荷兰、西班牙、英国、美国等海上强权能分割世界、称霸世界的重要原因，也是马汉"谁控制了海洋，谁就控制了世界"的技术基础。

　　但"二战"结束以来，随着导弹技术、航天技术和信息技术的快速发展，形势开始发生一定的变化，大陆强权拥有了强有力的对海上目标进行定位和进攻的手段。在目标跟踪定位方面，大陆国家可以凭借卫星、预警机、无人机及超视距雷达等侦察工具对海上目标进行定位。侦察卫星能在全球海域范围内获取大型水面舰艇动向性情报；短波测向及超视距雷达能提供离岸较远距离的目标动态信息，虽然无法提供准确目标信息，但能提供起到早期预警的作用；预警机能实时获取离岸数百千米的海上目标，如美国的 E-2C 预警机能发现 360 千米以外的舰船，据《汉和防务评论》和《简氏防务周刊》的分析，中国的空警-2000 也拥有类似的性能。不过，对于超低空和水面目标，因为受到地球曲率的影响，岸基雷达和舰载雷达的探测能力进步缓慢，有效侦测距离长期停留在几十千米至一百千米左右，甚至是目视距离。② 有专家推测，未来中国可能的远距离情报、监视与侦察系统（ISR）将主要由天基侦察卫星、无人机以及电子侦察船等平台组成。③

　　在进攻手段方面，大陆技术取得了更大的进展，可以依托陆基战斗机和导弹力量，对敌上千千米以外的海上力量及陆上纵深进行打击。随着中国军队东风 21D 导弹，静音潜艇以及大规模现代化水面舰艇和海上打击飞机的列装，美军在西太平洋将越来越面临着多维度的"最后 1 000 海里"

　　① 胡波：《中国海权策：外交、海洋经济及海上力量》，新华出版社，2012 年版，第 100 页。

　　② 参见刘卓明、姜志军等主编：《海军装备》，中国大百科全书出版社，2007 年，第 523-537 页。

　　③ Ian Easton, "China's Evolving Reconnaissance-Strike Capabilities: Implications for the U. S. -Japan Alliance", the Project 2049 Institute, February 2014, p. 9-16.

的力量投送障碍。① 特别是在导弹攻击与导弹防御的平衡方面，技术上先天对攻击方有利。防务专家们普遍认为，美国及其盟友已经部署的拦截装置（主要是陆基爱国者系列及海基标准系列拦截导弹）在应对中国先进导弹系统的攻击方面，成功的可能性不大，而且这些装置都非常昂贵，不可能大规模装备，这更限制了其发挥盾牌的作用。②

在这种情况下，大型舰艇尤其是水面舰艇编队的动向很容易遭到跟踪定位，在陆基种类繁多的进攻手段威胁之下，海上力量的生存和有效性变得脆弱，特别是在临近大陆的海域。这样，在特定区域内，大陆强权相对于海上强权形成了一定的天然战略优势，一些海权专家将大陆国家的这种海上权力称之为"大陆海权"，这种理论认为陆基战斗机、无人机、反舰巡航导弹和弹道导弹等武器能够使沿海国家在不必拥有强大海上舰艇编队的情况下，即可屈人之兵。③

其次，从地缘上来看，中国同样在该区域占据着优势。在近海，中国海权受到了陆权的庇护。美国著名海权专家詹姆斯·霍姆斯（James R. Holmes）就曾指出，陆权的强大和地理上的辐射效应，使得中国甚至并不需要能在大洋阵地上应对威胁的武装力量。如在台海和东海可能爆发的冲突中，中国利用地缘优势构建的陆上目标跟踪监视系统、世界最大的一体化防空系统和先进的地下坑道体系等将使得导弹、无人机等发射装置能相对安全地对敌进行打击。④ 而在西太平洋，美国可能用于干预亚太事务的军事资产多集中在第一岛链，主要是日本冲绳，大多数基地和辅助设施分布在几个孤立的岛上，战时很容易遭到对手的定点打击或清除。虽然美军近年来进行部署调整，意图将资产分散化、网络化，并向关岛等离大陆较远的地方后置，但这样做是增强了安全，却损失了效率。如果战时美军从关岛甚至更遥远的地方往中国近海投送力量，将更不可能对中国实行饱和

---

① Jim Thomas, "Statement Before The House Armed Services Committee Seapower And Projection Forces Subcommittee", http：//docs. house. gov/meetings/AS/AS28/20131211/101579/HHRG-113-AS28-Wstate-ThomasJ-20131211. pdf, p. 4. 登录时间：2014 年 1 月 15 日。

② Ian Easton, "China's Military Strategy in the Asia Pacific：Implications of Regional Stability", the Project 2049 Institute, 2013, p. 16, http：//www. project2049. net/documents/China_ Military_ Strategy_ Easton. Pdf.

③ James R. Holmes, "An Age of Land-Based Sea Power?" March 2013, http：//thediplomat. com/2013/03/An-age-of-land-based-sea-power.

④ Ian Easton, "China's Military Strategy in the Asia Pacific：Implications of Regional Stability", the Project 2049 Institute, 2013, p. 8.

攻击。而航空母舰等海上力量慑于中国的"反介入/区域拒止"威胁，将只能在中国导弹半径之外发挥作用。中美双方在第一岛链内还存在投送距离上的极大不对称，美军必须从数千千米之外运输所需物资，以维持作战行动，而中国则是在"前院"作战。美军在关岛和夏威夷的基地将不足以保证美海军在东亚近海的战略影响，它必须借助于地区盟友及伙伴的大力支持。① 考虑到美国盟友对于卷入与中国争端的普遍模糊而犹豫的态度，以及这些国家可能的国内政治障碍等不确定性因素，美军面临的情况将更为复杂。

另外，在该区域发生冲突时，中国的作战体系具有更高的可靠性。现代战争是体系的对抗，作战体系是由诸多指挥、武器、网络等系统构成的。越复杂的东西，漏洞也必然越多，不确定性也将大幅增加，这是反强敌干预和"空海一体战"都会遭遇的挑战和困扰，但在临近大陆近海空间，中国军队的作战系统要比美军简单可靠得多。中国将主要依赖岸基雷达、预警机和侦察卫星等组成的 ISR 系统对目标进行跟踪与锁定，然后将动态信息提供给指挥系统，并将相关详细参数传递给武器系统，指挥系统将根据需要对 ISR 系统和武器系统下达各类指令，整个过程中产生的大部分数据的传输和交互都是经过陆上可靠的有线网络或系统完成的。而美军不得不大量仰仗天基卫星和海基平台进行侦察预警，并大部分依靠天基通信卫星进行数据中继。美军在近期的几场局部战争中，100%的导航定位和90%以上的通信都依靠卫星来实现。② 而天基卫星的带宽资源一般相当有限，战时一旦吃紧，数据量将急剧膨胀，很容易造成通信信道阻塞，C_4ISR 系统很容易崩溃。为避免这种情况，美军在伊拉克和阿富汗战争时期都不得不大量租用国际电信联盟的通信卫星。如果美军在亚太介入与大国的冲突，美军带宽资源紧缺现象必将更为严重，再加上对方进行的一些数据注入或网络干扰，结果将更为糟糕。对方甚至不必使用反卫星武器去攻击美国的通信卫星，就有可能使得美军的 C_4ISR 系统瘫痪。

---

① Peter A. Dutton, "Testimony before the House Foreign Affairs Committee Hearing on China's Maritime Disputes in the East and South China Seas", http：//docs. house. gov/meetings/AS/AS28/20140114/101612/HHRG-113-AS28-Wstate-DuttonP-20140114. pdf, p. 4. 登录时间：2014 年 2 月 25 日。

② 中国人民解放军军事科学院军事战略研究部编著：《战略学》，军事科学出版社，2013 年版，第 96 页。

（二）美军将继续维持在第一岛链以外海域的主导地位

出了第一岛链继续深入远洋，情况就会发生截然不同的变化。首先，技术越来越对美国有利。在远洋，技术的进步越来越有利于海空移动平台；相反，以大陆平台为核心的一次性投送工具的效率大幅降低。离大陆越远，陆基平台的精确定位、跟踪和打击都将变得更加困难。在大洋上，陆基雷达、无人机等跟踪定位方式作用有限，将主要依赖天基的遥感和电子侦察卫星来获取目标信息。现今一流的海军舰艇在大洋上的活动半径很大，轨迹变化莫测，固定轨道的卫星很难对海上移动目标实施连续跟踪，虽然多颗卫星理论上可以大幅缩短跟踪的时间间隔，但成本和效率根本无法接受。即便能实时捕捉到敌方舰机的信号、发现其确切位置，随着投送半径的大幅增大，打击的精确度也会随之递减，与此同时，由于预警时间的延长，敌方海上力量对来袭导弹和飞机拦截的效率将随之提升。若失去了大陆提供的屏障和便利，中国将面临在美军最擅长的领域或技术中行动，将主要依赖于自己并不太成熟的海上力量与世界最强大的美国海军进行较量。

美国海军依然是全球最强大、最训练有素、最专业的海上力量。美国的水面战斗编队在同敌方的任何舰机进行正面交火时，仍能获得压倒性优势。美国海军是世界唯一一支已完成信息化革命的、全球布局的力量。在无可匹敌的目标跟踪瞄准系统和作战网络的支持下，美国战舰在打击范围及生存能力方面都远远超越对手，尤其是在远离对手腹地的大洋深处。[①]

中国在海洋地理方面还有着明显的劣势。技术对陆权的放大是有限的，并不能从根本上改变中国面临的不利海洋地缘环境。中国虽然拥有漫长的海岸线，但除了台湾东海岸以外，却少有能直通大洋的通道。西太平洋上的"第一、第二岛链"成为中国军事力量从近海出入大洋的障碍，东出太平洋的海上战略通道都为美国和其盟友所控制，战时中国海军在第一岛链以外的生存条件将急剧恶化，其行动的自由度和效率将大幅降低。与此正好相反，美军将能更容易获得第一岛链、第二岛链各基地的作战支援和后勤补给，充分发挥其地缘优势。

---

① Barry Watts, "The Maturing Revolution in Military Affairs," Center for Strategic and Budgetary Assessments, June 2011, http: //www. csbaonline. org/2011/06/03/csba-releases-new-report-on-the-maturation-of-the-precision-strike-regime; A rnegie Endowment for International Peace, China's Military & The U. S. -Japan Alliance In 2030: A strategic Net Assessment, p. 186.

更重要的是，中国在盟友网络和海外基地方面相对美国而言处于绝对劣势，在相当长的时期内，都不太可能有效弥补。在缺乏海外基地和盟友军事政治支持的情况下，远离大陆的中国力量将很难有所作为。在可预见的将来，中国除非能长期与美国、日本这样的海洋强国结盟，不然就很难彻底改变自身海洋地缘上的不利条件，也不太可能在整个西太平洋地区甚至世界海域内获得战略优势。

中国的中程弹道导弹、反舰巡航导弹、远程隐形战斗机等的作战半径虽然远超第一岛链，具备一定的战斗力，但其在相对长的跨越岛链飞行过程中将遭遇密集防空反导力量的截击，其作战效能将大幅度减弱。具体而言，反舰巡航导弹由于其较低的飞行速度，除了消耗对方的防空资源之外，估计不会对对手军舰有实质性杀伤；远程隐形战斗机和轰炸机不仅面临被拦截的风险，还将在对目标的跟踪定位等方面遭遇严峻挑战；唯一还能对敌方军舰和前置基地构成实质性威胁的就是反舰弹道导弹和中程弹道导弹，但由于其造价相对高昂，数目相对少，又处在岸基爱国者、海基标准系列导弹等拦截之下，很难对美国的军事目标形成饱和攻击。更不容忽视的是，ISR 系统虽也在快速发展，但其速度远远跟不上打击工具的进步。如上所述，除卫星能提供大范围的不连续目标信息之外，其他 ISR 系统在大洋上都存在各式各样的问题。岸基系统对大洋目标是力有未逮、鞭长莫及的，而空基与海基系统要发挥作用则需要前出大洋，在不掌握制空权和制海权的情况下，其自身安全都成问题，更不能指望其能有所作为。ISR 能力的不足已是中国军队遂行海上军事打击任务的另一大瓶颈。美军在其"空海一体战"作战概念中，仅从东风 21-D、轰 6、苏 30MKK 的理论作战半径等物理概念臆测"中国威胁"，完全无视上述地缘、侦察监视能力的限制，这无疑夸大了中国未来的可能能力。①

至于双方远洋作战体系的稳定性与安全性方面，美国也将全面占优，中国无论是在经验方面还是资源方面，完全无法与美国匹敌。只要中国保持快速崛起的势头，中国早晚会发展并获得远洋行动的必要硬件基础，但是数据、力量的整合与协调、远洋部署及作战经验等软件的发展及完善却要难得多。中国军事行动离中国海岸越远，其安全性和效率就越低，② 这

---

①　See Andrew Krepinevich, Why AirSea Battle? Washington, DC: Center for Strategic and Budgetary Assessments, 2010, p. 24.

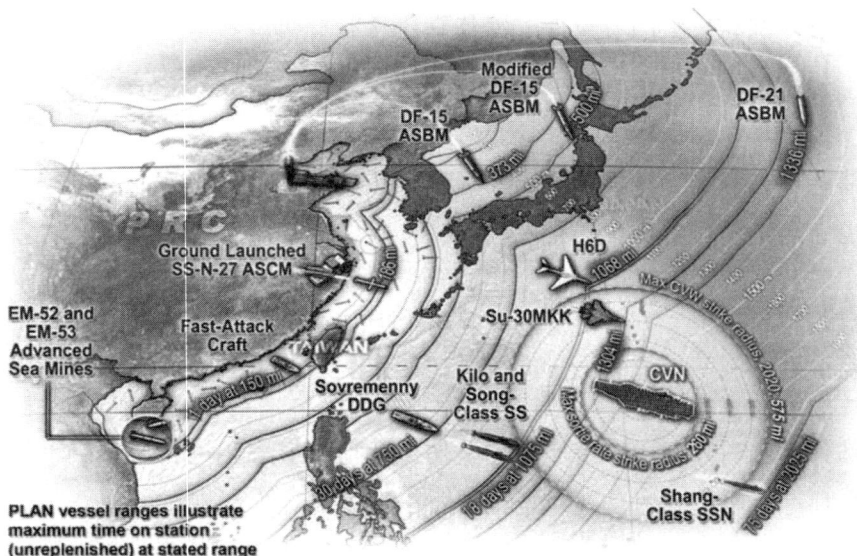

美国对中国"反介入/区域拒止"能力的评估①

个效率递减的速度要远远超过其美国同行。在资源方面，中国缺乏必要的远洋支撑，除了侦察卫星之外，中国的远洋 ISR 系统缺乏其他侦察手段的印证，很容易遭到美军的干扰和欺骗。伴随中国在远离大陆的区域对海上平台和天基平台依赖的加深，中国的 C$_4$ISR 系统将变得更为脆弱。相反，美军倚靠遍布世界的前沿基地以及盟友的陆上或海上侦察、通信等资源，能较好地弥补天基侦察和通信能力的不足，其整个 C$_4$ISR 系统运转的可靠性相对高出许多。

五、结论：无可奈何的妥协与平衡

在西太平洋地区，中国天然是陆权强国，而美国仍是海上霸主。在地缘条件、军事技术两大因素的共同作用下，中美双方天然存在一条战略平衡线。与此在某些部分相似的是中国古代中原王朝与北方游牧民族沿长城或 400 毫米等降水线形成的战略对峙。中原王朝和游牧民族政权分别在平衡线的南北维持着各自的战略优势，当然，这种平衡并非人力所不能突

① Andrew S. Erickson，"China's Naval Modernization：Implications and Recommendations"，p. 5.

破，军事体系效率的差异也会带来重大变化。如汉武帝时期，中原王朝的军队也曾在漠北称王逐北，而蒙古、后金等少数民族政权也曾在南方建立过较为长期的统治。然而，在双方都正常发挥自己技术及地缘优势的情况下，这种平衡就难以被打破。

同理，中国"由陆向海"与美国"由海向陆"投送力量的方式均存在一定的有效半径和优势范围。未来 10~20 年间，随着中国军事现代化的初步完成，中国将逐步取得在第一岛链以内及附近海域的战略优势。鉴于中国在此拥有的地缘优势、庞大的防空系统以及陆基侦察预警手段，"空海一体战"对中国大陆进行纵深打击的设想将不太可能取得成功，它只会引发不明智的冲突升级或中国的报复。而且，在东海及南海，中美各自的利益性质有很大差异，中国在此的利益重要性及对这些问题的关切程度，远非美国所能比，美国缺乏在这些区域使用其遭到威胁的手段对中国实施进攻性威慑的可信度。那时，从战略上而言，美国在台湾、钓鱼岛及南海等问题上"后退"（Back Off）将是大势所趋，任何试图逆该趋势而动的行为都是无济于事且相当危险的。

美国虽然无法在毗邻中国的近海区域战胜中国，但却依然可以在远离中国大陆的广袤海域占据绝对优势，能轻松维持在大部分海域内的拒止能力，正如休斯·怀特（Hugh White）所言，支配中国，美国需要维持海洋控制（sea command）；但制衡中国，美国只需要维持海上拒止，而这是肯定可以做到的。[①] 中国如果置自身的先天禀赋、能力缺陷和相对弱小的海外政治影响力于不顾，在整个西太海域甚至世界海洋空间追求势力范围和力量优势，无论抱负及投入有多大，也无法从根本上改变中美间的战略平衡。

中美间的战略平衡线大致维持在第一岛链附近海域，在军事技术没有发生颠覆性变革的情况下，这条线几乎是大陆技术向海洋延伸的终结和海洋技术向大陆推进的极限。在中美两军充分利用新兴军事技术并发挥各自地缘优势的情况下，美国很难在中国近海战胜中国，而中国也不太可能在远洋发生的与美国进行的对抗中获胜。

这条战略平衡线也不是静止的，而是动态的，其范围有一定的伸缩空间。首先，技术的进步可能并不是对称的。陆基侦察、投送和打击技术在

---

① Hugh White, The China Choice: Why America should share power, Melbourne: Black Inc., 2012, p. 75.

发展，海上平台的相应技术也在不断提升，同样的技术对于两者的重要性也往往不尽相同，因而一些技术创新可能会稍微改变一下战略平衡。其次，今天的战争或战略对抗已完全不同于长城内外的步战和骑兵战，是一个集合成百上千系统而成的体系对抗，中美各自的实际作战能力很大程度上取决于双方军事力量的一体化整合程度和联合行动效率，这较难精确测量，且具有一定的不确定性。此外，海外盟友的支持程度也是需要计算的另一大变量，随着国际关系民主化及各国市民社会的蓬勃发展，海外驻军的军事行动遭受着愈来愈强的政治舆论限制，这种限制无疑将增加战略平衡的弹性。

最后，需要特别强调的是，这条战略优势的分界线与古代"长城线"相比有着显著的不同，它是无形而开放的，而非壁垒分明的，中美双方的军事力量在对方优势空间范围内是有行动自由的，即便是战时也是如此。这是因为任何国家都不可能像控制陆地那样去控制哪怕是一小块海域，中美都不可能在各自的优势范围内完全拒止对方。况且，中国获得近海战略优势并不需要将美军逐出东亚甚至西太平洋，而美国维持在世界海域范围内的优势地位也没必要剥夺中国开发利用远洋空间的权利。

（本文原载《世界经济与政治》2014 年第 5 期，
现略有调整。）

作者简介： 胡波，北京大学海洋研究院研究员，海权及国际战略问题专家，长期从事军事战略及外交政策等方面的研究，主要关注领域为海权战略、国际安全及中国外交，在《世界经济与政治》《国际观察》《外交评论》《The Journal of Chinese Political Science》等国内外核心期刊上发表《中美在西太平洋的军事竞争与战略平衡》等重量级学术论文 20 余篇。胡波老师还担任多个政策部门的咨询顾问，《人民日报》《凤凰周刊》《联合早报》《南方周末》《东方早报》等多家境内外著名媒体的特约评论员与撰稿人。出版学术专著多部，其中，《中国海权策：外交、海洋经济及海上力量》被誉为"理性系统规划中国海权战略的第一本书"；新著《2049年的中国海上权力》出版伊始即获得政策圈、学界及社会的高度关注与好评。

马汉"海权论"及其对中国海权发展战略的启示[*]

李家成　李普前

（辽宁大学国际关系学院，110136）

摘要：作为国家海权发展的主要战略指针，马汉的"海权论"不仅认为海权对国家存亡兴衰和世界历史进程有着重大乃至决定性的影响，还提出了发展海权的六个条件。这对海权发展滞后的中国来说，具有重大借鉴价值。中国海权发展战略可以从中找到可资利用的与切身利害相关的警训。

关键词：马汉；海权论；中国；海权发展战略

在陆上和空中交通日益发达的当今世界，海洋交通仍以其价廉、量大、四通八达、国界障碍少等巨大优势，占当今国际货运交通量的 80% 强，实可谓人类主要的越洋国际贸易要道和巨大的财富传送带。海洋这条"伟大的公路"不仅是商路和经济血脉，还是军事力量投送的主要通道，更是人类生存与发展的资源宝库。因此，可以说，随着海洋在全球化进程中的重要纽带作用日益凸显以及人类开发和利用海洋的能力与手段的不断提高，人类的发展已步入了一个真正的海权时代，向海洋进军成为时代的号角。身处海权时代的中国如何发展海权，马汉的"海权论"对此不乏真知灼见。

一、马汉"海权论"思想述评

基于对欧美海战史和英国海上霸权所进行的战略考察、思考和总结，

---

[*] 本文系 2012 年辽宁省教育厅科学研究一般项目"冷战后美国亚太同盟与中国战略安全"（项目编号：W2012006）、2012 年辽宁省社会科学规划基金青年项目"朝鲜对外政策研究"（项目编号：L12CGJ007）和 2012 年辽宁大学东亚研究中心科研项目"朝鲜核战略对东北亚安全的影响"（项目编号：LNUCEAS2012-04）的阶段性成果之一。

美国海战史学家、海权理论家和海军战略家艾尔弗雷德·塞耶·马汉（Alfred Thayer Mahan，1840—1914）在其著名的"海权论三部曲"① 中向人们揭示了盎格鲁—撒克逊民族在现代历史上之所以能纵横世界的奥秘，即制海权是英国历次战争中一再取胜的关键，指出了海权作为一种国家大战略工具的价值和有效性，并道明了"海军至上主义"（Navalism）的核心信条是"制海权"②（Command of the Sea）。制海权会给其拥有国带来巨大的海上优势，既使其安享不受来自跨海威胁的战略地位，又拥有到达敌国海岸的机动性和能力，还关闭了进出敌人海岸的商业通道。③ 因此，制海权，特别是控制具有战略意义的狭窄航道，对于保持大国的地位至关重要。④ 并且，海权比陆权对世界事务有着更大的影响力。换言之，海权对陆权享有优势，海权国家总能战胜陆权国家。

"海权论"的集大成者马汉从国家战略的高度认识到发展海权、控制海洋对国家繁荣强盛具有决定性影响，并得出了一个伟大的历史性领悟，即拥有强大的海上力量，就能控制海上主要战略通道和海上贸易这一主要的国家富源，便可控制世界财富和资源的流向，从而决定一国兴衰并影响世界历史进程。正如 2000 多年前的古罗马哲学家马库斯·图留斯·西塞罗（Marcus Tullius Cicero）所言："谁控制了海洋，谁就控制了世界。"扩而言之，谁控制了海洋，谁就拥有了控制海上交通的能力；谁拥有了控制海上交通的能力，谁就控制了世界贸易；谁控制了世界贸易，谁就控制了世界财富，从而也就控制了世界本身。几百年来，西班牙和葡萄牙（16 世纪）、荷兰（17 世纪）、英国（18、19 世纪）乃至美国（20 世纪）这些世纪霸主的世界霸权都是以海权为基础的。及至今日，发展海权已经成为世

① Alfred T. Mahan, The Influence of Sea Power upon History, 1660—1783, Boston：Little，Brown and Company，1890；Alfred T. Mahan, The Influence of Sea Power upon the French Revolution and Empire, 1783—1812, Boston：Little，Brown and Company，1892；Alfred T. Mahan, Sea Power in Its Relations to the War of 1812, Boston：Little，Brown and Company，1905.

② 制海权是指一国能够保证自己对某些经常使用的特定航线的使用权，并且同时使敌人无法享用这一特权。Alfred T. Mahan, The Influence of Sea Power upon History, 1660—1783, p. 25.

③ Alfred T. Mahan, The Influence of Sea Power upon History, 1660—1783, p. 138.

④ Alfred T. Mahan, The Influence of Sea Power upon History, 1660—1783, Boston：Little，Brown and Company，1897，esp. pp. 281–329.

界各国提高综合国力和谋求战略优势的一大途径。① 可见，海权发展史里蕴涵着使一个濒临于海洋或借助于海洋的民族成为伟大民族的秘密和根据。② 大国崛起离不开海权支撑。

那么，究竟何为海权呢？"海权"一词由英文 Sea Power 翻译过来，也可译为"海上实力、海上权力、海上力量"。它有狭义和广义之分。狭义的海权是指通过优势海军来实现对海洋的控制权力；广义的海权是指以武力威慑的方式统治海洋的海上军事力量以及与维持国家经济繁荣密切相关的其他海上力量③，即由生产、航运、原料产地和销售市场构成的海洋经济。从这一意义上来说，海权是指国家利用海洋和控制海洋的海上战略力量体系。它含括海上军事力量和海上经济力量。二者相互促进、相辅相成。海洋经济的正常运作需要海上军事力量的保护；海洋经济的持续增长促进海上军事力量的强大。④ 可见，一个国家只有同时拥有足够的商品、商船和基地进行海上贸易和足以保护海上交通线的强大海军，才能发展海权，控制海洋。

基于海洋是自然赐予的便捷通道⑤，马汉指出了构成海权的六个要素⑥，即一个国家要成为海权大国必须依靠：

（1）地理位置：一国发展海权的前提是拥有出海口。孤悬于海外的岛国比海陆复合国更利于发展海权。一面临海好于两面向洋。如果一个国家坐落在便于进入公海的通道上，同时它还控制了一条世界主要贸易通道，显而易见，它的地理位置具有重要的战略价值。

（2）自然构造：漫长的海岸线、宽大的深水良港以及深入内地的大河，便于贸易的开展，是国家力量与财富的来源。然而，由于它们十分易

　　① 参见张文木：《世界地缘政治中的中国国家安全利益分析》，山东人民出版社，2004 年版，第245 页。George Modelski and William R. Thompson, Seapower in Global Politics, 1949—1993, Seattle：University of Washington Press, 1988, p. 3-26, 106.

　　② ［美］马汉，萧伟中、梅然译：《海权论》，中国言实出版社，1997 年版，第2-3 页。

　　③ ［美］马汉：《海权论》，第 3 页。Geoffrey Till, Maritime Strategy and the Nuclear Age, London：Macmillan, 1982, p. 14.

　　④ Alfred T. Mahan, The Influence of Sea Power upon History, 1660—1783, p. 28.

　　⑤ 换言之，水路交通总比陆路交通要方便迅速和低廉便宜。Alfred T. Mahan, The Influence of Sea Power upon History, 1660—1783, p. 25.

　　⑥ Alfred T. Mahan, The Influence of Sea Power upon History, 1660—1783, pp. 29-89. ［美］马汉：《海权论》，第 25-92 页。［美］马汉：《海权对历史的影响》，安常容、成忠勤译，解放军出版社，1998 年版，第 29-85 页。

于接近，如果不加以适当防卫的话，在战时将成为薄弱环节。

（3）领土范围：国家发展海上力量，必须要有一定面积的领土作为依托。一个国家人口的数量、海军的力量，要与领土的大小、资源及其分布状况、海岸线的长度和港口的数量相称。

（4）人口数量：人口总数和海事作业人数这些后备力量，关乎海上作战的持久力。因为他们可以为海军的发展提供充足的兵员。

（5）民族特征：善用海洋资源、富有冒险精神、追逐海外利益并热衷海外贸易的民族，其海运事业必然发达。

（6）政府性质与政策：在促进海权方面，民主政府与专制政府各有短长。民主政府更为持久而缓慢，专制政府更为迅速却难以持久。无论何种性质的政府都应当具有海洋意识、重视海权发展，并保持海洋政策的连续性。由于政府的政策和行为能对一国海权能力的发展起到至关重要的促进作用，明智的国家政策可以有效弥补自然条件的不足之处。平时培育民族工业的正常发展、国际贸易的广泛增长和国民海外逐利的倾向，并维持一支规模适当的海军力量。一国海军规模大小、基地数量应与其海运业的增长及其各种相关利益的重要性相称。

由上可见，海权的发展既取决于自然因素（前3个），也依赖于人为因素（后3个）。这其中自然因素由于已经确定下来而无法更移，海权发展的人为因素的重要性便凸显出来。这成为国家海权发展战略应当予以着力的方面。

通过上述梳理和审察，我们可以发现，马汉的海权思想由于其固有的历史局限性①、个人局限性②以及环境理论的固有局限性③，只具有一定的

---

① 马汉"海权论"的历史局限性体现在特定国家在有限历史时期的独特经验——通过战争征服和殖民扩张来夺取领土并抢占资源。［英］杰弗里·蒂尔：《海上战略与核时代》，海军军事学术所，1991年版，第5页。并且，诞生于木制帆船时代的海权论，在钢甲汽船时代表现出一定的不适应症候。此外，它还体现在"海权三环节"，即生产、海运和殖民地，其中可以为宗主国提供廉价劳动力和原材料以及船只补给场所的殖民地早已不复存在，只能通过平等协商租赁海外港口等形式，来补给远洋运输。

② 马汉"海权论"的个人局限性体现在其本人哲学的狭隘性、信仰的唯心性以及思想的极端性——蔑视《联合国海洋法公约》、推崇"海军至上主义"。

③ 这主要体现在两个方面：地理环境不同，海权之于国家的重要性便有差异；技术因素使得海权之于国家的有效性是变化的。后来内燃机车的出现和现代化公路网与铁路网的建成，逆转了海权之于陆权的优势地位。参见章佳：《评马汉的海权说》，《国际关系学院学报》，2000年第4期，第18-19页。

普适性。但是，作为人类利用海洋的"圣经"，马汉的"海权论"如同哥白尼的"日心说"一样具有划时代的意义。它促进了世界各大国海军的大规模发展，对诸大国国家战略思想产生了革命性的影响，成为各濒海国家与海洋国家经略海洋、发展海权的指路明灯和主要战略指南。它对马汉的母国美国尤具价值——促进了美国大海军的筹建并推动美国跻身世界列强。由于这一卓著功勋，美国总统罗斯福称马汉是"美国生活中最伟大、最有影响的人物之一"。并且，时至今日，海权发展的基本原则和海权理论的思想"内核"——增强国家海上力量，获取海洋竞争优势，以维护国家海洋权益，依然有其必要性和合理性。① 因此，我们应本着取其精华（海权发展战略）、去其糟粕（陆海权对抗论）的科学批判精神来审读它、借鉴它，以便从中汲取教益、获致灵感、求得真经，推动中国海权发展战略的形成和发展。

二、中国海权发展的现状

基于马汉的海权理论和海军战略，中国应当认识到，海洋国土是中华民族未来的发展空间和根基所在。海军关乎中国的海权，海权关乎中国的未来发展。中国需要发展海权并建立一支强大海军。

（一）海权观念长期淡薄、海权意识开始觉醒

古代中国既受到大海的天然保护而无需发展海军，又由于大海的阻隔效因而无力发展外贸，还因为长期受到北方游牧民族的南犯而不得不着重发展陆军。加之，中国在历史上是一个物丰民富的泱泱大国，自以为地大物博，"生计已足"，不需要"冒险探新"，国民发展海外贸易的意愿严重不足，以致"历代君民皆舍海而注意于陆"，"常置海权于度外"，缺乏海权发展的历史积淀。② 因此，长期收缩于内陆的中国认为黄色文明优越于蓝色文明，形成"重陆轻海"的国防观，忽视海洋及其相关权益，缺乏海权观念和海战经验，海洋国土意识长期以来一直比较淡薄，把海洋看成是"护城河"。这种传统海权观念显然落后于时代发展，明清时期达到极致。

---

① 陆儒德：《中国海权思考：马汉〈海权论〉的局限与当代海权观》，《国家航海》，2012 年第四辑，第 119 页。
② 严复：《代北洋大臣杨拟筹办海军奏稿》，《严复集》（第 2 册），中华书局，1986 年版，第257 页。

由于对广阔无垠的海洋的恐惧与无知，明清统治者推行"闭关锁国"的封海政策，以致国力孱弱、任人宰割。

近代以来，在西方列强的坚船利炮下，"以陆立国"的中国才获得对海权的感知。后来，在林则徐、魏源、严复、孙中山等"开风气之先"的努力下，中国人得以睁眼看世界，海权思想才受到了启蒙，形成了"近代中国海防论"[①]。但是，这还远远不够，以致魏源在各国将马汉的海权论奉为圭臬之时"独惜吾国对于马汉的海权学说竟然出奇地忽视"[②]。孙中山先生更是发出"海洋操之在我则存、操之在人由亡"的呼声。因此，中国急需一场海权思想解放运动，破除观念障碍，深刻认识到发展海权乃当务之急。

20 世纪 90 年代后期，中国才真正开始眼光向外，强化自身海洋意识，系统研究海洋战略。1998 年，中国发布《中国海洋事业的发展》白皮书。2003 年，国务院印发《全国海洋经济发展规划纲要》。2005 年 7 月 11 日，中国隆重纪念了郑和下西洋 600 周年，并将这一天定为中国"航海日"。值得注意的是，昔日郑和航行路线正是今天中国海上命脉。并且，海洋开发和建设海洋强国首次写进党的报告（十六大）。2008 年，国务院批准发布的《国家海洋事业发展规划纲要》，是新中国成立以来首次发布的海洋强国战略总体规划。十八大报告首度将建设海洋强国提升至国家发展战略的高度。可见，冲出大陆，走向海洋，是中国国家大战略的时代要求。中国的海权观自此开始经历一个面向世界、面向未来、面向现代化的大变革——无视→忽视→正视→重视海洋权益，从而养成海权思维，进而成为海洋强国。

（二）自然禀赋喜忧参半、海权发展喜逢良机

中国一面临海、三面靠陆，属于兼具海洋与大陆属性的海陆复合国家。陆海复合国家的国家战略选择始终深受其地缘环境双重属性的制约。陆海复合国由于自身海陆的双重易受伤害性而导致国家资源分配的分散

① 比如，林则徐、魏源在第一次鸦片战争前后提出"守外洋不如守海口，守海口不如守内河"。见：王家俭：《清季的海防论》，载《中国近代海军史论集》，（台北）文史哲出版社，1984 年版，第 239-361 页；李国华：《清末海洋观与海军建设》，《历史研究》，1990 年第 5 期，第 28 页。
② 王家俭：《魏默深的海权思想：近代中国倡导海权的先驱》，载《清史研究论数》，（台北）文史哲出版社，1994 年版，第 132-133 页。

化，而无法实现战略集中。[①] 作为一个拥有 18 000 公里漫长海岸线、6 000 多个岛屿和近 300 万平方公里海洋国土的濒海大国，中国的易受攻击性更是显而易见。并且，中国海区呈半封闭状、外有岛链环抱、通往大洋的通道多数为岛链锁所遮断，中国进出大洋在一定程度上受制于人，在战时很有可能被敌方拦腰堵截。[②] 众多的深水不冻良港以及多条可以深入富庶内地的大河分布在这一广阔的海岸上。中国海岸线长、岛屿众多、海域辽阔，这种海缘环境既有利于我国海权的发展，又给我国的海防带来重大的负担。为了巩固海防，必须"兴船政以扩海军"。

中国是所有世界大国中陆上邻国最多的国家之一。众多的陆上邻国以及陆上边界争端在很长一段时期内，使得我国必须以陆防为重心，维持一支规模庞大、装备精良的陆军以防卫陆疆，无法集中力量专注发展海权。目前，中国已经与 14 个邻国中的 12 个签订了边界条约或协定，划定了陆地边界线的 90%，剩下 10% 左右的争议边界主要存在于中国和印度之间。并且，中俄战略协作伙伴关系和上海合作组织的建立并不断发展，使得我国北部陆疆安全处在历史最好时期，陆上防御负担骤然减小，为中国相对集中力量发展海权提供了较好的战略机遇期。因此，中国需要继续睦邻友好，以稳固陆上，节约国家资源，为发展海权创立条件，从而将自己从陆上束缚中解脱出来，充分利用好这一发展海权的千载难逢的天赐良机，缩小陆军规模，集中资源发展海军。实际上，中国已经开始有所行动了。

改革开放 30 年，我国一直坚持以经济建设为中心，在国民经济发展方面取得了巨大成绩，已经成长为世界第 2 大经济体。这就为海权发展奠定了雄厚的经济基础，也为适当分流国家资源用于海权发展提供了现实可能性。并且，随着"环太平洋经济圈"的形成和中国"环海经济圈"的兴起，走向世界的中国对海权的诉求从来没有像今天这样强烈。在此有利的时局下，中国海洋经济发展迅猛，正在成为国民经济新的增长点。

（三）海外利益不断伸展、海上保护需求增强

马汉认为，国家经济的发展和国家力量的强大是与海上力量的存在休

---

① 刘中民：《中国海权发展战略问题的若干思考》，《外交学院学报》，2005 年第 1 期，第 69-70 页。

② 刘一建：《中国未来的海军建设与海军战略》，《战略与管理》，1999 年第 5 期，第 97 页。

戚相关的。① 也就是说，一个国家的商业和海军的利益是紧密联系在一起的。一个日益庞大的国家航运业和急剧发展的国际贸易，将必然会引来一支与之相称的海军接踵而至。作为国际社会一个平等的主权国家，中国拥有包括在主权范围内开发海洋资源、在世界范围内进行自由贸易、平等使用海上交通线的国家发展权利，并拥有保卫这些发展权利不受侵害的权利。随着中国日益融入全球化进程中，其利益也随之世界化，这就要求自卫手段的全球化，即需要我们全面振兴海军。现代中国必须走向海洋，成为海权强国。中国并不是在刻意追求海权，而是自然地源于自身的内在发展需要。因此，中国发展海军来保障这种发展权利是无可厚非的。

随着改革开放的深入发展和中国经济的迅速发展及全球资本扩张能力的日益增长，中国正在成为一个以海为生的外向型民族国家。中国与世界的联系愈加密不可分。中国经济已发展成为高度依赖海洋的外向型经济，中国经济增长的对外贸易和能源依存度以及对海洋资源、空间的依赖程度越来越高，对国际市场产生了愈加深厚的依存关系。海洋经济更成为拉动中国国民经济发展的有力引擎。通过海上通道进行国际贸易、能源进口与人员交往的规模日趋扩大，中国直接或间接从事海外贸易的就业人口达到了 1/7 强，国内经济的持续发展日益仰赖于安全顺畅的航运保障。中国的海洋权益随之不断扩展，发展海权的内部动力和外部压力同时增大。因而，海洋权益在中国国家利益的排序中日渐突出，中国人的国家利益思维也得到了进一步的深入与扩展：由陆疆走向海疆。由此，中国的国家身份正面临着一个重要的战略转型，即由原来的自力更生的内生性国家转变为相互依赖性日增的外向型国家，这意味着中国必须将传统的重视陆地的单向度国家战略转化为陆、海并重的复合型国家战略。② 因此，现代海权是国家转型的必要选择。

（四）海上安全形势严峻、海上安全问题凸显

冷战结束以来，中国对海洋的开发与利用如火如荼，但对海洋权益的保护却严重滞后，二者出现了相脱节的现象，这必然影响到我国海洋事业的进一步发展。近年来，中国海上安全压力陡增、危机频发，但战略应对

---

① ［美］罗伯特·西格，刘学成等编译：《马汉》，解放军出版社，1989 年版，第 113 页。
② 郑永年：《中国海缘战略：挑战与对策》，外交学院，2010 年 11 月 3 日。

手段却严重不足，难以应对海缘环境压力，甚至自卫尚且不能保障。当前中国面临的海上安全形势严峻、已近底线。东部海上战线红灯频亮，围绕岛礁主权、海域划界、海洋资源开发等争端和通道安全的争端日趋激烈，商船护航、打击海盗等海上安全问题凸显。周边国家不断强化海上管控，袭击、抓扣我国渔民和渔船的事件时有发生。"两岛两海"（中日钓鱼岛争端、中菲黄岩岛争端、南海问题、东海问题）争端激化，最为突出的是中日撞船事件。在海上形势日趋恶化、海洋权益屡受侵犯情势下，中国的海洋国土屡遭侵蚀，海洋资源大量流失，以致中国到现在尚是一个不完整的国家，有待统一的地区多集中于东部海域（例如，台湾及其附属岛屿、钓鱼岛、南沙部分岛屿）。这些海上领土是中国海权发展过程中具有战略意义的海上支点。它们既是中国近海安全的屏障与依托，又是中国进入大洋的跳板和桥梁。维护好中国的海上安全有利于助推国民经济的发展。如果没有海权，中国对自己的海洋国土充其量只能有名义而非事实的主权，东部国民经济命脉就会成为任人宰割的"软腹"。建立强大海军进行海上维权的现实需要日益迫切起来，甚至已经到了刻不容缓的地步。中国需要发展自己的海军增强海防安全，特别是东亚海上安全。由上可见，由于畅通的海上通道和稳定的能源供应对中国的发展至关重要，其必然会发展力量投射能力来进行保护。然而，力量投射能力被视为是一种进攻性威胁，很可能诱发地区紧张的螺旋。[1]

中国海缘局势如此危急的背后，我们总能看到美国因素的影子。为了阻遏中国海上力量向太平洋发展，在战略东移亚太的背景下，美国炒作"中国海权威胁论"、"中美海上冲突论"、"中国海军民族主义论"[2] 以及中国的海上"珍珠链战略"[3]，借东亚海权争端频发之际，到处见缝插针，发挥"离岸平衡手"作用，牵头联合其亚太盟国组建了堵截中国的岛链，

---

[1] Thomas J. Christensen, "China, the U. S. -Japan Alliance, and the Security Dilemma in East Asia," International Security, Vol. 23, No. 4, Spring, 1999, p. 50.

[2] 美国学者罗伯特·罗斯提出的"中国海军民族主义论"断言，以"发展航母"、"扩充海军"为手段，以"洗刷近代耻辱"、"收复失地"、"突破岛链封锁"为目标的"中国海军民族主义"，将导致"美中之间代价巨大的关系紧张"。See Robert S. Ross, "China's Naval Nationalism: Sources, Prospects, and the U. S. Response", International Security, Vol. 34, No. 2 (Fall, 2009), p. 46-81.

[3] 中国的海上"珍珠链战略"称，中国"正在从中东到南海的海上通道沿线建立战略关系"，缅甸实兑港、斯里兰卡的卡汉班托特港和巴基斯坦的瓜达尔港构成了"珍珠链战略"的"海上安全战略三角"。参见刘中民：《海权与大国兴衰的历史反思：刘中民教授在复旦大学的讲演》，《文汇报》，2010 年 6 月 13 日，第 10 版。

来主导亚太地区的海洋事务、维持亚太地区的海权优势、遏制中国海权的向外发展。这对中国的海洋战略空间形成巨大挤压，中国海洋安全环境由此日趋复杂起来。美国一改过去"中立"立场高调宣示积极介入中国南海主权争端、钓鱼岛争端适用于《美日安保条约》，就是两则显例。并且，美国继续对台军售，力图以台制华，增加中国发展海权的成本，使得中国由于不能完全掌控台湾海峡这一黄金水道而无法尽享自然赋予的海上优势。台湾当局更是"以武拒统"，这无疑增加了中国的统一难度。此外，中国进出公海的战略通道和海上生命线都处在美国及其盟国海军的监控之下，而我们对此几乎无能为力。这对当代中国来说是致命性的，因为海外资源的汲取渠道如果突然被斩断，那么国家必然会衰落。① 中国严峻的海上安全局势在呼唤着强大海军的保护。中国已经采取了一系列保障海洋权益的有力举措，包括在钓鱼岛争议上果断亮剑、在南海巡航宣示主权、三沙设市、航空母舰启航、中国海军护航编队为各国商船护航、中国"和平方舟"号医院船巡诊救护，等等。

从总体上来说，中国陆缘局势处于主动和有利的地位，而中国海缘战略却面临着诸多困境。中国陆上安全环境的改善为相对集中力量发展海权提供了战略可能性，中国海上安全面临的压力使得海权发展有其现实必要性。中国应当善加利用"陆上安全已无大虞"这一战略机遇，筹谋海权发展的战略布局，努力破解中国海权发展困境，促成中国海权的大发展。

三、中国海权发展的未来指针

在深刻认识到发展海权的必要性与可能性后，中国就需要将制海权思想坚定不移、一以贯之地转化为海权发展战略的国家意志，制定一个深谋远虑、循序渐进、行之有效的海权发展战略并戮力实践之，以经略海洋，来维护国家海洋安全、捍卫国家海洋权益、保障国家海洋生存空间。中国的未来在海上。"只有海洋才能造就真正的世界强国。跨过海洋这一步在任何民族的历史上都是一个重大的事件。"②

---

① Alfred T. Mahan, The Influence of Sea Power upon History, 1660—1783, p. 200.

② ［英］杰弗里·帕克，李亦鸣等译：《二十世纪的西方地理政治思想》，解放军出版社，1992年版，第63页。

中国海权发展战略路线图

	近期	中期	远期
定位	主权国家	区域大国	世界大国
目标	近海防御	区域主导	远洋威慑
手段	褐水海军	绿水海军	蓝水海军

（一）中国海权发展的目标

根据时空结合的方法，笔者对中国海权发展战略的目标进行了层级划分，可分为：

（1）近期目标是近海防御：中国必须建设一支规模适中、精干高效的褐水海军，拥有强大的自卫反击能力，遂行积极防御的战略方针，以在自己的领海（台海、南海、东海及北海）和专属经济区建立起实际的管辖权和绝对的控制权，并以绝对的海上优势慑止可能的海上入侵，从而能够有效捍卫本国的合法海洋权益。这一阶段的海军建设计划应防止陷入海军地位至高无上的"海军至上主义"，而应追求自卫范围的有限海权。

（2）中期目标是区域主导：中国必须在西太平洋这一国家利益核心海区享有制海权，从而成为一个西太平洋海权大国。① 只有拥有了西太平洋制海权，中国的海洋权益才会得到有效保障，中国的海上生命线才能安全畅通，东部沿海地区才能获得较大的国际空间和战略纵深。制海权的确立可以保证快捷而简便的海上交通线的持续而又安全，这一海上交通线可以在战时提供稳定而可靠的补给与增援渠道以在后方基地与前线战场之间进行相互支援。②

（3）远期目标是远洋威慑：中国必须建成一支足够强大、攻防兼备、具有跨洋投送能力的现代蓝水海军，保护海上生命线等海外利益的安全，并在中国的利益攸关海域甚至全球形成远洋威慑力，从而建成拥有强大海军和广泛制海权的世界性海上强国。当然，在追求远洋威慑的同时，中国既会遵循国际法和国际道义，也会进行自我约束。中国并不寻求海上霸权。马汉认为，对于美国所面临的军事危险的最佳还击区域是在美国本土

---

① 桑立新、来全亮：《从战略高度发展中国海军——我国未来海军建设展望》，《中国海洋报》，2004 年 5 月 25 日。

② ［美］马汉，萧伟中、梅然译：《海权论》，中国言实出版社，1997 年版，第 16-18 页。

之外，即海上。① 其实，这一法则具有普世价值。各国皆应如此。在面对军事威胁时，中国也应海上出击以"御敌于海上、保本土无虞"。

需要注意的是，上述三个时期的目标之间的界限在实践上并非十分清晰，在某些地方还有所交叠。以台湾问题为例，作为中国东南沿海最重要的天然屏障和海上生命线的必经之地，台湾可谓中国海防关键之所在。它既是中国海防的必要组成部分，也是中国西太平洋制海权的关键一环，还是中国走向远洋的重要通道。因此，台湾如果回归祖国，便可对中国海权发展战略三个时期目标的实现构成巨大推力。由此也可看出台湾特殊的地缘战略地位对于中国海权发展具有极其重要的战略作用。

总而言之，中国海权战略的最终目标是坚决维护中国海洋权益，戮力捍卫海洋领土的不受侵犯，争取解决与周边国家的海洋领土和权益争端，最终实现国家统一，全面参与国际海洋制度和海上区域安全机制的建设，致力塑造国际海洋新秩序。

（二）中国海权发展的途径

对照马汉的海权发展六要素，我们冷静客观地评估自身的能力和条件，会发现目前中国海权发展的薄弱环节主要集中于政府政策这一方面，并且，由于其他五个方面皆是难以改变的因素，它也是中国海权发展大有作为的方面。因此，基于海防严峻、陆防巩固的新现实和海空军底子太薄、百废待兴的老现实，从国家整体战略的需要出发，中国海权发展战略应当平战结合，既要立足于生存也要着眼于发展，充分利用自然构造和地理位置赋予中国对海洋进行控制的优势条件，提升海军现代化水平，以东线为重点方向。具体来说：

（1）澄清思想认识，破除战略困惑。我们需要认识到，海军是海权的基础，必要且足够的海权力量是中国避免冲突进而实现和平发展的有力保障，并不会成为激化矛盾甚至导致与周边国家乃至美国发生冲突的恶性触媒。中国发展海权的最基本的需求来源于领土完整、祖国统一等主权需求和海洋权益保护需求，不能因为担心别国疑惧而放弃建设强大海军的努力。总之，举国上下应当统一发展强大海军的意志。

（2）完善海洋法规，加强海洋教育，培育海权意。由于中国长期以

---

① ［美］马汉，萧伟中、梅然译：《海权论》，中国言实出版社，1997年版，目录第6页。

来处在和平自守的农耕经济形态之中，民族性格和文化传统表现为被动防御、追求仁治，缺乏开拓进取，并且随着历史惯性一直延续至今，使得中国在发展海权方面面临着重重障碍。中国需要制定海洋开发与利用政策，推动民众的海洋观念，抛弃"大陆主义"，采取更富于进取性的国际贸易政策，寻求具有战略意义的海上关键岛屿或港口作为海军基地以保护本国在海外的商业利益。

（3）坚持"陆守海进"，加大海防投入。随着远距离海空打击这种新的作战方式登上军事舞台，陆军的作用大幅下降。各国军备重点转向海空力量。英国《简氏舰艇年鉴》（2001—2002 年版）中国海军部分指出："中国要发展具有地区影响力乃至世界影响力的军事实力，海军的角色往往首当其冲。"[①] 有鉴于此，中国应当借着世界军事变革的东风，在与国情相符、与国力相称的前提下，在科学统筹与恰当平衡海陆两个发展方向的基础上，压缩陆军规模，优先发展海军，适度增加国防预算，提高海军军费比重，并逐渐摆正武器采购开支与科技研发投入之间的失衡，以加强国防技术的自主研发能力，促使国防科技持续升级，推进国防现代化特别是海军现代化，从而夯实国防工业基础、减少对进口武器的依赖，进而推动军事改革[②]、弥补军力不足。这是由于陆海两向、多点开花、过度扩张会透支资源，使国家元气大伤。当客观条件同时有利于海陆两种发展时，一国最好选择海上发展而非陆上发展，因为海上发展的投资回报率较高。因此，中国应在巩固陆上力量保卫边境安全的同时，着力发展海上力量，使之具备强大的海上自卫能力、机动作战能力和力量投射能力，并经常保持战备状态，再匹配足够的海外基地体系与坚固的海岸防御体系，实现中国海军跨越式发展，致力于成为东亚海上强国。

（4）注重武器研发，加紧战法研究。舰船的设计与制造要兼顾速度与稳定性，火力配备上要兼顾射程与穿甲能力；在全面提升海军力量的同时形成自身的独特优势；增强装备、技术与软件系统的匹配性，根据配备的武器系统对作战条令、军事训练、后勤保障与思想教育等方面做相应的调整，以推进现代化的深度；发展海军院校、培训海军人员，重视海上作战训练，加强海上军事演习，打造海空反制能力，务使军官指挥有方、士兵

---

① 石蹊编译：《年鉴中的中国海军》，《现代舰船》，2001 年第 8 期，第 2 页。

② 适应世界军事领域的深刻变革，实现军队由数量规模型向质量效能型、由人力密集型向科技密集型转变。中华人民共和国国务院新闻办公室：《2000 年中国的国防》，2000 年 10 月 16 日。

训练有素，掌握海上交战原则，增强高技术条件下海军的机动性和灵活性。通过将有后勤保障的海上力量集中于内线进行海上决战，而舍弃无效的商业袭击战[①]；摆脱旧的近海作战思想，发展可以用于深海作战的现代海军。

（5）调整舰队部署，坚决发展航空母舰。消除阻碍发展海权的障碍因素（舰队基地太多，护卫舰船太少、资金严重不足、技术相对滞后、人员素质不高）；重建海军，并坚持对舰队的集中使用。选取中心良港，集中海上力量。基于任务而非基于地区的力量配置，将板块分割的独立军团转变为有机合成的作战魔方；作为舰中之王和陆海空战力联合为一体的巨型作战平台，航空母舰是海上战略力量和国家总体战力的集中代表，是实现制海权的最重要工具。因此，拥有航空母舰乃中国海权发展之必需，已经成为举国共识。

（6）加强国际合作，强化海监执法。在不结盟的原则下，与位于海上要冲的国家或中国的海上通道沿线国家进行双边和多边战略合作，为未来海军纵横驰骋于各大洋提供后勤基地保障；防止海上霸主和陆上强国结成反对自己的联盟，进一步加强中美海上军事安全磋商机制，建立重大海上军事演习和其他主要海军活动的事前通报制度，力避与美国发生海权冲突；抓好港口生产建设，大力发展国际港务；建造海上巡视船只，增建海事监督船舶，加强海上执法力量，中国海监在涉外海洋维权执法时可适当行使紧追权，以切实保障渔民合法权益。

（7）推动海洋开发，促进经军联动，实现良性循环。对海洋国土的开发与利用，成为中国经济可持续发展的重要基础条件。中国需要着力培育海洋资源的开发、利用和保护能力，提高海洋经济的综合国力贡献率，加强海洋科学技术的研究、开发和应用，以增强国际海洋竞争能力[②]，进而为海权尤其是海军力量的发展提供动力。和平运输船队的存在与发展需要海军为其保驾护航。[③] 而海上军事力量能够有效保障本国基本海洋权利（能够平等地分享海洋权益、平等地利用国际资源和市场、平等使用海上交通通道）。反过来，海洋经济所产生的巨大财富可以用来支持海军的壮大。因此，中国需要促进和平贸易与航运、发展海洋经济，为海权发展提

---

① Azar Gat, A History of Military Thought, New York: Oxford University Press, 2001, p. 458.

② 国家海洋局编：《中国海洋21世纪议程》，海洋出版社，1996年版，前言，第2页。

③ ［美］马汉，萧伟中、梅然译：《海权论》，中国言实出版社，1997年版，第26页。

供持续的动力。

　　总之，得益于马汉"海权论"的启示，笔者不揣冒昧总结出中国海权发展战略，希冀通过上述举措有利于促进中国海权全面而又平稳的成长。值得注意的是，争取属于中国自己的海权，不仅是捍卫国家权益的正当要求，而且是中国和平发展的战略诉求。中国大力发展海权、成为海上强国不是为了"争霸乃至称霸于海上"，而是为了"护持并拓展正当的海洋权益"①。中国海权发展战略正在实现六大转型——将海权由过去的侵略扩张的工具转变为现在的和平发展的保障，将安全哲学由"为了生存"转变为"确保发展"，将安全重点由狭隘的国土边界安全转变为广泛的利益边界安全，将近代"消极防御"的"海防论"转变为现代"积极防御"的"海权论"，将"无限海权观"转变为"有限海权观"，将马汉"海权论"思想中的"权力"色彩和"强权扩张"思想转变为"权利"观念和"国权伸张"意识。中国海权发展谋求的是以平等之地位独立于世界，利用《联合国海洋法公约》坚决捍卫自身合法海洋权益，积极参与国际海上安全合作，实现中国的海洋强国梦，完成陆权国家向海权国家的大转型，进而促进亚太安全乃至世界和平，构建"和谐海洋"，建立国际海洋新秩序。但这既不排斥他国追求各自的发展权利，也不会成为称霸海洋的海上霸主。

Mahan's "Sea Power Theory" and Its Enlightenment on the Development of the China's Sea Power Strategy

Li Jiacheng　　Li Puqian

Abstract：as the country's main strategic pointers of developing sea power，

---

　　①　海洋权益是指依据国家主权原则、国际海洋法规定和国际法准则而获得的各项权利以及由此而产生的海洋国土安全利益、海洋航行安全利益和海洋资源安全利益，既包括维护管辖海域范围内岛屿主权、海域管辖权、资源开发利用权等任务，又有维护管辖范围以外海域的正当海洋权益的需求。参见陈王龙诗：《结合与应对——中国与马汉海权论的关系分析》，《云南社会主义学院学报》，2013年第1期，第271页。《港媒：十八大提海洋强国战略 加强重视海权》，2012年11月15日，中国新闻网，http：//mili. cn. yahoo. com/ypen/20121115/1430948. html.

Mahan's "Sea Power Theory" not only considered the sea power has a significant and even decisive influence on the development of the nations which survive or perish, rise or fall and the world historical process, but also proposed six conditions of developing the sea power. This is of great reference value to China's slowly-developing sea power. China's sea power development strategy can find some available lessons related to our own interests from it.

Keywords：Mahan；Sea Power Theory；China；Sea Power Development Strategy

（本文原载《太平洋学报》2013 年第 10 期。）

作者简介：李家成（1981—），辽宁大连人，辽宁大学国际关系学院国际政治系讲师、辽宁大学东亚研究中心研究人员、辽宁大学朝韩研究中心研究人员、教育部人文社科重点研究基地"辽宁大学转型国家经济政治研究中心"研究人员。主要研究方向为中国外交战略、美国亚太同盟、朝鲜半岛问题。

李普前（1988—），江苏扬州人，辽宁大学国际关系学院国际政治系 2011 届硕士研究生，主要研究方向为地缘战略研究、东北亚问题研究。

海洋强国的意义

李亚强

（海军军事学术研究所，100841）

党的十八大提出了建设"海洋强国"的战略设想。这对于中国意味着一次大的战略转变。要建设海洋强国，首先必须深刻认识海洋强国的含义。只有理论上的自觉，才能指导实践上的成功。因此，本文仅就相关的问题进行理论上的分析探讨。

一、海洋强国与海权——明确概念

在人类社会发展进程中，海洋强国与世界强国伴生，互为倚重。真正的世界强国必然需要海权的支持；而无强大的国力则无法形成和维持强大的海权。要了解海洋强国的意义，就要准确把握几个基本的相关概念。

（一）海洋强国与海权

海洋强国（Maritime Power）与海权（Sea Power）概念密不可分。在很多场合二者通用甚至同义。近年来，与海洋有关的话题越来越多地吸引国人的目光，海权概念也越来越多地被提及、被引用、被论述。但客观地说，海权对于国人还是一个相当陌生的概念。即使是"专业"人员也有将海权（Sea Power）与制海权（Command of Sea）混为一谈的。这既缘于"海权"（Sea Power）的概念与理论发源于西方，与中国的历史发展和文化传统有较大的距离，也由于海权概念本身就定义模糊，甚至用其"母语"去解释，在不同的语境中也有不同的含义。最早提出海权理论的是美国海军历史学家、军事理论家马汉，其解释海权是"依靠海洋或利用海洋而强大的所有事情（embracing in its broad sweep all that tends to make a people great upon the sea or by the sea）"①。但在论及"海权"（Sea Power）与"陆权"（Land Power）之争时，海权的含义又是"海洋强国"。

海洋强国的"强"是个综合概念，需要综合经济、科技、军事、政治等领域的多个因素，用多个指标或参数来衡量。在经济上主要是：海洋总产值、海洋产业的从业人数、海洋产业人均产值、海洋产业门类是否齐全，特别是海外贸易额、国民经济的对外依存度、对海运依存度等；在科技上主要是：海洋开发利用工具的科技水平、海洋科研水平及其代表成果、海洋科研的投入、海洋科研门类齐全程度、海洋科研总体实力、海洋产值的科技含量即科研对海洋业产值的贡献率等；在军事上主要是海上军事力量与海上执法力量的实力与活动范围，海军兵力规模、装备类型与技术水平等；在政治上主要是国际海洋事务的影响力、制定海洋规则的话语权等。海洋强国的"强"是又是个比较概念，海洋产值占国内生产总值的比重、海洋产值在世界中所占的份额与排位、海外贸易额占国民经济的比重亦即对外依存度、海外贸易额在世界所占份额与排位等。如 15 世纪，葡萄牙与西班牙的海上军事实力无可匹敌，两国于 1494 年在教皇亚历山大仲裁下，签订了《托尔德西里雅斯条约》，以"教皇子午线"瓜分世界海洋。但严格地说，两国的优势是显而易见的，但能力却远不足以控制世界海洋。按照海权理论，海权是一个构成完整的力量体系，既包括海军，亦包括国家的政治、经济力量，是一个海洋国家综合国力的重要标志。简单地说，海洋强国的标准可归为两点：一是涉海收入对国家发展的贡献程度，二是涉海产出对世界的影响程度。

（二）海洋强国与陆地强国

海洋强国与陆地强国是相对的一个概念。陆地是人类的基本生存空间，也是最主要的社会活动空间。就人类生存与发展的客观需要而言，海洋对于陆地始终处于从属地位。世界上并没有哪个国家是漂浮在海上的。就是所谓的"海洋国家"也必须建立在陆地领土之上。但是，在国家的立国之本上，海洋强国与陆上强国对海洋却有完全不同的需求。

海洋强国追根溯源属于西方文化的一部分。其概念萌生于地中海地

---

① Captain A T. Mahan, The Influence of Sea Power upon History 1660—1783, Dover Publications INC. 1987, p. 1.

区。地中海作为西方文明的发祥地,周围环绕着多个古代主要文明体,古埃及、古希腊、古罗马、古巴比伦、伽太基、阿拉伯帝国、波斯帝国、奥斯曼帝国等。在诸国此消彼长、此起彼伏的斗争和发展进程中,地中海都是不可逾越的战略空间。特定的地理环境和历史条件即造就了陆上强国,也造就了海上强国,并引发了陆权与海权之争。古希腊城邦雅典和斯巴达之间发生的伯罗奔尼撒战争就是具有代表性的海洋强国与陆上强国生死搏杀的典型。雅典立足海洋发展经济,拓建殖民地,建设了强大的舰队,形成了海上作战优势,被视为海洋强国。而斯巴达以农耕为本,建设有强大的陆上作战力量,具有较为明显的陆战优势,被视为陆上强国。论及古代世界强国,却又不能不提及远在东方的两大文明体:古印度与古代中国。而东方的两大文明古国的发展似乎与海洋没有必然的联系,完全是陆权造就的强国。

(三)海权与陆权

有海洋强国与陆上强国之别,就必然产生海权与陆权的孰优孰劣、孰强孰弱之争。即使是海洋强国与海权这两个难分难舍、大同又小异的概念之间,也存在海权与强国孰先孰后、孰因孰果的"蛋鸡"之争。与陆地的生存意义相比,海洋准确地说是人类社会的发展空间或曰"第二空间"。但为何会有"陆权"与"海权"之争?究其实质,并非生存空间之争,而不过是发展方式与斗争手段之争。海洋强国本意是依靠海洋致富,而陆上强国是依托国土图强。由于在全球海陆分布的总体形势上,各大陆是被海洋分隔开的"大岛","陆权"的发展必然受到海岸线的限制,而唯有"海权",才具有面向世界发展的条件。至于"陆权"、"海权"谁能战胜谁,却不能简单地一概而论,也不能以过分悬殊的实力对比而论。如果以美国对伊拉克或南联盟的军事胜利推断"海权"一定战胜"陆权",结论必然失之太谬。

战争中的海权的最大优势在于最大的战略机动自由。但仅凭此并不能完全保证战争的胜利。与实力相近的"陆权"对手作战,"海权"更有利的效能是窒息而不是格杀,是攻击上的战略机动优势而不是作战上的"胜势"。"海权"与"陆权"之争最早可追溯到古希腊时期的伯罗奔尼撒战争。是役,"海权"败了,其教训也是深刻的。西方学者总结说:"伯罗奔尼撒战争是一个陆上大国同另一个海上大国之间的经典对抗。在投身于这场战争时，每一方都希望并预期守己之长，按照一种符合本身强项的方式，以相对较低的代价赢得胜利。在几年之内，事态表明无论哪一方都不可能用这种方式取胜。为了取胜，每一方都学习如何在对方擅长的领域内打仗。"① 从海权战胜陆权的最佳范例反法战争和"二战"中战胜法西斯德国也能得到相同结论：拿破仑时代终结于滑铁卢而不是特拉法尔加，希特勒最终败亡于柏林而不是大西洋。相反，作为曾经最强大的"海权"，英国曾拥有最强大的舰队和最广阔的殖民地，且从未在决定性的战争中失败过。但是，英国并没有因此保住其"日不落帝国"的地位。单纯就海权陆权孰优孰劣的讨论没有意义，认为海权一定战胜陆权更有失偏颇。在综合实力相当的海权与陆权做生死之搏时，胜者一定是实力最强且运用得当的一方，而并不一定取决于是海权还是陆权。而在实力相差很大时，强大的陆权可能被海阻隔难以威胁海权，而强大的海权却可以威胁任何陆权，战胜较为弱小的陆权。

（四）海权的军事意义与经济意义

海权的军事意义最为人所关注。马汉直截了当地说："海权的历史很大程度上就是一部军事史"（the history of sea power is largely a military history）②，几千年来，"大海战"屡屡爆发。古代帆桨战舰时代，在爱琴海爆发了具有决定意义的萨拉米海战。希腊人在此战中大获全胜，取得了海上实力和商业上的优势，并以其辉煌的发展成就为西方文明奠定了基础。4个世纪后，古罗马在地中海上进行了著名的亚克兴海战。是役使罗马人踏上了征服埃及的坦途，并造就了为期500年的罗马帝国时代。在风帆战舰时代，英国舰队先与西班牙舰队战于英吉利海峡，后与荷兰海军在欧洲沿海厮杀，再与法国海军大战于地中海。历经圣文森特、坎珀当、尼罗河、哥本哈根、特拉法尔加等大海战后，英国海军摧毁了"无敌舰队"、征服了"海上马车夫"、粉碎了拿破仑扬威海洋的梦想，使英国成为真正的世界海洋霸主，开创了整整一个世纪的"日不落帝国"时代。在现代社会，

---

① 唐纳德·卡根：《伯罗奔尼撒战争中雅典的战略》，收录于［美］威廉森·默里、［英］麦格雷戈·诺克斯、［美］阿尔文·伯恩斯坦等编，时殷弘等译，《缔造战略：统治者、国家与战争》，世界知识出版社，2004年版，第56页。

② Captain A T. Mahan, The Influence of Sea Power upon History 1660—1783, Dover Publications INC. 1987, p. 1.

"大海战"的规模也发展至极限，甚至可以称之为"海上总体战"，如第一、二次世界大战中的大西洋海战和太平洋战争，海战的胜负直接关系到多数参战国的生死存亡，而战胜者美国真正享有覆盖全球的海上霸权。纵观这些举世闻名的海战，其结局至少是造就出一个地区霸主，或是孕育了一个世界海洋强国，更甚者则开创了一个时代。

海权并不是单纯的军事力量，更不能简单地等同于海军。仅就军事斗争而言，战争是社会发展中的"突变"，其导致变化的能量必须在较长的和平时期逐步积聚。要在海战场夺取最后胜利，必须要在和平时期谋求最快的发展。因此，尽管在和平时期海权并不如战争条件下耀眼夺目，但却具有决定未来战争胜败的决定性意义。海权的要义在于"制海"或"控海"，最终是要"用海"。如果不能用海，制海也好、控海也罢就都没有意义。因此，经济利益才是海权最具重要的意义。海权的发展必须要依靠海洋和海外收益的支持，如果不能利用海洋或通过海洋获取战略利益，且所获取的利益远大于发展海权的支出，海权就一定会成为国家发展难以承受的沉重包袱，海权的发展最终也将无以为继，甚至重蹈西班牙、大英帝国最强"海权"衰落的覆辙。究其原因，其生产力和科学技术落后于时代，特别是其建立的殖民主义体制已不再适应国际社会的发展才是根本。

（五）海权的生存意义与发展意义

在理论上，任何国家都可以发展海权或维护国家生存、或保障国家发展。但在社会实践中，海权对于不同的国家具有不同的意义，大国和小国、强国与弱国、发达国家与发展中国家对海洋的认知也必然具有极大的不同。海权对于小国、弱国、发展中国家更重要的是保护意义，即建设一定的海上力量，有效管辖所属海域，保障国家免于海洋方向上的侵略。而发达国家、特别是世界大国无生存之虞，海权的意义更重在对发展的促进作用。弱小国家需要以海为屏保障安全，强大国家需要以海为路走向世界。

对于一个国家而言，不同的历史阶段、不同的发展时期、不同的发展方式，对海洋的需求大为不同，海权则有不同的意义。不论是农耕民族还是游牧民族，都不具备发展海权的内在动力。在自然经济状态下，对海洋的探索与开发通常只是个别事件、自发行为。即使像古代中国这样的封建大国，虽有郑和下西洋的远航壮举，却缺乏符合社会发展规律的内在动力，也没有海权的持续发展，甚至没有真正从海洋获取促使国家经济腾飞、社会发展跃变的战略利益。只有依托海洋取"商业立国"之路谋求发展的国家，特别是一个大国在告别了自然经济、开始大规模工业生产、形成发达的商品经济，追求规模效益、开拓更大市场、获取更多资源的情况下，才会具有发展海权的客观需求和自觉行动。同时，国家发展还为大规模的海洋活动提供了必要的经济与技术支持。以此为基础，才能形成发展海权的实际能力。离开了国家发展谈海权无异于一句空话。对世界大国而言，其必须通过海洋与各国保持联系，通过海洋影响和作用于世界各地，强大的海权是其国际地位的保证，并对其主导的国际秩序或曰帝国具有"生存利益"的重要意义。因此，海权必须"从属于陆，服从于陆，依附于陆，独立于陆，服务于陆，作用于陆"。简单地说，除了在防范外敌从海上的大规模入侵之外，"海权"主要服务于国家的发展利益。其必须依托国家的综合实力而发展，在相对独立的海洋空间发挥主要功能，并主要瞄准大洋彼岸，为国家的发展谋取战略利益。

二、海洋强国与海权——更新观念

建设海洋强国不是殖民主义、帝国主义国家的专属。海权就是以海洋为主要发展途径谋求富强的手段。而向海洋方向寻求发展本身无可争议，更无任何不当之处。关键在于为何发展、如何发展，即如何利用海洋和通过海洋达到何种目的。为此，必须首先要更新观念。

（一）进取观念

建设海洋强国不能守土为安，必须树立进取观念。航海者的前辈在驶向大洋、驶向未知的彼岸时，都必须具有强烈的探索精神和牺牲精神。也正是在无数航海前辈付出巨大的牺牲之后，才有了"地理大发现"，才促使世界实现了现代文明，才有了今天航海事业的繁荣与辉煌。对于国家而言，依托本国领土范围的自然经济可以形成"陆权"，唯有大规模向外进取才能产生"海权"。由于国家海洋活动的终极目标是通过海洋获益，海权的最终目标是国家的发展。不论在理论上如何解释，海权只是国家谋求强大所选择的一种发展道路和斗争方式。任何囿于本土范围、满足陆域取得的成就而不思进取者，不可能拥有海权，不可能成为海洋强国。

（二）全球观念

建设海洋强国不能只关注眼前，必须面向世界，树立全球观念。海权所谋取的是战略利益，既包括海洋所能提供的资源等各种利益，也必须包括在各大洋彼岸所能获取的广泛利益，而不只是"渔"、"盐"之类的蝇头小利。如果说看到了南海诸岛的归属、海域划界的影响、资源开发的意义，只能说明在认识上告别了传统的农耕文化；而知道马六甲海峡的作用、理解中国海军在亚丁湾的行动，也只能说明在观念上突破了自然经济的窠臼；只有在大洋深处的南极科考、北极开发、大西洋渔业资源保护、小岛屿国家生存、海上反恐等似乎"与己无关"的事务上发挥重要影响，在大洋彼岸的公平贸易、金融危机应对、国际维和等国际事务中发挥作用，才具有了海洋强国亦即世界大国应有的视野。海洋经济不是自然经济，海洋强国不能只把目光盯在从海洋上捞取了多少吨鱼虾、开采了多少桶石油，更不能把管辖海域当做"一亩三分自留地"，画地为牢。对于海洋强国，海洋不是用于防御的长城和战壕，而是走向世界的大门、与各国交往的坦途、建立友好关系的桥梁。

（三）国际观念

建设海洋强国绝不可有闭关锁国的心态，必须树立国际观念。海洋的主体是公海，是国际空间，也是各国利益共存的空间。从利益存在的条件看，陆地具有生存的排他性，而海洋作为发展空间更多地具有共享性，大多数海洋活动均为国际活动。发展海权就需要与各国交往，就必须营造有利的国际环境。在这个意义上，海权代表着特定的国际秩序。在客观上，专属经济区、大陆架和群岛国制度的建立，使36%的国际海域被沿海国家分割。真正意义上的公海已经大大减少，甚至已被各国的管辖海域分割为互不相连的多个部分。按照现存的国际秩序和国际法，海洋活动必须遵守尊重主权的原则，必须与主权国家在其管辖海域内进行合作。在实践中，海上安全也是一项国际事务。世界各国均享有平等的海洋权益，均能够平等地利用海洋，也就必然要承担同样的维护国际海洋秩序的责任。特别是对于浩瀚的世界海洋而言，再强大的海军也没有足够的兵力时时刻刻都守卫在国家海上战略利益的所有空间上，确保对战略空间内任意一点发生的事件都直接做出反应，开展海上安全国际合作势在必行。美国虽然拥有世界其他国家难以匹敌的海军作战力量，也不得不承认："美国和美国海军没有能力，也没有意愿单独为广阔的大洋提供安全支持或安全援助。"2005年9月在"第17届国际海上力量研讨会"上，时任美海军作战部长的麦克·马伦海军上将提出了"千舰海军"构想，后来将此名称换成了"全球战略伙伴计划"，但实质都是召集协调各个国家和地区的海军、政府机构、海岸警卫队等海上执法力量以及航运公司、企业等多元化成分，组成一个军民混合型、松散的非军事联盟性的全球海上安全网络，发展建立一种全球海上安全合作机制，以国际社会的力量共同承担起保证全球海上安全、维护共同利益的任务。世界上最强的海权国家美国尚且如此，遑论其他？

（四）时代观念

建设海洋强国不能因循守旧，必须与时俱进，树立时代观念。海洋是人类的第二生存空间，其对人类社会的影响与意义随时代变化而不同。早在2000多年前，韩非就国际斗争的时代性指出："上古竞于道德，中世逐于智谋，当今争于气力"[①]，强调"世异事异"，"事异则备变"。从人类海洋活动的历史进程上看，奴隶时代的古罗马法认为海洋同空气一样是大家共有之物，而封建时代以海洋割据为特征，完全一个"强权就是真理"的时代。西方海洋强国的辉煌是建立在赤裸裸的掠夺、惨无人道的野蛮杀戮基础之上。西班牙的横财敛自印加帝国的废墟、浸透了印第安人的鲜血。真正的世界大国、特别是海洋大国直到近代、资本主义制度出现并确立其统治地位之后才出现的。英国建立的"日不落帝国"只遵从"丛林法则"，并将殖民时代推上了历史的巅峰。当前，新科技革命使人类社会产生了世界性的全面进步，生产力迅速提高，实现了真正意义上的经济活动全球化，使海洋具备真正的全球性意义。"二战"后，各殖民地国家纷纷独立、以联合国为代表的大量国际组织逐步建立，国际政治民主化已经成为国际政治发展的大趋势，各国的国际地位越来越趋于平等，尊重独立、主权与领土完整已成为基本的国际法准则。信息技术的迅猛发展，日渐强化了各种新闻媒体的作用，特别是互联网遍布了世界各个角落，催生了多种信息传递方式，信息的流通已经不再受到时间和空间的限制，信息传递

① 见《韩非子·五蠹》。

与现实行动间的时间差急剧缩短，社会舆论的生成、演化、发展产生了巨大的变革，已基本形成舆论影响信息化。当前，海权的意义已迥异于以往。建设海洋强国必须牢牢把握时代特点，立于时代发展的潮头。

（五）互利观念

建设海洋强国并非只图一家之利，必须树立互利观念。各国都有权通过海洋发展自己，同时也要承认尊重他国的权利。决定一个国家的地位主要取决于其实力，也取决于其对国际社会的贡献。越是世界大国，其行为影响越大，其获利越多，其责任越重。最大的获利也意味着最大的责任，还意味着必不可少的让步。在现代条件下，建设海洋强国必须否定帝国主义、殖民主义的掠夺式致富模式，而要善于借助友好国家的力量，发展海权、以共同利益为基础，以互利为目的，以平等和公平为原则，开展广泛而全面的国际合作，达到互利共赢、共同发展的目的。

三、海洋强国与海权——享有权益

海洋权益的概念是现代社会的产物，是人类社会进步的结果。随着科学技术的进步，人类的海洋航行能力、海洋开发能力、海洋控制能力不断增强，对海洋的认识不断深化。海洋权益的概念从模糊到清晰、从习惯到立法、从追求绝对权利到合法享有、从只关注航行自由的单项权利到全面界定权益，从开发利用海洋到开发保护海洋，从早期依靠舰炮射程确定领海宽度到根据科学数据确定权益范围，其发展脉络顺从于科技的发展和时代的进步。权利不是权力。海洋权益不是一个国家能让别国干什么、不让干什么的支配力，而是作为一个国家能在海洋干什么，得到什么，应该包括"探海"、"管海"、"护海"、"言海"与"用海"五大方面。

（一）探海

"探海"就是要准确了解海洋的客观情况，而海必须以全球海洋为对象。海洋对人类社会正在产生越来越大的影响，但人类对海洋的认识却相当有限。以现有的科技水平，"上天"易，"入海"难。探海首先是了解世界海洋自然环境，需要大力开展海洋科研，发展海洋科学技术。科技是第一生产力，也必然是人类走向海洋的基础。过去，航海技能更多的是人类探索海洋活动的经验积累。但在现代条件下，海洋科技已被公认为是一个高科技的重要领域，既有高深的基础科学，又有尖端的应用科学，更有复杂的实用技能。探海还要准确掌握世界海洋人文环境，了解时代的进步、国际关系的变化、各国的海洋诉求、海洋国际行为规范等。

（二）管海

"管海"就是维护海洋活动的正常秩序。管海不是封海，跑马圈地。管海不仅是对自己的领海和专属经济区负责，而是对世界范围的所有海域负有责任。管海并非仅凭自己的主观愿望行事，必须要根据客观实际，特别是国际社会欢迎什么、能接受什么，推动国际社会采取一致行动。如《联合国海洋法公约》指出：建立海洋法律秩序的目标是"将照顾到全人类的利益和需要，特别是发展中国家的特殊利益和需要，不论其为沿海国和内陆国"。[①] 明确世界各国均享有海洋权益，开发利用海洋是世界各国不可被剥夺的权利，"公海自由、无害通过"等是得到国际社会确认和普遍接受的海上行为准则，保护海洋的生态环境、维护海洋的和平与稳定也是世界各国不可推卸的共同责任，也是管海的国际法依据。

（三）护海

"护海"就是海洋环境与资源的保护和对和平稳定的海洋秩序的维护。世界大国必须依靠自身实力维护海洋权益，特别是在维护核心利益时，绝不可能寄希望于他人。但立足自身实力护海并非西方传统的大棒政策，而是要在实力的基础上，开展积极的国际合作，最主要就是"珍珠换玛瑙"的方式；开展积极的对话协商，努力用和平方式处理分歧、解决争端。

（四）言海

"言海"就是要拥有国际海洋事务中的话语权，制定海洋行为规范的发言权。海洋强国是一种国际秩序的创建者、维护者和最大获利者。言海并非只是简单地阐述自己的主张，更不是凭借实力一意孤行推行霸权。现代国际社会已不再是几个少数西方列强的"一言堂"，1982 年的《联合国海洋法公约》通过与生效被视为发展中国家在国际海洋事务上的一次胜利。

---

① 《联合国海洋法公约》，海洋出版社，1992 年版，第 1 页。

（五）用海

"用海"就是利用海洋谋求国家发展。发展海洋事业必须服务于国家的发展和人类社会的进步。对于国家发展而言，海洋权益的核心意义在于"用海"。一是海洋交通运输，二是渔业捕捞养殖，三是油气矿产开发，此外，旅游金融服务等海洋第三产业也在蓬勃发展。特别是要认清如何才能用好自己的管辖海域，还要明白如何利用公海，更要清楚如何借用他国的管辖海域。

海洋权益是现代国际法赋予所有濒海国家的平等权益，甚至内陆国家也同样被赋予。在航行权利方面，《联合国海洋法公约》明确规定沿海国与内陆国都拥有同等的权利，专设条款明确内陆国有"出入海洋和过境自由"的权利①。虽然法条如是说，但在现代国际实践活动中，海洋权益对于不同的国家具有不同的实际意义。各国根据自身条件、战略环境的不同，对国家的利益、安全和海洋权益的关注点大为不同，在不同的发展阶段其关注点也大为不同，对海洋活动的支持能力不同，对法条的诠释也不同。大国和小国、强国与弱国、发达国家与发展中国家对海洋权益的认识、享有与维护有很大差别。小国、弱国、发展中国家更重生存利益，非常看重海洋权益的保护效用，通过强化管辖权利、扩大管辖范围增进国家安全。而发达国家、特别是世界大国则无生存之虞，往往更偏重于海洋权益对发展的促进作用，更多地趋向弱化主权权利。世界大国拥有最强大的综合实力，掌握着最先进的海洋科技，能够最大范围地控制世界海洋，从而对海洋权益有最多的话语权、最充分的享有条件、最有力的保护程度，并主导着国际海洋秩序。对世界大国而言，海洋权益是大国地位的保证，也对其主导的国际秩序具有"生存利益"的重要意义。对于弱小国家而言，海洋权益更多的是一种口头上的尊重。在一般意义上，世界大国能够最充分地享有和最大限度地维护其海洋权益。而弱小国家自己对自己的专属经济区都缺乏管理能力，甚至连自己的领海内发生了什么事情都难以及时准确掌握，更无力关心大洋深处的变化。

一个国家在不同的发展阶段，对海洋的需求大为不同。自然经济形态的国家也能够利用海洋谋求发展，但其方式只能是"自留地"式的开发，

---

① 参见《联合国海洋法公约》，海洋出版社，1992年版，第9、28、44、45、59页。

所属海域能提供什么就收获什么，小者如鱼盐，大者如油气。在自然经济状态下，对海洋的探索与开发通常只是个别事件、自发行为，却缺乏符合社会发展规律的内在动力，也难有海权的持续发展。当告别了自然经济，开始大规模工业生产，形成发达的商品经济，追求规模效益、开拓更大市场、获取更多资源则成为必然，亦即产生了发展海权的客观需求和自觉行动。美国立国后多年奉行孤立主义，在大洋上也有过"劫掠船"的行为，并长期满足于沿海防卫能力的海军力量。美国海军实力与英国相比曾处于"毫无希望、荒唐可笑的劣势"①。直到 1910 年，美国才开始大力发展远洋海军，其时美国稳居世界第一经济大国的地位已有 10 多年！苏联早年也曾经支持沿海国家扩大权益范围的主张，但从 20 世纪 60 年代开始与美国进行全球争霸后，转向限制主权国家的管辖范围。

四、海洋强国与海权——谋求发展

中国是人类进军海洋进程中半路睡觉的兔子，因而成为现代国际海洋社会的迟到者。然而，错失了殖民时代的发展机遇，使中国跌入了历史发展的谷底，却将中国推上了历史发展的道义制高点。新中国成立之后，特别是改革开放以来，中国走上了致富图强的道路。但是，与历史上的西方列强完全不同，中国是靠自己人民勤劳的双手致富的，而不是靠战争和掠夺发财。中国建设海洋强国就是要走上一条前无古人的发展道路，就是要通过在科技、经济、政治、军事各个方面不断创新，妥善处理和解决战争与和平、效率与公平、歧视与平等、掠夺与互利、强迫与自愿、霸权与民主、零和与双赢、独享与共赢等人类社会发展中具有根本性的问题，既加快自身的发展，同时对世界做出应有的贡献。中国再也不会"闭关锁国"，中国的发展不会囿于 960 万平方千米的国土，不会受限于海岸线。这就是海洋强国。

（一）科技创新

科技是第一生产力，也是海洋强国的基础。海洋活动既很"传统"，又很现代。从古至今，世界各沿海地区在海上就有"行舟楫之便"、"兴渔盐之利"，一艘舢板、独木舟也可以"出海"捕鱼。航海技能更多的是人

---

① A·T·马汉著，蔡鸿翰、田常吉译：《海军战略》，商务印书馆，1998 年版，第 19 页。

类探索海洋活动的经验积累。但在现代条件下，海洋开发与利用、经济发展与社会进步都需要建立在科技进步的基础之上。海洋科技已被公认为是一个高科技的重要领域。特别是在现代条件下，大规模海洋活动所必需的不仅是庞大的船队和舰队，还需要导航、气象、通信、海洋监视等卫星服务，还离不开先进网络的支持。仅就造船而言，不仅需要庞大的冶金与机械加工行业，更需要先进复杂的综合科学技术。科学技术进步对海洋事业的影响是显而易见的。人类的海洋航行能力、海洋开发能力、海洋控制能力不断增强，对海洋的认识不断深化，其发展脉络顺从于科技的发展。当前，在全球变暖、南极臭氧洞、北极冰盖融化、海平面上升、海洋资源枯竭等重大话题中以及在温室气体排放量、渔业捕捞量等重大现实利益上，科技实力都是话语权的决定因素。中国已在海洋科技上取得了长足进步，以"北斗"卫星导航系统、"蛟龙"号载人潜水器、3 000 米水深钻井船为代表的一大批新科技成果正在中国的海洋开发利用中发挥越来越大的作用。中国将发展海洋科技列入国家科技发展规划，制定了《海洋科学和技术发展规划纲要》《科技兴海规划纲要》。在建设海洋强国过程中，科技创新将具有至关重要的基础作用。

（二）经济创新

经济活动是最基本的人类海洋活动。海权的核心在于"用海"。一个国家能够在海洋上干什么、通过海洋得到什么，这才是海洋强国的关键所在。海外贸易对国家富强、对海权的发展有着决定性的影响。马汉在阐述海权对历史的影响时，开宗明义地论及这一点（The profound influence of sea commerce upon the wealth and strength of countries was clearly seen）[1]。改革开放后，中国充分利用国内、国际两个市场，经济高速发展。中国加入世界贸易组织后，经济进一步与国际经济接轨，更多地融入世界经济体系之中，对外依存度越来越大。2011 年，中国的经济规模已居世界第二[2]，2013 年，中国的进出口总额已达 4 万亿美元，超过美国位居世界第一位；吸收外资数额位居世界前列；中国对外直接投资量逐年增长，2011 年已达

---

[1] See The Influence of Sea Power upon History 1660—1783, by Captain A. T. Mahan, Dover Publications, INC. first published in 1987, p. 1.

[2] 中国商务年鉴编辑委员会：《中国商务年鉴（2012）》，商务出版社，2012 年版，第 74、75 页。

746.5 亿美元；①中国已与 200 多个国家和地区建立了贸易关系，外贸对国民经济发展有着巨大的促进牵引作用，已成为经济发展的重要制约因素。中国的出口对 GDP 增长的贡献率最高达 50.4%（1990 年），最高拉动 26 个百分点（2005 年）。在 2010 年受美国金融危机和欧债危机造成的世界经济严重不景气的不利大环境下，中国的出口对国内生产总值增长的贡献率仍达 9.2%，拉动 0.9 个百分点②。中国大陆船队总运力在世界排位稳步上升，商船队规模已跻身世界前列，是世界十大海洋运输国之一。2011 年中国海运完成量约 21.5 亿吨、68 859 亿吨公里，完成港口货物吞吐量 100 亿吨、1.46 亿标准集装箱③。中国已连续多年成为国际海事组织的 A 类理事国。海洋对中国的社会发展有着越来越重要的战略意义。

毛泽东同志曾经说："中国应当对人类有较大贡献"，以 13 亿勤劳智慧的中国人加入世界经济大循环，进入世界市场。2013 年，中国的大学毕业生近 700 万。如果能每年补充数百万受过高等教育的高素质人才，中国将拥有世界上最庞大的科技队伍。生产水平的提高也加速了中国城镇化的发展进程。2012 年，中国的城市人口首次超过了总人口的 50%，今后若干年大量的农村剩余劳动力将加速涌入城市，工厂将增加、住房将扩建、道路将伸展、城市将扩大。但是，中国的可耕地面积正迅速缩小，接近 18 亿亩的"红线"。中国对环境污染的防治、对"环境文明"的建设，将摒弃和消除无限制占用土地、无节制索取自然资源、不控制地消耗能源等不科学的方式，通过对发展模式的创新实现可持续发展。中国以年均 10% 的经济增长速度迅猛发展了 30 多年，这本身已是世界经济上的奇迹，中国未来的经济发展还将突破许多传统的经济学原理，并在颠覆某些现代经济学理论。中国是"世界工厂"，就需要世界市场，就需要世界资源，就需要世界所提供的发展空间，必须借助海洋走向世界。

（三）政治创新

建设海洋强国就需要发展海权，就必须重新认识海权理论。海权理论是基于西方军事思想和海上斗争历史经验，研究海上斗争对国家兴衰影响

---

① 中国商务年鉴编辑委员会：《中国商务年鉴（2012）》，商务出版社，2012 年版，第 183 页。

② 中华人民共和国国家统计局编：《中国统计年鉴（2011）》，中国统计出版社，2011 年版，第 63 页。

③ 中国商务年鉴编辑委员会：《中国商务年鉴（2012）》，商务出版社，2012 年版，第 353 页。

的一般规律，从而建立的海洋战略理论。该理论是在资本主义进入帝国主义时代出现的。它第一次系统论述了海权的性质、地位和意义，强调了海洋在人类生活中的重大作用，反映了海上斗争的原理，对在新的历史条件下建设海洋国家仍有借鉴意义。但必须看到，在新的历史条件下，中国社会进步、经济发展的势头迅猛，速度令世界瞠目。中国正在崛起已是不争的事实，并已成为当今国际社会、乃至人类社会发展进程最具影响力的重要事件。在新的历史条件下，发展是"执政兴国的第一要务"。落实科学发展观，构建和谐世界，维护战略机遇期的和平与稳定，建设海洋强国，实现全面建成小康社会的战略目标，实现中华民族的伟大复兴是中国的奋斗目标。中国的发展之路前无古人，中国建设海洋强国也是对殖民主义、帝国主义发展方式的彻底否定。因此必须进行政治创新，构建新型的国际关系。

　　和平与发展已成为当今国际社会的两大主题。以经济和科技为基础的综合国力竞争已成为现代国际斗争的主要方式。中国走和平发展的道路，所主张倡导构建和谐世界理念代表着人类社会的发展方向。和平稳定的海洋环境是世界和平与发展的一个前提。和谐海洋是和谐世界的必要组成部分和必要的保障条件。唯有构建和谐海洋，中国才能面向世界谋求发展，推动世界和平与人类的进步事业。和谐海洋的基础是世界上绝大多数国家的参与支持，最关键的问题是处理好主要与竞争对手的关系。现存的国际秩序是时代发展到现代社会的结果，主要的斗争方式不是你死我活之战，而是发展速度之争。在和平条件下发展海权远较赢得海上战争更为复杂。因此，对于现存的国际秩序，中国是负责任的、建设性的参与者，而不是破坏者、摧毁者；是积极地利用改造、而不是消极被动地接受。在维护海洋和谐时，需要处理好与其他大国的关系，尊重发展中国家的海洋权益，为维护和谐奠定稳固的基础，以谋求国家利益最大化，保障国家可持续发展。历史上，中国未能延续走向海洋的辉煌，因而在近代屡遭帝国主义从海洋方向上的侵略，蒙受了百年耻辱。面向未来，中国人民不会让历史重演，必将通过利用和谐海洋走向世界，实现民族的伟大复兴。

　　（四）军事创新

　　海洋强国与海权概念都具有军事意义的。甚至在一定条件下，海权主要意味着军事。建设海洋强国不可避免地要涉及军事与军事斗争。海军是构成海权的核心力量。马汉在阐述海权理论时，涉及了政治、经济、文化、军事、外交、地理等多个领域，但海权论最主要的内容属于军事范畴，曾明确指出"海权的历史主要是一部军事史"。海权论理论是帝国主义和殖民主义时代的经典军事理论之一，是特别适用于大国进行大洋争夺的军事理论。作为最早和最为系统的海上军事斗争理论之一，海权论对现代海军的发展和战略运用影响极大，在地缘战略理论中与陆权论、空权论并列为基本理论学派，其原理上的科学性不言而喻。但是，当今的时代不应是强权政治的时代，解决国际争端也不能只是比拳头、比肌肉。旧的海权理论因其历史局限性，已不足以指导今天的海上军事斗争和海洋强国的建设。仅从军事意义而言，中国并不走新兴大国挑战传统大国以求发展的老路，正面挑战现存的海权优势并不是中国的战略选择，全面海军军备竞赛不符合中国的社会发展与国防建设要求，引发海上全面对抗更是于中国的和平发展极为不利。在军事领域中创新，是发展海权、建设海洋强国必不可少的战略需要。但在国际事务中，实力是言语的基础，只有在能力所及的海域，才能真正享有和维护海洋权益，才有真正的发言权。特别是要成为世界大国，就必须立足自身的力量维护海洋权益，特别是在维护国家核心利益时，必须要有强大的海上军事实力。建立更为公正合理的国际海洋新秩序，绝不可能寄希望于他人。作为世界大国，中国的国家安全不能绑在别人的枪机上。发展海权，建设海洋强国，不能建立在他国可能的和平愿望基础之上，更不可能以他国实力为基础。因此，必须拥有一支强大的人民海军。

中国海军是一支年青的海上作战力量，并随着国家的发展不断取得同步建设成就。但毋庸讳言，中国海军的现代化水平仍较低，规模十分有限，仅以吨位而论，中国海军舰艇的总吨位还不到100万吨，甚至不如美国航空母舰一个舰种的吨位。在海军装备建设方面，中国海军尚处在追赶阶段，引进多种战斗机、驱逐舰、常规潜艇，反舰导弹、防空导弹甚至是主战装备。而一支真正的现代化海军无法靠"买"而建成，主战装备更不能依靠他国的技术支撑。在兵力运用方面，中国海军到目前为止，没有组织过大规模的现代化海上战役，尚没有打过"堂堂正正之阵"的大海战，缺少遂行现代化海上作战的经验。在和平运用方面，中国海军的实践也非常有限，缺少完整的理论与经验。因此，中国海军的发展应基于能力，而不是基于对手，在战略上超越发展，紧紧围绕提高核心作战能力，瞄准世界最先进的水平谋求发展，既重视质量，也必须考虑数量，在技术上重点突破，优先发展能够起到带头作用的核心技术。在战术上应发展多种手段，强化进攻能力，作战样式上要高端作战与低端作战兼顾，向高看齐，向低兼容；在使用力量上要平时运用与战时运用兼顾，全面增强实力，形成均衡的综合作战能力，建设一支具备现代化作战能力、能够整体机动作战的远洋海军。

（本文原载《战略与管理》2014 年第 5/6 期。）

作者简介：李亚强，海军军事学术研究所研究员。

中国海权战略的当代转型与威慑作用

倪乐雄

（上海政法学院国际事务与公共管理学院，201701）

摘要： 就国家整个国防性质而言，国防第一任务就是捍卫国家的经济生存。和历史上所有的海洋国家一样，中国国防的范围覆盖到本土之外的"海上生命线"和"海外重大利益地区"。当前，以东海钓鱼岛、南海的南沙群岛为焦点的领海主权争端，传统的领海主权受到不同程度的侵害。中国海权战略的一个重要目标就是对中国传统主权海域的保护，也包括遏制"台独"，并保障领海和经济专属区内的各种资源开发安全。中国应深刻反思历史，特别是近现代西方大国崛起的经验和教训，竭力避免自身的崛起造成新一轮的世界大动荡。

关键词： 海洋战略；海权战略；海防；海上生命线；海外重大利益地区

一、海洋战略与海权战略的区别

近年来，在讨论中国海洋发展问题时，海洋战略与海权战略两个概念经常发生混淆、互为指代的现象，故而在展开讨论前，有辨析澄清的必要。对海底石油、天然气、海洋渔业资源、旅游资源的开发和利用实际上是经济行为。由于学界近些年来对"战略"一词有着特殊的偏爱，导致"战略"一词被滥用。以致开个酒店、规划一个旅游景点都上升到战略的高度。在笔者看来，时下流行的海洋战略中的绝大部分内容仅指经济上的开发计划，只是冠以军事术语而已。

严格地说来，只有国防军事领域的规划才是真正意义上的战略。滥用

"战略"一词的后果之一，就是将国家层面的海洋战略与军事层面的海权战略经常混为一谈，因此笔者首先界定：海洋战略是一个濒海国家对海洋利益宏观的规划，包括经济、外交、政治和军事等方面，是对这几个方面的统筹考虑和计划。海权战略是指一个国家在军事上执行海洋利益方面既定的经济、外交和政治方针的规划。本文所探讨的问题主要集中在军事方面以及军事层面的海权战略与国家层面的海洋战略之间的关系。

二、近现代中国"海防"问题的由来

近代以来，中国的海权战略以"海防"的形式出现，其不变的核心内容是防止外部从海上入侵本土。因为中国是农耕社会，依赖耕地而生存，自产自足无需依赖本土以外而生存。相反，外来的商业贸易并非中国必需，但是商业利润最大化倾向无论在思想观念上还是在现实生活中都可能对正常的农业社会秩序产生颠覆性的冲击，因而中国古代政府一向对商业采取指令性管理，以控制其规模。古代海军（水师）在平时兼有稽查海外走私的功能，虽然表面上是国家的海上军事力量，实际执行的是控制社会内部的职能。

近代荷兰、英国等典型的西方海洋国家的生存条件与中国农耕社会是完全不同的类型，它们的生存依赖海洋贸易，"外向型经济"是这些国家主要经济形态。海洋国家的生存依赖本土和本土之外某一地区构成稳定的、特殊的经济结构。一旦这种经济结构遭到破坏，国家生存便受到严重威胁。

于是，海洋国家的国防任务就是保卫本土与海外地区建立的经济结构，包括本土连接海外的"海上生命线"。海军军种不仅构成国防力量的主要成分，而且根本上是国家生存的成本投入，如同陆军军种是内陆农耕社会生存的成本投入一样。这就决定了海洋国家的国防范围必然越出本土，军事力量必须保障自己的"海上生命线"和投送到关系本土生存的海外重大利益区域。海洋国家这种超越本土的"远距离防御"在外部世界看来，尤其是非海洋国家看来是为经济利益扩张和随之而来的文化扩张服务的军事侵略。

17世纪以来，随着西方世界航海技术的进步和资本主义的兴起，西方国家向东方的海上贸易逐渐发展为近现代殖民主义的持续侵略扩张。而中国自鸦片战争以来，一直笼罩在长期的殖民主义侵略的阴影下，深受其害。作为古老的农业国家，中国社会从政治、经济、军事、外交和意识形态各个方面产生对西方国家的天然抵制。在明末清初开始，当长期威胁中原地区的北方草原地区传统入侵威胁解除后，中国的军事领域产生前所未有的海防问题——防止来自海上的入侵，并且持续了一百多年。从根本上讲，这种海上威胁来自西方向亚洲持续了数百年的殖民主义运动。

三、中国当代社会的转型与"海上生命线"的出现

在20世纪80年代中国改革开放之前，中国的海权战略继承了自明代"倭寇"产生以来的海防核心观念，即防止来自海上的外部军事入侵。从明代戚继光、俞大猷防范"倭寇"，到晚清"洋务运动"建立北洋水师，再到民国期间的海军建设，海防观念可谓"一以贯之"，1949年新中国成立后，毛泽东也发出号召："为了反对帝国主义的侵略，我们一定要建立强大的海军。"由于"二战"结束后，世界很快进入社会主义和资本主义两大阵营的冷战时代，以美国为首的西方国家对中国采取敌对态度，对中国实施经济封锁，中国在国民经济发展和工业化建设上采取的是"独立自主，自力更生"的方针。在改革开放前，中国初步建立了本土自成体系的、不依赖国际社会的、初具规模的现代工业化体系。当时，中国国家工业化已初具规模，但经济形态方面还是继承了数千年农业社会的"内向型经济"传统，无论工业还是农业、原料还是产品，基本都在本土获取和消费，并不依赖海外市场。

因为是独立自主的"内向型经济"，便没有西方海洋国家在"外向型经济"的动力下发展远洋海军的强烈需要，捍卫本土的工农业生产体系是国防的主要考虑。海、陆、空三军的国防任务就是防止外部敌人从海上、地面、天空对本土的侵略和破坏。这样，改革开放前的新中国国防在维护"内向型经济"方面继承了古代中国的国防传统，也就是几千年一以贯之的"陆权主义"传统。体现在海权方面，只是海岸线水域的防御，是陆上防御向海洋伸出的触角。海军战略部署是"近岸防御"和"近海防御"，与古代海军传统大致无二。

20世纪80年代开始，中国从"文革"中走出来，迅速转入以改革开放为标志的经济建设轨道。在短短30年时间里，中国在同世界交往、学习、模仿和赶超过程中，国家经济基本上已经融入世界体系，生产原料和产品市场以及能源都严重依赖进出口。"内向型经济"已转型为史无前例

的依赖海洋交通的"外向型经济"。中国的经济生存方式发生了根本性的转型，变成类似古代雅典、迦太基、中世纪威尼斯和近现代荷兰、英国等国的经济生存方式。中国历史上首次出现了"海上生命线"的问题以及关乎本土生死存亡的海外重大利益区域问题。总而言之，中国在改革开放三十年后由传统农耕国家转变成为现代海洋国家。

四、中国国防和海权战略的转型

欧洲文明的历史经验揭示了海权发生的规律：依赖海洋通道的"外向型经济"生存状态一旦出现，必然召唤强大的海权。在弱肉强食的霍布斯文化笼罩的世界里，炮弹跟着金钱走，舰队跟着商船走。在霍布斯文化尚未退出历史舞台的今天，当中国的经济生存形态转型为"外向型经济结构"时，中国的海权战略面临两个挑战：一是传统的"防止海上入侵"的能力在常规战争层面尚没有完全具备（目前本土不被军事入侵根本上依赖核武器威慑）；二是新出现的"海上生命线"和"海外重大利益地区"的保护问题。而以往的海军战略"近岸防御"和"近海防御"则远远不能满足第二项任务的需要，被迫将转向"远洋防御"。

此外，就整个国防性质而言，国防第一任务就是捍卫国家的经济生存。与历史上所有的海洋国家一样，中国国防的范围有史以来第一次超越了本土，覆盖本土之外的"国家海上生命线"和"海外重大利益地区"。这种由国家经济生存方式巨变带来的国防转型不仅要求建立强大的远洋海军，而且根据现代战争的特点，还将需要建立与"远洋防御"相匹配的其他军兵种。

当前出现的以东海钓鱼岛、南海的南沙群岛为焦点的领海主权争端，传统领海主权受到不同程度的侵害，中国海权战略的一个重要功能就是对中国传统主权海域的保护，也包括遏制"台独"，并保障领海和经济专属区内的各种资源开发安全。虽然，这些争端导致中国同越南、菲律宾、日本等国的紧张关系，但从长远来看，当前引人注目的传统海疆争端并非中国海权战略的主要隐患，长远隐患是危及国家生存的"海上生命线"和涉及国家稳定的"海外重大利益地区"的安全。在"国家海上生命线"上潜伏着来自美国、日本、印度的军事威胁。

五、康德文化和霍布斯文化并存状态下的海权困境

从最经济最理想的角度而论，海洋国家的"海上生命线"最可靠的保障是世界进入康德永久和平的体系。以此为目标，在当今国际社会体系中的各主要大国应自觉地抛弃与此目标相悖的各种"私利"，担负起建设世界永久和平秩序的责任。包括中国在内的各大国自身的海权保障应建立在世界永久和平之上，而不是依赖于传统的军备竞赛和海上军事力量的强大。然而，诚如霍布斯所言，"自然状态下的人与人之间的关系，本质上是每个人对每个人的战争关系。"所谓自然状态即无政府状态，推至国际社会，由于联合国不具有世界政府的权威，目前乃至长远而论，国际社会仍将处于无政府状态，联合国协调机制相当有限。因此，霍布斯的观点也可表述为：自然状态下的国家与国家的关系，本质上也是战争关系。在国与国之间，和平手段用尽后诉诸武力的现象还将持续下去。因此，如果中国没有强大的海军、不具备超越本土的"远洋防御"能力，将来恐深受其害。用康德永久和平的观念来指导霍布斯时代的行动，中国将犯时代性错误。

当中国按照传统的海洋国家途径来制定海军战略时，中国会发现很快陷入困境，因为这将引起周围国家和当今强国的不安，它们也将加强自己的海军建设，甚至联手对中国进行遏制。美国战略重心东移亚太就有明显的组织海上军事同盟以遏制中国的趋势。所以按传统现实主义战略思维，不顾一切地发展海军，既有可能引发地区军备竞赛，竞赛的结果也很可能因周边国家或潜在对手同步增长，致使海军相对力量同原先比没发生多少变化，而维持军力的负担反而大大加重。与此同时，按照这种传统的现实主义战略走下去，将与中国"和平崛起"的愿望渐行渐远，而离全方位冲突越来越近。于是，中国陷入了两难困境。

面对世界这种现状和前景，面对两难的困境，中国海权战略应有两手准备。在致力于世界和平发展的同时，也要建设强大的海军力量以应付未来可能的不测。具体实施过程中，中国所要做的是：如何在建设符合中国需要的海军力量时，又不会引起他国的不安全感。中国未来的海军既要做好迎接康德永久和平时代的来临，又要做好应对霍布斯弱肉强食时代的卷土重来。

六、"和平崛起"走向决定中国海权战略的选择

中国正在崛起，至少在当下与愿望上向世界真诚地表达着和平崛起的愿望。中国深刻地反思着历史上、特别是近现代西方历史中大国崛起的经验和教训，显然想竭力避免自己的崛起引发新一轮的世界大动荡。然而，中国能否"和平崛起"首先取决于内部环境。由于几千年的极权主义文化传统，中国社会权力结构和经济结构始终在平等和公平方面存在较大的缺陷。如果社会转型将这种致命的缺陷继承并固化为现代社会结构，那么中国社会将在这种结构所产生的不可避免的内耗中止步不前。即便是勉强地挣扎着崛起，从内部来讲也不是"和平崛起"。存在不平等社会结构的国家要在剧烈的内部冲突和外部冲突中崛起将承担较高的内外政治风险。"和谐社会"与"和谐世界"本质上是一致的，它们的基本原则就是平等与公正。外交是内政自然和逻辑的延续，由己及人，由内及外，一个内部缺乏平等和公正、不和谐的国家是不可能给世界带来和平的。

当中国克服千年传统带来的文化、制度的痼疾，成为一个内部比较和谐的社会后，是否能够和平崛起？这也不完全取决于中国自己的愿望，很大程度上是取决于外部环境以及中国被动地与外部世界的互动，取决于历史经验和传统惯性对人们的暗示强度。以往海权大国崛起无一不是通过武力，这一切成为某些外国想象中国未来崛起的内容，而中国建立必要的远洋防御性质的海军，似乎使历史经验的暗示同未来想象的内容得到了某种程度的证实。

面对外部世界对中国的疑虑，中国可能会出现两种结果：一是中国竭力以行动证明自己不走传统大国的老路，最终以真诚赢得外部世界的信任，具有和平诚意的中国与信任中国的外部世界进行良性互动，从而实现和平崛起。二是中国尽最大诚意和努力之后仍然无法赢得外部的信任，被迫在与外部进行敌对互动中，放弃和平崛起而按传统海权大国方式行事。显然，这两种可能性都存在。所以，中国能否和平崛起并不完全取决于自身的努力，至少一半尚需外部的配合。这两种可能性对中国海权战略的选择将产生截然相反结果，也会对亚太和全球产生截然相反的深远影响。

需要强调的是，外部世界的疑虑，尤其是西方国家的疑虑，是在几百年来东西文明交往中，"炮弹跟着金钱走"、"军事跟着贸易走"的西方"师父"带出了东方"徒弟"后，以自己不光彩的过去来揣摩、想象东方

"徒弟"的未来作为，继而产生的焦虑与遏制的念头。

七、高端科学技术赐予中国海权发展的机遇

有一种观点认为：从地理位置和特征看，中国中西部处于亚洲内陆，东南濒于海洋，属于陆海兼备的复合型国家，海权和陆权应并举。事实上，一个国家海权和陆权的属性并非由地理位置决定的。中国东南诸省濒临大海，有着18 000公里的海岸线，但几千年来并没有成为海权国家，而属于内陆农耕性质的内陆国家。日本国由海上一连串大小岛构成，但在明治维新前，并没有像古希腊城邦国家那样成为海权国家，在很长的历史时期内和中国一样，属于封闭型的农耕社会和崇尚陆权的国家。可见，地理位置在决定国家海权还是陆权属性方面虽然重要，但并非决定性因素。

西方文明的历史表明，依赖海洋交通的外向型经济结构才是滨海国家成为海权国家的根本原因。当然，也是一个海权国家海军持久发展的根本动力源。这也就不难理解中国古代历史上曾不乏出现过强大的海军（水师），但都是昙花一现。改革开放30年后，中国转型成为"依赖海洋交通的外向型经济结构"的现代海洋国家，虽有"海上生命线"之虑，但却获得了海军发展的持久动力。

近现代中国的地理位置和战略，一方面要对付来自日本的海上强权，另一方面要对付来自俄罗斯的陆上强权，国力无法应付，因而有晚清王文韶"塞防"、李鸿章"海防"与左宗棠"塞防海防兼顾"之争议。这不仅反映了当时清政府财政上的捉襟见肘，也反映了当时海军装备与陆军装备的无法"兼容"。

21世纪科学技术发展日新月异，军事技术、武器装备和作战手段比过去任何一个时代都接近于陆、海、空军兵种的"相互兼容"。常规作战制空权决定一切，制信息权又决定着制空权，陆海空战场均以精确制导的导弹攻击为主要作战手段。精确制导武器系统不仅决定大气层外航天对抗和大气层内制空权对抗的胜败，也决定陆战和海战的胜利。陆、海、空三军种高端武器作战系统和作战样式已经高度兼容，这就大大降低了中国国防的成本，摆脱上两个世纪因地理位置原因海陆不能兼顾的窘境。这是今天科学技术赐予中国的良机，也是赐予中国海权发展的大好机遇。

八、中国海权战略的现实应对——威慑姿态

从美国 2013 年夏天高调介入南海，越南、菲律宾与中国发生的海疆争端来看，这些国家仍然受传统"合纵"型战略思维支配，本质上是霍布斯原则指导下的战略行为。因此，中国必须暂时放下理想主义，以现实主义的态度应对之。

目前东海与南海争端的实质是中国崛起的身份与传统海疆主权长期被侵占的现实严重不相称，中国要恢复对传统海疆行使主权，驱逐侵占国。由于长期对海疆被侵占反应软弱，这些年迅速变得强硬起来后，却被外部世界认为是中国海上扩张的不祥之兆。这种冲突比较尖锐。历史经验的暗示和"海上生命线"、"海外重大利益地区"的现实焦虑已使中国产生"远洋防御"的强烈冲动，而本土传统的主权海域却在被蚕食，这种现象是绝对不能容忍的，也是海权战略不能接受的一种势态。

政治上的互不信任和对未来的猜疑必然会带来军事上的防范和海权战略的碰撞。当今的海权强国——美国是中国海权战略真正的对手。中美海权战略冲突的实质是：中国发展合理的、必要的符合国家利益的远洋海军同美国要保持以往海军绝对优势之间的矛盾。这种矛盾即便不是你死我活也是难以调和的，双方都不会轻易让步，其发展趋势必然是双方时缓时紧的军备竞赛。由于两国都拥有核武器，交战代价与实际利益收获太悬殊，因而真正发生兵戎相见的可能性不大，而往往以持续的可评估的威慑相对峙，并以这种可评估的海上威慑来影响双方的利益调整。比如在 2010 年 1 月，希拉里就以切断中国海上能源供应线向中国发出警告。

建立强大远洋海军很大程度上不是用于作战，更多的是用于威慑，以便捍卫国家海上利益和震慑潜在对手及其周边觊觎者。所以，中国不能吝啬军费开支，维持强大海军的经费远远少于因国防不强而被迫进行战争的消耗。

九、当前中国海权威慑方向及战略任务

如果周边国家以霍布斯丛林原则与中国打交道，那么，以传统现实主义观点来看，南海的地缘政治将决定中国未来的生死存亡，而不仅仅是海洋资源的问题。如果中国丧失了南海，经济上将损失巨量的海底石油、天

然气和海洋渔业等资源；在交通方面，南海作为中国"海上生命线"的可控部分亦将失去；在军事方面，中国将失去广阔的国防战略纵深，国防线将被压缩至海南岛一线。从亚太海域战略形势而论，一旦美国、日本和印度三国海军联手，中国海上南大门将被关死。未来的形势不容乐观。

未来主要的威慑方向是在南海。强大的海军不仅要保卫传统的中国南海海域，还要随时驶入印度洋以遏制对中国"海上生命线"和海外重大利益地区的各种威胁。

要预防出现最严峻的外部形势，美、日、印、澳加上东南亚愿意依附的越南、菲律宾等小国形成海上军事联盟。一旦形成这种战略对峙的态势，除了动用政治、经济和外交手段分化瓦解外，军事方面，中国的战略威慑优势是背靠巨型半岛大陆，借助岸基空军和导弹的掩护，处于内线作战的有利位置，外部海上松散之敌对联盟处于外线作战不利位置，中国可集中兵力各个击破之。

强大的中国海军可改变对周边国家的战略态势。以越南为例，自古以来都是从路上山地强行进入其境，越北部崎岖山地，沿着细长的腹地延伸，后方补给困难重重，前进难以为继续。而强大海军一旦在海上展开，地形上犹如丝瓜面对快刀，可在其细长之海岸线任意一点登陆，其北方与我云南、广西接壤的巨型"头部"地区立即陷入陆上被合围的困境，从而改变千百年来传统中越军事态势。强大的中国海军将使越南在北部军事部署上进退失据、手足无措，这个"以海遏陆"地缘军事战略态势无疑会影响该国对于战争与和平的外交选择。

在东海方向，一旦台海有变，强大的中国海军可以兜围台湾，并随时威胁日本南方诸岛，亦可游弋于太平洋心脏地带。在印度洋方向，除掩护中国"海上生命线"之外，亦可从海陆夹击印度。如果中国海军具备这样的威慑能力，将是分化和挫败美国在亚太拼凑遏制中国海上军事同盟最有效的军事手段，将使周边国家考虑依附美日海上军事同盟时，不得不有所顾虑。

上述海军战略威慑并非为了争夺海上霸权，也非认定未来与某些国家"必有一战"，而是出于捍卫国家安全和维护地区和平必要的考虑，是和平外交必需的后盾，也是建立和谐海洋、和谐世界的必要手段，甚至是和平事业的一部分。因为，自古以来，有文事必有武备。文武之道，一张一弛，不可废武而求和平。任何形式的和平都是以暴力为基础的。即使孔子推崇备至的"周公吐哺、天下归心"的和谐世界，也需"西六师"、"成周八师"、"殷八师"来维护。当下和未来，中国绝不可以以完全的理想主义颠覆人类和平的历史规律。

（本文原载《国际观察》2012年第4期。）

作者简介： 倪乐雄，上海政法学院教授、渥太华中国事务研究院院长。历任华东理工大学战争文化研究所所长，上海师范大学人文与传播学院国际问题研究所所长。研究领域涵括东西方战争文化比较、战争史、中国军事现代化、中国海权战略、国际军事与外交。出版专著《帷幄与决胜——第二次世界大战决定性会战述评》《战争与文化传统——对历史的另一种观察》《撩开后冷战时代的帷幕》《文明的转型与中国海权》以及译著《美国世纪的终结》《山那边》。

2000年，作为美国国务院新闻总署东北亚安全项目"国际访问学者"访问哈佛大学、普林斯顿大学、麻省理工学院、哥伦比亚大学、加州洛杉矶分校、夏威夷大学、国防大学、陆军战争学院、陆军参谋指挥学院、西点军校、国务院、国防部、太平洋战区总部、太总部陆军司令部等单位。2009年5月至6月，访问加拿大渥太华中国事务研究院、加拿大外交部、皇家军事学院、加拿大军事历史博物馆等。2009年10月，应邀参加在希腊罗德岛举办的第七届世界公众论坛"文明的对话"国际会议，并在政治学分会场做"区域冲突与协作"主题发言。

《美国海军战争学院评论》的文章称其为"也许不是仅有的、但却是最有思想深度的中国马汉学派的代表"（Perhaps the most thoughtful—though by no means the only—spokesman for China's Mahanian school is Professor Ni lexiong）。同时发表在《澳大利亚国防》的文章称其为"史上最有思想深度的马汉学派的代表"（Perhaps the most thoughtful spokesman for the Mahanian school is Professor Ni Lexiong of …）。

中国海洋强国的战略视野与内在力量[*]

鞠海龙

（暨南大学国际关系学院，510632）

摘要： 中国海洋强国战略是一种由内而外的战略发展过程。这一过程不仅铭刻着清末以来中国海防的历史教训，传承着百年来中国人对西方传统海洋霸权理论与实践的理解，而且还凝聚着当代中国人对国家和民族崛起的期望。三大战略视角下，中国海洋强国战略面对域外与周边的多重战略力量的审视与挑战。复杂的国际背景和错综的利益纠葛下，中国与世界各国实现共赢的战略初衷能否实现不取决于中国自身战略目标与路径的设定，而是取决于中国海洋战略内在结构的坚挺与稳健。在战略起点上，高度强化朝鲜半岛和中南半岛这两大近海安全的陆地支撑体系，坚定地在南海近海维权过程中实现远洋战略效能，把握时机妥善处理两岸关系，适时突破第一岛链的约束，这将铸就未来中国海洋强国的战略底蕴。

关键词： 中国；海洋强国；战略视野；内在力量

一、审视中国海洋强国的战略视角

海洋是理解当代中国总体战略发展与转型的一个独特视角。中国是东亚大国，是一个历史上主要以陆权特征展现国家特色的古老国家。然而，19世纪海洋文明涤荡东方以来，海洋强国的追求就成为中国政治文明不可

---

[*] 本文原型为《中国海权战略参照体系·引论》，中国社会科学出版社，2012年，第1–19页。此处做了结构和内容的修改。

或缺的一个组成部分。改革开放后，中国开始了走向海洋强国的征途。迄今，中国不仅拥有了世界级的远洋商船队，而且海军建设也从近海走向远洋。随着中国与全球经济联系的空前加深，中国已经再度成为一个兼容各种经济生活与社会文化的国家。不拘一格、兼容并蓄是海洋的特征，也是海洋文明的特征。虽然今日的中国尚不是一个真正意义的海洋国家，但是它已经具备了成为海洋强国的基本条件。

中国海洋强国的机遇期与历史任何一个海洋霸权国家都不同，这是一个和平被视为普世真理和霸权主义改头换面却依旧横行无忌的时代。中国的海洋强国之路面临着时代的考验和智慧的选择。历史上，血腥和暴力充斥传统海洋强国的发迹史。现实中，权力决定利益和唯利是图又写满当今世界海洋霸权国家的宣言簿。中国沿着海洋强国传统的模式发展，必将违背时代的主旋律。中国坚持走和平发展的海洋强国之路，却同样会不可避免地会面临世界各国以传统海洋霸权模式的打压。

实力是改变境遇的前提。中国唯"先破而后立"方能从整体改变世界海洋霸权的游戏规则。中国一直坚持和平发展的道路，但是现实要求中国拥有能够给世界带来和平的实力。这个实力需要能够为中国成为海洋强国提供足够的支撑，为中国改变当今世界海洋霸权主义规则创造条件，同时还能为中国海洋战略的理想主义开辟道路。中国的海洋强国之路是一个在强国目标与和平发展之间的高难度平衡过程。

为了适应战略平衡的需要，中国应以"海上地缘安全"为首要目标推进整体战略进程。中国海上地缘安全是基于近代历史、地缘政治理论、当代中国战略发展环境三大战略视角而提出的战略分析与对策体系。

近代以来，中国一直处在从陆地向海洋的转型过程中。鸦片战争到甲午战争是中国单纯的陆地国家发展战略逐渐被否定，并认识到海洋重要性的过程。甲午战争至抗战胜利是中国作为陆地大国被海洋国家全面侵略，却已经开始从战略高度审视海洋与中国关系的过程。近现代历史昭示了海洋对中国的重要性，也暴露了中国传统海防战略的缺陷。"以史为鉴，可知兴替。"近代中国海防战略的教训构成了理解当代中国海洋强国的第一个战略视角。

传统的海权理论酝酿于新航路开辟之后的殖民主义肆虐之际，繁荣于19世纪末到20世纪上半叶。这种理论是以不可再生、不易变更的地理要素为对象，以权力决定利益的传统政治思维为指导，以战略对抗和冲突为内容，在总结众多地缘政治现象的基础上演绎出的一系列理论观点、分析架构和模式。由于这些观点适应了 19 世纪末至 20 世纪国际社会日趋极端的权力冲突，因此，这些以利益对立和权力对抗为特征的思想也深刻地影响了整个世界。

"海权论"催生了 20 世纪上半期各强国的海军军备竞赛。以海洋国家、陆地国家为主角的陆权理论和极端的"生存空间论"深刻地影响了第二次世界大战。"二战"后的世界两大阵营在中欧的对峙与"枢纽地带理论"不无关系。而"边缘地带理论"则宿命似地影响了中东、印度、东南亚、朝鲜半岛等众多国家的命运。

20 世纪后半叶，各国被两大对立阵营分割成不同的世界。然而，地缘政治的对抗性特征开始在这个过程中戏剧性地呈现出收敛的态势。核战争毁灭世界的危险和以西方发达国家为首的世界市场的形成改变了地缘政治的现实基础。核战争的"零和"结果为地缘政治的对抗程度规定底线。世界经济全球化进程所引生出的国家间的相互依赖关系削弱了地理要素的唯一性和绝对性。与地理要素相关的权力和利益的可替代性降低了地缘政治引发冲突的可能性。

然而，值得注意的是，国际战略背景的变化并没有自然而然地催生出当今世界多数国家对待地缘政治问题和地理战略要地的新思维。中东局势、朝鲜半岛形势、北方四岛问题、中日东海划界、南海问题、竹（独）岛之争、克什米尔问题等地缘政治热点问题的久拖不决恰恰体现着传统地缘政治的"对抗性"思维惯性。当代世界地缘战略背景的变化和地缘政治"对抗性"思维惯性之间的矛盾成为审视中国海洋强国战略的第二大战略视角。

20 世纪的最后 20 年，中国改革开放取得了举世瞩目的成就。时至今日，中国已经成为世界最大的经济体之一。中国改革的成就与中国总体发展战略有密切的关系。长期以来，中国的"韬光养晦"及其"搁置争议、共同开发"解决领土争端的方针为中国赢得了重要的战略发展机遇期。然而，中国实力的迅速崛起已经客观上改变了自身与外部国际环境的关系。

2009 年，美国以南海问题为抓手重新调整亚太政策。在美国"再平衡亚洲"的压力下，中国的海洋政策似乎成了与和平相对立的代名词。对于外部环境而言，中国内在的力量积累和壮大本身就是一个极其重要的因变量。随着中国市场对世界经济影响力的增强，随着中国海上力量从商业力量的强大转向军事力量的拓展，随着中国与周边国家和世界各国经济、文化联系的加深，中国对外部环境的影响也与日俱增。

庞大的世界商船队，高度外向的经济发展模式催生了中国走向海洋的战略需求。延绵 3.2 万公里的海岸线，[①] 纵横 300 万平方公里的海上领土主权和权利范围赋予了中国海洋强国的战略潜质。历过 30 多年改革开放的积累，中国已经奠定了建设海洋强国的基础。然而，中国走向海洋却不得不面对一个独特的地缘政治环境——整体战略上深受美国亚太战略影响，起自日本列岛，中经台湾，包括菲律宾、马来西亚、印度尼西亚等国在内的东亚大陆的外缘岛链。在美国亚太战略针对中国，台湾问题悬而未决，南海问题千头万绪，中国与周边国家关系绝大多数情况下都深受中美关系影响的条件下，如何面对种种地缘政治的挑战成为中国走向海洋过程中不得不回答的问题。中国走向海洋强国的地理基础与地缘战略困境同时存在。这是审视中国海洋强国战略的第三大战略视角。

20 世纪以来，世界已融为一体。可以完全摆脱外部影响而封闭起来发展的国家已经不复存在。每一个国家的发展都是纳入全球秩序和国际游戏规则的半自主发展。这种情况下，没有一个地区可以逃脱国际强权的影响，也没有一个国家可以无视世界顶级强国的存在而自由地走上强国之路。

第二次世界大战结束以后，美国一直致力于巩固其欧洲和亚洲的战略主导权。苏联解体之后，世界客观上形成了以美国为中心，以欧洲和亚洲为两翼，以德国、日本为地区领头羊，以俄罗斯、中国以及众多发展中国家为基础的世界权力与财富控制体系。基于世界产品市场梯次分布而形成的美国—欧洲、日本—亚洲、南美洲、非洲国家之间不平等的相互依赖关系构成了这一权力与财富控制体系的基础。美国的海洋霸权正是与这一不平衡的经济梯次结构相互支撑、相互配合的战略支柱。

美国是当今世界首屈一指的海洋霸权国家。它不仅拥有最先进的海军装备、最强大的海上攻击力量、为数最多的海外军事基地，拥有有效威慑几乎所有海上交通要道的战略能力。美国的军事力量和战略影响力是中国作为发展中国家构想海洋强国战略所不得不面对的最大挑战。如何处理我国海洋强国战略与美国海洋霸权的关系，如何在和平发展的总体战略框架

---

① 中国大陆海岸线 1.8 万公里，岛屿海岸线 1.4 万公里，海岸线总长度 3.2 万公里。

下实现中国海洋强国战略的稳步推进成为中国海洋强国战略必须考虑的重大问题。

日本是中国的近邻。日本与中国一衣带水，却非唇齿相依。明治维新至20世纪中叶，日本一直以侵略朝鲜半岛、中国、东南亚诸国的实际行动表达其作为"欧洲国家"对亚洲优势。第二次世界大战之后，日本依附于美国，通过产业升级和将淘汰产业向周边国家转移的方式构建了亚洲经济的梯次结构和不平等的相互依赖关系。凭借科技实力的发展和经济力量的膨胀，日本在20世纪70年代，就开始尝试突破战后和平宪法的约束，逐渐向军事大国和政治大国发展。战略重新定位后的日本提出"脱欧入亚"的说法。然而，日本并没有彻底回归亚洲的决心。直至目前，日本仍然无法切割与美国的特殊关系，而且从未对亚洲最大的国家——中国做出合理的定位。日本对中国的战略定位一直从属于美国亚太战略。日本对东南亚国家和东北亚国家的战略定位也同样没有超越美国亚太战略的框架。怀有领导亚洲的宏志却只能屈居美国之下的二等强国——日本，无疑是中国海洋强国战略的劲敌。日本对中国海洋强国的战略挑战绝不仅仅局限于钓鱼岛之争。它与中国海洋强国战略的矛盾既是东亚地区大国战略终极竞争的体现，也是传统亚太国际秩序向一个能够给中国正确战略定位的、新的、合理的亚太战略秩序转型过程的缩影。

印度是中国的邻邦。印度与中国既有无法割裂的文化联系，也有因领土争端而引起的矛盾。中印之间本无实质性的战略对立和竞争。然而，两个大国的崛起无疑都将改变亚洲的未来。印度对印度洋和东南亚地区影响力的增强，中国海军战略影响力覆盖孟加拉湾、远涉印度洋的态势为两国的未来带来种种不确定因素。如何看待必经印度洋的中国远洋船队和油轮的安全，如何看待中国与孟加拉湾周边国家的关系，如何看待印度的东进政策等一系列问题成为中国海洋强国战略不可避免要面对的问题。

美国是亚太地区海洋权力的霸主。日本是美国支持下东亚海洋霸权的觊觎者。印度是扼中国海洋经济生命线的印度洋强国。美国与日本、印度与美国、日本与印度三个双边关系并不完全和谐。然而，这些国家在中国崛起的过程中，在面对中国海洋强国的战略发展过程中，却存在着共同利益。美国、日本、印度这三大亚太战略力量的存在和战略倾向构成了审视中国海洋强国战略的第四个战略视角。

"第一岛链"将中国近海与远洋隔绝的状况既给中国带来了安全屏障，

也制约了中国海洋文明的发展。明永乐大帝之后中国官方海洋力量的废弛和清初"片板不得入海"的禁令切断了中国与世界的联系，也削弱了中国对"第一岛链"国家和地区的影响。17 世纪以来，西方列强经印度抵东南亚地区。各列强占据岛礁，屠戮原住民，建立殖民地等行为逐渐将原本拱卫华夏大地的天然屏障变成向东亚大陆发起攻击的前沿阵地。从此，"第一岛链"诸国的战略倾向性成为决定东亚地缘格局的关键。

20 世纪以来，中国对"第一岛链"的影响力仅仅残留在两个地方。一个是位于"第一岛链"中心的台湾，一个是贴近"第一岛链"各国的南海。然而，台湾自光复以来一直游离于中国的战略母体之外，体现南海主权的南沙诸岛又多为越南、菲律宾、马来西亚等国所侵占。两岸统一和南沙主权争议问题的解决成为中国海洋强国战略的两大难题。这两大难题集中了前述四大战略视角的几乎所有内容，成为中国海洋强国战略最为困惑、忧虑的谜题。

历史的教训、现实的压力、大国战略的相互博弈、和平发展战略的诉求交织构成对中国海洋强国有重大影响的战略审视点。对于正在走向海洋强国的中国而言，历史上保守的海防战略已经经历了在对手攻势战略下惨败的教训，改革开放初期为了和平机遇期的策略妥协也已遭遇了周边国家的恶意蚕食。此外，中国如果走上传统海洋强国道路则还将激起美国等海洋霸权国家的强烈反应。

重重战略压力之下，中国只能在实现海洋强国战略和避免外部环境的极端恶化之间寻求一条中庸的道路。中国在海洋强国战略的实现道路上，必须找到本国利益与亚太地区利益之间最大的共同利益。而这又决定着中国必须对中国的海洋利益、海洋战略竞争对手、战略合作伙伴、核心利益的范围、可协商权益的范围等具体问题做出精准的判断，提出具有可操作性的实施方案。

对于特定地区而言，区域性格局是特定时期相关国家力量对比关系的外在表现。由于不同国家的发展和实力变化具有极强的动态性特征，因此区域战略格局本质上也应该是动态的。进入 21 世纪，中国 30 年改革创造的财富总量和科技突破已经严重地冲击了以 19 世纪末 20 世纪初在中国积贫积弱条件下构建起来的东亚格局。中国崛起对东亚格局的冲击势必会引起既有格局利益获得者的反应，甚至敌视与攻击。这一国际秩序重新建构的过程中，国际秩序内不同国家权力和地位将重新洗牌。这既是中国实现海洋强国战略的背景，也是中国未来战略实践的博弈场。从这个角度审视问题，中国的海洋强国之路所面临的挑战将不仅仅局限于海洋。当然，中国海洋强国战略所实现的也将远远超越海洋强国的红利。

二、理解中国海洋强国的历史脉络

中国海洋强国的起点是海洋安全。海洋安全作为一个议事日程被提高到国家战略决策的高度始于第二次鸦片战争。中法战争中南洋舰队的覆灭坚定了中国政府经略海洋的决心，并促成了北洋舰队的发展。甲午战争的惨败击溃了中国人将海洋安全等同于海军建设的简单逻辑，推动了中国人对海洋强国思想的再认识。

19 世纪末，美国马汉的《海权对历史的影响（1660—1783）》（The influence of sea power upon history，1660—1783）一书出版适逢中国人寻找海洋战略思想的热潮。1900 年，上海《东亚时报》以《海上权力要素论》为题连载了该书的第一章。此后，《新民丛报》、《华北杂志》、《海军》和《时报》等报纸刊物相继刊登许多相关文章。① 西方的海权思想第一次被引入中国。

1912 年 1 月 1 日，中华民国临时政府成立。临时大总统孙中山专门成立了"海军部"。孙中山以其宏大的战略视野第一次从全球视野和地缘政治的角度概述了海洋与中国关系。他指出："所谓太平洋问题，即世界海权问题"，"太平洋之重心，即中国也。争太平洋之海权，即争中国之门户权。谁握此门户，既有此堂奥，有此宝藏"，倘海洋不保，"则中国危矣"。②

1927 年，中国内战平息。国家的安定为中国人再度探讨海洋安全问题提供了条件。12 月《海军期刊》从 1 卷 6 期起重新连载马汉《海权对历史的影响（1660—1783）》"海上权力要素"部分。《海军杂志》、《海军整建月刊》等刊物也都在同一时期刊载了大量介绍近代世界海军战史和探讨中国海军战略战术的文章。浓厚的学术风气之下，中国不仅涌现出一批

---

① 史滇生：《中国近代海军战略战术思想的演进》，《军事历史研究》，2000 年第 1 期，第 123 页。

② 中国社会科学院近代史研究所中华民国史研究室等编：《孙中山全集》，中华书局，1981 年，第 556 页。

以陈绍宽为首的宣传西方海权理论、呼吁振兴中华海洋安全战略的杰出人物。① 而且使"海洋控制权"的概念深入人心。

　　然而，这一时期中国人关于海洋安全战略的探讨并不成熟。受马汉海权理论的影响，许多人将本来应该包含更丰富内涵的海洋安全战略简单地归结为海军建设和"制海权"两个要素。一时间，"国家的兴衰，无不与海洋控制权有重大关系"；"海洋控制权是中华民族解放的总枢纽所在"；中国经济发展"皆有赖于海上控制权"；② "只有伸张海洋控制权，国家才能强盛，外贸才能发达"，而"发展海权唯一的办法就是拥有一支强大的海军。中国没有一支强大海军把握制海权，太平洋就永远不会太平"③ 等观点成为当时中国海洋安全战略最受推崇的思想观点。

　　在加强制海权的呼声中，民国海军界许多人还将马汉积极进攻的海军战略思想运用于中国的海军战略的研究中。民国海军部长陈绍宽在新的海军部成立后不久便提出了多层次海域作战的海军战略。该战略把海军作战区域划分为敌海、近海和海岸3个由远而近的区域，提出了以敌海为主要作战区域，积极争夺制海权等海军作战任务。④

　　"九·一八"事变后，中国海军界再度将作战假想敌锁定为日本，并以预防和阻止日本海上入侵作为中国海军建设和海军作战计划的主要研究内容。民国《海军杂志》第9卷第1期卓金梧的《海军战略要论》是这一时期理想化海军战略的集大成者。他将中日海军对战的关键聚焦于制海权的争夺，在假设海军战力与日本对等的前提下，套用马汉的海军战略思想，提出了"搜索敌舰队主力所在，一战而歼灭之"，或者将其封锁于港内等海军实战作战构想。

　　20世纪30年代中期，中国人对海洋安全和海军战略的认识开始回归现实。1934年，中国国民政府制定《国防计划·海军》针对日益增加的日本侵华压力，提出了将海军作为防御日本侵略第一防线的计划。该计划

---

　　① 史滇生：《中国近代海军战略战术思想的演进》，《军事历史研究》，2000年第1期，第123页。

　　② 吕德元：《海军与国家之国际地位》、《海军与民族消长之关系》，（民国）《海军杂志》，第8卷第4期，第22页。

　　③ 高晓星编：《陈绍宽文集》，海潮出版社，1994年，第305页。

　　④ 史滇生：《中国近代海军战略战术思想的演进》，《军事历史研究》，2000年第1期，第125页。

将海军作战区域划分为近海和沿海两个区域，将实现制胜海上为主要战略任务。① 1937 年日本发动全面侵华战争。中国海军承担了淞沪会战的第一防线。在力量极度悬殊的条件下，承担了在沿海阻击日军、掩护大撤退的战略任务。淞沪会战中，中国海军主力尽毁，抗战主战场转移到内陆地区。中国海军思想的发展暂告一段落。

中华人民共和国成立以后，中国海洋强国思想再次发展。1949 年 1 月 8 日，毛泽东在《目前形势和党在 1949 年的任务》的党内指示中提到 1949—1950 年中国应当争取组成一支能够使用的空军及一支保卫沿海沿江的海军的建军任务。② 3 月 24 日，毛泽东、朱德联名电复国民党海军"重庆"号巡洋舰起义官兵，指出，中国要建设强大的国防，除了陆军之外，还必须建设空军和海军。③ 其后，中国第一代领导人还明确了中国要"有计划地逐步地建设一支强大的海军"，④ "海军应该是一个战略军种，应单独成立司令部"等建军原则。⑤ 鉴于中华人民共和国成立初期的国情和国际环境，中国政府将海军的战略任务主要限定在保卫海疆安全，⑥ 防御帝国主义可能的侵略等范围。⑦ 尽管一度也提出了"为保卫远东和世界和平而奋斗"等具有理想主义色彩的口号，⑧ 但并不具有实际意义。

20 世纪 50 年代，中国海军战略环境发生了重大变化。1955 年，中国收回了被外国割占 60 多年的旅顺。其后，中国拒绝了苏联为实现太平洋和印度洋霸权与中国共建"长波台"和"共同舰队"的建议，确立了独立建设和发展海军的原则。1959 年，中国做出了核潜艇就是砸锅卖铁也要搞出来的决定，⑨ 并制定了近海、中海、远海、远洋四阶段推进海军建设的远景规划。⑩

---

① 《国防计划（1934 年）》，第二历史档案馆藏，第 787 宗 1453 卷。
② 毛泽东：《毛泽东军事文集》，第 5 卷，军事科学出版社、中央文献出版社，1993 年，第 474 页。
③ 毛泽东：《毛泽东军事文集》，第 5 卷，军事科学出版社、中央文献出版社，1993 年，第 524 页。
④ 毛泽东：《毛泽东军事文集》，第 6 卷，军事科学出版社、中央文献出版社，1993 年，第 326 页。
⑤ 萧劲光：《萧劲光回忆录：续集》，解放军出版社，1989 年，第 11 页。
⑥ 萧劲光：《萧劲光回忆录：续集》，解放军出版社，1989 年，第 2 页。
⑦ 萧劲光：《萧劲光回忆录：续集》，解放军出版社，1989 年，第 2 页。
⑧ 张连忠：《海军史》，解放军出版社，1989 年，第 329 页。
⑨ 张连忠：《海军史》，解放军出版社，1989 年，第 83 页。
⑩ 当时国家领土 200 海里以内为近海，200～600 海里为中海，600～1 000 海里为远海，1 000 海里以外为远洋。

　　海军战略与一个国家的地缘政治环境有着密切的关系。这种关系不仅表现在该国地理环境对海军战略的需求方面，而且也表现在地理条件对海军战略的制约方面。中国东南面海，西南、西、北面环陆，海岸线和陆地疆界均非常长的地理特征使得中国的国防战略不得不面可能对陆海两面作战的压力。

　　20 世纪 60 年代中苏关系交恶。中苏关系的恶化将中国的国防重心从东南沿海迅速转移到北方中苏边界一线。中国国防战略的变化直接影响了中国三军军备建设的排序。海军的地位从国防建设的排头兵下降到了次于陆军和空军的第三军种。1956 年中国政府确立了新的海军建设原则，即："海军建设与国家经济建设的关系上，海军建设必须服从国家经济建设的原则；海军建设与国防建设的关系上，海军建设必须服从发展空军为重点同时相应发展海军的原则；海军建设的内部关系上，海军建设必须服从以发展空、潜、快为主，同时相应地发展其他兵种的原则。"[①]　其后，中国海军建设进入了"有多少钱，办多少事"为主要特征的发展阶段。然而，在这一最艰难的过程中，中国海军建设的一些关键性任务仍然被保留下来。中国核潜艇的建设就是这些关键任务之一。即便在"文化大革命"期间，中国核潜艇的研制工作都没有停止。1970 年中国启动核动力装置陆上试验反应堆。1971 年中国进行了首次潜艇联合试验。1974 年中国第一艘核潜艇"长征一号"正式编入海军战斗序列。

　　20 世纪 70、80 年代中国海洋战略内外部环境发生了重大变化。外在环境方面，中美关系、中日关系的改善减轻了中国东南沿海的战略压力。然而，南沙主权矛盾的发展却增加了中国维护历史性海洋权益的压力。内在环境方面，中国海洋非军事力量得到了飞速发展。截至 1988 年，中国商船总吨位跃居世界第 8 位，达到 1 963 万载重吨。远洋运输队航行于世界 150 多个国家和地区，600 多个港口。[②]　面对新的形势，中国政府提出了"建设一支强大的具有现代战斗能力的海军"的建军目标，[③] 树立了海军建设"不求多，但要精"，"要顶用"，"要真正是现代化的东西"等原则。[④]

---

　　①　北京泛亚太经济研究所编：《海洋中国：文明重心东移与国家利益空间》（中册），中国国际广播出版社，1997 年，第 847 页。

　　②　北京泛亚太经济研究所编：《海洋中国：文明重心东移与国家利益空间》（中册），中国国际广播出版社，1997 年，第 876 页。

　　③　张连忠：《海军史》，解放军出版社，1989 年，第 330 页。

　　④　邓小平：《邓小平关于新时期军队建设论述选编》，八一出版社，1993 年，第 44 页。

随着改革开放程度的深入，中国经济发展对海洋的依赖性越来越强。进入 21 世纪，中国经济对外依赖程度达到历史高峰，并且先后成为石油、煤炭净进口国。大宗贸易进出口对海洋的依赖推动了中国远洋运输业的发展，也推动了中国海军现代化建设。21 世纪初的 10 多年时间里，中国海军军备的世界先进级数迅速上升，从主体上居于三级水平提升至四级，并局部表现出向第五级发展的态势。① 核潜艇、可起降直升机的大型舰、常规动力航空母舰、正在研发和建设的核动力航空母舰，支撑立体化作战的"中华神盾"等现代化海军军备为中国海洋强国战略的发展提供了日益深重的基础。

2013 年，中国作为科研和训练而使用的航空母舰赴远洋进行作战训练。外界对中国海洋强国战略的揣测纷沓至来。毫无疑问，中国未来与海洋的关系将越来越紧密，中国未来对世界海洋的影响也将越来越大。然而，不可否认的是，当今世界海洋强国的发展并不是仅仅发展海军实力那么简单，更不是像传统海洋霸权国家那样拓展势力范围。作为遭受百年屈辱的后进国家，中国必须在发展海军力量的同时，有能力驾驭争取合法海洋权益与继续和平发展之间的矛盾关系。

"己所不欲，勿施于人"是中华文化寻求和谐世界的准则。面对曾经经历的惨痛历史教训，面对传统海权理论赤裸裸的恃强凌弱原则，面对当代海洋霸权国家为了一己之私的强权作风，中国的海洋强国之路如何走？如何在实现合理权利的同时，应对各种挑战，维护和促进世界的和平与发展？这一系列重大课题将成为考验当代中国人智慧的重要课题。

三、中国海洋强国的澎湃内力

中华人民共和国成立以来，中国对海洋强国的探索经历了两个阶段。

---

① 海军军备战略级数的划分以现代海军军备发展的阶段为标志：第一级主要是指海军以普通电子化海战武器、飞航式导弹等军备为主，以超视距打击作战为特征的海军军备发展阶段；第二级是指海战武器向复合多样化发展，进攻性武器由水下、水面、空中独自发展转向立体化、全方向发展，雷达观测由岸基、海基、空基各自为战转向立体化、全方向发展，电子化海战武器呈现立体化、多层次、全方位的发展态势；第三极是指以"宙斯盾"、"战斧"、"GPS"等为标志的新技术和新武器系统将海军作战方式推向高效组合阶段，海军武备向一专多能的方向发展，海战趋向小编队化；第四级是以 C_3I 为主要标志，海上作战进入融侦察、控制、通信和指挥于一体的高效电子化海战阶段；第五级是指海军以激光、电磁炮、隐形装备等为标志，综合运用信息技术和新概念武器，海军协同作战进入 C_4ISR 为标志的阶段。

在第一个阶段，中国政府和最高决策层是海洋强国战略的主导者。民间学者对海军、海洋战略问题的思考在相当长的一段时间内处于蛰伏状态。改革开放以来，中国民间对于海洋问题的关注逐渐升温。南海争端的尖锐化与《联合国海洋法公约》的酝酿使王铁崖、赵理海、韩振华、郑资约等一批国际法和历史地理学领域的学者脱颖而出。随着中国对海洋的关注逐渐超越传统军事安全层次，进入到国际法、海洋资源开发、海运安全等多领域综合研究水平，对中国海洋战略问题的思考也开始为众多国人所关注。中国对海洋强国问题的理解和探索进入新的阶段。

然而，由于海洋文化传承缺乏延续性以及基础研究积累的不足，中国对于海洋强国探索的第二阶段并没有表现出井喷式的特征，而是经历了一个缓慢的复苏过程。这一复苏过程不仅表现在中国人在 20 世纪 90 年代后期仍然在整理、翻译 100 年前马汉的《海权论》及其他著作方面，而且表现在多数人在谈及海洋强国相关问题的时候依旧以"海权理论"的某些观点为依据，将中国的海洋强国问题简单地归结到海洋权力、海洋霸权和海洋权利等问题上，[①] 或者将战略焦点聚焦于海军和海洋控制权的关系方面。[②] 由于大多数海洋强国战略的研究没有与 21 世纪人类世界的新趋势相联系，没有从宏观战略上将海洋强国战略目标与海洋与人类的关系以及人类的长远发展相联系，因此，中国的海洋强国战略仍然没有超越西方"海权理论"窠臼，没有找到如何应对海洋霸权主义的方法，更不用说如何创

[①] 中国学者张文木将海权解析为海洋权利（Sea right）、海上力量（Sea power）、海洋权力（Sea power）、海洋霸权（Sea hegemony）。提出所谓"海洋权利"是"主权国家权利的延伸"，"是国际法赋予主权国家享有的权利"；"海洋霸权"是国际关系中凭借实力追求超过国际法赋予的海洋利益的海洋侵略行为；海上力量是"海洋权利自我实现的工具"，也是"海洋权利向海上霸权转化的中间介质"。并认为，"中国的海权伴随中国的主权而产生"，"是一种隶属于中国主权的海洋权利而非海洋权力，更非海洋霸权"。由于美国在台湾地区、南海区域推行海洋霸权以及其他因素的存在，国际法赋予中国的合法的"海洋权利"仍处于被侵犯的状态，因此"中国目前的海权实践正处于捍卫合法的'海洋权利'阶段"，"远没有达到追求'海洋权力'的阶段"，"中国的海权与海洋霸权无缘，更多属于有待于争取和实现的合法的海洋权益的范畴"。此外，由于"中国海权的发展并不构成导致冲突并阻碍中国和平崛起的结构性因素"，因此中国的海权当属权利层次的海权，中国没有必要追求超越自身合法权益的海洋权力。详见张文木：《论中国海权》，《世界经济与政治》，2003 年第 1 期。

[②] 叶自成和他的学生慕新海联合撰文指出，"仅有海上力量是不能成为海权大国"的，"中国不能做西方式的海权大国，中国需要海权新思维"。海权应当有一个中性的界定，那就是"一个国家对海洋空间的能力和影响力"。中国的海权应当是"中国研究、开发、利用和一定程度上控制海洋的能力和影响力，或者中国拥有与自己的海洋空间利益相适应的能力和影响力"。叶自成、慕新海：《对中国海权发展战略的几点思考》，《国际政治研究》，2005 年 3 期，第 5–12 页。

造独特的、可以兼顾和平与发展的海洋强国模式。

中国的海洋强国之路是中国崛起的一个重要组成部分。中国的崛起需要经历漫长的过程。从经济上讲，中国经济总量的确实现了高强度的突破。然而，这种突破并没有实质性地改变西方国家主导世界经济和金融体系的现状。中国经济的总体发展是在西方文明创设的游戏规则之中的发展。经济总量空前膨胀的中国既没有给世界经济的游戏规则带来新的内容，也没有真正衍生出冲击旧有游戏规则的实质权力。中国产品对世界市场的影响还停留在物质层面。

一个国家对世界的影响力来自这个国家内在的魅力。中国市场经济的发展推动了社会生活的变化。社会生活的变化衍生出政治发展的动力。面对经济发展所引起的种种社会问题以及因此产生的深层次改革的压力，中国正面临着如何既能传承中国古代政治文明，又能借鉴西方文明精髓的挑战。

西方政治文明是当代西方发达国家社会和政治生活的基础之一。中国与西方国家根本就是两个文明体系。简单地套用西方政治模式并不符合中国的国情。西方政治模式被东南亚、北非、中亚等国吸纳后所产生的种种弊政值得我们警醒。中国人需要在政治发展的层面实现创造性的突破。这种突破是一种有哲学高度的创新。创新的结果影响着中国人的未来，也决定着中国人对海洋强国问题的认识和决策。

中国传统文化的核心在于将渺小的人与无垠的宇宙合二为一的精神境界。这种人天合一的境界在政治社会层面表现为强调牺牲小我成就国家和民族的信念以及与之相关的宗法制度、忠孝观。在宗法制度和集权体制并存的年代，中华曾创造出令世界瞩目的高度文明。然而，无私、无我的普世价值并没有阻挡权力垄断者的堕落。在神话帝王，神话官僚的年代，民众在绝大多数情况下被要求以最高的道德标准界定自己的物质和精神生活。然而，道德高尚的皇帝和尽忠职守的官吏却少之又少。于是，在君主和统治集团窃夺了国家之名的条件下，普通的中国人有义务为君王和抽象的"国家"牺牲家庭，甚至生命，而君王甚至统治集团却掌握者为了自己的利益牺牲臣民和疆土的权利。自古以来，如何抵制权力垄断和腐败对中华文明良能的腐蚀这一问题一直困扰着一代又一代的有识之士。直至今天，它仍是中国战略发展过程中不可回避的重大问题。

西方文明强调个体生命的平等与个人权利的神圣不可侵犯性。小我的不可侵犯性汇集成群体利益的平等和独立，进而延伸出国家利益的神圣不可侵犯，国家与国家间利益的对立以及在国际社会以权力决定利益的国家行为的准则。以自我利益为出发点，西方民众在国内依循权力斗争的规则，通过和平的或者准暴力的方式不断地争取自己的权利、保卫自己的利益。以权力界定利益为出发点，西方列强凭借谋略与暴力争夺决定世界规则的权力，制定游戏规则，创设权利，争夺利益。西方发达的物质文明为人类生活提供了种种便利。然而，这种以个体权利为基础的文明形式却在国际社会衍生出种种权力和利益的矛盾与冲突。国家与国家之间只能在力量平衡的前提下寻求和平与稳定。

20 世纪 60 年代末 70 年代初，南海石油资源的发现和国际海洋法的发展改变了中国周边的海洋环境。海洋石油潜在的利益吸引了众多周边发展中的国家目光。国际海洋法对 12 领海、200 海里专属经济区、350 海里外大陆架等概念的创设将中国和东南亚各沿海国家引入重新界定海洋权利范围的矛盾与冲突之中。产生于西方文明的国际法原则和国际秩序改变了中国和东南亚国家重新认识彼此关系的外在规则。南海早已存在。没有国际法原则和国际秩序的时候，南海周边各国各自都经历了无数王朝的兴替、衰亡。南海从来没有成为各国矛盾的源头。然而，经过西方文明的洗礼之后，各国却再也不能相安无事。

中国从陆地到海洋的战略转型注定不是一个简单的过程。中国需要为曾经被殖民主义蹂躏的亚洲，为这个奢华与赤贫日趋极端的古老大陆创设一种新的海洋文明，一种能够缓和矛盾、化解冲突、阻止争端的新的海洋文明。中国绝不可能选择传统海洋强国的扩张模式。

在充满责任感走向海洋的过程中，中国需要首先以更大的决心振奋自己。这不仅需要我们从结构上、质量上升华国家的经济实力、国防实力、外交能力，更要培育一种对能够真正温养其黎民百姓的经济社会政治新体制。重振国力需要实实在在的实力。在物质实力决定世界权力的时代，一个充满理想主义的弱国做不了任何事情。依靠左手给予右手和右手给予左手的 GDP 统计积累的经济总量也没有任何意义。重塑经济实力的基础上，中国还要致力于更加积极的社会与政治发展。中国不仅要修复过分两极分化造成的社会暗伤，还要推动政治体制发展，以培育出有序、高效、自由、平等、公正的社会政治环境。

中国的海洋强国之路是一条艰辛而漫长的路。走上强国之路之前，中国首先要有能力保障自己的海洋安全。然而，朝鲜半岛、中南半岛这两大决定中国近海安全的地区，南海、台湾这两大对中国从近海走向远洋有着重要影响的区域却都存在着众多不可预测的风险。作为一个以地区强国为目标的国家，中国的海洋强国战略还缺乏必要的地缘政治依托。

众所周知，当今东亚乃至亚太地区都处在美国的战略利益诉求之下。中国海洋强国战略无疑将重塑亚太的国际格局。由于传统海洋霸权对亚太国际秩序有着深刻的影响，因此，中国海洋强国战略的第一步要摆脱地缘政治的安全困境。这一阶段，中国不仅需要高度重视近代历史海防失败的惨痛教训和周边及世界海洋强国的挑战，而且还要在应对外部压力的同时积极、稳妥地实现国内经济、社会、政治的飞跃。在实现海洋安全，完成深层次改革的基础上，中国才能真正走上海洋强国的道路。

Strategic Vision and Inner Strength of China's Maritime Power Strategy

Ju Hailong

Abstract: China's maritime power strategy comes from within. It starts with the historical lessons of maritime defense in the Opium Wars and the First Sino-Japanese War, embodies Chinese understanding of western theories and practices of sea power, and contains modern Chinese people's expectation of national rejuvenation. Considering these three perspectives, the strategy faces multiple challenges from inside and outside China. To achieve the strategic goal of win-win results, China, as a part of the complex global context and intricate networks of interest, should not only design proper goals and paths for the strategy, but also optimize its structure. In terms of geopolitical power, four geographic locations which include Korean Peninsula, Indochina Peninsula, South China Sea, Taiwan must be well handled by China decision makers in that breaking through the First Island Chain strategically constitutes the first step of making China a maritime power.

Key Words：China；Maritime Power；Strategic Vision；Inner Strength

　　作者简介：鞠海龙，法学博士，政治学/新闻学博士后，暨南大学国际关系学院教授、博士生导师，中国海洋发展研究中心（暨南大学）南海战略研究基地执行主任、海峡两岸关系研究中心主任；中国海洋发展研究会理事、广东省海洋发展研究会副理事长、中国南海协同创新中心客座研究员。长期从事中国海权战略、周边国家海洋政策及南海问题研究。曾作为高级访问学者在台湾政治大学国际事务学院（2009）、马来西亚国防大学防务与国际安全研究中心（2012）、美利坚大学亚洲研究中心从事学术研究（2013—2014）。主持国家社科基金重大与重点项目、教育部社科规划项目、广东省社科重大攻关课题、中国海洋发展研究中心重大与重点课题、国家海洋局南海分局与南海维权重点实验室重要研究课题20余项；出版学术论著、译著8部，发表学术论文60余篇；多次获政府奖；有影响的著作是《中国海权战略》（2010）、《中国海权战略参照体系》（2012）、《China' Maritime Power and Strategies：History，National Security and Geopolitics》（2015）等。

近期中国海洋军事战略
之观察与展望

——从 2015 年度最新发布的
白皮书说起[*]

张晓东

（上海社会科学院历史研究所，200235）

摘要： 本文从中国 2015 年度中国国防白皮书所体现的新变化出发进行分析和展望，从海军战略的角度予以观察，展望中国未来海军战略发展方向及可能面对的问题。在海上丝绸之路战略实践的新背景下，在今年最新版国防白皮书中，中国海权战略被首度明朗化和海外利益攸关区被首度提出，笔者认为印度洋周边是首要的海外利益攸关区，同时中国对外海洋军事合作将会面对新的目标。除了近海防御战略被再次强调，新版白皮书提出了远海护卫型海军建设目标，这将推动中国远海护卫战略，乃至两洋战略的成型。由于太平洋地区和印度洋地区环境差异，中国较易在也应该在印度洋利益攸关区着力发展军事合作伙伴，培养战略支点，实现军事外交创新的突破。中国海军战略的发展面临着不少新的课题。

关键词： 中国；海权战略；白皮书

随着中国崛起的步伐越迈越大，海外投资和市场日益扩大，特别是 2013 年 10 月习近平提出建设 21 世纪海上丝绸之路战略构想并付诸实践以

---

  * 本文为中国海洋发展研究会重大项目"中国在推进海洋战略过程中的法制完善研究"（CAMAZDA201501）的阶段性成果。

来，中国保障海外利益的需要与日俱增，海洋军事战略的重要性也不言而喻。2015 年 5 月中国国务院新闻办发布了 2015 年度中国国防白皮书，[①] 约两年发布一次的国防白皮书被外界视为中国军事战略新发展的观察指南，而最新版的新内容更引起坊间热议。对比以往发表的内容，会发现有趣而具备重大意义的变化，其中也有勾起兴趣的很多问题，包括海洋军事战略的重要调整。笔者期望从海军战略的角度予以观察，讨论中国未来海军战略发展方向及可能面对的问题，这当然首先要立足于白皮书解读，但是展望是动态的，不能仅仅局限于目前版本的文字表达，因为战略形势总是在变化，这一版的白皮书在两年之后也会被新的版本取代。

一、中国海权战略的首度明朗化和海外利益攸关区的首度提出

新版国防白皮书明确提出"维护海权"，"维护海外利益安全"和"海外利益攸关区"，体现了中国海洋军事战略特别是海权战略在"海洋强国战略"背景下取得新进展，以往的白皮书没有对海权和海外利益攸关区如此明确，如 2013 年度白皮书对海洋问题依然聚焦在"海洋权益"而非"海权"。像中国这样一个正在崛起，而海外利益不断增长的大国，发展海权早就具备合理性和必然性。在本版白皮书之前，中国海权建设实际已经进行了一段时间，2004 年国防白皮书曾提出"争夺制海权"，中共十八大报告也首次将"建设海洋强国"确定为国家发展的战略目标，2015 年白皮书只不过明确提出海权战略。其实近年来中国海外利益不断增长，早在21 世纪初，"我国原油、铁矿砂、氧化铝、铜矿石等进口依存度已经高达40%～90%。"[②] 到 2007 年底中国海外资产已经达到 22 881 亿美元，有 15个港口货物吞吐量超过 1 亿吨，世界上十大集装箱港口 5 个在中国，2010年中国海洋生产总值高达 38 439 亿元，比上年增长 12.8%，占国内生产总值的 9.7%，当年全国涉海就业 3 350 万人，其中新增就业 80 万人。[③] 根据国际能源机构统计，2008 年中国石油进口已达 1.788 88 亿吨，而据国家能

---

① 2015 中国国防白皮书《中国的军事战略》，中华人民共和国国务院新闻办公室，2015 年 5 月26 日发布。

② 国家商务部副部长高虎城：《中国对外贸易的形势与环境》，《社会科学报》，2006 年 2 月 9日，第 2 版。

③ 《海洋经济总体运行状况》，中国国家海洋局网站，2010 年 12 月，http://www.soa.gov.cn/soa/hygbml/jjgb/ten/webinfo/2011/03/1299461294189991.htm.

源局数据，2009 年度中国石油进口已达 1.99 亿吨，进口依存度已超过 50%，中国 45 种主要矿产中，2010 年保证需求的只有 24 种，2020 年将会减为 6 种，铁铜铅都会出现不足。2003 年上述矿产品自给率已降为 51%，34.8%，52.3%，2010 年 3 种主要金属对外依存度达到 60%～80%。① 目前中国外贸对海洋运输业的依赖程度已经高达 70%，这样的海上生命线一经受到威胁，后果不可想象。此外不仅竞争国家的军事力量，恐怖主义和海盗的威胁也都是对我海上航线的新威胁，如《中国的有力臂膀——保护海外公民与资产》一书的作者帕雷洛—普莱斯纳和马蒂厄·迪沙泰尔指出，海外中国工人约有 500 万，"在 2004 年到 2014 年间有数十名中国公民在海外遇害"。② 因此，社会转型的发展要求中国规划海权，成为有力量保障自身海上利益的强国，而在这种新形势下 2015 年白皮书指出"中国国家安全内涵和外延比历史上任何时候都要丰富，时空领域比历史上任何时候都要宽广"，也就顺理成章。

　　除了前言，最新版白皮书分为六节，在第三节"积极防御战略方针"中还提出"加强海外利益攸关区国际安全合作"。"海外利益攸关区"是首次提出的概念表达，"攸关"一词说明是海外利益最为集中和紧迫之处。"海外利益有关区"包括哪些地方？和那些国家合作？以及如何合作，都是有意义的问题。笔者认为这可以理解为中国将在合作的框架下推进海权发展，维护海外利益，而海外利益攸关区应当首先是南海到印度洋的航线周边要地，作为中国海外能源和矿藏重要来源的中东和非洲部分地区一定不会缺席，因为这里是我国生命线所在，运来油气和矿产资源，运出大量产品。穿过南海和马六甲海峡，直至印度洋沿岸，是 21 世纪海上丝绸之路的重要干线。但是马六甲海峡东西存在不同的国际形势，推行合作的条件也因而不同。在马六甲以西的航线上，中国没有海岸线出海口，不依靠合作不能建立海外基地，不建海外基地则无法确立军事存在，则难以保障海外利益，这和中国本土相临近的东亚地区西太平洋边缘海域形势不同。后者与中国海岸线相距较近，已经成为基于本土的中国军事力量有效威慑范围，但还存在不少争端，因此，合作在马六甲及以西的海外利益攸关区

　　① 中国现代国际关系研究院世界经济研究所：《国际战略调查》，时事出版社，2005 年，前言第 8 页。

　　② ［美］戴维·特威德：《中国可能走向战争的 500 万个理由》，彭博新闻社网站 6 月 16 日文章，见《参考消息》，2015 年 6 月 17 日，第 14 版。

的意义非常突出。

相比较而言，东南亚存在激烈的海上争端，当然中国在当地也有几个老朋友，而在印度洋地区除了印度没有与其他国家的领土争议，合作势头相对看好。而在南海开展军事合作需要更多的智慧去克服更大的难度。但是，即使只有印度洋周边入选，在海外利益攸关区的候补名单依然是有个把紧随其后的选手。比如拉美，中国在当地的投资和贸易正在快速成长，而长期以来太平洋跨洋航线的安全保障是在美国海权的独立庇佑下，中国如何在拉美加强合作仍然需要创新，中国在拉美的市场利益也远不及印度洋地区深厚。在其他地区中国海外利益保障的迫切性略逊，都不能算是最攸关的地方，但在形势允许下仍可以不同程度推进合作，比如最近的中俄地中海军事演习，其意义就非同小可。

鉴于此，笔者认为中国应推进各地区的海洋军事合作，但要分清轻重缓急，但中国海权战略已经明确提出，它的实施只能谨慎进行，根据海上丝绸之路的利益形势需要和环境形势变化进一步展开，可以选择灵活机动的推进方式，分不同阶段、区域、方式、速度进行，当然可以有环印度洋海外利益攸关区的重点经营，也不必强求所有海域都同时大力推动，时机不成熟不能强行推动，招致阻力反弹，条件成熟，寻找到突破口则立刻付诸实践，比如在地中海或是拉美，中国此些区域的海外利益虽然不及在中东及印度洋地区攸关，但是得到机遇就可以适时推进海上盟友间的联演合作，而条件不成熟的地方却可以慢慢经营。这将有很多课题可以研究。

二、未来中国的国际海洋军事合作战略及其展望

此次白皮书中军事合作被作为一个章节专门提出来，即第六节"军事安全合作"，重点包括中外大国军事关系和周边外交合作机制，海上合作，履行国际责任义务，提供公共产品等几个问题，而"加强海外利益攸关区国际安全合作"是在第三节"积极防御战略方针"中提到的，显然这种合作将是防御性的，可能包含合作下的共同防御，防御目标首先可以有非传统安全威胁。这也可以理解为中国透过白皮书向外界表达出一向坚持的非进攻性，不针对特定国家的合作原则，以打消"中国威胁论"的干扰。长期以来中国宣扬不结盟，但在当前背景下发展海权必需合作，这是由历史和现实多重原因决定的。中国发展远洋海权不是要搞殖民侵略，更不可能走英美老路。大英帝国即使在其极盛期也需和盟国合作，不得不出让一部

分次要的海洋权益，比如缔结英日同盟，美国全球海洋霸权更是以众多盟国合作为重要基础。中国走出近海，不通过和当地的友好合作很难取得立足点。全球经济一体化的发展趋势使各国利益互相渗透、相互依赖程度大大加强，因此一个国家要保护自己的海上生命线，需要合作，也可以找到很多合作的理由。未来的考验必是中国在这方面的经验值积累和军事外交的创新能力。

首先，关于海洋军事合作的对象问题，白皮书第六节明确提出"全方位发展对外军事关系"，而在具体合作对象论述顺序上，深化中俄交流合作被放在构建中美新型军事关系之前，之后依次提及中欧关系，中非、中拉、中国与南太平洋国家的传统友好军事关系，然后是深化上合组织防务合作，最后是亚太地区一系列多边合作与对话机制，而在全球责任部分也提到亚丁湾海域护航行动以及行动中的多国交流合作会继续下去，末尾提出中国将会加大参与国际行动的力度，承担更多国际责任和义务，提供更多公共安全产品。这都是中国对承担国际责任和巩固军事外交关系的积极的表达，是长期历史态势的总结和反映，很多内容是长期以来一直在做，甚至一直在说的，今后肯定继续努力的。有趣的是把中俄中美关系排了个"座次"，中俄在前，这个和关系建构进程的亲疏程度有关，至少从海洋的角度去看，当中国海军穿越苏伊士进入地中海的时候，最积极欢迎的大国就只有军演合作者俄罗斯。事实上，中国与其他大国之间的军事合作至今最有成效的主要依然是俄罗斯，今日双方又在日本海进行联合演习，尽管去年中国参加了美国主导的"环太平洋军事演习"，但是双方的军事互信一直存在种种问题，美国对中国实行"遏制"，双方在海军方面既有合作又有竞争，但毕竟是最大的一对经济体国际关系。新型大国关系建立的路途始终不够平坦，相信中国仍然会继续谋求中美军事合作不破局和向前进展，但是由于双方在美国重返亚太战略及其激化东亚海域争端的背景下推进合作，其前景可想而知，进展不会太快，而且不停地会有风波。

白皮书的合作对象"序列"多多少少也说明中国多年来对外军事合作对象扩展进程略有缓滞。笔者认为显然未来开展合作必须首先满足以上白皮书所述几个重点方向，但未来合作对象应包括可以相对容易取得新的进展的国家，也必须满足几类条件。一是和中国具有深厚的传统友谊，什么都可以敞开谈，比较需要中国的援助，比如巴基斯坦，其实是类盟国，可以尽量开展多方面高端合作。二是有希望成为海上丝绸之路可资利用的地缘支点国家，即位置重要，需要外来援助，一般对于大国间地缘博弈相对中立，参与国际政治热情不高，比如吉布提、塞舌尔群岛，相对容易形成"战略支点"，斯里兰卡本来也是这一类。三是这个国家存在于中国海上生命线要害周边，在地区范围内有一定影响力，甚至可能具备一定参与地缘政治的兴趣，大的如韩国、印度尼西亚，小的如新加坡，即使中国与之双方关系没有那么友好，也必须保持一定程度的合作，能争取还是争取，通过发展战略对接拉近双方的关系，至少决不能将其完全推往竞争对手的怀抱。

其次，对于合作的形式、方式，此次白皮书提到的主要是利用现有的合作框架包括国际对话机制进行深化扩大，第六节专门具体提到，除发展与海外国家军事合作以及西太平洋海军论坛对话机制，"积极参与国际海上安全对话与合作，坚持合作应对海上传统安全威胁和非传统安全威胁"，谈及联演联训时提到要"推动演训项目从非传统安全领域向传统安全领域拓展，提高联合行动能力"，提到继续开展亚丁湾护航，"加强与多国护航力量交流合作，共同维护国际海上通道安全"，也提到"推动建立有利于亚太地区和平稳定繁荣的安全和合作新架构"，此外还提到了如何以国际间的各种形式、层次推进以及如何参与国际维护安全行动，履行国际责任义务，加强交流合作，护航国际通道，提供公共产品等，传达了中国期望进一步开展军事合作的愿望和前景。与历年白皮书相比，新版谈军事合作从内容事项来看也是相对丰富具体的，这说明军事合作正在受到更多重视和表达，但往年白皮书有好几版也曾有专节论述国际军事合作，其中有些内容也是一贯的，如和上合组织国家的合作常常是具体的重点。

应该承认的是，本次白皮书中的海洋军事合作部分，新的具体内容不是太多，这必然需要在将来的长期动态中加以发展和理解。中国目前为止利用这些多年来行之有效的方法逐渐取得进展，但随着海上丝绸之路的顺利铺开，对中国海权发展的客观要求只会更高，中国理应谋求在丝路沿线加强合作，仅仅依靠传统方式是不足的，需要创新，而随着中国崛起速度不断加快，消弭其他国家的戒心和防范的难度也在增加，如今中国明确海权战略，逐步走出去，需要很多创新，仅仅依靠现有框架是不够的。其实近年来，特别是"一带一路"战略推行以来，中国在经济领域对于国际体制的创新能力还是令人赞叹甚至嫉妒的，如"亚投行"创立和"产能合作"等，在军事方面依然需要这种创造力，同样需要合作体制的创新才可同时把具有利我逻辑的海权和具有利他逻辑的海洋合作同时推进。中国应当提倡新义利观和新安全观，继续主张合作安全、共同安全、综合安全，扬弃绝对安全、单边安全、狭义安全，推进利益共同体、命运共同体的建构，在国际责任和义务的名义下通过合作实施建设性干预，甚至追求共同崛起。如"金砖"国家中的巴西和俄罗斯都可以作为共同崛起的合作对象，帮助中国实现海上合作。以巴西为例来分析，目前中国虽然施以产能合作作为主要合作内容，但是海军合作的空间很大，巴西是曾被地缘政治学大师麦金德视为有海洋崛起的优良地理条件的国家，而中国在拉美的投资和市场日益增加，"据估计，最近 10 年来中国在拉美的投资超过 1 000 亿美元，而且还有很大发展空间。习近平制定的在未来 10 年内在拉美投资 2 500 亿美元的目标带来更多变化。"① 巴西一旦崛起，其军事力量也会同样扩大，并寻求海外利益保障。作为拉美最大国家和工业强国的巴西也有意和中国开展军事技术合作，中国和巴西的陆空合作项目一直有良好基础。中国在拉美的海外利益正在快速成长，而长期以来太平洋跨洋航线的安全保障是在美国海权的管控庇佑之下，中国如果能够和巴西、阿根廷等拉美国家开展海上合作，促进共同的海洋崛起，联手护航南太平洋中拉航线，对于促进中国对外的海权合作也是有巨大帮助的。

最后，笔者想指出的是，从实现合作效果来看战略盟国的重要性不可低估，中国在利益攸关区树立有意义的存在，其最大的困难，除了别国的猜疑、提防和西方大国的战略围堵，再就是自己的条条框框太多。比如坚持不结盟，当然有助于开展自由的全方位军事合作交往，不受盟约羁绊，尽量不介入某些热点地区的国际干预，不会陷入麻烦，但是没有同盟关系或全方位合作的准同盟关系就没有靠得住的"铁哥们"，因此中国仍然需要至少和某些国家结成"准结盟"关系。回顾历史，海洋大国多具有全球性的海洋军事存在，在不同地区多少都拥有一定的海洋合作关系，否则很难单打一地孤立存在，如大英帝国也曾在第一次世界大战前通过英日同盟实现了远东海洋军事合作，正是在同盟的支持下，日本完成了日俄战争的胜利，分享了第一次世界大战的胜利，实现了远东海洋崛起，英国也依靠这一同盟牵制了俄德竞争对手，加强了自身殖民体系的安全。美国在战后

① 西班牙《世界报》网站 5 月 25 日报道：《中国在南美挑战美国的影响力》，参见《参考消息》，2015 年 5 月 27 日，第 2 版。

的全球海洋存在，除了前沿部署之外就是依靠滨海地区的众多盟国，或者说其多数海外基地的前沿部署是通过盟国的广泛存在实现的。此外，国际政治中没有亘古不变的信条和承诺，时代阶段变更，历史条件变化，政治也要变通。取得海军外交的突破就要解放思想，比如除了西方的外交智慧尽可照搬应用，中华民族传统外交智慧和传统武德中还有很多有价值的重要思想，可以用来树立自己的话语体系，提出新的理论号召。大国在道义号召下实施建设性干预，大国为维护正常秩序运转而援助、干预小国和整个地区，在中国古代春秋战国时期乃至后来的东亚朝贡外交时代就已经有成熟的理论和广泛的实践可供借鉴。当然这和社会转型下的文化转型也有一点关系，从经验来看中国和美国尚有一点差距需要弥平。

三、中国海军战略的两翼结构：近海防御与远海护卫

白皮书第四节"军事力量建设发展"中提出"海军按照近海防御、远海护卫的战略要求，逐步实现近海防御型向近海防御与远海护卫型结合转变"，实际上也是提出新的海军战略，这也再次展示了中国"蓝水海军"雄心壮志。白皮书使用"远海"而非"远洋"一词，表明谦虚谨慎切实际的态度。远海毫无疑问是近海之外的相邻海域，至少也是第一岛链和马六甲海峡之外距离中国较近的印度洋周边海域。在新版白皮书中，积极防御战略再次被强调的同时，获得扩大式的修正补充，在海军战略方面非常清晰，表现得更加积极主动。

过去中国海军长期执行"近海防御"和"积极防御"的战略，"积极防御"是解放军战略传统，自毛泽东时代就已如此。毛泽东在革命年代提出"诱敌深入再给其致命一击"的战略思想，提出弱势力量战胜优势力量的战略理论。[①] 美国学者罗杰·克里夫指出："自1927年建军以来，如何打败武器装备更加优良的对手，就一直是中国人民解放军面临的问题。因此，中国的战略家们传统上一直在制定击溃优势敌军所需的战略和战术，变化的只是他们对会卷入的冲突类型的论点。"[②] 中国人民解放军海军建立

---

① 参见毛泽东：《中国革命战争的战略问题》，《毛泽东选集》第1卷，外文出版社，1966年，第220、234页。

② ［美］罗杰·克里夫著，肖铁峰译：《中国国防战略中的反进入措施——2011年1月27日在"美中经济与安全评估委员会"上所作的证词》，见《外国军事学术集萃》，解放军出版社，2013年，第74页。

比陆军要晚，海军战略的独立明确提出也经历了相当的过程。有美国学者指出："几十年来，中国海军被认为是一个反对外国入侵的次要角色……直到 20 世纪 70 年代末，邓小平启动了改革开放，北京阐明了视野更加广阔的海权观。在中国人民解放军海军司令员、海军上将刘华清的请求下，中国领导人要求海军提高进攻能力，既防御大陆，又能在第一岛链内外航行。"① 这种也是符合事实的。

前军委副主席刘华清在 1985 年明确提出要实行"近海防御"的海军战略："我第一次正式提出了中国的'海军战略'问题"。② 这一战略的提出至今刚好三十年。"近海防御"战略在以往中国海军实力与日美等周边海军实力差距相对较大的岁月里起了非常有效的作用，是威慑台独、抗衡霸权主义海洋遏制和干涉的有效武器。这一战略是区域性积极防御战略，也被视为"反介入"战略，不是针对某国的主动进攻性战略，会着力打造利我的"近海"作战空间，形成战略力量的有效威慑范围，就如美国学者吉原恒淑和詹姆斯就中国 2008 年国防白皮书指出的"扩大和准备更具竞争力的战场空间这一观点，与几版（2008 年及其以前）国防白皮书提出的适应海军发展的一般要求完全一致。"③

"近海防御"战略的奥秘在于"近海"内涵具备弹性，可根据军事实力增长而发挥更大的威力。1983 年海军作战会议之前，"海军把距我海岸 200 海里以内的海域作为'近海'。"之后刘华清根据邓小平指示统一认识近海，把第一岛链内外海域以及太平洋北部的海域作为"近海"，之外是"中远海"。④ 美国海军战争学院教授伯纳德·D·科尔对其海军现代化计划解读为"到 2000 年，中国人民解放军将能够对第一岛链之外的海域实施控制"，"到 2020 年，中国人民解放军海军将能够对第二岛链之外的海域实施海洋控制"，"到 2050 年，中国人民解放军海军将拥有航空母舰，并具备全球作战能力"。⑤ 就是说"近海"范围扩张的弹性是随时间推移下中国作战力量的增强来实现的。同时西方学者也注意到中国海军在 20

---

① ［美］吉原恒淑，詹姆斯·霍姆斯：《红星照耀太平洋》，社会科学文献出版社，2014 年，第 82 页。

② 刘华清：《刘华清回忆录》，解放军出版社，2007 年，第 432 页。

③ ［美］吉原恒淑，詹姆斯·霍姆斯：《红星照耀太平洋》，社会科学文献出版社，2014 年，第 37 页。

④ 刘华清：《刘华清回忆录》，解放军出版社，2007 年，第 434 页。

⑤ 陈弋泽译：《中国海军的陆地地线防御思维》，《现代舰船》，2013 年第 3 期。

世纪90年代以后正稳步取得进步："这样的力量结构一直持续到20世纪90年代早期……而中国是以有条不紊的、连续的方式发展海上力量。早期海军的防御型思维——必须承认是需求而非选择的产物，它催生了关于如何打败海上优势敌人的富有想象力的思考。"①

在1985年以后，直至去年，我们都可以说"近海防御"战略就是中国海军战略，但现在可以讲它将会仅仅是二分之一，"远海护卫"正在成为新的战略。但海军战略的两翼是相辅相成的，而非完全互相独立的部分。原因很简单，如果近海制海权都不能掌握，如何走入远海远洋？中国没有通往大洋的直接海口，前往印度洋太平洋，必须从南海东海出去，自近海而远洋，是循序渐进地上台阶。近海防御战略不仅在将来不会放弃，相反其地位永不下降，因为它事关国土海疆安全，在解决海洋争端和美国实施战略拒止方面依然是有效和必不可少的。随着军事实力增强，"近海"将会获得扩大，中国海军将会有更大活动空间，并使通往远洋的通道更广阔、自由和安全，"远海"也自然被推往更远阔的"远洋"。此外，白皮书第一节"国家安全形势"明确提到全球形势和新军事革命，提到不少周边面临的安全挑战，指出"世界经济和战略中心加速向亚太地区转移"，点明美国推进亚太"再平衡"，日本"谋求摆脱战后体制"，个别邻国在岛礁上加强军事存在和挑衅，朝鲜半岛存在不稳定不确定因素，台湾统一问题，分裂势力问题，非传统安全问题等具体问题，对于陆上仅有一句"一些陆地争端也依然存在"，甚至没有点印度的名，其对安全形势论述笔墨集中的地域是东亚海域周边。显然未来军事力量建设将会集中于海洋军事力量、高科技和非传统安全等重点方向，而针对周边海域的近海积极防御战略的价值在很长时间内仍然很高。

"远海护卫"战略的实践行动实际早已开始很长时间，其实质并非完全新的东西。改革开放多年来，中国对海外生命线的依赖从无到有，与日俱增，对远洋海权的需求日益增长，而中国远洋护航早已开始。2008年以来中国参与打击索马里海盗的国际行动，并在最初4年动用约1万人次。②2012年12月25日截止，中国护航编队与20多个国家的50多艘军舰通过

---

① ［美］吉原恒淑，詹姆斯·霍姆斯：《红星照耀太平洋》，社会科学文献出版社，2014年，第82页。

② ［法］埃马纽埃尔·德维尔：《中印海军角力》，法国《费加罗报》5月11日文章，参见《参考消息》，2015年5月13日，第14版。

信息资源共享，在印度洋海域共建起有效的信息网络，加强务实合作，先后与美国 151 特混编队、欧盟 465 特混编队、北约 508 特混编队建立反海盗信息共享机制和指挥官会面机制，与俄韩美等国进行联合护航、演练。2012 年 2 月 23 日由中国海军发起和举办的国际护航研讨会，有来自不同国家、组织的近百名代表参加。中国海军为全球航行安全与世界和平履行国际义务的同时，也体现了负责任大国的形象。但面临的问题也需正视，中国海军远海护卫能力很有限，尚需大力建设。美国学者克里斯托弗·沙曼指出 2013 年中国国防白皮书已经强调要维护国际海上通道安全，"我们现在所看到的就是中国海军正在执行其战略使命——以及为什么'深海防御'正符合其逐渐演变的海上战略。"沙曼还认为"海上丝绸之路并不意味着中国海军的深海资产会大幅升级——但我确实看到深海部署增加了一些"护卫舰、驱逐舰和潜艇，随着中国海军越来越适应此类任务，数量还会增加。① 笔者想指出的是，随着海上丝绸之路的全面铺开，"当前的中国的海上生命线实际将会成为海上丝绸之路贸易的重要内容"，未来对海权的要求只会更高。②

相比较而言，"近海防御"战略和"远海护卫"战略对环境条件的要求不同，对军事基地的条件和合作策略要求不同。"近海防御"对寻找基地的要求不高，因为中国自身地理条件良好，"为沿海基地提供了丰富的站点。新的军事战斗力本来就是为了从陆上基地打击海上目标而设计的。随着攻击射程范围的提高，岸上防御可以部署在更远的内陆，用大陆腹地作为避风港对沿海入侵者施以惩戒"。③ 而"远海防卫"战略环境条件有所不同，必须在马六甲和第一岛链之外取得海外基地，这种基地当然只有通过合作获得，至少要首先获得"落脚点"。因此"远海护卫"对合作要求更高，但这是否表明中国应该在马六甲东西两边采取两种发展策略？这是一个深刻的问题。但同样重要的另一个问题是，"近海防御"和"远海护卫"的战略两翼将会使中国海军必然具备两洋战略。

---

① 美国《防务新闻》4 月 11 日报道：《中国的"一带一路"战略》，参见《参考消息》，2015 年 4 月 13 日，第 14 版。

② 张晓东：《论海上丝绸之路的海权战略与国际合作》，载《筹海文集》（第一卷），海洋出版社，2015 年，第 248 页。

③ ［美］吉原恒淑，詹姆斯·霍姆斯：《红星照耀太平洋》，社会科学文献出版社，2014 年，第 100 页。

四、中国版"两洋战略"的可见未来

如果说中国海军战略拥有了近海防御和远海护卫的两翼，则必将逐步使中国的两洋战略加快成型。中国必须重视南海，突破马六甲困局，使战略的两环相得益彰。

笔者同意在各大洋中国的海外利益都在扩展，都有推行战略的需要，包括北冰洋航线开辟导致的新的海洋利益格局变化也很值得关注，但和中国关系密切的两个大洋就是太平洋和印度洋，一是"家门口"和重要市场，二是生命线和海外利益攸关区。虽然印度洋生命线日益重要，中国并不具备印度洋出海口，也不具备直接进入太平洋的大洋出海口，但可从西太平洋边缘海穿越第一岛链进入，对中国来说这部分海域既是通道又是门户。"近海防御"战略其实就是中国的太平洋海军战略，旨在确保国家安全，防御周边海域危害，并予以有力反击，目前如何能够突破第一岛链的封锁和前出第二岛链，如何实现反介入战略，如何影响和控制周边海域的制海权等问题都是重点努力方向。"远海护卫"战略其实首先就是中国的印度洋战略。印度洋形势和西太平洋不同，中国海军缺少天然立足点，海军行动以护航为主，有重大海外利益，但也没有争端和宿敌，需要更多的低调姿态与国际合作，甚至培养战略支点国。

中国和美国不同。美国有直接通往大西洋和太平洋的出海口，也需要和必须有两洋战略，但美国两洋海岸并不相连，因此其两洋战略可以是也必须是相对独立的部分。连接美国的两洋海上力量是通过巴拿马运河和全球海洋航线，包括印度洋航线实现的。中国只有通往一洋的间接出口，可同样需要关注两洋，因此中国的两洋战略相互关系必然是相对紧凑。对中国而言，连接和整合中国两洋海上力量就只能通过南海这个衔接部，因此也是中国在军事上需要确保通航顺畅的重要环节。无论前出印度洋还是太平洋，中国都可以通过南海方向实现。因此中国两洋战略的联结节点和弱点所在，就是南海和马六甲，远海护卫的起点首先是在南海而不是印度洋航线上，因此关键还是在于马六甲困局如何突破。中国太平洋军事战略实际上除了按照自身逻辑完成目标之外还要替印度洋战略的展开提供先期通道支持。近海防御战略的实施力度和有效范围越大，通过制海权争控而施加影响的"近海"地理空间越巩固，借南海通往印度洋的能力也就越强，通道也越宽敞安全，对太平洋战略、印度洋战略乃至远海护卫战略的支持

就越有效。"近海防御"战略下中国海军战力的覆盖范围必须扩大到马六甲海峡、龙目海峡、巽他海峡，否则就会被困死在周边海口。历史上没有大洋直接出口的强国崛起存在着前车之鉴，"正如英国在第一次世界大战期间所做的那样，他们对德国航运实施'远程封锁'。"① 结果，"除非德国海军可以侧翼包抄不列颠群岛，提高其战略位置，否则它没有任何机会促进德国的整体战略成功。"② 中国要避免重蹈覆辙。过去研究者喜欢强调台湾的海洋战略地理价值，但从突破马六甲来看，海南和南海诸岛的价值远大于台湾。中国不能占据马六甲，因此要有尽可能接近马六甲的海军基地和打击力量投送基地，可以具备在战时将敌手尽可能地逼离近海，甚至谋求获取对马六甲海峡的战略控制力，这种基地在包括海南的南海可以找到，这也是对于中国而言南海战略价值极大的原因之一。因此，中国海军战略关键的一环在于南海和马六甲。中国应当发展可以覆盖马六甲地区的军事打击力量，使得对手在战时放弃通过封锁马六甲和南海以实现"远程封锁"海上战略的努力，这要在很大程度上依靠南海基地，甚或包括构想中的泰国克拉运河，从最近的有和合作发展趋势来看，印度尼西亚有望成为中国可资经营的战略伙伴。

但在突破马六甲进入印度洋之后，中国海军实施远海护卫战略和印度洋战略还需广泛努力。比如中国发展两洋战略必须照顾到特定的平衡，应该牢记向东的海军战略方向是有限的，不能过多地向东采取进攻姿态，而是要向南看，确保南下生命线的使命应该高于向东对对手实施防御性积极反击的使命。近海防御战略有其地理扩展限度，不必盲目扩大，不能也没有必要一定扩大到第二岛链以东多么远，因为那会压迫和挑战美国，引起强烈反弹。在中国作战实力赶超美国以前，近海防御的重点应当是坚持积极防御战略目标的完成和把远海护卫力量"护送出去"，即在发生冲突情况下保证统一台湾和击退周边敌手之外，战略"东进"本身不是重点，能够顺利实现"南出"才是当务之急。

此外，"近海防御"在很大程度上借助了陆基导弹力量和航空兵，而对"远海护卫"而言，来自本土陆地的支持非常有限，对海军生存能力的

---

① ［美］吉原恒淑，詹姆斯·霍姆斯：《红星照耀太平洋》，社会科学文献出版社，2014年，第66页。

② ［美］吉原恒淑，詹姆斯·霍姆斯：《红星照耀太平洋》，社会科学文献出版社，2014年，第67页。

要求更高，而远洋深海环境复杂，要求海军力量发展更上一层楼，中国海军舰队一旦前出远海，就算想做"要塞舰队"和"存在舰队"① 也不可能了。以目前中国海军作战实力来看，远洋作战能力仍有很大差距。

五、结语

　　新版国防白皮书首次明确海权战略的多个发展方向，安全合作依然被置于重要地位。这些战略新变化都是形势发展使然，也可想见在未来无论中国是否在主观上早有计划，还是"摸着石头过河"，推进军事合作与发展中国特色的"两洋战略"都是历史必然，从实际需要出发，中国应当致力于在印度洋海外利益攸关区组建主导下的海上合作体系，并在全球范围逐步培养海上战略伙伴和海洋战略支点。关键还在于中国所面临的问题如何克服，平衡如何把握，方向如何坚定。

　　中国的海军战略在海外的推进与地缘战略的推进应当是相辅相成的关系。美国学者吉原恒淑和詹姆斯·霍姆斯解读 2008 年及以前的白皮书，认为中国对全球地缘政治关切不明朗，甚至矛盾。但中美战略透明度认识尺度不同，而且中国长期以来不谋求称霸。笔者不禁想问各国海军战略合理的规划应是服从于国家大战略，而国家大战略下不包含或者说不催生地缘政治诉求吗？问题在于无论白皮书中的地缘政治影响都是客观存在和实在有力的。邓小平在 20 世纪 80 年代指出："霸权主义和集团政治已经行不通了。现在不仅要建立国际经济新秩序，而且也要建立国际政治新秩序。和平共处五项原则应该成为解决国际政治问题和国际经济问题的准则。"② 长期以来，和平崛起和民族复兴无疑被很多人认为应是中国的国家大战略目标的重要组成部分，实现它需要良好的地缘环境，中国的地缘战略也将围绕目标的实现而规划和展开，而"一带一路"战略就是当前中国最大的地缘战略。走出去的海军战略和地缘战略应该是一致的关系，每到一个地区，海军战略不可避免也要服从和推动中国地缘战略，中国在外的

---

　　① 这是近代海军战略史上存在过的两种理论概念，"要塞舰队"强调的是舰队和沿海要塞基地力量的配合作战，但有依赖性，"存在舰队"强调海军作战力量在大洋上的独立存在，但也有理论缺陷，可以参考：［美］马汉：《海军战略》，商务印书馆，2012 年，第 359-360 页以及［英］朱利安·S·科贝特：《海上战略的若干原则》，上海人民出版社，2012 年。

　　② 评论员文章：《会见伊东正义一行时邓小平谈国际关系准则时强调用和平共处五项原则解决国际政治经济问题》，《人民日报》，1989 年 9 月 20 日，第 1 版。

地缘战略也要包含、照顾海洋战略的考量。除了实力，国际安全合作是打开阻碍中国海权发展的现实围栏的重要缺口，而合作的突破需要更多的思想解放和机会，不同形式、层次的军事外交要根据不同的国际关系以及相应的国际大环境来展开。

作为海洋大国曾经的历史坐标，英美海权发展有不同的路径和机遇，英国靠自由贸易作旗号，以炮舰为重要工具，机遇是经济变革领先于广大殖民地，美国靠军事保卫和反扩张联盟为旗号，机遇主要是"二战"和冷战，通过反法西斯战争把军事力量送过大洋，送到各大洲，冷战开始后则以维护和平、秩序为幌子，通过共同防御找到了一大群盟友，确立了全球海洋军事存在的前沿部署。对于中国，除了要对抓住历史机遇做好充分准备，也要学会创造机遇，否则天上掉下来的馅饼不够吃。

Observation and outlook in the near future of China's naval strategy
——Starting from the new version of defense white paper in 2015

ZHANG Xiaodong

Abstract: The thesis is the analysis, future prospect, and observation on the new changes showed by 2015 national defense white paper, from the point of naval strategy, to discuss the future development and problem confronted of navy of China. In contrast with the previous white paper, it is the first time that the sea power strategy was presented clearly and overseas stake-holders area is put forward. Marine military co-operation with foreign countries of China will face new target. The new version of national defense write paper propose the new goal on construction of Pelagic escort navy that will promote the coming into being of overseas stakeholders strategy and two oceans strategy. But the development of naval strategy of China faces a lot of new issues.

Key words: China; sea power strategy; national defense write paper

（本文原载《太平洋学报》2015 年第 10 期。）

　　作者简介：张晓东（1977—），山东威海人。华东师范大学历史学系 2008 届博士毕业，2008 年入上海社会科学院图书馆文献部任助理研究员，2009 年转入历史研究所。现任上海社会科学院历史研究所助理研究员，上海社会科学院中国海洋战略研究中心副秘书长，中国大运河研究院研究员，上海郑和研究中心兼职研究人员。作者十多年来专攻军事史，近年来不断研究海洋史和地缘战略问题，曾参与《中华大典》编纂工作，字数达 150 万字以上，独立承担上海社会科学院一般课题《唐代的海上力量与东亚地缘博弈》《隋唐海上力量和东亚地缘政治》、上海社会科学院十八届三中全会重大改革问题系列研究课题《领导干部实行官邸制相关问题研究——历代官邸制成效借鉴研究》。曾撰写专著《汉唐漕运与军事》，由"上海市学术著作出版基金"资助出版，编入上海市社会科学博士文库第 12 辑，上海书店出版社 2010 年出版，撰写专著《汉唐军事史论集》，由花木兰出版社于 2015 年出版。2015 年正式成为"上海社会科学院'中国现代史'创新型学科团队成员"。至今发表历史与国际关系论文 30 余篇，在杂志、报纸等媒体发表时政评论 20 余篇。

二、海洋历史与军事

海外基地：郑和下西洋的历史经验与启示

沈瑞英

（上海大学社会学院，200444）

摘要： 纵论历史，一个国家海权的拓展无不依赖海外基地之战略支撑，因此可以说强大的舰队是海权的核心力量，而确保与控制海上重要航路、战略通道安全就必须依托海外基地。海外基地是海权战略的关键要素、支柱和基石。明代中国郑和下西洋对海外基地深谋远虑的筹划布局和周密细致的部署经略，成为明朝海权战略的强有力支柱，维护与保障了以明朝所主导的国际政治经济秩序和海洋权益，扩大了中国在世界的影响力。同时，郑和模式的海权战略比之西方剑与火的殖民主义海权，对现代海权的构建更有中华文明深刻的启示和意义。当前中国要走向远洋，成为"海洋强国"；中国要维护与保障不断扩展的国家海洋权益，并承担大国责任与提供国际公共产品，我们就必须建立以国际安全与和平为目的海外基地。

关键词： 郑和下西洋；海权战略；海外基地；海洋权益；海洋强国

海权战略家马汉在《海权论》中强调："海权对世界历史有决定性影响，海权即凭借海洋或者通过海洋能够使一个民族成为伟大民族的一切东西，是国家兴衰的决定性因素。"西方学者和军事家认为，从公元前480年希波战争中的希腊海军大获全胜的萨拉米斯海战成为西方海权的兴起，直到中世纪威尼斯以及其后的葡萄牙、荷兰、西班牙、英国取得的海上霸权，两千多年来亚洲国家海上力量唯一能称雄于海洋的就是中国明代郑和下西洋时期，如李约瑟在《中国科技史》中指出："明代海军在历史上可能比任何亚洲国家都出色，甚至同时代的任何欧洲国家，以至所有欧洲国家联合起来，可以说都无法与明代海军匹敌。"而日本学者三上次男在其著作《陶瓷之路——中西文明接触点的探索》中指出："十五世纪初期发生了把中国陶瓷和东非直接连接起来的重大事件，这就是著名的'郑和远征'，即赫赫有名的中国大海军在印度洋的活动"；"如此庞大的中国海军在印度洋的大规模活动是空前的，到目前为止也可以说是绝后的"。①

明初时期，除郑和七下西洋外，同时期统率舰队下东西洋的还有王景弘、侯显、杨敏、李兴等 10 余名正使官员，如史载洪保"至宣德庚戌，升本监太监，充正使使海外，航海七度西洋，由占城至爪哇，过满剌加、苏门答剌、锡兰山及柯枝、古里，直抵西域之忽鲁谟斯、阿丹等国。及闻海外有国曰天方，在数万余里，中国之人古未尝到，公返旆中途，乃遣军校谕之。"② 故据《明实录》所载统计，除郑和出使外，仅明永乐、宣德年间明朝对亚非诸国派遣使节即达 78 次，不仅在航海事业上达到了当时世界海洋活动的顶峰，而且运用海洋力量与战略贯彻了明朝的国家意志、维护了东西洋的国际秩序与和平环境，扩展了明政府朝贡贸易和海洋权益。因此，郑和下西洋可称是中国现代海权之嚆矢。从一种视角来考量，郑和下西洋无比强大的海上力量显示、舰队外交出访、国际援助和调解纠纷、打击海盗、保护海上通道、开辟大洋航线、建设补给基地、远程兵力投送、讨伐敌对势力、海上包围战略等以及在海洋领域构建的政治话语权、军事威慑、强大经济实力和国际秩序等，不仅是西方军事家、政治家所孜孜以求的海军战略目的和海权观，而且也是当代构建中国特色的海洋强国战略措施，如"建设强大海军"、"和平崛起"、"索马里海域、亚丁湾护航"、远洋作战能力、捍卫中国在东海、南海的领土和经济权益以及如何维护中国海上交通线等（如马六甲海峡通道）海洋权益。因此弘扬郑和海权思想，是创建中国现代海权不可或缺的选择。③ 为此，本文谨就郑和下西洋时期构建海权战略支柱——海外基地进行论述。

---

① ［日］三上次男：《陶瓷之路——中西文明接触点的探索》，文物出版社，1984 年，第 39-43 页。

② 王志高：《洪保寿藏铭综考》，《郑和研究》，2010 年第 3 期。

③ 何平立、沈瑞英：《中国现代海权战略的先驱——郑和下西洋的时代精神与现实意义》，《学术前沿》，2014 年第 3 期（上），第 68-73、85 页。

一

海权战略家马汉在其名著《海权对历史的影响》和《海军战略》中阐释的"海权六要素"，首先就是地理位置，即海权国家应具有靠近主要贸易航道并拥有良好港口、海军基地的地理优势。他认为："一个要想对任何海域确保其控制的国家，不在该海域谋求若干战略据点便无从立足。"① 而地缘政治家麦金德曾指出："海上强国基本上取决于适当的基地，物产丰富而又安全的基地。"② 从古至今、从海权战略的"地中海模式"到近代大英"日不落帝国"称霸海洋三百年，海权的拓展无不依赖海外基地或后勤保障支点之战略支撑，可以说强大的舰队是海权的核心力量，而确保与控制海上重要航路、战略通道安全就必须依托海外基地。海外基地是海权战略的关键要素、支柱和基石，尤其是航海处于蒸汽机械动力推进之前，依靠季风、海流、桨帆等自然与人工为动力的风帆时代，若欲谋求广阔海域的制海权，那么技术与战略关系的适应、协调、平衡和演绎的关键要素，就必须依赖海外基地的构建和布局。明代郑和率大型舰队（其约近二百艘船舰，其中大型宝船就有 60 余艘，军队两万七八千人）七下西洋，经历"大小凡三十余国，涉泛溟十万余里"，每次往返需要二三年时间，如果没有海外基地的军需物资储备与供应、船舰维修、人员休整、后勤支援、避风和候风待航等是不可想象的。故郑和下西洋对海外基地深谋远虑的构思布局和周密细致的部署经略，其战略价值和战略支撑作用是功不可没的。

郑和下西洋为贯彻落实明朝"四夷顺则中国宁"的"勤远略"国策以及开创"万国咸宾、天下治平"的政治局面，就必须打造和掌控东西洋几万里海上航线，遏制来自海上的威胁，在沿途海岸的重要港口建立后勤保障基地和战略支撑点，这主要有以下几个重要海外基地。

（1）占城贸易基地。占城为 2—17 世纪印度支那古国，即"占婆补罗"，在今越南南部沿海地区。汉代史籍中称为林邑，192 年建立占婆古国，唐末史称占城。据史载，有宋一代占城来华朝贡达 56 次之多；宋真宗于泰山行封禅之礼，占城贡使也携带贡物参加了仪式。占城于明初乃是

① ［美］艾·塞·马汉，蔡鸿干，田常吉译：《海军战略》，商务印书馆，1994 年，第 189 页。
② ［英］麦金德著，武原译：《民主的理想与现实》，商务印书馆，1965 年，第 43 页。

东南亚航运中心，为中国船队前往暹罗、爪哇、真腊、交栏山（加里曼丹西南方岛屿）、满刺加等地的第一大港口。14 世纪越南人黎崱《安南志略》卷一载："占城国，立国于海滨，中国商舟泛海往来外藩者，皆聚于此，以积薪水，为南方第一大码头。"此地也是郑和七下西洋船队始发必经的首要港口和返国途中最后休整的基地，有学者称其为郑和下西洋的"大本营"。明代费信《星槎胜览·占城国》记载郑和船队"于福建五虎门开洋，张十二帆，顺风十昼夜到占城国"。印度尼西亚学者指出，郑和为巩固中国在南洋的香料贸易，曾在占城设立大本营，聘请彭德庆等为顾问，请他们协助制定并实施中国与东南亚各国的贸易与经济计划。① 据史载，郑和船队到占城港，明朝交趾布政使下属 60 个巡检司、8 个河泊所、1 个市舶司的官员都要到此迎送和提供后勤支援。

（2）满刺加和苏门答刺"官厂"基地。满刺加位居马六甲海峡（太平洋与印度洋交汇之地）东岸，是扼守海峡咽喉之地。明代前称之谓"五屿"，明后期成为"麻六甲"。据《汉书·地理志》记载，汉武帝时，中国通往印度洋的海上丝绸之路，马六甲海峡就是必经的海上通道。艾儒略《职方外纪》卷一称之"为海商辐凑之地"。郑和第一次下西洋即在此设"官厂"。明代马欢《瀛涯胜览·满刺加国》记载："中国宝船到彼，则立排栅，城垣设四门更鼓楼，夜则提铃巡警。内立重栅小城，盖造库藏仓廒，一应钱粮顿放在内。去各国船只俱回到取齐，打整番货，装载停当，等候南风正顺于五月中旬开洋回还。"明代随郑和下西洋的巩珍撰作的《西洋番国志》也有相同记载："中国下西洋舡以此为外府，立摆栅城垣，设四门更鼓楼……"从史料记载，满刺加不仅是物质集散地，而且分遣船队也从这里出发，完成使命后回此地集合后返航。苏门答刺位于今印度尼西亚苏门答腊岛西北角，《宋史》称苏勿吒蒲迷，《元史》作速木都刺。该地居南海至孟加拉湾、印度洋要冲，为明初东西洋分界处和海上交通枢纽。史有"西洋要会"之称，《瀛涯胜览·苏门答刺》则称其为"西洋之总头路"。郑和船队在此地也设有"官厂"，作为船队前往环印度洋各国的重要基地和中转站。

（3）在旧港设立宣慰使司。旧港，即今苏门答腊东南部巨港，也称巴

---

① ［印］斯拉默穆利亚纳：《印度—爪哇王朝的覆灭和努山打拉伊斯兰国家的兴起》，三联书店，1957 年，第 95 页。

邻旁。宋代以后，中国史籍称其为三佛齐，是中国、马来半岛、泰国及印度尼群岛各国之间贸易往来中心。永乐五年，郑和舟师在清除海盗势力后，设旧港宣慰使司，命当地华侨首领施进卿为宣慰使。宣慰使司是明代土官制，故旧港宣慰使司带有"内属"性质，其也是明代下西洋当仁不让的海外基地。同时，旧港、满剌加和苏门答剌互为犄角、三足鼎立之势，不仅强有力地控扼了东西洋交汇之处海域和马六甲海峡战略通道，而且成为保障明代船队前往印度洋重要物质保障基地和战略支撑点，堪称郑和海权战略中的"铁三角"。

（4）锡兰和古里船队基地。锡兰（今称斯里兰卡）中国唐代古籍称僧伽罗，意为狮子国，是印度半岛南端印度洋中的岛国，北临孟加拉湾，西濒阿拉伯海，为古代印度洋东西方海上交通必经之地，是明代船队前往南亚、阿拉伯和东非国家的重要转运地和中继站，郑和七下西洋必经之地。古里为古印度西南海岸一较大国家，号称"西洋诸番之会"，[①] 是郑和船队横渡阿拉伯海前往红海、波斯湾以及东非、中东、伊朗各地分遣船队的集散地。明初古里国酋长沙米遣使访问中国，成祖封沙米为古里国王，赐印绥及文绮诸物。《瀛涯胜览》记载，永乐五年（1407年）郑和宝船队到此，立石建碑庭云："其国去中国十万余里，民物咸若，熙皥同风，刻石于兹，永示万世。""郑和特别要同古里国王及各级官员缔结密切的关系，一个重要的目的，是要在此为船队建立交通、贸易中心转运据点。"[②]

马汉在《海军战略》中强调："获得海权或控制了海上要冲的国家，就掌握了历史的主动权。"他又在《海权论》中指出："当海上航线经过某个海洋中的据点，而后才又有使用价值，它就具备了对这些航线的影响力。在这条航线穿过的地方，这种影响力变化得极大是可统御一切。"明代郑和下西洋履危蹈险、劈波斩浪，沿万里航线在南海、马六甲海峡、孟加拉湾、印度洋及阿拉伯海深谋远虑地布置和建设的，具有支柱和枢纽作用的船队海外基地，犹如撒向海洋中的一串珍珠项链。这些"珍珠项链"布局，不仅体现了郑和远洋战略的空间组织形式，而且有力地保障与支撑了明朝国家海洋权益拓展空间跨度较大的战略态势。因此，从军事战略考量，郑和下西洋证明了明朝纵横海洋活动具有海权战略价值和意义；从政

---

① （明）丘浚：《寰宇通志》，卷118，《西洋古里国》；（明）孙宜撰：《玄览堂丛书续集》，（民国）国立中央图书馆影印本，1947年。

② 郑一钧：《论郑和下西洋》，海洋出版社，1985年，第263页。

治外交而论，这一"珍珠项链"之海权战略极大地提升了中国国际威望，构筑了中国在海外的政治外交话语权。

二

从学界研究而论，郑和下西洋的目的虽具有多样性，但为之服务的明朝海洋战略却是清晰明确的，就是要一改元末明初东西洋海路海盗横行劫掠、番王暴寡欺弱，"商旅阻遏，诸国之意不通"以及"诸番久缺贡"①之局面；廓清海疆、顺畅海道，建构稳定的海洋利益安全体系，"欲重振已坠之国威"。故史载郑和下西洋"耀兵异域，示中国富强"，②"以次遍历诸番国，宣天子诏，因给赐其君长，不服则耀武慑之"。③亦正如明宣帝赠郑和诗道："或万有一敢拒逆，尔时麾兵试一击，丑类骈首歼锋镝，遂致天威震蛮貊。"④为此，郑和下西洋时对海外基地创建经略不仅要注重地理因素和地缘政治，而且也须恩威并举、怀柔羁縻、文武兼施和强而不霸。这可从以下几方面考量。

（一）以武制暴；以军事为后盾维护与保障海外基地周围环境安全

纵观郑和下西洋海上亮剑的军事行动，并非穷兵黩武，在有限的三次战役中均具有三个特征：一是均与海盗劫掠、蛮王梗阻海道有关；二是皆同海外基地的构建与保障相关联；三是先礼后兵、后发制人，以武制暴。如旧港之役：郑和第一次下西洋为海运畅通，即着手解决盘踞旧港一带的陈祖义海盗集团，并进行了一场大规模的海战。《明成祖实录》卷五十二记载，时郑和先"遣人诏谕"陈祖义改邪归正，然"祖义诈降，而潜谋邀劫官军……和出兵与战，祖义大败，杀贼党五千余人，烧贼舡二十艘，获其七艘及铜伪印二颗，生擒祖义等三人"。此役后，明遂设置旧港宣慰使司。又如锡兰山之役：郑和下西洋时，曾以礼节访问锡兰山，但处于航海要道的锡兰国王阿烈苦奈尔"侮慢不敬，欲加害和，和觉而去。亚烈苦奈

---

① （清）张廷玉：《明史·三佛齐传》，中华书局，1974 年。
② （清）张廷玉：《明史·郑和传》，中华书局，1974 年。
③ （清）万斯同：《明史稿·郑和传》，天一阁博物馆，宁波出版社影印本，2008 年。
④ （明）宣宗朱瞻基：《宣庙御制总集》，《赐太监郑和诗》；郑鹤生：《郑和下西洋资料汇编》中册（下），齐鲁书社，1983 年。

尔又不揖睦邻国，屡邀劫其来往使臣，诸番皆苦之"。① 郑和第三次下西洋时，亚烈苦奈尔不仅勒索郑和船队金银宝物，而且发兵五万、利木塞道，劫钱粮船只，伤害使者。郑和出舟师拒之，"以兵三千，夜由间道攻入王城，守之。其劫海舟番兵与国内番兵四面来攻，合围数重。攻战六日，和等执其王，凌晨开门，伐木取道，且战且行，凡二十余里，抵暮始达舟"。② 再如苏门答刺之役：郑和下西洋苏门答刺作为海上交通枢纽，作用日益重要。但其国内因王位继承问题激起严重的矛盾与冲突，形势错综复杂，影响海上战略通道之顺畅。郑和使团曾三次礼节访问此地。然永乐十三年伪王苏干刺领兵数万邀杀明朝船队官军，郑和率众大战，追苏干刺败军至南渤利国，生擒之。

因此，郑和下西洋不仅需要纵横捭阖、折冲樽俎，而且必须以军事实力维护与保障海外基地周围环境安全，这是必要的策略和不可或缺的手段。这正如郑和勒石通番事迹碑曰："及临外邦，其蛮王之梗化不恭者，生擒之；寇兵之肆暴掠者，殄灭之，海道由是而清宁，番人赖之以安业。"③ 如果没有强大的军事实力作后盾，海外基地就会处于战乱的形势中。如史载"及郑和之战舰由南洋撤回时，诸小国及散居各处之岛屿，亦皆立即瓦解，而恢复其往昔互相内讧之状态焉"。④

（二）海外基地所在地必须纳入朝贡体系，以利于明朝政治外交的保护

研究中国文化史的西方学者马克．曼考尔指出："朝贡体系包含了——传统中国社会结构的所有线索。中国与儒家的哲学观、道德观、经济观和战争观在这一体系中都得到了反映。"⑤ 海外国家进入明朝朝贡体系，也就是"内属"，建立了宗藩关系。如此，有利于明朝在政治外交、国际事务中发挥主导作用，在军事上具有主动权和法理性，而且可使海外基地置于稳定的国际秩序环境中。这种宗藩关系不仅是表现在朝与贡之关系上，而且是由一整套敕封礼仪等所规范和宣示的。如《明成祖实录》卷三十七记载："永乐三年九月癸卯，苏门答腊酋长宰努里阿必丁、满刺加

---

① （清）张廷玉：《明史·满刺加传》，中华书局，1974 年。

② （唐）玄奘：《大唐西域记》卷 11，《僧伽罗国》；（明）嘉兴府楞严寺刊本。

③ 《娄东刘家港天妃宫石刻通番事迹碑》，郑鹤声：《郑和下西洋资料汇编》中册（下），齐鲁书社，1983 年，第 856 页。

④ 奚尔恩：《远东史》，第 16 章，商务印书馆，1935 年。

⑤ Mark Mancal, China at Center: 300 Years of Foreign Policy, p. 14, New York: Free Press, 1984.

国酋长拜里速苏剌、古里酋长沙米的，俱遣使随奉使官尹庆朝贡。诏俱封为国王，给予印诰，并赐彩币袭衣。"又如封祀其地镇国之山，所谓镇山是代表天子镇守安定当地的标志。既以此表示亲善关系，又以此向海外宣告其地是获得明朝保护与支持。[①] 如明成祖赐满剌加国镇山碑铭曰："封山奠域，分宝赐镇，宠异万国，敷文布命，广示无外之意。"[②] 明成祖在亲撰柯枝国镇国之山碑文中云："朕嗣守鸿图，率由典式，严恭祗畏，协和所统，无间内外，均视一体，遐迩绥宁——强罔敢侵弱，众罔敢暴寡，皆天子之赐也。"[③] 永乐初，暹罗国自恃强大，屡屡侵扰占城、苏门答腊、满剌加，明成祖即敕谕其不得恃强欺弱，警告其："天有显道，福善祸淫，安南黎贼父子覆辙在前，可以鉴矣！"[④] 暹罗遂惧，有所收敛。此外，凡进入朝贡体系的国家，其朝贡贸易多有武装护航，海路安全有保证。如"永乐十四年冬，满剌加、古里等十九国遣使朝贡、辞还，复命（郑）和等偕往，赐其君长"；"永乐十九年正月癸巳，忽鲁谟斯等十六国使臣还国，赐钞币表里。遣太监郑和等赍敕及锦绮纱罗绢绫等物赐诸国王就与使臣偕行"等。[⑤]

中国历史上的朝贡、宗藩关系政治内涵观念是复杂的，然单就郑和下西洋构建海外基地视角而论，从某种程度上好比近代以来的结盟关系，其目标就是预防和消除共同的外部威胁的影响，维持同盟关系的生存安全环境，而其中的共同观念"提供了达成协议的可行性预期，提供了承诺存在被遵守的可信性预期"，有利于维系同盟的长期化和合理性。[⑥] 同时，这也显示了中国是负责任的大国。

（三）宗教贸易相辅相成、相得益彰，使海外基地处于安定的国际社会氛围中

孟子曰："天时不如地利，地利不如人和。"明代海外基地，虽已纳入政治军事的保护范畴，但其安全与稳定的国际社会环境也是构建海外基地不可或缺的要素。郑和下西洋对此主要从两个方面同时进行：一是统一宗

---

① 何平立：《略论明初海外镇山与郑和下西洋》，《上海大学学报》，1997 年第 4 期。
② （清）解缙：《明成祖实录》，卷 47，线装书局影印版，2005 年。
③ （清）解缙：《明成祖实录》，卷 60，线装书局影印版，2005 年。
④ （清）解缙：《明成祖实录》，卷 53，线装书局影印版，2005 年。
⑤ （清）解缙：《明成祖实录》，卷 110，线装书局影印版，2005 年。
⑥ 张景全：《观念与同盟关系探析》，《世界经济与政治》，2010 年第 9 期。

教信仰，缓解或削弱当地民族社会矛盾与冲突的风险。这正如马克思曾指出：在历史上，"每个不同的阶级都利用它自己认为合适的宗教"；"政治制度到现在为止一直是宗教的领域"。① 二是以商业加强沟通各国的友好往来，谋求和平的国际环境。日本学者就曾指出"在打破中世纪时代各地区的孤立状态，并给予这些地区以时代的共同性方面，这种东西方的贸易无疑是一个重要的因素"。②

　　明初东西洋小国众多、宗教信仰混杂，这往往是社会冲突的根源，也不利于海外基地构建。如爪哇一带，"土人形丑黑，猱头跣足崇信鬼教"。③ 史载："众岛之中牙瓦最贵，古名小爪哇……明永乐三年有回回教师（郑和）领大军强服其土民，使弃偶象而拜回回教主。④ 印度尼西亚学者的研究指出："1405 年郑和访问爪哇以后，1407 年在旧港便产生华人回教社区、接着 1411 年……爪哇其他地方回教堂纷纷建立起来……1430 年三宝太监已经成功地在爪哇奠下宣扬回教的基础。"⑤ 新加坡学者的研究指出："施进卿被任命为旧港宣慰使……在郑和的大力扶持下形成了一个势力范围，宗教与贸易交织在一起进行……通过伊斯兰教，穆斯林们不分国别都成了贸易的主人；另一方面，海上贸易的成功又大大促进了伊斯兰教的传播。换句话说，伊斯兰教是伴随着贸易的开展和沿着国际贸易的路线而传播开来的。"⑥ 对东南亚史颇有研究的学者 B．R．Pearn、D·G·E·霍尔也认为："马来群岛和马来半岛的人民改宗回教，是商业成长达到一个极大范围的结果"；⑦ 而商业繁荣的"马六甲对回教的传播给予新的刺激"，促使其成为"东南亚最重要的商业中心，又是回教传播的主要中心"。⑧ 综而论之，以信仰文化和商业贸易作为纽带联系，加强海外基地的建设，郑和下西洋在"软实力"、"巧实力"方面的运用是成功的。正如法国学者

---

① 马克思、恩格斯：《马克思恩格斯全集》，第 1 卷，人民出版社，1995 年，第 283 页。

② ［日］三上次男著，胡德芬译：《陶瓷之路——中西文明接触点的探索》，天津人民出版社，1983 年，第 150 页。

③ （明）黄省曾：《西洋朝贡典录·爪哇》，中华书局，2000 年。

④ ［英］马礼逊：《外国史略》；王锡祺：《小方壶舆地丛钞》，第 11 帙，《外国史略》，六；（清）魏源：《海国图志》，岳麓书社，1998 年。

⑤ 李炯才：《印尼——神话与现实》，香港民报出版部，1982 年。

⑥ 陈育松：《中国回教徒对于东南亚回教传播工作的贡献》，（新加坡）《南洋学报》第 30 卷，第 1、2 期。

⑦ B．R．Pearn 著，张奕善译：《东南亚史导论》，第 4 章，台湾学生书局，1979 年。

⑧ D·G·E·霍尔：《东南亚史》，上，第 10 章，商务印书馆，1982 年。

弗郎索瓦·德勃雷在其著《海外华人》序言中，对郑和发展亚非国际贸易上获得的巨大成就，给予很高评价："皇帝的旗帜飘扬在南洋各处，从菲律宾到印度，从爪哇到阿拉伯甚至非洲的摩加迪沙，中国的商业获得巨大的发展……变成持久和均衡的贸易往来。正是这一时期，印度的港口开始巨大的繁荣。"

恩格斯指出："人们自己创造自己的历史，但是他们并不是随心所欲地创造，并不是在他们自己选定的条件下创造，而是在直接碰到的、规定的、从过去承继下来的条件下创造。"① 明代郑和下西洋的海权战略，虽然是为明朝封建政治服务的，但是其维护与保障了以明朝所主导的国际政治经济秩序和海洋权益，扩大了中国在世界的影响力。故正如列宁指出："判断历史的功绩，不是根据历史活动家没有提供现代所要求的东西，而是根据他们比他们前辈提供了新的东西。"② 同时我们应该认识到，以贯彻落实明朝敦睦邦交、强不凌弱，"恩威并举"、"厚往薄来"的外交国策，郑和模式的海权战略比之西方剑与火的殖民主义海权战略，以及郑和下西洋赋予海外基地军事、政治、商贸和宗教文化的区域"稳定器"功能，对现代海权的构建和战略选择更有中华文明深刻的启示和意义。

三

纵论古今，从历史经验可以看到，海洋事业的发展，维系着一个国家的繁荣强盛和民族的兴衰荣辱。凡海洋强国皆是从控扼重要海洋战略通道，进而掌握制海权，成为海上霸主。世界上各大洲的主要海峡或运河通道，往往就是历史上不断重复上演的强国剑拔弩张、拼死争夺制海权的战争舞台中心。至今美国海军仍不遗余力地为控制全球 16 个战略性的海峡通道大做文章，美国前总统里根就曾强调一旦发生任何敌对行动，美国海军就要截断和关闭这 16 个咽喉点，以防止苏联海军在战时可阻止美国的石油、食品和原料的运输。这正如军事学者所指出："海上战略通道是强国战略利益聚集与碰撞的焦点"，"控制海上战略通道并赢得制海权是大国崛起的必要条件。"③ 然而要确保海上战略通道的畅通就需要在全球设置海

① 马克思、恩格斯：《马克思恩格斯选集》，第 1 卷，人民出版社，1972 年，第 304 页。
② 列宁：《列宁全集》，第 2 卷，人民出版社，1984 年，第 150 页。
③ 梁芳：《论海军强国争夺和控制海上战略通道的基本规律》，载《筹海文集》（第 1 卷），海洋出版社，2015 年。

外基地。海外基地既有保护、保障航线畅通的要塞、堡垒和枢纽的作用，又具有海权战略拓展的前进跳板作用。故美国要想当世界霸主、全球警察，在全球设置海外基地是其海权的战略中心。据美国国防部2013财年《基地设置报告》，美国在海外基地有598个，遍及各大洲，辐射40个国家。此外，美国还有11艘核动力航空母舰作为移动的海外基地可随时机动前进。故在当代全球化背景下，要想成为具有全球影响力的大国，无海外基地支撑其大国地位，是难以被认可的。如几个世纪以来法国之所以一直具有世界大国影响力，就在于其遍布太平洋、大西洋、印度洋的海外基地和全球迅速投射军力的能力。如近年来，法军在西非马里、中非共和国、伊拉克和利比亚等处展开的大规模军事行动有力地证明了这一点。而英国从"日不落帝国"衰败之后，仍占据着塞浦路斯、安奎那、文莱、马尔维纳斯群岛、苏伊士运河、百慕大、开曼群岛、英属圣马丁、维尔京群岛、圣赫伦那以及印度洋地区等十几处海外基地。其中英国1704年在英西战争中获得的直布罗陀，因其是沟通地中海和大西洋的唯一通道被誉为西方的生命线，战略地位极其重要。因此，尽管在政治外交上与西班牙争斗了三百多年，英国对这块咬到嘴的肥肉，丝毫没有放弃的意思。

　　同样，现今俄罗斯海外基地数量虽然大不如苏联时期，但为了在国际政治博弈及军事舞台上要掌握话语权，其并不满足于现有在中亚以及叙利亚塔尔图斯和越南金兰湾的基地。2014年俄防长公开表示，俄将增加在境外基地数量，并正在与古巴、委内瑞拉、尼加拉瓜、塞舌尔、塞浦路斯、新加坡等国谈判基地事项。此外，为了跻身世界大国舞台，构塑大国形象，印度、日本也正在积极寻求建立海外基地。如印度空军司令曾言："为了满足经济发展与能源需求，印度的事业需要超越中印和印巴边界，在全世界范围内寻求其战略利益——从波斯湾到马六甲海峡，从中亚到印度洋都应该有印度的影响力。"[1] 而像日本这样一个世界大战的战败国，并受多个重要国际条约束缚的国家，现在也借打击索马里海盗在吉布提建设了其战后在海外的第一个基地。

　　当前，中国海洋利益和海上安全面临着巨大挑战和威胁：

　　首先是2012年以来美国推行"亚太再平衡"以及"重返亚洲"战略实施，成为阻碍中国发展及威胁亚太地区繁荣稳定的根源。如2014年4月

---

[1]　郑斌：《各国为何谋建基地》，载《国防时报》，2015年6月17日，第19版。

奥巴马访日后发表联合声明。强调《日美安保条约》的第五条"适用于钓鱼岛"，即任何对这块"华盛顿官方承认日本拥有行政管辖权的土地"的"侵犯"都将被其视为对日本国家安全的威胁，并将做出反应！不言而喻，这是在威胁中国。又如美国的霸权主义视中国发展为挑战威胁，2001 年 6 月美国国防部长拉姆斯菲尔德在美参议院军事委员会上谈美军战略调整时曾说："做出调整的最安全和最佳的时刻是在它独占鳌头的时候，而最危险的时刻是等到一个富有新竞争的对手来临并找到方法来打击你的时候。"故美国不仅在中国海疆周边以及太平洋设置三层岛链军事基地以扼制封锁中国，不断地在南海及近海进行军事挑衅和威胁，而且频频不断进行以中国为假想敌的各项军事演习，其中许多就是瞄着印度洋、南海、马六甲海峡等中国能源生命线以及东海的军演，如 2007 年至今的美印日等国"马拉巴尔"年度联合海军演习；近年来美菲定期举行的"肩并肩"联合军演；2015 年 2 月美日韩澳新菲"对抗北方"联合军演以及 7 月美澳日"护身军刀"联合军演等等。据 2015 年美国智库列克星敦研究所专题报告称，太平洋美军针对中国的战备"非常惊人"，每年在防区内举行的演习超过 1500 次，明显是针对中国的。

其次，在美国全球警察背景下，中国与周边邻国在海疆的争议，岛礁领土被侵占、海洋资源被劫掠等严重干扰与限制了中国海洋权益。此外，台独势力也严重威胁中国领土安全与完整。

最后，海上恐怖袭击及海盗犯罪行动严重威胁中国海上贸易通道安全。当前中国的对外贸易依存度已经超过了 80%，其中 90% 的运输要经过阿拉伯海、印度洋、马六甲海峡等咽喉要道（这基本上就是中国古代海上丝绸之路与郑和下西洋的航线）。因此，这些海域的不稳定、海盗与恐怖主义活动的猖獗都有可能威胁中国海运安全。如 2008 年中国有 1265 艘次商船通过印度洋航线，平均每天 3~4 艘，其中 20% 的船舶遭到了海盗袭击。故没有远洋海军、没有海上军事远投能力、没有海外基地作为海权战略的有效支撑，中国海外贸易保护就是极其脆弱的，这正如马克斯·韦伯所言："部署一打舰只在一定时刻比掌握一打可以废止的贸易协定更有价值。"①

---

① ［英］戴维·毕瑟姆：《马克斯·韦伯与现代政治理论》，浙江人民出版社，1989 年，第 46 页。

2015 年美国《海军新闻》杂志等媒体指出，在中国各海域中南海是解放军攻击美军航空母舰战斗群的"最佳战场"。因为在南海，中国不仅有岛礁基地，而且能获得陆地军事力量支援。而美国智库詹姆斯敦基金会报告分析指出，中国尽管致力于打造远海舰队，但缺乏充足的海外后勤基地，因此，未来很长一段时间内中国海军对抗美国海军的主战场仍然是中国近海地区。① 因此，为了避免"修昔底德陷阱"，② 为了实现党的十八大为中国军队建设提出的总体战略目标，即"建设与我国国际地位相称、与国家安全和发展利益相适应的巩固国防和强大军队"。我们在捍卫海权利益层面必须从两方面着手。从一方面而论，实力是决定性因素，这就是必须建设一支强大的远洋海军，中国只有真正强军才有利于消除中美战争隐患，才能避免"修昔底德陷阱"，才能避免被动挨打，这就是能战方能止战。这正如美苏冷战期间形成了核平衡，才能避免核冲突爆发；只有在军事上势均力敌，才会有效降低战争风险，否则两强相斗未必会有真正胜利者，只令两败俱伤。从另一个方面考量，对海洋交通线控制，仍然是现代海权战略之关键要素。中国要成为"海洋强国"，在现有中国海洋利益下，我们维护与拓展海权，就必须吸取郑和下西洋的历史经验，构建海外基地，作为战略支撑点，保障中国海洋利益和战略利益。中国要和平崛起，既要养光韬晦，也必须奋发有为。

然而，正当西方学者和媒体正在热议中国仿效郑和下西洋的海上路线，从南海、印度洋、到中东的"海上通道沿线建立战略关系"，构建"珍珠链战略"时，2015 年 5 月 26 日《中国的军事战略》白皮书正式发布，针对中国海军战略提出新的要求，即"近海防御，远海护卫"。但是对于海外基地建设，总参作战部张玉国大校表示：目前，中国奉行防御性国防政策，不称霸，不争霸，不进行军事扩张。这是国防部又一次明确否认当下有关建设海外军事基地的传闻。③ 对此，本文有以下几点想法：

首先，国家利益高于一切，没有现代海权战略，就不可能赢得现代国家竞争的优势。在当前全球化背景下，对于海外基地这一敏感议题，我们

---

① 安志立：《外媒：南海是解放军攻美航母最佳战场》，载《上海译报》，2015 年 10 月 14 日，第 5 版。

② 即古希腊历史学家修昔底德曾指出：新兴大国和守成大国矛盾很难调解，往往最后的结局是战争。

③ 郑斌：《各国为何谋建基地》，载《国防时报》，2015 年 6 月 17 日，第 19 版。

应该在思想认识上应有超越传统的意识形态和殖民主义的思维，应对现代海权观念与时俱进的理解与阐释，要充分认识海外基地并非是霸权主义的专利和独角戏。尤其是当前中国核心利益所处的错综复杂国际环境背景下，对于海外基地意识形态必须适应和服务于国家战略利益发展。我们应潜心关注的是海外基地实际功能作用之现代进行时、是中国的核心利益，而不是无为地沉溺、纠缠于名称的政治符号与标识的过去式。我们应改变海权话语弱势，积极塑造和引导国际舆论，努力提升和把握中国在国际海洋事务中的话语权，必须充分把握自己的逻辑。

其次，要充分认识到当前中国的海权利益需要建设海外基地。如目前中国向亚丁湾派出的护航编队，后勤支援主要依靠中国驻印度洋沿岸国的使馆和中资企业出面保障以及他国海外基地支援，面临诸多困难。这同有海外基地支持的其他国家护航编队，无论是从经济成本还是补给质量与效率上而言都有较大差距，这已影响了编队巡航效率。故海外基地建设不仅为了有效保障中国 80% 海外贸易通道根本利益，有力支持中国参与联合国授权下非传统安全领域的军事和人道主义工作及维和行动，而且为了当今"一带一路"战略的落实，中国海军作为战略性、国际性军种必须常备不懈，保持积极主动和大洋机动能力的战略态势，必须要有远洋战略支撑点和后勤保障基地，从而为不断扩大的国家战略利益提供更有力和有效的支持。

最后，我们必须对历史经验与教训进行深刻的反思。明代下西洋的海洋活动停航后，不久就失去了经东南亚、孟加拉湾、阿拉伯海至东非、中东的"海上丝绸之路"的控制权。1498 年葡萄牙殖民主义者绕过好望角，占据古里（称之为卡里卡特港），作为向东推进的基地。1509 年，葡萄牙人塞克拉帅舰队登陆满剌加，至 1511 年葡东征司令阿布克尔克率 18 艘战舰终血腥攻占满剌加，并设立总督府。当时满剌加国王曾遣使向明朝求救，但据《明正德实录》卷 194 记载："满剌加亦尝具奏求救，朝廷未有处也。"从此，葡萄牙在明朝自弃海权的态势下，稳控中西海上咽喉要冲马六甲海峡 130 年，其间还进而侵占中国澳门，垄断了东西方海上航线的贸易。直到荷兰殖民主义者攻占满剌加，并进一步侵占东南亚与印尼群岛以及中国的澎湖列岛和台湾，中国华侨在东南亚被殖民主义者血腥屠杀（如西班牙殖民者在菲律宾）。至此，中国海权和海洋权益痛失于世界大航海、大殖民时代的历史交叉点。近代中国历史证明，没有海权，也就没有了历史发展的主动权。

综上所论，郑和下西洋航海活动的经验应是我们的宝贵战略资源和历史动力。中国海军要走向远洋，中国要成为"海洋强国"，中国要承担大国责任以及参与提供国际公共安全产品，我们就必须建立捍卫以国际和平与安全为目的海外基地。任何低估海外基地的战略价值和战略意义，都将使中国海洋权益付出新的历史代价！

作者简介： 沈瑞英，女，上海人。先后就读于上海大学文学院、上海大学社会科学学院，获历史学硕士、法学博士学位。现为上海大学社会学院教授，博士生导师，上海市学位委员会学科评议组专家，上海市政治学会理事。主要研究领域：政治社会学、公共管理学、比较政治制度、政治军事文化。从 1985 年起，先后在《学术界》《社会科学研究》《社会科学家》《河南社会科学》《军事历史研究》《河南大学学报》《上海大学学报》等学术期刊上发表论文 110 余篇，有 20 多篇被《人民日报》（内参）、《市长参考》（内参）、《新华文摘》《人大报刊复印资料》《高校文科学术文摘》等转载；出版专著《西方中产阶级与社会稳定研究》《转型期中国中产阶层与社会秩序问题研究》。曾主持或参与国家、省部级课题十余项。被上海海事大学聘为兼职教授。

19 世纪英国海权与全球化

章 骞

（上海市美国问题研究所，200020）

摘要： 19 世纪初开始，英国不论从经济上还是军事上，都成为了一个当时任何力量都无法比拟的强大国家。当时的大海为英国所主宰，但是英国却推行了一种以自由贸易政策为基础的新型海权，这种海权是和以往的零和博弈型的海权模式性格迥异，这开启了第一次走向全球化的潮流。这个潮流改变了人类社会的进程，给人类文明带来了空前的繁荣，但是也给世人留下了不少深刻的教训。本文力求对这种新型的海权特征进行分析，并阐明这样的海权给全球化模式带来什么样的影响，同时对于当时的这种全球化存在的问题以及对目前的启迪进行了思考。

关键词： 海权；全球化；英国海军；自由贸易；维多利亚时代

"全球化"这一个概念在当前正在被广为使用，澳大利亚学者沃特斯甚至说："全球化……是我们赖以理解人类社会向第三个千年过渡的关键概念。"[1] 那么什么是"全球化"呢？这样的社会到底会给人类社会的发展带来什么样的机遇？又会产生什么样的问题呢？

所谓的"全球化"指的是由于世界观、产品、理念以及各种文化因素的交流之中，所导致的一种国际一体化的过程。[2] 随着交通、通信等技术日新月异的发展，原有的国家和地域的境界线愈发被跨越，各种扩大为地球规模的变化已经层出不穷。这个概念已经和原来依然以国家为单位进行

---

① Waters M：Globalization；（London：Routledge, 1995）, p. 1.

② 维基百科引自 Albrow, Martin and Elizabeth King（eds.）. Globalization, Knowledge and Societ（London：Sage, 1990）。

跨国行为的"国际化"相比，包含了更多的内容，具有更加广泛的意义。

但是伴随着"全球化"的大门被叩响，对于这样前景，有的人对此满怀期望，而有的则充满悲观。而回顾人类发展的历史，在19世纪上半叶，当英国的海权形成一支君临全球的力量之时，这样的时代也曾经到来过，但是这段繁荣发展的时期维持了大约一个世纪，随后步入的却是充满战火的20世纪。当我们回顾这一段时代的成败得失，也许会对于出现在我们面前的机遇和挑战做出更好的对应。

一、日不落帝国时代的英国海权

在19世纪初期，当英国战胜法国，其力量发展到顶峰时期的时候，这种"全球化"的局面也曾经一度来临。当时，英国不论从经济上还是军事上，都成为了一个当时任何力量都无法比拟的强大国家。其殖民地遍及全球，形成了一个号称"日不落"的大帝国。而世界上的海洋则化成了英国本土与殖民地之间的通衢大道，强大的英国海军，自然也成为这些交通线的安全保障。根据最为乐观的估算，到1815年为止，英国海军中战列舰便拥有218艘，巡航舰为309艘，巡逻炮舰（Sloop-of-war）以下的小型舰艇则有261艘之多。[①]

在此时，法国、西班牙以及荷兰等曾经参与争夺海权的各国，不论在经济实力还是在海军实力方面都已经远远落后于英国且望尘莫及，无论是国际政治也好，国际经济也好，都明显地以英国压倒性的优势为前提进行运转，这个以英国强有力的主导力而维持的和平时期，被称作是"不列颠治下的和平（Pax Britainica）"时代。这一时期从19世纪开始到20世纪初叶为止，大约延续了一个世纪，堪称是不列颠的世纪。这个世纪中给人们带来双重的印象，那就是首先是在皇家海军有效而稳固地监管下，世界上处于长期的和平稳定；同时，其他诸国，也都不同程度地依赖这个无比强大的国家。依靠遍及四海的海上贸易，全球经济开始呈现出一体的迹象，露出了全球化的端倪。

而这个所谓的"日不落帝国"，却是一个与过去的主宰者相比完全不同的世界帝国，这个世界帝国所控制大海的方式也和以往以攫取土地，进而获取资源为目的的所谓"欧洲大陆型国家"海洋控制方式完全不相同。

①　Sondhaus L：Naval Warfare，1815—1914；（London：Routledge），2001，p. 2.

　　这种不同之处，英国拥有的这种海上主宰权具有更为强大的包容性和生命力，甚至于一旦这种主导权由于种种原因衰退之后，依然能够使得自己在稳定中得到顺利转型，不至于在剧变的波涛中颠覆。

　　英国的这种依托海上贸易，通过海上力量而形成的国家发展模式曾经为一位美国海军军官与历史学家艾尔弗雷德·塞耶·马汉（Alfred Thayer Mahan）所倾倒。他将其当作了国家发展的理想状态，并创作了给世界带来了巨大影响的《海权对历史的影响 1660—1783》，通常又被简称为《海权论》一书。于是，"海权"一词开始被世人所广泛认识。而什么是海权，人们却往往认识比较模糊。

　　"海权（Sea Power）"这一术语，有时也被翻译为"海上力量"。但是马汉在其论著里，往往都只是使用历史案例进行说明，却避免给予明确的定义。在其说明的过程中，"海权"这个词汇往往被他赋予两种主要的含义，前一种仿佛表示通过海军的优势控制海洋，而后一种则当为拓展海上商贸、攫取海外领地、获得外国市场特权而造就国家富裕和强盛的合力。在其代表作《海权对历史的影响 1660—1783》（通常又被简称为《海权论》）一书中，前一种含义可以被形容为"拥有占压倒性的海上力量，才能将敌人的旗帜逐出海洋，或者只允许他们像海上的丧家犬一样出现"。[①] 而后者则简单明快地表达为"扩大生产、海运、殖民地——一言以蔽之，就是扩大海权"。[②]

　　马汉在他的著作中，对于一个国家对于海洋这个世界共有的通衢大道之支配，是如何对其兴衰具有密切的关系，用充分的史料进行了阐述，同时还系统化地分析出了其中的成败得失。他特别强调的是，在他的时代中称雄世界七大洋，具有空前繁荣的经济实力和空前强盛的军事力量，号称"日不落帝国"的英国是如何把握海权，从一个自然资源并不充分的岛国成为世界帝国的过程进行了近乎理想化的解析。这一切，事实上给了当时的一些新兴的国家树立了一个榜样，并指出了一条发展的途径。

　　这条途径就是，将国内的生产、海外贸易以及殖民地作为基础，而若要使之得到最大限度的畅通，则必须发展海上力量，保障海上安全。

---

　　① ［美］马汉著，冬初阳译：《海权论：海权对历史的影响》，时代文艺出版社，2014 年，第 132 页。
　　② ［美］马汉著，冬初阳译：《海权论：海权对历史的影响》，时代文艺出版社，2014 年，第 68 页。

　　由此也可以看出，马汉所指的海权是带有军事和经济双重意义的，而事实上，在近代以后，一个国家若要通过海上通道维护与他国的贸易，也必须有维护这个海上通道得以自由使用的秩序之能力，而这个能力，不仅仅是军事力量，还离不开国际政治范畴内的外交和经济协作，乃至可以使用的一切力量。从这个意义上看，"海权"又是一个非常广义的术语。

　　英国富有盛誉的海军历史学家，海军上将里奇蒙爵士（Sir Herbert William Richmond）曾经对于海权尝试进行剖析，他当时的叙述堪称是海权的一个工作定义：

　　海权乃是一种国家力量之形式，此般力量可使其所有者令其军队以及商业穿过那些位于本国或者盟国之领土以及那些在战时需要达到的领土之间那广袤的海洋之同时，亦能令其所有者阻止其敌方达到同等目的。①

　　世界海权的格局随着国际舞台的变化而时常改变其特性，不过，比较重视海上对抗的时期，海权和制海权的概念常常会混同，到了后冷战时代，由于企图打破海上秩序之力量的消亡，海权已经比以往更多地从排他式的争夺，向着带有竞争和合作共存的崭新格局演化。国内有学者对于这种新时代的海权下了这样的定义：

　　后冷战时代的海权，是在国际政治多极化、经济全球化、军事信息化的时代，通过政治、经济、法律、军事、科技、文化等多种途径和手段对海洋进行控制、利用、管理和开发的一种综合能力。②

　　当然，海权如果脱离了陆地是没有意义的。英国海上战略泰斗朱利安·科贝特爵士（Sir Julian Stafford Corbett）反对将海军战略看做一个独立实体，而指出必须将其作为整个国家战略的组成部分来看待。因为他认为人毕竟是居住在陆地而不是海上的。海权重要的不是海上发生了什么，而是海上发生的事情是如何影响陆上事件的结局，所以他告诫道：

　　近年来，全世界对海权的功效受到了如此深刻的冲击，以至于我们会倾向于遗忘掉海权本身在解决大陆强国的战争中是多么无能为力，实施海上行动又是多么耗时巨大，除非它能够与军事和外交压力良好地进行协同。③

---

　　①　Kennedy P M: The Rise and Fall of British Naval Mastery; London: Lane, 1976, p. 2.

　　②　杨震、周云亨：《论新军事变革与后冷战时代的海权》，《太平洋学报》，2012 年第 7 期，第 62 页。

　　③　Till G: Seapower: A Guide for the Twenty-first Century 2nd Ed. Abingdon: Routledge, 2009, p. 58.

正是由于海权这个术语过于广义，即便有一支不大的海上力量也照样拥有其相应的海权。所以，国际关系史和战略史学家保罗·肯尼迪（Paul Michael Kennedy）还使用了"海上主宰（Naval Mastery）"。这一术语来对海上主宰，尤其是全球意义的海上主宰进行了特定：

一个国家的海上力量业已充分发展，雄踞于任何对手之上，而且那种主宰权已经或者能够远远超出其本土水域得以行使，其结果便是，若无这个国家最起码的默许，其他那些较小的国家便极难从事海上行动或者贸易。[①]

而本文所叙述的 19 世纪英国，便拥有了这种空前的海上主宰力，在这种海上主宰之下，英国形成了它那具有强烈特性的海权。

二、19 世纪发自英国的全球化浪潮

英国在当时毫无疑问可谓是世界上唯一的工业化国家，不管在商业、运输、保险以及金融领域的优势不但极为明显，而且其发展还方兴未艾。构成这个"不列颠治下的和平"之时代基础，便是英国依托在 18 世纪后半叶开始的产业革命，在这场产业革命中，其生产力得到了飞跃般的发展，从而由原先"商店店主的国度"转变成为了担任起"世界工场"，进而又成为"世界的银行"之角色。

在 1860 年前后，联合王国达到了其极盛时期，它生产了全世界铁的 53%、煤和褐煤的 50%，并且消费了全球原棉产量的几乎一半。联合王国的人口占全世界人口的 2%，占欧洲人口的 10%，其现代工业的生产能力却几乎相当于世界的 40% 到 50%，欧洲的 55% 到 60%；在 1860 年，它的煤、褐煤与石油等现代能源消费量是美国或普鲁士/德意志的 5 倍，法国的 6 倍，俄国的 155 倍。它单独占有全世界商业份额的 1/5，但是却占有制成品贸易的 2/5。全世界 1/3 以上的商船飘扬着大不列颠的旗帜，而且所占的比率正在日益增加。当时的经济学家威廉·杰文斯（William Stanley Jevons）曾在 1865 年的《煤炭问题》绘声绘色地刻画出了当时大英帝国的盛况：

北美和俄国的平原是我们的玉米地；芝加哥和敖德萨是我们的粮仓；加拿大和波罗的海是我们的林场；澳大利亚、西亚有我们的牧羊地；阿根

---

① Kennedy P M: The Rise and Fall of British Naval Mastery, London: Lane, 1976, p. 9.

廷和北美的西部草原有我们的牛群；秘鲁运来它的白银；南非和澳大利亚的黄金则流到伦敦；印度人和中国人为我们种植茶叶；而我们的咖啡、甘蔗和香料种植园则遍及印度群岛。西班牙和法国是我们的葡萄园；地中海是我们的果园；长期以来早就生长在美国南部的我们的棉花地，现在正在向地球的所有的温暖区域扩展。①

正是由于拥有这样发达的工业实力，英国的产品广销全球，与此同时，为了开拓新的市场、开发新的资源，以伦敦为中心的金融界也广泛展开了投资以及融资业务。英国在1847年通过海外投资便获得了1 050万英镑的金利，而到了1887年更是攀升至8 000万英镑。在1875年，英国进行的海外投资总额则高达了10亿英镑之多。② 由于外国通过伦敦的金融市场得到的资金，从英国的角度看也就是向海外进行的投资中，大多数都是用于购买英国生产的工业制品，这样黄金从世界各地大量流入伦敦，于是，英镑也成为世界上最有信用的货币而君临全球。与此同时，英国还拥有世界上最大的商船队，支配着全球的商品流通，故而保险行业也聚集在伦敦，可谓是只要一个环节占据了先机，而其他相关环节也相应地获得了同样的益处，就是在这个复杂的关系构成之下，英国经济在全世界取得了不可动摇的优势。

在这种优势之下，一股汹涌的全球化浪潮开始冲击整个世界。从世界历史进程中，我们可以发现全球化的根源是来自大航海时代。由于大航海时代的兴起，欧洲各国开始在全世界建立殖民地。正是海洋不再成为天堑而化作人类共有的通衢之后，人类的交往开始呈现出亘古未有的活跃场面。只有拥有了海洋这一载体之后，全球化才成为可能。通过全球航线的拓展以及殖民地的建立，欧洲的政治以及经济体制的"全球化"开始萌生、物资流通的"全球化"航路也开始不断拓展。然而，这还仅仅是一个萌芽。直到拿破仑战争结束后，世界海洋形成了英国的主宰，同时英国又开启了自由贸易的大门，同时随着近代化国民国家的形成，真正具有近代意义的全球化浪潮终于形成了。

英国之所以能够引领这一浪潮，从英国历史发展的轨迹中，我们可以发现，经济发展相对而言可谓是英国政策的核心所在。英国王室缺乏哈布

---

① Kennedy P M: The Rise and Fall of the Great Powers: Economic Change and Military Conflict from 1500 to 2000, London: Unwin Human, 1988, p. 151-152.

② Kennedy P M: The Rise and Fall of British Naval Mastery, London: Lane, 1976, p. 151.

斯堡或者波旁王朝般的神圣地位，其传统的贵族力量也在玫瑰战争等内乱中耗尽，新生贵族力量主要依靠商业阶层而不是军事集团组成。这与欧洲大陆列强往往不将经济问题放在外交政策中形成了对比。其原因离不开英国地理的优势，因为英吉利海峡给英国提供了天然屏障，英国可以置身于欧洲大陆列强争斗之外。

而欧洲大陆国家则通常被贪婪而强大的对手所包围，随时被迫与对手形成战还是和的关系，因此欧洲大陆国家不得不从军事角度优先考虑外交政策。而置身于大陆之外的英国则可以在悠然地看着"瓶中蝎子互相厮斗"的同时，大力发展经济，营造海上力量，只要用足够的海军将蝎子瓶口堵上，不让蝎子们爬出，同时，还保持一定的干预大陆能力，确保不让某个强壮的蝎子吞噬其他蝎子，并打破瓶盖而出，便能确保国家安泰无虞。① 英国最为担心的，便是大陆国家有朝一日形成一支能够侵略英国，或者破坏英国海上经济体系的海上力量。

这也是英国能够奉行与其他欧洲列强不同的战略，可以通过建立全球贸易体系来促进自己的繁荣和发展的原因所在。英国强大的经济力量也得以成为了可以影响欧洲列强态度，改变欧洲大陆力量平衡的巨大砝码。然而真正对英国的海上主宰权乃至整个世界秩序带来翻天覆地变化的，则是一种具有革命性的商业交换体系，也就是自由贸易的采用。

在 19 世纪以前，各国一般采用的是通过官方特许垄断以及国家权力强行介入的所谓重商主义政策。重商主义强调积累金银货币和对外贸易的重要性，把金银看做是财富的唯一形式。这些国家的财富基本上都集中到了君王手中，他们经常操纵这个经济制度，使得经济为军事利益服务。这样的经济关系成了执行和加强王朝权力的工具，依靠这个经济体系，这些王朝得以建立强有力的军事机器。② 同时，重商主义者还认为国家间关系属于"零和"博弈。即财富是一定的，己方得到相对更多的财富必须建立于其他国家相应等额损失的基础上，他们强调通过垄断和国家权力来增加财富。所以一个国家要改变或改善自己的国际地位，就必须掠夺别国的财富。强调政治决定经济也成了该学派的基本特征。

---

① 米德 W 著，曹化银译：《美国外交政策及其如何影响了世界》，中信出版社，2003 年，第 38-39 页。

② 弗里登 J 著，杨宇光译：《20 世纪全球资本主义的兴衰》，上海人民出版社，2009 年，第 1 页。

英国自身最早也是采用了这样的方法，并通过这个方法迅速使得本国的工业以及海运业得到了保护，从而得到了培育和成长。然而，当英国完成工业革命，从农业国转变成工业国之后，原有重商主义思想下实施的关税保护政策，反而成为了英国经济发展的障碍。一方面，这阻碍了英国以廉价的工业品打入世界市场，另一方面，在某种程度上一旦采用关税保护政策，其他欧洲国家也必然会提高关税来针锋相对，这自然不便于英国产品的顺利流通。在 1776 年，亚当·斯密（Adam Smith）便开始在他的著作《国民财富的性质和原因的研究》中，对于限制进口，奖励出口的保护关税政策进行了逐条批判分析。并指出，给予经济活动包括对外贸易以充分的自由，是国民财富不断增长的条件。[①]

在这种形势下，自 19 世纪初叶起，英国逐渐开始放开工业保护制度，允许工商业自由发展，实行低关税乃至零关税的自由贸易政策。1838 年，英国曼彻斯特实业家科布登（Richard Cobden）和布赖特（John Bright）组成"反谷物法联盟"，寻求撤销维持谷物的价格而致使劳动力成本高涨的《谷物法》。经过长年的争取，在 1846 年，英国皮尔爵士（Sir Robert Peel, 2nd Baronet）的内阁终于宣布废除了《谷物法》。这可以说是英国开始转向自由贸易政策的一个标志。3 年后，贸易保护的另一个重要象征《航海条约》也被废除，这样航海贸易的枷锁被打破。除了废除了这些法令，英国对于殖民地也采取了更为宽松的态度。这样，在 19 世纪 40 年代末和 19 世纪 50 年代初英国基本完成了这个贸易政策的转变，成为一个执行自由贸易并逐渐将其向全世界推广的国家。在这场转变之下，不列颠东印度公司，这个曾经被《泰晤士报》评论为"在人类历史上它完成了任何一个公司从未肩负过，和在今后的历史中可能也不会肩负的任务"。[②] 这样的垄断性特权公司便首先于 1854 年被解除行政权力，最终于 1874 年 6 月 1 日被解散。整个印度以英属印度帝国的形式成为了英帝国皇冠上的明珠。

自由贸易政策不仅仅使得英国的经济发生了飞速的发展，而且科布登以及布赖特等自由贸易信奉者还宣称，自由贸易还具有化解国际矛盾，确保国际善意，防止发生战争的功效。在这种浪潮面前，包括重商主义最为极端的信奉者法国也开始向科布登的学说转变，世界贸易仅 1850 年就增

---

① 张云宜：《十九世纪上半叶英国的自由贸易运动》，《史学月刊》1984 年第 4 期，第 87 页。

② The Times 1874. 1. 2

长了 80%，虽然最大的赢家自然是英国，但是让以往的重商主义者们不解的是，其他国家、公司以及个人都成了这种自由贸易秩序下的获益者。①

在这样的时代背景下，这种不列颠主导下的海权释放出了过去从未有过的异彩。

三、英国的海权与全球化

马汉将海权的基本特征总结为"贸易、殖民地和海军"。由于贸易这一角发生了根本的变化之后，那么其他两个角自然而然地也受到了相应的影响。

在 17 到 18 世纪，英国的贸易主要是由宗主国和殖民地之间进行的，而海军的任务则主要是对这些贸易航线进行直接的保护。然而一旦展开了自由贸易之后，"整个世界都展现在你的面前"。贸易的对象不再是仅限于殖民地，反倒是与外国所展开的在形式上的对等贸易成了主流。这样，殖民地的重要性相对而言有所下降。1812 年到 1914 年之间有差不多七成的移民，1800 年到 1900 年有六成以上的出口，八成以上的进口是来自殖民地以外的区域之间的。② 按照英国首相迪斯雷利（Benjamin Disraeli, 1st Earl of Beaconsfield）的话说，对于殖民地进行管理和防卫的费用完全是套在英国纳税人脖子上的重负。

于是，这一阶段英国对于殖民地的发展战略不再着力于对大片区域的占领，而是精心挑选具有优越地理位置，在国际海上交通线上具有重要意义的战略要地。由于英国维持了连接世界几乎所有区域的贸易，因此，从英国伸向全世界的航线连接着英国本土以及殖民地的港口，都成为了大英帝国的生命线。而这些战略要地，自然也成了这些生命线的"枢纽"。

除了控制海上贸易线的"枢纽"，这些基地还具有别的重要意义。当时英国海军已经基本完成了风帆时代向蒸汽时代的过渡，不过与风帆船舰相比，蒸汽船舰最为突出的问题就是燃料的消耗，若无煤炭就无法航行，这个问题在风帆时代是不存在的。进入蒸汽时代之后，煤炭在某种意义下，也就成了制约舰船行动的一副枷锁。因此，英国海军为了能够在世界的海洋上行动，便必须在世界各地布置相当一些拥有贮煤站的港口作为行

---

① Kennedy P M: The Rise and Fall of British Naval Mastery, London: Lane, 1976, p. 152.

② Kennedy P M: The Rise and Fall of British Naval Mastery, London: Lane, 1976, p. 154.

动据点。因而连接大英帝国海上生命线的那些港口中都设有贮煤站，以作为蒸汽舰船行动的据点。而这其中的若干重要的据点内，则派遣军舰长期驻守，并设有船坞等修造设施。

在当时，还没有其他国家拥有如同英国那样密集的贮煤站网络，因此一旦爆发战事，与英国为敌的那一方便自然失去了赖以支持长期航海的煤炭补给，而被作为英国海军基地的港湾所包围，不但其行动受到极大的限制，而且还在战略上陷入致命的被动态势。

英国海军当时在选择那些设有贮煤站的主要港湾之时，这些港湾周围资源或者产业如何并不是最优先的考虑因素，港口所处的地理位置才是建港最大的目的。因此，从19世纪以后而成为英国殖民地的区域中，为了建设贮煤港的获取的便占了比较多的比例。

为了保护这些分布于全世界的贮煤港以及舰船维修设施，其周围开始建造要塞炮台，屯驻陆军，一旦出现战事，就依靠这些力量坚守，直到周围基地甚至本土的援兵到达。这些要塞炮台以及舰船维修设施还不断地进行扩充改善，随着技术的进步，到了19世纪后半叶都进行了大规模的改建，其中大多数也发展成为了英国皇家海军外遣舰队的常驻基地。

为了更快地进行通信联络，英国在1843年起就开始进行试验，成功地建成了一条跨越泰晤士河的通信电缆。而后这样的电缆首先越过英吉利海峡，而后又跨过大西洋，进而开始连接遍布世界的基地。到1880年，世界海底电缆的总长约156 105公里，将英国和印度、加拿大、澳大利亚以及非洲连接了起来。从孟买到伦敦的消息可以以每个词4先令的成本隔日到达。电报被称为了"世界的电力神经系统"。[1] 然而，在19世纪，由于海底电缆价格昂贵，敷设困难，加上英国控制了用于海底电缆绝缘层的古塔波胶生产行业，因此海底电缆的主导权都掌握在英国的手中。在1896年，全世界拥有的30艘海底电缆敷设船中，有24艘是属于英国的。1892年英国公司控制了全世界海底电缆的2/3，而即便到了1923年，英国依然占据着42.7%。[2] 在这样技术力量的支持下，英国还能够窃听他国的重要电报，或者故意迟滞电报的发送，在外交上也横加利用这种新技术。

随着海底电缆网络的完成，英国以及广大的海外基地真正地连成一个

---

[1]　弗格森N著，雨珂译：《帝国》，中信出版社，2012年，第147-148页。

[2]　Headrick D R & Griset P：Submarine telegraph cables：business and politics，1838-1939. The Business History Review，75（3），p.543-578.

有机体，这样，世界上不管什么角落一旦出现纷乱，只要与英国的国益相关，英国军舰便能迅速到达。

除了英国早期以及拿破仑战争胜利后获得的马耳他、爱奥尼亚群岛、直布罗陀、冈比亚、开普敦、毛里求斯、锡兰、巴哈马以及圣卢西亚等地之外，英国又占领了新加坡，以从西面控制了进入中国南海的门户；攫取马尔维纳斯群岛以俯瞰通往合恩角的航路；夺得亚丁以扼守红海的南大门，此后还先后将香港、拉各斯、斐济、塞浦路斯、亚历山大港、蒙巴萨、桑给巴尔等基地收入囊中。

英国对于这些"枢纽"的占领，或者是在幅员辽阔而人口众多的地区建立英国控制的商业中心，或者是抢占交通要点，而且也可以将占领的附加费用和领土防守的保护责任降到最低点。这些基地的获取和更具有"大陆"风格的欧洲君主国领土扩张方式形成了鲜明的对比。担负起维护全球自由贸易秩序重任的海军由于殖民地的性格发生了变化，随着而发生变化的，便是英国皇家海军战略和使命。皇家海军开始从本土附近逐渐向全球展开，其任务也成了保卫那些使得自由贸易成为可能的和平以及维护那种对于英国而言所希望的特定秩序。于是平时军舰的部署以及行动也成了外交活动的重要环节，发挥了越来越重要的作用。诸如展示国旗、在必要之时甚至驱使武力来推进外交谈判。"炮舰外交"这样的词汇也应运而生，海军行使炮舰外交的职能，也便成了英国在 19 世纪的一项非常重要的任务。英国海军更多执行的，套用一个较时髦的概念，那便是一种"非战争军事行动（Military Operations Other Than War）"。

1815 年以后，英国事实上成了一个在海上占有绝对主导权的国家，然而当时英国的国防开支仅仅是国家收入的 2% 到 3% 之间，分摊到每个英国国民头上甚至不足一个英镑。① 其原因固然是由于当时法国新败，西班牙和荷兰的海军也早已一蹶不振，英国海军具有无可辩驳的优势有关。同时，从客观上而言，由于英国不失时机地采取了自由贸易的方针，正如科布登所宣称的那样，自由贸易是人类普遍愿望和理想的和谐化，是避免发生战争的良方。因此，英国海军尽管拥有遍布全球的海洋优势，但是其潜在对手还是认为自己受益于这个新的国际秩序，并没有真正花费精力和时间对英国的海上地位进行挑战。

---

① Kennedy P M: The Rise and Fall of British Naval Mastery, London: Lane, 1976, p. 150.

伴随着自由贸易的转型，英国还广泛接受了为国际法与海洋法的鼻祖格劳秀斯（Hugo Grotius）所提出并力主的"公海的自由（Mare Liberum）"这个口号，以便于对世界的海洋最大限度地广泛加以利用，这也构成了保障英国商船之自由的最为重要的因素。另一方面，在这个时代中，沿岸国家对于自己主权的行使，英国则最大限度地加以限制。比如，领海三海里这一惯例，是由于过去的大炮射程大约在三海里而来。而当时尽管火炮的射程由于技术的进步已经大大增加，但是英国还是坚持领海仅有三海里这一原则。这样，"公海的自由"尽管堪称为掌控大海的英国之自由，但客观上也给了世界各国带来了巨大的便利。

为了进一步鼓励所有人利用海洋，英国海军还承担了绘制海图的任务，这是一项艰巨无比的工作，通过一支又一支测量船队在全世界未知的海域测量海岸线和探测水深，费尽千辛万苦，历时十余年，绘制出的高质量航海图，最后却以非常低廉的价格向全世界的海员销售，彻底改变了原先对于测绘严格保密的自私政策，尽力扩大贸易量并有助于减低航海事故。[①]

此外，对于自由贸易而言，公海海路的安全至关重要，因此，从十九世纪初开始，以英国海军为中心，在地中海广泛进行了扫荡海盗的行动，而后，这样一种大规模消灭海盗的活动逐渐扩展到全世界范围，曾经猖獗了几个世纪的海盗行为由此急速地减少，这对于营造一个安全的航海环境，促进全球范围的贸易活动，打下了一个重要的基础。

值得一提的是1856年颁布的《巴黎宣言》之中，又将欧洲各国自古以来的一种传统作战手段，也就是由公权特许授予的私掠行为予以了废止。这样事实上等同于海盗行为的私掠船也失去了合法地位。

19世纪中，英国海军另一项重要活动便是彻底地取缔奴隶贸易。早在1807年拿破仑战争期间，英国便通过了禁止在非洲或从非洲到任何其他地方的运输过程中，以任何方式买卖奴隶的法案，并腾出作战用的军舰前往西非查禁贩奴船只，甚至袭取自己盟国葡萄牙的贩奴港拉各斯等作为禁奴行动的巡逻基地。而后又宣布了奴隶贸易是等同于海盗的行为，并于1833年正式立法在所有英属殖民地废除了奴隶制度。仅仅1840年一年，就至少有425艘贩奴船在西非海岸遭到英国海军的拦截，并被押往塞拉利昂，

---

① Kennedy P M: The Rise and Fall of British Naval Mastery, London: Lane, 1976, p. 158.

将这些奴隶贩子悉数进行严惩。① 从 1807 年开始的大约 50 年期间，英国海军在全世界范围内展开了几乎不间断的行动以取缔奴隶贸易，在其过程中，甚至不顾法国、西班牙等国的抗议而强行地加以实施。

为了打击海盗和取缔奴隶贸易，英国海军在全球各个海域展开行动，对于世界各国而言，由此获得了一个更为良性的海上贸易环境，对于推动全球贸易的顺利进行有着不可估量的进步作用。当然，与此同时也会在有形或无形间形成了一种巨大的压力，使得伦敦的意志迅速地在皇家海军的行动中得以体现。比如，英国仅仅派遣了一艘炮舰，便使得奴隶贸易的大国巴西在 1850 年 9 月效法英国也通过了自己的废奴法案。如此，皇家海军扮演起了"世界警察"的角色，时而还强行迫使对手交出具有重要战略意义的据点，展开炮舰外交，在扩大国际贸易的同时，使得英国获得了巨额的利益。

当时英国政策的核心，便是扩大世界市场、确保原材料资源、开拓海外投资地区。因此对于其他欧洲各国，英国设法保持其均衡；而对于一些被其他列强压迫的民族，英国则鼓动甚至支持其独立；而在亚洲和非洲，英国则夺取殖民地作为其开拓市场的据点。这一政策从 19 世纪 20 年代开始展露，在 19 世纪 30 年代，辉格党的政治家帕麦尊勋爵（Henry John Temple，3rd Viscount Palmerston）担任外相和首相，雄踞英国政坛核心的 30 年期间，这一政策的实施成了英国外交政策的核心。

而支持这一政策的，自然就是英国强大的海军力量。以往英国舰艇主要集中于本土、地中海以及波罗的海水域，而拿破仑战争以后，外遣舰艇也逐步增加，英国海军的外遣舰在 1792 年为 54 艘、1817 年为 63 艘，而到了 1836 年骤然增至 104 艘，1848 年则达到了 129 艘。1848 年时英国海军的配置大约如下：

本土水域 35 艘、地中海水域 31 艘、西非海域 27 艘、西印度群岛海域 10 艘、南美海域 14 艘、太平洋海域 12 艘、开普敦水域 10 艘、东印度和中国海域 25 艘。②

如此大量的外遣舰艇，自然导致了海军力量的膨胀，现役官兵人数到 1847 年也达到了 45 000 人，这大约是皇家海军在拿破仑战争结束后的

---

① 弗格森 N，雨珂译：《帝国》，中信出版社，2012 年，第 145 页。

② Kennedy P M: The Rise and Fall of British Naval Mastery, London: Lane, 1976, pp. 170-171.

1817 到 1820 年最低谷时期官兵人数的两倍。同时，海军的预算也超过了800 万英镑，又回到了拿破仑战争时的水平。[①] 到了 19 世纪 50 年代，英国海军在世界各个海域都保持了优势，在任何地区都能为强制推行的英国政策提供坚强的实力后盾，这也可称为"不列颠治下和平"的巅顶时期。

虽然自由贸易并未像科布登所宣称的那样给英国和世界带来永久的和平，但确实也可谓开启了一个崭新的时代，英国力图将本国卓有成效的法治体系推广到全世界，在某种程度下打破了权力政治与重商主义的"丛林法规"，给英国和整个世界带来了空前的发展，并带来了几乎一个世纪的相对和平。在"不列颠治下和平"下的国际秩序中，英国主导的新海权是一种以贸易目的而不是军事目的为主导的。对于英国而言，维护这个基于自由贸易的秩序才是能够带来国益的关键。正是由于自由贸易带来的利益尽管份额有多寡，但是具有共赢的特性，因此出现的对手只要是同样倡导自由贸易的，只要也是以贸易目的而非军事目的为主导的，英国可能根据当时形势与损益而进行妥协甚至退让。然而，一旦这种秩序本身受到了挑战，那么英国将会以炽烈的造舰竞赛来加以对应，以守住这个海上贸易的础石。

以当年的标准来看，19 世纪英国主宰下的海上秩序在许多方面已经具有了一些当今所谓的"全球化"色彩。[②] 这种秩序在给整个人类社会带来了空前的发展以及相对而言的和平之同时，事实上还是存在着诸多的问题以及潜藏着诸多的危机。

比如，由于当年英国主宰下的国际秩序有赖于畅通无阻的海洋航运，正如马汉在 1902 年出版的《回顾与展望》一书作了如下的预言：

随着交通速度的大幅提高，国家之间的利益紧紧交织在一起，直至形成了与往昔相比庞大得多的体系，它相当活跃却又极度敏感。[③]

要建立在海上贸易基础上的体系仅仅一个国家进行维护是极其困难的。当时的这种全球化事实上远非真正意义的全球化，因为在这个经济运作过程之中，诸多殖民地、前近代国家仿佛是置身于这个全球化之外，远远没有受到真正意义上的恩惠。

① Kennedy P M：The Rise and Fall of British Naval Mastery，London：Lane，1976，p. 172.

② See Till G：Seapower：A Guide for the Twenty-first Century 2nd Ed.，Abingdon：Routledge，2009，p. 4.

③ Till G：Seapower：A Guide for the Twenty-first Century 2nd Ed.，Abingdon：Routledge，2009，p. 3.

随着欧洲大陆列强在工业革命的浪潮下积累了足够的国力，英国治下的大海成为了他们企图占据的目标。马汉思想中提到的那些关于海上力量应该在守护有赖于维护世界和平与繁荣的国际贸易体系发挥作用几乎被无视，而《海权论》中提及的海上优势以及海上战斗方面则吸引了大多数海权挑战者们的注意。在不断出现的各种挑战面前，英国开始对于维护海上秩序感到力不从心，原本散布于各大全球各地的舰队又开始集中在北海，准备迎击传统的挑战。保罗·肯尼迪论述道："只有当信心和国际善意都消失时，才会有老旧传统再次现身的状况。"[1] 曼彻斯特学派所期待自由贸易带给全人类繁荣、确保国际善意与防止战争的功效和人类失之交臂。恰如 1910 年诺曼·安吉尔（Sir Ralph Norman Angell）在他那本著作之名《巨大幻影（Grand Illusion）》中描绘的理想之图，宣称国际经济依赖要么会阻止战争的爆发，要么会使它提前结束的[2]。遗憾的是，善良的人们忽视了人类内心深处潜藏的贪婪、邪恶、愚昧以及野蛮。

从英国主宰海上秩序以来近乎一个世纪，国际间的经济协作与和平曾经给带给人类前所未有的繁荣，这种繁荣也一度促进过国家民族之间的协作。但是由于人类未能把握好这个机遇，一旦经济陷入恶性循环，从而导致的经济民族主义、军国主义以及战争便进一步加深了国际经济危机，全世界的经济便开始螺旋下降，并从起初和缓下降迅速加剧，使得任何阻止经济下降的所有尝试都告失败。[3] 于是，不列颠治下的和平所带来的第一次近代全球化浪潮，在两次世界大战以及数不清的动乱下落花流水而去。

四、结论

英国的自由贸易政策开启了一种全新的海权模式，而在这种海权所建立的秩序下，19 世纪的世界曾经跨入了一次全球化的门槛。然而，这次全球化的发展未能解决经济的均衡发展问题，人类文明不但错失了和平发展的机遇，而且还引起了 20 世纪的诸多战乱。对于这次全球化给人类社会带来的一切，目前还是形成两种截然不同的两派。但是我们应该可以认识到的是，全球化给人类社会带来的巨大发展是不争的事实，而所有对此持

① Kennedy, P. M.：The rise and fall of British naval mastery, London：Lane, 1976, p.175.
② 基根著，张质文译：《一战史》，北京大学出版社，2014 年，第 7 页。
③ 弗里登 J 著，杨宇光译：《20 世纪全球资本主义的兴衰》，上海人民出版社，2009 年，第 116 页。

反对态度的，基本上是将矛头指向由此带来的发展不均衡。事实上，著名经济人类学家卡尔·波拉尼（Karl Paul Polanyi）曾指出过，第一次世界大战前夕国际市场经济甚至到达了一种最高潮时期，而当时缺少的则是国际政治体系的制约，缺少的是一种全球化体系下的国际秩序。因此，如果由此来全盘否定自由贸易，否定全球化的推行，并声称要重新回到闭关锁国状态则是绝对片面的而且是愚蠢的。

经历了两次世界大战和冷战，世界经济又一次来到了全球化世界的门槛之前。在冷战的结束后，全球经济一体化得到了进一步的发展，21世纪的海上格局和国际关系又发生了显著的变化。与当年英国主宰下的海权相比，现阶段的海权已经更多地由排他式的争夺，向着带有竞争和合作共存的崭新形态进行着转化，马汉的这些预言也开始得到了相当程度的应验。

而这一个全新的全球化时代的世界，尽管由一系列主权国家构成，但受到跨国经济和技术发展的影响，国家的绝对主权已经逐渐被削弱，人们的关注重点逐渐从这个体系的组成部分越来越多地向这个体系本身转移。而在这个体系下，人们策划的战略，也愈发转为服务于整个世界体系，而不是服务于常规的、传统的以国家为中心的方法。

而且，由于贸易和商业导致了赢家和输家变化不定，因此，这一要求人们对外交、经济、社会以及军事政策进行积极主动、持续不断并小心翼翼地作为一个整体来考虑，必须塑造一个更为良好的国际环境才能更好地对这个体系进行保护。

最后，由于地球的71%为海洋所覆盖，因此，全球化对于畅通无阻的海洋航运有着绝对的依赖。

而在这一新的时代，马汉在一个世纪以前提出的海权这一概念，早已成为太空、航空和信息等多种复合科技的产儿。而以往排他性海上霸权逐渐让位于功能更复杂和更国际化的当代海权观念。这一当代海权观念新颖和核心的特点是，海上力量已无力追求单极的全球霸权与秩序，相对于日益崛起的太空和空天复合力量，海权的黄金时代已经成为历史。即使对于拥有绝对海军优势的国家，在国际政策中，单纯利用海权优势也不可能达成自身的利益诉求。这些国家即使有能力轻易获得海上战争的胜利，其外交、经济和其他代价，也是其决定行动时不得不再三考量的因素。这也是与当代全球经济和政治的急遽整合趋势一致的。

对于如何构筑这个新时代的海权模式，一百多年前英国在自由贸易模式下形成的海权模式做了诸多的尝试，留下了宝贵的遗产，并给予我们以诸多的启迪。

当然，这种全球化的经济格局和一百多年前一样，依然是一种非常敏感和脆弱的体系，这个体系面临的诸多威胁的形式，也都是和海洋有关，或者会产生重大的海洋性影响的。不过，和当年不列颠称雄海洋的时代有所不同的是，目前虽然美国在某种意义上扮演着英国当年的角色，但是美国始终没有能够达到英国在 19 世纪上半叶那种海上的绝对优势。因此维护目前海上秩序的力量，仅仅依靠一国之力是无法完成的，这需要在国际组织的框架下，依靠各个主要海军的通力协作。

对于这种全球化的经济秩序，最为直接的威胁便是从某种意义而言同样"全球化"了的国际恐怖主义以及诸如海盗、对于武器、人口以及毒品的走私等跨国犯罪。而从更为长远的视角看，环境恶化以及对海洋资源的系统性掠夺还具有更为严重的威胁性。当人们意识到总体海上安全向着全球化海上贸易体系进行有效集中之后，保护海上良好秩序而维护海上总体安全也将成为人类的共识。而且，由于经济全球化将造福于全体人类，在这样的社会中，人们将会发现发展与其他国家的良好、持续以及建设性的关系才是取得共赢的关键，这种海上共识的维护，将通过多国联合行动的形式，更为积极有效地得到展开。这一点，不久前多次展开的亚丁湾联合打击海盗的行动，便是后冷战时期海上军事行动的典型性代表。因此，在这个意义下，全球化时代海军的主要任务，已经逐渐从我们比较熟知的与对方海军进行大规模对抗，变成了维护海上安全，打击破坏经济秩序的力量，诸如驱逐海盗，打击海上恐怖主义等内容。而不管在什么时代，陆地总是大多数海上混乱的根源，要从根本上维护海上秩序，如何从海上出击而消除这些祸害也将成为新时代海军最为经常需要完成的任务。这样的行动具有高度的政治性，追求快速，时而远离本土，也可能以多国形式实施。这种小规模、低烈度的行动会成为新时代海上力量运用的典型。

在这个时代中，海军对于海洋，如何加以控制依然是一个不变的课题，但是相对于传统意义上控制海洋为己所用，更多地倾向于使得所有的人都能够利用海洋这一点，当然破坏这个体系的势力除外。因此，新时代的海上控制将更加具有监督和管理的意义。正如在 2005 年到 2007 年担任美国海军作战部长的迈克尔·穆伦（Michael Glenn "Mike" Mullen）在其任期中的 2006 年指出：

尽管旧的海上战略聚焦于海上控制，但是新的海上战略必须认识到，当海洋处于一国独占之下时，诸国兴起的经济大潮是不会出现的，只有当海洋对所有的国家都是安全又自由之时，它才会涌现而出。①

当然，由于传统意义的国与国之间的矛盾还未完全得以解决，即便到了 21 世纪，传统意义的海上冲突和对抗还将长期存在，有时候也不排除可能出现激烈冲突的可能。而且，贫富不均给全球化带来的潜在威胁依然存在，日益猖獗的国际恐怖主义便产生于这样的环境之下。从这个意义上而言，当年英国的海权体系可以给我们带来太多的思考，我们从中也能够汲取更多的历史教训。但是不管怎么说，当全球化的大门展示在人类面前之时，便说明人类获得了充分发展的机遇，同时也面临着急遽变化而带来的危机。也许回顾当年英国的海权以及由此产生的影响，对于后人而言还会有相当启迪的。

British Seapower in 19th Century and Globalization

ZHANG Qian

Abstract：From the early nineteenth century onwards, the British Empire became an incomparable global power in terms of both military strength and economic capacity. The sea was dominated by Britain. Yet Britain introduced a new type of sea power based on free trade, which is quite different from the previous zero-sum game. This type of sea power also contributed to the first trend towards globalization, which changed the progress of human society, brought unprecedented prosperity to human civilization and also provided useful lessons to later generations. This paper will analyze the characteristics of this new type of sea power; describe what sort of impact it had on globalization; and endeavor to discuss the problems of globalization at that time as to shed some light on the present.

Keyword：Sea power, Globalization, Royal navy, Free trade, Victorian Era.

---

① Till G：Seapower：A Guide for the Twenty-first Century 2nd Ed. , Abingdon：Routledge, 2009, p. 8.

（本文原载《亚太安全与海洋研究》2015 年第 4 期。）

作者简介：章骞，字德淳（1967—2016），日本国立图书馆情报大学大学院（现已被筑波大学吸收）图书馆情报研究科硕士。目前就职于上海市美国问题研究所。主要研究方向为海上力量史和海上冲突史，日本海上自卫队研究等。在《现代舰船》等杂志设有专栏，主要作品为专著：《无畏之海：第一次世界大战海战全史》等，专文有《海那边：海上自卫队将领谈岛屿防御》、《迈向"蓝海"的第一步：西沙海战》《从橙色到彩虹：二战前美国海军对日战略计划追踪》《探寻战后日本的航母梦》《海权与海上丝绸之路》以及《迎来还历之年的日本海上自卫队》等。章骞于2016 年 8 月 11 日因病去世，享年 48 岁。

略论海上私掠的历史作用

——以英国、法国、美国为考察对象

沈 洋

（上海中国航海博物馆，201306）

摘要： 海上私掠是指由一国政府颁发"私掠许可证"，授权批准本国的私人船只针对敌国船只或港口进行袭击和劫掠的行为。笔者以 16 世纪的英国、17 至 19 世纪的法国与 18 至 19 世纪的美国为考察对象，阐述与分析海上私掠在英西战争、英法战争、美国独立战争、美英 1812 年战争与美国南北战争中所发挥的历史作用。

关键词： 海上私掠；私掠许可证；海上游击战；德雷克；基德；叙尔库夫

海上私掠是指一国政府为了取得海上贸易战的胜利，给本国或外国私人武装民船船主颁发"私掠许可证"（Letter of marque and Reprisal），[①] 授权私人武装民船悬挂该国军旗，在公海上有针对性地拦截、袭击和抢劫和消灭敌国船只以及运输禁运品的中立国商船，或者袭击和劫掠敌国殖民地港口的行为。其本质是由政府授权的，有针对性的海上劫掠行为。私掠船能对敌国的海上交通线进行冲击、袭扰和打击，俘获敌船，带回弹药、粮食、衣物等补给品。作为回报，私掠船捕获的船舶或货物经授权国捕获法院审判可以据为己有。私掠船主们通过海上劫掠增加了自己的财产，政府则对私掠船主们收取许可授权费和税金，同时也实施了打击了敌国海上贸易的战略。

---

① "私掠许可证"在英法文中有多种称谓，分别为"Letter of marque"、"Letter of marque and Reprisal"、"Lettre de marque"、"Lettre de commission"与"Lettre de course"等。1856 年《巴黎海战宣言》签订后，私掠许可证被各国废止使用。

从事海上私掠的人员不是一般意义上的"海盗"（Pirate），而是具有鲜明政治、民族倾向的"私掠船船员"（Corsair）。私掠船员的工资不归政府支付，但他们有权为谋求自身利益而出航。① 尽管"在新世界的殖民地确立以后的头一百年左右的时间里，海盗、奴隶主、私营武装船和海上巡逻队之间的差别非常微妙，有时候，彼此完全混淆不清"，② 但是，海上私掠行为与海盗行为（Piracy）之间还是有区别的，海盗行为发生在国家的正常管辖范围之外，没有国家的授权，其意图是私人的，而不是政治性的。③ 海上私掠行为则是获得政府同意或支持的，针对敌国商船的合法行为。

一、引言

英国、法国和美国在不同的历史时期都鼓励和支持过海上私掠。16 世纪时，给私人船只颁发私掠许可证已成为各国通例，到 18 世纪 30 年代，海上私掠发展到了巅峰。由于海上私掠活动的私人性质，其行为动机是尽可能地通过暴力行为在海上获利，所以利益驱动这些私人民船船主愿意从事比战斗获利更多的海上劫掠。有些私人船只甚至从交战双方领取私掠许可证，两面谋利，他们在海上见船就捕，甚至劫掠中立国和本国国民的船只，这样使得海上航行变得不安全，也使各国的海上贸易受到极大的损害。19 世纪初，海上私掠行为的存在严重阻碍了海上自由贸易的发展，同时，由于各国海军力量的增强，具备了保护本国商船海上航行安全的能力，废除海上私掠遂成为历史的必然。

1853 年 10 月，克里米亚战争爆发，所有交战国都宣布不颁发私掠许可证，当时海上力量最强大的英国积极主张废除海上私掠，英国政府认为，海上私掠的存在会使那些海军实力不强的国家在与英国进行海上角逐时占到便宜。④ 在战后缔结《巴黎海战宣言》的过程中，各国代表一致主张将废除私掠船行为的内容写在文本中。1856 年 4 月 16 日，法国、英国、俄国、普鲁士、奥地利、撒丁、土耳其等七国签署的《巴黎海战宣言》

---

① 《不列颠百科全书》国际中文版（修订版），中国大百科全书出版社，2007 年，第 13 卷，第 521 页。

② ［美］理查德·扎克斯：《西方文明的另类历史》，海南出版社，2002 年，第 62 页。

③ 《不列颠百科全书》国际中文版（修订版），中国大百科全书出版社，2007 年，第 13 卷，第 320 页。

④ ［法］夏尔·卢梭著，张凝等译：《武装冲突法》，中国对外翻译出版公司，1987 年，第 163 页。

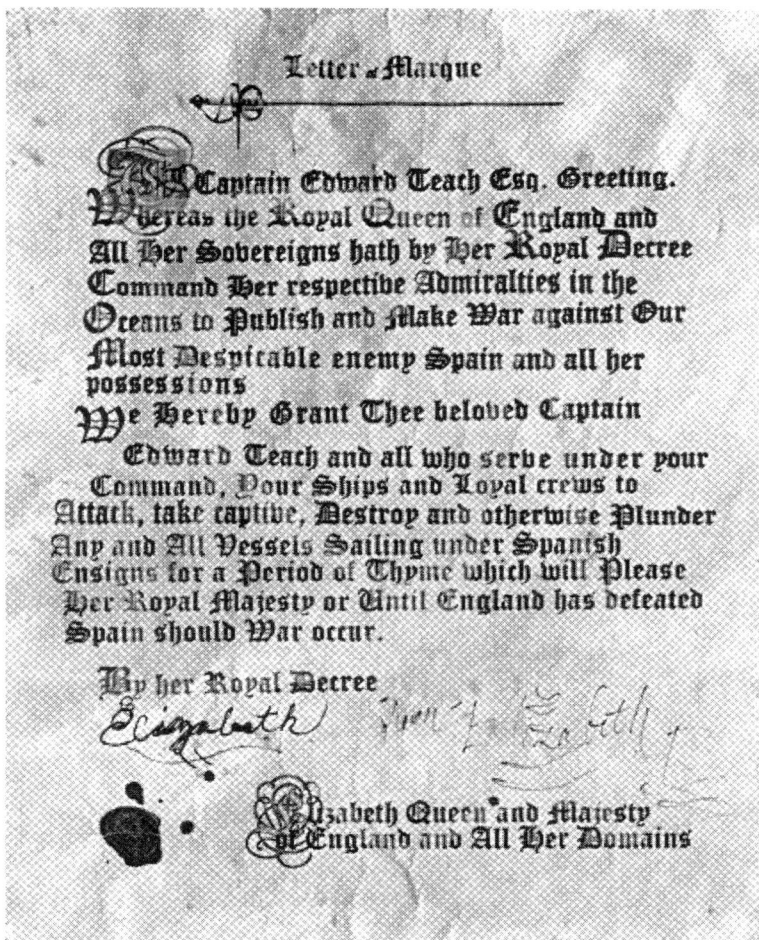

图一　英国女王伊丽莎白一世签发的"私掠许可证"

（简称《宣言》）就私掠船行为及海战时中立国的权益问题确立了四项基本原则：（1）废除私掠船制度；（2）除战时禁运品外，禁止拿捕悬挂中立国旗帜的船舶上的敌国货物；（3）除战时禁运品外，禁止拿捕悬挂敌国旗帜的船舶上的中立国货物；（4）封锁要有拘束力，必须由一支真正足以阻止进入敌国海岸的部队所维持。[①]　在当时的国际社会中，7个欧洲国家签

---

① 邢广梅：《国际海上武装冲突法的形成——1856年〈巴黎海战宣言〉》，《军事历史》，2007年第1期。

署了《宣言》，44 个国家接受其条款，只有西班牙、美国、墨西哥和委内瑞拉等几个国家拒绝签字。值得一提的是，美国因为会议没有接受它的有关应对海上所有私人货物免予拿捕的提议而拒绝签署《宣言》，但在 1861 年美国内战及 1898 年美西战争期间，美国政府却声明遵守《宣言》的规定。《宣言》签署之后，私掠船丧失了合法交战者的身份，不再受国际法保护。在以后的海战中，私掠船均被视为海盗船，船上人员均被视为是海盗，他们所从事的行为构成了海盗罪。1907 年，在第 2 次海牙和平会议上签署的《海牙公约》中规定，武装商船必须视同军舰进行严格管理，此后，私掠船在全球海洋上才最终销声匿迹。

二、英西战争中的海上私掠

早在亨利八世统治时期（1491—1547 年），英国私掠船主和海盗就盯上了来往于美洲殖民地的西班牙商船，以此为营生的霍金斯家族已经把贸易触角伸到了西班牙和葡萄牙的属地——几内亚和巴西。1544 年，为了打击西班牙与法国的海上航运，亨利八世号召英国人进行"无限制私掠战"，英国西南港口的私人船主们群起响应，蜂拥出海，奉旨打劫。这些私掠船用树皮或舢板做成，吨位在 50 吨以下，从德文郡和康沃尔郡的一些港口出发，在英国海域做一些短途航行，掠夺一些渔船，然后沿着海岸将掠夺物卖给当地的乡绅、商人或居民。这些私掠船的船主，有时是一个人，有时是联合筹资的几个人。早期的私掠船通常都在英国近海活动，被劫掠的大多是穿梭于西班牙和弗兰德斯之间的西班牙和法国商船。一直到伊丽莎白一世统治初期，大部分私掠船从其行为表现和结果来看，仍和小规模的海盗活动没什么区别。伊丽莎白一世即位后不就，法国宗教战争爆发。1562 年 9 月，伊丽莎白与法国新教首领孔代亲王结盟。英国私掠船主手持孔代亲王签发的私掠许可证，在英吉利海峡四处游弋，见到法国的天主教商船就抢。

海上私掠得到英国王室和政府的正式承认是在 1585 年。1585 年 5 月，几艘英国私掠船在西班牙港口被捕，船员被投入监狱，货物也被没收。这件事传到伦敦，立刻引起轩然大波，那些蒙受了损失的商人们要求政府赔偿。7 月，英国政府命海军大臣展开调查，并对那些能证明自己确实蒙受损失的商人发补偿信函。这种补偿信函同时也是一种报复信函和私掠许可证，它允许私人武装民船去掠夺西班牙船只上运载的货物以弥补自己的损失。至此，英国的私掠船活动得到了本国政府的支持和承认，他们可以从本国政府拿到"报复信函"（Letter of Reprisal），这是私掠许可证的最初形式。从 1585 年开始，英国政府向私人船主正式颁发私掠许可证，授权他们出海劫掠敌国船只。伊丽莎白一世统治时期，英国与西班牙的战争促进了英国私掠船活动的发展与壮大。私人武装民船四处劫掠西班牙的贸易商船，私掠行为遂成为英国从上到下都参与的"全民运动"。

从 1585 年到 16 世纪初的 15 年间，英国私掠船活动达到高潮，"在那段时间，绝不少于 200 艘的志愿者的船只和其他船守在西班牙海岸"[①]。在英西战争结束时，托马斯·威尔逊（Thomas Wilson）谈到："无论是过去还是现在，数不清的私掠船在东、西印度群岛和西班牙的领土上游荡，他们称之为去做买卖，很多人借此发了财。"

海上私掠对于加强英国海上力量起了相当大的作用。16 世纪的西班牙皇家海军"无敌舰队"（L'Armada）在海上不可一世，而伊丽莎白一世时期英国海军建设一开始是被忽视的，海军只是陆军的一个"穷亲戚"，因此，英国弱小的海军只能依靠武装私掠船和海盗船对西班牙的贸易商船进行袭扰，而英国私掠船对西班牙造成的持续的航运损失累加起来，对西班牙海上贸易的影响是巨大的。西班牙国王腓力二世特别痛恨英国的私掠船，蔑称其为"海狗"，因为私掠船经常抢劫西班牙商船，尤其是那些运载从新大陆获取黄金和白银的船只。[②] 来自新大陆的西班牙商船源源不断地向西班牙本土输送的巨额财富实在是太过诱人，被英国政府和私掠船主视为扩大财路的主要目标，自英西战争爆发后，支持私掠船捕获和劫掠西班牙商船已成为英国海军战略的一部分。"政府不会也不能发起一个反西班牙海上力量的系统进攻，但是，它是希望那些自发的、非官方的武装力量像他们以前一直在做的那样，在毁坏、阻挠敌人贸易方面发挥他们的作用。"[③] 英国海军运用的"海狗"策略非常成功，以约翰·霍金斯（John Hawkins，1532—1595 年）与弗朗西斯·德雷克（Francis Drake，1540—1596 年）为代表的"海狗"们所积极从事的"海上打劫"事业不仅给英

---

① John Hagthorpe. England's Exchequer, or a Discourse of the Sea and Navigation, 1625, p. 25.

② ［美］弗兰克·萨克雷：《世界大历史：文艺复兴至 16 世纪》，新世界出版社，2014 年，第 394 页。

③ KennethR. Andrews, Elizabethan Privateering: English Privateering during the Spain War（1585—1603）, Cambridge at the University Press, 1964, p. 21.

国王室和富绅士贾阶层带来极多好处，也削弱了西班牙帝国的经济实力，因此在整个英西战争期间，英国人把原本用于开拓美洲新大陆、与东方国家进行贸易以及降低西班牙对西印度群岛控制力的资金全部投到维持私掠船活动上来。[①] 这些受英国女王和政府支持的变相的私掠船活动，以私人战争的形式不断给西班牙制造麻烦，成为了公开战争之外的另一种战争形式，即使在英国与西班牙开战以后，海上私掠战也作为英国海军战略补充形式发挥着自己的作用。

1588 年 7—8 月，西班牙无敌舰队在英吉利海峡被英国海军击溃，但西班牙海军并未因此一役而覆灭，西班牙帝国只是暂时丧失了大西洋的海上霸权，无敌舰队惨败后 50 年间，西班牙依旧保持着世界大国地位，但其根基已经动摇。英国私掠船在捕获抢掠西班牙船只方面屡屡得手，但是随着西班牙人加快了造船速度并派出更好的护航舰队为商船护航，流入西班牙的财富数量有增无减。事实证明，私掠船只是对英国海上力量的一个补充，仅靠海上私掠是无法摧垮西班牙帝国的。

三、英法战争中的海上私掠

1669 年 3 月 7 日，路易十四任命科尔贝（Jean‑Baptiste Colbert，1619—1683 年）为海军国务大臣（Secrétaire d'État de la Marine），为了开拓海外殖民地与保护法国的对外贸易，科尔贝一面从荷兰、英国引进造船技术，一面建造战舰，加快训练海军。1681 年，科尔伯制定对法国的敌人进行"海上追逐战"（Guerre de course）的政策。[②] 法国政府向私人船主发放私掠船许可证，授权他们在海上捕获与劫掠敌国（主要是英国、荷兰和西班牙）的舰船，对于所捕获的战利品，政府收取其中的 10%~20%，私掠船主获得剩余部分的 30%，其他则归私掠船船员所有。法国陆军元帅沃邦侯爵（Marquis Sébastien Le Prestre de Vauban，1633—1707 年）是海上私掠战的坚定拥护者，他在 1695 年 11 月 30 日所写的《私掠船备忘录》中明确指出，英荷两国的作战能力植根于庞大但易受袭击的商业贸易。法国建立一支庞大的舰队对赢得海上战争所起的作用不大，除非这支舰队能主

① ［美］弗兰克·萨克雷：《世界大历史：文艺复兴至 16 世纪》，新世界出版社，2014 年，第396 页。

② ［法］雷吉娜·布泰吉日：《布列塔尼》，外语教学与研究出版社，2009 年，第 38 页。

宰海洋。在这种情况下，需要进行一场"捉摸不定的海战"，迫使敌人在为保卫他们生存所必需的商船队的财政压力下崩溃，私人资本将负担进攻的大部分费用。1690 年，科尔伯之子、海军国务大臣德·塞涅莱侯爵（Jean-Baptiste Antoine Colbert，Marquis De Seignelay，1651—1690 年）去世后，路易十四的注意力转向欧陆争霸，法国的大部分军费拨给陆军，海军实力不断削弱，而此时的英国加快了发展海军的步伐，大西洋和地中海的制海权逐渐被英国掌控，面对越来越强势的英国舰队，法国海军的战略从舰队决斗转变为分散作战。

就地缘政治属性而言，法国的海陆复合型地理决定了其兼具陆权国家与海权国家的双重身份，农业在法国经济中长期占据重要地位，即使在"科尔贝主义"① 盛行的 16 至 18 世纪，法国仍然保留着大量的小农经济，法国民众的安土重迁思想浓厚。当然，法国有一些地区特别重视航海，如布列塔尼（Bretagne）、诺曼底（Normandie）与普罗旺斯（Provence），但由于根深蒂固的小农意识，法国人对海外拓殖的热情远没有英国人高，并且法国殖民地也没有像英国那样成为推动本国资本主义发展的海外市场和原料产地。法国上层经常处于这样的矛盾之中：一方面，法国需要维持庞大的陆军在欧陆争霸；另一方面，法国在大西洋、地中海、加勒比海和印度洋都有可观的海外利益，需要发展强大的海军同英国、荷兰等国竞争。然而，法国上层一直认为自己天然拥有称霸欧陆的伟大抱负，所以他们经常为了应对欧陆战略的紧迫需要而制定十分僵硬的海洋政策，长期采取防御作战形成的思维习惯导致法国海军即使有力量也不去实施强有力的打击。② 譬如，路易十四只是将海上贸易和殖民地看做增加王国实力和宣扬法兰西荣耀的辅助手段而已。③ 法国虽然重视与海外殖民地做生意，但对开拓海外疆土兴趣不大，法国舰队的作用无非是为商船队保驾护航，海军的作战技能和战术训练并未得到足够的重视。④ 而英国作为一个岛国，海军是英国赖以与法国争霸的利器，英国海员拥有更好的训练和战术组织，

---

① 科尔贝主义（Colbertism）即法式重商主义，科尔贝指出，商业是公众资金的源泉，而公众资金是战争的神经。他认为商业是王国的基础，又认为商业又是为战争服务的，换言之，商业是为国王的权力服务的。科尔贝主义的核心内容是通过国家干预经济，吸引和鼓励外国人到法国就业，促进本国工业和手工业的发展、扩大国内外贸易，多卖少买，以贸易顺差的方式获得金银，并征收保护关税。

② ［英］朱利安·S·贝克特：《海上战略的若干原则》，上海人民出版社，2012 年，第 172 页。

③ 胡杰：《海洋战略与不列颠帝国的兴衰》，社会科学文献出版社，2012 年，第 93 页。

④ 王元昌：《美国独立战争中的法国军队》，山东师范大学硕士学位论文，2007 年，第 2 页。

他们的军官也更有经验。在路易十四统治后期，陆军的巨大军费开支已使法国国力衰竭，政府已不能在海军上投入足够的资金与人力。面对海上力量不断增强的老对手英国和荷兰，法国不得不在 1704 年后彻底放弃了歼灭英荷主力舰队的想法，改为采用"海上游击战"（Guerre de course）打击英国与荷兰的海上贸易，其作战方式是将海军舰队分散为单个舰只，在浩瀚的大洋上对英国商船进行袭扰。由于正规海军的虚弱，法国比英国更依赖使用私掠船，法国海军的著名将领让·巴尔（Jean Bart，1650—1702年）和勒内·迪盖-特鲁安（René Duguay-Trouin，1673—1736 年）在进入海军服役之前都曾是私掠船长。

从 1692 年至 1763 年，法国登记在册的私掠船有 23 201 艘之多，这些"奉旨打劫"的武装民船以法国西北部的敦刻尔克（Dunkerque）、圣马洛（Saint-Malo）、拉罗谢尔（La Rochelle）和南特（Nantes）为据点进行活动。通过大规模的私掠船活动，法国海军不用花多少成本就可以在欧洲和美洲殖民地袭扰英国的海上运输线，从而使得私掠船作为法国海军力量的一种补充而合法地存在了 100 多年。英国历史学家麦考利在谈到 17 世纪末的法国私掠船活动时曾说："在 1693 年的大部分时间里，英国与地中海的贸易几乎全部中断。一艘离开伦敦或阿姆斯特丹的商船，如果没有保护的话，决不能安然无恙地驶抵目的地，途中它肯定会遭到法国私掠船的劫掠。"[1] 法国历史学家马丁在其著作《法国历史》这样写道，"从 1756 年 6 月到 1760 年 6 月，法国私掠船共捕获英国商船 2 500 多艘。在 1761 年，尽管英国人捕获了 240 艘法国私掠船，但其他法国私掠船仍捕获了 812 艘英国商船。"英国在 1793 年到 1800 年大约损失了 3 500 艘船只。[2]

从 1789 年开始的国内持续混乱与政权更迭使得法国海军的组织和作战能力受到严重削弱。贵族出身的旧海军军官不是被杀，就是逃亡海外，停泊在军港的战舰也大多年久失修。法兰西第一共和国时期的法国陆军在欧洲大陆高歌猛进，但是海军却陷入了自英法海上争霸以来的最低谷。大革命几乎将贵族出身的海军军官扫荡一空，激情洋溢的革命者却无法迅速成为合格的军舰指挥官，加上海军组织涣散，军舰年久失修，共和国海军不仅没有借美国独立战争后波旁王朝海军再一次复兴的东风而有所发展，

---

① ［英］J·S·布朗伯利：《新编剑桥世界近代史：大不列颠和俄国的崛起（1688—1725 年）》，中国社会科学院世界历史研究所组译，中国社会科学出版社，2008 年，第 1080 页。

② ［美］保罗·布特尔著，刘明周译：《大西洋史》，东方出版中心，2011 年，第 245 页。

相反却拉大了同老对手英国的差距。1793 年 2 月 1 日，法兰西共和国政府向英国荷兰宣战，陆海军开始总动员，法国制宪会议宣布"私掠船必须握紧手中的武器，消灭这些傲慢的岛民"。① 在接下来的 22 年里，英法两国除了在 1802 至 1803 年有过短暂的休战之外，始终处于战争状态。1793 年 8 月，土伦军港爆发叛乱，地中海舰队向英国西班牙联军投降。1793 年 9 月，布雷斯特军港发生兵变，曾经当过商船船长的国民公会委员让邦·圣安德烈（Jeanbon Saint André，1749—1813 年）来到布雷斯特港，他以铁腕治军，对大西洋舰队军官进行大清洗，逮捕 6 位舰长并押送巴黎治罪，在浮动码头上架设断头台，处决兵变人员，强令舰队官兵停泊在码头周围观看行刑。清洗过后的大西洋舰队面目全非，战舰舰长中有一半是新近提拔的副官，其中有 9 人还是商船船长。让邦也意识到舰队军官素质的良莠不齐，在向巴黎的汇报中，他认为大西洋舰队中"只有几个舰长受过良好训练，其他人的无知低能让人难以想象"。② 大西洋舰队被英国海军长期封锁在港口内，实战经验愈来愈匮乏，由于缺乏足够强大的海军跟英国抗衡，法国人不得不借用私掠船的力量，通过破坏英国经济和军事的贸易支柱。法国海军也随之改变海上作战方式，作为相对弱势的一方，法国海军在海战中尽量避免与英国舰队决战，而是放手利用私掠船对英国的商船进行袭扰和打击。法国海军的小股舰队和私掠船小心翼翼地突破英国海军的封锁，捕捉和抢劫英国商船。在吉伦特派主政共和国时期（1792 年 8 月 10 日至 1793 年 6 月 3 日），政府变本加厉地颁发私掠许可证，1793 年 2 月，法国制宪会议宣布"私掠船必须握紧手中的武器，消灭这些傲慢的岛民"。③ 在政府的鼓励和支持下，法国西北部的敦刻尔克（Dunkerque）、圣马洛（Saint-Malo）、拉罗谢尔（La Rochelle）和南特（Nantes）以及加勒比海与印度洋上的马提尼克（Martinique）、瓜德罗普（Guadeloupe）与毛里求斯（Maurice）等私掠船据点再度活跃起来，罗贝尔·夏尔·叙尔库夫（Robert Charles Surcouf，1773—1827）就是这一时期海上私掠活动的佼佼者，被法国人尊称为"私掠船王"（Roi des Corsaires）。他出资建造了 8 艘私掠船，分别是"奥古斯都"号（l'Auguste）、"鲷鱼"号（la Dorade）、"比斯开人"号（la Biscayenne）、"爱德华"号（l'Edouard）、"卡昂城"

① 韩英鑫、吕芳编译：《海盗的历史》，文化出版社，2015 年，第 174 页。
② 史鉴：《大不列颠演义》，山东画报出版社，2014 年，第 252 页。
③ 韩英鑫、吕芳编译：《海盗的历史》，文化出版社，2015 年，第 174 页。

号（la Ville-de-Caen）、"阿道夫"号（l'Adolphe）、"列那狐"号（le Re-nard）与"信心"号（la Confiance）。①

值得一提的是，法国人热火朝天的海上私掠活动对法美关系造成了极大的损害。由于曾经在独立战争中得到过法国陆海军的大力援助，美国人对法国持比较友善的态度。1792 年 9 月，共和国政府成立之后，法美两国迅速建立了外交关系。1793 年 4 月，法国驻美国公使埃德蒙·热内（Ed-mond-Charles Genêt，1763—1834）根据共和国政府"利用美国领土作为进攻英国和西班牙的殖民地和商业的基地"②的指令，在未征得美国政府同意的情况下，通过法国驻美使馆向私人船只颁发私掠许可证，授权它们劫掠英国的船只，这一行为遭到了美国的官方抗议，因为这种私掠行为违背了美国政府的中立原则。两国矛盾后来演变成为一场不公开宣战的"准战争"（Quasi-War）。1798 年 7 月 1 日，新组建的美国国家海军的首要任务就是清除美国周边海域中的法国私掠船，到了 1801 年，美国周边海域的法国私掠船基本被肃清。

1805 年 10 月 21 日的特拉法加海战结束后，法国及其盟友西班牙的海军均遭受重创，英国海军横行于大西洋、地中海与印度洋，而法国人所能做的是派出小股舰队和大量的私掠船小心翼翼地突破英国的海上封锁，捕获和消灭他们发现的英国商船。袭扰英国的运输线。在远离欧洲大陆的西印度群岛战场，英国凭借其对海洋的控制权，占领了法国在加勒比海和印度洋上的最后 3 个支持私掠船活动的基地——马提尼克（Martinique）、瓜德罗普（Guadeloupe）和毛里求斯（Mauritius），有效地阻遏了法国私掠船在公海上对英国商船的袭击和劫掠，法国人的"海上追逐战"随着拿破仑帝国的崩溃而偃旗息鼓。

四、美国独立战争、美英 1812 年战争与美国南北战争中的海上私掠

18 世纪上半叶，英法两国在北美地区扩张势力范围，两国殖民者各自纠集了一批印第安部落，不仅在陆上缠斗不休，在海上也大打出手。私人武装船只袭击商船运输队的事情屡见不鲜。詹金斯的耳朵战争（War of

---

① 沈洋：《近代法国私掠船活动研究》，《法语学习》，2012 年第 1 期，第 38 页。

② Samuel Flagg Bemis，A Diplomatic History of the United States，New York：Henry Holt and Company，Inc.，1942，p. 97.

Jenkins' Ear，1739—1748 年）期间，英国商船"丽贝卡"号（REBECCA）在加勒比海遭到西班牙巡检人员登船搜查，船长罗伯特·詹金斯的一只耳朵被割下。在英国的抗议下，西班牙殖民当局同意对英国船主和水手进行赔偿，但由于西班牙迟迟不履行承诺，英王乔治二世授权北美殖民当局颁布私掠船许可证，捕获和劫掠西班牙商船。随着法国卷入同英国的战争，法国及其北美殖民地的船只也成为英美私掠船攻击的目标。从此北美海域出现了大量私掠船。水手们纷纷入伙。法国和西班牙政府也颁发私掠许可证，抓捕英国与北美殖民地的私掠船。北美东海岸的路易斯堡成为法国私掠船的基地。

　　1775 年 4 月，美国独立战争爆发。为了保证海上运输线的安全，大陆会议成立了海军，但这支海军根本不具备对抗强大的英国皇家海军的实力。殖民地只得依靠私掠船去攻击英国商船。1775 年 11 月 1 日，马萨诸塞州政府成为第一个批准私掠行为的美国州政府。在独立战争期间，马萨诸塞州颁发的许可证占到总数量的三分之一。大陆会议立法规定私掠船只可抓捕敌方战舰、运输船和补给船，不可抓捕民用船只，但是随着其他州通过了有关私掠船的法律，大陆议会将抓捕的范围扩大了到英国所有的船只。路易十六统治下的法国政府允许美国私掠船在法国港口活动，同意美国船只在法国港口装卸货物，并带回他们的"捕获物"再卖给出价最高的人。鉴于这种情况违反了法国作为中立国的责任，法国外交大臣韦尔让（Charles Gravier，Comte de Vergennes，1717—1787 年）假装不知道美国私掠人员的活动以及法国公民与官方政府给予他们的物质援助。①

　　美国独立战争期间，不仅是美国私掠船在欧洲海域与加勒比海域捕捉和劫掠英国船只，法国的私掠船也从美国驻法国的外交官那里获得私掠许可证，与美国同行们"并肩作战"。敦刻尔克这个曾经私掠船据点又重新繁荣起来，其中的一些私掠船还悬挂着美国国旗。美国驻法公使本杰明·富兰克林（Benjamin Franklin，1706—1790 年）亲自签发私掠许可证给法国人，授权他们通过海上私掠的方式抓捕英国水手，以交换被英国海军俘虏的美国水手。富兰克林的这一行为激起了英国的愤怒，为了报复美法，英国以牙还牙地颁发自己的私掠许可证，在独立战争期间，美国和英国捕捉和抢掠对方的船只，俘虏和关押对方的水手。美国数量庞大的私掠船对

---

① 　谢小芳：《欧洲援助与美国独立战争的胜利》，渤海大学硕士学位论文，2012 年，第 14 页。

英国航运业造成了很大的损失，迫使英国海军派遣军舰在北大西洋和加勒比海海域巡逻护航，在一定程度上分散了英国的兵力，但美国并不是依靠私掠船而赢得独立战争的。

　　1806 年 11 月 21 日，为了回应 1806 年 5 月 16 日英国对法国及其盟国的海上封锁令，也为了"通过掌控陆地来征服海洋"，① 拿破仑颁布《柏林敕令》（Édit de Berlin），全面禁止欧洲大陆与英国的贸易往来，要求帝国统治下的欧洲大陆同英国进行全面战争。此后，拿破仑陆续颁布《华沙敕令》（Édit de Warsaw）、《米兰敕令》（Édit de Milan）和《枫丹白露敕令》（Édit de Fontainebleau），进一步扩大对英国的总体战规模。法国海军也随之调整战略，一面利用私掠船对英国进行"海上游击战"，袭扰英国的海上交通线，一面积极配合"大陆封锁"，在帝国境内严厉缉拿走私。英国针锋相对地采取海上封锁策略，阻止中立国与欧洲大陆的贸易。作为英国最大的贸易伙伴国，美国市场消费着英国工业品出口的四分之一强。拿破仑离间英美之间的关系的努力在 1809 年终于获得成功。1809 年，詹姆斯·麦迪逊（James Madison，1751—1836 年）就任美国第四任总统，为抗议英国皇家海军肆意搜查美国商船并强征美国海员入伍，他推动国会通过《中断交往法》（Non-Intercource Act），停止美国商人与英法两国之间的贸易。该法案规定：美国除与英法之外的所有国家通商，只要英法两国中的任何一方声明尊重美国的中立国权益，美国就与其恢复通商。该法案颁布后，英法两国无动于衷，继续在海上捕捉美国商船。因而在 1810 年，麦迪逊政府废除了《中断交往法》，转而实行《第二号梅肯法案》，该法案规定：只要英法两国中的任何一国同意尊重美国的中立国权益，美国就终止与另一国的贸易。该法案一颁布，拿破仑迅速做出积极回应，表示接受该法案，承诺废止《柏林敕令》与《米兰敕令》，英国则闪烁其词，不置可否。麦迪逊认为美国不怀好意，美国政府发出最后通牒，敦促英国在 1811 年 2 月 2 日之前废除贸易封锁令，否则将禁止英美之间的贸易往来。一方面，由于英国军舰在海上拦截美国商船，并强征美国海员加入英国海军。短短两年间，就有近 6 000 艘美国商船和近万名海员被英军俘虏，经济损失惨重；另一方面，美国也想通过吞并加拿大，扩张自己的领土。1811 年，美国众议院的主战派议员开始鼓动战争。虽然 1812 年 5 月上台

---

① ［英］杰弗里·埃利斯：《拿破仑帝国》，北京大学出版社，2012 年，第 161 页。

的利物浦伯爵（Earl of Liverpool，1812—1827 年任英国首相）暂时中止了
贸易禁令，并开始与美国进行贸易谈判，然而这个妥协的姿态来得太迟
了。1812 年 6 月 1 日，美国国会通过了麦迪逊总统对英宣战的提议。6 月
18 日，麦迪逊总统向国会发表演讲后，国会投票表决向英国正式宣战。美
英 1812 年战争爆发。开战后不久，美国国会立法支持海上私掠行为，船
主和商人们对此期盼已久，纷纷驾船出海，对航行于美国周边海域的英国
商船围追捕掠。其中以美国东海岸巴尔的摩港的私掠船数量最多，活动最
为活跃。英国皇家海军对美国人猖獗的海上私掠活动迅速做出强硬回应，
1812 年 12 月 26 日，英国宣布对德拉瓦河及奇萨比克湾进行封锁。1813 年
11 月，封锁范围扩大到罗得岛以南海岸。1814 年 5 月 31 日，英国皇家海
军完全封锁美国海岸。1814 年夏末，一艘名为“阿姆斯特朗”号（ARM-
STRONG）的私掠船在船长里德的指挥下穿越大西洋，途中遭遇一支前往
新奥尔良的英国舰队，双方激烈交火，“阿姆斯特朗”号奋勇迎击，使得
英军损失惨重，最后，里德船长不得不凿沉自己的船，然后上岸逃跑。从
战略上看，英国的损失更为严重，同“阿姆斯特朗”号交火的英国舰队本
来是去参加袭击新奥尔良的作战行动，遭遇战之后，这支舰队不得不延迟
数周时间处理伤亡船员。这次延误给了新奥尔良美军充足的防御时间，对
美军取得奥尔良战役的胜利有一定的影响。

图二　停泊在马萨诸塞州港口中的美国私掠船（1806 年）[①]

1856 年，在缔结《巴黎海战宣言》的过程中，大多数国家主张将废

[①]　韩英鑫、吕芳：《海盗大历史》，文汇出版社，2014 年，第 183 页。

除海上私掠行为的内容写在文本中，而因为海上私掠在美英 1812 年战争中发挥了极其重要的作用，美国政府的决策者们拒绝在《巴黎海战宣言》上签字，但是五年后他们就对自己的决定后悔了。1861 年，美国南北战争爆发后，南方政府立即颁发私掠许可证。大批私人船只被改装成私掠船，其中有一艘"马纳萨斯"号（MANASSAS）成为世界上第一艘使用蒸汽动力的私掠船。南北战争中，南方的海军舰队只有区区 12 艘军舰，而北方在战争伊始就拥有 240 多艘战舰。由于南方无法在短时间内建利足以与北方相抗衡的海军，因此南方政府积极鼓励海上私掠战，于是，南方政府向英国购买私掠船，南北战争期间，英国总共为南方建造了 11 艘私掠船，其中最著名的两艘是"亚拉巴马"号（ALABAMA）与"佛罗里达"号（FLORIDA），它们于 1862 年在英国建造，建成之后交付南方政府，随即被编入海军服役，依靠这 11 艘私掠船，南方俘获了 250 多艘北方商船，给北方造成了超过 1 700 万美元的损失。

尽管私掠船给北方的海上贸易造成了损失，但是南方的私掠行为未能打破北方对南方港口的封锁，尽管私掠船活动给北方造成了麻烦，给南方带来了自豪感，但是对南北战争的结局并未起到关键性的作用。

五、著名的私掠船船长

（一）弗朗西斯·德雷克（Francis Drake，1540—1596）

弗朗西斯·德雷克是英国最负盛名的私掠船船长之一。他于 1540 年出生于一个贫穷的新教传教士家庭，13 岁时就上船当学徒工，随船来往于泰晤士河和英吉利海峡。26 岁那年，德雷克加入其表兄约翰·霍金斯（John Hawkins，1532—1595 年）的船队，前往美洲淘金。霍金斯的船队出海的主要目的还不是劫掠西班牙船只，而是到西非将黑奴贩运到西印度群岛的西班牙殖民地，此时的船队只是在途中偶尔袭击落单的葡萄牙商船。

1571 年，德雷克怀揣伊丽莎白一世女王签发的"私掠许可证"，率领两艘私掠船和 73 名水手，奔赴加勒比海，开始了"拨弄胡子"的私掠行动。经过长期的侦察和准备之后，德雷克在加勒比海域对西班牙殖民地和商船进行了大规模劫掠，掠夺了约 6.6 万英镑的财富。事后，巴拿马的官员们写信给西班牙国王，称德雷克"完全占据了迪奥斯港、卡塔赫纳、托卢、圣玛尔塔和维拉角的整个海岸线，以至于现在没有船敢从圣多明各那

图三　弗朗西斯·德雷克（上海中国航海博物馆馆藏油画）

边开过来了，位于上风处的小岛和美洲大陆之间的商业和贸易也在日见萎缩。"① 这次劫掠意味着西班牙在美洲不再高枕无忧，而一年以后，德雷克再次回到加勒比地区，与当地的法国海盗合作，在巴拿马劫掠了西班牙运送金银的陆上骡队。当 1573 年 8 月 9 日，德雷克率船队顺利返航时，他已成为英国民众心目中的民族英雄。在以后的十几年间，他的私掠船队让西班牙人运输船队闻风丧胆，他被西班牙人称为"猛龙"（El Draque）。

1577 年，德雷克率领他的私掠船队再次出击，此次出航得到了伊丽莎白女王的资助。他循着麦哲伦的航线出发，由英国前往南大西洋，抵达南美洲东海岸。由于英国私掠船在加勒比海猖獗活动，西班牙大大加强了该地区的海军力量。德雷克避实击虚，率领船队绕过麦哲伦海峡，来到南美洲的太平洋一侧寻找目标。德雷克得到情报，西班牙一艘满载金银财宝的运输船"卡卡弗戈"号（CACAFUEGO）正从秘鲁驶向巴拿马城。1579 年 3 月 3 日，德雷克在巴拿马外海设伏，将远道而来的"卡卡弗戈"号俘虏，掳获黄金 80 磅，白银 20 吨，银币 13 箱以及数箱珍珠宝石。德雷克劫掠得手以后继续西行，利用缴获的西班牙海图穿过太平洋和印度洋，一年多以后才回到英国，他成为第一位环绕地球航行的英国人。1580 年 9 月 26 日，德雷克船队满载财宝驶进普利茅斯港，受到隆重欢迎。伊丽莎白女王登上

---

① 董震：《私掠海盗与英国早期海洋精神培育》，《世界海运》，2014 年第 1 期。

德雷克的旗舰"金鹿"号（Golden Hind），在甲板上授予德雷克骑士爵位，并任命他为普利茅斯市市长，德雷克在英国成为家喻户晓的传奇人物。1588年，德雷克被授予海军中将，随后作为英国舰队的副指挥参加了击败西班牙无敌舰队的格拉弗林战役。

图四　伊丽莎白一世在"金鹿"号私掠船上册封德雷克为爵士

从贫困潦倒的水手到纵横大洋的私掠船长，从杀人越货的海盗到深受爱戴的国家英雄，德雷克凭借其非凡的勇气和智慧，改变了他自己的、英国的乃至世界的命运。从他身上，可以看出英国人所特有的在绅士和私掠船员（海盗）身份之间进行自由切换的能力。德雷克"在生前死后都被他的同胞看做是海军奇才和新教徒信仰的化身，他是英国大群贫穷的绅士们的英雄和模范"。① 他甚至被誉为"自由英国的旗手"。对于德雷克的海上私掠行为，其意义已不在于获得金银财宝，更重要的是他证明了西班牙人不是不可侵犯的。英国编年史家约翰·斯托这样评价德雷克："他誉满欧美，恰似当年帖木儿蜚声亚非一样。"② "他生前死后都被他的同胞看做是海军奇才和新教徒的化身。他制造了以勇敢的海盗和富有而又无力自卫的

---

① R. B. 沃纳姆编，中国社会科学世界历史研究所组译：《新编剑桥世界近代史（第3卷）》，中国社会科学出版社，1999年，第690页。

② ［英］温斯顿·丘吉尔：《英语国家史略》，新华出版社，1985年，第559页。

西班牙人为内容的传说，这在长达几代人的时间里一直影响着英国的加勒比海政策。"①

　　（二）威廉·基德（William Kidd，1645—1701）

　　威廉·基德的别名是"船长基德"（Captain Kid），出生在苏格兰的格里诺克（Greenock）。父亲在他 5 岁的时候亡故，母亲不得不依靠一个航海家慈善组织的救济为生。他年轻时就成为一名水手，航行于海上。1689 年 2 月，基德在瓦什岛加入法国私掠船"圣玫瑰"号（SAINT ROSE），成为一名水手。当大多数法国船员上岸突袭查尔斯要塞时，基德与其他 7 名英国水手控制了该船，成功地逃到了英国控制区，基德将"圣玫瑰"号改名为"神圣威廉"号（HOLY WILLIAM），成为一名英国商船和私掠船船长。他往返于纽约和西印度群岛，在纽约州和马萨诸塞州附近海域驱逐和打击海盗和法国私掠船。

图五　威廉·基德的画像

　　基德怀着成为皇家海军一员的梦想，但他既没有贵族血统又缺少政治影响力。在纽约的时候，他结识了纽约殖民地总督贝洛蒙伯爵（理查德·库特）。贝洛蒙伯爵同意让基德担任他建造的"冒险"号（ADVENTURE）私掠船的船长，并且与他的一帮辉格党政府朋友一道为基德的海上私掠活动提供赞助。1695 年，他在伦敦接受英王任命，他的任务有两个，一是去

---

① 　沃纳姆编，中国社会科学院世界历史研究所组译：《新编剑桥世界近代史（第 3 卷）》，中国社会科学出版社，1999 年，第 690 页。

红海和印度洋抓捕骚扰英国东印度公司海上航线的海盗和法国私掠船，二是为赞助其私掠活动的股东们谋取利益，大多数股东是辉格党政府的成员，国王威廉三世也有分成，因此，基德很顺利地拿到了国王发放的私掠许可证，其劫掠所得的10%归英国王室所有。基德自己出钱对"冒险"号进行了修缮，"冒险"号重达287吨，船上装备34门火炮，船员150人，其航行速度与舰炮火力堪比皇家海军的小型军舰。

图六　油画《基德船长在纽约港》①

　　1696年9月，"冒险"号驶入印度洋，清剿马达加斯加岛的海盗巢穴，在此期间，很多船员死于霍乱和坏血病。几个月时间一晃而过，没有遇见任何海盗，船员们变得焦躁不安，基德不得不默许他们劫掠阿拉伯人的商船。一艘被"冒险"号抢劫的阿拉伯商船向东印度公司的官员报告说有英国海盗在海上活动。在印度果阿附近海域，两艘葡萄牙军舰重创了"冒险"号。1698年2月，"冒险"号遇到了梦寐以求的"猎物"——商船"奎达商人"号（QUEDAH MERCHANT），该船装载着价值71万英镑的货物，船长是英国人，船员都是穆斯林，该船持有法国东印度公司颁发的通行证。当发现"奎达商人"号船长是一位英国人后，基德劝说其船员将该船放行，但是船员们拒绝了，因为他们认为，根据私掠许可证的许可范

────────────────

①　美国画家 Jean Leon Gerome Ferris 作于1920年的油画作品。

围，他们可以合法劫掠任何在法国保护下的商船，基德最终向船员让步，将该船所载的货物抢劫一空，并拖带"奎达商人"号驶往圣玛丽。"奎达商人"号被劫掠的消息传到伦敦后，英国政府宣布基德为海盗，开出高额悬赏捉拿他。

1699年4月，当基德到达西印度群岛的安圭拉岛时，他得知自己已经被指控为海盗，便把"奎达商人"号留在伊斯帕尼奥拉岛，将劫来的金银财宝藏匿起来，并买了一条新船"安东尼奥"号（ANTONIO）驶往纽约长岛。基德希望纽约殖民地总督贝洛蒙伯爵为自己开脱，而贝洛蒙伯爵担心自己受到牵连，他向基德写了欢迎信，把他诱骗到波士顿，基德一上岸即被逮捕入狱。一年后，基德被押往伦敦受审，在四次审判中，基德无法证明自己是无辜的，他的航海日志都被销毁了，私掠许可证被贝洛蒙伯爵收走，所有能证明他无罪的证据都消失了，基德最终被判处死刑。在等候行刑期间，基德想方设法从监狱中给英国国王威廉三世送出两封求情信，希望他能为其澄清冤屈，但这两封信石沉大海。1701年5月23日，基德被绞死，他的尸体被涂上焦油，绑上铁条，悬挂在泰晤士河口的一个绞架上，以震慑那些有意从事海盗活动的人。

（三）让·巴尔（Jean Bart，1650—1702）

1650年，让·巴尔生于敦刻尔克。少年时期，他进入荷兰海军服役，在杰出的荷兰海军上将米歇尔·阿德里安松·德·鲁伊特尔（Michiel Adriaenszoon de Ruyter，1607—1676年）麾下效力，从他那里学习了船舶驾驶技术和海军战术，积累了丰富的海上作战经验。1662年，他的家乡敦刻尔克被英王查理二世卖给法国，这个港口很快成为法国私掠船的一个重要基地，法国私掠船成群结队地从这里起锚出海，在海上袭击英荷等国的商船。

1672年，法国对荷兰宣战后，让·巴尔回到法国，由于不是贵族出身，他没有资格担任法国海军军官，所以他就成为一名私掠船长。由于熟悉当地的海岸情况，他的私掠船队战绩辉煌，在6次海战中缴获敌船多达81艘，这很快引起了路易十四和科尔伯的注意，为了表彰让·巴尔在法荷战争中立下的赫赫战功，路易十四授予他海军上尉军衔，1674年，他获得了政府正式颁发的私掠许可证。大同盟战争期间（1688—1697年），让·巴尔负责指挥一支包含军舰和私掠船的混合舰队同英国、荷兰作战。1689

年，让·巴尔护送 20 艘法国商船从敦刻尔克前往布雷斯特，途经英吉利海峡时，遭到英荷联合舰队的袭击，让·巴尔和 20 名船员被俘，被关押在普利茅斯的监狱里，他设法偷了一艘船，划了两天两夜回到法国。1696年 6 月，让·巴尔在荷兰沿海率领一支分舰队与荷兰舰队作战，成功捕获了 96 艘从波罗的海驶往荷兰的满载小麦的货船，解救了陷于饥荒中的巴黎。为此，路易十四封他为贵族，他年仅 14 岁的儿子弗朗索瓦·巴尔特进入法国海军服役。1702 年 4 月 27 日，让·巴尔在敦刻尔克病逝。

图七　让·巴尔的版画像①

（四）勒内·迪盖-特鲁安（René Duguay-Trouin，1673—1736 年）

1673 年，勒内·迪盖-特鲁安出生于法国私掠船活动重要基地圣马洛（Saint-Malo），他出身卑微，16 岁就成为一名水手，18 岁开始独立指挥一艘私掠船。西班牙王位继承战争（1701—1714 年）期间，他开始崭露头角，成为继让·巴尔之后最杰出的私掠船长。1711 年 9 月，他率领 6 艘战

---

① 韩英鑫、吕芳：《海盗大历史》，文汇出版社，2014 年，第 172 页。

列舰、7 艘快速帆船夺取了巴西的里约热内卢，向当地的葡萄牙人勒索了 500 箱糖和 40 万美元。西班牙王位继承战争结束后，他进入海军服役，先后在布雷斯特港和土伦港担任法国海军舰队司令。1728 年，他被擢升为海军中将，负责保护东地中海地区的法国商业航线，成为 18 世纪法国最伟大的海军将领之一。1736 年 9 月 27 日，勒内·迪盖-特鲁安在巴黎去世。

图八　勒内·迪盖-特鲁安的版画像

（五）罗贝尔·夏尔·叙尔库夫（Robert Charles Surcouf，1773—1827）

在 1756 年至 1763 年的"七年战争"中，法国海军遭受重创，法国损失了 37 艘战列舰和 56 艘快速帆船。[①] 大西洋、地中海和印度洋的海上航道被英国海军控制，英国的殖民地已经扩大到"从日出到日落的任何地方"，"日不落帝国"初具雏形。1789 年爆发的法国大革命严重削弱了法国海军的实力，法国失去了一大批经验丰富和技术熟练的海军军官，到了 1790 年，超过一半的休假军官没有返回舰队，到了 1791 年，不在岗位的人员数量已经超过 80%。[②] 1793 年 2 月法国对英国宣战时，英国海军拥有 400 艘舰艇，其中 115 艘战列舰，而法国有 246 艘舰艇，战列舰只有 76

---

① Samuel Flagg Bemis, A Diplomatic History of the United States, New York：Henry Holt and Company, Inc.，1942, p. 97.

② ［美］罗伯特·布鲁斯著，崔建树、魏丽译：《图解世界战争战法（1792—1815 年）》，中华书局，2010 年，第 213 页。

艘，真正能服役的不过 27 艘。①战争伊始，英国皇家海军占据上风，相比之下，法兰西共和国海军劣势明显，新换上来的革命军官缺乏海战经验，水手训练不足，素质低下，不堪一战。无奈之下，共和国政府大量颁发私掠许可证，授权私人武装民船劫掠反法同盟国家（主要是英国和西班牙）的船只，罗贝尔·叙尔库夫就是这一时期私掠船长中的佼佼者，被法国人尊称为"私掠船王"（Roi des Corsaires）。

叙尔库夫 1773 年 12 月出生于布列塔尼省的圣马洛，很小的时候就当上了水手，在非洲和毛里求斯之间运送奴隶，后来成为贩奴船的船长。法国政府宣布奴隶贸易非法化之后，他放弃了贩奴，转向私掠船活动。他出资建造了 8 艘私掠船——"奥古斯都"号（l'Auguste）、"鲷鱼"号（la Dorade）、"比斯开人"号（la Biscayenne）、"爱德华"号（l'Edouard）、"卡昂城"号（la Ville-de-Caen）、"阿道夫"号（l'Adolphe）、"列那狐"号（le Renard）与"信心"号（la Confiance）。

图九　罗贝尔·叙尔库夫的画像

叙尔库夫以法属毛里求斯为根据地，在印度洋海域从事私掠船活动长达 10 年。在他指挥下的私掠船队总共掳获了 47 条敌国商船，其中包括英国东印度公司的商船"希望"号（HOPE）和"肯特"号（KENT）。为

---

①　［法］谢瓦利埃：《法兰西第一共和国海军史》，巴黎，1886 年，第 51 页。

此，英属东印度公司悬赏 250 万法郎捉拿他。

图十　叙尔库夫指挥私掠船袭击英国商船①

1803 年，当英法两国在海上再次爆发战争后，时任法兰西共和国终身执政的拿破仑为叙尔库夫在海军中安排了职位，但被后者婉拒了。叙尔库夫表示他更喜欢通过海上私掠的方式同英国人作对。1807 年，他建造了最后一艘私掠船——"幽灵"号（le revenant），并驾驶其进行了两次远航。后来，叙尔库夫不再随船航行，而是资助其他人从事海上私掠。为表彰叙尔库夫攻击英国海上运输线的功绩，法兰西帝国皇帝拿破仑授封他为男爵。1814 年拿破仑帝国覆灭后，叙尔库夫回到圣马洛，从事渔业贸易，富甲一方。1827 年 7 月 8 日，叙尔库夫去世，身后留下 200 多万法郎的财产。

六、结语

对于海军力量相对虚弱的国家来说，海上私掠一方面可为己方掠获财物和物资，另一方面可以扰乱和破坏敌方的海上贸易，使贸易航运变得不

---

① 韩英鑫、吕芳：《海盗大历史》，文汇出版社，2014 年，第 184 页。

图十一　位于圣马洛的叙尔库夫的塑像①

安全，推高航运保险的保率，减弱敌方进行海上战争的力量。在不必花费大量海军经费的情况下，通过鼓励发展海上私掠充实海上武装力量，同时还能培养大量优秀水手和军官。私掠船所获得的货物通常会在指定地点拍卖，其收入按照一定比例归船长、船员和授权国皇室或政府所有。必要的时候，私掠船还会被征调作为军舰参加战斗。例如，弗朗西斯·德雷克就曾于 1588 年作为副指挥率领其麾下的私掠船参加了击败西班牙无敌舰队的战斗。

16 世纪的英国私掠船活动是在英国面临西班牙海上威胁的时候兴起的。以约翰·霍金斯和弗朗西斯·德雷克为代表的海上私掠活动在击败西班牙无敌舰队起过特殊的作用。从 17 世纪末到 18 世纪初，来自敦刻尔克、圣马洛、拉罗谢尔、南特的私掠船在法国政府的鼓励和支持下，不断袭扰英国和荷兰商船，对法国的海上战争起到了一定的辅助作用。

当一个国家海上力量虚弱的时候，私掠船可以作为海军的有效补充而存在。然而，当一个国家的海上力量足够强大之时，海上私掠对于国家的助益就小很多。英法美三国在不同的历史时期鼓励和利用私掠船东都是由于海军力量薄弱的缘故，而当英国的海上力量逐渐壮大后，曾经风光一时

① ［法］雷吉娜·布特热纳：《布列塔尼》，外语教学与研究出版社，2009 年，第 37 页。

的海上私掠在捍卫国家海洋利益方面所起的作用显著降低，私掠船活动逐渐受到约束和限制。而美国直到 1907 年才正式签约废止海上私掠活动，这是由于美国在很长的一段时期内缺乏足够强大的海军，所以必须依靠海上私掠辅助海军实现其战略目标，当美国海军羽翼丰满之后，海上私掠很快被政府视为非法，最终退出了历史舞台。

The Comprehensive Research of Historic Effect of Privateering A Focused Investigation of Britain, France and USA

SHEN Yang

Abstract：The Privateering refers to the activity that one of the hostile countries authorized ship-owners or go-betweens to intercept other country's ships, plundering their cargoes and treating with the sailors and passengers on board with violence, or to attack the hostile country's colony harbors to pillage, burn and kill. It is a kind of piracy authorized by the government, but it is different from ordinary piracy. This paper introduce five distinguished corsairs from the 16th century to 19th century, and analyze the effect of the Privateering in Anglo-Spanish War, the struggle for maritime hegemony between France and Britain, American Independence War, Anglo-American War of 1812 and American Civil War.
Key words：Privateering；Letter of marque；Guerre de course；Francis Drake；William Kidd；Jean Bart；Robert Surcouf

　　作者简介：沈洋，1978 年生，浙江慈溪人。上海师范大学 2005 届世界文学硕士，中国航海博物馆航海史文献研究员，中国欧洲学会法国研究会成员。研究领域为海上私掠与中欧海盗史、古代海上丝绸之路、法国近代航海史、中法关系史、西欧风帆战舰、郑成功海军。曾参与《新编中国海盗史》（2013）、《中国涉海类博物馆文化使命与规划研究》（2014）、

《中国航海文化资源管理研究》（2015）等课题。

　　出版航海史编著 1 部（《鸢尾花的海上浮沉——风帆时代的法兰西巨舰》，机械工业出版社，2015 年）；发表学术论文 11 篇，例如，《十八世纪法国海权衰落原因探析》（《法国研究》2011 年第 2 期），《近代法国私掠船活动研究》（《法语学习》2012 年第 1 期），《近代西方私掠船活动初探》（《国家航海（第一辑）》，2012 年），《大革命阴影下的法兰西海军》（《法国研究》2015 年第 4 期），《17 至 19 世纪的法国"海上游击战"》，（《法国研究》2016 年第 1 期）等。

海洋意识与日俄海疆问题的起源[*]

李若愚

（中国社会科学院日本研究所，100007）

摘要： 随着 17 世纪末沙俄势力逐步向远东扩张，原本天各一方的日本和沙俄开始被大海联结在一起，两国的海疆纠纷也由此产生。在两国接触初期，相比于沙俄积极在远东开疆拓土，当时的日本则希望通过"锁国"来防止外来势力的威胁，两种截然不同的外交理念，造成了早期日俄关系中俄罗斯长期处于主动的局面。这种局面真正发生改变，则是在明治维新以后。随着日本走上现代化道路，其外交理念也发生了改变。日本将长远的目标瞄准了朝鲜乃至中国，所以急需建立稳定的日俄关系，《库页岛千岛交换条约》正是这种外交理念的产物。然而日本在东亚的扩张也威胁到俄国的利益，最终导致日俄战争的爆发。战后通过《朴次茅斯条约》的签订，日俄间海疆问题才暂告一段落。

关键词： 日俄关系；"北方领土"问题；库页岛；千岛群岛

  "北方领土"问题作为至今横亘在日俄两国间的"冰山"，成为东北亚国际关系中的一个潜藏的热点。对"北方领土"问题进行研究绝不能片面地从当下国际局势出发，因为"'二战'后日本对苏'北方领土'问题的出现，绝不是孤立的问题，而是两国在历史上长期争夺领土所带来的后果。"①

  关于日俄外交关系的研究不应只就领土问题而论，领土问题只是对外

---

 * 本文是在《俄罗斯研究》2014 年第 6 期上刊登的《日本和沙俄外交史中的领土问题》的基础上经过删改最终成文的。

 ① 李凡：《二战后日苏"北方领土"问题的形成》，《世界历史》，2005 年第 6 期，第 35—44 页。

政策的一种表现形式。以"北方领土"中的库页岛问题为例，① 日俄双方对库页岛的争夺固然与库页岛本身的战略地位相关，但同时也是日本与俄国领土观念与海洋战略矛盾冲突的结果。因此要分析日俄间的领土问题，就必须回归日俄海上外交的起点。

一、俄日两国的早期认知及初步接触

16 世纪末期，俄罗斯开始向西伯利亚扩张，其势力达到远东则是在进入 17 世纪之后。从 1610 年至 1639 年的近 30 年里，俄罗斯在东线向前推进了将近 3000 英里，将帝国的触角延伸到了鄂霍次克海沿岸。由此俄日两国便被海洋联结在了一起，但日本的形象在俄国的战略中真正清晰起来却要等到彼得一世的时代。

"彼得大帝一上台就破除了斯拉夫族的所有传统，'俄国需要的是水域'——他对坎帖木耳亲王讲的这句辩驳之词被铭刻在他传记的扉页上。"② 彼得一世不仅仅是觊觎远东的毛皮资源，在东方寻找新的出海口以作为进一步扩张的跳板成为他更长远的目标。为此，他不断向远东派遣探险队，1697 年阿特拉索夫（Владимир Васильевич Атласов）率领的堪察加探险队就是在上述历史背景下踏上远赴东方的征程。恰恰是这只探险队在伊恰河畔偶遇自称传兵卫（伝兵衛，Денбей）的"异邦人"③，从而实现了俄日两国人员首次直接接触，因而大部分学者都把这一年视为日俄关系史的起点。④

在彼得大帝向海洋发展的理念指引下，俄罗斯帝国不断开疆破土。18

---

① 库页岛的名称源于满语。日本最早关于该岛的记载见于松前藩所编的《新罗之记录》，写作"唐渡之岛"（Karafuto）。后也写作日语里读音相同的"からふとの島"、"唐ふとう嶋"等。1809 年后，江户幕府为了加强对该地的统治，使用了与日本传统领土"虾夷地"相对应的"北虾夷地"的名称。明治政府设立北海道开拓使后则固定使用"桦太"的写法。对于同一地区，俄方则称"萨哈林岛"。本文为表述方便，统一使用"库页岛"的称呼。

② 马克思：《十八世纪外交史内幕》，《历史研究》，1978 年第 1 期。

③ 俄方文献中记载的只是"传兵卫"的音译，直到 20 世纪有学者对保存在现俄罗斯国家古代文献档案馆中传兵卫自述的签名部分作了分析，辨认出该签名为"传兵卫"三个汉字的草书，"传兵卫"的大名才最终水落石出。参见高野明：《日本とロシア——両国交渉の源流》，纪伊国屋新书，1971 年，第 55 页。

④ 如中国学者周启乾的《日俄关系简史（1697—1917）》，日本学者真锅重忠的《日露関係史1697—1875》及苏联学者法因别尔格的《俄日关系（1697—1875）》，可以说这一说法已成为中、日、俄三国学者的共识。

世纪初，"搜寻通向堪察加的航路已成为了攸关俄罗斯命运的大事。为了探索新的领土及将新发现的民族置于国家管理下以向国库缴纳赋税，谋求通向太平洋航路的可能性已正式纳入了俄国的计划。"① 以此为背景，1710年3月17日沙俄西伯利亚官厅做出指示："应对鄂霍茨克到堪察加的海路进行探索。"② 并于同年9月正式派出探险队前往堪察加调查，而这只探险队所肩负的任务就是："调查日本的情况，努力实现同他的贸易；调查堪察加海角对面的各个岛屿，并绘制地图；把岛上居民编入俄国国籍，并向他们征收毛皮实物税。"③

1711年8月，由达尼拉·安齐非洛夫（Данила Анциферов）及伊万·科兹莱夫斯基（Иван Петрович Козыревский）率领的哥萨克探险队由洛帕特卡角乘船，最终到达了千岛群岛最北端的占守岛。这也是有史可证的沙俄势力第一次渗透到千岛群岛。对此"日本的历史书往往将沙俄对千岛群岛的探险描述为冒险家和商家单纯为取得毛皮进行的非计划性的掠夺，却忽视了沙俄寻求出海口的一贯政策"。④ 安齐非洛夫对于登岛之目的曾自述其事："我受命尽可能地将当地居民置于永久奴隶之地位，施行实物税等高度专制的制度，以使人民生活于帝国统治权之下。"⑤ 这更清晰地表明了沙俄"向海洋要领土"的战略目标。

1713年科兹莱夫斯基再度向千岛群岛出发，进一步登上了千岛群岛中的下一个岛屿——幌筵岛。科兹莱夫斯基回国后提交的《到松前为止的全图》也被苏联学者认定为俄国发现千岛群岛的证据。"直到19世纪30年代末，俄罗斯人活动区域仍限于千岛群岛北部，其对千岛群岛总体的认识仍来源于科兹莱夫斯基的报告书"。⑥

1721年。俄国和瑞典之间持续多年的北方战争结束之后，彼得大帝得以获得更多余力来经营他的远东计划。1724年底，即将去世的彼得大帝还亲自部署了第一次太平洋探险活动。他在给海军参议会的敕令中着重强

---

① 平川新编：《ロシア史料にみる18~19世纪の日露関係》第3集，东北亚研究中心，2008年，第35页。

② 平川新编：《ロシア史料にみる18~19世纪の日露関係》第3集，第35页。

③ 周启乾：《日俄关系简史（1697—1917）》，天津人民出版社，1985年，第8页。

④ 木村汎编：《北方領土を考える》，北海道新闻社，1981年，第16页。

⑤ 蒂文：《十八世纪俄国的航海》，转引自潘塔伦科：《北方四島返還のすすめ 在住ロシア·ジャーナリストの提言》，日本放送协会，1994年，第31页。

⑥ 秋月俊幸：《コズイレフスキーの探检と千岛地图》，载于《北方文化研究》NO.3，第175页。

调："要在舰队中安排熟知到日本为止的北方航路的海员，如果本国无人能胜任，可向荷兰征求适当人选"，① 其对远东扩张的兴趣可见一斑。之后的沙俄统治者也都在推行远东开拓政策，而这种对远东探险的热情伴随叶卡捷琳娜二世的继位达到了又一个高峰。

1762 年登上皇位的叶卡捷琳娜二世，使沙俄的对外侵略扩张进入新的历史时期。② 1764 年，叶卡捷琳娜二世在皇位刚稳固不久，就向海军参议会发出敕令，要求以对太平洋上新发现的岛屿进行调查和开发为目的，向远东派遣一支远征军。③ 1787 年，俄罗斯海军针对本国历史上第一次环球航行，责令："要把从日本到勘查加半岛最南的沃帕特卡角间的大小岛屿都作为千岛群岛记入地图，从松前岛到沃帕特卡角间岛屿都应正式标注归俄罗斯所有，同时要尽可能在合适地点建立刻有俄语及拉丁语的标记。"④ 这昭示着俄罗斯正式把千岛群岛划归自己的版图。⑤

反观日本，进入江户时代以来，便开始奉行"锁国"政策而对俄罗斯在远东的扩张知之甚少，因而也就未能及时地针对沙俄在千岛群岛的渗透制定出相应之政策。究其原因还是在于传统东方国家领土意识的淡薄。江户时期，德川幕府对"北方领土"的统治主要是通过松前藩来实行的。正保元年（1644 年）幕府命令各藩提交各自地图，并在此基础上绘制了《正保御国绘图》。由于是在北海道唯一支配者松前藩所提出的地图基础上绘制而成，《正保御国绘图》也成为当时日本关于"北方领土"最权威的地图。⑥ 该地图尽管存在比例上的诸多谬误，但在描绘北海道全土的同时已明确把千岛群岛和库页岛囊括在内，今天日本政府也以此作为"北方领

---

① 《彼得一世关于组织第一次堪察加远征队的敕令》，平川新编《ロシア史料にみる18～19世紀の日露関係》第 3 集，第 46—47 页。

② 周启乾：《日俄关系简史（1697—1917）》，天津人民出版社，1985 年版，第 32 页。

③ 平川新编：《ロシア史料にみる18～19世紀の日露関係》第 2 集，东北亚研究中心，2007 年，第 17 页。

④ 引自日本外务省、俄罗斯外交部合编：《日露間領土問題の歴史に関する共同作成資料集》，1992 年，第 9 页。该资料集是 1992 年 3 月 20 日，日俄两国第一次外长会议时决定编写，同年 9 月 29 日由两国共同发表的。

⑤ 但由于忌惮日本的反应以及遭到了当地居民的抵抗，俄罗斯实际控制地区基本限于千岛群岛北部。

⑥ 高仓新一郎、柴田定吉：《我国に於ける北海道本道地図の変遷（一）——北日本地图製作史、第 3 報》，载于《北方文化研究報告》第 6 辑，第 19 页。

土"历史渊源的依据。① 但在实际的管理中，松前藩对于"北方领土"按着统治地区居民的不同将所辖分成了两类，即"和人"（日本人）居住的"松前地"及阿伊努人所居住的"虾夷地"。相较于直属的"松前地"，松前藩对"虾夷地"的管理则松散许多。以至于"直到十八世纪末，日本人对虾夷地是自身正确的国界之事一无所知。更为准确地说，国界这个概念在时人心中近乎闻所未闻。虾夷地广义上来讲只是阿伊努人居住的土地，日本人因而对此漠不关心，并不确定虾夷地属于自身领土的真正意义。"②

正由于海疆意识的淡漠，当 18 世纪"沙俄殖民势力侵入千岛，自北向南，不断扩张，不仅强行把当地居民编入俄国国籍，而且在占守、幌筵、新知、得抚、择捉等岛上建立了俄国人的村落，造成占领的既成事实"时，③ 日本仅有松前藩从派往厚岸进行贸易官吏的报告中察觉到其他国家进入了千岛群岛。直到 1771 年，荷兰商馆向幕府提交一封信函，才真正令德川幕府觉察到沙俄对千岛群岛的觊觎。信中提醒日本："俄罗斯在千岛群岛建起了要塞，并已备齐弹药、大炮，做好了充分的战争准备。"④ 上述内容最终通过荷兰商馆转达给幕府。尽管有西方学者认为这封书简有不实之处，当时的俄国尚未做好战争准备，⑤ 但沙俄盘踞千岛群岛却是不争的事实。虽然不能从修建要塞等直接判明沙俄向日本宣战的意图，但也不能因此而忽视沙俄以千岛为据点进一步向远东扩张的动向，这在之后的历史中得到了充分的验证。

如果说之前俄日两国还处于一个互相认识的摸索期，那么在 1792 年 А·К·拉克斯曼（Адам Кириллович Лаксман）作为叶卡捷琳娜女王的使者出访日本以后，两国正式邦交的大幕也为之拉开，双方在海疆方面的争端也随之浮出水面。

二、俄日正式邦交的开始及海疆问题的展开

由于对日本富庶程度的认识存在显而易见的偏差，寻求通向"黄金

---

① 日本外务省、俄罗斯外交部合编：《日露間領土問題の歴史に関する共同作成資料集》，第 7 页。

② 秋月俊幸：《日露関係と領土意識》，载于《共産主義と国際政治》第 4 卷第 2 号，第 3 页。

③ 周启乾：《日俄关系简史（1697—1917）》，天津人民出版社，1985 年版，第 34 页。

④ 信夫清三郎：《日本政治史》第 1 卷，南窗社，1976 年，第 72 页。

⑤ Donald Keene, The Japanese Discovery of Europe, 1720—1830, London, Routledge, 1952, pp. 31-46.

国"的商路是沙俄不断向远东开拓的初衷之一，然而由于日本奉行的"锁
国"政策，沙俄一直没能获得和日本中央政府进行官方接触的机会。1789
年到达伊尔库茨克的一批落难的日本人却给沙俄送来了天赐良机。获知大
黑屋光太夫（大黑屋光太夫）等日本难民的情况后，博物学家 K·G·拉
克斯曼（Адам Кириллович Лаксман）向沃伦佐夫伯爵（Алекса́ндр Рома
́нович Воронцо́в）进言，"如果能用我国的运输船或者商船把他们送回松
前，我认为这将成为我们与日本展开交流的最好契机。"① 沃伦佐夫又据此
提出十项大计，欲借日本架设起通向远东的海洋贸易通路。二十天后，叶
卡捷琳娜二世正式发布敕令授权伊尔库茨克总督组织"日本探险队"，从
敕令的内容中看，沃伦佐夫的十条建议基本得到了全盘采纳。②

　　1792 年 10 月，K·G·拉克斯曼的儿子 A·K·拉克斯曼率领远征队
偕同光太夫一行在根岸登陆。1792 年 12 月幕府了任命石川忠房（石川忠
房）和村上义礼（村上義礼）为宣谕使，并于次年 2 月正式派遣二人从江
户出发。A·K·拉克斯曼一行也于 6 月出发，经由箱馆③最终抵达松前。
1793 年 7 月 28 号是日俄关系史上具有开创性意义的一天。是日，俄方人
员实现了历史上首次与幕府使者的正式会晤。然而这次会谈却并不顺利，
日方开场就表示"已知道贵方有前往江户之意，并收到附有日语翻译的俄
语文书。虽然参考了翻译的内容，其语言和文字仍难以理解。无法理解文
书的内容自然也就无从研究应对之法，因此只能依照我国法律将文书退
回。"④ 其实自传兵卫开始在俄国教授日语已近百年，这次又有光太夫等人
辅助，俄方信件绝非什么"无法理解"的文字，幕府当时的实际决策者松
平定信（松平定信）之后在其自传性质的著作《宇下人言》中便承认此
信："打开一看，一为蛮字，另一为我邦假名，有致松前志摩守字样……
文字亦算通达。"⑤ 所谓文字难解不过是奉行"锁国"的德川幕府拒绝与

---

　　①　关于光太夫经历的史料引自近年新翻译成日语的拉克斯曼给沃伦佐夫伯爵的书信，平川新编：
《ロシア史料にみる18~19世紀の日露関系》第 2 集，第 162 页。
　　②　叶卡捷琳娜二世的敕令中罗列了 11 条执行措施，基本与沃伦采夫的信函中的建议如出一辙，
只是在具体细节上有所增删。比如沃伦采夫曾建议用 1 000 卢布置办礼物以向日本示好，而敕令则将
这一额度提高一倍，达到 2 000 卢布。《叶卡捷琳娜二世关于日本探险队给 I·A·皮尔的敕令》，平川
新编：《ロシア史料にみる18~19世紀の日露関系》第 2 集，第 172 页。
　　③　箱馆即现在的函馆。
　　④　《日本官吏致 A·K·拉克斯曼的公文》，平川新编：《ロシア史料にみる18~19世紀の日露関
系》第 2 集，第 179 页。
　　⑤　松平定信：《宇下人言》，收录于《日本人の自伝別巻1》，平凡社，1982 年，第 309 页。

俄方进一步接触的托辞而已。在之后的会谈中，日方又不断重申："自古以来，我国的法律坚如磐石，从无更改……念在尔等远道而来，不明法度，今准许离去，但以后绝不可再来，更不能在此靠港。"因为对贵国一无所知，所以"不能进行接收漂流民之外的交涉，而对于两国缔结友好关系的交涉不能在此地受理，也不允许从此地前往江户"。但为了不使外交涉陷入僵局，日方也提出："如果尔等确希望与我国订交，开展贸易，在长崎有专人负责此事，汝可亲赴交涉。"①其后几经交涉，终因日方对"锁国"的坚定立场，使得沙俄借机实现对日通商的计划宣告破产，拉克斯曼一行也于同年 8 月离日返航。

尽管这次远征未能达到对日通商的预期目的，但是并未浇灭沙俄探索东方的野心，沙俄统治者反而因为实现了与日本官方的首次接触而备受鼓舞。1799 年 7 月沙皇保罗一世正式下令成立了受沙皇保护的俄国美洲公司，简称俄美公司。俄美公司成立的初衷是为了："（通过公司的建立）发展对日贸易，必将为本国的领地向太平洋发展做出贡献"，"随着事业的发展，俄罗斯人在远东的活动也会随之增多，而当地居民耳濡目染我国的风俗习惯，逐渐适应之后也将成为陛下忠实的臣民。"②一言以蔽之，就是要以"经济开发为先导，进一步获得领土利益"。该公司首任全权代表由身为三等官侍从长的莱札诺夫（Николай Петрович Резанов）担任，这也印证了俄美公司与俄罗斯上层社会乃至沙皇的密切关系。而日俄的第二次政府间对话正是通过俄美公司来完成的。莱札诺夫曾数次上书要求开拓对日业务，这一计划终于在 1803 年得到了沙皇亚历山大一世的批准，莱札诺夫也被任命为访日使团团长。

与作为伊尔库兹克总督代表的拉克斯曼不同，莱札诺夫是第一个代表沙皇访问日本的俄罗斯人。启程前，莱札诺夫的访日计划在俄罗斯国内引起了巨大反响，比如俄罗斯科学院就对他此行寄予了极大的期许，当时的会议记录记载道："莱札诺夫此行具有绝大意义，可以预想到他将从以往难以接触的日本获得大量的情报，从学术的角度看远征也将获得很大的收

---

① 《日本政府致 A·K·拉克斯曼的公文》，平川新编：《ロシア史料にみる 18~19 世纪的日露関係》第 2 集，第 180—181 页。

② 《皮尔致叶卡捷琳娜二世的报告》，平川新编：《ロシア史料にみる 18~19 世纪的日露関係》第 2 集，第 184—190 页。

获。"① 商业大臣鲁缅采夫（Никола́й Петро́вич Румя́нцев）则为这次访日制定了周密的计划："阁下最重要的任务是树立与日本的通商关系……如果日方不同意实现自由贸易，可退而求其次提出派遣一艘乃至更多船只前往长崎交易，如果也不获许可则应要求在松前岛进行贸易，倘仍不被接受则要求在得抚岛通过当地阿伊努人进行交易。"② 然而如此详尽的一份对日交涉事项中通篇只谈到经济问题，对海疆问题却只字未提，可见沙俄虽然此时已将北千岛群岛据为己有，但双方在海疆上的争议却未显现出来。

1804 年 10 月 20 日，莱札诺夫满怀信心地乘坐"希望"号抵达长崎，却没有如他乘坐的船名那样收获到希望。日本不但一如既往地拒绝了通商要求，还以健康等理由将俄方使者软禁在长崎木钵浦的驻地，封锁了他们的一切对外往来。以至于日本学者也不得不承认"幕府对于作为一国代表的使节团采取如此应对方式，确实有失礼之处"。③ 因倍感屈辱而恼羞成怒的莱札诺夫也据此认为"以谋略的方式已无法让日本政府承认沙俄的权利，唯有考虑武力解决一途"。④

1805 年 7 月，刚刚回国的莱札诺夫便上书亚历山大一世，一方面总结这次出使的经过，另一方面提出："要坚持阻断日本船只的航路，而因此不安的日本人自会强烈要求其政府与俄进行贸易。"⑤ 不巧其时正值拿破仑横扫欧洲的紧要关头，大敌当前沙皇已无暇顾及远东的事务。然而此时的莱札诺夫却一心想"在库页岛、择捉岛一雪长崎之辱"⑥，见自己的建议迟迟没有答复，他便学起"将在外，君命有所不受"，自行其是起来。1806 年 8 月，莱札诺夫密令其在俄美公司的心腹赫沃斯托夫（Никола́й Хвостов）组织秘密远征队，在命令中他要求加强在得抚岛和新知岛的活动，以进一步搜集千岛群岛的情况。除此之外莱札诺夫还提出要将库页岛完全置于俄罗斯的势力范围，"要对驶入阿尼瓦湾的日本船只进行攻击，

---

① 《科学院会议记录》，平川新编：《ロシア史料にみる18～19世紀の日露関係》第 1 集，第 62 页。

② 《鲁缅采夫给莱札诺夫的指示》，平川新编：《ロシア史料にみる18～19世紀の日露関係》第 1 集，第 65—71 页。

③ 木村汎：《新版日露国境交渉史》，角川书店，2005 年，第 62 页。

④ 潘塔伦科：《北方四島返還のすすめ 在住ロシア・ジャーナリストの提言》，第 50 页。

⑤ 末松保和：《近世に於ける北方問題の進展》，至文堂，1928 年，第 327 页。

⑥ 志水速雄：《日本人のロシア・コンプレックス——その源流を探る》，中公新書，1984 年，第 118 页。

将适于劳动的健康者俘获带回，不符合标准者则遣返松前岛北部"，"如果有余力在库页岛进行登陆，应慎重地向当地人表示在俄罗斯的庇护下他们可以像往常一样生活"。莱札诺夫还特别强调要区别对待库页岛居民和日本人，"对于前者应给予优遇，对日本人则要通过烧毁船只等方式坚决予以打击，但应避免造成人身伤害……以使日本人感佩俄罗斯心胸之宽大，在畏惧之余产生感谢之心，主动要求对俄进行通商"。① 这种"先斩后奏"的做法直到1808年的8月才得到俄国中央政府的事后追认。②

自拉克斯曼来日以后，幕府已经明确意识到来自北方的威胁，从而加强了北方的戒备。这在日后被日本外务省作为对北方四岛实际控制的依据。

"宽正十一年（1799 年），幕府为经营虾夷地区，向南部、津轻两藩下令，命令其派兵驻守虾夷地各要冲"，同年 11 月 2 日，幕府又下令两藩增兵，"津轻藩兵在砂原以东，南部藩兵在浦河以东执勤，警卫之法遵从黑田和锅岛两家在长崎之旧例。其后二藩在箱馆设置军营，南部藩在根室、国后、择捉，津轻藩在砂原合择捉分别设立哨所警戒。文化元年（1804 年）4 月，更任命两藩为永久性的守卫"。③ 而在文化四年（1807年），江户得知俄美公司远征队的暴行之后，幕府继续命令两藩增派戍边人手，并调遣奥羽诸藩进行支援。1808 年初，幕府进一步发布了《俄船驱逐令》，严令："今后无论何地凡发现俄罗斯船只，一律进行驱逐。胆敢靠岸者，应立即逮捕或处死。"④ 幕府对于库页岛也加派防范，并于文化六年（1809 年）6 月，正式将"唐渡"改称"北虾夷地"。有日本学者指出，这可以被看做是幕府对库页岛正式提出的主权宣言。⑤

日本对"北方领土"的严加戒备终于在 1811 年收到了实际效果。是年，俄国海军少校戈洛夫宁（Василий Михайлович Головнин）在对千岛群岛实施调查的途中登上国后岛寻找补给，当即被巡视的南部藩士逮捕，

---

① 《莱札诺夫给秘密远征队长赫沃斯托夫的指示》，平川新编：《ロシア史料にみる18～19世紀の日露関係》第 1 集，第138—142 页。

② 见《商务大臣致内务大臣的指令》，"皇帝陛下裁定，对俄美公司在位于鄂霍茨克海上的萨哈林岛依照前例实行殖民表示认同。"平川新编：《ロシア史料にみる18～19世紀の日露関係》第 1 集，第 180 页。

③ 北海道厅编：《新選北海道史》第 2 卷，清文堂，1937 年，第 416 页。

④ 信夫清三郎：《日本政治史》第 1 卷，第 124 页。

⑤ 大友喜作：《北門叢書》第 5 册，国书刊行会，1972 年，第 102 页。

解往松前。由于戈洛夫宁早已熟知俄美公司的行径，因此他尽量避免刺激日方，并极力辩称赫沃斯托夫的暴行属其个人行为，与沙俄政府无涉。而沙俄方面则由于此时与拿破仑激战正酣无暇分心，只能使出软硬兼施的手段。一方面在海上拦截日本商人高田屋嘉兵卫（高田屋嘉兵衛）乘坐的船只，将其扣作人质；另一方面也就赫沃斯托夫的暴行向日本道歉，这才最终用高田屋嘉兵卫换回了戈洛夫宁，避免了双方武力冲突的爆发。尽管有学者将这次道歉称为"在拿破仑战争条件下为维持与日本关系的外交策略"①，但从俄方反复强调在千岛群岛及库页岛上的劫掠行为并非出于政府授意看，俄方是清楚劫掠行为存在的。

戈洛夫宁事件的和平解决暂时维持了远东地区的和平，但从中也暴露出日俄双方在海疆问题上的争议已愈演愈烈。"日俄两国痛感要防止此类事件的再次发生，必须在两国间划定明确国界。"② 如果说海上贸易是日俄两国外交的最初主题，而戈洛夫宁事件之后，海疆问题逐渐成为日俄交涉的核心。

三、近代以来日俄的海疆外交

在松前奉行释放戈洛夫宁的通告中有如下陈述："关于领土及缔结新的贸易关系之企图，帝国将不予认同……如若外国船只再出现在日本沿海及毛深诸岛③，帝国将坚决予以炮击以驱逐。我国严令永无更改，将来再有如今日之事，妄图借其他之口实寄望改变关系，亦为无用，且有害无益。"④ 通告清晰地表明，此时的日本政府仍以"锁国"为宗旨，而在日俄海疆问题上谋求维持现状。反观沙俄，一方面通过戈洛夫宁事件认识到日本的强硬立场，另一方面由于拿破仑战争的消耗无力再战，因而暂时打消了继续蚕食千岛群岛的念头。1814 年，在关于戈洛夫宁归国情况的报告中，伊尔库茨克长官提出："关于设定日俄国界，经戈洛夫宁确认，日方认为应在从我方计算的第十八岛得抚岛和已有日本人居住的第十九岛择捉

---

① 潘塔伦科：《北方四島返還のすすめ 在住ロシア・ジャーナリストの提言》，第 51 页。

② 木村汎：《新版日露国境交涉史》，第 71 页。

③ 毛深或指阿伊努，因而此处蕴含千岛群岛的意味。见平川新编：《ロシア史料にみる18～19 世紀の日露関係》第 1 集，第 199 页。

④ 《松前奉行服部贞胜之通告》，见平川新编：《ロシア史料にみる18～19 世紀の日露関係》第 1 集，第 199 页。

岛间划定，视同国界。现下我们毫无向日本索取之理由，任何希望扩张俄罗斯领土的举动都属无益。"①

　　1992 年日俄两国外交部共同制作的有关领土问题的资料集中也提到："日本由南进入千岛群岛，俄罗斯由北方进入千岛群岛的结果是：直到 19 世纪中叶为止，两国在得抚岛和择捉岛间形成了事实上的边境线。"② 足见 18 世纪初，日俄两国事实上边境线的形成不仅是学界共识，也得到了两国政府的认可。可以说通过戈洛夫宁事件，日俄双方在边境问题上暂时形成了一种默契，而就此相安无事。这种默契直到 1853 年俄国使者普提雅廷（Евфимий Васильевич Путятин）抵日要求正式建交及划定国界才被打破。

　　进入 19 世纪中叶以来，东亚秩序发生了翻天覆地的巨变，而这一切都肇始于 1840 年的中英鸦片战争。英国通过鸦片战争打开了中国的大门，吹响了列强瓜分东亚的号角，作为中国东邻的日本，不得不被卷入其中。

　　1842 年，英国通过《南京条约》在对东亚的争夺中占到先机。次年，"沙皇尼古拉一世就着手认真考虑向日本派遣海军远征队以促使日本开国并与俄国树立通商关系。"③ 虽然远征当时并未成行，但这反映了俄国对新局势下日本问题的忧虑，而尤其值得俄国担忧的就是两国的边境问题。如前所述，日俄以得抚岛和择捉岛之间为界划定领土范围只是双方的一种默契而并无条约保障，这在传统的东亚秩序中固然并无大碍，但是随着欧美列强进入东亚，必然会把以国际法为依据的新的国际秩序标准引入远东。深知此点的俄罗斯产生了强烈的紧迫感，希望通过明确的条约来正式确立自己在东方的版图，从而避免让他国坐收渔利。

　　1852 年美国任命海军准将佩里（Matthew Calbraith Perry）为东印度舰队司令向日本叩关，1853 年 7 月 8 日佩里舰队抵达浦贺，史称"黑船来航"。而在 1852 年佩里舰队刚刚组成之际，俄国就收到这一消息，尼古拉一世当机立断任命普提雅廷中将为全权大使，率领舰队向日本进发。然而就在普提雅廷出发以后，沙皇又向普提雅廷追加了一道有关对日谈判内容的训令还附上一封写给幕府的书信。据此，就有学者认为：最后国书中关

---

①　郡山良光：《幕末日露関係史研究》，国书刊行会，1980 年，第 252 页。
②　日本外务省、俄罗斯外交部合编：《日露間領土問題の歴史に関する共同作成資料集》，第 2 页。
③　木村汎：《新版日露国境交渉史》，第 74 页。

于库页岛领土的部分就是在新的书信中追加的。① 更重要的一点是，上述
"截使换信"的事件反映出了沙俄政府此时的慌乱，普提雅廷的出使并非
是俄国制定出了完善的对日政策之后的行动，而是应对美国突如其来访日
的应急措施。

尽管普提雅廷舰队星夜兼程，但当8月22日他到达日本时，佩里已经
向幕府递交了国书并约定"明年春天再谈"而启程返航了。普提雅廷抵日
后向日方提出了三点要求：第一，要开展邦交；第二，要对俄通商；第
三，就是划定国界。其实在尼古拉一世在追加送达的密令中专门对国界问
题下了训谕："对于国界问题，（在不伤害我国利益的前提下）可以尽量宽
大……对于千岛群岛，我国所占最南即为得抚岛，以此作为我国领土之南
方边界亦无不可。由此（正如今日之事实），我方以同岛以南为日本国界，
日本侧则以择捉岛以北为国界。如果日本政府像预想的一样对得抚岛提出
主权要求……应将得抚岛归我国所有，并将我国臣民居住的情况予以说
明。"② 而在库页岛问题上，普提雅廷已经获悉克里米亚战争的爆发，由于
担心太平洋的英法舰队袭击远东③，他放弃了最初的全岛拥有论而提出与
日本分而治之。日本由于有了之前与佩里会谈的经验，这次派出的代表肥
前守筒井政宪（筒井政憲）和勘定奉行川路圣谟（川路聖謨）施展"拖"
字诀，希望能让普提雅廷像佩里一样"回国再议"。他们借俄方所提的要
求指出：国界划定必须依靠精确的地图和翔实的文献，因此应到当地进行
周密调查，此绝非一朝一夕之事。对于开展国交和通商，因近年局势突
变，日本也不能拘泥古法，要在听取诸藩意见的基础上由朝廷裁决，亦需
三、五年之功。④ 担心克里米亚局势恶化的普提雅廷在获得川路圣谟"今
后日本与外国通商时将给予俄国同等待遇"的书面保证后，就带领舰队驶
离了日本。

俄罗斯舰队的到访，又反过来刺激了美国，双方展开了一场打开日本
大门的竞赛。"佩里虽然预先通知幕府，说'明春'再来，但他已经观察
到普提雅廷的动静，不能容许俄国抢先，要提前行动，于是1854年2月率

---

① 秋月俊幸：《日露関係とサハリン島》，筑摩书房，1994年，第81页。

② 这份密令在1991年才正式公布，由于其中清楚表明了沙皇对之俄领土的态度而对之前的一些
研究产生了颠覆性影响。日本外务省、俄罗斯外交部合编：《日露間領土問題の歴史に関する共同作
成資料集》，第12页。

③ J. Stephan, Crimean War in the Far East, Modern Asian studies, vol. 3, No. 3, 1969.

④ 德富苏峰：《近世日本国民史》第31卷，明治书院，1934年，第411—412页。

领七只舰队组成的舰队，再次来到江户湾。"① 同年 3 月 31 日，日美双方
正式签订《日美亲善条约》，条约规定日本开放下田及箱馆两港为美国船
只提供补给，允许美国人在下田定居，由此，日本二百余年的锁国时代宣
告终结。获知这一消息的普提雅廷自然不能轻易将俄国谋求多年的对日通
商权利拱手让出，尽管因为克里米亚战争的爆发，其率领的舰队一直受到
英法舰队追击，但他仍冒着风险于 1854 年 10 月赶到了大阪。由于普提雅
廷手握日本政府"今后如日本与外国通商，将给予俄国同等待遇"的保
证，日本无法拒绝俄方行使这一权利的要求，于是再次派出筒井政宪和川
路圣谟与俄方接洽。俄方应日本要求将舰队驶向已经开放的下田，1854 年
12 月 22 日，日俄第二次谈判在下田展开。

　　由于谈判期间下田遭遇海啸，双方相互展开的救援行动都给对方留下
了良好的印象，使得谈判总体上保持了友好的气氛。由于俄方提出的开港
和片面最惠国待遇已有《日美亲善条约》之先例，双方对此并无太大分
歧，两国的主要争议还是集中在日俄间的海疆问题上面。正因双方在千岛
群岛间存在以得抚岛和择捉岛划分的默认界线，所以讨论的重点就聚焦到
库页岛问题上。俄方首先提出：除去阿尼瓦湾，直至库页岛南端皆为俄罗
斯领土。而日方则认为：阿伊努人受日本管辖，凡是阿伊努人居住的地方
自然为日本之领土。② 最后双方达成妥协，维持库页岛现状暂不划分边界。

　　1855 年 2 月 7 日《日俄友好条约》正式签订，因为双方是在下田缔
约，因而条约又称《下田条约》。《日俄友好条约》共计九款，其中第三、
第五、第六、第九款还各有一条附件。条约中涉及海疆问题的是正文第二
款：今后日本与俄罗斯以择捉岛和得抚岛间为界，择捉岛归日本所有，得
抚岛以北的千岛群岛为俄罗斯领土。对于库页岛则不划边界，维持现状。③
以往国内的研究多着眼于《日俄友好条约》经济上鲜明的殖民色彩，强调
这是一份不平等的条约而予以批判。而笔者认为，从外交战略的角度看，
《日俄友好条约》是一个通过谈判来解决领土争端的典例，正是其初步划
定了日俄两国的海疆，避免了两国为领土问题发生大规模冲突的可能。因
此《日俄友好条约》也得到了俄日两国政府的高度评价。普提雅廷不但回

---

①　周启乾：《日俄关系简史（1697—1917）》，天津人民出版社，1985 年版，第 85 页。
②　秋月俊幸：《日露関係とサハリン島》，第 116 页。
③　《日俄友好条约》，北方领土问题对策协会编：《北方領土問題資料集》，北方领土问题对策协
会，1972 年，第 1 页。

国后受到沙皇表彰，还在 1881 年获得了明治政府授予的一等旭日勋章。

当然，对于《日俄友好条约》还有许多值得探讨的地方，比如条约签订时沙俄正深陷克里米亚战争的泥潭，克里米亚战争给俄国带来的外交困境对《日俄友好条约》的签订究竟有何影响值得深思。本文认为，尽管日方在海疆问题上的要求基本都在条约中得到了满足，但是谈判的过程中体现出日本缺乏足够的现代国际法意识。最明显的就是日本以"阿伊努人受日本管辖，凡是阿伊努人居住的地方自然为日本领土"为由对库页岛提出主权要求，这实际上还是传统上"皇民所居之地即是皇国之地"的国家观念的反映。日方在海疆谈判中的成功得益于俄国因受克里米亚战争所困的良机，绝非日本外交走向成熟的标志。直到明治维新之后日本的国家意识走向现代化，日本的外交才真正走向成熟，这在其后的日俄关系中得到了充分的体现。

由于《日俄友好条约》并未就通商做出具体规定，普提雅廷在 1857 年 9 月再次来到长崎与日本交涉。此时幕府正就通商问题与荷兰谈判，碍于《日俄友好条约》规定的片面最惠国待遇条款，俄罗斯自然获得相应权利，幕府也无法拒绝俄方的要求，最终双方于同年 10 月 24 日签订了《日俄补充条约》。《日俄补充条约》虽正式规定双方可在函馆和长崎进行贸易，但并未改变日本国内的经济秩序，幕府严格的贸易限制仍对通商存在颇多制约。于是在 1858 年 7 月，俄国听说《日美友好通商条约》签订的消息后，又迫不及待地来到日本要求获得相应权益。双方仿照《日美友好通商条约》，于 8 月 19 日签订了《日俄友好通商条约》。根据条约规定，日本除了增加开放港口外，俄国还获得与日本议定关税的权利。但此时的俄罗斯主要是利用"片面最惠国"待遇来仿效欧美各国对日本提出开港通商的要求，所以无论《日俄补充条约》还是《日俄友好通商条约》都不涉及日俄间独有的海疆问题。

尽管《下田条约》之后的两次修约都不涉及海疆问题，但并不代表双方在此问题上有所放松。反而自《下田条约》签署以后，双方对库页岛的争夺日趋激烈。1855 年，也就是《下田条约》签订同年，幕府为加强对库页岛的管理，从松前藩收回虾夷地的管理权，转交幕府直辖的箱馆奉行，并于次年正式在库页岛设置管理机构，"任命阿伊努人中有权势者担任小吏，并通过特别奖赏的形式建立基层统治机构。安政四年又进行了一次改革，以与日本本土村吏制度一致。"①

另一方面，1856 年俄罗斯在克里米亚战争中宣告失败，其在西线谋求出海口的希望几近破灭，因此远东对沙俄的意义变得比以往更加重要。库页岛作为俄罗斯远东地区的藩屏，其战略意义不言而喻。于是在战争中为避免遭受英法舰队攻击而撤出库页岛的俄罗斯军队再次进驻库页岛。之后"库页岛还发现蕴藏着大量的煤炭资源，对于得知这一消息的 19 世纪的俄罗斯人来说，这更对其内心产生了极大的鼓励。"②沙俄统治者对库页岛已经是志在必得，"不断向该岛移民，把大批囚犯送去开垦，企图造成占领该岛的事实"。③此时的日本处于幕末的动荡之中，因而在库页岛的对峙中逐渐呈现出劣势。

由是，日方于 1862 年派出勘定奉行竹内保德（竹内保德）出访圣彼得堡，希望通过划定双方在库页岛上的边界，以挽救在库页岛上的领土危机。然而日方以北纬 50 度为界的谈判底线与俄方提出的以北纬 48 度为界的要求相去甚远，竹内保德最终无功而返。由于的两国实力差距，1866 年库页岛上日本官吏遭到俄方逮捕的事件使得日本不得不屈从于国力不济的事实，英国驻日公使帕克斯（Sir Harry Smith Parkes）也提醒幕府俄国有独霸库页岛的野心。④日本为忧患所迫，不得不开始寻求妥协之道。箱馆奉行小出秀实（小出秀实）首创了"库页岛交换千岛群岛"方针的雏形，他提出可以接受俄方以北纬 48 度为界的提案，但同时俄方应割让从得抚岛至温祢古丹岛的千岛群岛以作为对日方的补偿。幕府最终采纳了这一方案，并派遣小出秀实偕同石川利正（石川利正）赴俄协商。

1867 年 2 月 6 日，小出一行与沙俄负责亚洲外交事务的官员在圣彼得堡展开了第一轮会谈。会谈中日方首先抛出了原有的"以北纬 50 度为界划分库页岛"的方针对俄进行试探。而在库页岛上已经取得了比 1862 年更大优势的俄方则直接提出了更为强硬的独占库页岛的方案。经过第一轮试探，日本表示可以接受以北纬 48 度为界的方案，而俄方则在坚持独占库页岛的前提下同意割让包括得抚岛在内的 4 个岛屿。碍于沙皇亚历山大

① 东京大学史料编纂所：《幕末外国関係文書 之十五》，纪伊国屋书店，1985 年，第 906—912 页。

② 潘塔伦科：《北方四島返還のすすめ 在住ロシア・ジャーナリストの提言》，第 62 页。

③ 周启乾：《日俄关系简史（1697—1917）》，天津人民出版社，1985 年版，第 98 页。

④ Foreign Office, Gerneral Correspondence Japan, deposited in the public Record Office 46/68, Parkes' No. 98, (confidential) June 27, 1866. Parkes to Clarendon.

二世的强硬立场，日方提出：暂不划定国界，双方以北纬 48 度的久春内（伊利印斯克）为准，各自约束国民不得越境，但俄方于 2 月 28 日，以"此举无异于以北纬 48 度线划定国界"为由，拒绝了日方的提议。俄国最终在 3 月 12 日提出或者日本接受俄方早先提出的"由俄方单独占领库页岛，俄方割让包括得抚岛在内的 4 个岛屿作为对日本的补偿"这一方案，或者双方继续维持库页岛上的现状。由于俄国的建议并未达到日本幕府原先的底线，小出秀实不敢贸然接受俄方的要求，但为防止激怒俄方，他最终在 3 月 30 日签订了《日俄库页岛临时条规》。

《日俄库页岛临时条规》全盘采纳了俄国的草案，条规首先肯定了日俄两国亲睦友好之原则，进而提出两国就以下四点达成协议："一、俄方单独占有库页岛；二、日本保留迄今为止在库页岛上的渔业等相关权益；三、俄方将得抚岛及附近三个岛屿让渡日方；四、当上述条款难以被接受时，双方则维持库页岛之现状。"[①] 由于《日俄库页岛临时条规》与日方"以北纬 48 度为界，并取得部分千岛群岛作为补偿"的腹案相去甚远，幕府最终于 6 月通知俄驻日领事，幕府拒绝了条规前三条中库页岛与千岛交换的条款，日俄两国应依据条规第四款，维持库页岛现状。然而以次年幕府倒台为契机，日俄两国围绕海疆问题的僵局又出现了转机。

1868 年的明治维新是日本开始走向现代化国家的标志，日本的外交政策也开始逐渐转变。由于"沙俄殖民者在库页岛的扩张活动有增无减，袭击那里日本人聚居地的暴行层出不穷"[②]，以渔民为主的日本居民在以士兵和流放犯为主的俄方人员面前更显力不从心。原本为了遏制沙俄势力扩张，在日俄海疆争端中倾向日本的英国，为了防止日俄围绕海疆问题发生武力冲突打破远东的和平，最终损害本国利益，其立场也发生了 180 度的变化。1869 年 9 月 14 日，帕克斯拜见在明治新政府中手握大权的岩仓具视（岩倉具視）时指出，日本应提防在库页岛对俄发生冲突而最终危害日本在北海道的利益。11 月 16 日英国派往库页岛附近海域的"科蒙兰德"号（Cormorant）返回横滨港。该船带回的报告称："在库页岛上，相比于日本村落的寥落，俄罗斯聚落显得尤为繁荣。"[③] 基于上述报告，帕克斯在

---

① 《日露間樺太島仮規則》，载于《日本の領土と日ソ関係 資料集成》，国际地域资料中心，1986 年，第 29-30 页。

② 周启乾：《日俄关系简史（1697—1917）》，天津人民出版社，1985 年版，第 107 页。

③ 「大日本外交文書」二卷三册（五六五），第 231 页。

11 月 23 日再次拜见岩仓具视，并指出：俄罗斯在库页岛上已占据绝对优势，建议日方考虑放弃该岛。由于岩仓展现出了不愿轻易妥协的强硬态度，帕克斯于两日后又继续游说时任外务卿的泽宣嘉（澤宣嘉），他将"科蒙兰德"号的报告呈送日方，并忠告日本：与其在库页岛投入大量人力物力而最终引发战争，不如将精力集中在北海道开发上。[1]

尽管明治政府内部存在着以岩仓具视为代表的强硬派声音，但英国的建议还是引起了明治政府内部一部分人的共鸣。实际上在同年 9 月帕克斯最初向明治政府建议放弃库页岛时，伊藤博文（伊藤博文）就与大隈重信（大隈重信）密议"库页岛为俄所据已成定局，当以保有北海道为今后之第一要务"，并将此方略向枢密建言。[2] 为了核实英方报告中所描述的情况，明治政府派黑田清隆（黑田清隆）去当地进行调查以研究对策。黑田在 1870 年 10 月呈交的报告中一针见血地指出，按此状况日本在库页岛上只能维持 2 到 3 年时间。此时日本的外交决策者已经把如果放弃库页岛如何能使得本国利益最大化提上了日程。1872 年俄国派遣原驻箱馆领事布策担任驻日代理公使，与日本商讨以得抚岛及附近岛屿交换库页岛全岛的领有权。而此时的外务卿副岛种臣（副島種臣）提出可仿效美国购买阿拉斯加，由日本出价 200 万日元收购库页岛。其实副岛对于购买库页岛问题还另有备案，即在俄罗斯不同意日本购买的情况下，可由俄罗斯出钱向日本购买库页岛，但是俄罗斯必须保证在未来日本向朝鲜出兵时严守中立。而日本政府内部也出现了一种将库页岛让给俄罗斯，转而向台湾和朝鲜进军的声音。[3] 尽管这一提案并未真正向俄方提出，但是从中可以看出日本已把侵略大陆作为其长期的战略目标，甚至不惜为此牺牲其在"北方领土"上的既得利益。"征韩论"的提出清晰地表明，明治维新以来日本战略目标的重点已从保住现有领土转移到从大陆获取更大的利益上来。

1874 年，明治政府任命榎本武扬（榎本武揚）为特命全权公使出访俄罗斯，就库页岛问题进行谈判。双方最终达成协议，于 1875 年 5 月 7 日签署了《库页岛千岛交换条约》。条约规定：日本将在库页岛的一切权利让渡俄方，双方以后以宗谷海峡为界；俄罗斯将千岛群岛的十八个岛屿让

---

[1] 《大日本外交文書》二卷三册（五六五），第 195 页。
[2] 《伊藤博文伝》上卷，春亩公追颂会，1940 年，第 479-480 页。
[3] 木村汎编：《北方領土を考える》，第 43 页。

渡日方，双方以后以堪察加半岛南端的洛帕特卡角和占守岛之间的海峡为界。① 有中国学者认为："《库页岛千岛交换条约》同样是沙俄军事扩张政策的产物，日本政府是迫于军事上的劣势和财政上的困难，才不得不签订条约。"② 但从谈判过程来看，《库页岛千岛交换条约》签订是日本战略重点向大陆转移的结果。事实上榎本武扬曾在谈判中提出，俄方可用得抚岛以北的四岛以及战舰来跟日本进行交换。而提出要把战舰加入到交换中来正是出于进攻朝鲜需要大量船只的考虑。③ 不过这一条件最终为俄方所拒绝。甚至副岛种臣当年提出的以库页岛换取沙俄在日本入侵朝鲜时保持中立的想法也在榎本考虑之列，只是由于他判断"万一朝鲜和我国发生战争，俄国必然介入其中……因为我国海军大规模奔袭对马岛彼端，占据朝鲜东北海岸的良港时，就意味着切断了符拉迪沃斯托克的门户"，所以才没向俄方提出这一要求。④ 而在 1876 年 2 月，即《库页岛千岛交换条约》签订的次年，日本就强迫朝鲜签订《江华条约》，把欧美列强施加到自己身上的做法用到了朝鲜身上。这实际上也反映《库页岛千岛交换条约》的签订给日本带来了一个稳定的北方环境，使之有更多兵力投入到大陆扩张中来。据此，笔者认为应该改变既往对《库页岛千岛交换条约》的孤立研究，而将其放入明治维新以来日本谋求在大陆进行扩张的领土政策下加以重新认识。

正是由于日本自明治维新以来一直奉行在大陆进行扩张的领土政策，尽管日俄间的直接海疆问题已经宣告解决，但同样觊觎远东霸主宝座的两国终究难免一战。日本自明治维新以来一直以富国强兵为根本，中日甲午战争后，日本又利用《马关条约》从中国攫取了大量的赔款充作军费，为扩张积蓄力量。进入 20 世纪之后，日本终于按捺不住称霸远东的野心。另一方面，俄罗斯自亚历山大二世即位以来也在励精图治，1861 年的农奴解放极大促进了俄国的发展，将俄国完全带出了克里米亚战争的阴影。1881 年登基的亚历山大三世，任命谢尔盖·维特为财政大臣，在发展工业

---

① 《库页岛千岛交换条约》，北方领土问题对策协会编：《北方领土问题资料集》，第 9 页。

② 持此种观点的代表是天津社科院的周启乾先生。见周启乾：《日俄关系简史（1697—1917）》，第 108 页。

③ 1873 年 10 月，时任海军大辅的胜海舟在接受太政大臣三条实美的质询时指出，日本要实行征韩将面临军舰不足的问题，如强行命令，他只能选择辞职。《大久保利通文书》第 1 册，日本史籍协会，1927 年，第 5 卷 39 页。

④ 《关于桦太国界谈判中俄方意向的报告》，《大日本外交文书》第 7 卷，第 445—446 页。

化的同时在对外政策方面更加重视远东，积极推动南下政策。[1] 日俄两个急剧膨胀中的大国，最终不可避免的发生了一场激烈的直接碰撞。

随着俄罗斯占领满洲，通过和平手段解决朝鲜问题的可能宣告破灭，日本和俄罗斯随即突入到战争之中。[2] 战争最终以日本的胜利宣告结束，但日本也为胜利付出了惨重代价，于是无力再战的日俄双方在美国的调停下坐到谈判桌旁。谈判于 1905 年 8 月在美国新罕布什尔州的军港朴次茅斯举行，日方派出外相小村寿太郎（小村壽太郎）作为代表，而俄方的代表则是一手主导了俄罗斯远东政策的候任首相维特（Сергей Юльевич Витте）。直到当年 2 月一直担任俄国财政大臣的维特对于日本的经济情况有相当的认识，加之收到日本财政已是强弩之末因而急于讲和的情报，维特遂利用这一弱点，在谈判中将他的外交手腕发挥到了极致。[3]

1905 年 8 月 15 日，日方在交涉之初提出："库页岛是日本群岛岛链之组成部分，为保帝国安全永固，日本需要独自对库页岛进行管理。日本业已通过战争完全占有了库页岛……因而日本全权委员会希望俄罗斯正式将库页岛相关权利让渡日本，对现状加以确认。"维特则反驳道："日本当前对库页岛的占领是单纯依靠武力的结果，对此俄方完全不能认同。"[4] 根据维特秘书的回忆，此时小村寿太郎又试图搬出历史来证明日本对库页岛占领的合法性。小村说："日本早在 1624 年就已向该岛派遣官吏，而俄方则要迟到 1803 年才和库页岛发生关系。"而维特则提出："通过 1875 年的《库页岛千岛交换条约》，俄国已经完全获得库页岛的主权是明明白白的事实。库页岛确实对于日本有着巨大的经济意义，这也是日本国民提出希望获得库页岛的主要原因，俄方也不否认这点。因此我们也考虑在可能的前提下对此进行让步。"[5] 维特的说法一方面展现了俄国对于谈判的诚意，另一方面也强调了俄国对库页岛的占领不但具有国际法依据，更是得到日本承认的。可以说，维特刚柔并济的外交手腕在谈判中发挥了绝大的作用。

---

[1]　Theodore H. von Laue, Sergei Witte and the Industrialization of Russia, New York, Columbia University, 1963, p. 186~187.

[2]　Ian Nish, The Origins of the Russo—Japanese War, London, Longman, 1985, p. 274.

[3]　木村汎编：《北方領土を考える》，第 50 页。

[4]　《日俄和谈笔记》，北方领土问题对策协会编：《北方領土問題資料集》，第 20 页。

[5]　《朴次茅斯和会日志》，北方领土问题对策协会编：《北方領土問題資料集》，第 23 页。

由于国家财力已经无以为继，加之又受到美方的压力①，日本最终以获得库页岛北纬五十度以南部分的条件与俄方达成了一致。1905 年 9 月 5 日，双方正式签署了《讲和条约》，又称《朴次茅斯条约》。条约的第二款规定："俄国政府承认日本在朝鲜政治、军事及经济上的特殊利益。对于日本在朝鲜实施的必要指导、保护及监理措施，俄方不予妨碍或干涉。"而日俄领土问题则集中体现在条约的第九款上，即："俄罗斯将库页岛南部及附属岛屿的一切财产及全部主权永久让渡给日本，双方今后将以北纬五十度为界。"②

从日方在库页岛问题上的妥协可以看出，比起海疆问题，日本此时更关心的是以朝鲜为跳板在大陆进一步实行扩张，而这也与日本进行日俄战争的初衷是一致的。反观俄方，为了因应德国在欧洲的崛起，"在远东地区倾尽全力的俄国外交重点开始转移到欧洲和巴尔干半岛。同时，俄国还担心再次从背后遭受日本袭击，为了解除后顾之忧，这也促使俄国切实感受到与日本建立友好关系具有重大意义，因此对俄日妥协表现出了积极态度。"③ 以此为背景，日俄两国逐渐接近，并四次达成密约，尤其是 1916 年的日俄第四次密约标志着双方正式就瓜分"满蒙"达成了一致。可以说共同在远东攫取更大利益，是日俄战争后两国关系的主题，这种合作关系直到 1917 年俄国国内发生社会变革，才最终消解。

四、结语

自 17 世纪以来，俄罗斯的版图逐渐扩张，最终与日本隔海相望。相比于俄罗斯的积极进取，日本却还沉浸在闭关自守所带来安全感之中。其实俄罗斯进入千岛群岛后，双方在领土认知上已经有了冲突，但彼此却都未察觉。两国政府的最早接触主要是围绕海洋贸易这个话题展开的。然而潜藏的矛盾终将有爆发的一天。如果说 1855 年以前，海洋贸易还是日俄外交舞台上不可撼动的主角，那么随着《下田条约》的签署，日本经济上"开国"的完成，日俄两国在海疆问题上的矛盾就日益凸显。

回顾日本在处理日俄关系时所秉持方针的演进过程，不难发现日本的

---

① 美国总统西奥多·罗斯福就日本要求的巨额赔偿致信金子坚太郎，称世界文明国家舆论将就此转向俄国。《维特伯爵回忆录》，商务印书馆，1976 年版，第 120 页。

② 《讲和条约》，北方领土问题对策协会编：《北方领土问题资料集》，第 17 页。

③ 蔡凤林：《日俄四次密约》，中央民族大学出版社，2008 年，第 7 页。

立场在很大程度上与其对外认识有关。江户中前期的日本，为了抵制外来势力对本国的渗透，选择了闭锁国门的方式来保护自己。幕府只选择了朝鲜、琉球、中国和荷兰等四个国家进行联络，作为对外了解的窗口。对于不在这个范围内的俄罗斯，日本政府是有意回避与其接触的。因此尽管1792 年 A·K·拉克斯曼带着用日语写成的信件来与日本交涉通商事宜，日本还是借口语言不通而拒绝了俄方的交涉请求。但拉克斯曼的来访无疑刺激了日本对来自北方威胁的危机意识，幕府由此开始加强对"北方领土"的控制。随着日本对"北方领土"控制的增强，日俄双方在海疆问题上的矛盾逐渐暴露出来，但总体上讲，此时的日本在两国关系中仍展现出一种以维持现状为宗旨的消极态势。

真正对日本外交理念造成颠覆性影响的是幕末以后，西方列强对日本的直接冲击。日本一方面在西方列强的压力下被迫"开国"，另一方面也深深羡慕列强展现出的强大国力，希望取法西洋让日本也能在国际舞台上处于一种主动的地位。当时著名的思想家，伊藤博文的老师吉田松阴（吉田松陰）就提出："为今之计应以整顿武备为急务，舰船稍具，枪炮略足则可开拓虾夷封建诸侯，伺机夺取堪察加、鄂霍次克之地。之后，晓谕琉球令其参勤朝觐一如内地诸侯。责令朝鲜使其朝奉纳贡一如往昔。再之，北取满洲南进台湾、吕宋，以示进取之势。"[1] 可见日本国内已经逐渐出现了通过武力来解决对俄海疆问题的声音。但由于羽翼未丰，日本最终还是选择对俄妥协，把矛头对准了相对更为落后的朝鲜上来，但并不意味着日俄间的矛盾已经消除。按照吉田松阴的说法，"与美俄媾和已成定局，我方不可断然背约，以失信于人。但必须严订章程，敦守信义，趁机积蓄国力，割取易取之朝鲜、满洲、中国，失之于美俄者，当以朝鲜和满洲作为补偿。"[2] 从某种意义上说，日本的大陆扩张政策，正是在这种理念之下衍生出来的。

明治维新后，日本以大陆扩张政策为主导，在对外策略上主动谋求变化。这种变化尽管促成了《库页岛千岛交换条约》的签订，但却无法回避日俄双方在海洋上的势力冲突。日俄战争后，两国签订的《朴次茅斯条约》划定了双方的海疆，使得日俄间的领土争议一时消解。随着日本吞并

---

① 山口县教育会编：《吉田松陰全集》第一卷，岩波书店，1936 年，第 596 页。
② 吉田常吉、藤田省三、西田太一郎：《日本思想大系》第 54 卷，岩波书店，1978 年，第 193页。

朝鲜，日俄两国已经不仅仅是隔海相望的海上邻国，而成为了陆上的近邻，日俄两股势力冲突的中心也从海洋转移到了大陆。直到第二次世界大战结束，日本被迫放弃在大陆上强占的领土，其对苏战略的焦点才又回到海洋上来。

Discuss on the Russo-Japanese Relations before 20th Century

Li Ruoyu

Abstract: With the gradual expansion of Russia in the Far East in the end of the 17th century, Japan and Russia, which used to be quite distant, became neighbors, accordingly resulting in territorial disputes. During the early contact between both countries, compared with Russia's actively exploring and expanding in the Far East, Japan wished to "isolate the country" in order to prevent threats from foreigners. Due to these two different diplomatic concepts, Russia took initiatives in the early Russo-Japanese relations. It was after the Meiji Restoration that this situation really changed. With the modernization of Japan, its diplomatic philosophy also altered. Japan's long-term goal was aimed at North Korea and even China, so it's urgent to establish stable relations with Russia. The "Treaty of Sakhalin Kuril Exchange" is just a product of this diplomatic concept. However, Japan's expansion in East Asia also threatened Russia's interests, which ultimately led to the outbreak of the Russo-Japanese War. After the war, by signing "Treaty of Portsmouth", territorial issues between Japan and Russia were suspended. Both countries reached agreement on expanding in the Far East. This situation didn't change until the outbreak of the October Revolution. With the founding of the Soviet Union, the bilateral relations entered a new stage.

Key Words: Russo-Japanese Relations; Northern Territories; Sakhalin; Kuril Islands.

　　作者简介：李若愚，北京人，回族，史学博士，中国社会科学院日本研究所助理研究员，研究方向为日本外交史、日本政治史。代表作：（1）《近百年来东亚历史中的琉球问题》，载《史林》2011 年第 4 期；（2）《试论日本锁国政策对 19 世纪以前日俄关系的影响》，载《日本研究》2013 年第 4 期；（3）《近代初期日本的对外认识与领土观的形成》，载《西南大学学报》（社会科学版）2014 年第 1 期；（4）《一样搁置，两种逻辑：论日本钓鱼岛和北方领土政策的逻辑悖谬》，载《和平与发展》2014 年第 3 期。

三、海洋法理论

时际法与领土的取得

——基于解决领土争端中的理论与实践

王可菊

（中国社会科学院国际法研究所，100720）

摘要： 时际法原是国内法的概念，用以解决新旧法律在时间上的适用范围问题，其精髓是"法不溯及既往"原则。时际法自1928年首次在帕尔马斯岛仲裁案中适用后，国际司法机关在领土争端案件中数度予以适用。本文对国际法上的时际法及其现今在解决领土争端中的理论和实践作了一些评述和分析，以使人们对时际法的概念和作用有比较全面的认识。

关键词： 时际法；领土取得；国际法

时际法（Inter-temporal Law）原是国内法中用以解决新旧法律在时间上的适用范围问题的概念，现今在解决国家间领土争端时已常被提及。1928年在帕尔马斯岛仲裁案（Palmas Island Arbitration）中，仲裁人胡伯（Max Hubes）首次明确地将时际法适用于该案后，时际法一再被国际司法机关在领土争端案件中援用。同时，国际法学界也开始对时际法问题加以关注。诚然，"时际法问题是复杂的"，且国内外对其研究还"很不够"。①现仅就时际法及其在解决领土争议中的理论和实践做一些分析，以有助于对其概念和作用的进一步认识。

一、国际法上的时际法

（一）时际法的由来

时际法是国内法久已存在的概念。确切地说，它是"在某些大陆法系

---

① 李浩培：《条约法概论》，法律出版社，1987年，第358、372页。

国家流行的概念"。① 大陆法系是成文法系，新旧法律在时间上的适用范围问题需要由时际法来加以解决。一般认为，公元 440 年，罗马皇帝狄奥多西二世（Teodosianus Ⅱ）为其东方领土发布的命令② "为时际法上一个大原则——'法律不溯及既往'原则"奠定了基础，对此后各国国内法上时际法的发展有着重大的影响。现代各国的民事法律中，明文规定这个原则的很多，不少国家甚至将这个原则载入宪法。但是，综观各国的实定法，"法律不溯及既往"作为时际法的原则，往往存在着种种例外和限制，因而不是一个绝对的原则。"一般来说，'法律不溯及既往'不是拘束立法机关而只是拘束法律适用机关的原则。"③

时际法是因法律的演变而出现的。李浩培指出："各国国内法之所以需要时际法原则，其理由显然在于任何国家一方面需要变革，另一方面也需要法律的安全……而时际法正是企图使这两个需要保持平衡的法律。"国际法，正如国内法一样，不可能没有时际法。这是因为国际社会，正如国内社会一样，既需要变革，又需要法律的安全保障，并且需要这两者的平衡。他还特别指出，在国际法上，条约法较之习惯法更易于发生时际法的问题，因为习惯法的形成一般需要长时间的过程，而在近代，条约的缔结与日俱增。④

（二）时际法的概念

时际法是用来解决法律规范在时间上的适用范围问题的。关于国际法上的时际法的概念，学者们有不同的看法，大致来看，可分为两类：一类认为时际法是自成一类的法律，或者是一种法律原则或规则；另一类则认为，它不过是一种方法，或一种法律原则的另种表达方式或实例。

大陆法系的国际法学者普遍认为，时际法是解决法律在时间上的冲突的法律。如德国国际法学者沃尔夫-迪特里希·克劳泽-阿布拉思（Wolf-Dietrich Krause-Ablaβ）在其《时际国际法——国际法规范的时间上的适用范围》一书中说，时际法这一名称被用来指（解决法律在）时间上的冲

---

① 黄远龙：《国际法上的时际法概念》，《外国法译评》，2000 年第 2 期，第 76 页。
② 该命令说："兹决定，法律和敕令是对将来的行为给予范型而颁布的，而不是为过去的事实而规定的，但是明文为过去和未决的行为规定时不在此限。"参见李浩培：《条约法概论》，法律出版社，1987 年，第 352 页。
③ 李浩培：《条约法概论》，法律出版社，1987 年，第 352-353 页。
④ 李浩培：《条约法概论》，法律出版社，1987 年，第 354、357-358 页。

突的规则，人们也借用这一名称来指国际法规范在时间上的冲突：时际国际法。①

维也纳学派创始人汉斯·凯尔森（Hans Kelsen）在《国际法原理》一书中说，关于修改或废除先前的法律规范的属时效力范围的一些原则有时被称为时际法。②

李浩培认为，《维也纳条约法公约》中几个关于时际法的规定（主要包含在第 24 条、第 28 条、第 52 条、第 53 条、第 64 条和第 70 条中），是"缔约国必须适用的法律规定"。他同时还指出，该公约"对于条约法上时际法的规定一方面为数不多，另一方面也有争论。这是国际法学者对于时际法研究不够的结果"。③

1968 年 1 月，世界著名学术性团体国际法研究院（Institut de Droit International，亦曾译为国际法学会）指定丹麦国际法学家马克斯·索伦森（Max Sorensen）为"国际秩序中的时际法问题"的专题报告人。经过数年研究之后，他在 1972 年 4 月 29 日的临时报告中对时际法这一概念提出了疑问，他认为"时际法"这一用语是"不适当的"，因为它似乎意味着法律体系中有一个特定的分支，"然而并不存在这样的分支，而是在国际法的所有分支的适用中存在着一个时际问题。"④ 他说："一个法律规则的时间上的范围，主要取决于该规则本身的内容。如果没有明示的规定，解释过程就可能解决这个问题。如果没有其他解释因素，人们终究可以求助于受一切法律的目的所启示的一个方法，这个方法植根于超越国家和社会差别而共同于任何法律结构的一些因素。"⑤ 换言之，他认为时际法不是真正意义上的法律，而只是解决时际问题的一个方法。

安索尼·达玛托（Anthony Damato）在德国《国际公法百科全书》的《国际法时际问题》的条目释文中认为，"国际法中法律不溯及既往的原

---

① 黄远龙：《国际法上的时际法概念》，《外国法译评》，2000 年第 2 期，第 75 页。

② ［美］汉斯·凯尔森，王铁崖译：《国际法原理》，华夏出版社，1989 年，第 79 页。

③ 参见李浩培：《条约法概论》，法律出版社，1987 年，第 372、373 页。《维也纳条约法公约》第 11 条规定，本公约没有追溯力；第 28 条规定，条约不溯及既往原则；第 52 条规定，违反《联合国宪章》中所包含的国际法原则从武力的威胁或使用而获得缔结的条约无效；第 53 条规定，条约如在缔结时与一般国际法强行法规则（Jus cogens）相抵触为无效；第 64 条规定，一般国际新强行法规则发生时，与该规则相抵触的任何现行条约成为无效并终止。

④ Annuaire IDI, 55, (1973), p. 20.

⑤ Annuaire IDI, 55, (1973), p. 21.

则，通常被称为时际法法理"。①

荷兰的马兰祖克（P. Malanczuk）认为，时际法只不过是"法律不溯及既往"这一一般法律原则的一个实例而已。②

（三）时际法的适用

国际法研究院于 1975 年 8 月通过的题为《国际公法中的时际问题》的决议，最大限度地概括了时际法适用的一系列具体情形。该决议对"时际问题"（intertemporal problems）所下的定义是："与国内法上相同，国际秩序中的一般时际问题是关于规范在时间上适用范围的确定的问题。"③

该决议在第 1 条中规定："除非另经表示，适用任何国际公法规则的时间范围应根据无论任何事实、行为或情势都必须依据与其同时的法律规则来予以判断的一般法律原则确定。"从这一规定来看，为确定国际公法规则在时间上的适用范围，存在着一项一般法律原则，即任何事实、行为或情势都必须依据与其同时的法律规则来判断。

该决议在第 2 条中对国际法规则在时间上与各种事实、行为或情势之间的关系，即国际法规则在时间上的适用范围作出了具体的阐释。它涉及国际法规则除适用于与其同时发生的事实、行为或情势外，还适用于发生在新的法律规则生效前，而在其生效后继续存在的事实，或者行为的效果在规则生效后发生等诸多情况。第 2 条规定："2、在适用这一原则时：

a. 任何关于单一事实的规则应适用于该规则有效期间所发生的事实；

b. 任何关于相同事实的反复或连续的规则，即使这些事实中的一项或几项发生于这一规则生效以后，也应予以适用；

c. 任何关于某一实际情势的规则，应适用于该规则有效期间内所存在的情势，即使这些情势是在以前产生的；

d. 任何关于某一期间或关于在一确定的期间内一项情势存在的规则，只适用于该期间开始及结束的时期都在该规则有效的那段期间；

e. 任何关于某一期间结束的规则，应适用于该期间在该规则有效时内结束的任何情况；

---

　　① Encyclopedia of Public International Law, vol. 9, 1986. p. 192.

　　② P. Malanczuk, *Akehurst's Modern Introduction to International Law*, Seventh Revised Edition, Routledge, London and New York, 1997, p. 155.

　　③ Annuaire IDI, 56, (1975), p. 536.

f. 任何关于一项法律行为合法或非法性质、或关于这项法律事实的有效条件的规则，应适用于在该规则有效期间内所从事的行为；

g. 任何关于一项法律行为持续效果的规则，应适用于该规则有效期间内所产生的行为效果，即使这一行为发生于该规则发生效力之前；

h. 任何关于一法律地位的内容的规则，即使该法律地位是在该规则生效之前创造或取得的，也应予以适用。"①

值得注意的是，该决议第 3 条还包括了在第 1 条和第 2 条规定之外，国家在适用国际法规范时有权另行订立协议，但此项协议的内容不得违反国际法的强行法规则的内容。它规定："尽管在第 1 条和第 2 条中已有有关规则，然而，国家及其他国际法主体仍有权通过共同同意来决定适用规范的时间范围，但不得违反可能限制这一权力的国际法强制规则。"② 其实，这一条规定可以说在第 1 条中包含相关的内容，即"除非另经表示"。

二、时际法和解决领土争端的国际司法实践

（一）帕尔马斯岛仲裁案

（1）时际法原则的提出和适用。帕尔马斯岛位于棉兰老岛的圣阿古斯丁角东南约 50 海里处，在菲律宾和印度尼西亚纳努萨岛的中间位置。根据结束美西战争的 1898 年 12 月 10 日的《巴黎和约》，西班牙将菲律宾和帕尔马斯岛割与美国。1899 年，美国将此条约通知荷兰时，荷兰对割让未加反对。1906 年，美国驻棉兰老岛司令官在视察帕尔马斯时发现岛上飘着荷兰国旗。1906 年 3 月以后，美荷两国之间开始外交谈判，1925 年 1 月达成协议，将该岛主权归属问题提交海牙常设仲裁法院仲裁解决。两国在仲裁员名录中指定瑞士人胡伯为独任仲裁人。胡伯于 1928 年 4 月 4 日做出裁决，裁定帕尔马斯岛完全构成荷兰领土的一部分。③

美国提出权利要求的依据是，1898 年《巴黎和约》将该岛割让给美国。因而，关键问题是在《巴黎和约》缔结和生效时，该岛属于西班牙还是荷兰。裁决认为，西班牙的开拓者们发现了帕尔马斯岛，在 16 世纪初

---

① Annuaire IDI, 56,（1975），p. 537.
② Annuaire IDI, 56,（1975），p. 537.
③ 《国际仲裁裁决汇编》第 2 卷，第 829 页。

可以把这个岛置于西班牙的主权之下。但根据时际法，西班牙的这种原始权利（original title）应服从于签订《巴黎和约》时所存在的领土取得的规则。19 世纪以来，"发现"只产生一种"不完全的权利"（inchoate title），这种权利须在一个合理的期间内通过对该地区的有效占领（effective occu-pation）来完成。所谓有效占领就是能对在该地区上之他国及他国国民的权利给予最低限度保护的那种占领。

荷兰的根据是，自 1677 年以后它对帕尔马斯岛长期持续地（continu-ous）、和平地（peaceful）行使着权力。裁决认为，自 1677 年以来，某些有土著民的地区，已根据承认宗主权的协议与荷属东印度公司和荷兰联结在一起。在 1700 年，1898 年以及其后的 1906 年，荷兰曾在帕尔马斯几次作出表现国家权力的行为，虽然这些行为不是经常的。胡伯注意到，荷兰东印度政府已明白认定此岛是它的属地的一部分，并直到 1898 年为止，该政府一直努力表示其主权。荷兰所有权的根据在裁决中占了优势，因为美国没有同样的或更强有力的根据。美国作为西班牙权利的继承者，不能从《巴黎和约》中取得西班牙在 1898 年拥有的更多权利，只因地理邻近而主张权利在国际法上没有根据。西班牙早年的权利要么已为 1714 年的《乌得勒支条约》所代替，要么因为西班牙在 1677 年的默认而丧失。胡伯还考虑到，即使荷兰本身只有根据一些主权行为和主权的外部标志（如旗帜、盾形纹章等）而取得不完全的权利，它仍比美国任何的不完全权利更有力。

在帕尔马斯岛仲裁案中，胡伯在判定 1898 年这一"关键日期"（critical date），西班牙对该岛是否拥有领土主权问题时，国际法关于领土取得的规则，已经在过去的几个世纪内发生了巨大的变化。16 世纪时，"发现"（discovery）可以使得发现国取得被发现土地的主权，而在 19 世纪，则要求对该土地有效占有才能取得该土地的主权。面对这种情况，胡伯做出了如下著名的陈述："一个法律事实必须依照与之同时的法律，而不是依照因该事实发生争端时或解决争端时的法律来加以判断。"[1] 胡伯对国际法上时际法的上述表述涉及三个不同时期的法律：一个法律事实发生时正在实行的法律，因该事实发生争端时正在实行的法律，以及解决争端时的法律。按照胡伯陈述的时际法原则，判断一个法律事实的法律应该是

---

[1] 《国际仲裁裁决汇编》第 2 卷，第 845 页。

与事实同时的法律。

（2）时际法的两个要素。胡伯在该案中指出："至于在一个具体案件中，在先后继续的不同时期所实行的几个法律体系中应当适用哪一个（所谓时际法）的问题，应该在权利的创设和权利的存在之间加以区别。创设一项权利的行为受该权利创设时有效的法律支配；依照这同一原则，该权利的存在，换言之，该权利的继续显示，必须与法律的演进要求的情况相一致"。①

胡伯在适用时际法过程中，解决权利与法律变化的关系时，将权利的创设和权利的存续加以区分，从而"推导出时际法原则所应包含的两个要素"。② 第一要素：权利的创设必须依照与之同时的法律来判定；第二要素：权利的存续必须依照涉及该权利存在的关键时候的法律予以确定。第一要素的实质是"法律不溯及既往"，这一点为国际法学者所普遍接受。依照第二要素，基于第一要素取得的权利，如果没有按照法律的演进予以相应的维护就有丧失的可能，尽管新的法律不能追溯地使其自始无效。

胡伯正是根据第二要素，依照国际习惯法在领土取得方面的发展，否定了西班牙的原始权利。这在国际法学界引起了很大的争论。

美国的杰塞普（Philip C. Jessup）等一些学者对胡伯阐释的时际法原则提出了批评，认为它可能对许多领土权利的继续存在的合法性提出挑战，并由此丧失对既得权利的法律保障，并带来不稳定因素。杰塞普指出，所有权的连续性的要求，使新法具有追溯效力，而危及旧的所有权。③英国的詹宁斯（Robert Y. Jennings）认为，原始权利国维持权利的行为程度尽管不如其对手的竞争程度，但只要前者的行为不构成默示的放弃权利，或默认对手取得权利，就不能认为其丧失权利。④

（二）敏基埃群岛和埃克里荷斯群岛案

敏基埃群岛和埃克里荷斯群岛案（Minquiers and Ecrehos Case）与时际法原则有关，法院在判定争议岛屿领土主权时主要根据的是有效占领原则。

---

① 《国际仲裁裁决汇编》第 2 卷，第 846 页。

② 李兆杰：《国际法中的时际法原则》，《中国国际法年刊》（1989 年），第 99 页。

③ Jessup, Palmas Island Arbitration, 22 AJIL（1928）pp. 735，739-40. Jennings, *Acquisition of Territory*, 1963, pp. 28-31, and 121 Hague Recueil（1967，Ⅱ）422.

④ Jennings, Acquisition of Territory, 1963, p. 30.

法院承认有相应证据的古老或原始权利，但认为只在主权无争议时，表明原始权利才算足够证据。法院在此案中，没有特别选出一个关键日期。

敏基埃群岛和埃克里荷斯群岛是英吉利海峡群岛和法国海岸之间的两群小岛和礁石，它们当中只有很少几个可以居住。1953 年，岛上的建筑物主要是海关房屋、渔民小屋和少量季节性住所。英法两国政府在 1950 年12 月 29 日签订协议将主权问题提交国际法院解决。法院在 1953 年 11 月17 日的判决判定，这两群小岛的主权属于英国。①

英法两国的权利主张都以拥有远古权利（ancient title）为根据。英国主张的权利追溯到 1066 年，即法国诺曼底公爵成为英格兰国王时，其领地包括整个海峡群岛。法国的权利主张则以 1204 年法王阿古斯都将盎格鲁-诺曼人逐出诺曼底一事为根据。法院认为，"具有决定重要性的事实，不是从中世纪的事情引申出来的间接的推断，而是直接与占有埃克里荷斯和敏基埃群岛有关的证据"。只有在主权没有发生争议的时候，仅仅表明原始权利才算足够的证据。否则，就必须证实这项主权的连续不断的存在和以特别的行动实在地行使这项主权。

法院认为，英国政府能够表明在 19 世纪和 20 世纪时它已连续不断地在这些争议岛屿上行使主权。在埃克里荷斯群岛发生的种种犯罪行为已由泽西法院根据属地管辖原则予以审理；在两个群岛发现的尸体，在泽西进行了检验；1820 年以来，岛上盖的房子和小屋，都在泽西做了登记和税收估价；一个埃克里荷斯居民的小船，也在泽西进行了登记。这些岛屿可认为是属于海峡群岛由泽西当局进行管理。而法国在同一时期的某些行为不足以有支持其主张的效力。

（三）克里柏顿岛仲裁案

克利柏顿岛仲裁案（Clipperton Island Arbitration）关于不宜居住的土地的取得的论述具有重要意义。就无人居住和边远地区而言，作为行使主权的证据，少量活动就已足够。

克利柏顿岛是太平洋上一个面积 1.6 平方千米的不适宜居住的珊瑚环礁，位于墨西哥的阿卡普尔科西南约 670 海里处。此岛 1705 年为英国人克利柏顿发现，但英国没有提出主权要求。1858 年 11 月 17 日，一名法国军

---

① ICJ Reports（1953），p. 47-72.

官乘商船在该岛外游弋，他用行为宣布了法国对该岛的主权。他登上该岛，做了地理记录，并且将他所完成任务的情况报告了法国驻檀香山领事馆，通知了夏威夷政府，并将此事公布在一份地方报纸上。1897 年，墨西哥军舰在岛上竖起了墨西哥国旗。1909 年 3 月 2 日，法墨两国签订仲裁协议，指定意大利国王埃曼努尔三世担任独立仲裁人裁决该岛的主权归属。仲裁人于 1931 年 1 月 28 日做出裁决，裁定该岛主权属于法国。裁决驳回了墨西哥的主权要求，因为它没能证实该岛最先是西班牙发现，也不能证明墨西哥在 1858 年以前曾有效占领该岛，其继承权和领土主权都不能成立。法国人在 1858 年占领了该岛，并做了主权宣告。法国没有以肯定的持续居住的方式行使它的权力，并不意味着它已丧失了业已确立的既得权利。"如果一块土地由于不适宜于居住这个事实，从占领国最初在那里出现的时候起，就一直处于该国的绝对的和没有争议的支配之下，从这时起，占有应认为是已经完成了，因而这个占领就是完全的占领。"但尽管如此，仲裁员仍明确提出，"占领的一个必要的条件是实际上的而非名义上的占有"。①

三、时际法与解决领土争端的其他原则和因素

领土作为国家构成的要素之一，是国家及其人民赖以生存的物质基础，是国家行使其主权的对象和空间范围。领土争端无论大小都关乎国家的根本权益，各国对此无不极度重视。领土的争端通常都十分复杂，解决争议就需要适用一系列的法律原则和规则。正如英国的布朗利（Ian Brownlie）所说，领土主权或所有权的争议往往是复杂的，涉及对重要事实的各种法律原则的适用，而这个程序的结果并不能总是被归属于任何简单的起主导作用的规则或"取得方式"。②传统国际法上领土取得和变更方式在很大程度上虽然已然过时，但为解决历史遗留下来的领土争端，应对它们有所了解。它们是先占、添附、割让、征服和时效。

解决领土争端的复杂程度可以用许多事例来说明。例如，法庭为判定争议领土的所有权，通常所关切的是在关键日期行使主权的证据。然而单就关键日期的确定来说，就是一项受种种原则和因素制约的事。《奥本海国际法》

---

① 《国际仲裁裁决汇编》，第 3 卷，第 1104—1111 页。

② Ian Brownlie, Principles of Public International law, Seventh Edition, Oxford University Press, 2008, p. 127.

认为，关键日期或时期本身是在特定案件中考虑到各种因素予以裁定的事项，这些因素包括连续的和有效的占领或管理、默许和（或）抗议、任何对立主张的相对强弱、时际法的影响、领土所有权和疆界的稳定性原则、占有原则等区域原则、地理和历史因素、国际社会的态度、自决的可能要求、原始占有的可能的非法来源，灭亡本身不再是一个可以承认的权利。①

时际法原则在领土争端中的适用，往往受到默认、承认和禁止反言等一些普遍适用的解决领土争端的国际法规则的影响。默认一词适用于争端中"失去"领土的国家，而承认指的是第三国的态度。失去领土的国家，不提出反抗或抗议，即被认为是默认（acquiescence），而第三国对此表示接受的态度即为承认（recognition）。禁止反言（estoppel）是源于英国证据法的一项规则，已在国际司法实践中被适用。布朗利指出，时际法原则并非在真空中运作，在实践中，其理论范围将因承认、默认、禁止反言、时效、假定不放弃的规则以及诉讼和证据的一般条件而有所减损。②

四、结论

时际法的概念来源于国内法，其精髓是"法律不溯及既往"。

国际法上的时际法用来解决国际法规范在时间上的适用范围问题。尽管对国际法上的时际法的认识存在明显的分歧，但各国国际法学者都认为存在一项一般法律原则，即任何事实、行为或情势都必须依据与其同时的法律规则来判断。此外，国际法研究院的有关决议还规定，在不违反强行法的前提下国家有权通过共同同意来另行决定适用规范的时间范围。

在帕尔马斯岛案中，仲裁人胡伯说："一个法律事实须依照与之同时的法律，而不是依照因该事实发生争端时或解决争端时的法律来加以判断。"在一个具体案件中，"应该在权利的创设和权利的存在之间加以区别。创设一项权利的行为受该权利创设时有效的法律支配；依照这同一原则，该权利的存在，换言之，该权利的继续显示，必须与法律的演进所要求的情况相一致。"胡伯依照国际习惯法在领土取得方面的发展，否定了西班牙的原始权利，裁定帕尔马斯岛构成荷兰领土的一部分。一些学者对

---

① Oppenheim's International Law. vol. I, Nineth edition, p. 275.

② Ian Brownlie, Principles of Public International law, Seventh Edition, Oxford University Press, 2008, p. 104.

胡伯阐释的时际法原则提出了批评。

在敏基埃群岛和埃克里荷斯群岛案中，国际法院虽承认原始权利，但认为主权无争议时表明原始权利才算足够证据。法院在判定争议岛屿的领土主权时主要根据的是有效占领原则。

在克利柏顿岛案中，仲裁裁决认为，就无人居住和边远地区而言，作为行使主权的证据，少量活动就已足够。

解决领土争议往往需要适用一系列法律原则和规则，时际法的适用也将因其他规则的适用而受到影响。

Inter-temporal Law and Acquisition of Territory ——The Theory and Practice in Dealing with Territorial Disputes

WANG Keju

Abstract：Inter-temporal law is originally a concept of internal law. It is used to solve the problem of the effective scope of applicability of the new and old law respectively. The essence is such a principle：No law is retrospective. Ever since inter-temporal law was used for the first time in 1928 in the case of Palmas Island Arbitration, it has been used by international judical organs in the cases of territorial dispute. This paper is intended for commenting and analyzing the inter-temporal law included in the international law and the theory and practice in its current settlement of territorial dispute so as to have us had a more comprehensive acquaintance with the idea and action of the inter-temporal law.

Key words：inter-temporal law；acquisition of territory；international law

（本文原载《太平洋学报》2012 年第 5 期。）

作者简介：王可菊，女，北京市人。中国社会科学院国际法研究所研究员，博士生导师，主要研究方向：国际法、海洋法、国际人道主义法。

论国际法对公海捕鱼
自由的逐步限制*

张 磊

（华东政法大学国际法学院，200042）

摘要： 根据传统国际法，公海捕鱼自由是世界各国普遍享有的基本权利之一。然而，随着海洋渔业资源的日益枯竭，国际法对于这项基本自由开始采取逐渐限制的措施。在这个法律演进过程中，1982 年《联合国海洋法公约》的执行性文件发挥了非常重要的作用。在此基础上，现代公海渔业管理制度在区域性渔业组织、船旗国责任以及争端解决方面都有所变化。

关键词： 公海；捕鱼；联合国海洋法公约；国际法

海洋面积的 60% 是公海，而公海捕鱼自由是国际海洋法中公认的一项基本原则。所有国家及其国民均享有在公海捕鱼的权利，这也是国际习惯法的一部分。然而，面对海洋渔业资源的日渐枯竭，人类对公海价值的认识经历了一个不断深化的过程。这个过程伴随着海洋研究、开发和保护事业的发展而不断推进，人类也从蒙昧逐渐走向成熟。

一、限制公海捕鱼自由原则是势所必然

（一）公海捕鱼自由原则的确立和发展概述

公海捕鱼自由是一项仅次于航行自由的传统公海自由。依据 1982 年《联合国海洋法公约》（United Nations Convention On the Law of the Sea，以下简称《海洋法公约》）的规定，公海捕鱼自由是指在国际法的限制下，

* 本文得到上海市教育委员会重点学科建设项目（国际法学 J51103）资助。

国家及其国民都有权在公海上自由捕鱼，而不受其他国家的阻碍，公海渔业对一切国家开放。

事实上，现代国际法之父——荷兰法学家雨果·格老秀斯（Hugo Grotius）早在 1609 年发表的《海洋自由论》（the Freedom of the Seas）中就已经将公海捕鱼自由与公海航行自由结合起来了，他认为："适用于航行自由的那些原则也同样适用于渔业自由，即捕鱼对所有的人是自由开放的"；"如果某人意图禁止别人在海上捕鱼，他肯定难逃贪婪成性的指责"；同样"一国的臣民对自己的国王交纳渔业税，但这并不能影响海洋自身和渔业……他国人民有权到海上的任何一地捕鱼而无须交纳任何过路费"。[①] 此后一系列国际公约都规定，所有国家均有令其国民在公海上捕鱼的权利。由此，经过几百年的发展，公海捕鱼自由逐渐成为国际海洋法的一项基本原则，同时也成为国际习惯法的一部分。

值得一提的是，1893 年的白领海海豹仲裁案（Bering Sea Fur-Seals Case）在公海捕鱼自由原则的发展史上意义重大。属于美国的 Pribiloff 岛是太平洋海豹的主要繁殖地之一。英国渔船却在 Pribiloff 岛周边属于公海的海域上不断截杀前往繁殖地的海豹。1881 年，美国宣布其有权在 3 海里领海线以外采取行动，保护前往本国岛屿的海豹，并开始阻挠英国渔船捕猎。英美两国遂将该争端提交国际仲裁。1893 年，仲裁裁决支持了英国的主张，认为美国对处于公海领域内的海豹没有保护权或财产权，但同时也规定了一些保护海豹资源的措施。[②] 由此可见，至少在 19 世纪末，国际海洋法对于公海捕鱼自由倾向于不施加过多限制。但反过来，正如英国学者 Philippe Sands 所言，白令海海豹仲裁案也是传统海洋法建立海洋生物保护制度的开端性标志之一。[③] 以此案为契机，国际海洋法对于公海捕鱼自由原则的限制不断增多，限制的约束力也逐渐增强。

---

① Hugo Grotius, the Freedom of the Seas, at http://socserv.mcmaster.ca/econ/ugcm/3ll3/grotius/Seas.pdf, May. 6, 2015.

② See Cairo A. R. Robb, International Environmental Law Reports, Cambridge University Press, 1999, pp. 43–88.

③ See Philippe Sands, Principles of International Environmental Law, Cambridge University Press, 2003, p. 561.

（二）限制公海捕鱼自由原则的必要性分析

1. 理论基础

（1）绝对稀缺理论（Absolute Resource Scarcity）

英国学者马尔萨斯（Malthus）在 1798 年和 1820 年相继出版了《人口原理》和《政治经济学原理》。在这两本著作中，马尔萨斯通过人口增长深入分析了人类需求和自然资源供给之间的关系，其中心思想是：对自然资源的需求是以人口和收入的幂指数形式为基础的，而资源的供给或者是恒定有限的，或者只能以线性形式增长，无论人口和收入的增长率有多低，任何以幂指数形式增长的需求都会超过任何恒定的或线性增长的供给。① 因此，资源的稀缺性是绝对的，它不会因为技术进步和社会发展而有所改变，这一思想就是著名的绝对稀缺理论。

（2）公共地悲剧理论（The Tragedy of the Commons）

1968 年美国学者加勒特·哈定（Garrett Hardin）在美国《科学》杂志上发表了一篇著名的论文——《公共地的悲剧》。哈定举了这样一个事例：每一个牧民面对公共地都想多养一头牛，尽管公共地可能会因过度放牧而使所有的牛都被饿死。这就是公共地悲剧。公共地悲剧有许多解决办法，哈定说：我们可以将公共地卖掉，使之成为私有财产；也可以作为公共财产保留，准许进入，但这种准许可以以多种方式来进行限制。哈定认为：这些意见都有合理性，也均有可反驳的地方，但是我们必须选择，否则我们就等于认同了公共地的毁灭。在哈定看来，像公共地一样，人类对自然资源疯狂攫取的困境没有技术解决途径，其防止办法有两种：一是制度上的，即建立中心化的权力机构，无论是公共的还是私人的；二是道德约束，并应与非中心化的奖惩联系在一起。②

2. 理论分析

首先，20 世纪中期开始，全球人口激增，科学技术飞跃，使得人类对渔业资源的需求和获取能力大幅提高。这就导致人类对渔业资源的索取呈现出几何级数的增长模式。而渔业资源的再生速度是算术级数的增长模

---

① 李周：《环境与生态经济学研究的进展》，《浙江社会科学》，2002 年第 1 期。

② See Garrett Hardin, The Tragedy of the Commons, at http：//www. sciencemag. org/cgi/reprint/162/3859/1243. pdf, May. 6, 2015.

式。根据绝对稀缺理论，任何以幂指数形式增长的需求都会超过任何固定的或线性增长的供给，所以渔业资源的稀缺性是绝对的，长此以往，渔业资源必将枯竭。然而按照格老秀斯的观点，渔业资源是取之不尽、用之不竭的。显然，传统海洋法上的公海捕鱼自由原则是建立在所谓渔业资源无限丰富的思想之上的。因此，绝对稀缺理论使得公海捕鱼自由原则的思想基础被彻底瓦解，所以，限制该原则也就势所必然。

其次，公海渔业资源实际上就如同哈定笔下的公共地，各国在公海捕鱼自由原则的庇护下都竭尽所能地向公海攫取资源，一种恶性循环就不可避免地形成了。如果说绝对稀缺理论预示着渔业资源将濒临枯竭，那么公共地悲剧理论所揭示的不合理的生产消费方式无疑使得公海渔业资源雪上加霜。因此，为了避免公共地悲剧的发生，公海捕鱼自由原则就必然要受到全面限制。

最后，传统的公海捕鱼自由实际上更加有利于海上强国的资源掠夺。海洋自由原则作为旧海洋法的核心，从来就是少数海洋大国强加于世界上其他国家的。格老秀斯《海洋自由论》极力宣扬海洋不得为任何国家所有，其原因很大程度上是当时荷兰殖民者反对葡萄牙危害荷属东印度公司的航海贸易而进行的辩解。连英国著名海洋法学家哥伦伯斯（Clombus）也毫不讳言——昔日所谓国际海洋法就是英美一家之法。在他看来，所谓"海洋自由"无非是英美两国商船和军舰不顾其他国家的主权而开往他们所愿意去的任何地方而丝毫不受限制的权利。[①] 由此可见，传统的公海捕鱼自由实际上是一种偏袒一己之私的制度，所以，在全球性生态灾难面前，它应当受到限制。

综上可知，公海捕鱼自由原则无疑应当受到限制。但我们不禁要追问：一个存在百年的国际习惯法是如何被严格限制的呢？

二、限制公海捕鱼自由原则的法律演进

（一）1958 年日内瓦两公约对公海捕鱼自由原则的限制

在世界范围内限制公海捕鱼自由的长期协定正式肇始于 1958 年联合国第一次海洋法会议上通过的两个国际公约——《公海公约》（Geneva

---

① 赵理海：《海洋法的新发展》，北京大学出版社，1984 年，第 130 页。

Convention on the High Seas）和《捕鱼与养护公海生物资源公约》（Convention on Fishing and Conservation of the Living Resources of the High Seas）。

1. 《公海公约》对公海捕鱼自由原则的限制

《公海公约》在明确了包括捕鱼自由在内的当时公海四大自由的同时，规定："所有国家行使这些自由以及国际法的一般原则所承认的其他自由时，都应合理照顾其他国家行使公海自由的利益。"从而在国际条约中首次使用了"合理照顾"（reasonable regard）的概念。但是"合理照顾"作为一项法律义务是非常原则和抽象的，在实践中显然缺乏可操作性。所以《公海公约》只是将限制公海捕鱼自由的问题在世界范围内提了出来，并没有具体措施，然而它毕竟标志着对公海捕鱼自由原则全面限制的开端。

2. 《捕鱼与养护公海生物资源公约》对公海捕鱼自由原则的限制

《捕鱼与养护公海生物资源公约》是第一个真正意义上养护海洋生物资源的全球性公约。其第 1 条就框架性地规定了对于公海捕鱼自由的三项限制和各国义务："第一，各国均有任其国民在公海捕鱼之权利，但须：①遵守其条约义务；②尊重本公约所规定之沿海国利益与权利；③遵守下列各条关于养护公海生物资源之规定。第二，各国均有义务为本国国民自行或与他国合作采取养护公海生物资源之必要措施。"相比《公海公约》的合理照顾义务，该公约的上述限制性规定有了一定进步，但仍然只是提出问题，没有具体办法，更重要的是大多数沿海国没有在公约上签字。

（二）1982 年《海洋法公约》本身对公海捕鱼自由原则的限制

《海洋法公约》对公海捕鱼自由原则的限制主要来自两个方面：第一，通过规定缔约国对公海生物的养护义务来限制公海捕鱼自由；第二，通过建立专属经济区制度（the exclusive economic zone）来限制公海捕鱼自由。

1. 通过规定缔约国对公海生物的养护义务来限制公海捕鱼自由

在缔约国对公海生物的养护义务方面，《海洋法公约》第 116～119 条与《捕鱼与养护公海生物资源公约》除了措辞外几乎完全相同。但值得注意的是，《海洋法公约》第 116 条（b）项与原来《捕鱼与养护公海生物资源公约》第 1 条略有不同，即要求所有国家在公海捕鱼时，"除其他外"，还须受第 63 条第 2 款和第 64～67 条有关沿海国的权利、义务和利益的限制。这是《海洋法公约》的一项重要改进。这里所指的第 63 条第 2

款和第 64~67 条主要是对跨界种群、高度洄游种群、海洋哺乳动物、溯河产卵种群以及降河产卵鱼种的养护管理要求。

研读这些条文，我们可以发现《海洋法公约》的上述改进内容有以下两个显著特点：第一，此公约将注意力主要集中在活动范围跨越公海和各国专属经济区的海洋生物资源的保护上；第二，此公约以提倡缔约国协商确定具体养护措施为主，具有明显的框架性，可操作性不强。由此可见，《海洋法公约》在通过规定缔约国对公海生物的养护义务来限制公海捕鱼自由方面的进步并不大，有待于该公约的执行性文件来进一步完善。

2. 通过建立专属经济区制度来限制公海捕鱼自由

（1）专属经济区的建立对公海捕鱼自由原则的影响

在 1982 年第三次海洋法会议上，经过反复争论，终于在《海洋法公约》第五部分规定了专属经济区制度。这对公海捕鱼自由原则的影响主要体现在以下几个方面：

第一，专属经济区的建立大大缩小了公海捕鱼自由原则的适用范围。专属经济区的建立改变了专属经济区所在海域原来对所有国家开放的法律地位，而成为沿海国实施管辖的水域。根据粗略计算，如果全世界沿海国都以 200 海里区域为专属经济区，那么该区域的总面积将是地球海域总面积的 36%，200 海里专属经济区的建立将使得公海的范围相应地缩小了 40%左右。① 另外，专属经济区所在海域不但面积惊人，而且渔业价值也极高。由于海洋生物的特性，在该区域内的渔获量约占世界渔获总量的 94%。② 因此，建立专属经济区的重要性显而易见。

第二，专属经济区的建立加剧了公海资源的紧张程度，更加动摇了公海捕鱼自由原则。随着专属经济区制度的建立，迫使原先在别国 200 海里水域内作业的远洋捕鱼国纷纷移师公海。因此，公海捕鱼迅速升温。例如据联合国粮农组织（以下简称 FAO）的统计，在专属经济区制度建立之前，公海渔业产量仅占世界渔业总产量的 5%，而专属经济区制度建立后的短短几年间，该比例就猛增到 8%~10%。③ 由此不难理解，专属经济区的建立不但直接缩小了公海自由捕鱼原则的适用范围，而且间接地催化了

---

① 屈广清主编：《海洋法》，中国人民大学出版社，2005 年，第 162 页。
② 薛桂芳：《关于〈联合国海洋法公约〉对世界与我国渔业影响的探讨》，《海洋湖沼通报》，2000 年第 4 期。
③ 卓友瞻：《世界渔业发展趋势》，《中国水产》，1995 年第 10 期。

现代公海渔业管理制度的建立健全。

（2）对建立专属经济区制度的评价

首先，建立专属经济区是公共财产"半私有化"的保护方式。前文述及，哈定说：我们可以将公共地卖掉，使之成为私有财产，也可以作为公共财产保留，准许进入，但这种准许可以以多种方式来进行限制。笔者认为，专属经济区制度无疑是走了一条"中间路线"，这是因为：①专属经济区制度等于为一部分"原公共财产"找来了一位"承包人"，于是一部分渔业资源不再被公共拥有；②《海洋法公约》保留了他国在专属经济区的航行、飞越和铺设海底电缆和管道的自由。更重要的是，该公约还规定了剩余捕鱼权，即沿海国在没有能力捕捞专属经济区全部可捕量的情形下，应准许其他国家捕捞可捕量的剩余部分。上述规定都使得专属经济区的法律地位介于公海和领海之间。由此可见，专属经济区制度只是一个"半私有化"的制度，通过一种"资源有保留委托"的方式来避免公共地悲剧的发生。

其次，专属经济区对公海渔业资源的养护作用有限，不能解决所有问题，这体现在：第一，专属经济区的范围仅限于200海里，所以它不可能也没有必要涵盖整个公海。因为如果将整个公海都进行"半私有化"，那么历史就倒退回了那个约翰·塞尔登（John Selden）《闭海论》（Mare Clausum）盛行的时代；第二，即使在专属经济区范围内也并不是所有的物种都能得到沿海国的有效保护，因为在海洋物种中相当大的一部分是"跨界和高度洄游鱼类种群"。据估计，跨界和高度洄游鱼类种群约占世界海洋渔业产量的20%，是公海渔业的主要捕捞对象之一。[①] 由此推知，面对专属经济区的有限性，以《海洋法公约》执行性文件为代表的现代公海渔业管理制度将发挥极其重要的补缺作用。

（三）《海洋法公约》执行性文件对公海捕鱼自由原则的限制

1994年11月16日《海洋法公约》生效后，联合国提出加强渔业管理，对公海捕鱼自由增加了更多的限制，并根据《海洋法公约》制定了一系列执行性文件。此外，国际上许多渔业组织也根据《海洋法公约》制订

---

① 周忠海，孙炳辉：《国际渔业制度与我国的渔业管理与法律》，载高之国，张海文，贾宇主编：《国际海洋法论文集（一）》，海洋出版社，2004年，第222页。

了相应级别的执行性文件。其中较为重要的是联合国制定的三个法律文件：

（1）《促进公海渔船遵守国际养护和管理措施的协定》（the Agreement to Promote Compliance with International Conservation and Management，以下简称《公海渔船协定》）。该协定在 1993 年 FAO 第 27 届大会上正式通过，侧重加强船旗国的责任。

（2）《关于执行 1982 年 12 月 10 日〈联合国海洋法公约〉有关养护和管理跨界鱼类种群和高度洄游鱼类种群规定的协定》（Agreement for the Implementation of the Provisions of the United Nations Convention on the Law of the Sea of 10 December 1982 Relating to the Conservation and Management of Straddling Fish Stocks and Highly Migratory Fish Stocks，以下简称《鱼类养护和管理协定》）。该协定由"联合国关于跨界鱼类种群及高度洄游鱼类种群大会"在 1995 年通过，是一个较为完善的全球性渔业协定，集中体现了近年来国际社会对公海渔业资源的严格管理。

（3）《负责任渔业行为守则》（Code of Conduct for Responsible Fisheries）。该守则由 FAO 在 1995 年正式通过。它虽然不是国际公约，但是其相当多的内容已被写入了许多国际公约，因此正逐渐成为世界渔业界普遍接受的行为规范。

以《海洋法公约》及其执行性文件为代表，国际社会制定了一系列国际法文件。由此，现代公海渔业管理制度得到了初步建立和不断完善。该制度在限制公海捕鱼自由方面发挥着越来越重要的作用。

三、现代公海渔业管理制度的特征分析

（一）区域性渔业组织发挥了越来越大的作用

1995 年《鱼类养护和管理协定》使得关于公海渔业管理的国际法律制度出现明显的区域化趋势。由此，区域性渔业组织在养护公海渔业资源方面发挥了越来越大的作用。《鱼类养护和管理协定》在区域性渔业组织的职能设计上有以下两个主要特点：

第一，将区域性渔业组织及其渔业资源安排的管辖效力扩大适用于"非组织成员和非安排参与方"。《鱼类养护和管理协定》第 8 条第 4 款规定："只有属于区域性渔业组织的成员或安排的参与方的国家，或同意适

用这种组织或安排所订立的养护和管理措施的国家，才可以捕捞适用这些措施的渔业资源。"同时该协定第 17 条规定："①不属于某个分区域或区域渔业管理组织的成员或者某个分区域或区域渔业管理安排的参与方，且未另外表示同意适用该组织或安排订立的养护和管理措施的国家并不免除根据《海洋法公约》和本协定对跨界鱼类种群和高度洄游鱼类种群的养护和管理给予合作的义务；②这种国家不得授权悬挂本国国旗的船只从事捕捞该组织或者安排所养护和管理的跨界鱼类种群和高度洄游鱼类种群。"

第二，增加了船旗国专属管辖的例外情形。根据《海洋法公约》，除了公约明文规定的例外情形外，船舶在公海上应受船旗国专属管辖。而原有的例外情形并不包括沿海国可以出于养护公海跨界鱼类和高度洄游鱼类的目的而对特定他国渔船实施登临。然而根据《鱼类养护和管理协定》第 21 条和第 23 条，区域性渔业组织成员国、养护安排参与国以及港口国可以登临和检查被怀疑破坏相关海域渔业养护协定或安排的特定他国渔船。

实际上，上述两个特点是紧密联系的。将区域性渔业组织及其渔业资源安排的管辖效力扩大适用于"非组织成员和非安排参与方"是为了保证区域渔业养护协定或安排不会因为个别国家的恣意妄为而成为一纸空文。但是，即便扩大适用于"非组织成员和非安排参与方"，仍存在具体落实的问题。如果不赋予区域性渔业组织成员国、渔业养护安排参与国以及港口国对特定他国渔船的适当管辖权，那么区域渔业养护协定或安排仍然会被置若罔闻。由此可见，《鱼类养护和管理协定》事实上是在区域性渔业组织及其渔业资源安排的"管辖效力"和"落实手段"两个关键层面进行了改革，其效果也是显著的。

（二）船旗国所承担的责任不断得到加强和落实

1. 船旗国专属管辖制度在养护和管理公海渔业活动方面的重要作用

虽然 1995 年《鱼类养护和管理协定》对船旗国的专属管辖权增加了重大例外，但我们还是应当承认：船旗国的专属管辖权在公海渔业资源养护和管理中仍然起到不可替代的作用。这是因为：

第一，国际法上有关海洋生物养护和管理的所有规范性法律文件都必须通过船旗国来落实到具体的远洋渔船上。正如英国学者 Hazel Christie 所说的那样："如果我们讨论航行自由和安全义务时，我们就不得不首先确定相关船舶的国籍。这是非常必要的，因为由于船舶不具有国际法上的主体地位，所以国际法上的权利和义务不能直接适用到具体船舶上。同时，船舶所享有的具体权利也必须从其船旗国的权利和义务中相应地衍生出来。"①

第二，公海秩序（包括捕鱼秩序）也需要船旗国通过行使专属管辖权来维持。船旗国有权让其船舶在公海航行的同时，还有对该船舶行使管辖和控制的义务，而公海秩序正是需要依靠船旗国的这种义务来维持。② 所以说，船旗国专属管辖权既是一种权利，也是一种义务，维持公海秩序、规范渔船行为不得不主要仰仗船旗国履行义务。

2. 捕鱼船舶与船旗国之间建立真正联系要求的落实

要加强和落实船旗国的管辖责任，首要问题就是要建立远洋渔船与船旗国之间的真正联系，因为规范渔船的国籍制度是落实船旗国管辖责任的根本前提。1993 年《公海渔船协定》在这方面有较大进步，其第 3 条第 2 款规定："任何缔约方均不应允许有权悬挂其旗帜但未经其有关当局授权的任何渔船用于公海捕捞；经其授权在公海上进行捕捞的渔船应按照授权规定的条件进行捕捞。"第 3 条第 3 款规定："任何缔约方除非确信有权悬挂其旗帜的渔船与其之间的现有关系使该缔约方能够对该渔船有效地履行本协定所规定的职责，否则不应授权该渔船用于公海捕捞。"第 4 条同时规定："为了本协定的目的，每一缔约方均应对有权悬挂其旗帜并获得授权用于公海捕捞的渔船建有档案，并采取必要措施，确保此类渔船全部都登记入档。"由此，通过授权和归档，公海渔船就与船旗国之间就建立了真正联系。

3. 船旗国在规范和管理公海渔业活动方面责任的具体化

在明确了渔船与船旗国之间真正联系之后，现代公海渔业管理制度加强了船旗国在监督本国渔船遵守国际渔业资源养护规范方面的具体责任。在 1982 年《海洋法公约》和 1992 年《21 世纪议程》的基础上，《公海渔船协定》和《鱼类养护和管理协定》对船旗国责任做出了更为具体的规定，例如《鱼类养护和管理协定》第 18 条、第 19 条（限于篇幅，此处不再引述）。船旗国在规范和管理公海渔业活动方面的具体责任随着一个又

---

① Hazel Christie, Law of the Sea, Manchester University Press, 1999, p. 257.

② ［日］水上千之著，全贤淑译：《船舶国籍与方便旗船籍》，大连海事大学出版社，2000 年，第 29 页。

一个国际条约的制定正变得越来越具体和严格。因此，我们可以认为：船旗国责任的加强和落实已经成为公海渔业资源养护与管理的主要手段之一，这对公海捕鱼自由原则无疑又是一项重大限制。

（三）导致有拘束力裁判的争端解决程序得到加强，但仍有缺陷

作为现代海洋法的进一步发展，针对公海渔业争端的解决机制也相应地不断得到完善，其中最大的特点就是导致有拘束力裁判的争端解决程序在解决公海渔业争端中发挥了越来越大的作用。

《海洋法公约》第15部分第2节规定了"导致有拘束力裁判的争端解决程序"，这些解决途径包括：①国际海洋法法庭；②国际法院；③按照附件七组成的仲裁庭；④按照附件八组成的处理其中所列的一类或一类以上争端的特别仲裁庭。同时第297条第3款（a）项规定："对本公约关于渔业的规定在解释或适用上的争端，应按照第2节解决。但沿海国并无义务同意将任何有关其对专属经济区内生物资源的主权权利或此项权利的行使的争端提交这种解决程序（包括关于其对决定可捕量、其捕捞能力、分配剩余量给其他国家、其关于养护和管理这种资源的法律和规章中所制订的条款和条件的斟酌决定权的争端）。"由此可见，在海洋渔业争端范围内，除了沿海国有可能选择将有关其专属经济区内的部分渔业争端提交其他方式解决外，其他《海洋法公约》框架下的渔业争端应当采取导致有拘束力裁判的争端解决程序。

此外，1995年《鱼类养护和管理协定》通过适用《海洋法公约》的相关规定大大提高了导致有拘束力裁判的争端解决程序的适用机会。这种调整主要体现在以下两个方面：

第一，《鱼类养护和管理协定》第30条第1款规定："《海洋法公约》第十五部分就争端解决订立的各项规定比照适用于协定缔约国之间有关本协定的解释或适用的一切争端，不论它们是否也是《海洋法公约》的缔约方。"由此可见，除了沿海国有关其专属经济区内的部分渔业争端外，任何由《鱼类养护和管理协定》产生的争端都可以提交导致有拘束力裁判的争端解决程序，哪怕争端一方不是《海洋法公约》的缔约国，而只是《鱼类养护和管理协定》的缔约国。

第二，《鱼类养护和管理协定》第30条第2款规定："《海洋法公约》第十五部分比照适用于协定缔约国之间有关他们为当事方的有关跨界鱼类

种群和高度洄游鱼类种群的分区域、区域或全球性渔业协定的解释或适用的一切争端,包括有关养护和管理这些种群的任何争端,不论他们是否也是《海洋法公约》的缔约方。"这就使得数量庞大的分区域、区域或全球性渔业协定的当事方之间就管理和养护跨界鱼类种群和高度洄游鱼类种群的一切争端也都可以适用导致有拘束力裁判的争端解决程序。

然而,上述制度却在重大缺陷。《海洋法公约》第281条第1款规定:"作为有关本公约的解释或适用争端的各方缔约国,如已协议用自行选择的和平方法来谋求解决争端,则只有在诉诸这种方法而仍未得到解决以及争端各方间的协议并不排除任何其他程序的情形下,才适用本部分所规定的程序。"这一条款虽然初衷是好的,但可能被用来规避《海洋法公约》导致拘束力裁判的争端解决程序的适用,在实践中最典型的案例就是2000年的"南方蓝鳍金枪鱼案"。

结语:兼评对中国的影响

公海捕鱼自由作为国际海洋法的一项基本原则已经走过了百年历程。虽然在第三次联合国海洋法会议上,要求将公海捕鱼自由原则废除的呼声不绝于耳,但是1982年《海洋法公约》仍然将捕鱼自由作为公海六大自由之一。[1] 然而随着渔业资源的日益枯竭,国际社会开始普遍赞同对这项古老原则进行全面限制,正如1992年在里约热内卢"联合国环境和发展问题会议报告"最后一章提出的那样"人类要保护所有海洋生物,要合理利用和发展海洋渔业资源。"[2] 中国自古以来就是海洋大国,笔者认为,公海捕鱼自由原则的逐步限制将对我国的海洋渔业产生以下几方面的重大影响:

首先,建立专属经济区制度以后,我国可以从事海洋渔业生产的水域急剧缩小。以黄海为例,黄海海域由中、朝、韩、日四国环绕。四国相继建立了专属经济区(朝鲜1977年;韩国和日本1996年;中国1998年)。为了避免边界渔业冲突,我国与日本、韩国相继签订了《中日渔业协定》和《中韩渔业协定》,并分别于2000年6月1日和2001年6月30日正式

---

① Shigeru Oda, International Control of Sea Resources, Martinus Nijhoff Publishers, 1989, p. 21.

② Jose Antonio De Yturriaga, The International Regime of Fisheries, Martinus Nijhoff Publishers, 1997, p. 182.

生效。上述两个渔业协定生效后，我国辽宁省在黄海的对马渔场、济州岛渔场以及大、小黑山岛渔场等传统捕捞区域都将失去。而山东省更将失去40%以上的传统"黄金"作业渔场。①

其次，区域性渔业组织所实施的严格管理将使我国丧失或者基本丧失进入一些海域捕鱼的机会。1995年《鱼类养护和管理协定》第8条第4款规定："只有属于区域性渔业组织的成员或安排的参与方的国家，或同意适用这种组织或安排所订立的养护和管理措施的国家，才可以捕捞适用这些措施的渔业资源。"也就是说，现代公海渔业进入了"只有遵守规则者才能捕鱼"的时代。由于我国渔船技术条件和管理手段的相对滞后，使得我国捕鱼船队不得不退出一些海域。例如依据《鱼类养护和管理协定》，大西洋金枪鱼委员会（ICCAT）负责对在大西洋从事金枪鱼捕捞的有关国家和地区的作业船数、主要鱼种等指标进行配额限制。ICCAT第12届特别会议规定：只允许我国2艘渔船捕捞76吨蓝鳍金枪鱼，并且不得在西经30度以西从事渔业生产。② 类似的区域性渔业组织相关决定不胜枚举，对我国捕鱼船队的作业区域形成重大限制。

再次，我国海洋渔业立法相对滞后，使得我国在落实船旗国责任上与国际公约的要求存在较大差距。我国是《海洋法公约》的缔约国，之后又分别加入了《公海渔船协定》和《鱼类养护和管理协定》，而上述公约中存在大量船旗国责任条款。目前，虽然《宪法》没有明确规定，但是公法类国际条约在我国一般采取转化适用的方式，因此，制定相应的国内法是我国履行上述条约义务的重要体现。目前，我国有关渔业的法律法规包括《渔业法》、《渔业法实施细则》、《渔业捕捞许可证管理办法》、《渔业船舶监督管理规定》、《渔业行政处罚程序》、《海洋捕捞渔船管理暂行办法》等，但至少还有10多个领域有待建立正式的法律制度，如公海生物资源利用与养护制度、跨界鱼类开发与保护制度、溯河性和高度洄游鱼类开发与保护制度、捕捞数据收集制度等。③ 而上述立法领域对于船旗国履行国际渔业管理和养护责任至关重要。同时我国目前已有的法律法规很多是

① 郭文路：《国际渔业法律制度的发展及其对世界海洋渔业的影响分析》，《海洋开发与管理》，2002年第2期。

② 许柳雄：《国际金枪鱼渔业管理趋势及对我国发展金枪鱼渔业的影响》，《海洋渔业》，2003年第3期。

③ 胡增祥：《对我国海洋综合管理政策与法律框架的思考》，《青岛海洋大学学报（社会科学版）》，2001年第4期。

《海洋法公约》生效以前制定的，内容陈旧，有待重新编定。

最后，随着一些重要捕鱼海域入渔条件的日渐苛刻，使得我国海洋渔业的生产成本迅速上涨。例如，目前我国在公海海域作业的大型中层拖网渔船的捕捞对象以狭鳕为主，作业渔场仅限于白令公海和鄂霍次克公海。鄂霍次克海的公海部分是一个完全被俄罗斯专属经济区包围的海域。《鱼类养护和管理协定》第16条规定："在完全被一个国家的管辖区包围的公海海域内从事跨界鱼类种群和高度洄游种群的捕鱼应与管辖国家进行合作，以制订公海海域这些种群的养护和管理措施……各国在对公海采取措施时，应考虑到《海洋法公约》规定的沿海国的权利、义务和利益，以获得的最佳科学证据为根据，而且还应考虑到沿海国在国家管辖区域内对同一种群采取和应用的任何养护和管理措施。"因此，我国在鄂霍次克公海应当与俄罗斯合作，并应当遵守俄罗斯在其专属经济区内对相关鱼类种群的养护规定。但是近年来，俄罗斯政府对该海域的狭鳕资源实行了严格的管辖和养护措施，并实施高价配额，而我国则只能以协议的方式在该海域入渔，并须向俄方支付巨额资源配额费和观察员工资。① 因此，我国海洋渔业的发展受到严重阻碍。

尽管面对上述困难，我们仍然应当清醒地认识到：公海捕鱼自由原则的逐步限制是有利于全人类的，同时对我国也有所裨益，例如我国拥有了面积庞大的专属经济区、我国管辖海域和周边海域的渔业资源将得到休养生息等。我国既然将可持续发展作为一项基本国策，那就应当积极改革现有的渔业生产模式，真正落实"责任制捕鱼"，实现人类发展与生态环境的和谐共赢。毕竟所谓的自由从来就不是不受任何法律约束的，恰恰相反，公海捕鱼自由实际上本身就是一种法律状态。② 我们应当顺应公海捕鱼自由原则逐步限制的时代潮流，迅速融入公海渔业管理的新体制。

①　黄金玲、黄硕琳：《国际海洋法与我国远洋渔业的发展》，《海洋渔业》，2001 第 2 期。
②　于昕：《全面理解公海自由问题——新世纪海洋法热点问题（四）》，《当代海军》，2002 年第 8 期。

The Gradual Limitation on the Freedom of High Sea Fishing

ZHANG Lei

Abstract：According to traditional international law, high sea fishing is the basic right of countries over the world. But the freedom has been limited gradually with the fishing resource is becoming less and less. In the process of limitation by international law, Execution files of the United Nations Convention on the Law of the Sea are very important. On that basis, modern High seas fishing regulation has been changing in regional fishery organization, flag state responsibility and settlement of dispute.

Key Words：High sea; fishing; United Nations Convention on the Law of the Sea; International law

作者简介：张磊，男，汉族，1981 年出生，浙江兰溪人，法学博士，华东政法大学国际法学院副教授，主要研究国际公法。代表作有《论国家主权对航行自由的合理限制——以"海洋自由论"的历史演进为视角》（《法商研究》2015 年第 5 期）、《对南海九段线争议解决途径的再思考——兼论〈联合国海洋法公约〉的局限性》（《太平洋学报》2013 年第 12 期）、《加强对黄岩岛有效控制的国际法依据》（《法学》2012 年第 8 期，并被《中国人民大学报刊复印资料（国际法学）》2012 第 12 期全文转载）、《论美国军事介入中日与中菲岛屿争端的可能性——以军事同盟条约为视角的比较研究》（《美国问题研究》2012 年第 1 期）。

不同维度下公海保护区现状及其趋势研究

——以南极海洋保护区为视角

桂 静

（国家海洋信息中心，300171）

摘要： 作为新的公海环境保护管理手段，公海保护区法律规范仍有很大的完善空间，与传统公海自由原则存在如何协调的问题。从南极公海保护区的实践看，具体管理措施的缺失是实际管理工作的障碍，且只有法律依据和制度建设的不断完善才能有效地消除国家间分歧。公海保护区的建设对国家利益存在积极的、消极的和相对消极的方面，应当对这些方面作充分考虑。

关键词： 公海保护区；公海自由；远洋渔业；"区域"活动；科学研究

20 世纪末期，海洋环境的恶化证明传统的海洋管理方式已经不足以适应新的环境保护要求，日益加剧的海洋环境危机迫切需要采用新的管理措施和手段以突破这种不适应性和障碍。① 海洋保护区正是在这一前提下作为一种替代性的海洋资源管理方式被提出来的。根据世界自然保护联盟的研究，海洋保护区是"由法律或其他有效手段予以保护的下述部分或全部封闭的环境：潮间带或潮下带及其上覆水体以及相关动物、植物，历史和文化特征"。② 海洋保护区早已被公认为未来恢复渔业资源与保护海洋生物

---

① 刘洪滨，刘康著：《海洋保护区——概念与应用》，海洋出版社，2007 年，第 95 页。

② 格雷厄姆·凯勒著，周秋麟、周通、张军译：《海洋自然保护区指南》，海洋出版社，2008 年，第 12 页。

多样性的重要手段，它不但最简单、有效且成本最低，同时也符合国际环境法的诸如预防原则、生态系取向管理原则、栖地保护重于物种保护原则等指导原则。

　　根据《联合国海洋法公约》，公海是位于 200 海里沿海国专属经济区以外的国家管辖范围之外的海域，占据全球海洋面积 51%。众所周知，传统的公海自由原则使公海为世界上所有国家使用，由此也带来一定的负面结果，那就是公海沦落为国家观念中的"无主财产"，导致世界各国在公海使用过程中重开发使用轻管理养护，使公海污染防治面临着前所未有的新情况和新问题。随着公海治理的不断深入、海洋管理方法的创新，海洋保护区向更广阔的公海延伸受到国际社会的关注。近年来公海保护区[①]实践也在不断增加。正如任何有关超出国家管辖范围外地区的制度都面临的问题一样，公海保护区也面临着与现有国际法相协调、具体执行中如何在超出国家管辖范围外行使控制权和开展监管活动、与其他非缔约方国的利益协调等问题。[②] 那么，在公海这类国际公域内建立海洋保护区的法律依据、它对现有国际海洋法律制度会产生怎样的冲击？其具体管理制度存在什么问题？对国家利益的影响又如何？等等，都是公海保护区实践需要关注和研究的问题。

一、从国际海洋法看公海保护区的现状

　　公海自由原则在公海制度中长期占统治地位，根据《联合国海洋法公约》的规定，各国在公海享有航行、飞越、捕鱼、铺设海底电缆和管道、科学研究以及建造人工岛屿和设施等六大方面的公海自由。公海保护区制度则是为了有效地防止人类活动对公海环境污染的可能而在公海的核心区域设立的一项制度，此制度将禁止人类从事相关的海洋活动。[③] 也就是，这项制度将大面积的公海划为海洋保护区，并制定需要其他国家顾及和遵守的保护区管理规定，从一定程度上讲，实际上是确立对公海部分海域的管辖权。由于海洋保护区本身具有限制开发利用活动的特性，公海保护区

---

　　①　公海保护区属于国家管辖范围外海洋保护区的一种，此外还有"区域"海洋保护区。
　　②　王超锋：《新形势下的公海污染防治问题及立法对策分析》，《淮海工学院学报》（社会科学版），2009 年第 4 期，第 44—46 页。
　　③　王超锋：《新形势下的公海污染防治问题及立法对策分析》，《淮海工学院学报》（社会科学版），2009 年第 4 期，第 44—46 页。

的管理实际上很难顾及且不妨害其他国家利用海洋的权利。① 可以说，在公海建立海洋保护区存在先天的缺陷。公海保护区一旦建立起来对一国行使这些自由造成一定的限制是不可避免的。因此，公海保护区的保护海洋环境的特性与公海利用活动存在冲突，公海保护区制度与现行海洋法律制度存在冲突，明显地表现为与公海自由制度的冲突。

然而应当看到，对公海活动的限制本就已经因为国际海洋法的发展而产生了。例如，1995 年《跨界和高度洄游鱼类种群协定》对公约的实质性修改已使公海捕鱼自由受到了较大的限制，公海捕鱼自由实际上已不可能。实质上，如何看待这一问题涉及两个方面：一是，如何看待公海自由原则的问题。公海自由并不意味着可以在这里开展任何活动，因为存在保护和养护海洋环境、养护和管理公海生物资源的一般性义务以及国际法的其他规则。② 公海上的自由是要以承担相应的国际义务为前提的，各国在公海捕鱼必须承担其养护与管理公海生物资源的义务。国际上现有的法律和机制应寻求协调它们之间关系的途径。二是，如何看待保护与开发利用的关系。公海保护区只是对于不合理的人类活动进行了合理地限制，况且，保护区也不排除合理利用的可能。例如，公海保护区都是针对热液喷口、海山等有特殊动物区系的深海独特环境建立的，这些地区面积有限，且都是生物多样性高丰富性地区，从长远角度讲，它们的生物、矿物及碳氢化合物有被开发的可能性。其实，世界自然保护联盟规定了从高度保护到提供多种利用的各种不同类别的海洋保护区，而且现有的国内海洋保护区管理实践也提供了将保护和开发二者协调起来、在保护海洋环境和生物的同时促进当地经济发展的海洋保护区实例。基于此，公海保护区不会对捕鱼等海洋资源利用活动造成大的影响。可以说，公海保护区与公海自由又并非绝对对立，可以说公海保护区对公海自由制度赋予了新的含义，从而起到了发展的作用。因此，国际社会应当寻求两项国际法律制度的协调，以便公海保护区制度发挥其应有的功能。

自 20 世纪 60 年代以来，包括《国际拉姆萨湿地公约》、《世界文化和自然遗产保护公约》、《联合国海洋法公约》、《生物多样性公约》在内的

---

① UNEP/CBD/COP/10/DEC/X/31.29，《生物多样性公约》网站，2010 年 10 月 31 日，http：//www.cbd.int/doc/decisions/cop-10fullcop-10-dec-zh.pdf.

② "保护区不限成员名额特设工作组第一次会议的报告"，第 41 段，《生物多样性公约》网站，2013 年 12 月 21 日，http：//www.cbd.int/doc/？meeting＝PAWG-01.

大量的全球性和区域性的相关法律文书总体上构成了规范超出国家管辖范围以外的海洋地区生物多样性的现行国际法律框架，这一框架为在超出国家管辖范围以外的海洋区域建立海洋保护区提供了相当多的机会。面对公海资源和环境的威胁，在公海建立海洋保护区的相关战略、研究计划也已经启动。① 例如，《生物多样性公约》第七届缔约方大会明确指出，海洋保护区是帮助实现国家管辖范围以外的生物多样性的保护和可持续利用的工具。国家管辖范围以外的海洋地区生物多样性面临的风险在增加，且这些地区的海洋和沿海保护区的目的性、数量和覆盖面严重不足；同意迫切需要开展国际合作和行动，改进国家管辖范围以外的海洋地区生物多样性的保护和可持续利用，包括按照国际法并以科学信息为基础进一步建立海洋保护区，包括如海隆、深海热泉、冷水珊瑚和其他脆弱生态系统区。② 根据第七届缔约方大会的决定，通过了保护区工作规划，目的是于 2010 年前对陆地和 2012 年前对海洋建立并维护综合性、得到有效管理并在生态方面具有代表性的国家和区域保护区系统，这些系统总体上通过全球性网络有助于实现公约的三个目标和到 2010 年显著降低目前生物多样性丧失速度的目标。同时，大会决定成立保护区问题不限名额特设工作组，以支持和审查工作规划的执行，并向大会报告。还要求保护区问题不限名额特设工作组探讨进行合作的备选办法，以便根据包括《联合国海洋法公约》在内的国际法，并以科学资料为依据，在国家管辖范围以外的海洋区域建立保护区。③

然而，在公海建立海洋保护区的有关国际法律文件还都停留在一种原则性的精神导向阶段，没有对公海保护区进行直接规制的国际法依据。例如《联合国海洋法公约》第 194 条第 5 款只是提及"采取其他措施保护所有水域中的生态环境和重要的生态系统"，并未直接建立海岸和海洋保护区。可见，国际社会专门针对公海的环境保护立法尚待确立并予以完善。这种立法滞后的现状不能适应国际社会对公海环境保护的要求。

---

① 桂静：《国家管辖以外海洋保护区的现状及对策分析》，《中国海洋法学评论》，2012 年第 1 期，第 200—201 页。

② 《生物多样性公约》缔约方大会第 Ⅶ/5 号决定，第 29、30 段，《生物多样性公约》网站，2013 年 12 月 21 日，http：//www.cbd.int/decisions/cop/？m＝cop-07。

③ 《生物多样性公约》缔约方大会第 Ⅶ/28 号决定，第 29 段，《生物多样性公约》网站，2013 年 12 月 21 日，http：//www.cbd.int/decisions/cop/？m＝cop-07。

二、从全球环境公约看公海保护区的实践及其存在的问题

目前，《南极条约》体系框架内有关海洋保护区的建立，形成了以《南极条约》为核心，以《关于环境保护的南极条约议定书》、《南极生物资源养护公约》为主体，以其他相联系但又独立的法律文件为补充的法律体系。[①]《南极条约》虽然没有直接规定环境保护的条款，但已经要求缔约国各方阐述并考虑旨在促进本条约的原则和宗旨的措施，其中包括南极生物资源的保护（第9条）。应当认为，《南极条约》已经涉及环境保护问题特别是生物资源的保护。《关于环境保护的南极条约议定书》（简称《议定书》）对南极地区的环境保护做了全面的规定，成为保护南极环境的最主要的法律文件。《议定书》对南极环境保护做出了严格规定，并承诺全面保护南极环境及依附于它的和与其相关的生态系统，特将南极指定为自然保护区，仅用于和平与科学（第2条）。《议定书》附件五较为详尽地规定了有关南极环境保护的"区域保护及管理"即南极保护区的各项要求，已成为各国在南极建立保护区并开展相关活动的基本准则和实施规范。《南极生物资源养护公约》是《南极条约》体系的组成部分，南极条约协商国会议（ATCM）与南极生物资源养护委员会（C-CAMLR）共同承担对南极周围海洋环境有影响的人类活动的管理义务。南极生物资源养护委员会也有权力和义务，以符合其管理目标的方式，为了科学研究或养护的目的指定封闭区域。对于全部位于海洋（包括公海）之上的海洋保护区的建立与管理，由南极生物资源养护委员会及其通过的养护措施予以规范。其建立的一般程序是，先由提出国向南极生物资源养护委员会的咨询机构南极生物资源养护委员会科学委员会提出计划，该提议提交南极生物资源养护委员会审议，由所有成员国、科学委员会和南极生物资源养护委员会对计划的合理性进行审查。而后，如果该委员会依公约通过海洋保护区的决定，则应通知委员会所有成员。

2009年11月，在澳大利亚召开的第28届南极生物资源保护委员会大会上通过了一项保护措施——《91-03-南奥克尼南部大陆架的保护》，决定在公海上设立一个海洋保护区——南奥克尼群岛南大陆架海洋保护区。

①　龚迎春：《试论〈南极条约〉体系确立的环境保护规范对各国的效力》，《外交评论（外交学院学报）》，1990年第3期。

2010 年 5 月，南奥克尼海洋保护区正式建立。就该保护区的管理实践看，到目前为止效果尚未显现，究其原因主要有两个：一是该保护区从建立到到目前只有不到 5 年的时间。许多区内发现的远洋类物种在短短的几年内不足以看到任何实际的变化，以显示生物多样性、种群或渔获量的积极变化，因此支持公海海洋保护区的科学证据的缺乏或不充分不足以对该保护措施得出确切的结论。二是，该海洋保护区尚未制定《管理计划》、《科研监测计划》，这些具体计划的缺位对管理形成一定的阻碍。

最近的事实表明，目前对 C-CAMLR 建立公海保护区的依据的分歧显现出来。自 2011 年在南极罗斯海建立海洋保护区的提案第一次提出以来，到 2014 年南极生物资源养护委员会大会经历了四次审议但均未获通过。其最大原因就在于缔约国对公海海洋保护区的建立在科技支撑、法律依据等方面存在极大分歧，而这些分歧的背后又隐现着国家政治利益之争。[①]俄罗斯抵制罗斯海保护区理由之一就是《南极生物资源养护公约》建立这类保护区的行为缺乏充分的法律基础。即使建立海洋保护区，也不应只是单纯追求扩大海洋保护区的面积，它应当是一个包括科学、法律等多种因素的复杂过程，应当能够考虑所有可获得的信息。乌克兰也认为，《联合国海洋法公约》规定建立海洋保护区仅仅是在那些国家管辖范围的沿岸水域内。因此，目前阶段找不到在包括《南极生物资源养护公约》适用区在内的"世界海洋"的公海建立海洋保护区的任何法律上的可能性。而且，根据《南极生物资源养护公约》养护措施"CM91-04"，制定特别海洋保护区的保护措施是以南极生物资源养护委员会科学分委会的建议为基础的，而该分委会并没有提供有关足够的科学资料。对此，美国则持完全相反态度。它认为，《南极生物资源养护公约》适用区内南极海洋生物资源构成南极海洋生态系统的组成部分，且公约适用区包括公海。《南极生物资源养护公约》的目标是南极生物资源的养护，包括合理利用。"南极海洋生物资源"定义包括所有生命体物种。因此《南极生物资源养护公约》的范围宽泛到足以包括生物多样性的保护。

事实上，在缺乏完善的国际法律制度的约束下，在公海建立海洋保护区极易导致某些国家以此为借口行圈海之实，将海洋保护区的建立作为扩

---

① 桂静：《罗斯海海洋保护区缘何遭搁浅？》，《中国海洋报》，2014 年 12 月 9 日，http：//www.oceanol.com/redian/shiping/2014-12-09/38307.html.

展海洋空间的手段。例如，1995 年 3 月加拿大抓捕西班牙渔船一案中，虽然最终授予如加拿大这类的沿海国控制过度捕捞洄游鱼类种群的直接执行力，但加拿大以保护洄游鱼类为由在超出本国专属经济区的国际公域进行执法的实践会否在公海保护区管理中重演，值得警惕。此外，一些沿海国通过区域渔业组织在自身关切的公海设立禁渔区，限制他国在公海捕捞并从中获得最大资源利益。

三、从国家利益角度看公海保护区的影响

（一）积极方面

从国家海洋空间战略利益的角度。自 17 世纪初到"二战"前，公海利益占主导地位，海洋自由原则一直长期支配着世界海洋秩序。而"二战"后，特别是《联合国海洋法公约》的通过，沿海利益不断扩大而公海利益不断萎缩，20 世纪 90 年代以后，许多国家已完成国家管辖海域，即专属经济区和大陆架的立法工作和划界谈判等事务，开始转向对国家管辖以外海域制度的修改和调整。[①] 这种转向则首先表现在海洋环境制度方面。出于拓展海洋战略空间的需要，当前各国已经表现出对公海、国际海底区域、极地等全球公域的管理和利用的关注。以南极海洋保护区为例，根据南极特别保护区的实践，哪个国家提出海洋保护区提案，一般就由这个国家进行实际的管理，由此就能实现对海洋保护区的一定程度的实际掌控，而目前南极海洋生物资源养护委员会还没有形成在公海上建立海洋保护区的具体管理机制，可以想见在南极建立公海保护区的提案国就会取得实际的管理权。由此可以说，参与公海保护区的建立可以提高国家对国际事务的影响力，进而有利于本国战略空间利益的拓展。

从国家的面临的非传统安全的角度。在全球化的今天，除许多传统的安全问题发生了改变并出现新的趋势外，非传统安全日益显现。非传统安全是相对于军事、政治和外交等传统安全威胁而言的，是指除传统安全威胁以外的其他对主权国家和人类生存与发展构成威胁的因素。全球环境恶

---

① 王翰灵：《国际海洋法发展的趋向》，中国法学网，2008 年 5 月 30 日，http：//www.iolaw.org.cn/showarticle.asp？id＝1850.

化使国际环境问题上升为一个重要的非传统安全问题。[①] 在当前国家拓展海洋战略利益空间的趋势下，来自海上方向的战略利益更容易受到威胁，因而保卫海上安全越来越成为各国的重大战略问题。从这个角度讲，国家参与公海保护区的建立是顺应趋势的发展之举，也不失为一种打破海上安全困局的解决之道。

从可持续的经济利益的角度。在公海特定区域内划定海洋保护区能够体现地域特点，有针对性地保护特定区域的生物多样性，是最符合经济效益的模式。目前，国家在公海的经济效益主要体现在渔业捕捞的收益，公海保护区的建立至少使可捕捞范围缩减，从而减少国家的捕捞收益。但是长远考虑，保护区的建立对其内的生物往往有增进资源效益的成效。据国际粮农组织的研究表明，本来一些鱼类可能会游到海洋保护区界限以外，特别是由于采取保护措施后区内的生物密度一旦上升，游出海洋保护区的鱼类就会增加，也就可能会被捕获。这种所谓的"溢出效果"是海洋保护区产生的一种潜在利益。[②] 也就是说，国际社会可能得益于生态保护的成果，可能的捕捞量会增加。因此，公海保护区对于渔业资源的可持续收益更为合理。

从国际合作的角度。近些年来，由于海洋勘探技术的发展，在资源利用方面各国互相渗透，互相影响的趋势日益明显。在这一背景下，资源立法的国际化趋势逐步加强。在环境保护领域，由于海洋没有国界，一国边界内的重大影响可以引起边界以外的或是对其他国家领土或是对公海环境的改变，对此仅仅依靠国内的努力显然是不够的，唯有加强世界范围内的国际合作。此外，由于公海保护区的建立要求具备较高的科学技术力量，一般发展中国家不具备这样的技术水平而产生顾虑，加强国际合作是推动公海保护区的必需途径。可以说，国际合作在环境保护领域显得最为突出，[③] 而在公海环境保护领域更是如此，这也为国家开展国际合作创造了新的空间。

① 王秀梅：《浅论非传统安全与国际合作原则》，《理论导刊》，2005 年第 7 期，第 67 页。

② 参见"Effects, benefits and coasts of MPAs（as a fisheries management tool）"，联合国粮农组织网，2013 年 10 月 16 日，http://www.fao.org/fishery/topic/18153/en.

③ 亚历山大·基斯著，张若思编译：《国际环境法》，法律出版社，2000 年，第 3-4 页。

（二）消极方面

公海保护区对国家的消极影响最集中体现在公海自由的限制方面。公海保护区的最主要目的，就是为了有效地防止人类活动对公海环境污染的可能而在公海的核心区域设立的一项制度，此制度将禁止或限制人类在公海的捕鱼、航行、科学研究等事相关海洋活动。

首先，对国家特别是发展中国家远洋渔业发展不利。由于种种原因，发展中国家不能充分行使国际法赋予的公海捕鱼自由的权利，不能有计划地利用公海渔业资源为国民谋利益。随着技术水平的提高，发展中国家对公海海域自然环境和生物资源的认识已有一定地积累和掌握，进而对生物资源获取的需求增大。然而，从国际上目前的形势看，对公海渔业的限制将越来越严格，表现之一就是，在一些主要的公海捕鱼区域，将会通过国际谈判、国际会议建立一定的管理制度，由有关国家或国际渔业组织进行管理，采取必要的管理措施。其中当然包括建立海洋保护区。[①] 由此，发展中国家远洋渔业发展的需求将与国际公海渔业发展趋势形成矛盾。

其次，对国家国际海底区域资源活动产生限制。由于技术和经济等原因，目前国际海底区域资源尚未实现大规模商业性开发。尽管如此，各国对于国际海底区域的资源开发前景还是持普遍关注态度，对多金属结核、多金属硫化物、富钴结壳等资源的勘探仍在持续。然而，深海底资源开发不可避免地对周围环境造成影响，产生环境污染。有研究表明，这种污染包括采矿系统对海底环境特别是生态系统的影响；采矿船废液、废水排放对海洋环境特别是表层水域环境的影响；陆上加工处理造成的环境影响。随着国际海底区域资源勘探开发活动的发展，它所带来的海洋环境问题也日益受到国际社会的重视。近年来国际海底管理局通过在其相关的矿产资源勘探开发规章中规定越来越严格的环境保护的内容从而加强对深海底采矿环境保护的要求即为一例。

第三，发展中国家在公海的海洋科研活动受到更大的限制。发展中国家由于资金不足和技术落后等方面的原因，对公海生态系统的相关研究刚刚起步，而在这方面发达国家早已完成了大量的调查，并获得了大批科学

[①] 黄硕琳：《公海渔业的限制与发展——国际渔业法律环境剖析》，《水产学报》，1998 年第 3 期，第 217-221 页。

数据和样品，因此二者的研究水平及成果储备不可比拟。作为限制性的公海保护区必然将实施更为严格的生态环境保护准则，这类保护区设立之后将更加限制各国行使其公海科研自由的权利，而由于科研水平的差距使得这种限制对发展中国家将产生比发达国家更大的阻碍。①

（三）相对消极方面

参与公海保护区事务会增加国家的管理成本，但也会因此获得国际上的资助而有所缓解。《联合国海洋法公约》通过后，海权在国际范围内出现了很大的变化。一方面，为了新增的权利，海权行使者（不一定是国家）必须承担相应的国际责任。一个主权国家在世界海权竞争中的地位，无论是科技、航运、海洋产业或是环境保护，说到底都和每个国家政府对应出台的激励政策和配套措施有关。在海权的成本体系中，主权国家必须支付普遍意义的"主权成本"，提供有关公共物品，即所谓"提供国内公共服务"；② 此外，作为主权"延伸"的海权，有一部分权利在"主权之外"，《联合国海洋法公约》规定的"无害通过"、"过境通行"、铺设海底电缆或管道、使用"区域"内活动专项授权的规定，都属此类权利。在这种背景下，一国为维护其海洋权利将付出更大的管理成本。另一方面，据国际环境组织权威研究表明，实现保护区有效管理的成本是随着保护的生物多样性种类、管理类型、地理单元等的不同而变化的。位于公海之上的公海保护区由于其距离本国较远，以交通可达性标准来衡量就使得保护区所面临的威胁更大，因而资金需求也越大。③ 而且，目前公海生物资源堪忧，特别需要保护的现状和趋势明显。这些都将不断加大对管理成本规模的要求，然而，公海保护区作为国际社会进行合作以保护环境的一种新的方式，通过与某国际组织或别国的合作的机会，可以获得资金上的资助，以降低维护国家海洋权利的管理成本。

---

① 《保护区网络化便于生物沟通》，《新京报》，2013 年 6 月 26 日，第 D06 版。
② 孔志国：《中国争议海域背后：一个〈公约〉引发的中国海权危机》，凤凰网，2011 年 1 月 24 日，http：//finance.ifeng.com/roll/20110124/3278817.shtml.
③ 高军、蒋明康、徐网谷、夏欣：《基于自然保护区属性的管理成本分析》，《生态与农村环境学报》，2012 年第 1 期，第 100 页。

四、公海保护区发展趋势分析

（1）公海保护区法律制度仍有很大的完善空间。公海保护区与公海自由的冲突需要通过法律机制的不断完善予以弥补，表现为实现公海保护区与相关国际条约的协调。《联合国海洋法公约》没有明确规定在公海建立海洋保护区以保护海洋环境。目前，在公海建立保护区的实践已经走在前面，而且第一个公海保护区也已经在南极建立起来，但是目前还找不到在公海建立海洋保护区的直接法律依据，为此，促进在《联合国海洋法公约》（UNCLOS）、《生物多样性公约》（CBD）、《联合国鱼类协议》以及其他相关协议基础上的，具有协商一致、并带有目标和标准及执行措施的全球框架的形成，用以推动符合国际法的国家管辖以外海洋保护区研究体系的建立，将成为未来公海治理领域的重要议题。① 基于此，相关法学理论基础的研究将有所增强。如国际环境法律规范对公海愈加严格的保护、生态资源立法的国际化、国际法对公海保护区的适用性包括不同视角下审视其国际法原则等。② 此外，目前一些国内或国家合作建立的海洋保护区或在位置、地质或在保护类型方面与国家管辖以外海洋保护区类似，可以提供非常有益的经验。例如，由世界野生动物基金帮助建立的葡萄牙彩虹喷口区域保护区，就是沿海国大陆架上的第一个海洋保护区；世界野生动物基金参与建立的加拿大大西洋沿岸大型水下峡谷保护区被作为深海海洋保护区试点，该峡谷深达 2000 米以上；加拿大、葡萄牙都尝试在海山建立海洋保护区。基于此，类似海洋保护区实例的研究也有必要得到加强。

（2）科学认知的深入将极大地促进公海保护区的实践。基于公海生物资源及其脆弱的栖息环境的保护，公海保护区的存在是有其合理性的。公海保护区一般是针对有特殊动物区系的独特深海环境而建立的，包括热液喷口、海山等特殊动物区系，其特点是区域性强，面积有限。且早些时候对深海认识不足的情况下，这类独特深海环境数量有限。然而，随着人类对深海认识的不断增加和深入，越来越多的深海环境被发现，且深海环境如热液喷口、海山等深海环境是生物、矿物及碳氢化合物富集的区域，从

---

① 《保护区问题不限成员名额特设工作组第一次会议报告》，第 42 段，《生物多样性公约》网站，2013 年 12 月 21 日，http：//www.cbd.int/protected/meetings/default.shtml.

② 桂静：《公海海洋保护区的国际法基本原则辨析》，《江南社会学院学报》，2014 年第 1 期，第195 页。

长远来看其被开发的可能性极大。因此，公海保护区的数量有逐步增加的可能。2008 年海洋保护生物研究所、世界自然保护联盟、世界保护区委员会等共同宣布将推动 10 个公海区域的保护。可见，海洋保护区的建设呈现向公海扩展的态势，面积也将急剧增加，公海大型保护区尤为受到国际社会的关注。

（3）环境公约的实践将为公海保护区管理制度的健全提供借鉴。从环境保护角度看国际社会将加强公海保护区的实践的努力，但存在着法律架构、科学基础及管理方式等方面的不足。这一点集中体现在《南极生物资源养护公约》的实践中。虽然南极生物资源养护委员会已经通过《关于建立 CCAMLR 海洋保护区的总体框架》，但在目标设定和具体实施方面存在一系列问题，已经成为成员国争论的焦点。[①] 这些问题的存在已经影响到南极海洋保护区的建立与管理的质量，并由此可能引发国家间关系的紧张。随着对在南极建立海洋保护区提案的讨论将持续下去且日益激烈，未来制定在南极建立海洋保护区的一般法律规则也不无可能。由此，不论从法律依据还是制度建设来看，都将对公海保护区制度的健全与完善提供参考。

（4）各国就公海保护区达成共识将是一个相对漫长的过程。公海保护区对各国国家利益的影响及其程度不同，各国的立场也会有所不同，甚至差距很大。以罗斯海海洋保护区提案的几度搁浅可以看到，不同利益的角逐使得各国难以达成共识。但相关讨论已经开启，2008 年 5 月《生物多样性公约》缔约方大会第 9 次会议上，各国代表承诺到 2012 年建立一个全球海洋保护区网络的目标。并且，今后对这一问题的理论方面的研究会更加深入。

五、小结

作为新的公海环境保护管理手段，目前，国际社会对国家管辖范围以外海洋保护区进行了一定程度地规范，虽然存在初步的法律框架，但是缺乏更具体明确的法律依据，公海保护区法律规范仍有很大的完善空间。公海保护区的建设与传统公海自由原则的协调问题，只要正确看待公海自由

---

① 杨雷、韩紫轩、陈丹红、龙威、房丽君、李春雷：《关于建立 CCAMLR 海洋保护区总体框架有关问题分析》，《极地研究》，2014 年第 4 期，第 532-533 页。

原则，正确看待保护与开发利用的关系，其实二者并非不可协调。

从已建的南极公海保护区的实践看，尚未制定相关计划是实际管理工作的障碍。从相关保护区提案的讨论可以看到，缔约国对公海海洋保护区的建立在科技支撑、法律依据等方面存在极大分歧，而这些分歧的背后又隐现着国家政治利益之争，由此极易导致某些国家借此作为拓展海洋权益的手段。因此，只有法律依据和制度建设的不断完善才能避免国家间的分歧甚至矛盾，为公海保护区的健康发展提供借鉴。

公海保护区的建设对国家利益存在积极的、消极的和相对消极的方面。从长远考虑，建立公海保护区对于维护国家海洋权益、获取一定的经济效益，以及加强国际事务合作等都会产生积极的作用。但从短期实践看，可能对国家的公海捕鱼、"区域"矿产资源勘探和海洋科研形成一定的限制。国家参与公海保护区事务会增加管理成本，但也会因此获得国际上的资助而有所缓解，因此一国是否参与应当对管理成本问题作充分考虑。

Study on the Status and Trends of Protected Area on the High Seas in Different Dimensions

GUI Jing

(National Marine Data and Information Service, Tianjin, 3000171)

Abstract: Protected area on the high seas, as an environmental protection management measure on the high seas, is still much space for improvement in the laws and regulations, and there exits the problem of how to coordinate with the traditional principle of freedom of the high seas. From the practice of the protected areas in Antarctic waters, the lack of specific management measures is the obstacle in the actual management of, and the continuous improvement of the legal basis and system construction can effectively eliminate the differences between countries. The construction of the protection areas on the high sea have the positive, negative and relatively negative aspects on the interests of a state, which should be given full consideration.

Key words: Protected Area in the High Seas; Principle of Freedom; Pelagic Fishery; Activities in the Area; Scientific Research

（本文原载《太平洋学报》2015 年第 5 期。）

作者简介：桂静：女，1973 年，籍贯天津，硕士，国家海洋信息中心副研究员。中国海洋法学会会员。长期从事国际海洋法研究。曾参与《海域使用管理法》立法研究、海洋划界重大课题研究、国家海岛管理立法研究等。自 2010 年以来，在《太平洋学报》《中国海洋法学评论》《江南社会学院学报》《当代韩国》《法治研究》《天津法学》等刊物上公开发表论文近 20 篇，主要有：《公海保护区的国际法基本原则辨析》（《江南社会学院学报》2014 年第 4 期）；《"区域"制度背景下缔约国损害赔偿责任探析》（《江南社会学院学报》2014 年第 1 期）；《外大陆架制度背景下国际特许使用费法律问题探析》（《天津法学》2014 年第 1 期）；《外大陆架划界中的不确定因素及其在北极的国际实践》（《法治研究》2013 年第 5 期）；《韩国强化无人岛管理的做法及对中国的启示》（合著）（《当代韩国》2013 年第 1 期）；《国家管辖以外海洋保护区的现状及对策分析》（合著）（《中国海洋法学评论》2011 年第 1 期），等等。

国际海洋法法庭临时措施管辖权的影响因素

张丽娜

（海南大学法学院，570228）

摘要：海洋法法庭自成立以来，受理了 8 个临时措施案件，这 8 个案件均涉及管辖权问题。海洋法法庭临时措施管辖权的主要法律依据是《联合国海洋法公约》第十五部分、《国际海洋法法庭规约》、《国际海洋法法庭规则》等。但在海洋法法庭规定临时措施的实践中，争端各方对管辖权问题的争论比较激烈。这些问题主要包括：加入《联合国海洋法公约》的声明对海洋法法庭管辖权有什么样的影响？争端方之间已存在其他条约能否排除海洋法法庭管辖权？如何判断争端各方履行了交换意见的义务从而确定海洋法法庭对案件具有初步管辖权？

关键词：国际海洋法法庭；临时措施；管辖权

国际海洋法法庭（International Tribunal for the law of the sea，以下称"海洋法法庭"）自 1996 年成立以来，共受理了 22 个海洋争端案件，其中 8 个关于临时措施。[①] 在这 8 个临时措施案件中，申请方和被告方都在法庭是否具有管辖权方面进行了激烈的争辩。的确，在临时措施案件中，管辖权问题至关重要，因为其直接关系到海洋法法庭是否有权规定临时措施以及海洋法法庭规定的临时措施是否有效。应该说，管辖权问题是每个

---

① 这 8 个案件为：Case No. 2 The M/V "SAIGA" (No. 2) Case (Saint Vincent and the Grenadines v. Guinea)；Cases Nos 3 & 4 Southern Bluefin Tuna Cases (New Zealand v. Japan；Australia v. Japan)；Case No. 10 The MOX Plant Case (Ireland v. United Kingdom)；Case No. 12 Case concerning Land Reclamation by Singapore in and around the Straits of Johor (Malaysia v. Singapore)；Case No. 18 The M/V "Louisa" Case (Saint Vincent and the Grenadines v. Kingdom of Spain)；Case No. 20 The "ARA Libertad" Case (Argentina v. Ghana)；Case No. 22 The Arctic Sunrise Case (Kingdom of the Netherlands v. Russian Federation).

案件都会遇到的问题，因为海洋法法庭从不认为其对某个案件具有当然的管辖权，管辖权的严格审查原则也是海洋法法庭的基本原则之一。①

从相关规定看，海洋法法庭对临时措施管辖权问题主要规定在《联合国海洋法公约》（以下简称《公约》）第十五部分争端解决、《国际海洋法法庭规约》和《国际海洋法法庭规则》中。仅仅就条文本身看，其规定比较简单。实践中，争端各国对这些条文的理解并不统一，所以对海洋法法庭临时措施管辖权也有各种解读。从海洋法法庭已受理的 8 个案件看，争端各方关于管辖权的争论主要集中在：加入《公约》的声明对海洋法法庭管辖权有什么样的影响？争端方之间已存在其他条约能否排除海洋法法庭管辖权？如何判断争端各方履行了交换意见的义务从而使海洋法法庭对案件具有初步管辖权？本文主要围绕这三个问题展开论述。

一、加入《公约》的声明对海洋法法庭临时措施管辖权的影响

《公约》允许缔约国在加入《公约》时或加入后的任何时间作出书面声明，该书面声明包括两种，即肯定性声明和否定性声明。所谓肯定性声明，是指缔约国根据《公约》的规定，对争端解决程序做出一种或一种以上肯定性选择。根据《公约》第 287 条第 1 款的规定，缔约国可以选择以下方法解决争端：国际海洋法法庭（包括海底分庭）、国际法院、仲裁法庭、特别仲裁法庭。同时根据该条第 3 款、第 4 款和第 5 款的规定：如果缔约国对争端解决方式作了一致的选择，就只能提交这种争端解决程序；如果缔约国对争端解决方式没有做出选择或选择的不一致，则应提交《公约》附件七的仲裁程序。② 否定性声明，是指在《公约》允许的范围内，

---

① P. Chandrasekhara Rao and Rahmatullah Kham: the International Tribunal for the Law of the Sea (The Hague: Kluwer Law International, 2001), 41.

② 《联合国海洋法公约》第 287 条（程序的选择）第 1 款至第 5 款规定：
"1. 一国在签署、批准或加入本公约时，或在其后任何时间，应有自由用书面声明的方式选择下列一个或一个以上方法，以解决有关本公约的解释或适用的争端：
(a) 按照附件六设立的国际海洋法法庭；
(b) 国际法院；
(c) 按照附件七组成的仲裁法庭；
(d) 按照附件八组成的处理其中所列的一类或一类以上争端的特别仲裁法庭。
2. 根据第 1 款作出的声明，不应影响缔约国在第十一部分第五节规定的范围内和以该节规定的方式，接受国际海洋法法庭海底争端分庭管辖的义务，该声明亦不受缔约国的这种义务的影响。
3. 缔约国如为有效声明所未包括的争端的一方，应视为已接受附件七所规定的仲裁。
4. 如果争端各方已接受同一程序以解决这项争端，除各方另有协议外，争端仅可提交该程序。
5. 如果争端各方未接受同一程序以解决这项争端，除各方另有协议外，争端仅可提交附件七所规定的仲裁。"

对排除《公约》适用的事项作出书面声明。根据《公约》第 298 条第 1 款的规定，一国在签署、批准或加入《公约》时，或在其后任何时间，均可以就下列各类争端的一类或一类以上不接受《公约》规定的争端解决程序，这些争端包括：海洋划界、军事活动、渔业和科研执法等重要领域的争端。①

这两类声明在实践中都会对海洋法法庭的临时措施管辖权产生重要影响。从目前海洋法法庭受理的案件看，因为缔约国所做的声明而主张海洋法法庭没有管辖权的案件主要是圣文森特和格林纳丁斯诉西班牙的第 18 号案和荷兰诉俄罗斯的第 22 号案。这两个案件分别涉及的是声明范围不同的管辖权问题和排除声明的管辖权问题。

（一）声明范围不同对管辖权的影响

海洋法法庭第 18 号案为圣文森特和格林纳丁斯诉西班牙的"Louisa"船案（Case No. 18 The M/V "Louisa" Case, Saint Vincent and the Grenadines v. Kingdom of Spain），该案中，申请方圣文森特和格林纳丁斯和被告方西班牙均为《公约》缔约国。申请方圣文森特和格林纳丁斯在 1993 年 10 月 1 日批准公约，并在 2010 年 11 月 22 日根据《公约》第 287 条做了声明，该声明为：圣文森特和格林纳丁斯政府宣布它接受根据附件六成立的国际

---

① 《公约》第 298 条（适用第二节的任择性例外）第 1 款规定：

"一国在签署、批准或加入本公约时，或在其后任何时间，在不妨害根据第一节所产生的义务的情形下，可以书面声明对于下列各类争端的一类或一类以上，不接受第二节规定的一种或一种以上的程序：

（a）（1）关于划定海洋边界的第十五、第七十四第八十三条在解释或适用上的争端，或涉及历史性海湾或所有权的争端，但如这种争端发生于本公约生效之后，经争端各方谈判仍未能在合理期间内达成协议，则作此声明的国家，经争端任何一方请求，应同意将该事项提交附件五第二节所规定的调解；此外，任何争端如果必然涉及同时审议与大陆或岛屿陆地领土的主权或其他权利有关的任何尚未解决的争端，则不应提交这一程序；

（2）在调解委员会提出其中说明所根据的理由的报告后，争端各方应根据该报告以谈判达成协议；如果谈判未能达成协议，经彼此同意，争端各方将问题提交第二节所规定的程序之一，除非争端各方另有协议；

（3）本项不适用于争端各方已以一项安排确定解决的任何海洋边界争端，也不适用于按照对争端各方有拘束力的双边或多边协定加以解决的任何争端；

（b）关于军事活动，包括从事非商业服务的政府船只和飞机的军事活动的争端，以及根据第二九七条第 2 和第 3 款不属法院或法庭管辖的关于行使主权权利或管辖权的法律执行活动的争端；

（c）正由联合国安全理事会执行《联合国宪章》所赋予的职务的争端，但安全理事会决定将该事项从其议程删除或要求争端各方用本公约规定的方法解决该争端者除外。"

海洋法法庭作为解决与船舶抓扣有关的争端解决机构。① 西班牙在 1997 年
1 月 15 日批准《公约》时声明，其承认国际海洋法法庭的权限。并且，在
2002 年 7 月 19 日，西班牙根据《公约》第 287 条再次声明，西班牙对于
《公约》解释和适用方面的争端接受国际海洋法法庭和国际法院的管辖。②

从双方的声明看，他们在争端解决程序方面有一致的选择，即都选择
了海洋法法庭作为争端解决方式。但在本案中，双方就海洋法法庭是否对
本案拥有管辖权并没有达成统一意见。他们对其根据《公约》第 287 条所
声明的海洋法法庭管辖权的范围发生了分歧。西班牙认为海洋法法庭没有
管辖权，其主要理由是：双方虽然都选择了海洋法法庭作为争端解决程
序，但由于双方在声明时的范围不同，所以海洋法法庭没有管辖权。③

对于缔约国声明范围不同，海洋法法庭是否有管辖权问题，《公约》、
《国际海洋法法庭规约》和《国际海洋法法庭规则》中都没有规定，所
以，海洋法法庭必须对此问题进行解释和回答。

在该案中，海洋法法庭认为，缔约国声明范围的宽窄并不影响其对该
案件的管辖权。海洋法法庭认为，缔约国做出限制性的声明没有不妥之
处，海洋法法庭应该服从某些公约缔约国根据《公约》第 287 条所做的限
制管辖权的范围。同时海洋法法庭认为，国际法院的实践提供了很好的经
验。国际法院在审理法国与挪威的"Certain Norwegian Loans"案中有过明
确的陈述：因为本案涉及两个单方面的声明，所以国际法院的管辖权仅限
于在他们声明中相一致的地方。通过对两个声明之间的比较可知，法国接
受国际法院管辖权的声明要比挪威的窄，因此，双方的共同意愿是国际法
院管辖权的基础，它存在于法国所做的更多限制的、范围较窄的声明中。④

据此，海洋法法庭认为，在本案中，圣文森特和格林纳丁斯所做的声
明范围显然要比西班牙窄，所以，海洋法法庭的管辖权应以圣文森特和格
林纳丁斯所做的声明范围为基础。

海洋法法庭明确了其对案件有管辖权之后，接下来的问题就需要解释
圣文森特和格林纳丁斯的声明，以明确其具体管辖范围。就本案而言，西

---

① ITLOS Case No. 18, Request for Provisional Measures of Saint Vincent and the Grenadines.

② ITLOS Case No. 18, Response of Spain.

③ ITLOS Case No. 18, Response of Spain.

④ Certain Norwegian Loans, Judgment, I. C. J. Reports 1957, p. 9, at p. 23; see also Armed Activities on the Territory of the Congo (New Application: 2002) (Democratic Republic of the Congo V. Rwanda), Jurisdiction and Admissibility, Judgment, I. C. J. Reports 2006, p. 6, at p. 39, para. 88).

班牙认为海洋法法庭的管辖权应被限制在根据《公约》规定的关于船舶抓扣方面，比如说根据《公约》任何条款明确规定的包含"船舶抓扣"词语所导致的争端。而圣文森特和格林纳丁斯认为，其声明的词语并没有限制争端的范围，并且它接受海洋法法庭作为解决与其船舶抓扣有关的争端解决机构。它进一步认为其声明中"有关"的表述明确地表示其声明扩展到公约中所有与船舶抓扣有关的条款。对此，海洋法法庭强调，根据《公约》第287条做出声明是国家的单方面行动。因此，在解释这个声明时，应特别强调国家做出此声明的意图。海洋法法庭认为，圣文森特和格林纳丁斯的声明中"关于"一词的使用表明，该声明并不限于仅明确包括"逮捕"或"扣留"的条款，而是指公约中与抓扣有关的任何条款。这种解释是考虑了圣文森特和格林纳丁斯在做此声明时的意图。[①] 这也可以通过圣文森特和格林纳丁斯提交的申请中得到证明。从其提交的申请中，很明显地可以看出圣文森特和格林纳丁斯的声明意在包括所有与被抓扣船舶有关的赔偿。为此，海洋法法庭认为西班牙对圣文森特和格林纳丁斯声明的狭义解释是不能得到支持的。因此，法庭认为圣文森特和格林纳丁斯的声明包括抓扣以及与此有关的所有事项。[②]

通过该案，我们可以明确的是，在争端方声明范围不同时，并不影响海洋法法庭的管辖权，但是管辖权的范围要受到限制，即以较窄范围的声明为管辖权的依据，同时在解释声明内容时，要考虑当事国所做声明的意图。

（二）排除声明对管辖权的影响

海洋法法庭第 22 号案是荷兰诉俄罗斯的"极地曙光号"案（Case No. 22 The Arctic Sunrise Case, Kingdom of the Netherlands v. Russian Federation），该案中，双方均为《公约》缔约国。荷兰于 1996 年 6 月 28 日批准《公约》，荷兰在批准《公约》时的声明为：考虑到《公约》第 287 条的规定，它接受国际法院关于争端解决的管辖，这种争端是其与其他同样接受上述管辖的《公约》缔约国之间产生的关于公约的解释与适用有关的争端。[③]俄罗斯于 1997 年 2 月 26 日批准该公约，俄罗斯批准《公约》时的声

① ITLOS Case No. 18, Order of 23 December of 2010.
② ITLOS Case No. 18, Order of 23 December of 2010.
③ ITLOS Case No. 22, Request for Provisional Measures submitted by the Netherlands.

明如下：根据《公约》第 287 条的规定，关于公约解释与适用的争端，它选择根据附件七组成的仲裁法庭作为争端解决的主要方式。它选择根据附件八组成的特别仲裁庭作为考虑与渔业、海洋环境保护、海洋科学研究和航行（包括船舶和倾倒污染）有关的事项。另外，俄罗斯在批准《公约》时也做了排除声明，即"关于行使主权权利或管辖权有关的法律执行行动方面的争端，俄罗斯不接受《公约》第十五部分第二节导致有约束力判决的程序"。①

海洋法法庭认为，由于荷兰和俄罗斯没有选择同一争端解决程序，根据《公约》第 287 条第 5 款的规定，"如果争端各方未接受同一程序以解决这项争端，除各方另有协议外，争端仅可提交附件七所规定的仲裁"。又根据《公约》290 条第 5 款的规定，"在争端根据本节正向其提交的仲裁法庭组成以前，经争端各方协议的任何法院或法庭，如在请求规定临时措施之日起两周内不能达成这种协定，则为国际海洋法庭，或在关于'区域'内活动时的海底争端分庭，如果根据初步证明认为将予组成的法庭具有管辖权，而且认为情况紧急有此必要，可按照本条规定、修改或撤销临时措施。"所以在本案中，如果附件七的仲裁法庭具有初步管辖权，那么海洋法法庭就可以代为规定临时措施。

俄罗斯认为，根据排除声明，其对"极地曙光"号船舶及其船员所采取的措施是俄罗斯作为沿海国在行使其管辖权，包括刑事管辖权。基于此，俄罗斯不接受《公约》附件七的仲裁程序。②

因此，本案中，海洋法法庭对临时措施管辖权的依据是仲裁法庭对此争端具有初步管辖权。所以俄罗斯的排除声明直接关系到仲裁法庭的初步管辖权问题。

海洋法法庭没有质疑俄罗斯的排除声明，而是质疑俄罗斯对排除声明的解释。海洋法法庭认为，根据《公约》第 298 条第 1 款（b）的规定，关于军事活动，包括从事非商业服务的政府船只和飞机的军事活动的争端，以及根据第 297 条第 2 和第 3 款不属法院或法庭管辖的关于行使主权权利或管辖权的法律执行活动的争端的任择性例外仅适用于有关根据 297

① ITLOS Case No. 22, Note verbale of the Embassy of the Russian Federation in Berlin, dated 22 October 2013.

② ITLOS Case No. 22, Note verbale of the Embassy of the Russian Federation in Berlin, dated 22 October 2013.

条第 2 款或第 3 款排除法院或法庭管辖的争端，这些争端涉及海洋科学研究或渔业。而本案并不涉及这两项内容。俄罗斯意欲在此范围内将前述声明适用于此争端而不是那些与海洋科学研究和渔业有关的争端，这将违反《公约》第 309 条的规定。[①] 因此，海洋法法庭认为，附件七的仲裁法庭对该争端具有初步管辖权。俄罗斯的声明不能排除仲裁法庭对此争端的管辖权。

从该案中可知，缔约国的排除声明受法律保护，但在解释排除声明时应该符合《公约》的相关规定。缔约国的单方面解释不能对抗海洋法法庭的管辖权。另外值得注意的是，《公约》第 288 条第 4 款规定，"对于法院或法庭是否具有管辖权如果发生争端，这一问题应由该法院或法庭以裁定解决。"

二、争端方之间的其他条约对海洋法法庭临时措施管辖权的影响

《公约》第 282 条规定，"作为有关本公约的解释或适用的争端各方的缔约各国如已通过一般性、区域性或双边协定或以其他方式协议，经争端任何一方请求，应将这种争端提交导致有拘束力裁判的程序，该程序应代替本部分规定的程序而适用，除非争端各方另有协议。"根据该条规定，如果争端方之间存在其他的双边或多边协定，可能会对海洋法法庭临时措施管辖权产生影响。实践中，被告方主张争端方存在其他条约而否定海洋法法庭对临时措施具有管辖权的代表性案例为：海洋法法庭的第 2 号和第 3 号案件（澳大利亚诉日本和新西兰诉日本）以及第 10 号案件（爱尔兰诉英国）。

（一）南方金枪鱼案中的"其他条约"对海洋法法庭管辖权的影响

海洋法法庭的第 2 号案和第 3 号案分别是新西兰诉日本及澳大利亚诉日本的南方金枪鱼案（Cases Nos 3 & 4 Southern Bluefin Tuna Cases，New Zealand v. Japan；Australia v. Japan），由于两个案件具有相似性，所以海洋法法庭合并审理了这两个案件。这两个案件中涉及了两个国际公约：一个是 1993 年日本、澳大利亚和新西兰三国签署的《保护南方金枪鱼公约》

[①]　ITLOS Case No. 22, order of 22 November 2013；《公约》第 309 条（关于保留和例外）规定，"除非本公约其他条款明示许可，对本公约不得做出保留或例外。"

（the Convention for the Conservation of the Southern Bluefin Tuna，CCSBT 公约）；另一个是三方均已加入的《公约》。

在该案中，日本对海洋法法庭管辖权的质疑是：日本、澳大利亚、新西兰之间存在 CCSBT 公约，他们之间的争端是关于 CCSBT 公约的争端，不是关于《公约》的解释与适用问题的争端。所以，根据《公约》第 282 条的规定，他们之间存在其他协议，海洋法法庭对此争端没有管辖权。[①]

对于此类问题，应从两方面分析：一方面需要分析《公约》第 282 条的规定；另一方面需要分析日本、澳大利亚、新西兰之间的争端和 CCSBT 公约。前面提到的《公约》第 282 条主要包括三个内容：首先，争端方之间存在其他方式协议；其次，该争端是关于《公约》的解释或适用；最后，存在导致有拘束力裁判的程序。

首先，对于《公约》第 282 条规定的第一点，作为争端方的日本、澳大利亚和新西兰之间是否存在其他协议，这是没有争议的，他们之间的 CCSBT 公约可以被认为是"其他协议"。

其次，上述三方之间的争端是否属于《公约》的解释与适用问题，双方存在分歧，日本认为这不是《公约》的解释与适用问题，而澳大利亚和新西兰认为这涉及了《公约》第 64 条"高度洄游鱼种合作养护"和第 116 至 119 条"公海生物资源的养护和管理、合作采取养护措施"的规定。因此，是属于《公约》的解释或适用问题。澳大利亚和新西兰在此方面的观点得到了海洋法法庭的支持。

最后，根据 CCSBT 公约能否导致有约束力的裁判。CCSBT 公约第 16 条是争端解决条款，该条款规定：（1）如果成员国就 CCSBT 公约的解释或适用产生争端，争端各方应该协商一致，采取谈判、调查、调停、调解、仲裁、司法或者选择其他和平解决方式。（2）如果不能解决争端，则在争端各方同意的情况下，提交到国际法院判决或仲裁，但是，若各方不能就提交到国际法院达成一致，不排除争端各方应按照本条第 1 款的规定寻求和平解决争端的义务。（3）若争端提交仲裁，仲裁庭的组成应符合本公约附件的要求，附件是本公约不可分割的组成部分。从 CCSBT 公约第 16 条看，其规定的争端解决程序在本质上是循环的，因为如果缔约国国不能就法律解决或仲裁达成一致的话，谈判就会无休止地进行下去。澳大利

---

① ITLOS Case No. 3 &4, Response and Counter-request for Provisional Measures submitted by Japan.

亚和新西兰正是受挫于日本不同意进入有法律拘束力的争端解决程序，而基于《公约》第十五部分提起了诉讼。所以海洋法法庭认为，CCSBT 公约第 16 条并不能构成适用《公约》第十五部分的障碍。因为，CCSBT 的争端解决条款第 16 条是一个循环的无休止的谈判过程，不能导致"有拘束力的裁判"，故不可以替代公约第十五部分的争端解决程序。① 由于日、澳、新三国均为《联合国海洋法公约》的缔约国，但它们均未对《公约》287 条规定的程序做出选择，海洋法法庭认为根据《公约》附件七的仲裁法庭对该案具有管辖权。

另外，Ivan Shearer 法官在他发表的独立意见中认为，即使双方已经达成协议，按照 CCSBT 公约第 16 条规定争端解决，也不能排除海洋法法庭对于因《公约》产生的争端具有管辖权。② 同时，本案特别值得注意的另一个问题是，日本一方面认为法庭没有管辖权，另一方面在其 1999 年 8 月 9 日做出的答复中，却提出了一项临时措施的反请求。③ 这使得日本对海洋法法庭管辖权的质疑显得自相矛盾。

（二） MOX 工厂案中"其他条约"对海洋法法庭管辖权的影响

海洋法法庭的第 10 号案是爱尔兰诉英国的 MOX 工厂案（Case No. 10 The MOX Plant Case, Ireland v. United Kingdom）。2001 年 11 月 9 日爱尔兰申请海洋法法庭规定临时措施，该案有关海洋法法庭临时措施管辖权问题同样涉及《公约》第 282 条的规定（如前所述）。该案涉及的其他条约有：《东北大西洋海洋环境保护公约》（Convention for the Protection of the Marine Environment of the North-East Atlantic, 简称 OSPAR 公约）、《建立欧洲原子能共同体条约》（the Treaty Establishing the European Atomic Energy Community of 1957）和《建立欧共体条约》（the Treaty Establishing the European Community）。英国认为，爱尔兰和英国均已加入 OSPAR 公约，该公约第 32 条规定了争端解决程序。同时，作为欧盟成员，《建立欧洲原子能共同体条约》和《建立欧共体条约》也规定了成员国解决争端的方法，其中包

---

① ITLOS Case No. 3&4, Separate Opinion of Judge Shearer；赵理海：《麦氏金枪鱼案——国际海洋法法庭的首例渔业争端》，《中外法学》，2000 年第 1 期。

② ITLOS Case No. 3&4 , Separate Opinion of Judge Shearer.

③ ITLOS Case No. 3 &4, Response and Counter-request for Provisional Measures submitted by Japan.

括欧洲法院。①

英国反对海洋法法庭对本案具有管辖权的理由还包括：（1）双方的争端主要是涉及《东北大西洋海洋环境保护公约》（OSPAR 公约）和欧共体的相关法律。（2）该案已经提交 OSPAR 法庭，且法庭已经组成，爱尔兰将该案再次提交《公约》附件七的仲裁法庭，是属于重复诉讼。所以即便初步事实已经存在，公约附件七的仲裁法庭也没有管辖权。如果附件七仲裁法庭对该案有管辖权，那么就有可能产生判决不一致的风险。（3）爱尔兰依赖的欧共体法律主要是《建立欧洲原子能共同体条约》和《建立欧共体条约》。两个条约规定了成员国争端解决的方法，包括欧洲法院。而且，这两个条约非常明确地禁止成员国利用其他争端解决机制。爱尔兰的行为已经引起了公共的注意，因为其启动了独立的程序而破坏了两个公约所规定的义务。②

但海洋法法庭认为，即将组成的仲裁法庭对该案有管辖权。因为该争端是关于《公约》的解释与适用的争端。③

Rüdiger Wolfrum 法官认为，OSPAR 公约中的争端解决机制是用来解决有关 OSPAR 公约的解释与适用的争端，它不能解决《公约》的解释与适用方面的争端；《欧共体条约》第 220 条授权欧共体法院"……确保在本条约的解释与适用中，法律能够被遵守……"该条款应和《欧共体条约》第 292 条一起理解，即"成员国不应将关于本条约的解释与适用的争端提交给其他争端解决结构。"所以这并不是说欧共体法院能够裁判与《公约》的解释与适用有关的争端。④

海洋法法庭认为，OSPAR 公约、欧共体条约、欧洲原子能条约的争端解决程序是关于这些公约的解释和适用问题，而不是关于海洋法公约而引起的争端。⑤

即使 OSPAR 公约、欧共体条约、欧洲原子能条约所包括的权利义务与海洋法公约规定的权利义务相似甚至相同，那些公约下的权利义务也与海洋法公约规定的权利义务是独立存在的。因此，海洋法法庭认为其对

---

①　ITLOS Case No. 10, Written Response of the United Kingdom.

②　ITLOS Case No. 10, Written Response of the United Kingdom.

③　ITLOS Case No. 10, Order of 3 December 2001.

④　ITLOS Case No. 10 Separate Opinion of Judge Wolfrum.

⑤　ITLOS Case No. 10, Order of 3 December 2001.

MOX 工厂案拥有管辖权，该争端是关于公约的解释与适用的争端，其他公约的存在不影响海洋法法庭的管辖权。

从海洋法法庭的实践看，其他条约的存在一般不能排除海洋法法庭的管辖权，除非当事方在该条约中明确约定，关于《公约》的解释与适用的争端提交另外的争端解决程序，且该程序能够导致有约束力的判决。实际上，《公约》第 282 条的规定，也正体现了《公约》第 280 条的精神，即"本公约的任何规定均不损害任何缔约国于任何时候协议用自行选择的任何和平方法解决它们之间有关本公约的解释或适用的争端的权利"。

三、争端各方履行交换意见的义务对海洋法法庭临时措施管辖权的影响

《公约》第 283 条规定："1. 如果缔约国之间对本公约的解释或适用发生争端，争端各方应迅速就以谈判或其他和平方法解决争端一事交换意见。2. 如果解决这种争端的程序已经终止，而争端仍未得到解决，或如已达成解决办法，而情况要求就解决办法的实施方式进行协商时，争端各方也应迅速着手交换意见。"根据此条规定，在海洋法法庭的实践中，以申请方没有履行交换意见而质疑海洋法法庭管辖权的案件时有发生，其中比较有代表性的案件有：新西兰和澳大利亚诉日本的南方金枪鱼案（第 3 号和第 4 号案）、爱尔兰诉英国的 MOX 工厂案（第 10 号案）、马来西亚诉新加坡的佛柔海峡填海案（第 12 号案）。

争端方在将争端提交海洋法法庭申请临时措施前，是否必须履行交换意见的义务？在实践中，又如何判断争端方已经履行了交换意见的义务呢？

（一）交换意见是否为海洋法法庭规定临时措施的先决条件

在南方金枪鱼案中，日本认为澳大利亚和新西兰没有履行《公约》第 283 条所要求的交换意见的义务，所以海洋法法庭对该争端没有管辖权。[①] 在 MOX 工厂案中，英国认为爱尔兰没有和英国进行交换意见，所以海洋法法庭对案件进行管辖的条件没有得到满足。[②] 在佛柔海峡填海案中，关

---

① ITLOS Case Nos 3&4, Response and Counter-request for Provisional Measures Submitted by Japan.

② ITLOS Case No. 10, Written Response of the United Kingdom.

于交换意见的义务，新加坡认为马来西亚没有履行交换意见的义务，《公约》第 283 条要求交换意见的先决条件没有满足。因此，海洋法法庭对争端没有管辖权。①

那么，在临时措施案件中，交换意见是否为海洋法法庭获得管辖权的先决条件呢？对于此问题的解答，需要分析《公约》第十五部分的争端解决机制。《公约》第十五部分共三节，其中第一节为一般规定；第二节为导致有约束力裁判的强制程序；第三节为适用第二节（强制程序）的限制与例外。这三节的关系体现在《公约》第 286 条。《公约》第二节第 286 条规定，"在第三节限制下，有关本公约的解释或适用的任何争端，如已诉诸第一节而仍未得到解决，经争端任何一方请求，应提交根据本节具有管辖权的法院或法庭。"由此可见，在与《公约》的解释与适用有关的争端解决方面，应遵循如下顺序：首先，争端方是否存在《公约》第三节规定的限制与例外情况；其次，争端方是否已经按照第一节规定的程序进行了争端解决。最后，才是寻求第二节的强制程序。

海洋法法庭规定临时措施是在《公约》第二部分（强制程序）第 290 条。而交换意见的义务是规定在《公约》第一节的第 283 条。所以从适用顺序上来说，"交换意见的义务"应在"申请海洋法法庭规定临时措施"之前。换句话说，《公约》第一节规定的程序没有用尽之前，争端方是不能直接寻求第二节的救济手段的。因为交换意见的义务是由《公约》第一节第 283 条规定的，是属于一般性规定。据此，可以认为，交换意见的义务是争端方申请海洋法法庭规定临时措施的先决条件。这一点在实践中也得到了争端方的认可，如在南方金枪鱼案中，日本认为，根据《公约》第 286 条的规定，有关本公约的解释或适用的任何争端，只有在已诉诸《公约》第十五部分第一节而仍未得到解决后，才可以申请《公约》第十五部分第二节的争端解决程序。而交换意见的义务是被规定在第一节中的。在佛柔海峡填海案中，新加坡也认为，《公约》第 283 条第 1 款规定"如果缔约国之间对本公约的解释或适用发生争端，争端各方应迅速就以谈判或其他和平方法解决争端一事交换意见"。该条款中提到的"迅速以谈判解决争端一事交换意见"的义务与在诉诸第三方裁判前通过谈判和和解的方式来和平解决争端的一般国际法原则是相一致的，而构成第二部分强制争

---

① ITLOS Case No. 12, Response of the Public Singapore.

端解决程序的前提条件。

（二）如何判决交换意见的义务已经履行

虽然从《公约》规定看，交换意见的义务确实是海洋法法庭规定临时措施的先决条件，但是在实践中，争端方对如何判断已经履行交换意见的义务还是存在相当大的分歧。

在南方金枪鱼案中，日本认为，澳大利亚和新西兰在基于《公约》的争端而进行谈判的时间比较晚。此前的谈判都是在 CCSBT 公约的框架下进行的，而不是在《联合国海洋法公约》的框架下进行的。因此，日本认为澳大利亚和新西兰没有满足《公约》第 283 条规定的交换意见的义务。因为就整个过程来看，交换意见的时间并不充分。日本认为，即便是根据《公约》第十五部分可以提交相关的争端解决程序，但是该争端也应被分为两个争端，即基于 CCSBT 公约产生的争端和基于《公约》而产生的争端。在 CCSBT 公约框架下，争端各方进行了较长时间的谈判。但这种谈判既没有结果，也没有导致去选择第三个争端解决机构。更没有明确约定去参照联合国海洋法公约。所以日本认为，如果它们之间的争端是关于《公约》解释和适用的争端，那么就此争端的谈判和交换意见的义务并不没有得到满足。①

在 MOX 工厂案中，英国认为，当爱尔兰认为这是一个基于公约产生的争端，并通知英国后，英国就提出通过谈判迅速交换意见以解决争端。英国在最高层面上提出过邀请，但爱尔兰已经坚持拒绝与英国处理该争端。爱尔兰的答复是：就 MOX 工厂案，已经没有解决的可能性。根据爱尔兰自己的描述，MOX 工厂批准是争端的主要问题，爱尔兰的答复等于是拒绝了交换意见。如果爱尔兰接受了英国的邀请交换意见，它就可以减少对该案的一系列事实的误解。如果这种交换意见已发生，爱尔兰诉讼中的某些问题或全部问题都将会得到解决。所以，英国认为即使存在初步事实，附件七的仲裁法庭对此争端也没有管辖权，因为爱尔兰拒绝交换意见。②

在新马填海案中，新加坡认为，只要马来西亚能就其关注的具体问题

---

① ITLOS Case No. 3&4, Response and Counter-request for Provisional Measures submitted by Japan.

② ITLOS Case No. 10, Written Response of the United Kingdom.

提供详细报告，新加坡就会与其进行谈判。对于新加坡的承诺，马来西亚也多次重申将会提交其关注的具体问题，但是在 2003 年 7 月 4 日之前，马来西亚一直没有这样做。因此新加坡认为其未曾有机会向对方表明自己的观点，也未曾有机会与马来西亚共同研究双方分歧所在以寻求问题的解决，同样更未曾有机会就马来西亚具体关注的问题作出答复，马来西亚便直接将争端正式提交海洋法法庭。由于马来西亚没有履行交换意见的义务，所以新加坡认为海洋法法庭行使管辖权的条件并未得到满足。①

关于交换意见的义务，国际海洋法法庭在上述案件中表述了几乎相似的观点。在南方金枪鱼案中，海洋法法庭认为，当争端一方确认通过《公约》第十五部分第一节所规定的程序不可能解决争端时，该争端方就没有义务再继续该程序；在 MOX 工厂案中，海洋法法庭也指出，当争端一方认为达成合意的可能性已经不存在，就没有履行继续交换意见的义务。而在佛柔海峡填海案中，海洋法法庭同样认为，当争端一方认为交换意见无法产生积极的结果时，其就没有义务继续与对方交换意见。

海洋法庭的法官 Luis Jesus 认为，争端双方如果经过迅速交换意见后，仍然没有选择争端解决程序，他们就没有义务继续交换意见的义务了。因为争端各方都有权选择一定的争端解决程序，除非这种选择受到《公约》特定条款的限制。②

从《公约》的规定看，拒绝交换意见、消极交换意见、交换意见的时间与次数等都没有详尽的规定。而在海洋法法庭的实践中，交换意见的义务虽然构成海洋法法庭规定临时措施的先决条件，但交换意见必须在双方自愿的基础上进行，这也体现了《公约》的主旨，即尊重争端方各自的选择。

四、结论

海洋法法庭在规定临时措施时，必须首先解决管辖权问题。在实践中，缔约国的声明、其他条约的存在、交换意见的义务等对海洋法法庭管辖权具有重要影响。事实上，随着海洋法法庭临时措施案件的增加，缔约国对《公约》理解和运用的差异，以及当事国利益的驱使，影响海洋法法

---

① ITLOS Case No. 12, Response of the Republic of Singapore.
② ITLOS Case No. 12, Order of 8 October 2003, Separate Opinion of Judge Jesus.

庭对临时措施管辖权的因素还可能不断出现，但无论如何，海洋法法庭临时措施管辖权的确定，应充分考虑争端当事方的意愿如何得到尊重，争端当事方的权利如何得到保护，以及怎样有利于维护海洋环境安全。

（本文原载《社会科学辑刊》2014 年第 5 期。）

作者简介：张丽娜，女，1969 年出生，锡伯族，辽宁新民人，法学博士，清华大学法学院博士后。现为海南大学法学院教授，博士生导师。主要从事国际经济法学和海洋法学研究。先后在日本名古屋大学法学部、澳大利亚达尔文大学法学院、英国南安普顿大学法学院从事访问学者工作。中国法学会 WTO 法研究会常务理事，中国法学会国际经济法学研究会理事，海南省人大民宗委委员。2009 年入选国家知识产权"百千万人才工程"百名高层次人才。已主持国家级、省部级课题近 20 项，出版专著 6 部，发表学术论文 50 余篇。

对海盗的普遍管辖权在东亚的实施

黄　瑶（著），黄靖文（译）

（中山大学法学院，510275）

摘要： 普遍管辖权作为一项终止海盗有罪不罚和提供威慑方面的有效工具，已经成为打击海盗不可或缺的制度。本文从立法、执法和司法三个维度考察普遍管辖权在东亚的实施，认为：普遍管辖权在东亚的实施在未来仍待加强，包括应适当调整国内法层面将海盗纳入犯罪并确立普遍管辖权，在跨国起诉海盗层面应加强合作，以及进一步推进东亚各国执法合作的全面而深入开展。

关键词： 普遍管辖权；海盗；立法；执法；起诉；东亚

一、引言

据报道，东亚地区的海盗活动依然十分猖獗。在 2007 年至 2011 年五年间，该地区的海盗活动呈现逐年上升的趋势，2012 年至 2015 年有所回落，但形势依旧不容乐观。本文最后的图表反映了 2007 年至 2015 年上半年间东亚地区和全球发生海盗和武装劫船行为活动的数量。毫无疑问，海盗和武装劫船活动已经成为东亚地区面临的一个严峻问题。

普遍管辖权是打击海盗的一项不可或缺的制度，可以有效地终止海盗有罪不罚的现象并提供强有力的威慑。对海盗设置普遍管辖权的理念在于最大程度地保证海盗受到惩罚。

对海盗的普遍管辖权意味着行使管辖权的有关国家和海盗行为之间无需存在任何联系因素（link or nexus or connection）。正如常设国际法院约翰·摩尔法官在一份反对意见中所指出的，将"海盗"列入普遍管辖的罪行意味着对海盗实施审判时无需建立被告与国内法律秩序之间的法律联系。①

　　值得注意的是，"海盗"一词在不同的语境下有着不同的意涵。一般而言，海盗既是一个国际法术语，也是一个国内法术语，但两者在定义上存在差异，且各国法律为海盗规定了不同的定义。席勒教授认为，各国有关海盗的国内法律的实施方式大同小异，但只有国际法所定义的海盗行为才能设定以普遍管辖权的方式实施管辖。②

　　《联合国海洋法公约》（以下简称《海洋法公约》）第 101 条从国际法层面对海盗行为进行定义。根据该条规定，海盗行为的要素包括：（1）构成非法的暴力、扣留或掠夺行为；（2）行为发生地位于公海或任何国家管辖范围外的地方；（3）为了私人目的；（4）实施的对象是另一船舶或飞机。只有在满足前述四项要素的情况下，相关行为方可被定性为海盗行为。

　　在一国领水（内水、群岛水域和领海）范围内实施的与发生在公海的海盗活动相似的行为，则被定义为"武装劫船行为"（armed robbery against ships）或"海上武装抢劫"（armed robbery at sea）。由于这类行为已超越了国际法有关海盗行为的定义，故普遍管辖权并不适用。依据国家主权原则，沿海国对在本国领水内实施的这类行为拥有管辖权。

　　尽管普遍管辖权并未适用于与沿海国领水范围内的武装抢劫的斗争当中，但当类似行为发生在公海海域时，各国承担合作打击的义务，《海洋法公约》第 100 条专门对此作出规定。此外，合作的义务还被联合国安理会解释扩大适用于打击海上武装抢劫行为。在安理会第 1918 号决议（2010 年）的序言中，安理会重申国际法，特别是《海洋法公约》第 100 条、第 101 条和第 105 条，规定了打击海盗、海上武装抢劫行为以及其他海上活动所应适用的法律制度。③ 索马里沿海海盗行为所涉法律问题特别顾问在其报告中再次肯定了这一合作打击海盗的义务，并鼓励各国对海盗

---

　　① 转引自 Alfred P. Rubin, The Law of Piracy, Second Edition, New York：Transnational Publishers, Inc., 1998, p.348.

　　② Ivan Shearer, "piracy", in *Max Planck Encyclopedia of Public International Law*, online www.mpepil.com, para. 4.

　　③ UN Doc. S/RES/1918（2010）, 27 April 2010, para. 3 of its preamble. 《联合国海洋法公约》第 100 条要求各国通过合作打击海盗；第 101 条从国际法层面对海盗行为进行定义；第 105 条规定对海盗船舶行使普遍管辖权，包括扣押船舶和登临逮捕船上人员的普遍权力。

行为采取普遍管辖权。① 由此我们不难理解，现实中发生在领水内的海盗行为比公海上的多，但联合国仍强调"《海洋法公约》依旧是打击海盗的主要法律框架"。②

实行普遍管辖还存在另一个限制，即只有一国合法授权的公务船舶或飞机才有权对涉嫌海盗的活动加以制止。对此，《海洋法公约》第 107 条进行了详细说明。

虽然东亚地区目前已有三项打击海盗的条约正式生效，包括《海洋法公约》、1988 年《制止危及海上航行安全非法行为公约》（以下简称《非法行为公约》）以及 2004 年《亚洲打击海盗及武装抢劫船只的地区合作协定》（以下简称《合作协定》），但只有《海洋法公约》对普遍管辖权作出了规定。截至 2014 年 10 月 10 日，15 个东亚国家中有 13 个已成为《海洋法公约》的缔约国，它们是文莱、中国、印度尼西亚、日本、老挝、马来西亚、蒙古、缅甸、菲律宾、新加坡、韩国、泰国和越南，另外，柬埔寨和朝鲜已经签署了公约，但尚未批准生效。③ 然而，由于相关条文已经上升为习惯国际法，所有的东亚国家都受到《海洋法公约》有关打击海盗的条文以及普遍管辖权制度的约束。正如一位学者所指出的，《海洋法公约》和 1958 年《日内瓦公海公约》的非缔约国均可依据习惯国际法对海盗行为实施普遍管辖。④

一般而言，管辖权可以进一步细分为立法、执法和司法管辖权三个方面。相应地，普遍管辖权也包含三个维度：立法、执法和司法的普遍管辖权。

本文旨在探讨东亚国家对海盗实施普遍管辖的具体实践，以普遍管辖权的三个维度（立法、执法和司法）为视角对东亚国家实践进行分析，并在最后尝试提出相应的对策。

---

① UN Doc. S/2011/30, 25 January 2011, para. 48.

② UN Doc. S/2011/30, 25 January 2011, para. 49.

③ Status of UNCLOS, http：//www. un. org/depts/los/reference _ files/status2010. pdf（accessed 30 Jan. 2012）. 截至 2014 年 10 月 10 日，已有 166 个国家批准了《联合国海洋法公约》，而在东亚，柬埔寨和朝鲜至今仍未批准该公约。

④ 参见 Michael Bahar, "Attaining Optimal Deterrence at Sea：A Legal and Strategic Theory for Naval Anti-Piracy Operations", Vanderbilt Journal of Transnational Law, vol. 40, 2007, p. 13.

二、对海盗的普遍立法管辖权在东亚的实施

对海盗的普遍立法管辖权意指一国有权通过立法对海盗行为加以定义并规定相应的处罚。为了保障后续的执法和司法管辖的施行，东亚各国应合法地行使普遍立法管辖。对此，学者克莱恩正确地指出，解决海盗问题的关键一步在于调整国内法以保障各国普遍起诉的权利。[①] 在东亚地区，日本已经对其国内实体法进行改革，制定了打击海盗的刑法规则。

2009 年 6 月 19 日，日本下议院通过了一项《处罚和应对海盗行为法案》（2009 年 7 月 24 日生效），[②] 又被称为《反海盗法案》。该法案将下列为了私人目的由船员或乘客在公海或日本领海和内水实施的行为定性为"海盗行为"：（1）扣押或控制另一船舶；（2）登上另一船舶实施抢劫；（3）扣押另一船舶的人质；（4）对人质实施强迫行为等。依据相关条文，海盗不仅是一类在公海上实施的罪行，也是一项在日本管辖海域内实施的罪行。可见，日本相关立法在国际法的基础上扩大了对海盗的定义。值得注意的是，对于那些超越国际法定义的海盗行为，日本并无权实施普遍管辖。

除了日本，菲律宾也制定了打击海盗的国内法。1993 年 12 月 13 日，菲律宾通过了《对特定恶劣罪行实施死刑的法案》。[③] 根据该法案第 3 节第 122 条，菲律宾对实施一般海盗行为的主体判处无期徒刑，包括在公海或菲律宾水域袭击或扣押另一船舶的行为人，或既非船员也非乘客但扣押有关船舶的全部或部分货物、设备或乘客的行为人。显然，与日本的《处罚和应对海盗行为法案》相似，该法案对海盗的定义更加宽泛，将海盗行为扩大至在其领水内实施的行为。

马来西亚在其 1964 年《法院法》（1972 年修订，第 91 号法令）第 22 节中承认并规定了对海盗行为的普遍管辖权：海盗行为是指（1）任何人在公海实施了国际法规定的（2）所有犯罪行为……然而，马来西亚法律

---

① See Natalie Klein, Maritime Security and the Law of the Sea, Oxford University Press, 2011, p. 121.

② Law on Punishment of and Measures against Acts of Piracy, http：//www. un. org/Depts/los/LEGIS-LATIONANDTREATIES/PDFFILES/JPN_ anti_ piracy. pdf（accessed 25 Jan. 2012）.

③ An Act to Impose the Death Penalty on Certain Heinous Crimes, Amending For That Purpose The Revised Penal Laws, as Amended, Other Special Penal Laws, and for Other Purposes, REPUBLIC ACT NO. 7659, Approved：December 13, 1993, http：//www. lawphil. net/statutes/repacts/ra1993/ra _ 7659 _ 1993. html（accessed 10 Jan. 2012）.

至今尚未将海盗行为列入刑事犯罪。①

韩国惩治海盗的基本法律制度由《刑法》加以规定。《刑法》第 6 条以"针对境内外韩国国民的犯罪"为题，规定韩国有权审判针对境内外韩国国民实施犯罪的外国人。该法第 340 条对海盗行为（海上劫持）进行了规范，该条第 1 款规定："对以威胁采取暴力的方式，强行扣押船舶或在入侵船舶后抢夺他人财产的行为人应判处无期徒刑或 7 年以上有期徒刑。"② 由此可见，韩国刑法典规定的海盗行为主体是普通的行为人，且通过"在海上"这一措施表明海盗行为发生地包括了公海和领水在内的所有水域。应注意的是，2011 年 3 月，在韩国将 5 名索马里海盗引渡回韩国并以海盗、海上抢劫和谋杀罪名起诉后的数周内，韩国旋即对其刑法典作出修订。韩国政府内阁随后批准了规定普遍管辖权的刑法修正案（已于 2013 年生效），允许韩国将在境外实施严重罪行的行为人绳之以法。③

与韩国的做法不同，越南 1993 年的《刑法》和 2003 年的《刑事诉讼法》并未对海盗或武装劫船行为进行任何规定。2012 年 6 月 21 日越南国会通过了《越南海洋法》（2013 年 1 月 1 日生效），该法第 37（8）条规定禁止任何组织和个人在越南专属经济区和大陆架内实施海盗、武装抢劫等行为，但并未对海盗和武装抢劫行为作出定义，也并未声明越南对此类行

---

① Malaysia's Comments on the Scope and Application of the Principle of Universal Jurisdiction: Pursuant to GA Resolution 64/117 of 16 December 2009, Government of Malaysia, 30 April 2010, http: // www. un. org/en/ga/sixth/65/ScopeAppUniJuri _ StatesComments/Malaysia. pdf (accessed 30 Jan. 2012), pp. 2-3; Michael Bahar, *supra* note, p. 14.

② Criminal Act of the Republic of Korea, http: //www. oecd. org/dataoecd/36/45/46816472. pdf (accessed 10 Jan. 2012).

Article 6: "This Act shall apply to aliens who commit crimes, other than those specified in the preceding Article, against the Republic of Korea or her nationals outside the territory of the Republic of Korea; Provided, that shall not apply in case where such acts under Act in effect at the time of the act do not constitute a crime, or the prosecution thereof or the execution of the punishment therefore is remitted. "

Article 340 (piracy): "······ (2) A person who commits the crime as referred to in paragraph (1), thereby causing injury to another, shall be punished by imprisonment for life or for not less than ten years. <amended by Act No. 5057, Dec. 29, 1995>. (3) A person who commits the crime of paragraph (1), thereby killing another or causing another person's death or committing rape, shall be punished by death or imprisonment for life. <amended by Act No. 5057, Dec. 29, 1995>.

③ "Seoul Revises Criminal Code to Handle Piracy Attacks ", 23 March 2011, http: // en. portnews. runews27258/ (accessed 10 Jan. 2012).

为拥有管辖权的依据以及相应的处罚措施。[①] 面对缺乏适用相关国际条约和《越南海洋法》第 37 条的具体国内法规则，一位越南学者认为，理论上越南仍可类推适用《刑法典》第 221 条（劫持飞行器和船舶）和第 223 条（违反越南航行规则的海上行为）作为起诉海盗或武装劫船行为嫌疑人的法律依据。[②] 此外，《刑法》第 6（2）条也可作为实行普遍管辖的依据，对被捕的任何国籍的海盗在越南领土范围外且与越南不存在任何联系的行为进行管辖，且该第 2 款还规定了越南可以依据其签署或加入的国际条约对外国人在越南领土范围外实施的犯罪行为追究刑事责任。[③] 实际上，《越南海洋法》第 37 条适用的范围已经超出了越南的领土范围，这为普遍执法和司法管辖权的实现提供了立法基础。

中国政府承认普遍管辖权在海盗问题上的适用性，且声明"基于有关国际法规则，各国可以对公海上发生的海盗等犯罪行为行使管辖"。[④] 普遍管辖权在中国的国内立法也有相应的规定。《中华人民共和国刑法》（1997 年修订）第 9 条规定："对于中华人民共和国缔结或者参加的国际条约所规定的罪行，中华人民共和国在所承担条约义务的范围内行使刑事管辖权的，适用本法。"该条被许多中国学者视为中国的普遍管辖权条款。[⑤] 由于海盗罪已由《海洋法公约》加以规定且中国是该公约的缔约国，固刑法第 9 条已授权中国政府对由外国公民实施的、非针对中国公民且发生在中国领土范围之外的海盗行为行使管辖。然而，中国的刑法尚未包含海盗问题的具体规则，这有可能在一定程度阻碍中国在国内有效起诉海盗。

然而，中国台湾和香港地区对海盗行为的立法却不同于大陆地区。在台湾地区，其刑法对海盗罪作出明确的规定，"台湾"刑法第 333 条规定了两类不同的海盗行为：其一，未受交战国之允准或不属于各国之海军，

① Law of the sea of Vietnam 2012, http：//vietnamlawmagazine. vn/the-2012-law-of-the-sea-of-vietnam-4904. html, accessed on 9 Aug. 2015.

② See Dr. Nguyen Thi Lan Anh, "CIL Research Project on International Maritime Crimes Vietnam's Country Report（Draft）", http：//cil. nus. edu. sg/wp/wp-content/uploads/2010/10/Country-Report-Viet-Nam. pdf（accessed 16 Jan. 2012）, pp. 11-14.

③ 来自笔者与一名越南外交部官员的邮件内容。

④ "中国代表郭晓梅在第 66 届联大六委关于'普遍管辖权原则的范围和适用'议题的发言"，2011 年 10 月 12 日，中国常驻联合国代表团网：http：//www. fmprc. gov. cn/ce/ceun/chn/hyyfy/t867263. htm，2015 年 8 月 9 日访问。

⑤ ZHU Lijiang, "The Chinese Universal Jurisdiction Clause：How Far Can It Go?", Netherlands International law Review, vol. 52, 2005, p. 93.

而驾驶船舰，意图施强暴、胁迫于他船或他船之人或物者，是为海盗罪（第 333 条第 1 款）；其二，船员或乘客意图掠夺财物，施强暴、胁迫于其他船员或乘客，而驾驶或指挥船舰者，以海盗论（第 333 条第 2 款）。此外，该法第 334 条规定犯海盗罪且有下列行为之一者应被判处死刑、无期徒刑或十二年以上有期徒刑：（1）放火；（2）强制性交；（3）掳人勒赎；（4）使人受重伤。① 应特注意的是，该法关于海盗罪的定义并未指明海盗行为的发生地。

在中国香港地区，海盗是《香港刑事罪行条例》规定的一项罪行。该条例第三部分就"海盗及其他海上行为罪行"予以规定并对海盗行为人处以终身监禁。根据该条例第 20 节，在符合以下任一条件时构成海盗罪：（1）身为香港特别行政区居民而在海上对其他香港特别行政区居民作出海盗、抢劫或任何敌对或抢劫行为；（2）在任何香港船舶上，成为海盗、人或叛徒，或自愿将该船舶或任何船艇、军火或货品交给海盗，或传递来自海盗、敌人或叛徒的任何劝诱性质的讯息，或袭击、禁闭该船舶船长，或在该船舶上制造或试图制造叛变。② 从该条款可见，香港有关立法对海盗罪的构成要件予以严格限定：海盗罪的主体须为香港居民或处于香港籍船舶上的行为人。因此，海盗行为在香港法中有着严格的定义，这一意味着香港法要求海盗行为应与香港存在一定的联系时方能对其实施管辖。

概而言之，日本和菲律宾通过了打击海盗的专门立法，而韩国则在其刑法中规定海盗罪并对其适用普遍管辖。鉴于前述三个国家并未在立法上将行为的发生地局限在公海或专属经济区，也并未要求袭击的行为应具有为私人利益的目的，故其对海盗的定义较《海洋法公约》而言更为宽泛。因此，这些国家不能将普遍管辖权延伸至发生在其领水内的海盗行为。越南有关国内立法原则上禁止任何发生在其专属经济区和大陆架内的海盗行为，但缺乏具体的实施规则。越南、中国大陆和马来西亚的国内法原则上承认普遍管辖权的适用，但未将海盗列为刑事犯罪。中国台湾和香港地区在其刑事立法中规定了海盗罪，而香港立法与台湾相比，其对海盗的定义

① 参见陈荔彤：《论万国公罪海盗罪之修法研议》，《台湾海洋法学报》，2005 年第 1 期，第 18-19 页。

② 参见 Alexander McKinnon, "Maritime Piracy: A Hong Kong Perspective", http://www.cityu.edu.hk/slw/HKCMT/Doc/Working_ Paper_ -_ Piracy_ -_ Final_ (v3).pdf (accessed 25 Jan. 2012), pp. 5-6.

更为狭隘。越南的有关国内法与中国大陆的立法相似。

三、对海盗的普遍执法管辖权在东亚的实施

尽管海盗行为已被《海洋法公约》第101条列为刑事犯罪，逮捕公海内海盗的责任仍旧落在各国海军或海警的身上。依据公约第105和107条的规定，各国的军舰、军用飞机或其他授权船舶和飞机均有权扣押海盗船舶和逮捕海盗。下文将对海盗活动进行海洋执法的有关东亚国家实践进行分析。

就中国而言，其海洋执法可以分为两个层次。第一，对于发生在内水、领海、毗连区、专属经济区和大陆架内的海盗和持械抢劫船舶行为，在2013年前，主要由五大海洋执法部门行使管辖，包括边防海警、海事局、渔政局、海监局和海关，又被称为"五龙治海"。对此，外交部等部门在《关于加强东海海上航行和渔业安全意见的通知》（简称《东海安全通知》）①的序言中写到：包括公安、海关、渔政、交通、海洋等多家执法部门参与到了现行的海洋管理体制中。在这些执法机关中，武警边防部队，又称"公安边防部队"或"中国海警"，是公安边防部队的海上分支，是一支隶属于公安部的武警力量。实践中，具体的任务由各个支队执行，例如福建省中国人民武警公安边防总队海警第三支队。2013年3月第十二届全国人大一次会议通过的《国务院机构改革和职能转变方案》，②据此，为推进海上统一执法，提高执法效能，对国家海洋局及其中国海监、公安部边防海警、农业部中国渔政、海关总署海上缉私警察的队伍和职责进行了整合，重新组建国家海洋局。国家海洋局以中国海警局名义开展海上维权执法，官方英文名为China Coast Guard。2013年7月，中国海警局正式挂牌成立，负责海上维权和综合执法工作，职责包括管理海上边界，负责海上重要目标的安全警卫，处置海上突发事件，综合行使海上治安、刑事、缉私、渔业、海洋环境保护、海域使用、海岛保护等执法任务，维

---

① 该文件由外交部、公安部、海关总署和解放军总参谋部联合发布，全文请见 http://www.law-lib.com/law/，2015年8月9日访问。

② 该文件全文请见 http://www.china.com.cn/news/2013lianghui/2013 - 03/14/content_28245220.htm，2015年8月9日访问。

护国家海洋权益和海上安全稳定。①

尽管在 2013 年前中国海上执法力量由五大部门组成，中国海警（武警边防）在其中扮演着主要角色，其执法依据包括：公安部 2007 年制定的《公安机关海上执法工作规定》（简称《工作规定》，于 2007 年 12 月 1 日起施行），以及《最高人民法院、最高人民检察院、公安部关于办理海上发生的违法犯罪案件有关问题的通知》（2007 年 9 月 17 日起施行）。② 根据这两项文件，中国海警拥有实施检查、扣留、实行逮捕等强制措施的权力。《工作规定》第 6 条规定了中国海警的职责之一是预防、制止和侦查海上违法犯罪活动，以及维护国家安全和海域治安秩序。相关的法律依据包括：《中华人民共和国警察法》、《中华人民共和国治安管理处罚法》、《中华人民共和国刑事诉讼法》、《中华人民共和国领海及毗连区法》和《中华人民共和国专属经济区和大陆架法》等（《工作规则》第 1 条）。与此同时，《工作规则》第 5 条规定，海警在开展海上执法工作中，应当加强与外交、海军、海关、渔政、海事、海监等相关部门的协作和配合。

其次，对于发生在公海的海盗行为，实践中是由中国海军通过护航的方式采取强制措施。例如，自 2008 年 12 月 26 日以来，根据联合国安理会有关决议，中国政府派遣军舰在亚丁湾和索马里水域进行护航。截至 2012 年 12 月，共派出 13 批 34 艘次舰艇、28 架次直升机、910 名特战队员，完成 532 批 4 984 艘中外船舶护航任务，其中中国大陆 1 510 艘、香港地区 940 艘、台湾地区 74 艘、澳门地区 1 艘；营救遭海盗登船袭击的中国船舶 2 艘，解救被海盗追击的中国船舶 22 艘。③

一系列实际案例显示，中国抓获海盗、海上持械抢劫和故意杀人犯罪嫌疑人的案件基本发生在诸如领海和毗连区的中国管辖水域。部分相关案件的侦查程序由中国海警执行，部分案件由当地公安机关查办，另外个别

---

① 参见《国家海洋局主要职责内设机构和人员编制规定》，中国中央人民政府网：http：//www. gov. cn/zwgk/2013−07/09/content_ 2443023. htm，2015 年 8 月 9 日访问。

② 《公安机关海上执法工作规定》、《最高人民法院、最高人民检察院、公安部关于办理海上发生的违法犯罪案件有关问题的通知》全文请见 http：//www. gov. cn/flfg/2007 − 09/28/content_ 763859. htm，http：//china. findlaw. cn/jiaotongshigu/jiaotongfa/jiaotongfaguiku/jtaqjd/6087. html，2015 年 8 月 9 日访问。

③ 中华人民共和国国防部：《2013 年中国的国防》，http：//www. mod. gov. cn/affair/2013−04/16/content_ 4442839_ 3. htm，2015 年 8 月 9 日访问。

情况下由两者合作完成。1998 年的"Petro Ranger"号油轮案①、1999 年的"暹罗差猜"号油轮案②以及 2000 年的"环球火星"号油轮案都是由中国海警实施扣押和逮捕的典型案例。在 1998 年至 1999 年 6 月间,中国公安部门成功侦破了四起海上劫持案件,分别是 1999 年"长胜"号案、1998 年的"路易莎"号案、1998 年的"天裕"号案以及 1999 年"海上主人"号案。③

"环球火星"号案由中国公安部门和中国海警联合侦破。2000 年 2 月 24 日,巴拿马籍油轮"环球火星"号在泰国海岸被劫失踪,18 名船员被转移至一艘海盗船上。6 月 16 日,该邮轮在香港水域出现,此时船名已被更改为"黄金"号,并持有洪都拉斯的船舶注册文件。接到国际海事局海盗通报中心的通知后,中国公安边防部门出动飞机和巡逻艇进行搜查,登上该邮轮并逮捕船上人员 20 名,最终将该轮交还船东日本阿拉帆卡(Alavanca)公司。④ 一名中国公安部刑侦局官员就此案对记者指出:依据《中华人民共和国刑法》第 9 条、《海洋法公约》和《非法行为公约》,我们对该案实施管辖并立案侦查。在 1998 年至 2000 年间,中国警方已先后破获了 6 起国际海盗案件。⑤

在海上执法武力使用问题上,中国 1993 年的《东海安全通知》第 5 段要求在领海或毗连区行使国家管辖权,或在公海行使紧追权时,执法人员应按规定使用武器;在公海行使临检权时,要尽量避免使用武器。

日本海上保安厅是日本的海上执法机关,隶属于国土交通省,其职责是保障海上和平与安全,例如在日本领海和专属经济区进行巡逻,以及对海盗活动采取应对措施。依据日本 2009 年的《处罚和应对海盗行为法》,海上保安厅可以对海盗行为采取如下措施:(1)必要的措施;(2)依据

---

① See ZOU Keyuan, "New Developments in the International Law of Piracy", *Chinese Journal of International Law*, vol. 8, 2009, pp. 341-342; Brian Eads, "Sea of Danger: Asia's pirates are ruthless and sophisticated", http://www.rdasia.com/sea_of_danger/ (accessed 10 Jan. 2012).

② 参见《信息时报》:《10 名印尼海盗抢劫外轮在我国销赃 今天一审宣判》,2003 年 2 月 17 日,http://www.china.com.cn/chinese/2003/Feb/277226.htm,2012 年 1 月 1 日访问。

③ 《人民日报》:《广西侦破跨国海上武装抢劫案》,1999 年 8 月 5 日,http://www.people.com.cn/rmrb/199908/05/newfiles/col_19990805001026_zhxw.html,2012 年 1 月 1 日访问。

④ 参见 Mark Bruyneel, "MT Global Mars attack", April 2000, http://home.wanadoo.nl/m.bruyneel/archive/modern/global.htm (accessed 28 Jan. 2012).

⑤ 《人民日报》:《广东警方查获一艘国际海盗劫持船'环球火星'昨天完璧归赵》,2000 年 8 月 4 日,http://www.people.com.cn/GB/paper49/1150/172085.html,2012 年 1 月 28 日访问。

第 7 条关于警察职责履行的规定使用武力；（3）在行为人或船舶违抗执法时，可使用武力予以威慑。除此之外，该法还为日本自卫队打击海盗提供法律依据，自卫队可以采取的措施包括：（1）防卫大臣在需要特别应对海盗行为的情况下，在经内阁总理大臣同意后，可以命令自卫队在海上采取必要的行动以应对海盗行为；（2）内阁总理大臣应及时向国会报告其同意采取的应对海盗行动，以及海盗应对行动结束时其结果；（3）参照适用海上保安厅使用武力的相关规定。上述规定表明日本海上保安厅承担打击公海和日本领海内海盗行为的主要责任，但是，防务大臣可以在其认为海盗威胁已经超出了海上保安厅的应对能力时下令出动自卫队的打击力量。应注意的是，日本海上自卫队作为日本自卫队的海军分支，也时而参与到海上保安厅在公海执行的船舶检查行动中。日本海上自卫队和海上保安厅的职能得到了扩大。该立法拓宽了自卫队的保护对象和武力使用的范围，允许海上自卫队为外国国籍船舶护航，并可以在海盗无视其警告和继续采取危险行动的情况下开火。海上自卫队也可以与他国海军合作和协调采取行动。[①]

马来西亚海洋执法厅（Malaysian Maritime Enforcement Agency）在实践中充当了海岸警卫队的角色，依据 2004 年《海洋执法厅法》（第 633 号法案，2005 年 2 月 15 日生效）得以正式建立，意在打压马六甲海峡和马鲁古海峡海盗活动的上升趋势。马来西亚海洋执法厅的职能包括：预防和遏制违法犯罪行为、实施空中和海岸巡航，以及保障海上和平与安全；在公海进行海洋搜救、预防和遏制海盗行为等。[②] 海洋执法厅与马来西亚皇家海军和空军保持紧密的职能联系。

另外，马来西亚皇家海军还在亚丁湾部署了数艘军舰，在该区域执行任务保护马来西亚船舶免遭海盗威胁。这支海上力量还同时响应保护他国船舶的请求，对经过这一繁忙航道的船舶提供护航服务。例如在 2008 年 12 月 17 日，一艘中国重吊船"振华 4"号在亚丁湾被索马里海盗登船，马来西亚军舰及其武装直升机迅速响应并最终有效打击这次劫持行为。[③]

---

① Gaye Chirstoffersen, "Japan and the East Asian Maritime Security Order: Prospects for Trilateral and Multilateral Cooperation", Asian Perspective, vol. 33, 2009, p. 142.

② Malaysian Maritime Enforcement Agency: http://www.mmea.gov.my/ (accessed 1 Jan. 2012).

③ "Royal Malaysian Navy thwarts pirate attack", 19 December 2008, http://www.icc-ccs.org/news/324-royal-malaysian-navy-thwarts-pirate-attack (accessed 12 Jan. 2012).

值得一提的是，马来西亚海军突击队在亚丁湾成功挫败了一起针对一艘悬挂马来西亚国旗、装载化学品货轮的劫持行动，救出23名船员并抓获7名索马里海盗，将海盗带回马来西亚接受审判。①

从上述国家实践可知，对海盗行为实施普遍执法管辖权实际上由各国不同的执法机构和海军负责。作为本质上的军队，实施执法管辖只是海军在和平时期发挥的辅助职能，但在公海和专属经济区对海盗予以威慑方面却发挥重要作用。各执法部门，如海岸警卫队和海警在各国承担不同的职责。海岸警卫队往往以海上执法作为其主要职能并扮演准军事力量的角色。2013年后重新组建的中国海警局也是一支类似于海岸警卫队的海上执法力量，但其执法力量依旧松散，中国海监、渔政、边防海警等有关单位仍将依照原有方案履行各自职责。②

除了由各国单独执法，越来越多东亚国家参与到了联合打击海盗和武装劫船行为的执法行动中。这背后的原因主要有两个方面。一方面，考虑到了东亚地区较为特殊的情况，合作可以调和加强应对海盗威胁的执法力量和维护沿海国主权利益之间的矛盾。另一方面，联合执法可以提升打击海盗和武装抢劫的效率。实践证明，联合执法已经成为东亚地区对抗海盗威胁的有效和可行手段。马六甲海峡沿岸国包括马来西亚、印度尼西亚和新加坡之间的合作便是典型例证，三国联合执法已形成有应对周边区域海盗袭击的有效机制。③

四、对海盗的普遍司法管辖权在东亚的实施

既有的实践表明，海盗在一些国内法院得到起诉并被追究刑事责任。

---

① "Malaysia navy foils ship hijack attempt, seizes pirates", 22 January 2011, http://www.bbc.co.uk/news/world-asia-pacific-12258442 (accessed 10 Jan. 2012).

② 参见史春林：《中国海洋管理和执法力量整合后面临的新问题及对策》，《中国软科学》，2014年第11期，第4页。

③ See ZOU Keyuan, "Crackdown on Piracy in Southeast Asian Seas: Need a More Effective Legal Regime?" in WU Shicun and ZOU Keyuan (eds.), Maritime Security in the South China Sea: Regional Implications and International Cooperation, Ashgate Publishing Limited, 2009, pp. 149-155; Joshua H. Ho, "Southeast Asian SLOC Security", ibid., pp. 173-174; Douglas Guilfoyle, Shipping Interdiction and the Law of the Sea, Cambridge University Press, 2009, pp. 56-57; Natalie Klein, supra note, pp. 84-86; Zulkifili Bin Abu Bakar, "Enhancing Maritime Security: Law Enforcement in Malaysia", 24th ASIA-PACIFIC Roundtable, 7-9 June 2010, pp. 16-17, http://www.isis.org.my/files/24APRWEB/Zulkifli_Abu_Bakar.pdf (accessed 20 Jan. 2012).

目前，东亚地区已有三个国家对索马里海盗起诉或审判，这三个国家分别是马来西亚、韩国和日本。

马来西亚是第一个向索马里海盗起诉的亚洲国家。2011年2月，马来西亚法庭控诉7名涉嫌在一次解救亚丁湾被劫油轮行动中向马来西亚突击队开枪的索马里海盗，并依据马来西亚法律作出死刑判决。检察官在庭审中指出，这些海盗的行为已经对马来西亚的安全造成威胁，马来西亚据此对审判海盗拥有管辖权。① 2011年10月，6名印度尼西亚籍被告被控试图抢劫一艘商船，被马来西亚一家地区法院判处10年有期徒刑和鞭刑。他们在尝试登上一艘停靠在马来西亚南部、邻近新加坡的水域的商船时被马来西亚巡逻人员发现并追捕。②

韩国是第二个审判索马里海盗的亚洲国家。2011年12月，韩国最高法院维持了一项针对23岁索马里海盗穆罕默德·阿拉耶（Mahomed Araye）的无期徒刑判决，该名海盗被认定劫持一艘航行在阿拉伯海、由韩国运营的船舶并谋杀船长未遂。另有四名海盗则因在2011年1月15日参与挟持这艘运载化学物品的斯里兰卡籍船舶"三湖珠宝"号（Samho Jewelry），而面临12至15年的有期徒刑判决。韩国海军突击队解救了这艘船舶，并将5名索马里人员带回韩国以海盗、海上抢劫和谋杀未遂为罪名起诉。韩国一家地区法院在同年5月已经对穆罕默德·阿拉耶宣判罪名成立，韩国一家上诉法院在9月维持了该判决。③

第三个起诉外国海盗罪嫌疑人的亚洲国家是日本。2011年3月4日，四名索马里人袭击并挟持了日本"三井"海运公司下属的"瓜纳巴拉"号（Guanabara）油轮，这艘油轮在巴哈马注册，且船员也并非日本人。次日，美国和土耳其海军队伍控制了袭击者，24名船员在此次事件中均未受伤。日本政府同意从美国当局接收这4名海盗嫌疑人并将其转移或引渡

① "Malaysia charges Somalis for piracy", 11 February 2011, http：//www.thefreelibrary.com/Malaysia+charges+Somalis+for+piracy-a01612423161（accessed 12 Jan. 2012）；"马来西亚法院判决7名索马里海盗死刑"，2011年2月13日，中国广播网：http：//news.sohu.com/20110213/n279310068.shtml，2012年1月10日访问。

② "Malaysia court jails six Indonesian pirates", 1 October 2011, http：//maritimesecurity.asia/free-2/piracy-2/malaysian-court-jails-six-indonesian-pirates/（accessed 14 Jan. 2012）.

③ "S. Korea court upholds Somali pirate life sentence", 8 September 2011, http：//www.dawn.com/2011/09/08/s-korea-court-upholds-somali-pirate-life-sentence.html；"S. Korea court upholds Somali pirate sentence", 22 Dec. 2011, http：//english.ruvr.ru/2011/12/22/62667608.html（accessed 10 Jan. 2012）.

至日本接受审判。2011 年 4 月 1 日，依据《惩处和应对海盗法》，4 名嫌疑人在东京地方检察署被起诉。这是该法首次在起诉海盗过程中得到适用。① 2013 年 2 月，东京地方法院对其中 2 名嫌疑人以违反《打击海盗法》为由，判处 10 年徒刑（另外两名作案时是未成年人）。②

事实上，这是一宗行使普遍管辖权的典型的案例，因为该案与日本当局缺乏利益关联。尽管被劫油轮由一家日本海运公司租用，但油轮的注册地是巴哈马，所有的船员也非日本籍，油轮航行的目的地是中国而非日本，且实施抓捕的国家是美国，与日本发生的唯一联系是油轮和日本公司之间存在的商业利益关系。《海洋法公约》第 105 条允许各国对海盗进行逮捕和审判，但从未说明应有哪一个国家进行起诉。在实践中，海盗一般被交由海盗行为发生地附近国家、被袭击船舶注册国、船员国籍国或实施抓捕国审理。然而，前述任何因素或联系在这起日本审理的案件中都不存在。③

在中国大陆地区，如前文所述，现行法律并未规定海盗罪。但这并不妨碍中国司法机关对海盗进行审判。实践中，中国法院类推适用相似罪名用于判决和惩罚海盗，亦是说，在审判海盗时适用了中国《刑法》中的抢劫罪、杀人罪和绑架罪的有关条文。这种做法的合法性得到一些学者相当程度的肯定，认为："海盗罪的构成要件包含情节严重的抢劫、绑架甚至杀人行为"。④ 中国近年来破获了诸如"长胜号案"、"暹罗差猜号案"（又名"阿丹·奈姆等案"）等其他海盗案件或销赃案件，这些案件"基本上都以抢劫和杀人罪处以重刑，刑期均在 10 年以上。"⑤ 下文将对"长胜"号案和"阿丹·奈姆等"案进行详述。

---

① "Japan befuddled on prosecuting suspected Somali pirates", 12 March 2011, http://www.hellenicshippingnews.com/News.aspx? ElementId＝aa479f70－4037－4fdd－b65f－39f625565bbf；"日本起诉海盗嫌疑人"，2011 年 4 月 2 日，新华网：http://news.xinhuanet.com/world/2011－04/02/c_121260151.htm；"日本应美军要求将首次接收并关押海盗"，2011 年 3 月 8 日，人民网：http://www.chinanews.com/gj/2011/03－08/2892232.shtml，2012 年 1 月 30 日访问。

② 《东京法院判处 2 名索马里海盗 10 年徒刑》，2013 年 2 月 3 日，中国社会科学在线：http://www.csstoday.net/xueshuzixun/jishizixun/47699.html，2015 年 8 月 9 日访问。

③ 对此，一名法务省高级官员指出："我们必须视之为日本应担的国际责任。"参见"Japan befuddled on prosecuting suspected Somali pirates", 12 March 2011, http://www.hellenicshippingnews.com/News.aspx? ElementId＝aa479f70－4037－4fdd－b65f－39f625565bbf (accessed 30 Jan. 2012).

④ Eugene Kontorovich and Steven Art, "En Empirical Examination of Universal Jurisdiction for Piracy", American Journal of International Law, vol. 104, 2010, p. 446.

⑤ 石刚：《全球海盗问题综述》，《国际资料信息》，2004 年第 3 期，第 35 页。

　　"长胜"号案，又称"翁泗亮等"案，是一起在中国领海以外而在广东沿岸的专属经济区水域发生的情节最为严重的海盗案件之一，涉案人员达 38 人。1998 年 8 月间，该团伙密谋出海抢劫并非法购买枪支和船舶等国、作案工具。11 月 16 日，该团伙冒充公安人员拦截来自香港的"长胜"号货轮，对该船实施抢劫并杀害船上所有 23 名中国船员，部分尸体被投入海中漂浮至广东附近海域。翁泗亮和印度尼西亚籍索尼·韦还参与袭击另外两艘外国船舶，且索尼·韦被逮捕时身上还被搜出 156 克毒品。在犯罪嫌疑人落网前，"长胜"号一度成为一艘业界著名的"鬼船"。1999 年 12 月，汕尾市中级人民法院公开审理了此案，包括印度尼西亚籍被告在内的 13 人被判处死刑，24 人被判处无期徒刑或至少 1 年以上有期徒刑，另有 1 人被免予刑事处罚。2000 年 1 月 8 日，广东省高级人民法院驳回了被告的上诉请求。依据省高院的判决，法院适用了《刑法》第 263 条、第 232 条、第 310 条和第 348 条指控被告犯有抢劫罪、故意杀人罪、私藏枪支、弹药罪、非法持有毒品罪、窝藏罪等罪行。① 该案成为中国有史以来最大的一宗海盗案。

　　广东省汕头市中级人民法院在 2003 年 2 月 17 日就"阿丹·奈姆等"案进行审理，法院援引国际条约作为管辖权依据，但遭到被告的反对。该案的基本事实如下：1999 年 6 月 8 日，10 名印度尼西亚人对一艘从新加坡返航的泰国油轮"暹罗差猜号"进行劫持；6 月 18 日，广东省公安边防总队海警二支队在中国领海水域查获了该船，它当时正给一艘中国船舶输送船上装载的柴油，10 名海盗随后被提起公诉。②

　　在刑事诉讼程序进行过程中，阿丹·奈姆、约翰·罗斯曼多和渣依那·宾·沙拉卡 3 名被告辩称中国对这起武装劫船行为案缺乏刑事管辖权。对此，阿丹·奈姆辩解称其被抓获的地点已经超出了中国领海，而约翰·罗斯曼多则称其行为并不构成抢劫罪、未违反中国法律，渣依那·宾·沙拉卡也辩称中国法院对该抢劫案没有管辖权。被告的主张被法院判决推翻了，认为其主张缺乏相关事实依据不能成立，并指出：被告 10 人

　　① 广东省高级人民法院刑事判决书《翁泗亮、索尼·韦等 38 人抢劫、故意杀人、非法持有毒品、私藏枪支、弹药、窝藏上诉案》，北大法宝：http://www.pkulaw.cn/Case/pfnl_ 117441887. html? match=Exact，2015 年 8 月 9 日访问；"China Executes 13 Pirates", 29 January 2000, People's Daily online：http://english. people. com. cn/english/200001/29/eng20000129N103. html（accessed 25 Jan. 2012）.
　　② 《广州日报》："印尼海盗案 昨汕头宣判"，2003 年 2 月 18 日，http://gzdaily. dayoo. com/gb/content/2003-02/18/content_ 955005. htm，2012 年 1 月 20 日访问。

无视中国法律和中国缔结的《海洋法公约》与《非法行为公约》，以夺取船只及船上货物为目的，在国际航线上非法登临他国船只，以胁迫、捆绑手段制服船员后劫夺并控制船只，并在中华人民共和国领域内进行销赃，故其行为触犯了《中华人民共和国刑法》第 9 条、第 263 条，构成抢劫罪。法院对十名被告分别判处 10 至 15 年有期徒刑，并处罚金及驱逐出境。[①]

值得注意的是，以抢劫罪定性的"阿丹·奈姆等"案应被视为海盗罪或武装劫船罪，否则中国法院无法援引《刑法》第 9 条以及两项国际公约作为判案依据。如前文所述，《刑法》第 9 条被认为是中国的普遍管辖权条款。若对本案抢劫罪作一般理解，则被告就法院管辖权提出的抗辩有可能会成立。事实上，几乎所有的媒体在报道该案时都使用了"海盗"一词来说明 10 名印度尼西亚人的身份。恰恰是因为中国法律缺乏对海盗罪的定义，中国的法院才不得不适用类似和相关罪名以便对海盗进行审判和做出处罚。这也从侧面说明了中国修订其国内法、将海盗列入犯罪的必要性。

2011 年在越南发生的一起索马里海盗抢劫越南船只案件轰动了越南社会，而越南至今尚未对外籍海盗进行审判的先例。2011 年 1 月，一艘名为"黄山顺"号的货船在非洲东岸（阿曼海岸）以外海域被劫持，海盗控制船只时该船正在从伊朗驶向中国厦门港的路上，船上 24 名船员被绑。由于这艘船悬挂的是蒙古国旗，其并非一艘越南籍船舶，但其所有权归属于越南青化省的黄山公司。该案最终并未进入司法程序。直至 8 个月过后，一家越南海运公司向海盗支付了 260 万美元的罚金，该船及其船员在得以在 2011 年 9 月被释放。[②]

通过上述国家实践可知，除了中国，目前已有 3 个亚洲国家对索马里

---

① 广东省汕头市中级人民法院刑事判决书《阿丹·奈姆等案》，北大法意：http：//www.lawyee.net/Case/Case_ DisplayNevigation. asp？ChannelID＝2010103&CaseID＝47277&FileID＝27507#divcontent，2015 年 8 月 9 日访问。

② 参见"Vietnam Firm Pays 'Millions' to Free Pirated Ship"，26 September 2011，http：//www.thejakartaglobe. com/international/vietnam-firm-pays-millions-to-free-pirated-ship/467788；"24 Crew on Vietnam's Pirated Ship Return Home"，23 September 2011，http：//www. dztimes. net/post/social/24-crew-on-vietnam-s-pirated-ship-return-home. aspx（accessed 20 Jan. 2012）；根据笔者与一名越南外交部官员的邮件信息，这起长达 8 个月的人质事件最终以船东向海盗支付赎金解决，是因为若请求美国或英国的特殊部队解救人质的要价更高。此外，越南财政和国力有限，打击海盗的实践并不多。

海盗予以公诉和审判。然而，没有一起案件是由中国海军抓获海盗嫌疑人后将其遣送中国加以审理的，这也引发了如下疑问：即当有关案件并不涉及中方船只、公民和利益时，中国的法院能否对中国海军护航舰队抓获的海盗行使普遍管辖权。有学者给出了否定的回答，指出在这种情况下，无论案件发生在公海还是索马里的领海，中国都没有管辖权。① 与此相关的问题是，中国的刑法并未规定海盗罪，且与之最为接近的一类罪名是劫持交通工具罪，而后者在国际法上的构成要件与海盗罪有着本质的区别。另一个问题是，应该由哪一个法院对索马里海盗行使管辖，是中国人民解放军军事法院还是地方人民法院？对此，中国国内法并未给出答案。因此，更可行的方案是将这些海盗移交给索马里当局或其他愿意且合法拥有管辖权的国家起诉。实际上，在中国法治建设背景之下，如何对索马里海盗行使普遍司法管辖是一个有待探讨的问题。而毫无疑问，中国应当尽早在国内实体法和程序法两个层面进行改革，以清除追诉海盗嫌疑人过程中遇到的法律障碍。

五、结语

东亚国家都普遍缺乏对海盗行为的相关立法。作为《海洋法公约》、《非法行为公约》和《合作协定》的缔约国，为了条约的有效落实，有关国家在理论上应当将海盗列为国内法上的罪行并对海盗行为确立普遍管辖权。从这个角度而言，东亚地区还有相当长的路要走。

就执法而言，东亚国家已取得了较好进展，且该地区的实践证明国际合作推动联合执法不能只顾及国家主权和领土完整这些敏感因素，还应着眼于打击海盗的有效性。然而，执法层面仍有待进一步推进更加全面和深度的合作。

在普遍司法管辖权方面，正如一些学者描述和分析的那样，东亚只存在极个别援用普遍管辖权的案例，这与国际上其他地区的情况相似。② 缺乏充足的资源、意愿和能力，以及在国内层面一些对海盗进行起诉和惩罚时面临的重重法律障碍都可能是有关国家消极应对的主要原因。鉴于该地

---

① 冷新宇：《关于海盗罪的国际法规则的发展观察》，《西安政治学院学报》，2009 年第 3 期，第 80 页。

② See Eugene Kontorovich and Steven Art, "En Empirical Examination of Universal Jurisdiction for Piracy", American Journal of International Law, vol. 104, 2010, p. 446.

区部分国家在追究海盗法律责任方面能力仍然不足，各国在未来采取合作措施以落实普遍司法管辖权显得尤为重要。若条件允许，可以考虑在东亚乃至亚洲建立区域性的海盗法庭。正如有些学者所提议的，区域性司法机构可以综合超国家法庭（例如国际刑事法院）和国内法院的优势，同时弥补了后两者的不足。①

简而言之，为了有效行使对海盗行为的普遍管辖权，东亚地区未来应着力于完善国内立法并在执法和司法上推动进一步的合作。

---

① Michael Bahar, "Attaining Optimal Deterrence at Sea: A Legal and Strategic Theory for Naval Anti-Piracy Operations", Vanderbilt Journal of Transnational Law, vol. 40, 2007, p. 81-82.

附表：海盗与武装抢劫袭击数量统计（2007 年至 2015 上半年）[①]

年份	2007		2008		2009		2010		2011	
类别	实际发生	袭击未遂	实际发生	袭击未遂	实际发生	袭击未遂	实际发生	袭击未遂	实际发生	袭击未遂
马六甲与新加坡海峡*	3	4	7	4	6	3	5	3	24	2
南海*	67		62	10	57	14	109	25	102	11
小计	74		83		80		142		139	
全球**	282	/	206	100	210	196	276	213	270	274
合计	282		306		406		489		544	

年份	2012		2013		2014		2015 上半年	
类别	实际发生	袭击未遂	实际发生	袭击未遂	实际发生	袭击未遂	实际发生	袭击未遂
马六甲与新加坡海峡*	12	1	12	0	44	4	55	4
南海*	7	0	10	1	40	2	10	1
小计	20		23		90		66	
全球**	226	115	245	53	/	/	/	/
合计	341		298		/		/	

来源：＊参见 ReCAAP Information Sharing Center, "Piracy and Armed Robbery against Ships in Asia, Annual Report"（2011—2014）; "Piracy and Armed Robbery against Ships in Asia, Half Year Report 2015".

＊＊参见 IMO, "Reports on Acts of Piracy and Armed Robbery against Ships, Annual Report"（2007—2013）.

[①]　该表格的制作得到中山大学法学院研究生卜凌嘉和白续辉的协助。

On Implementation of the Universal Jurisdiction over Piracy in East Asia

HUANG Yao

Abstract：Universal jurisdiction is indispensable to suppress piracy since it is an effective tool to end impunity for piracy and provide great deterrence. This article, from three dimensions（prescription, enforcement and adjudication）of universal jurisdiction, examines the relevant state practices in East Asia. The author believes that implementation of the universal jurisdiction in East Asia should be strengthen in the future, including appropriately reforming domestic law to criminalize piracy and establish the universal jurisdiction, and enhancing the co-operation in prosecuting pirates, as well as further advancing a comprehensive and in-depth cooperation in law enforcement.

Key Words：universal jurisdiction；piracy；legislation；enforcement；prosecution；East Asia.

（本文原载 Gordon Houlden and Hong Nong, eds., Maritime Security Issues in the South China Sea and the Arctic：Sharpened Competition or Collaboration? China Democracy And Legal System Publishing House, August 2012. 现做了更新和补充。)

作者简介：黄瑶，中山大学法学院教授、博士生导师、院长，法学博士；研究方向：国际法基本理论、海洋法、国际组织法、国际法上的使用武力问题、国际人权法等；兼任中国国际法学会常务理事，中国海洋法学会常务理事，广州市法学会副会长；国家社科基金重大项目首席专家；主要的海洋法论文：《论索马里海盗的审判及处罚问题》（《法学评论》2011年第6期）；《论〈海洋法公约〉岛屿制度中的岩礁问题》（《中山大学学报》2013 年第 4 期）；《论大陆架外部界限的确立与 200 海里以外大陆架划界的关系——以 2012 年尼加拉瓜诉哥伦比亚案为引子》（《当代法学》2013 年第 6 期）；《无人居住岛屿主张专属经济区和大陆架的新近国家实践——兼论对我国主张南沙岛礁海域权利的启示》（《武大国际法评论》第十七卷第二期）；"Natural Prolongation and Delimitation of the Continental Shelf Beyond 200 nm: Implications of the Bangladesh/Myanmar Case"（Asian Journal of International Law, vol. 4, 2014）；《对美国国务院报告质疑中国南海断续线的评析与辩驳》（《国际法研究》2015 年第 3 期）。

译者：黄靖文，中山大学法学院博士研究生。

国际渔业法律制度的演进与发展

张晏瑲

（山东大学法学院，250100）

摘要： 自1958年海洋法四大公约出台以来，国际渔业法律制度经历了巨大的变革，渔业规制已经逐步由国际规制阶段发展到主要由沿海国进行规制的阶段。与旧的渔业规制体制相比，新的规制体制带来了更加有效的管理和更为公平的渔业资源分配。本文介绍了目前世界范围内对专属经济区和公海的捕鱼活动以及对跨界种群和特定种群予以规范的各种法律制度，包括联合国和区域性的公约、多边或双边条约，以及各个层次各个类别的相关组织，梳理了其发展演变的脉络，分析了其合理性、有效性和不足之处，并提出了意见和建议。本文认为，国际社会应当认可1993年《促进公海渔船遵守国际养护和管理措施的协定》，并配合其他国际海洋保育和管理措施，使渔业资源保育朝着更可持续发展的目标前进。

关键词： 国际渔业法；《联合国海洋法公约》；渔业资源；渔业管理

前言：问题的提出

从人类中心主义的视角来看，鱼类最主要的也最显而易见的用途是作为食物供人们消费。鱼类是动物蛋白质的一种重要来源，占到全世界动物蛋白质供应总量的20%，并且富含重要的维生素和矿物质。[①] 自"二战"

---

① James Johnstone: Life in the Sea, Cambridge United Kingdom: Cambridge University Press, First Paperback Edition, 2011, p. 87–117.

以来，世界海洋捕鱼总量呈现平稳增长的趋势。这主要源于两个因素：一是科技的发展，例如高度集成化的电子寻鱼设备、比从前更大的渔船（包括更大的冷藏箱）、更大和更结实的渔网；二是发展中国家对渔业投入的加大。① 虽然近些年，世界捕鱼量增长率有所下降，这主要是因为大部分具有商业价值的鱼类都已经被充分捕捞甚至过度捕捞。据联合国粮食及农业组织（The Food and Agriculture Organization of the United Nations，简称 FAO）2011 年的估计，如果得到适当的管理，每年适宜捕捞的鱼类总量可增长至 1 亿公吨左右。②

　　然而，捕鱼业在国家间的发展呈现明显的不平衡态势。捕鱼量排名前 20 的国家在 1993 年至 1995 年间的捕鱼量占到全世界总量的 81%，而其他 130 个沿海国家的捕鱼量只占 19%。③ 在捕鱼量排前 20 的国家里，发达国家在渔业方面的优势并不明显，不像其在国际海运领域中表现的那样遥遥领先。④ 随着发展中国家加大对渔业的投入和提高科学技术，其在全世界捕鱼总量中的份额进一步提高。同时，远洋捕鱼的国家（也就是那些主要在其他国家的沿海而不是在本国沿海捕鱼的国家，主要是发达国家）的捕鱼量下降了。这是因为其他国家根据 200 海里专属捕鱼区（Exclusive Fishing Zone，简称 EFZ）或者专属经济区（Exclusive Economic Zone，简称 EEZ）的划分规定，对发达国家的海岸捕鱼和在捕鱼鱼种方面实施了更加严格的控制管理。⑤ 尽管如此，由于基础性的地缘因素和生物物种因素的影响，各国捕鱼量之间还是存在较大的差别。一方面，各国的近海区域（例如专属渔业区或者专属经济区）面积是不同的；另一方面，往往在浮游生物密集的区域，能够捕到更多的鱼，这些海域物群丰富，无论是直接

---

① Margaret A. Young：Trading Fish, Saving Fish—The Interaction between Regimes in International Law, Cambridge United Kingdom：Cambridge University Press, 2011, p. 32-81.

② Margaret A. Young：Trading Fish, Saving Fish—The Interaction between Regimes in International Law, p. 32-81.

③ R R Churchill and A V Lowe：The Law of the Sea, Manchester United Kingdom：Manchester University Press, 3rd Edition, 1999, pp. 279-321.

④ 张晏瑲：《论航运业碳减排的国际法律义务与我国的应对策略》，《当代法学》，2014 年第 6 期，第 41-50 页。

⑤ Warwick Gullett, Clive Schofield and Joanna Vince, Marine Resources Management, (Chatswood Australia：LexisNexis Butterworths, 2011), pp. 3-9.

的食物来源或者间接的食物来源都有保证。① 以上事实恰恰说明了，国际渔业管理制度存在本质的复杂性，因此有必要全面检视国际渔业法律制度。

由于很多捕鱼活动发生在传统上被认为是国家领土之外的区域，所以与渔业管理相关的问题至少部分应该通过国家间的协商或通过国际法调整，在国际层面上解决。规制海洋捕鱼业的国际法可以分为两个阶段：第一个阶段是从 1958 年四大海洋法公约②出台到 20 世纪 70 年代中期以前，当时国家的海岸线普遍被认为是狭长的。在这一阶段，在国际渔业委员会的主导下，大量的国际合作得以开展。第二个阶段是 20 世纪 70 年代中期以后至今，这时大多数国家采用 200 海里专属捕鱼区或者专属经济区的宽幅海域，这来源于第三次联合国海洋法会议和 1982 年《联合国海洋法公约》的出台对大多数具有经济开发价值的海域的划分。因此，有必要检视 1982 年《联合国海洋法公约》关于专属经济区以及公海的渔业管理规定。

此外，鱼类最重要的一个特点就是它们的迁徙性。大多数的鱼类种群，在一生中能够移动相当长的距离。在确认海域管辖权时，这经常作为一项重要的内在指标。另外，很少有鱼类种群是孤立存在的，大多数鱼类种群都是相互联系的。要么就是一个鱼类种群以另一个鱼类种群为食物（例如鳕鱼以鲱鱼为食物），要么就是不同的鱼类种群居住在相同的区域，所以渔民捕捞一种鱼的同时往往能顺带捕到其他种类的鱼。基于此，为管理一种特定鱼类种群而设计的规则可能会对其他鱼类种群产生影响。③ 而渔业资源是一种公共所有的自然资源，也就是说，在海中自由游动的鱼，不属于任何一个人。只有当鱼被捕获，捕获者才享有相关权利。因此，每个人原则上都能在海里捕鱼。随着越来越多的捕鱼活动的开展，越来越多的鱼将会被捕到。如果大量的鱼被捕获，其导致的鱼类数量的减少远远超过自然死亡所带来的数量减少，无法满足鱼类进行繁殖的数量要求，则鱼

---

① Emma Witbooi：Fisheries and Sustainability—A Legal Analysis of EU and West African Agreements, Hague The Netherlands：Martinus Nijhoff Publishers，2012，p. 31~65.

② 此四大海洋法公约为《领海及毗连区公约》、《大陆架公约》、《公海公约》、《公海渔业和生物资源养护公约》。

③ Yen-Chiang Chang：Ocean Governance—A Way Forward, Berlin Germany：Springer，2012，p. 77~86.

类数量就会开始减少，最极端的结果即是种群的毁灭。[①] 目前的国际渔业法律制度还不能使捕鱼者为防止过度捕捞而约束自己的行为，因为当一个竞争者离开了，剩下的捕鱼者反而能捕到更多的鱼，所以无法在制度上保证所有捕鱼者都会自我约束。正如公共土地在圈地运动前会被过度放牧一样，无规制的捕鱼行为通常会导致过度捕捞。因此，有必要检视国际渔业制度对不同鱼类种群的规制，以便提出解决之道。

一、专属经济区的国际渔业法律制度

（一）沿海国的权利和义务

根据《联合国海洋法公约》第 56 条第 1 款第 a 项的规定，"沿海国在专属经济区内有以勘探和开发、养护和管理海床上覆水域和海床及其底土的自然资源（不论为生物或非生物资源）为目的的主权权利，以及关于在该区内从事经济性开发和勘探，如利用海水、海流和风力生产能等其他活动的主权权利。"这些权利对应着一些义务，如沿海国必须采取正当的养护和管理措施，确保专属经济区内渔业资源不受过度开发的危害。"捕捞鱼种的数量维持在或恢复到能够生产最高持续产量的水平，并考虑到捕捞方式、种群的相互依存以及任何一般建议的国际最低标准，不论是分区域、区域或全球性的。"[②] 沿海国应促进专属经济区内生物资源最适度利用的目的。[③] 最后，沿海国应决定其专属经济区内生物资源的可捕量。[④]

由以上可知，根据《联合国海洋法公约》，上述义务已经长期建立并且普遍存在，而且沿海国被赋予了广泛的自由裁量权，尤其在确定可允许的捕鱼量方面，最大持续生产量的管理目标很难描述，因此沿海国可以指定任何符合法定范围的允许捕鱼量，只要不导致过度捕捞而引发种群危险就可以。一方面这个事实导致了沿海国的渔业管制义务不受《联合国海洋法公约》中强制性争端解决机制条款的束缚。另一方面，沿海国自由裁量权的扩大并不一定是一件坏事，因为这样可以使他们颁行一些适合自己国

---

① Ray Hilborn and Ulrike Hilborn: Overfishing—What Everyone Needs to Know, Oxford United Kingdom: Oxford University Press, 2012, p. 3–10.

② 1982 年《联合国海洋法公约》第 61 条第 3 款。

③ 1982 年《联合国海洋法公约》第 62 条第 1 款。

④ 1982 年《联合国海洋法公约》第 62 条第 2 款。

情需要的渔业管理战略措施。

有英国学者指出，"在国际习惯法上已经确定了 1982 年《联合国海洋法公约》第 56 条第 1 款中所赋予沿海国对 200 海里的专属经济区和 200 海里的专属渔业区主张的权利。"① 但很难确定《联合国海洋法公约》第 61 条和第 62 条所规定的沿海国的渔业管理义务是否也已经成为国际习惯法的一部分，② 因为只有相对很少国家的法律参照了这些条约义务。究其原因，从一个方面来看，也许不是因为这些义务不可接受，而是因为这些义务牵扯到行政管理而不被认为是一种法律问题。另一方面，这些义务规定得太模糊、不够具体，不符合"创建规范的特性"而不能成为一种习惯法。在许多情况下，即使这些义务被认为是习惯法性质的，但其模糊性可能会引发争议，这也造成在某些具体案件中根本不可能说明一项义务是否存在。

（二）准许其他国家进入专属经济区的权利

根据《联合国海洋法公约》第 62 条第 2 款的规定，沿海国在没有能力捕捞全部可捕量的情形下，应准许其他国家捕捞可捕量的剩余部分，这是出于平衡实际捕获能力和可捕获量的考虑。这项义务支持了上述的最优化利用的要求。在决定其他国家进入其水域进行捕鱼活动方面，沿海国家被授予更广泛的自由裁量权。

《联合国海洋法公约》第 62 条第 3 款规定：

"沿海国在根据本条准许其他国家进入其专属经济区时，应考虑到所有有关因素，除其他外，包括：该区域的生物资源对有关沿海国的经济和其他国家利益的重要性，第 69 条和第 70 条的规定，该分区域或区域内的发展中国家捕捞一部分剩余量的要求，以及尽量减轻其国民惯常在专属经济区捕鱼或曾对研究和测定种群做过大量工作的国家经济失调现象的需要。"

《联合国海洋法公约》第 69 条和第 70 条，规定了内陆国和地理不利国的权利，原则上对上述国家提供了法律上的保证。其他国家应该完全服从沿海国的自由裁量权（当然，对于具有强制性的争议解决措施例外）。

---

① R R Churchill and A V Lowe: The Law of the Sea, p. 279-321.

② F Orrego Vicuña: The Exclusive Economic Zone, Cambridge United Kingdom: Cambridge University Press, 1989, p. 244-246.

沿海国的这项权利的范围是很广的，正如上述所言，不但享有对可允许捕获量的决定权，还享有对允许捕捞可捕量剩余部分的规模的决定权（如果有可捕量的剩余部分的话）。

涉及一国允许外国渔船进入其专属经济区捕鱼的实践在一定程度上反映了《联合国海洋法公约》的意图。这种允许不但出现在某些国家的国内法中，而且出现在 300 多个双边协定中（事实上这些协定都是在《联合国海洋法公约》生效以前签订的）。但同时这也产生了大量与公约条款不同的国家实践。[1] 在某些案例中，一些外国船甚至被允许进入无剩余可捕量的水域，例如欧共体（享有代替其成员国谈判和订立双边渔业协定的排他性权力）和挪威相互给予互惠性的许可权以进入其水域捕鱼，前提是己方捕鱼活动不受严重干扰，并且其他船只受到 200 海里区域规定的限制。某些国家考虑到贸易让步，对进入权的许可是视情况而定的（如加拿大对欧共体，美国对其他众多国家所做的那样）；或者考虑支付除许可费之外的金钱补偿（如许多非洲国家对欧共体所做的那样）；或者与沿海国家的公司或者其他经济实体建立合作（如许多拉美国家和非洲国家做的那样）。[2]

对于允许他国船只进入专属经济区进行捕鱼活动的区域，沿海国有权制定一些条件进行规制。这些规制规定在《联合国海洋法公约》第 62 条第 4 款中，如要求外国渔民有许可证；遵守沿海国家的保护措施；进行特定渔业研究计划；船只在沿海国港口卸下渔获量的全部或任何部分；训练沿海国的人员等。在 1986 年法国—加拿大渔业仲裁案中，[3] 仲裁庭认为沿海国有对在其专属经济区的外国捕鱼船只进行法律规制的权力，但这种权力严格意义上来说只限于海洋保育措施，不应包括规制捕鱼过程的措施。这看起来是一种对《联合国海洋法公约》第 62 条第 4 款的偏激理解，因为条文规定："在专属经济区内捕鱼的其他国家的国民应遵守沿海国的法律和规章中所制订的养护措施和其他条款和条件"，并且列出了多达 11 种允许的海洋保育措施。沿海国的措施是否包括请求渔船在经过其专属经济区时应该收起工具而不去捕鱼仍是不确定的，尽管可以在很多国家的法

① United Nations: The Law of the Sea: the Practice of States at the Time of Entry into Force of the United Nations Convention on the Law of the Sea, New York, United Nations, 1994, p. 39-40, 45-46, 71, 131 and 180.

② Emma Witbooi: Fisheries and Sustainability——A Legal Analysis of EU and West African Agreements, Dordrecht The Netherlands: Martinus Nijhoff Publishers, 2012, p. 31-65.

③ Franco-Canadian Fisheries Arbitration (1986) 90 RGDIP 151.

律中找到这种规定。

　　沿海国根据《联合国海洋法公约》有权为在其专属经济区捕鱼的外国船制定规则，可以通过包括登临、检查、逮捕和进行司法程序等方面的措施来实施管理。① 在那些船只试图违反强制措施的情况下，可以对船只进行紧急追捕。在逮捕或扣留外国船只的情形下，沿海国应通过适当途径将其所采取的行动及随后所施加的任何处罚迅速通知船旗国。被逮捕的船只及其船员，在提出适当的保证书或其他担保后，应迅速获得释放。② 根据《联合国海洋法公约》第73条第3款规定，沿海国对于在专属经济区内违反渔业法律的船只可以建立惩罚机制，但如果有关国家无相反的协议，惩罚不得包括监禁，或任何其他方式的体罚。尽管有这样的禁止性规定，但约有32个国家确实在他们的立法中规定了监禁措施，这些国家中有一些是《联合国海洋法公约》的成员国，他们甚至没有和其他国家达成协议。③

　　对任何拥有一定规模的专属经济区的沿海国而言，在其专属经济区内实施渔业法规，在资源（如海监船、飞机和海监人员等）和科技（如卫星跟踪、电脑等）方面都面临着相当大的挑战。对于发展中国家，这方面的问题尤甚，尤其对于南太平洋的那些享有很广阔专属经济区的小岛国。所以这些岛国积极地倡导应该通过"太平洋岛国论坛渔业局"（The Pacific Islands Forum Fisheries Agency，简称FFA），参与关于专属经济区的检视和制度的强制实施的合作中。这个组织由南太平洋论坛渔业局在1979年建立，成员也包括澳大利亚和新西兰。在1982年，"太平洋岛国论坛渔业局"中最小的7个国家通过了《瑙鲁协定》（Nauru Agreement），协定涉及为外国远洋船队在成员国专属经济区捕捞普通鱼种（主要是金枪鱼）建立统一的许可制度，并在共同利益的情况下就渔业管理方面展开合作。该协定使得建立一个集中的许可证系统成为了可能，并且促使在检视和监察外国船只时可以实现信息共享和实施联合的强制性监察措施。在随后的几年中，所有"太平洋岛国论坛渔业局"17个成员国都建立了对在其专属经济区或者专属捕鱼区捕鱼的外国船只的许可证注册制度——外国渔船所捕获的金枪鱼有90%来自于南太平洋，而金枪鱼是这一区域的主要渔业资

---

① 1982年《联合国海洋法公约》第73条第1款。
② 1982年《联合国海洋法公约》第73条第2、4款。
③ B. Kwiatkowska: The 200 Mile Exclusive Economic Zone in the New Law of the Sea, Dordrecht The Netherlands: Martinus Nijhoff Publishers, 1989, p. 87.

源。在这个注册系统上丧失良好信用的渔船，比如实施激烈的抵抗，将被列入黑名单从而不允许在这些国家的专属经济区捕鱼。"太平洋岛国论坛渔业局"还建立了关于外国船只活动的数据库。在关于允许远洋船队在"太平洋岛国论坛渔业局"成员国的专属经济区内进行捕鱼活动的最短期间和限制条件方面，"太平洋岛国论坛渔业局"成员国也达成了共识。这些限定包括不允许同时捕捞，捕鱼活动应该报告，在船上安插观察员，并且船旗国应该遵守沿海国的法律及有效地制约其他不遵守这些规则的船只的义务。

1992 年，"太平洋岛国论坛渔业局"成员国之间签署了《关于南太平洋区域渔业监测和执法合作的纽埃条约》（Niue Treaty on Cooperation in Fisheries Surveillance and Law Enforcement in the South Pacific Region），各国同意在渔业监管和实施渔业管理措施方面开展区域性合作。该条约除了把已经提到的地区注册以及最短期限和最少限制条件作为基础性规定，还要求各成员国为"太平洋岛国论坛渔业局"提供有关外国捕鱼船队的活动以及对其活动实施监管的信息。该条约还鼓励其成员国通过一些附属的条款，以使得一成员国在另一成员国的领域内也享有劝止、登临、检查和控制外国船只的权利，并且在检察权和处罚的实施方面进行合作。根据这些条款，东加群岛（Tonga Islands）和图瓦卢（Tuvalu）就签订了这样的附属性条款。另外，澳大利亚和新西兰也对在其专属经济区的其他"太平洋岛国论坛渔业局"成员国进行航空监管。

由以上论述可以得知，在大多数情况下，国家实践并不参考可捕量的剩余量。虽然《联合国海洋法公约》规定沿海国在存在可捕量的剩余量的时候应当给予他国渔船允许进入权，但在实践中却存在争议与分歧，因此有待更多国家实践来补充目前条约法的不足。

（三）对共享渔业资源的管理

许多鱼类种群在两个或更多国家的专属经济区洄游（往往是共享的渔业资源），或在专属经济区和专属经济区之外的水域之间来回迁徙（跨界渔业资源）。《联合国海洋法公约》第 63 条第 1 款规定，"如果同一种群或有关联的鱼种的几个种群出现在两个或两个以上沿海国的专属经济区内，这些国家应直接或通过适当的分区域或区域组织，设法就必要措施达成协议，以便在不妨害本部分其他规定的情形下，协调并确保这些种群的养护和发展。"该规定没有提及渔业管理的许多细节，比如说管理目标和有权益国家间的渔业资源分配，而各相关国家只有在对这些问题达成共识后才能对共享渔业资源进行有效的管理。虽然根据该第 63 条第 1 款的规定和国际法院的判例法，相关国家都应该使用更有意义的方法为共享渔业资源的管理进行善意的协商谈判，[①] 但该条款并没有附加义务强制他们这么做。如果协议没有达成，那么每个沿海国都将按照其在专属经济区进行渔业管理的相关权利义务来管理在其专属经济区的共享渔业资源，其结果势必是共享渔业资源的管理混乱和因管理不善而产生的利益分配不公。比如，一个国家施行严格的海洋保育措施，扩大捕捞面积但限制捕鱼数量，但同时另一个国家却为了短期利益最大化而大量捕鱼，如此就会产生矛盾。

值得欣慰的是，在实践中有些沿海国能够为共享渔业资源的管理在一定程度上达成合作协议，包括在《联合国海洋法公约》的指导下达成对特定物种共享资源的协议。当前至少有 20 个涉及共享渔业资源管理的有效协定，有些已经成功地实施了 10 年或更长时间。尽管在某些国家实践中，因国家的专属经济区间没有关于海洋划界的协定而使情况变得很复杂，同时这些协定因采用不同的管理措施而不同，但大抵可以被分成以下四大类。

第一类协定采用周期性安排的形式（往往是年度性的），它是在先前存在的框架条约之下通过协商产生的。例如，欧共体与挪威之间根据 1980 年《渔业协定》（Fisheries Agreement）订立的一系列年度协定是以国际海洋开发委员会的建议为基础，根据这一系列的年度协定他们为共享渔业资源制定了"总可捕量"（Total Allowable Catch，简称 TAC），而他们之间可捕量的分配是基于地域联系的。1989 年，丹麦、冰岛和挪威对于在格陵兰岛、冰岛及扬马延岛（Jan Mayen Island）水域中毛鳞鱼"总可捕量"问题达成了协议，每年三方达成一项协议（如果没有达成协议，冰岛将单独制定总可捕量），该项协议会详细规定每一方"允许捕获的总鱼量配额"。1978 年，澳大利亚与巴布亚新几内亚签署了关于主权和海域边界的条约（Torres Strait Treaty），根据该条约，两国应该采纳一些关于在托雷斯海峡保护区内捕鱼的渔业管理措施，这些措施包括在各方之间分配固定配额的"允许捕获的总鱼量"（具体的数字根据提出的区域确定）。

---

① The North Sea Continental Shelf cases, [1969] ICJ Rep. 1, at 47, and the Fisheries Jurisdiction case, [1974] ICJ Rep. 3, at 32.

第二类协定是专门建立一个渔业管理的双边委员会来采取措施管理共享渔业资源。例如，根据 1980 年《有关渔业和大陆架问题的协定》（Agreement on Fisheries and the Continental Shelf）而建立的冰岛—挪威渔业委员会。这个委员会确定和分配每年在冰岛和挪威扬马延岛水域之间的"总可捕量"（作为重要物种的毛鳞鱼除外，其由协定直接规定）。根据 1976 年《渔业协定》而成立的挪威—俄罗斯（原来是苏联）渔业委员会，确定每年在巴伦支海的共同渔业资源的"总可捕量"，并根据物种的不同分配给两国确定的配额。根据 1953 年《关于保护北太平洋及白令海大比目鱼资源条约》（Convention between the United States of America and Canada for the Preservation of the Halibut Fishery of the Northern Pacific Ocean and Bering Sea）及其 1979 年的修订案而建立的国际太平洋大比目鱼委员会，采取管理措施来管理太平洋和白令海峡中加拿大和美国之间共享的大比目鱼资源（包括规定"允许捕获的总鱼量"、禁渔期、最小捕鱼区域和捕鱼工具管制）。根据 1973 年《拉普拉塔河条约》（Rio de la Plata Treaty）在阿根廷和乌拉圭之间建立的混合科技委员会，为一个横跨阿根廷和乌拉圭 200 海里专属经济区之间的大渔业区采取保护和管理措施。1990 年英国和乌拉圭创建了南大西洋渔业委员会（不是根据条约建立的）出台了很多在阿根廷或马尔维纳斯群岛海域进行海洋保育的建议。

第三类协定是地区性渔业组织采取的措施。最典型的例子是根据 1973 年《波罗的海及其海峡生物资源捕捞及养护公约》建立的波罗的海渔业委员会，该委员会规定"允许捕获的总鱼量"、捕鱼器具的限制、封渔期、禁渔区域等，对在位于几个国家区域间封闭或者半封闭海域中的洄游性物种的保护有特殊的意义。

最后一类是当事国没有签订细节性的协定，而只用一种普遍的方法在特定基础上开展有关共享渔业资源管理方面的合作。最典型的例子包括哥伦比亚和其邻国之间的一些相关条款①（包括一些加勒比海的边境条

---

① Colombia-Haiti Agreement on the Delimitation of the Maritime Boundaries, 1978; Colombia-Dominican Republic Agreement on Delimitation of Marine and Submarine Areas and Maritime Co-operation, 1978; Colombia-Costa Rica Treaty on Delimitation of Marine and Submarine Areas and Maritime Co-operation, 1977; Colombia-Panama Treaty on Delimitation of Marine and Submarine Areas and Related Matters, 1976; Colombia-Ecuador Agreement on Delimitation of Marine and Submarine Areas and Maritime Co-operation, 1975.

约①）；1984 年《有关几内亚湾区域渔业的地区发展的公约》；1991 年
《有关大西洋沿岸国间渔业合作公约》 （其成员国是非洲大西洋沿海国
家）；1982 年关于在共同渔业资源管理方面开展合作的《瑙鲁协议》。

由以上论述可以观察到，从世界范围看在共享渔业资源方面国家间的
合作仍然很缺乏，目前国际社会迫切需要的是在海洋生物资源管理上的跨
界合作。尽管有些国家认为应该先谈海域划界，再谈海洋生物资源跨界合
作，但必须意识到一个事实，即人为的划界对鱼来说没有任何意义，鱼不
可能因为国家间划了海域界线就不跨界。所以，海域划界与海洋生物资源
跨界合作完全可以分割处理，区别对待。

二、公海捕鱼管制

尽管世界上大多数的商业捕鱼都在 200 海里的区域内进行，《联合国
海洋法公约》仍对公海捕鱼进行了规定，其重要性体现在许多鱼群在某段
时间或者某些鱼类在一生中要在公海中生存。《联合国海洋法公约》规定
公海的渔业资源原则上是向所有国家开放的，但是要受到关于跨界渔业资
源和以下要讨论的特殊渔业资源 （第 87 条和第 116 条） 的规则的限制。
该公约第 117 条至第 120 条还确认了利益相关国的义务，即利用合适的国
际渔业委员会在公海渔业资源的管理和保护方面进行合作。这些管理措施
的 "目的在于根据有关国家可得到的最可靠的科学证据，并在包括发展中
国家的特殊要求在内的各种有关环境和经济因素的限制下，使捕捞的鱼种
的数量维持在或恢复到能够生产最高持续产量的水平，并考虑到捕捞方
式、种群的相互依存以及任何一般建议的国际最低标准，不论是分区域、
区域或全球性的。"② 采取保护措施的国家也应该 "考虑到与所捕捞鱼种有
关联或依赖该鱼种而生存的鱼种所受的影响，以便使这种有关联或依赖的
鱼种的数量维持在或恢复到其繁殖不会受严重威胁的水平以上"。③ 任何养
护措施的实施都不应该在形式上或事实上对任何国家的渔民有所歧视。

回顾历史，1958 年《公海捕鱼和生物资源养护公约》 （Convention on
Fishing and Conservation of the Living Resources of the High Seas） 并没有解决

①　Netherlands-Venezuela Boundary Delimitation Treaty, 1978 and Costa Rica-Panama Treaty concerning Delimitation of Marine and Maritime Co-operation, 1980.

②　1982 年《联合国海洋法公约》第 119 条第 1 款第 a 项。

③　1982 年《联合国海洋法公约》第 119 条第 1 款第 b 项。

公海渔业政策所固有的缺陷。在 200 海里专属经济区和专属捕鱼区建立之前，对深海捕鱼进行规制唯一可能的途径是通过国际合作，尤其是通过地区性的渔业组织。除了下文中要提到的对特定物种规制的委员会，当前还有 4 个旨在管理特定深海区域渔业资源的委员会。他们分别是：通过 1978 年《关于未来在西北大西洋渔业多边合作的公约》而建立的西北大西洋渔业组织（Northwest Atlantic Fisheries Organization，简称 NAFO）；通过 1980 年《关于未来在东北大西洋渔业多边合作的公约》而建立的东北大西洋渔业委员会（North East Atlantic Fisheries Commission）；根据 1949 年签订的《关于建立地中海渔业统一委员会协议》及其 1976 年、1997 年的修订案而建立的地中海渔业统一委员会（Unified Fisheries Commission for the Mediterranean）；根据 1980 年《南极海洋生物资源养护公约》而建立的南极海洋生物资源养护委员会（Commission for the Conservation of Antarctic Marine Living Resources，简称 CCAMLR）。其实在这 4 个委员会之外，还曾经存在过两个委员会。根据 1952 年订立的《北太平洋公海渔业公约》及其 1978 年的修订案而建立的北太平洋国际渔业委员会，在 1993 年被北太平洋溯河产卵的种群委员会所取代。根据 1969 年《东南大西洋生物资源养护公约》而建立的东南大西洋国际渔业委员会实际上也已经不再运行，尽管 1990 年终止其职责的条文还没有生效。事实上，在某些区域还存在一些如中西部大西洋渔业委员会和印度洋渔业委员会这样的组织，但他们往往是咨询性质的，并没有规制的权力。

因文字篇幅限制，本文不能对这 4 个现存的渔业委员会进行详细的论述，只简略地对西北大西洋渔业组织（NAFO）和南极海洋生物资源养护委员会（CCAMLR）这两个在实践中作用最显著的组织进行说明。

西北大西洋渔业组织的职责是管理西北大西洋的渔业资源，包括跨界生物及协调科学研究。在过去，西北大西洋渔业组织确定每年的"总可捕量"，后来分成定额，分配给各个成员国。有时这个组织也采取其他的一些海洋保育措施，诸如规定渔网尺寸及附属捕量的最小化。通常，对不同意西北大西洋渔业组织制定的规则的任何成员国来说，在一定的期限内反对这个规则，就可以不受此规则的约束。为了更好地推行其措施，西北大西洋渔业组织通过了一项联合国际检查和监督的计划，[①] 根据此计划，一

---

① Text in Official Journal of the European Communities, 1992, L54/2 and 1995, L329/1.

个被成员国授权的观察员可以登临和监视其他成员国的渔船，看渔船是否遵守西北大西洋渔业组织的规则。观察员成员国可以通知违法渔船的船旗国，并且禁止其进一步的渔业活动。船旗国必须立即对渔船的非法活动进行调查（包括要求渔船停靠最近的港口）。只有船旗国有权对渔船进行刑事诉讼。作为对该计划的补充，1995 年西北大西洋渔业组织正式通过了观察员计划，在这项计划下，每一个在西北大西洋渔业组织区域内捕鱼的渔船都将被安置观察员，这些观察员的任务主要是监视渔船对西北大西洋渔业组织规则的遵守情况。观察员应将被监视渔船明显的违规行为报告给巡视员，并且将一段时间的观察记录报告给西北大西洋渔业组织和船旗国。1991 年进一步采纳的措施还规定船只必须报告其进入西北大西洋捕鱼的区域，在西北大西洋捕鱼区域中和在西北大西洋捕鱼区域外的活动，并且1995 年西北大西洋渔业组织引入了一种空中观察措施，要求某些船只必须带有卫星追踪装置。

南极海洋生物资源养护委员会的管辖区域很大——在南纬 60°以南的海洋和南纬 60°以北的南极辐聚区域（Poly Antarctic Convergence Area，即南极的冰水与其他大洋的温暖的海水交汇的地方）。在这些区域里，20 世纪 70 年代才开始出现商业捕鱼。南极海洋生物资源养护委员会负责对南极海洋生物科考的协调（不仅仅对鱼类还包括对鸟类），并且制定一些海洋保育和管理措施，例如规制捕鱼的数量、确定保护的物种、禁渔期和捕鱼工具的限制。在采取这些措施时，南极海洋生物资源养护委员会要用一种生态方法来负责保护和管理，例如在规定特定物种的捕获量时，必须考虑对以其为食的鸟类种群的影响。在这个方面，南极海洋生物资源养护委员会成为了现存的最先进的渔业组织，尽管它的生态系统方法也很有限，诸如海洋哺乳动物并不在其规制的范围之内，而是受其他的组织的规制。在实践中，南极海洋生物资源养护委员会施行了很多海洋保育和管理措施，诸如对特定鱼类和包括磷虾群在内（其作为南极食物链的基石存在）的甲壳纲动物捕获的限制、限制渔网网眼的大小、禁渔期和禁渔区。在执行这些目标方面，南极海洋生物资源养护委员会受限于缺乏统一性政策去采取有效的措施，更受限于对南极生态圈知识的欠缺。对于西北大西洋渔业组织的成员国并不受制定措施束缚的做法，南极海洋生物资源养护委员会表示反对。而南极海洋生物资源养护委员会也设置了观察和监管计划去辅助规则的实施，在这一点上与西北大西洋渔业组织的做法很相似。

　　20 世纪 70 年代后期以后，因为很多国家对己国 200 海里海域内外国船只捕鱼的禁止，很多远洋渔船脱离了其传统的捕鱼区，公海捕鱼有了大幅的增加。从 20 世纪 80 年代中晚期以来，公海捕鱼遇到了资源占有的冲突，而跨界渔业资源的开发、对大幅漂网的使用、"方便船旗"现象都暴露了《联合国海洋法公约》规定的不足。随着公海捕鱼活动的增多和科技的发展，竞争越发激烈，很多捕鱼工具的尺寸在增大，诸如漂网。80 年代末，长达 30 海里的漂网被使用。这些渔网垂直深入水下 30 英尺（约 7.5 m）的距离，不仅会捕捞到他们的目标种类（如金枪鱼、大马哈鱼或者乌贼），而且会捕捞到许多其他的鱼类、海洋哺乳动物（尤其是海豚）、海龟和许多海鸟。因为这个缘故，这些渔网（其主要被日本、韩国、台湾地区的渔船在印度洋和太平洋的捕鱼活动中使用）经常被称作"死亡之墙"。使用这些渔网导致了海洋物群的整体流失和对金枪鱼及大马哈鱼的过度捕捞，由此催生了大量外交上和法律上的措施（包括国际性的和国家间的）。1989 年 7 月，南太平洋论坛①通过了《关于漂网捕鱼的塔拉瓦宣言》（Tarawa Declaration）。② 在表达了对漂网造成的破坏的关注，并"认识到"这种捕鱼的方式并不符合国际法关于公海渔业资源保育和管理方面的要求及国际环境法的原则，南太平洋论坛决定禁止这种捕鱼方式并以制定条约作为最终的解决方式。4 个月后，东加勒比国家联合组织通过了一项类似的宣言。③ 又一个月后，第 44/225 号联合国大会决议通过，④ 建议到 1991 年 7 月 1 日终止在南太平洋的远洋大范围漂网捕鱼活动；其他地区在 1992 年 6 月 30 日终止，除非可以证明在某些区域实施了成效显著的海洋保育和管理措施以防止类似捕鱼行为所产生的不利影响。这项建议被后来的联合国大会决议进一步确定。⑤

　　在《关于漂网捕鱼的塔拉瓦宣言》的号召之下，南太平洋国家通过了 1989 年《关于禁止使用漂网在南太平洋捕鱼的惠灵顿条约》。这个条约适

---

① 南太平洋论坛，宗旨为加强各国贸易、旅游、教育、航空与海运等领域的合作及协调。近年来该论坛逐渐发展为协调对外政策、加强区域合作的地区性组织。1999 年该论坛改名为太平洋岛国论坛（Pacific Islands Forum）。

② 14 LOSB 29 (1989).

③ Castries Declaration on Driftnet Fishing.

④ 15 LOSB 15 (1989).

⑤ Resolutions 45/197 of 21 December 1990 and 46/215 of 20 December 1991, 17 LOSB 7 (1991) and 20 LOSB 14 (1992).

用于北纬10°、南纬50°、东经130°和西经120°之间的专属经济区、专属捕鱼区，并要求无论是南太平洋论坛的成员国还是其他在《关于禁止使用漂网在南太平洋捕鱼的惠灵顿条约》规定区域有领土的国家，都需限制其国民及其船只使用超过2.5千米长的漂网，禁止在专属经济区和专属渔业区布置这些渔网，禁止在陆上卸载和进口通过这样的方式捕获的鱼类，限制港口进入（限制装配或使用漂网的船只进入港口）和为船只装配漂网。任何违反该条约的船只都将失去其在南太平洋论坛渔业局注册机构中良好的评价地位。1989年《关于禁止使用漂网在南太平洋捕鱼的惠灵顿条约》的1990年《第一议定书》规定，成员国以外的国家的渔船可以在本海域内捕鱼，前提是遵守该条约禁止使用漂网捕鱼的规定。同时通过的《第二议定书》规定，其水域毗邻《关于禁止使用漂网在南太平洋捕鱼的惠灵顿条约》水域的国家，他们的渔船在进入条约水域后应当禁止使用漂网捕鱼；若是条约成员国，其在自己的水域中也应该遵守此规定。美国批准了《第一议定书》，加拿大和智利批准了《第二议定书》。虽然使用漂网的国家都不是该条约的成员国，但在南太平洋上针对金枪鱼的漂网捕鱼活动已经被禁止。

在北太平洋，1989年北太平洋国际渔业委员会通过在船甲板上安装监视器具，限制日本的漂网捕鱼活动、船只数目、捕鱼区和捕鱼季节等。在台湾地区和韩国的个案中，双方都不是北太平洋国际渔业委员会的成员。1989年，美国与他们都签订了双边条约，其中包含着类似的措施。1993年3月，美国声明将对有确切证据证明在公海使用漂网捕鱼的行为进行制裁。[①] 在这样的事例中，如果美国与船旗国存在事先的协定，美国将通知船旗国，然后实施恰当的与协定一致的强制性措施。如果事先不存在约定，美国将找寻一项特别法案来实施法律，或者代表渔船注册国的政府采取适当的行动。如果这些船只被证明是无船旗国的，将被美国直接处罚。另外，美国1990年修订的《关于漂网影响、监控、评估和控制法》规定，对不遵守有关漂网使用的国际协定的国家施行贸易制裁，同时，违反1988年《海洋哺乳动物法案》而使用漂网过度捕捞哺乳动物的船只将不被允许进入美国的专属经济区。1992年欧共体也禁止欧共体的船只在公海和一国

① Text of the announcement in 23 LOSB 107（1993）.

管辖区使用超过 2.5 千米的渔网进行捕鱼。① 在 1998 年 6 月，欧共体通过了全面禁止使用大规模漂网的法令，这项禁止法令在 2002 年年初正式生效。②

上面这些法案使得大面积漂网捕鱼得到了有效地遏制，尽管没有完全消失。坚持使用大面积漂网捕鱼的渔民（反对欧共体的规则）主要是在地中海进行剑鱼捕捞的意大利渔民，但在美国经济制裁的威胁和欧共体经济援助的联合作用下，意大利捕鱼船队得以改组重建，最终使得大面积漂网捕鱼逐渐废止。联合国对大面积漂网捕鱼的决议并不具有正式的约束力，但是几乎所有的国家都遵守这项决议，使得该决议的条款成为了国际惯例。③ 同时，这项关于禁止大面积漂网捕鱼的决议也受到了广泛地批评，因为缺乏足够的理论基础可以证明大面积漂网捕鱼所造成的影响和后果，有评论指出其他的捕鱼工具，诸如围网、拖网、长钩网，所造成的后果与大面积漂网造成的后果并无二致。另一方面，这些已经实施的措施可以被认为是典型的预防措施。④

如上所述，关于公海捕鱼更令人担忧的是"方便船旗"（Flag of Convenience）现象。这些年来，西北大西洋渔业组织（NAFO）、南极海洋生物资源养护委员会（CCAMLR）和北大西洋鲑鱼养护组织（NASCO）所遭受的"方便船旗"问题尤甚。这些船只一般是西北大西洋渔业组织、南极海洋生物资源养护委员会和北大西洋鲑鱼养护组织的成员国的国民所实际拥有，但在其他非成员国注册登记（如伯利兹、巴拿马），目的即在于规避西北大西洋渔业组织、南极海洋生物资源养护委员会和北大西洋鲑鱼养护组织对捕鱼的限制。这种"方便船旗"现象，是公海制度不足的最典型表现。经过数年的改进，国际社会以软法⑤和硬法⑥的形式来共同弥补这些不足。以下便对这些措施按时间先后做一简单介绍。

---

① Regulation 345/92, Official Journal of the European Communities, 1992, L42/15.

② Regulation 1239/98, 1987, L171/1.

③ G J Hewison: "The Legally Binding Nature of the Moratorium on Large-Scale High Seas Driftnet Fishing", (1994) 25 JMLC557, p. 557–579.

④ Margaret A Young. Trading Fish, Saving Fish——The Interaction between Regimes in International Law, pp. 32–81.

⑤ 软法系指没有强而有力的法律拘束力的国际法律文件，其性质更像道德性的劝说，名称不固定，但通常以宣言、规约、指导方针等形式存在。

⑥ 硬法系指对缔约方具有强而有力的法律拘束力的国际法律文件，通常以公约、协定等形式存在。

1991 年 7 月，联合国秘书长召开公海渔业技术专家组会议，确定了一整套建议性的指导方针，在强调了《联合国海洋法公约》对于公海保育和渔业管理的合作义务后，指出无法成功地承担这些义务是对公约的违背。这些方针指出，公海捕鱼权一般在行使时应该与相关国家建立的渔业保养和管理制度相一致。全球各渔业委员会和组织应当向所有利益相关的国家开放，这些团体需要更清楚地阐明在一个国家没有采取保育措施或与没有采取这样的保育措施的国家合作的情况下，随之而来的程序性和制度性的步骤和强制措施。这些渔业委员会和组织的成员承担着确保其国家遵守制定的措施的义务，不能凭借技术来逃避控制，例如重新注册船籍。这些指导方针还呼吁进行关于公海捕鱼管理在国际层面上的多边讨论。

1992 年 5 月国际责任渔业会议在墨西哥坎昆召开并通过了《坎昆宣言》，其呼吁联合国粮农组织起草《责任渔业行为规约》，[①] 随后引起了很大的反响。坎昆会议一个月后，联合国环境与发展会议在里约热内卢召开，并通过了《21 世纪议程》，其中的第 17 章涉及海洋方面。[②] 第 17 章的项目 C 涉及"深海渔业资源的保育与可持续性利用"。这部分的开展是由于注意到深海捕鱼的管理在很多方面很不完善而且某些资源被过度使用。存在的问题主要是不受管制的捕鱼、过度投资、船只尺寸过大、船舶改挂另一国籍旗以逃避监管、缺乏选择性捕鱼工具、数据造假和缺乏国家间的合作。为纠正这些问题，《21 世纪议程》呼吁，为深海鱼类的有效管理和保护进行谈判并达成合适的国际协定，目标是最终在以下等方面获得很大的进步：使用选择性捕鱼工具；将捕捞目标资源时的浪费控制在最小；将捕捞目标资源时捕捞出的附属资源和非目标资源控制在最小量；对渔业活动有效的监视和强制执行；促进科学勘探和数据交换，以获得对深海种群更多的知识；实施有效的行为制止船只改挂另一国籍旗。

联合国粮农组织也对《坎昆宣言》做出了回应，通过 1992 年举行的深海捕鱼的技术咨询会议，最终产生了两项文书，[③] 即 1993 年《促进公海渔船遵守国际养护和管理措施的协定》和 1995 年《责任渔业行为规约》。[④]

---

① UN Doc. A/CONF. 151/15, annex.

② Chapter 17 is reproduced in（1992）7 International Journal of Estuarine and Coastal Law，296-329 and（1992）8 International Organizations and the Law of the Sea. Documentary Yearbook，400-432.

③ Report of the Technical Consultation on High Seas Fishing，FAO Fisheries Report No. 484（1992）.

④ FAO Doc. 95/20/Rev. 1（1995）. Reproduced in（1995）11 International Organizations and the Law of the Sea. Documentary Yearbook，700-734.

1993 年《促进公海渔船遵守国际养护和管理措施的协定》的主要内容分为两部分：关于船旗国的责任和关于深海捕鱼活动信息共享的最大化。过去缺乏这些机制对有效的渔业管理是一个障碍。关于前者，《促进公海渔船遵守国际养护和管理措施的协定》第 3 条第 1 款规定："每一缔约方均应采取必要的措施以确保有权悬挂其国旗的渔船不从事任何损害国际保护和管理措施效力的活动。"此后，除非得到船旗国的允许，渔船不允许在公海上从事捕鱼活动。并且"任何缔约方除非确信有权悬挂其旗帜的渔船与其之间的现有关系使该缔约方能够对该渔船有效地履行本协定所规定的职责，否则不应授权该渔船用于公海捕捞"。[1] 任何缔约方均不应授权任何以前在另一缔约方领土内注册但曾损害国际保护和管理措施效力的渔船用于公海捕捞，除非该缔约方确信：另一缔约方中止此种渔船用于公海捕捞的授权的期限已满和此种渔船在过去 3 年内未曾被另一缔约方撤销其用于公海捕捞的授权。这一条款限制了那些具有不良记录的渔船再去买一个新的船旗的行为。被授权的渔船的捕鱼活动只能在授权的范围内进行，并具有适当标志以表明这项授权，而且在作业时必须提供其船旗国信息以便该缔约方按照本协定履行其义务。旗船国必须强制实施有关其渔船的协定，对严重违反该协定条款的渔船的制裁必须有效，以确保该协定的要求得到遵守并剥夺违反者非法活动所获的利益。对严重违反该协定者，制裁应包括暂停或撤销其公海捕捞权。其他缔约国应当协助船旗国履行这些强制措施，如提供证据材料。这首先包括多边协定中的港口国控制渔船的措施。"如一渔船自愿进入其船旗国之外的一个缔约方的港口，该缔约方如果有适当根据相信该渔船被用于进行损害国际保护和管理措施的效力的活动，应据此立即通知船旗国。各缔约方可作出安排，由港口国采取其认为必要的调查措施，以确定该渔船是否确实用于有违本协定条款的活动。"[2]

1993 年《促进公海渔船遵守国际养护和管理措施的协定》第二部分的内容是关于促进深海捕鱼活动中信息的自由流通。该协定规定，旗船国必须向联合国粮农组织提供有关它授权的船只的信息，包括采取行动反对其渔船进行任何有损国际保护和管理措施的活动。联合国粮农组织应将信息传递给各缔约方和国际渔业组织。这些信息可以作为沿岸国禁止不良记

---

① 1993 年《促进公海渔船遵守国际养护和管理措施的协定》第 3 条第 3 款。
② 1993 年《促进公海渔船遵守国际养护和管理措施的协定》第 5 条第 2 款。

录渔船进入其专属经济区的依据。缔约国也应该互换他们拥有的关于非缔约国渔船活动的信息。在 1993 年《促进公海渔船遵守国际养护和管理措施的协定》的谈判早期，有些谈判方还试图解决渔船改挂另一国籍旗帜的问题，试图规定一个国家不应该授权给一个渔船悬挂其国旗的权利，除非该国与该渔船有真正的关系，并且船旗国相信该渔船不会去违反国际保育和渔业管理措施。谈判方在这方面的尝试没有最终达成协议，取而代之的是，在协定的前言中重申了《21 世纪议程》的要求，即一国应当禁止改挂旗帜行为。

在 1993 年《促进公海渔船遵守国际养护和管理措施的协定》通过 2 年后，联合国粮农组织通过了 1995 年《责任渔业行为规约》。该规约不是一项强制性的法律文件，但其涉及的问题很广泛，不仅涉及公海捕鱼问题，而且涉及渔业的其他方面。这项规约的主要条款涉及渔业管理（包括目标、框架、程序、数据收集、预防措施、管理措施和执行），捕捞作业（包括船旗国和港口国的责任、可持续发展的激励、海洋环境保护、保持生物多样性、渔民安全），水产养殖的发展，把渔业纳入沿海区管理，捕捞后处置，贸易和渔业研究。此规约是对联合国粮农组织的技术性指导原则的有效补充。

但是，在 1993 年《促进公海渔船遵守国际养护和管理措施的协定》生效之前，以上各种措施对纠正深海捕鱼的问题仍然收效甚微。1993 年《促进公海渔船遵守国际养护和管理措施的协定》于 2003 年 4 月生效，此协定有可能解决上述问题，倘若它既被主要的公海渔业国所批准，也被传统的和可能成为方便船旗现象的国家所接受。这项协定的有效实施同样依赖其他已生效的国际海洋保育和管理措施的配合，尽管其中有一些并非针对公海捕鱼的情况。在这些措施已经实施的地方，这项协定不但改善了强制执行的情况，也减少了"方便船旗"现象的出现，同时也使得已经批准的国家很难选择退出。足见，国际法律规制公海捕鱼的结果已逐渐朝可持续发展方向迈进，目前更需要的是所有公海捕鱼国执行国际法律规则的政治意愿。

三、跨界鱼类种群

如前文所述，跨界鱼类种群是洄游于或者存在于一国以上专属经济区和公海间的鱼类种群，跨界鱼类种群的存在引起了很多的问题。首先是如何对这些鱼类种群进行管理，目前存在的风险，就是沿海国在专属经济区实施的管理措施很可能会遭到在公海捕鱼的渔船活动的破坏。第二个问题是，如何在公海捕鱼的渔船和在专属经济区中捕鱼的渔船之间分配跨界鱼类种群的可捕量。《联合国海洋法公约》仅有一条关于跨海域鱼类种群的简短规定。其第 63 条第 2 款规定如下：

"如果同一种群或有关联的鱼种的几个种群出现在专属经济区内而又出现在专属经济区外的邻接区域内，沿海国和在邻接区域内捕捞这种种群的国家，应直接或通过适当的分区域或区域组织，设法就必要措施达成协议，以养护在邻接区域内的这些种群。"

很显然，这个条款并没有对跨界种群的规制问题做出实质性的指导，但是其重要性在于，其要求在公海上采取合作，而不是在其专属经济区内。另外，可以注意到根据《联合国海洋法公约》第 116 条第 2 款的规定，在公海上捕鱼的自由受第 63 条第 2 款规定的"沿海国的权利、义务和利益"的限制。这一条款导致许多沿海国声称他们对跨界种群上的权益优先于在公海上捕鱼的国家，对于这些公海区域，在缺乏相关种群管理措施协定的情况下，他们可以对公海中的这部分种群进行管理。而公海捕鱼国却反对以上观点。

实践中，仅有少数区域存在具有商业开发价值的跨界鱼类种群，但其衍生出来的问题繁多。最著名的跨界种群存在区域是西北大西洋，纽芬兰岛旁渔产丰富的大浅滩岛，其范围超出了加拿大 200 海里的专属经济区（原来的专属捕鱼区）。1979 年后，这一区域的公海跨界种群被西北大西洋渔业组织所管理。西北大西洋渔业组织协调和寻找管理措施，以确保跨界种群的管理措施与加拿大的管理措施相容。在西北大西洋渔业组织管理措施存在的头几年里，其对这些跨界种群的管理是成效显著的。在 1986 年后，当西班牙和葡萄牙这两个重要的远洋渔业国家成为欧共体成员国时，问题就产生了。从 1986 年后，在西班牙所施加的压力之下，欧共体反对由西北大西洋渔业组织所设定的配额，并且单方面地赋予自己更高的特权，尽管西北大西洋渔业组织这么做是根据《西北大西洋渔业公约》。加拿大声称欧共体的做法以及那些逐步增多的、在非西北大西洋渔业组织成员国注册旗船以规避西北大西洋渔业组织控制的捕鱼船，破坏了自己在其专属渔业区中的海洋保育措施，减少了其渔船适宜收获的资源数量，并威胁到了这些种群的长期发展，使这些渔业资源在 20 世纪 90 年代早期几乎已经耗尽。因此，1994 年加拿大颁布了一项法案，禁止非加拿大籍的渔船在公海对跨海域种群进行捕捞，并且授予加拿大政府强制实施法案的权力。① 严重的分歧产生于 1995 年 3 月，加拿大政府根据这项法律，在公海上逮捕了一艘西班牙渔船"艾斯泰"号（Estai）。西班牙依据《国际法院规约》第 36 条第 2 款，将这项争议提交国际法院。② 虽然很难说加拿大的法律与国际法不相抵触，但国际法庭也很难行使对此案的管辖权，因为加拿大对《国际法院规约》第 36 条第 2 款提出了保留，从而使得加拿大 1994 年出台的法律不在国际法院管辖范围之内。这项争议在加拿大与欧共体于 1995 年 4 月签署协定后得以解决。根据该协定，加拿大与欧共体同意继续推进西北大西洋渔业组织的建议以加强西北大西洋渔业组织的海洋保育和强制执行的措施，并在 1995 年对配额的划定协商一致。③ 另外，加拿大同意对于欧共体的船只不适用上述有争议的法律。

　　第二块著名的跨界种群区域是"甜甜圈"（Donut Hole），是在白令海上被俄罗斯专属经济区和美国的领土所包围的一块飞地。④ 从 20 世纪 80 年代中期开始，许多远洋渔业国（典型的如中国、韩国、日本和波兰）增多了在"甜甜圈"区域公海上的捕鱼活动，尤其是对鳕鱼的捕捞出现的严重的捕捞过度现象，因为此区域既不属于俄罗斯，也不属于美国的专属经济区。1994 年《中白令海峡鳕鱼资源养护与管理公约》（Convention on the Conservation and Management of Pollock Resources in the Central Bering Sea）的目的是建立一项国际性制度，对在"甜甜圈"内的鳕鱼资源进行保育、管理和适当使用，以使其在这个区域保持"最大持续生产量"的水平。该公约规定，在科学和技术委员会的提议下，通过成员国年会确定分给单个国家的配额可捕量，并采纳其他的海洋保育和管理措施。公约还规定了在可捕量无法通过年会达成共识之时的让步措施。与大多数国际渔业条约不同的是，该公约不允许成员国排除实施其不赞同的措施。除了传统上赋予船旗国的强制执行权力，该公约也允许任何渔船上有一个不同于船旗国的观察员，以监视其运作，并且允许任何一个成员国登临和检查其他成员国的船只。但对于可能发生的侵害行为，只有船旗国有权启动刑事程序。对

---

①　An Act to amend the Coastal Fisheries Protection Act, 26 Law of the Sea Bulletins 20 （1994）. The Act was accompanied by Regulations which have not been reproduced in Law of the Sea Bulletins, but which may be found in Canada Gazette, 15 June 1994.

②　The *Fisheries Jurisdiction* case, referred to the Court on 28 March 1995.

③　R R Churchill and A V Lowe: The Law of the Sea, p. 279-321.

④　飞地指在本国境内的隶属另一国的一块领土。

于渔船在非成员国注册所导致的削弱公约效力的问题，公约规定成员国应该鼓励非成员国尊重此条约。如果这样还不够，成员国"应当在坚持国际法的前提下，采取其认为的确实需要且恰当的单独的或者联合的措施"来阻止非成员国做出不利的渔业作业行为。另外，成员国也应当尝试阻止其渔船为规避公约而改换船籍的行为。

第三个著名的跨界种群区域是"花生洞"（Peanut Hole），是在鄂霍茨克公海上的一片飞地，完全被俄罗斯的专属经济区所包围。从 1991 年开始，在"花生洞"上的远洋捕鱼船（也包括上述 4 个国家即中国、韩国、日本和波兰）的作业行为使得"花生洞"区域和俄罗斯专属经济区的渔业资源都受到了不良的影响。虽然上述国家之间进行了一些协商，但没有达成有关"花生洞"渔业资源管理的协议。1993 年俄罗斯声称其应当对"花生洞"区域内渔业资源的保育负责，声明暂停该区域内渔业活动直到关于此项事项的国际协定得以签署之时为止。有一些没有丧失在俄罗斯专属经济区捕鱼权的远洋渔业国自发地遵守了那些禁止性规则。值得注意的是，俄罗斯没有对外国船只在"花生洞"区域捕鱼强制执行它声明的暂停捕鱼禁令。①

最后要提到的是另外一块在公海上的飞地，其位于巴伦支海，被称为"绳圈"（Loop Hole），被俄罗斯和挪威的专属经济区所包围。在 1991 年以前，在这一区域并没有大规模的捕鱼行动。后来捕鱼的规模日趋扩大，以冰岛的捕鱼船尤甚（其中有许多船只是利用改换船旗的方式运作）。这激怒了俄罗斯和挪威，他们意识到这个实践破坏了其为巴伦支海区域联合制定的渔业管理措施，因此分别通过外交途径对冰岛提出抗议。

加拿大并非唯一一个为了解决跨界种群问题而要求将管辖权扩展至 200 海里以外的国家。在西南大西洋，规模巨大的跨界种群横跨阿根廷和福克兰群岛 200 海里海域及公海。阿根廷 1991 年颁行了其专属经济区法律，包括规定"当鱼类洄游或者这些鱼类与其专属经济区中的鱼类同是食物链中的一环时，一国关于资源保护的规定应在超出专属经济区的海域也适用。"② 智利做出了拉丁美洲的第二个类似声明，其在 1991 年进行了立法活动，③ 制订

---

① A G Oude Elferink： "Fisheries in the Sea of Okhotsk high seas enclave—the Russian Federation's attempts at coastal State control"，（1995）10 International Journal of marine and Coastal Law 1~18.

② Act No. 23. 968 of 14 August 1991， art. 5. 20 Law of the Sea Bulletins 20 （1992）.

③ Decree No. 430 of 28 September 1991， partially reproduced in F. Francolanci and T. Scovazzi （eds）, Lines in the Sea （Dordecht The Netherlands： Martinus Nijhoff Publishers 1994）, p. 148.

了所谓的"我们被赠送的海"（*Mar Presencial*，字面意思是"presential sea"）的法案，涉及的区域包括东南太平洋上一片很大的海域。根据该法案，在不影响公海制度的情况下，当其他国家在公海捕鱼有可能影响智利专属经济区中鱼类种群的生长时，智利将进行监视。智利同年制定另外一个法规，规定海洋保育措施对于公海上的洄游性鱼群也应当适用，如果一国不遵守这样的措施将被禁止在智利卸载捕获的鱼类和使用码头的设施。① 后来秘鲁也制定了与阿根廷的法案相类似的法案。②

捕捞跨界鱼类种群所引起的问题和争议，促使联合国环境与发展大会呼吁召开政府间会议，以促进对《联合国海洋法公约》有关跨界种群和高度洄游性生物的规定进行补充。③ 最终这项呼吁被联合国大会所采纳，④ 政府间会议在 1993 年至 1995 年间召开，并制订了《执行 1982 年 12 月 10 日联合国海洋法公约有关养护和管理跨界鱼类种群和高度洄游鱼类种群的规定的协定》（以下简称 1995 年《跨界鱼类种群协定》）。这项协定有 15 条和 2 个附录。协定在开头部分规定了若干基本原则，用来规制沿海国在其专属经济区和专属捕鱼区及沿海国和其他国家在公海中养护和管理跨界鱼类种群和高度洄游鱼类种群。这些基本原则在同类型原则中规定得最为详细，主要包括下列一些内容：确保跨界鱼类种群和高度洄游鱼类种群的长期可持续性和最适宜利用状态；采用预防措施，"各国在资料不明确、不可靠或不充足时应更为慎重"；⑤ 污染、浪费和丢弃最小化（例如因为鱼太小或者是错误鱼种，鱼在被捕捞后又被扔回海里，往往已经死亡）；保护海洋环境的生物多样性；采取措施防止或消除过度捕捞和捕鱼能力过大的问题；收集捕鱼活动数据；促进科学研究；通过有效的监测、管制和监督补充和实施强制措施；专属经济区和专属捕鱼区及适用于公海的措施应该适宜，以确保渔业养护和管理的整体进行，考虑多种因素（包括发展中国家的需求）以确定其兼容性的大小，等等。该协定的第三部分还制定了一个使合作义务生效的机制。根据该协定，如果一个组织或者协定已经存在（例如西北大西洋渔业组织和地区性的金枪鱼委员会），则继续适用目前已

①　Law Decree No. 25977, art. 7.
②　Law No. 19. 079, art. 154.
③　Agenda 21, Chapter 17, para. 17. 50.
④　Resolution 47/192（1992），23 Law of the Sea Bulletins 14（1992）.
⑤　1995 年《跨界鱼类种群协定》第 6 条第 2 款。

经存在的机制；如果在公海捕鱼的国家或者相关的沿海国不是这个组织或者协定的成员国，他们就应该成为其成员国，或者遵守这些成员国或者协定所规定的措施；如果他们不这么做，他们就不能在这些区域捕鱼；如果不存在这样的组织或者协定，那么就应该建立一个。该协定还要求其成员国坚持与协定和国际法相一致的措施，禁止非成员国或非协定国在这些区域捕鱼，阻止非协定国破坏已经实施的措施。

在遵守和强制执行渔业组织和协议关于养护和管理的规定方面，1995年《跨界鱼类种群协定》赋予船旗国相似的、甚至在某些方面比联合国粮农组织的1993年《促进公海渔船遵守国际养护和管理措施的协定》更详尽的关于履行和强制执行相关措施的义务。其他的国家应该协助船旗国，例如提供违反规则的证据。地区性的渔业组织成员国或者协定国应当建立计划，借此一国可以登临和检查任何一个1995年《跨界鱼类种群协定》缔约国的渔船。如果有确凿的证据使人相信一国的渔船确实实施了违反海洋保育和管理措施的行为，监视国就应当保留证据和及时通知船旗国。后面的这种情况，船旗国应该毫不迟延地实施检查和强制性措施（如果证据确实），或者授权观察国去检查，而船旗国既可以实施强制措施也可以授权观察国实施。若在登临和检查后，确有确凿证据可以证明其实施了严重的侵权行为，在船旗国没有采取措施的情况下，检查人员可以在船上保全证据，在适当的情形下，将船只带到最近的港口。上面的条款同样适用于沿海国有确凿的证据确信船只在其专属经济区和专属捕鱼区实施了这样行为的情况。协定同样还规定，在公海捕鱼的船只，如果被合理确信在专属经济区和专属捕鱼区从事无授权的捕鱼活动，船旗国应当应沿海国的要求调查这一事项，并允许沿海国登临和检查这艘船只。该协定和1993年《促进公海渔船遵守国际养护和管理措施的协定》一样，规定了港口国的控制措施，并进一步规定了港口国可以自愿检查停靠港口的船舶和禁止损害保育和管理措施的船只卸载捕获的鱼类。总体上说，港口国不但享有权利并且应该承担义务去促进这些措施发挥效力。

整体而言，1995年《跨界鱼类种群协定》的缔约国要采取和国际法相一致的措施来阻止非缔约国破坏协定的有效实施。和1993年《促进公海渔船遵守国际养护和管理措施的协定》一样，1995年《跨界鱼类种群协定》的成功也依赖于实际的以及可能的公海捕鱼国和相关沿海国的广泛认可。如果这项协定被广泛认可，其效力将大大提高，"方便船旗"现象将大大减少，原有的逃避一些组织规则的行为将很难再发生，因为船旗国必须保证其渔船不会损害保育和管理措施的执行力。该协定是否能改善对跨界鱼类种群（和高度洄游鱼类种群）的管理并且满足沿海国的利益，依赖于地区性的组织和沿海国能否采纳一些适宜的措施。但当涉及捕鱼配额时，共识仍旧很难达成。

四、对特定种群的规制

《联合国海洋法公约》很详尽地论述了高度洄游鱼类种群、溯水性（产卵）生物、降海性（产卵）生物、海洋哺乳动物和定栖性生物，下面本文将逐一分析国际渔业制度对其的规制。

（一）高度洄游鱼类种群

"高度洄游鱼类种群"规定在《联合国海洋法公约》附件一中，包括金枪鱼（最重要的经济型鱼类）、枪鱼、剑鱼和海鲨。大多数高度洄游鱼类种群在其生命周期中要迁徙很远的距离，不仅仅穿梭于两个或更多国家的专属经济区中，而且还可能穿梭于公海中。《联合国海洋法公约》第 64 条规定了沿海国在专属经济区中一般的权利和义务，"沿海国和其国民在区域内捕捞附件一所列的高度洄游鱼种的其他国家，应直接或通过适当国际组织进行合作，以期确保在专属经济区以内和以外的整个区域内的这种鱼种的养护和促进最适度利用这种鱼种的目标。在没有适当的国际组织存在的区域内，沿海国和其国民在区域内捕捞这些鱼种的其他国家，应合作设立这种组织并参加其工作。"上述规定在 1995 年《跨界鱼类种群协定》也同样出现了。在 1982 年《联合国海洋法公约》第 64 条和 1995 年《跨界鱼类种群协定》的共同规制下，沿海国或者在专属经济区或者公海捕鱼的国家应当共同通过现有的或建立地区性组织或协定进行合作，以实施对高度洄游鱼类种群的保育和管理措施。

目前历史最悠久的美洲热带金枪鱼委员会，是由 1949 年签订的《美洲热带金枪鱼公约》建立的，用来管理东太平洋的金枪鱼捕捞活动。这个委员会的功能最后转化为开展海洋科学研究和提出建议性的保育措施，后一项功能在 1979 年发挥了一定作用，那个时候沿海国的渔业管辖权已经扩展至了 200 海里。从那以后，这个委员会再也没有通过一项有效力的措施。虽然在 1983 年它签署了一项临时性的补充协定——《东太平洋金枪鱼渔业协定》，希望通过许可证制度管理金枪鱼的捕捞活动（包括在 200 海里范围内的），但这个协定并没有生效。1989 年 5 个沿海国签署了一项协定，建立了一个与美洲热带金枪鱼委员会竞争的组织，但这个协定最终也没有生效。可以看到的是这后两个协定都没有遵循 1982 年《联合国海洋法公约》的平衡处理原则，1983 年的协定使得沿海国在专属经济区关系中充当了最不重要的角色，而 1989 年的协定却走了另一个极端。

目前，在太平洋的其他地方已经没有国际渔业组织了。在南太平洋，太平洋岛国论坛的成员国已经协调了有关其远洋渔船在专属经济区和专属捕鱼区内的金枪鱼捕鱼活动，上文对此已经提及。值得关注的是，1987 年在 6 个太平洋岛国和美国之间签订的《渔业条约》。在此之前，美国坚持沿海国对金枪鱼没有管辖权，其渔船在太平洋很多岛国进行未经允许的金枪鱼捕捞，这些区域是金枪鱼资源的主要聚集区。这是与 1982 年《联合国海洋法公约》相抵触的（尽管美国认为沿海国对金枪鱼以外的其他物种有管辖权），并导致了美国渔船被扣押，而美国则以经济禁运作为渔船被扣押的报复措施。1987 年的条约解决了这个问题，其规定美国渔船在单独许可证制度下（其也对公海中除长鳍金枪鱼之外的捕鱼活动适用），可以在这些太平洋岛国的专属经济区和专属渔业区内捕鱼，作为利益交换美国则必须提供科技和经济援助。另外，美国还需利用相关岛国的加工辅助设施、购买其设备并雇佣当地的劳动力。美国必须遵守所有这些岛国的法律和条约本身所规定的保育和管理措施，定期报告捕鱼活动的情况，允许观察员登船。除了受到沿海国的法律条文的强制力约束，美国渔船还必须确保其遵循在公海和专属经济区或专属捕鱼区实施的必要强制措施：在后面的这些区域里施行的强制措施代表了一种新的趋势，尤其是对美国实施的罚金必须被交予相关沿海国。

不同于美国签署多边协定的方式，很多其他的远洋捕鱼国家，如日本、韩国，一直还是以与太平洋诸岛国单独签署双边条约的方式为主。这些双边条约涉及一些关于深海捕鱼的条款，例如要求提供渔业数据的条款，其原因在于太平洋岛国论坛所管辖的区域只有 20% 是公海，其他的部分都被专属经济区和专属捕鱼区所包围。另外，在 1992 年《瑙鲁协定》的成员国缔结了《西太平洋围网渔业管理的帕劳协定》，为在专属经济区和公海区域内的金枪鱼围网捕捞引入了许可证机制。许可证的数量是被限制的，其目的在于保护资源和提高许可费。

太平洋岛国起初抵触国际组织在其区域内对金枪鱼资源进行管理的行为。1994 年后一系列会议才得以召开，并依据 1982 年《联合国海洋法公约》和 1995 年《跨界鱼类种群协定》建立起对高度洄游鱼类种群的保育和管理机制。[①] 在印度洋，在 1991 年前唯一的关于金枪鱼的国际组织是联合国粮农组织印度委员会下属的金枪鱼管理委员会，但这一组织并不享有管制权力。在 1991 年，一系列的沿海国签署协定建立西印度洋金枪鱼组织，但这一实体并不是 1982 年《联合国海洋法公约》所关注的那种类型，其成员仅限于沿海国而且其目标在于促进沿海国和远洋捕鱼国之间的统一战线。近年来，1982 年《联合国海洋法公约》第 64 条所设想的一个组织建立起来了，就是印度洋金枪鱼委员会，这个委员会是根据 1993 年联合国粮农组织支持的协定所建立起来的。[②] 沿海国以及其他在印度洋捕捞金枪鱼的国家都可以成为其成员国，委员会的目标在于确保对印度洋的金枪鱼保育和合理利用及鼓励渔业的可持续发展。最后，该委员会鼓励和协调科学研究，采纳海洋保育和管理措施，特别是坚持考虑到发展中沿海国渔业资源在经济和社会方面的承受能力。可以看到，该委员会在公海和一国的管辖区都可以实施海洋保育和管理措施，同时不能损害沿海国在其专属经济区的渔业权。这就说明沿海国也可以在专属经济区中对金枪鱼的保育和管理措施做出管理规定。

以太平洋、印度洋、南大西洋并经过澳大利亚边缘为迁徙路线的蓝鳍金枪鱼是从 1982 年《联合国海洋法公约》出台后第一个以协定规制的生物，对其的活动受 1982 年《联合国海洋法公约》第 64 条的调整。1993 年，澳大利亚、日本和新西兰作为捕捞此种群的主要国家签署了《南部蓝鳍金枪鱼养护公约》。由于蓝鳍金枪鱼的数量在近年大幅减少，为了达成对蓝鳍金枪鱼的保育和合理利用的目标，该公约规定建立一个委员会，该委员会可以通过一致性的决定，确定"总可捕量"和成员国之间的配额及其他保育措施（不论是在公海还是在一国所管辖的水域中），可以发展系统来监控捕鱼活动，及通过科学委员会协调科学研究。按照该公约的要求，成员国应采取适当的措施阻止非成员国实施违反该公约规定的活动，并且阻止他们的渔船在非成员国为逃避监管的目的再次注册。

①　Majuro Declaration, 35 Law of the Sea Bulletins 125 (1997).
②　Agreement for the Establishment of the Indian Ocean Tuna Commission.

最终，不论是在大西洋上的公海还是一国管辖区内的捕捞金枪鱼的活动，都受到 1996 年《大西洋金枪鱼养护国际公约》的规制。该公约设立了一个委员会，其目的在于协调科学研究和制定建议性的文件以使金枪鱼的数目能够保持在最大可捕量。在这之后，该委员会制定了金枪鱼最小可捕量限制条款，不同种群的全部可捕量限制条款，捕鱼工具限制性条款，以及国际和港口观察计划。因为一些大西洋国家还不是其成员国，所以这个委员会还不是典型的"条款 64 式"[1] 的组织。

从上面讨论可以看出，"条款 64 式"的国际组织包括南部蓝鳍金枪鱼养护委员会、印度洋金枪鱼委员会，以及大西洋金枪鱼保育国际委员会。1982 年《联合国海洋法公约》第 64 条规定，沿海国可以直接进行合作，而不一定需要通过国际组织。这符合南太平洋的情形，至少符合前文提到的美国和一些太平洋岛国。但仍有很多捕捞金枪鱼的活动没有得到第 64 条所预想的那种有效制约。而 1995 年《跨界鱼类种群协定》的有效实施将能对上述这一状况有所改善。

（二）溯河产卵种群

溯河性（产卵）种群是那些在淡水中产卵但却在海里度过一生中的大部分时间的种群，诸如大马哈鱼、美洲西鲱和鲟鱼。《联合国海洋法公约》第 66 条是关于这一种群的规定：有溯河产卵种群源自其河流的国家对于该种群应有主要责任并应制定适当的养护措施。这些国家可以确定"总可捕量"和允许外国进入其专属经济区捕获剩余的渔业资源（如果有剩余且允许捕捞的渔业资源的话），但这些国家并没有义务一定要这么做。确定"总可捕量"应该先咨询其他利益相关国的意见。在 200 海里区域以外捕捞溯河性（产卵）种群的行为是不被允许的，除非产地国以外的国家的经济生活极度依赖此物种，若不允许其捕捞将会造成其"经济混乱"。在这样的情况下，产地国应与其他国家合作以消除经济混乱，并与他们协商捕鱼的时间和地点，鱼源国可为公海捕鱼施行一些养护措施。

鱼源国和其他有关国家应达成协议，以执行有关专属经济区以外的溯河产卵种群的法律和规章。[2] 鱼源国与其他沿海国应该在有鱼群经过的非鱼

---

[1]　是指符合《联合国海洋法公约》第 64 条的要求。

[2]　1982 年《联合国海洋法公约》第 66 条第 3 款第 d 项。

源国的专属经济区内（在实践中经常发生），开展有关保育和管理措施方面的合作。上述这些条文，是加拿大和美国两个最大的鱼源国提议的结果。他们主张因为鱼源国对保证诸如大马哈鱼等溯河产卵种群源地生存所采取的措施，诸如减少河流污染和为大马哈鱼提供鱼梯等行为是要有支出的，所以他们应该被允许获得全部的或者至少是大部分因为其付出而换来的成果。

《联合国海洋法公约》第 66 条第 5 款要求溯河产卵种群的鱼源国和捕捞这些种群的其他国家，为了执行本条的各项规定，在适当情形下通过区域性组织做出安排。保护大马哈鱼（一种最普遍的优良经济型溯河种群）的组织已经在北大西洋和北太平洋（最主要的大马哈鱼产地）建立。在北大西洋，1982 年签署了《养护北大西洋大马哈鱼（鲑鱼）公约》，这项公约禁止船只在公海捕获大马哈鱼，即使在 200 海里的海域里，在大多数的情况下也禁止超过 12 海里以外捕获大马哈鱼。该公约还建立了北大西洋鲑鱼养护组织（NASCO），并通过它建立了养护和管理北太平洋区域大马哈鱼的合作秩序。1982 年《养护北大西洋大马哈鱼（鲑鱼）公约》有很复杂的结构，意在谨慎平衡鱼源国和其他在其专属经济区捕鱼的国家之间的利益。北大西洋鲑鱼养护组织由咨询委员会、三个地区性的委员会和一个秘书处组成。北大西洋鲑鱼养护组织主要的职能是制定规则，以限制非鱼源国在专属经济区中的捕捞活动（在实践中制定了很多这样的规则），并且规定对于大马哈鱼问题的磋商，以平衡各方利益。近年来，北大西洋鲑鱼养护组织对北大西洋鲑鱼的管理措施被一些在非成员国注册并在公海上捕捞鲑鱼的挂方便旗的渔船所规避。1990 年北大西洋鲑鱼养护组织出台了新的解决方案，规定其成员国可以要求船只的船旗国禁止此类捕鱼活动。[①] 对于身为《联合国海洋法公约》成员国的船旗国来说，如果他们没有在北大西洋的公海中捕捞大马哈鱼的传统，在公约生效后也没有遭受"经济混乱"，那此后他们捕捞大马哈鱼就是非法的。

在北太平洋，最重要的地区性协定是 1992 年通过的《北太平洋溯河鱼类养护公约》，其成员国是加拿大、日本、俄罗斯和美国（北太平洋最主要的大马哈鱼的鱼源国）。该公约禁止在公海中直接捕捞大马哈鱼（原来只有日本在这个区域进行过这样的捕捞）。虽然这些行为也被早期的一

---

① Resolution of the Council of NASCO at its Seventh Annual Meeting, held at Helsinki from 12 to 15 June 1990, (1991) 18 Law of the Sea Bulletins 68.

些协定所规制，但《北太平洋溯河鱼类养护公约》取代了那些协定。该公约要求，应该在最大限度上防止对大马哈鱼的意外捕捞，并规定如果这样的事情发生了，应该将大马哈鱼放回大海。另外，该公约授权成员国政府登临和扣押其他成员国船只的权利，如果其相信其他成员国实施了违反公约的行为，但只有船旗国可以对违反公约的船只进行指控与施加惩罚。该公约也建立了北太平洋溯河鱼类养护委员会，这个委员会对有关大马哈鱼及相关的经济型鱼类的保育措施做出了规定，促进科学合作的开展，检视公约的实施及对公约的修订提出建议。成员国还应当依照该公约的规定采取措施以防止非成员国不遵守该公约的捕鱼活动。在实践中，不遵守该公约者似乎只有韩国和台湾地区，其近年来捕获了大量的大马哈鱼，而这些鱼都是作为意外捕捞所获得的。另外，成员国还应禁止他们的渔船在其他国家注册，以防止其规避公约的行为。

相对于只关注公海捕捞大马哈鱼的1992年《北太平洋溯河鱼类养护公约》，1985年的《美加间关于太平洋大马哈鱼条约》则解决了在一国200海里东北太平洋海域内的拦截捕捞原产于另一国的大马哈鱼的问题。根据这个条约，建立了太平洋大马哈鱼委员会，设立了繁杂的陪审员分支机构和委员会以解决在东北太平洋中的捕捞活动带来的复杂情况。不同的大马哈鱼鱼群聚集在沿东太平洋的数百条河流中，每一种都有其自己的迁徙规律。委员会最重要的功能在于实施海洋保育措施和分配指标。为了达到条约的目的，条约原则规定各方根据利益平衡和大马哈鱼的聚集情况进行捕捞。在实践中，这一做法有效地解决了美加之间的纠纷。①

（三）降河洄游产卵种群

降河洄游产卵种群是那些在海洋中产卵，但一生中的大部分时间都是在淡水中度过的种群，诸如鳗鱼。《联合国海洋法公约》对降河洄游产卵种群在专属经济区的捕捞活动做出了大体的规定。在降河洄游产卵鱼种不论幼鱼或成鱼洄游通过另外一国的专属经济区的情形下，对这种鱼群的管理包括捕捞，应由该鱼群大部分生命周期所在的沿海国和有关的另外一国协商解决。这种协议应确保这些鱼种的合理管理，并考虑到降河洄游产卵

---

① C R Horner："Habitat preservation and restoration under the Pacific salmon treaty"，（1998）29 Ocean Development and International Law 43，pp. 46-50.

鱼种在其水域内度过大部分生命周期的沿海国在维持这些鱼种方面所负的责任。在公海中对这些鱼种的捕捞是禁止的。实践中，对降河洄游产卵鱼种的管理出现的问题很少，而且目前也没有根据《联合国海洋法公约》第67条而建立的合作协定。

（四）海洋哺乳动物

关于海洋哺乳动物，如鲸鱼、海豹、海牛等，《联合国海洋法公约》第65条规定："本部分的任何规定并不限制沿海国的权利或国际组织的职权，对捕捉海洋哺乳动物执行较本部分规定更为严格的、禁止限制或管制。"依据这一条文，某些国家禁止在其200海里的海域内进行猎鲸，诸如澳大利亚、英国和美国。[①] 很多国际组织也限制和禁止猎杀海洋哺乳动物的行为，无论是在专属经济区之内还是之外。[②] 很多国家在海洋哺乳动物的保育方面开展合作，而且对于鲸类生物还专门建立了国际组织——国际捕鲸委员会（IWC），以对鲸类生物进行保育、管理和研究。

国际捕鲸委员会曾有一段盛衰无常的历史。国际捕鲸委员会建立于1948年，用来规制所有水域中的捕鲸活动并促进鲸类科学研究。但当年的规制并没有取得成功，过度捕捞盛行乃至于很多鲸类濒临灭绝。规制不成功的部分原因在于规制的范围太为广泛，其规定是对一类种群（蓝鲸类）而不是单独的个别种群进行规制，并且没有在利益相关国中分配配额。1974年新的程序法的施行带来了管理上的革新。尤其是除了常见的5种鲸鱼之外，其他所有种群的捕捞活动皆被禁止。1980年后很多非捕鲸国的小国加入国际捕鲸委员会，在发展和环境组织的压力下，国际捕鲸委员会在1982年通过了一个官方的禁令，规定从1986年起，禁止一切商业性捕鲸活动。这一举措与作为主要捕鲸国的日本、挪威和苏联的利益相抵触，所以他们没有加入这一组织，虽然他们声明在1988年后暂停商业性捕鲸活动。但是，日本和挪威及其他很多的国家诸如冰岛，却以科学研究为目的的捕捞不受禁令约束为由，对很多大型的鲸类进行捕捞，从而绕过了禁令

---

① See Australia's Whale Protection Act, 1990; the United Kingdom's Whaling Industry (Regulation) Act, 1934 (as amended in 1976); and the USA's Marine Mammals Protection Act, 1972 (as amended) and Whaling Conservation Act, 1949 (as amended), 16 U.S.C. §916 et seq. 此处系以澳大利亚、英国、美国法案为例，作为补充说明。

② 1982年《联合国海洋法公约》第65条，第120条。

的约束（在很多原始的以捕鲸为生的区域，也可以找到滥捕的证据）。后来又出现了改换非国际捕鲸委员会成员国船旗而逃避禁令的行为。这一禁令在 1990 年被国际捕鲸委员会进行过复审，其后沿用至今。国际捕鲸委员会还修订了管理办法规制商业捕鲸活动，以防止现有的禁令被架空。该禁令的管制范围涉及全球 80% 存在鲸鱼的地方，并在 1994 年建立了鲸类庇护所制度（虽然日本反对这一主张）。尽管商业捕鲸不太可能出现在南印度洋，但这一庇护所制度 1970 年在印度洋也建立了。

1993 年，挪威成为了第一个打破 1986 年国际捕鲸委员会所发布的暂停捕捞条款、官方宣布重新恢复商业捕鲸活动的国家。其行为遭到了广泛的批评，尤其是国际捕鲸委员会认为在挪威海域的捕鲸不是科学合理的，因为其捕猎的基本是单一类别的东北大西洋明克鲸（小须鲸的一种）种群。1996 年国际捕鲸委员会要求挪威停止捕鲸。不可否认的是，这些批评确实取得了一定的效果。1992 年挪威、冰岛（其在 1992 年以科学性研究的理由开始捕鲸）、法罗群岛和格陵兰岛还签署了《在科学研究、养护和管理北大西洋海洋哺乳动物方面合作的协定》，根据这一协定进而建立了北大西洋海洋哺乳动物委员会（The North Atlantic Marine Mammal Commission，简称 NAMMCO），其提供了一个研究、分析和信息交换的论坛。这个论坛不仅仅涉及海洋哺乳动物本身，还涉及对其的保育和合理的监管。需要特别提到的是，这个组织的成员国都参与捕鲸。尽管在 1996 年通过了《关于联合控制海洋哺乳生物捕捞计划》，但是北大西洋海洋哺乳动物委员会关注更多的是科学研究而不是保育措施。

近些年，许多小型鲸类生物（如海豚、鼠海豚）获得了越来越多的关注。国际捕鲸委员会并不规制这些族群，并且关于它是否有权对这些族群进行法律管理还存在很多争论。很多地区性的协定规定了对这类种群的保育措施。北海和波罗的海中的小型鲸类生物明显减少，也许可以归因于污染和现代化捕鱼设施的意外捕捞。依据 1979 年《关于迁徙性野生动物保育的波恩公约》，1992 年《保护小型鲸类生物协定》被制定，这个协定要求其成员国减少会对小型鲸类生物有害的污染，规制捕鱼设施，减少影响小型鲸类生物食物来源的活动，开展种群数量和其种群减少原因的调查和研究，禁止故意的捕获行为。为了监视和协调这些行为，该协定建立了秘书处、咨询委员会和定期的会议机制。在地中海和黑海区域同样根据《波恩公约》在 1996 年制定了类似的协定——《黑海、地中海和毗连大西洋

区域鲸类生物保护协定》。需要说明的是，1993 年法国、意大利和摩纳哥
签署了一项宣言，在地中海西部地区（包括深海）建立海洋哺乳生物（大
型或者小型）的避难所制度，并禁止在那里使用漂网捕鱼。① 这些公海中
的庇护区位于本应属于三个国家专属经济区的区域内，即这三个国家在"最
大化主张"惯例下或多或少可以主张这些区域是其专属经济区，但他们没有
主张。除了上述条约特别提及的小型海洋鲸类生物，1979 年《关于保护欧
洲野生动物和自然栖息地的伯尔尼公约》对这些种群的保育措施也有所规
定，禁止对这些生物的捕杀。另外应该特别注意的是，据 1973 年《濒危野
生动植物种国际贸易公约》，有关大部分鲸类生物（无论大型还是小型）的
贸易也被禁止，这些禁止性的规定浇灭了捕杀鲸类动物的部分热情。

　　对海豚的保护应采取特别的措施。海豚常跟随金枪鱼群，尤其在热带
海域，所以当金枪鱼被大型围网所捕获，很多的海豚也会被捕捞然后死
去。为了减少海豚的死亡，《美洲间热带金枪鱼公约》的成员国（也包括
很多非成员国），从 1999 年开始设定了很多限制计划来减少海豚被捕获。
在那时海豚的数目已不足 1992 年总数的 0.01%（比较而来的数字，此为
最为保守的估算，对这一数字往高处估计也不过 2%）。② 《美洲间热带金
枪鱼公约》建立了复核小组来复核和报告对限制措施的实施情况，并建立
了一个科学建议委员会来建议如何去规制现在的围网捕鱼以避免海豚的死
亡和实施可替代性的方法来捕获金枪鱼。1990 年美国颁布法案，禁止进口
以可导致海洋哺乳动物被意外捕杀或者严重受伤超过一定限度的技术手段
而捕获的金枪鱼，美国采取单边性行动试图减少在捕获金枪鱼的过程中造
成的海豚的死亡。《关贸总协定》争端委员会认为对从墨西哥进口金枪鱼
的行为适用这一法案的做法与《关贸总协定》的内容相抵触。③ 这一决定
部分是基于一个事实，即对这些渔业资源实施的措施已超出了美国的管辖
权，因此引发了有关《关贸总协定》义务与《联合国海洋法公约》在兼
容性方面的问题。

　　鲸类生物不是国际条约规制保护的唯一的海洋哺乳生物，也有为海豹
的保护而签订的协定。目前最重要的保护海豹的公约是 1972 年《南极海

---

① Declaration on a Sanctuary for Marine Mammals in the Mediterranean, 1993.

② Inter-American Tropical Tuna Commission, https://www.iattc.org/HomeENG.htm, last visited: 2015/8/20.

③ 30 ILM 1594（1991）；33 ILM 839（1994）；37 ILM 832（1998）.

豹保护公约》。① 在新一轮南极洲的海豹捕杀出现之前，该公约就得以通过了，并且计划在这些捕杀活动发展之前即实施适当的保育行为。这个公约禁止对三种海豹进行捕杀，对另外三种海豹的捕获数量做出了限定，并规定了禁止捕杀的期间和区域。实际上，商业捕杀海豹活动并没有在南极再次上演。现在主要的商业海豹捕获区域是在北极圈内的加拿大区域（海豹的捕杀活动受到加拿大单方管制），及挪威和俄罗斯在北极圈内的海域中（这一区域的活动受到挪威—俄罗斯渔业委员会的管制）。在过去的 20 年中，海豹的捕杀活动大幅缩减，与其说是海洋保育措施起到了作用，还不如说是因为欧盟、美国及其他一些国家对海豹皮制品的抵制和海豹产品进口的禁令。然而，因为海豹会吃掉大量的鱼，所以如果海豹的数量不加抑制地增长，其结果反而会造成另一个严重的问题。1990 年《养护瓦登海海豹协定》得以签署（瓦登海是北海的一部分，其紧邻丹麦、德国和荷兰），其最关注的并不是对于已经遭受大量商业捕捞的海豹的保护问题，而是对于遭受同样威胁的北海小型鲸类生物的保护问题。

（五）定栖性种群

《联合国海洋法公约》特别规定的最后一种种群是定栖性种群。定栖性生物被认为是沿海国大陆架自然资源的一部分。《联合国海洋法公约》第 68 条规定"专属经济区"一章的规定并不适用于定栖性生物。所以沿海国没有义务去对其专属经济区内的这些定栖性种群采取管理和保育措施，也没有允许外国船只去捕捞这些物种的许可权。

结论

综上所述，根据渔业资源的自然属性，国际渔业法律规则呈现出 4 个显著的趋势：首先是捕鱼量多于根据生物特性最适宜的捕获量，其次是越来越多的渔民参与到不符合经济合理性的捕鱼活动中，再次是不同渔民群体之间的竞争与争议增多，最后是制定海洋捕鱼的规则面临着大量国际因

---

① 在过去，最重要的关于海豹的公约是 1957 年的《养护北太平洋海狗临时公约》，根据这一公约，北太平洋海狗委员会规制海狗捕猎和科学研究事项，但这一条约在 1985 年被终止，原因在于美国在捕杀海洋哺乳动物方面与其观点不一致。这个公约的一个突出的特性在于，其规定当只允许两方去进行捕海狗活动时（美国和苏联），其他的两方（加拿大和日本）可以获得一定的因为前面两个国家出售海豹皮而获取的利益。

素的制约。此外，从 20 世纪 70 年代中后期第 3 次联合国海洋法会议召开、成员国实践和 1982 年《联合国海洋法公约》的施行到现在，国际渔业法律经历了很大的变革，渔业由国际规制（尽管相对来说很有限）的阶段发展到主要由沿海国进行规制的阶段。虽然还有很多的国际规制方式存在，但在联合国海洋法会议以后，那些规制已经不再被重视。与旧的体制相比，这些新的规制措施带来更加有效的管理和更为公平的渔业资源分配。关于公平分配渔业资源的问题，关注的核心已经从传统的远洋捕鱼国（几乎所有的发达国家）转变到相对有限的沿海国（其中很多也是发达国家），但是新的制度确实影响了利益流转，通过增加捕鱼量、许可证费用的收入和取得技术的形式，利益从发达国家流向发展中国家。但遗憾的是，这些新的制度并没有或至少在一定程度上没有改善专属经济区或公海上的渔业管理。展望未来，国际社会真正需要做的是认可 1993 年《促进公海渔船遵守国际养护和管理措施的协定》，并配合其他国际海洋保育和管理措施，使渔业资源保育朝着更可持续发展的目标前进。

The Evolution and Development of the International Fisheries Legal Regime

Yen-Chiang Chang

Abstract: Ever since the enactment of 1958 Geneva Law of the Sea Conventions, international fisheries law had experienced a huge reform. Fisheries sector has transformed from the international regulated stage to the coastal States regulated stage. Comparing to the old regime, these new measures have brought about fair and efficient allocating fisheries resources. This paper introduces fisheries legal regime in the Exclusive Economic Zone and the high seas. Discussion also focuses on the legal governance system regarding straddling and specific stocks including international, regional, multilateral and bilateral treaties. This paper provides the development foot step for fisheries legal system, analysis its advantage and disadvantage. This paper concludes that the international society shall recognize the importance of 1993 Agreement to Promote Compliance with International Conservation and Management by Fishing Vessels on the High Seas. Together with other international measures for conservation and management of marine fisheries resources, all of which shall serve toward the aim of sustainable development.

Keywords: International fisheries law; United Nations Convention on the Law of the Sea; fisheries resources; fisheries management

（本文原载《国际法研究》2015 年第 5 期。）

　　作者简介：张晏瑲，英国邓迪大学法学博士，山东大学法学院教授，博士生导师，海洋海事法研究所所长。截至 2015 年已在国际权威期刊上发表 SSCI，SCI，EI 检索论文共计 22 篇，中文 CSSCI 论文共计 13 篇，中文专著《国际海洋法》以及中文编著《海洋法案例研习》已于 2015 年在清华大学出版社出版，其于 2012 年在国际知名出版社 Springer 出版的专著 Ocean Governance—A Way Forward 为其代表作，根据 Springer 出版社的统计，截至 2014 年，本书被付费下载 2356 次，足见其影响力之大。此外，张教授受国际权威期刊 Renewable and Sustainable Energy Reviews，Marine Policy，Climate Policy（SSCI 期刊），Ocean and Coastal Management，Coastal Management（SSCI，SCI，EI 期刊），Marine Pollution Bulletin（SCI，EI 期刊），Coastal Research（SCI，EI 期刊）等 6 个国际权威期刊之邀成为匿名审稿人。2014 年更获哈萨克斯坦教育暨科技部邀请其评审科研项目。科研成果获奖方面，2011 年获得山东省高等学校优秀科研成果三等奖，2012 年获得第 26 届山东省人文社科成果三等奖，2013 年获得第 27 届山东省人文社科成果三等奖，2014 年获得第 28 届山东省人文社科成果三等奖。指导山东大学法学院学生参加全国高校理律杯模拟法庭大赛获得佳绩（2010 年最佳诉状奖、2012 年及 2013 年连续两年获得全国冠军）；指导法学院学生参加全英语国际媒体法模拟法庭大赛 2013 年获得中国赛区冠军；2014 年获亚太赛区第三名，并代表中国赴英国牛津大学参加世界赛；指导法学院学生参加全英语杰赛普国际法模拟法庭大赛 2015 年获中国赛区最佳起诉状第二名。以全英语教授国际法、国际贸易法、比较公法、国际海洋法等专业课程。

下　篇

一、东海问题研究

钓鱼岛列屿及其相关条约辨析

——驳日本外务省的"尖阁见解"

郑海麟

（香港中文大学亚太研究所、香港亚太研究中心）

摘要："关于尖阁列岛的领土主权"声明和"尖阁列岛分明是日本领土"的官方见解，是日本历次用来与中国交涉钓鱼岛主权的持论依据，无非是"无主地先占法"和"经纬线划界法"两种观点作为申述主张的理由，进一步强调其在钓鱼岛问题上的立场。本文从钓鱼岛列屿与《马关条约》的关系、钓鱼岛列屿与《旧金山和约》的关系入手，举证大量史实分别对日方的持论依据进行驳斥——力证了钓鱼岛列屿主权归属中国的不二史实。

关键词：钓鱼岛列屿；"尖阁见解"；《马关条约》；《旧金山和约》；条约辨析

一、引言

钓鱼岛及其附属岛屿最早是由中国人发现、命名、使用的，自古就是中国领土不可分割的一部分，无论从历史文献、地理和地质构造以及国际法的角度来评判，其领土权皆属中国。在中国的历史文献中，最早出现"钓鱼屿"的名字是 1403 年前后成书的《顺风相送》。之后，钓鱼岛列屿的名字便不断在中国文献上出现。例如，1534 年明朝出使琉球册封使陈侃的《使琉球录》，1556 年奉使日本的宣谕使郑舜功所著《日本一鉴》，以及防倭抗倭的史地学家郑若曾的《郑开阳杂著》、《筹海图编》等史籍，都明确指出钓鱼岛列屿就在福建沿海海域，属于中国有效控制的军事防卫区域，并将其纳入版图。钓鱼岛列屿主权归属中国的史实，载诸典籍，斑斑可考，并为国际社会所普遍承认，且有大量以中国命名的地图为证。日本人迟至 1885 年即吞并琉球群岛之后，出于侵占台湾之目的，才发现介乎琉球与台湾之间的钓鱼岛列屿，继而乘中日甲午战争之机将其窃占。"二战"后，该列屿本应随台湾及其附属岛屿一并归还中国，令人遗憾的是，接管琉球的美国托管当局于 1952 年单方面将钓鱼岛列屿夹裹划入"琉球地界"，随后又于 1972 年将其"归还"日本，这种私相授受他国领土的行为，当然不能构成日本拥有钓鱼岛列屿领土主权的法理依据，同时也必然会遭到中国政府和全球华人的反对。

近年来，为配合日本政府所谓"国有化"钓鱼岛的图谋，日本外务省在其网站上增加了中文版的《关于"尖阁诸岛"领有权问题的基本见解》（以下简称"尖阁见解"），强调日本在中方所称的钓鱼岛问题上的立场。然而，这份"尖阁见解"究竟说了些什么？也即是日本声称拥有钓鱼岛主权的理据是什么？笔者认为，有必要对其进行认真分析和据理驳斥。兹将"尖阁见解"的主要内容抄录如下：

自 1885 年之后，日本政府透过冲绳县当局等各种途径再三前往尖阁群岛进行了实地调查，慎重确认该地不仅为一无人岛，而且没有受清国管治过的痕迹，于 1895 年 1 月 14 日，通过了在当地建立标桩的内阁会议决定，正式划入我国领土版图之内。

自此以后历史上，尖阁群岛一贯构成我国领土西南群岛的一部分，并且不包含在根据 1895 年 5 月生效的《马关条约》第二条由清国割让给我国的台湾及澎湖列岛之内。因此，在《旧金山和约》中，我国根据该条约的第二条所放弃的领土之内并不包括尖阁群岛；该群岛是根据该条约第三条，作为西南群岛的一部分交由美国管治；并被包括在于 1971 年 6 月 17 日，根据日本与美国之间签署的有关琉球群岛及大东群岛的协定（即《归还冲绳协定》），将管治权归还于我国的地域之内。以上事实，足以明确地显示尖阁群岛作为我国领土的地位。

此外，中国对根据《旧金山和约》第三条，交由美国管治的区域内包括尖阁群岛在内此一事实，从未提出过任何异议，这就表明中国显然并没有把该群岛视作台湾的一部分。中华人民共和国政府也好，台湾当局也好，都是到了 1970 年下半年，开发东中国海大陆架石油的动向表面化之后，才首次提出尖阁群岛的领有权问题。而且，中华人民共和国政府及台湾当局曾经举出过的，作为各类所谓历史上、地理上、地质上的证据等各项论据，都不能够足以成为在国际法上证实中国对尖阁群岛领有权的有效论据。

上述"尖阁见解"的要点可概括为四个部分：

（1）自1885年之后，日本政府经多次调查，发现钓鱼岛列屿为无人岛，并且属无主地，于是经阁议划入日本领土版图（即按国际法上的无主地"先占"原则——作者注）。

（2）钓鱼岛列屿不包括在1895年5月生效的《马关条约》第二条由清朝割让给日本的台湾及澎湖列岛之内。

（3）日本根据1952年4月生效的《旧金山和约》第二条宣布放弃台湾及澎湖列岛的领土之内并不包括钓鱼岛列屿。

（4）中国对根据《旧金山和约》第三条交由美国管治的区域（即琉球列岛境界——笔者注）内包括钓鱼岛列屿在内的事实从未提出过任何异议，表明中国并没有将该群岛视作台湾的一部分。因此，该群岛无疑属日本的领土。

针对以上日本外务省"尖阁见解"的四条论据，笔者认为有必要首先还原历史，然后根据与钓鱼岛问题相关的条约进行逐条辨析和对日方的论据做出反驳。

二、钓鱼岛列屿与《马关条约》的关系

关于日本占据钓鱼岛列屿是否与《马关条约》有关？日本外务省在"尖阁见解"中曾力加否认，其理由如下："尖阁列岛向来是构成我国领土西南诸岛的一部分，而根据1895年5月生效的《马关条约》第二条，该列岛并不在清朝割让给我国的台湾及澎湖列岛之内。"

上文有两点必须注意：

一是日本声称钓鱼岛列屿向来是构成琉球西南诸岛的一部分，这是没有历史事实根据的。从历史上来看，无论中国、琉球或日本的文献，根本找不出钓鱼岛列屿划入琉球王国版图、构成西南诸岛的一部分的证据。相反却有大量的文献证明，钓鱼岛列屿属于中国版图。然而，日本政府为何提出这条理由呢？据笔者所考，其一是根据1953年美国琉球民政府发布的第27号布告所划定的经纬度线；其二是利用《马关条约》割让台湾、澎湖列岛时没有提到钓鱼岛列屿这点来反推该列屿属于西南诸岛。

　　二是有关该列岛不在《马关条约》割让台、澎诸岛之内的推论。日本政府的逻辑是：既然中国声称拥有钓鱼岛列屿的主权，并且说该列屿为台湾附属岛屿；那么理应包括在《马关条约》割让之列，而该条约第二条规定割让台湾、澎湖及其附属岛屿，并无提及钓鱼岛列屿，可见该列屿不在台、澎诸岛及其附属岛屿之内。既然不属台、澎附属岛屿，那么无疑是西南诸岛的一部分。日方的这种推论，在逻辑上似乎并无悖理，但如仔细推究，这种推论并不能成立。理由如下：

　　其一，《马关条约》第二条第二款规定割让"台湾全岛及所有附属各岛屿"，第三款规定割让"澎湖列岛"。条款中虽未提及钓鱼岛列屿，但并不能推出该列屿属于日本西南诸岛的一部分。因为条款中"台湾全岛及所有附属各岛屿"所涵盖的许多岛屿都没有提及，如接近台湾本岛的兰屿、琉球屿、花瓶屿、彭佳屿等。

　　其二，钓鱼岛列屿由于台湾渔民经常出没作业的关系，习惯上将该列屿视为台湾附属岛屿，这是一种历史的自然形成，对于这种地理概念的历史形成，中日的文献资料皆有反映。如明朝嘉靖帝派遣的"宣谕日本国"的特使郑舜功所撰《日本一鉴》（1564 年）便记有："钓鱼屿，小东小屿也"（小东即台湾）；又如明治廿八年日本海军省所撰《日清战史稿本》之《别记·台湾匪贼征讨》记载的"尖阁岛"位置，是在"台湾淡水港北方约九十海里（小基隆之海面）"，也是将列屿视为台湾附属岛屿。①

　　其三，钓鱼岛列屿在行政上虽从未划入台湾附属岛屿的范围，但在《筹海图编》② 及《武备志》③ 等官方文献中，已将台湾、澎湖澳（澎湖列屿）、彭佳山、钓鱼屿、黄毛山（黄尾屿）、赤屿等作为福建沿海岛屿划入海防区域，置于东南沿海防倭抗倭军事指挥部（浙闽总督府）的行政管制之内。至于入清以后，台湾府仍隶属福建省，光绪十一年（1885 年）始改行省，而钓鱼岛列屿是否在台湾改行省时一并将其行政管制权转移（Transfer），虽没有明文记载，但这并没有改变列屿领土权属于中国的性质。又因列屿位处台湾基隆之海面，且为台湾渔民经常使用，在台湾改行

　　① 《日本陆海军及其他政治机构档案精选复制缩微胶卷目录》（Checklist of Microfilm Reproductions of Selected Archives of The Japanese Army, Navy and Other Government Agencies, 1868—1945, Georgetown University Press, Washington D. C., 1959. p. 34.），参看吴天颖著：《甲午战前钓鱼列屿归属考——兼质日本奥原敏雄诸教授》，社会科学文献出版社，1994 年，第 116—120 页。

　　② 参见 1562 年由胡宗宪主持、郑若曾编纂《筹海图编》卷一之"沿海山沙图"。

　　③ 参见 1621 年茅元仪撰《武备志》"海防"卷一之"福建沿海山沙图"。

省后，如同绿岛、龟山岛、基隆屿、花瓶屿、彭佳屿一样，自然便将钓鱼岛列屿视作台湾的附属岛屿归入有效管辖范围。这种地理概念的形成，由来已久，并有中日历史文献可资佐证。而日本政府这种不是建立在历史资料基础上的负面表述的逻辑推论（实际是一种语言伪术），是站不住脚的。

其四，从地理位置来看，钓鱼岛列屿与台湾岛皆处于中国东海的大陆架上，为中国大陆向东南的延伸；从地质构造来看，钓鱼岛列屿属于台湾北部大屯山火山带，而日本西南诸岛则属于雾岛火山带。[①] 况且，西南诸岛与钓鱼岛列屿之间，隔着一道深达 2 700 米的东海海槽。因此，钓鱼岛列屿为台湾附属岛屿，不但有历史文献佐证，而且获得地理和地质方面等现代科学的支持，这是任何语言伪术和逻辑游戏皆不能推翻的。

根据以上的分析，《马关条约》第二条第二款规定割让的"台湾全岛及所有附属各岛屿"，虽然未逐一写明附属岛屿之岛名，但理应包括钓鱼岛列屿。所以，日本占据钓鱼岛列屿的所谓"法律依据"，至少是部分地根据《马关条约》中的台湾附属各岛屿一并割让之规定。[②]

三、钓鱼岛列屿与《旧金山和约》的关系

据前述日本外务省的说法，似乎 1951 年美日签署的《旧金山和约》有明文规定钓鱼岛列屿属日本领土，实际并无此事。查美日等国于 1951 年签署的《旧金山和约》全文共七章二十七条，正文用英语、法语、西班牙语、日语写成，在条约上签字的国家包括荷兰、法国、澳大利亚、加拿大、美国、日本等 49 个国家（中国被排除在外），其中第二章"领域"部分涉及中日疆界问题。明确规定："日本国业已放弃对于台湾及澎湖列岛以及南沙群岛、西沙群岛之一切权利、权利名义与要求。"同章第三条（西南诸岛及南方诸岛）部分又规定："日本国对于美国向联合国所作任何将北纬二十九度以南之西南诸岛（包括琉球群岛及大东群岛），孀妇岩以南之南方诸岛（包括小笠原群岛，西之岛及硫黄列岛），及冲之鸟岛与南鸟岛，置于托管制度之下，而以美国为其唯一管理当局之建议，将予同意，在提出此项建议并就此项建议采取确定性之行动以前，美国有权对此

---

① 《国民百科辞典》（第三卷），东京富山房，1937 年，转引自《钓鱼台——中国的领土！》，（香港）明报出版社，1996 年，第 175 页。

② 丘宏达：《日本对于钓鱼台列屿主权问题的论据分析》一文亦做出这样的推断。参见《钓鱼台——中国的领土！》，（香港）明报出版社，1996 年，第 93 页。

等岛屿之领土（包括水域）暨其居民，包括此等岛屿之领水，行使一切行政、立法、司法及管辖权。"①

以上条约于 1951 年 9 月 8 日签字，次年 4 月 28 日生效。但根据以上条约，并无涉及钓鱼岛列屿或"尖阁群岛"、"尖头群岛"。当年，日本政府对该条约做了极为详细的"解说"，其中在解释该"条约第三条的地域"时，明确指出："历史上的北纬二十九度以南的西南群岛，大体是指旧琉球王朝的势力所及范围"②，其中亦无涉及钓鱼岛列屿。这一"解说"清楚地表明，《旧金山条约》规定交由美军托管的范围，不含钓鱼岛列屿，因为大家知道，钓鱼岛列屿并非"旧琉球王朝的势力所及范围"。对此，日本政府当局也是清楚的。

至于"尖阁见解"提到钓鱼岛列屿是根据该"条约第三条，作为西南群岛的一部分交由美国管治"，并以此为据，声称"足以明确地显示尖阁群岛作为我国领土的地位"。笔者认为有必要做如下辨析。

查"尖阁见解"指称钓鱼岛列屿"作为西南群岛的一部分交由美国管治"的根据，最早见诸 1952 年 2 月 29 日接管琉球之美军司令部所颁布有关琉球领域之第 68 号指令（即《琉球政府章典》第一章第一条），该令详定琉球列岛之地理境界为：

A——北纬二十八度、东经一百二十四度四十分；

B——北纬二十四度、东经一百二十二度；

C——北纬二十四度、东经一百三十三度；

D——北纬二十七度、东经一百三十一度五十分；

E——北纬二十七度、东经一百二十八度十八分；

F——北纬二十八度、东经一百二十八度十八分。③

以上六点，加起来即是包括从北纬二十四度至二十八度、东经一百二十二度至一百三十三度之内的琉球群岛，而钓鱼岛、黄尾屿、赤尾屿等，正好在其中之列。该指令所划定的琉球境界又于 1953 年由美国琉球民政府发布的第 27 号布告对外公布。

据笔者所考，美军司令部划定之琉球群岛范围，所据乃是日本人伊地知贞馨于明治十年（1877 年）所著《冲绳志》一书中对琉球群岛的界定。

---

①　每日新闻社刊：《对日平和条约》，1952 年 5 月，第 4-5 页。

②　每日新闻社刊：《对日平和条约》，1952 年 5 月，第 36 页。

③　冈仓古志郎、牧濑恒二编：《资料冲绳问题》，东京劳动旬报社，1969 年，第 224 页。

该书卷一《地理志》之"地理部"写道："琉球诸岛坐落于鹿儿岛之南洋中，在北纬二十四度至二十八度四十分，东经一百二十二度五十分至一百三十二度十分。"①。此书乃是明治维新废藩置县后，日本政府为吞并琉球群岛而编的。从该书将琉球群岛改为冲绳岛看来，日本吞并琉球蓄谋已久，且是在有计划、有步骤地进行，对琉球群岛的地理状况做了相当精细的查勘，并将琉球大小三十六岛全部注上日语文字。但是，就在这部类乎官方文献的《冲绳志》中，所绘"冲绳岛全图"并没有钓鱼岛列屿，而著者并不是不知道钓鱼岛列屿的存在。书中也曾提到钓鱼台、黄尾屿、赤尾屿、姑米马齿等岛屿，但著者只是将"姑米马齿"（即久米岛与庆良间列岛）划入冲绳岛版图，而没有将钓鱼台、黄尾屿、赤尾屿归入冲绳岛之列，足证废藩置县后的明治政府，并没有把钓鱼岛列屿归入冲绳岛领土范围。虽然这些岛屿皆在明治政府划定的冲绳岛的经纬度之内。又查《冲绳志》的著者伊地知贞馨，就是明治政府当年派往琉球宣布藩内改革的政府官员。据《琉球史辞典》载："明治八年，内务大丞松田道之，六等出仕伊地知贞馨来岛，宣布藩内改革的命令书于首里城。"② 作为主导琉球藩内改革的政府官员的伊地知贞馨，所划琉球领土范围应当是精确的，至于其所著《冲绳志》，应当作为政府的官方文书看待。而伊地知贞馨的《冲绳志》之所以没有将钓鱼岛列屿视为冲绳岛领土，道理非常清楚，即钓鱼岛列屿并非"旧琉球王朝的势力所及范围"，也就是说历史上不属于琉球群岛的组成部分。这与 1952 年出版的《旧金山和约》的"解说"是相一致的。即钓鱼岛列屿虽位于琉球民政府划定之冲绳岛的经纬度之内，但它并不归琉球王国管辖，即非"旧琉球王朝的势力所及范围"，因而也就不"足以明确地显示'尖阁群岛'作为我国领土的地位"，经纬度线并不等同于领土主权，美国托管当局将钓鱼岛列屿夹裹划入琉球列岛境界，亦不等于钓鱼岛列屿就成了"西南诸岛的一部分"。

　　以上分析表明，中日钓鱼岛主权之争的症结在于，钓鱼岛列屿在历史上是否属于"旧琉球王朝的势力所及范围"？而《旧金山和约》并没有涉及钓鱼岛列屿的主权问题，而作为声称拥有该列屿主权的日本，必须有足够充分的证据证明钓鱼岛列屿自古以来即属于"旧琉球王朝的势力所及范

---

① ［日］伊地知贞馨：《冲绳志》，明治十年（1877）刻，笔者手头所据乃为国书刊行会昭和四十八年（1973）四月刊本，东京。

② ［日］中山盛茂编：《琉球史辞典》，琉球文教图书，1969 年，第 891 页。

围"，否则，日本声称拥有该列屿主权在国际法上不能成立。相反，声称拥有钓鱼岛列屿主权的中国，却有大量的文献资料足资佐证该列屿不属"旧琉球王朝的势力所及范围"而属旧中国王朝的势力所及范围①。在这些文献资料里，其中最有力的一份证据便是明嘉靖四十一年（1562 年）初刻的《筹海图编》卷一《沿海山沙图》之"福七"、"福八"（即福建沿海山沙图）两图，首次将钓鱼屿、黄毛山（黄尾屿）、赤屿（赤尾屿）划入福建沿海的军事海防区域，纳入中国防倭抗倭军事指挥部的有效控制范围；另一份证据则是 1875 年日本人林子平所绘制的《琉球三省并三十六岛之图》，该图明确标示钓鱼岛列屿属于中国的版图。此外，京都大学附属图书馆的谷村文库、冲绳县东恩纳文库皆藏有《琉球三省并三十六岛之图》的彩色摹本（江户时代），这两张图皆明确标示钓鱼台、黄尾山、赤尾山属于中国领土。以上的地图，就是钓鱼台列岛不属"旧流球王朝的势力所及范围"而属于旧中国王朝的势力所及范围的铁证。

四、结论

前述日本外务省"尖阁见解"的四条论据可谓一环扣一环，似乎颇合逻辑。其中第一条又是其余三条的纲领和关键，即日本政府认定钓鱼岛列屿在 1885 年之前为无人岛且属"无主地"，因此实行"先占"。然而，笔者认为，钓鱼岛列屿属无人岛固然不假，事实上，该列屿因无足够可供人类生存的经济资源，至今仍属无人岛。但问题出在 19 世纪 80 年代之前，该列屿是否属于"无主地"？因为要适合国际法上的"先占"原则，必须是无主地。而国际法定义的无主地，是指尚未被人以国家名义占有的土地。无人岛不等于无主地；无主地不必是无人岛，如有土著居住，而为国际社会尚未承认为国家者，一样视为无主地②。日本政府在此把钓鱼岛列屿定义为"无主地"，其一是将无人岛等同于"无主地"，其二是发现

---

① 关于这方面的考证，华人学者如杨仲揆（《中国·台湾·钓鱼台》，香港友联出版社，1972 年）、沙学浚（《钓鱼台属中国不属琉球之史地根据》，台湾《学粹杂志》第 14 卷第 2 期，1972 年 2 月 15 日）、丘宏达（《日本对于钓鱼台列屿主权问题的论据分析》，（香港）《明报月刊》第 77 期，1972 年 5 月）、吴天颖（《甲午战前钓鱼列屿归属考——兼质日本奥原敏雄诸教授》，社会科学文献出版社，1994 年）、日本学者井上清（《"尖阁"列岛——钓鱼台群岛的历史剖析》，日本现代评论社，1972 年；东京第三书馆，1996 年）等论著皆做过详细的研究分析。
② ［英］詹宁斯、瓦茨修订，王铁崖等译：《奥本海国际法》（第一卷，第二分册），中国大百科全书出版社，1998 年，第 74—79 页。

"没有受清国管治过的痕迹"（即建立国家标志如地界之类——笔者注）。

针对日方的"无主地"定义，笔者提出反驳，其证据有三：

（1）钓鱼岛列屿为中国人最早发现、命名和使用（见诸 1403 年前后成书的《顺风相送》、1534 年陈侃著《使琉球录》等书），这已构成国际法上的"原始的权利"（Inchoate title）。

（2）钓鱼岛列屿早在明代已划入中国福建沿海防卫区域（见 1562 年由郑若曾编撰、胡宗宪主持出版的《筹海图编》），这已适合国际法中关于海岸国的主权是一种"管制"（Control）的定义，即已构成对钓鱼岛列屿的领有主权。

（3）中国对钓鱼岛列屿的领土权在 19 世纪 80 年代以前（即日本宣称"发现"钓鱼岛列屿之前）已被国际公认，有日本、琉球、中国、法国、英国、美国、西班牙等国家出版的史籍和地图为证（如西方国家出版的大量以福建方言命名钓鱼岛列屿的地图以及日本林子平的《琉球三省并三十六岛之图》；琉球中山王国编年史《球阳》；中国明、清出使琉球的《册封使录》等）。

根据以上三条理由，日方关于钓鱼岛列屿属"无主地"的定义不能成立，自然也就不适合国际法中的"先占"原则。因此，日本政府声称钓鱼岛列屿已于 1895 年 1 月 14 日通过的内阁会议决定将其划入日本领土版图之内的论据，在国际法上亦属无效。至于日方论据的第二、第三部分，其意图是要论证钓鱼岛列屿并不在台湾附属岛屿之内。在这里，日方采取负面表述的方式。即《马关条约》第二条规定割让台湾及澎湖列岛并未提及钓鱼岛列屿，因此，该列屿并不是台湾附属岛屿，而属琉球西南群岛的一部分；所以，《旧金山和约》第二条规定放弃台湾及澎湖列岛等领土，亦不包括钓鱼岛列屿。日方的这种推论，在逻辑上似乎并无悖理，但仔细推究，这种推论并不能成立。理由如下：

其一，《马关条约》第二条第二款规定割让"台湾全岛及所有附属各岛屿"，第三款规定割让"澎湖列岛"。条款中虽未提及钓鱼岛列屿，但并不能推出该列屿不是台湾附属岛屿而属西南群岛的一部分。因为条款中"台湾及所有附属各岛屿"所涵盖的许多岛屿都没有提及，如接近台湾本岛的兰屿、琉球屿、花瓶屿、彭佳屿等。难道能说这些岛屿都不是台湾附属岛屿吗？

其二，钓鱼岛列屿由于台湾渔民经常出没作业的关系，习惯上将该列屿视为台湾附属岛屿，这是一种历史的自然形成，对于这种地理概念的历史形成，中日的文献资料皆有反映。如明朝嘉靖帝派遣的"宣谕日本国"的特使郑舜功所撰《日本一鉴》便记有"钓鱼屿，小东（即台湾——笔者注）小屿也"；以上史料皆是钓鱼岛为台湾附属岛屿的有力证据。日方这种不是建立在历史资料基础上而采用负面表述的逻辑推论，是站不住脚的。

　　日方论据的第四部分涉及《旧金山和约》与钓鱼岛列屿的关系。即根据《旧金山和约》第三条规定，琉球群岛交由美国托管。1952 年 2 月 29 日，接管琉球的美军司令部颁布了有关琉球领域之第 68 号指令（即《琉球政府章典》第一章第一条），划定琉球群岛的范围包括从北纬二十四度至二十八度、东经一百二十二度至一百三十三度之内的诸岛屿，而钓鱼岛、黄尾屿、赤尾屿正好在此经纬度范围内。1953 年 12 月 25 日，美国托管当局又以琉球民政府的名义发布《琉球列岛的地理境界》，将这一单方面划定的琉球地界"国内法"化。

　　由于美国琉球民政府所划定的"琉球地界"的经纬度内并没有提到钓鱼岛列屿，而当时的中国政府亦不清楚该"琉球地界"包括哪些岛屿，因而没有表示任何意见（由于《旧金山和约》没有中国政府的参加，故中国政府向来不承认其具法律效力。因此，美托管当局单方面划定的"琉球地界"自然不被中国政府承认），但这并不能导出"表明中国显然并没有把该群岛（即钓鱼岛列屿——笔者注）视作台湾的一部分"之结论。因为根据中国、日本和琉球的官方历史文献，从来没有将钓鱼岛列屿归入琉球群岛范围，明治初期琉球废藩置县时划定的冲绳版图经纬线内，亦不包括钓鱼岛列屿。相反，有大量历史文献证明钓鱼岛列屿属中国而不属琉球。事实上，中琉两国疆境早已有地方分界。从中国方面看，地界是赤尾屿；从琉球方面看，地界是古米山（见陈侃、郭汝霖的《使琉球录》）；况且，位于赤尾屿和古米山（即久米岛）之间，横亘着一道水深达 2 700 米的东海海槽，成为中琉两国自然形成的边境分界（这是明清时期中琉两国官方和民间的共识），位于中国东海浅海大陆架上的钓鱼岛列屿，向来被视为中国领土，旧琉球王国亦从未提出异议。

　　概括而论，美国托管当局于 1952 年单方面将钓鱼岛列屿夹裹划入"琉球地界"，随后又于 1972 年将其"归还"日本，这种私相授受他人领土的行为，当然不能构成日本拥有钓鱼岛列屿领土主权的法理依据，同时也必然会遭到中国政府和全球华人的反对。

An Analysis of Diaoyu Islands and Relevant Treaties ——Refutation to the "Senkaku Views" Delivered by Japansea Ministry of Foreign Affairs

ZHENG Hailin

Abstract："The Declaration On the Territorial Sovereignty of Senkaku Islands" and the official viewpoint "Senkaku Islands is evidently the territory of Japan" have been the theoretical foundation used by Japan to negotiate with China over the sovereignty of Diaoyu Islands, reasons listed for claiming are no other than "Those who come first should be the owner of the ownerless land" and "Method of longitude and latitude delimitation", so as to further emphasize its stance on the problem of Diaoyu Islands. This paper is intended for refuting Japan's theoretical foundation by a lot of historical evidences, beginning with explicating the relationship between Diaoyu Islands and Tereaty of Shimomoseki and how Diaoyu Islands are involved with San Francisco Perce Treaty—forcibly testifying the indisputable historical evidence that Diaoyu Islands's sovereignty belongs to China.

Key words：Diaoyu Islands；Senkaku Views；Treaty of Simonoseki；San Francisco Peace Treaty；treaty anlysis

（本文原载《太平洋学报》2013 年第 7 期。）

　　作者简介：郑海麟，1957 年出生，广东梅县人。中山大学哲学学士、暨南大学历史学博士。现为香港中文大学亚太研究所研究员，香港亚太研究中心主任。研究方向为国际关系、中日关系史和中国近代史及两岸问题。代表性著作为：《黄遵宪与近代中国》《钓鱼台列屿之历史与法理研究》《从历史与国际法看钓鱼台主权归属》《钓鱼台列屿——历史与法理研究》（增订本）、《钓鱼岛列屿之历史与法理研究》（最新增订本）等。曾任京都大学、东京大学和澳洲雪梨大学等单位的研究员，多次赴港台研究和讲学。

古贺辰四郎最早开发
钓鱼岛伪证之研究

——兼论日本政府购买
钓鱼岛的非法性

刘江永

（清华大学当代国际关系研究院，100084）

摘要： 日本通过中日甲午战争窃占钓鱼岛之后，古贺辰四郎（KOGA TATUSHIRO 1856—1918 年）于 1896 年 9 月日本殖民统治台湾时期，获得日本政府批准租借开发钓鱼岛。伴随 1945 年日本接受《波茨坦公告》、《开罗宣言》，无条件投降，必须把包括钓鱼岛在内的台湾及其所有附属岛屿归还中国。日本所谓私人岛主的地位和权利业已作废。然而，2012 年 9 月，野田佳彦内阁却不顾中方反对而宣布从所谓日本私人岛主手中购买钓鱼岛，企图通过所谓"国有化"，永久占有钓鱼岛。至今，日本政府仍把当年古贺辰四郎殖民开拓钓鱼岛的行为，作为日本"先占"和实际控制钓鱼岛的国际法依据，甚至不惜制造伪证，自欺欺人。其最典型的谎言之一是，日本政府把古贺辰四郎最早登钓鱼岛开发的时间，提前到甲午战争前的 1884 年，形成了流传百年以上的历史谎言。针对这一"百年谎言"，应通过揭示历史事实，予以澄清，正本清源。

关键词： 钓鱼岛；黄尾屿；赤尾屿；古贺辰四郎；井泽弥喜太

钓鱼岛及其附属岛屿主要包括钓鱼岛、黄尾屿、赤尾屿、南小岛、北小岛等岛屿，早在 14 世纪中国明朝时即由中国命名，并纳入中国版图。日本把钓鱼及其附属岛屿改称"尖阁列岛"，始于 1900 年 5 月赴钓鱼岛考察的黑岩恒撰写的报告。也就是说，所谓"尖阁列岛"或"尖阁诸岛"，其实是日本殖民统治台湾时期的说法。2014 年是日本伊藤博文内阁发动甲午战争 120 周年。日本窃占钓鱼岛即始于甲午战争。如今，两个甲子过去了，而日本政府一方面拒绝就钓鱼岛领土争议问题同中方对话，另一方面采取政府购岛，打破双方"搁置争议"的现状，甚至针对中国增强军事力量和部署，结果导致中日关系不断恶化。

日本政府为证明钓鱼岛是所谓"日本固有领土"，掩盖其通过甲午战争窃占钓鱼岛的历史经纬，还杜撰并大肆宣传古贺辰四郎等 1884 年便在岛上生活、开发，建立村落等，竭力彰显其"开拓业绩"。日本政府从所谓私人岛主手中购岛，也是建立在这一逻辑基础之上的。

然而，实际上并不存在 1884 年古贺登岛开发的事实。古贺租借开发钓鱼岛实质上是 1896 年之后日本殖民统治台湾时期的殖民开拓行为，根本不能构成拥有钓鱼岛主权的任何依据。另外，据笔者获得的独家孤本证言等证明，在古贺辰四郎之前到钓鱼岛偷猎的另有其人——井泽弥喜太（IZAWA YAKITA），而井泽后代留下的证言则认为：1945 年日本战败时曾承诺将台湾及当时一并抢夺的岛屿归还中国，钓鱼岛理所当然地应该归还给它的故乡——中国。本文尝试借鉴考据学研究方法，重点围绕古贺辰四郎和井泽弥喜太这两个关键人物的线索，对古贺辰四郎殖民开拓钓鱼岛前后的史实进行考证，并通过披露井泽弥喜太长女井泽真伎留下的宝贵历史证言，努力去伪存真，揭穿日方制造的相关伪证。文中若有欠妥之处，欢迎读者给予指正。

一、问题的提出与考证

2012 年 9 月 10 日，野田佳彦内阁宣布日本政府从所谓私人岛主栗原国起家族（其弟栗原行弘）手中购买钓鱼岛、南小岛、北小岛，实现所谓"国有化"。然而，中国的领土钓鱼岛岂容日本在政府和民间来回倒卖。这就涉及两个十分重要的问题：栗原国起家族对这些岛屿的所谓土地所有权究竟是怎么回事？日本政府与私人之间的这种交易是否合法？

1978 年 4 月 24 日，日本"尖阁列岛（钓鱼岛）防卫协会"以栗原国起和其母栗原佐代子委托为名，在钓鱼岛建起一座约 3 米宽、1.7 米高的黑色大理石长方形"古贺辰四郎翁显彰碑"。黑底白字碑文写道："翁（古贺）安正三年（1856 年）一月十八日生于福冈县，天性温良，素有经海思想。明治十二年（1879 年）移居冲绳县，在那霸开设总店，此后从事殖民产业，多年锐意捕捞海产，从事出口，并挺身到本尖阁列岛（钓鱼岛）探险，获得许可，与有识之士商议，建立起永居设施，鼓励移民，剥制水禽，采集鸟羽、鱼贝，制造肥料等，竭力从事多种经营，功不可没，于明治四十二年（1909 年）获赐蓝绶褒章。卒于大正八年（1918 年）八月三十一日，享年六十三岁。而后，经营由嗣子善次、花子继承。纵观六十年星霜，时运兴衰无常，但开拓边地、殖产民生、经世立国之志与热情丝毫未减，传承至今……"①

1996 年 12 月，在石垣市八岛町路边绿地公园，以"财团法人古贺协会会长"栗原佐代子名义建了一座"古贺辰四郎尖阁列岛（钓鱼岛）开拓纪念碑"。该碑形状远看像个蘑菇，碑的上端是铁灰色钓鱼岛的造型，碑的主体为白色，正中间黑底白字刻着碑文。碑文中写道："古贺辰四郎，福冈县人，废藩置县的明治十二年（1879 年）来县，同年在那霸开设古贺商店，明治十五年（1882 年）在石垣岛大川村海岸附近开设八重山分店。明治二十九年（1896 年）获得日本政府许可，在尖阁列岛、鱼钓岛（钓鱼岛）、南小岛、北小岛、久场岛（黄尾屿）倾注心血开拓海路物产，生产物资也出口国外，为国家、县的经济、社会做出巨大贡献，明治四十二年（1909 年）被授予蓝绶褒章。其子善次昭和七年（1932 年）从国家购得以上四岛，其去世后由妻子花子监理。战后，古贺家族的遗产根据遗言由埼玉县实业家栗原国起继承，创立古贺协会，为冲绳县体育振兴做出贡献。在绝海无人岛投入资金历经两代开拓的事业，如今为纪念先驱者的伟业而在原分店旧址附近地点建立此碑。"② 这也就是说，栗原国起家族对钓鱼岛的所谓土地所有权，来自古贺辰四郎之子古贺善次的妻子古贺花子的转让。

日本当局在钓鱼岛问题上一直为古贺辰四郎树碑立传，大肆表彰，甚至不惜制造伪证，目的就是为继续占据钓鱼岛制造根据。长期以来，包括上述碑文在内，日方虚构并不断宣传的一个核心认知是：古贺辰四郎 1884 年曾到钓鱼岛探险、开发，翌年提出申请开发。例如，1970 年 9 月 1 日发

① ［日］惠忠久著：《尖阁诸岛（钓鱼岛）鱼钓岛写真、资料集》，那霸，"尖阁列岛（钓鱼岛）防卫协会"，平成八年（1996 年）10 月 28 日，第 38-39 页。碑文译文中括号内系笔者注。

② ［日］惠忠久著：《尖阁诸岛（钓鱼岛）鱼钓岛写真、资料集》，那霸，"尖阁列岛（钓鱼岛）防卫协会"，平成八年（1996 年）10 月 28 日，第 42-43 页。碑文译文中括号内系笔者注。赤尾屿被作为日本国有地于 1920 年改称"大正岛"，故未包括在古贺家族购买的四岛之内。

表的琉球政府声明《关于尖阁列岛（钓鱼岛）的领有权》中称："明治十七年（1884年）前后起，古贺辰四郎主要在鱼钩岛（钓鱼岛）、久场岛（黄尾屿）等岛屿开始采集信天翁羽毛、绒毛、玳瑁壳、贝类等。根据这一情况变化，冲绳县知事于明治十八年（1885年）九月二十二日第一次向内务卿呈报修建国家标桩，同时报请批准派遣'出云丸'进行实地调查。"① 1972年日本外务省情报文化部发表的《关于尖阁列岛（钓鱼岛）》宣传册称：从明治十七年（1884年）开始在这些岛屿从事渔业活动的古贺辰四郎向政府提交了国有地借用书，因此将其四岛免费租给古贺开发30年。2005年日本中央大学名誉教授浦野起央还以未经考证的虚假历史年表形式，记载了所谓"1884年3月派遣'永康'号探险调查船"以及"1884年3月古贺辰四郎巡航尖阁列岛（钓鱼岛），登陆黄尾屿，此后以石垣岛为根据地在钓鱼岛采集信天翁羽毛、鱼类、贝类等。1885年古贺向冲绳县提了出开发黄尾屿的申请"。②

迄今，日本国内外研究不同程度地受到上述错误记载的影响。甚至包括日本进步历史学家井上清也曾在书中记载："1885年，古贺航行到了久场岛（钓鱼岛），发现那里群集着处于产卵期的信天翁，就想到采集其羽毛出售可发大财。为此，回到那霸后，他向冲绳县厅递交了租借土地的申请书。"井上清还估计，"1885年日本政府注意到该岛的主要原因或许就是因为古贺的'开发'申请"。他在书中附加的注释中称："一直以来普遍认为，古贺在'明治十七年'（1884年）'发现'了该岛。翌年（1885年），出于营利目的，他向冲绳县厅递交了借地申请。此处据明治二十八年（1895年）六月十日古贺向内务大臣递交的《租借官地申请书》中所记：明治十八年巡航于冲绳诸岛，舟至八重山岛北方九十海里处之久场岛……"③ 这说明，井上清只是引述了古贺辰四郎1895年提交租借开发申

---

① ［日］1970年9月1日琉球政府声明《关于尖阁列岛（钓鱼岛）的领有权》，见日本"南方同胞援护会"编：《冲绳问题基本资料》，转引自浦野起央等编：《钓鱼台群岛（尖阁诸岛）》（香港）励志出版社，2001年，第192-197页。

② ［日］浦野起央编著：《尖阁诸岛（钓鱼岛）、琉球、中国——日中国际关系史》（增补版），东京，三和书房，第128-131页。惠忠久著：《尖阁诸岛（钓鱼岛）鱼钓岛写真、资料集》，那霸，"尖阁列岛（钓鱼岛）防卫协会"，平成8年（1996年）10月28日，第5页。

③ ［日］井上清著：《钓鱼诸岛的历史解明"尖阁"列岛（新版）》，东京，第三书馆，2012年10月，第103-104页。该书中文译本《钓鱼岛的历史与主权》，贾俊琪、于伟译，新星出版社，2013年2月，第135-136页。

请时的记载，并指出这是长期以来的普遍看法，但并未对其真伪进行
考证。

上述以讹传讹的虚构，若从 1909 年古贺履历算起至今已逾百年，故
堪称"百年谎言"。长期以来，它以各种方式被日本官方和民间相传至今，
误导了不少日本人，是造成中日围绕钓鱼岛问题严重对立的一个重要原
因。2012 年 8 月，笔者访问了一位多次擅闯钓鱼岛的石垣市议会议员。他
一开始便口气强硬地质问："你们说这些岛屿是中国的，可是中国人在岛
上住过吗？我们在岛上开发过。"以此强调钓鱼岛是日本的。对此，笔者
当即说明：钓鱼岛是无人岛，自明朝起就是中国的，那时琉球国还不是日
本的一部分。日本人登岛开发是 1894 年甲午战争之后殖民统治台湾时期
的殖民开拓。对方立即反驳说："不，你记错了。古贺是在那之前登岛开
发的。"于是，笔者对他说：日本政府是在《马关条约》之后的 1896 年 9
月批准古贺开发的，古贺是 1897 年以后才登岛开发的。结果对方只好说：
"讲历史，我赢不了，还是别吵架了。"[①] 这件事使笔者感到，在钓鱼岛问
题上澄清历史真相的考据研究十分必要，将扎实的学术研究成果转化为同
日本各界人士交流的内容，的确有助于增进中日相互了解，对化解钓鱼岛
争议，促进中日关系改善，具有极其重要的作用。

据笔者考证，所谓古贺辰四郎 1884 年派人登上钓鱼岛探险，随后年
年开发，1895 年提出开发申请的说法，均涉嫌杜撰，无一属实。这些错误
说法主要来源于 1895 年古贺辰四郎向冲绳县提交的《租借官地申请书》、
1909 年获得日本首相桂太郎授予古贺的蓝绶褒章时的古贺辰四郎履历。而
前者语义含混，因而后者堪称是做出明确记载的孤证。

笔者提出质疑的主要依据是：从考据学"无征（证）不信"[②]、"孤证
不立"[③] 的学术及法律证据原则角度看，只有古贺辰四郎个人履历中的记
载，而无当时其他旁证是难以成立的。况且不能排除古贺辰四郎为获得钓
鱼岛租借开发权及首相颁奖而夸大事实的可能性和主观动机。从客观上
看，迄今并未发现古贺 1884 年登岛开发的任何详细记录以及 1885 年申请

[①] 刘江永：《钓鱼岛属于中国固有领土》，《光明日报》，2012 年 9 月 25 日。

[②] 注："无征不信"，即无证不信，指未经验证就不可信。此语出自《礼记·中庸》"上焉者，
虽善无征，无征不信，不信民弗从。"

[③] 注："孤证不立"是考据学原则之一。在历史学领域，没有证据证明的单一史料，其真实性
难以成立，别人有理由认为其是伪证。同时"孤证不立"也是法律用语，即如果仅有一个例子而无旁
证，法院是不能据此判定某事成立。

开发的原始文献等相关旁证。古贺辰四郎之子古贺善次也承认没有 1884
年登岛的详细记录①。1971 年 3 月"尖阁列岛（钓鱼岛）研究会"报告只
记载了 1894 年、1895 年两次申请租借钓鱼岛，但均因是否属于日本管辖
尚未确定而未获批准。② 其次，日本政府及冲绳县于 1885 年秘密调查钓鱼
岛的外交档案中，也无古贺登岛开发或提供相关信息的任何记录。假设真
有这方面对日本有利的档案文献，日方早就会予以公布。第三，据笔者独
家获得的第一手历史证言证明，现有记载最先登钓鱼岛组织偷猎的日本人
是熊本县人井泽弥喜太。井泽弥喜太长女井泽真伎 1972 年 1 月 8 日曾留下
证言（简称：井泽证言），指出所谓古贺最先发现钓鱼岛是弥天大谎，钓
鱼岛"应该归还给它的故乡中国"。③

　　根据考据研究"孤证不立"的原则，即便针对有利于中方的证据材料
也要提出合理的质疑，为甄别和确认其真伪要尽可能搜集更多的相关旁证
相互印证。仔细分析这份孤本证言，难免产生一个疑问：其中所述井泽弥
喜太航行至钓鱼岛、黄尾岛，打捞海产品和采集信天翁羽毛的日期是明治
二十四年（1891 年）。但是，按日方一般说法，古贺辰四郎曾于明治十七
年（1884 年）就派人赴钓鱼岛捕捞海产品，采集信天翁羽毛。若这种说
法属实，那么井泽弥喜太便是在古贺辰四郎之后才登岛，该证言将失去意
义。然而，这份井泽证言恰恰否认了古贺辰四郎 1884 年登岛之说。因而
如果古贺登岛开发确实被证明是在 1891 年井泽弥喜太之后，那么就可以
认为井泽证言是可信的。这就需要考证事实究竟如何，古贺究竟是何时才
登岛开发的。另外，如果 1885 年日本明治政府下令调查钓鱼岛一事与古
贺辰四郎无关，那么 1885 年日本开始秘密调查钓鱼岛的起因和背景又是
什么？这个问题也需要探究，而不能人云亦云。

　　最初，令笔者颇感困惑的是，关于井泽弥喜太名字的写法。因为除了
其长女井泽真伎证言原件以外，笔者原来所见的所有日本文献均记载为
"伊泽弥喜太"或"伊泽矢喜太"。由于"伊泽"与"井泽"在日语中的
发音均为"IZAWA"，所以同音被写成不同汉字并不奇怪。但是，作为如

　　① ［日］《现代》月刊，1972 年 6 月号。
　　② ［日］"尖阁列岛（钓鱼岛）研究会"：《尖阁列岛（钓鱼岛）与日本的领有权》，1971 年 3
月，《冲绳季刊》第 63 号，转引自浦野起央等编：《钓鱼台群岛（尖阁诸岛）问题研究资料汇编》，
（香港）励志出版社，2001 年版，第 242 页。
　　③ ［日］井泽真伎：《关于尖阁列岛（钓鱼岛）的证言》，1972 年 1 月 8 日笔录原件。

此重要的历史证言，究竟是"伊泽"还是"井泽"，必须找到准确的答案。笔者最初只能是依据日本公开文献的记载，认为是"伊泽弥喜太"的可能性较大，并就此在《清华大学学报》（哲学社会科学版）2014年第4期（第36页）发表的拙文中做过说明。但是，最近笔者发现，日本外务省相关档案也记载为"井泽弥喜太"。至此，谜底揭开，可以认定井泽弥喜太这才是其真名，其长女井泽真伎签名的历史证言的真实性也可由此得到最充分的证实。故，谨此对以往拙文中井泽姓氏的误读做一必要的订正。

在中日钓鱼岛争议有引发军事冲突之虞的形势下，通过考据，澄清真相，揭穿百年谎言已刻不容缓。这不仅是对日本政府"购岛"行为的釜底抽薪，也是敦促日本政府放弃自欺欺人做出错误做法的必要过程。日本部分人有一种为维护自身利益而不耻于说谎的心理倾向，宁愿相信对己有利的谎言，也不愿正视对己不利的真实。日本右翼势力正是利用这种民族心理偏好，在钓鱼岛问题上制造并长期宣传其虚构的所谓依据。久而久之，日本政府及当政者也信以为真，甚至在明知无理的情况下仍自欺欺人地坚持错误，拒绝同中国就钓鱼岛问题进行对话。这种倾向在日本右翼势力掌权后就会更为严重。日本政府的这种态度，导致两国针对中日关系面临钓鱼岛问题缺少一个双方冷静对话、确认事实的政治过程。而日本民众特别是年轻人对钓鱼岛问题的真相未必了解，特别是在日本国内长期错误宣传的误导下，一些民众的爱国热情便会被引向反华的民族主义情绪。这些正是当前中日关系滑向危险方向的症结所在。有鉴于此，有关钓鱼岛的解疑释惑的学术研究及研究结果的披露，或许可以成为中日两国政府间缺少钓鱼岛对话这一政治过程的补充，具有十分重要的意义。

二、古贺辰四郎 1884 年登岛开发之说难以成立

据日本史料记载，古贺辰四郎是在1896年9月日本殖民统治台湾后才获得日本政府授权开发钓鱼岛的。1909年9月，日本农商大臣大浦兼武向日本赏勋局提出赐予古贺褒章的申请报告。同年11月，古贺辰四郎获得日本首相桂太郎授予的蓝绶褒章。古贺获奖的主要原因是，他在日本明治政府吞并琉球国及中国台湾之后，都立即参与日本帝国的殖民开拓，被当时日本政府作为动员民间力量配合殖民扩张的"样板"。如今，古贺在钓鱼岛的掠夺式殖民开发，又被日本政府炫耀为拥有钓鱼岛的所谓"依据"。

因此，要澄清历史真相，避免以讹传讹，必须就当年古贺辰四郎的相关记载进行考证。

（一）古贺辰四郎 1896 年获得的租借开发权后，从 1897 年开始在钓鱼岛、黄尾屿、南小岛、北小岛进行了毁灭性的殖民掠夺开发，造成钓鱼岛原始生态环境的严重损毁

当年，钓鱼岛、黄尾屿、南小岛、北小岛曾生息着大量信天翁等海鸟。这些鸟群过去从未受到人类侵扰，人靠近后也不飞走，所以被当时的日本人称为"呆鸟"。人只要躲在石头后面，等"呆鸟"走近，用棍棒即可捕杀。据报道，古贺获得租借开发权后，1897 年至 1900 年共采集了 20 万斤羽毛，如果按平均每 4 只信天翁产 1 斤羽毛，三年内共有 80 万只信天翁被捕杀。当时古贺雇用的打工者平均每人每天捕杀 300 只信天翁，"岛上一片被鸟的尸骸铺满"①。这导致钓鱼岛上的信天翁大量减少。于是，古贺 1904 年开始派人在南小岛、北小岛捕获海鸟，加工后把羽毛销往法国等欧洲国家作为贵妇人的装饰品。他们四人一组，把捕获的海鸟的头剁掉，剥皮掏肉，然后填入纸片，再把风干的制成品卖给神户和横滨的外国商人。1907 年竟然捕杀了 42 万只海鸟。② 钓鱼岛野生海鸟大幅减少后，1905 年古贺购入了鲣鱼船，开始转向在钓鱼岛海域捕捞鲣鱼。据报道，当年鲣鱼干产量达 1.3 万斤，1906 年增至 6.8 万斤。③ 所获纯利润船主（古贺）分得六成，渔民分得四成。因此，古贺仅凭鲣鱼业就发了大财。④

据古贺 1909 年获奖时的履历记载，1895 年他曾以"报国之意捐军资50 日元及军用品"，获冲绳县知事奈良原繁奖励木杯一个。日俄战争前后，古贺曾于明治三十九年（1906 年）为日本建设帝国义勇舰队捐资 200 日元，获得"帝国海事协会总裁"威仁亲王授予的徽章。⑤ 1891 年至 1896

---

① ［日］《琉球新报》，1900 年 7 月 13 日。转引自平冈昭利编著：《离岛研究Ⅲ》（Research in to People，Life and Industry of the Japanese Islands Ⅲ 2007 年 12 月）第 18 页。

② ［日］《琉球新报》，1909 年 6 月 27 日。转引自平冈昭利编著：《离岛研究Ⅲ》（Research in to People，Life and Industry of the Japanese Islands Ⅲ 2007 年 12 月）第 18 页。

③ ［日］《琉球新报》，1910 年 11 月 23 日。转引自转引自平冈昭利编著：《离岛研究Ⅲ》（Research in to People，Life and Industry of the Japanese Islands Ⅲ 2007 年 12 月）第 18 页。

④ ［日］《冲绳渔业调查书（2）宫古郡、八重山郡渔业调查书》，转引自转引自平冈昭利编著：《离岛研究Ⅲ》（Research in to People，Life and Industry of the Japanese Islands Ⅲ 2007 年 12 月）第 19 页。

⑤ ［日］《公文杂纂内阁卷四》，明治四十二年（1909 年）。

年首相月薪为 800 日元、内阁大臣月薪为 500 日元，农业男劳力月薪仅有 6 日元。随着捕鱼业发展，1907 年钓鱼岛曾建起所谓"古贺村"。① 据报道，最多时岛上住有 240 多人、99 户。② 这只能说明，1896 年古贺获得租岛开发权后，曾在岛上毁灭性地捕杀信天翁，造成钓鱼岛生态环境严重破坏。这些都是 1896 年以后日本殖民统治台湾时期发生的情况。如今，日本政府把相关照片在互联网上大肆宣传，但那充其量只能使人们看到日本殖民开拓台湾附属岛屿时的场景，而根本不能作为日本拥有钓鱼岛领土主权的合法依据。

（二）日方所谓古贺辰四郎 1884 年便到钓鱼岛采集鸟羽并于翌年向冲绳县提出开发申请，这疑似虚构

如上所述，这一谬说的主要来源是古贺辰四郎明治二十八年（1895 年）六月十日向日本内务大臣野村靖提交租岛开发的申请以及明治四十二年（1909 年）十月二十二日获得日本首相桂太郎授予蓝绶褒章时的履历。

古贺辰四郎在 1895 年 6 月 10 日《租借官地申请书》中称："明治十八年（1885 年）巡航冲绳诸岛时，船停泊，并登上八重山以北九十海里的久场岛（黄尾屿），仅限于发现俗称呆鸟的鸟群。"③ 首先，这句话没有主语，可以做出多种解释，未必只限定为古贺，但却被日本一些人认定为古贺，造成以讹传讹的情况。其次，并未说明是哪条船到达过所谓"久场岛"（黄尾屿），实际上当年冲绳县派出的调查船"出云丸"到钓鱼岛秘密调查根本没有在黄尾屿（日本称"久场岛"）登陆，而当年没有其他船只赴钓鱼岛巡视。第三，冲绳县派"出云丸"秘密调查钓鱼岛的人员中没有古贺辰四郎。所以，古贺只能在履历中闪烁其词，甚至把钓鱼岛说成"久场岛"（黄尾屿），破绽明显。

在 1909 年 10 月 22 日古贺辰四郎获奖时的履历中有以下记载："明治十七年（1884 年）派人到尖阁列岛（钓鱼岛）探险，了解该岛的实际情

① ［日］平冈昭利编著：《离岛研究Ⅲ》（Research in to People, Life and Industry of the Japanese Islands Ⅲ），东京海青社，2007 年 12 月，第 18 页。

② ［日］《琉球新报》，1908 年 6 月 19 日。

③ ［日］古贺辰四郎明治二十八年（1895 年）6 月 10 日提出租用"久场岛"（黄尾屿）等的申请书，见日本《冲绳季刊》第 63 号，转引自浦野起央等编：《钓鱼台群岛（尖阁诸岛）问题研究资料汇编》，香港，励志出版社，2001 年，第 172 页。

况。此后年年派遣工人捕获海产品。"① 古贺履历中的这一记载也涉嫌造假。其一，迄今并未发现可以作证 1884 年古贺派人登钓鱼岛、黄尾屿探险的任何文献记录和档案材料。其二，日本并不存在 1884 年至 1891 年古贺每年派人登岛采集海产品的任何记载。第三，在 1909 年古贺履历中记载 1884 年派人探险后"年年派工人捕获海产品"，而在 1895 年申请书则称"仅限于发现俗称呆鸟的鸟群"，这两者相互矛盾，难以自圆其说。

不过，古贺的这一履历清楚地证明了一点：1884 年至 1894 年之间，他并没有向冲绳县或日本政府提出申请开发钓鱼岛，而日本外务省的说法甚至在古贺履历中也找不到依据，无异于进一步造假。实际上，古贺辰四郎是在《马关条约》签署后的 1895 年 6 月 10 日，才向日本内务大臣野村靖提交租岛的申请。古贺在这份申请中称：他明治十三年（1880 年）至十五年（1882 年）曾驾舟在冲绳和朝鲜尝试捕捞海产品，将捕获海产运往冲绳本岛以东的大东岛，并于明治二十四年（1891 年）就开垦大东岛获得冲绳县知事批准……其后，曾为出口信天翁羽毛而打算租借久场岛（黄尾屿）。但是，"因未明确归属我邦而一直竭力克制上述愿望……然而，这次应果断将该岛确定为日本所属，以满足多年宿愿"。② 这些内容证明，在 1895 年日本窃占钓鱼岛之前，古贺只有"宿愿"而未实际获准开发钓鱼岛。

日本之所以在甲午战争前没有像占有大东岛那样，发现后便立即以"无主地"名义占有钓鱼岛，原因之一是日本政府十分清楚这些岛屿是中国早已命名的岛屿。1909 年古贺辰四郎在履历中承认，"明治二十七年（1894 年）向本县提出开拓该岛申请，但当时则被以该岛是否属于帝国尚未确定为由而遭拒绝。进而本人又向内务、农商务两大臣提出申请，同时亲自上东京具体汇报视察的实际情况，请求批准，仍未获准。但正值此时，明治二十七、八年（1894 年、1895 年）战事迎来终局，作为皇国大捷的结果，台湾岛归属帝国版图，尖阁列岛（钓鱼岛）亦归属我国，此事经明治二十九年（1896 年）敕令第十三号一公布，立即再次向本县知事

---

① ［日］《古贺辰四郎明治三十二年（1899 年）以前的履历》，《公文杂纂内阁卷四》，明治四十二年（1909 年）藏于日本国立公文书馆，2A131108。
② ［日］古贺辰四郎明治二十八年（1895 年）6 月 10 日向时任日本内务大臣野村靖提交的岛屿租借申请，《冲绳》季刊第 63 号。

提出开拓该岛的宿愿，并于同年九月获得认可。"①

　　古贺这段话不打自招地承认了钓鱼岛归属日本是"皇国大捷的结果"，即日方通过战争改变了当时的领土现状。但是，其记载中与事实有出入的是，在1896年3月7日公布、4月1日实施的第13号敕令中，根本没有记载所谓"尖阁列岛"或钓鱼岛，其中记载的八重山郡内并没有注明包括钓鱼岛，而日本1885年通过非战争方式获得的大东岛则被明确记载。尽管日方解释说，"冲绳县知事决定把尖阁列岛（钓鱼岛）编入八重山，鱼钓岛、久场岛、南小岛、北小岛为国有地"②，但是这也有许多疑点。冲绳县作为地方政府既没有决定领土归属的权力，也没有相关文件证明冲绳县当时公布过此事。第13号敕令第二条明确规定，"郡的境界或名称需要变更时，由内务大臣决定"，而非冲绳县决定。况且"尖阁列岛"是1900年才出现的说法，1896年敕令中不可能有。

　　古贺在履历中还清楚地记载了他是在1895年甲午战争后才赴钓鱼岛探险，并向日本官方提出"殖民经营"该岛的；日本政府是通过甲午战争霸占台湾后，才批准民间人士殖民开拓钓鱼岛的。据这份古贺履历记载："明治十七年（1884年）观察尖阁列岛（钓鱼岛）之形势时，坚信该岛会成为国家之福利，认为迫切需要进行殖民经营，并向本县知事申请批准开发，但当时则被以该岛所属未定为由而遭驳回。关于尖阁列岛（钓鱼岛）事业，明治二十八年（1895年）感到有必要亲自视察，于是乘小艇前往进行了实地探险。"③

　　这里需要指出的是，冲绳县之所以最终批准古贺的租借开发申请，是由于伊藤博文内阁通过甲午战争迫使中国清政府签署《马关条约》而把台湾及其所有附属岛屿纳入日本版图。舍此，没有其他解释说得通。值得注意的是，即便在《马关条约》签署后的1895年6月古贺辰四郎提交的开发申请仍未马上获得日本政府批准。这是由于日军1895年6月3日登陆台湾后，遭到刘永福所率部队持续半年以上的顽强抵抗，所以直到日本以武力彻底控制台湾之后的1896年9月，日本政府才同意冲绳

---

　　① ［日］《古贺辰四郎明治三十二年（1899年）以前的履历》，《公文杂纂内阁卷四》，明治四十二年（1909年），藏于日本国立公文书馆，2A131108。

　　② ［日］浦野起央编著：《尖阁诸岛、琉球、中国——日中国际关系史》，三和书房，2005年，第133页。

　　③ ［日］《古贺辰四郎明治三十二年（1899年）以前的履历》，《公文杂纂内阁卷四》，明治四十二年（1909年）藏于日本国立公文书馆，2A131108。

县把钓鱼岛、黄尾屿、南小岛、北小岛无偿租借给古贺开发 30 年。实际上，直到 1897 年 3 月，古贺才从八重山雇用了 35 名打工者赴钓鱼岛。古贺辰四郎当年的财务账簿也证明，其投资殖民开拓钓鱼岛始于 1897年。[①] 据此可以认为，古贺辰四郎等日本民间人士所谓开发钓鱼岛，只不过是从最初在中国岛屿及海域偷猎，变为 1896 年以后日本对台湾殖民统治期间的殖民开拓行为。

上述证据证明，日本明治政府批准古贺辰四郎租借钓鱼岛等岛屿 30年的日期为 1896 年 9 月。这是《马关条约》生效及日本殖民统治台湾后的殖民开拓，而根本不是对无主地的发现或"先占"。古贺辰四郎 1918 年8 月去世后，其子古贺善次继续经营。古贺辰四郎租约到期后，由其子古贺善次出 136.61 日元租金继续租用钓鱼岛、黄尾屿、南小岛和北小岛。1932 年 5 月至 7 月，古贺善次出资 2150.5 日元买下这些岛屿，其中钓鱼岛 1825 日元、黄尾屿 247 日元、南小岛 47 日元、北小岛 31.5 日元。[②] 此后这四岛便成为日本的所谓私有地。

这里需要指出的是，1895 年日本窃占钓鱼岛的秘密文件中并未写有赤尾屿。赤尾屿从未被租给任何私人开发，据日方称该岛 1921 年才被日本纳入所谓国有地的。赤尾屿是钓鱼岛列岛最东端、与古代琉球国海上分界的中方岛屿。日方显然是跨越了赤尾屿而窃占钓鱼岛、黄尾屿，并在《马关条约》签署 26 年后才把赤尾屿纳入日本版图的。

据以上史实可以断定，古贺辰四郎自 1896 年获得日本政府授权开发钓鱼岛以及 1897 年实施开发，只不过是日本殖民统治台湾期间的一种殖民开拓行为，而根本不能构成日本拥有钓鱼岛主权的所谓国际法依据。伴随 1945 年 8 月日本接受《波茨坦公告》，宣布战败投降，日本帝国以武力和贪欲窃占钓鱼岛以及其后的殖民开拓权利均告作废。如今，日本政府从古贺家族的产权获得者栗原国起家族手中购买钓鱼岛，实现所谓"国有化"，无异于以这种方式重新恢复日本帝国对钓鱼岛殖民统治特权。

---

① ［日］《古贺辰四郎明治三十二年（1899 年）以前的履历》，《公文杂纂内阁卷四》，明治四十二年（1909 年）藏于日本国立公文书馆，2A131108。

② ［日］尖阁列岛（钓鱼岛）研究会：《尖阁列岛（钓鱼岛）与日本的领有权》，《冲绳季刊》1971 年 3 月，第 63 号。转引自浦野起央等编：《钓鱼台群岛（尖阁诸岛）问题研究资料汇编》，（香港）励志出版社，2001 年，第 243 页。

（三）日本岛屿问题专家平冈昭利研究证明，所谓古贺辰四郎于1879 年在那霸开设总店，1882 年在石垣岛开设分店，1884 年起开发钓鱼岛等，均与事实不符

日本下关市立大学教授平冈昭利专门研究岛屿问题，他考证了上述1978 年在钓鱼岛建立的所谓"古贺辰四郎翁显彰碑"和1996 年石垣市八岛町绿地公园中的"古贺辰四郎尖阁列岛（钓鱼岛）开拓纪念碑"的碑文，认为其中内容涉嫌造假。其根据如下：

首先，这些碑文前半部分所云古贺辰四郎明治十二年（1879 年）到那霸开设了总店，3 年后的明治十五年（1882 年）又在八重山开设了分店，是根据明治四十二年（1909 年）日本政府赏勋局授予古贺蓝绶褒章时所起草的文件。为起草该文，古贺辰四郎在提交的履历中写道：他"自明治十二年（1879 年）废琉球藩置冲绳县时来县，专门从事海产品采集；同年五月在那霸开设总店；明治十三年（1880 年）二月为视察海产品及其他而赴八重山石垣岛出差；明治十五年（1882 年）二月开设分店"。对此，平冈昭利教授指出，1909 年古贺辰四郎履历的这段记载与当年日本公开发行的石垣岛导游指南和相关报道内容不符。据 1909 年发行的《石垣岛案内（介绍）》记载，"古贺分店作为海产品商店于明治二十九年（1896 年）5 月开业，同三十年（1897 年）从事尖阁列岛（钓鱼岛）开拓……"[1] 1930 年 1 月 8 日《先岛朝日新闻》报道也称，明治二十九年（1896 年）八重山分店开业[2]，均与古贺履历的记载相左。

其次，古贺辰四郎于 1895 年 6 月 10 日向内务卿野村靖（NOMURA YASU）提交的《官有地租借申请》中，并未提及古贺 1879 年在那霸开设总店以及 1882 年在石垣岛开设分店。其中提到，明治十八年（1885 年）在冲绳诸岛巡航，船行至八重山岛以北 90 海里的久场岛（黄尾屿），发现大量俗称"呆鸟"的信天翁。对此，平冈教授指出，这次冲绳巡航其实是根据明治政府指令，由冲绳县借用邮轮"出云丸"，派遣石泽兵吾等人赴钓鱼岛所做的秘密调查。1885 年冲绳县派"出云丸"调查的前一年就开

---

① ［日］岩崎卓尔著：《石垣岛案内》，冈山孤儿院大阪印刷部印制，明治四十二年（1909 年）五月三十日发行，第 12 页。

② ［日］《先岛朝日新闻》1930 年 1 月 8 日，转引自平冈昭利编著：《离岛研究Ⅲ》（Research into People, Life and Industry of the Japanese Islands Ⅲ），东京海青社，2007 年 12 月，第 13-47 页。

始搜集这些岛屿的情报，但关于古贺辰四郎则没有任何记录。① 古贺辰四郎作为民间人士并未参与也不可能参与冲绳县 1885 年组织的秘密调查。关于 1885 年的探险巡航，1909 年古贺辰四郎履历并未提及，而是记载古贺 1895 年才首次亲自赴钓鱼岛实地调查的。

第三，所谓古贺辰四郎 1884 年 3 月到钓鱼岛探险使用了大阪商船"永康丸"则更是离奇的说法。日本大学名誉教授浦野起央在《尖阁诸岛（钓鱼岛）、琉球、中国——日中国际关系史（分析、资料、文献）》一书中称："1884 年 3 月古贺辰四郎巡航尖阁列岛（钓鱼岛），登陆黄尾屿"，当时"古贺辰四郎派遣了'永康丸'探险调查团"。② 对此，平冈昭利教授提出质疑：1884 年"永康丸"还不存在，该船是明治二十九年（1896 年）11 月建造的 390 吨客货两用船，于 1905 年在朝鲜近海沉没。③ 另外，大阪商船公司是中小海运公司于 1884 年 5 月合并成立的，而同年 3 月该公司还未建立。如上所述，古贺辰四郎是明治三十三年（1900 年）5 月派"永康丸"汽船赴钓鱼岛的，而他本人并未前往。这次随船前往调查的有冲绳师范学校教师黑岩恒、理学博士宫岛干之助。他们在当年发表的调查报告做了同样的记载，是无法更改的史实记录。因而所谓 1884 年古贺辰四郎即利用"永康丸"到钓鱼岛，纯系杜撰。

第四，平冈教授断定，所谓古贺从 1884 年起开始向钓鱼岛派人开发亦非事实。因为 1891 年井泽矢喜太（即井泽弥喜太）赴钓鱼岛捕捉信天翁，而古贺辰四郎于 1896 年雇用井泽做向导。如果古贺早在 7 年前就进入钓鱼岛，还有必要专门雇用井泽做向导吗？④ 另外，假设古贺 1884 年派人探险后持续派人前往开发，则与 1885 年"出云丸"调查报告所载"岛上无人迹"⑤ 相矛盾。

① ［日］平冈昭利编著：《离岛研究Ⅲ》（Research in to People, Life and Industry of the Japanese Islands Ⅲ），东京海青社，2007 年 12 月，第 14 页。

② ［日］浦野起央著：《尖阁诸岛（钓鱼岛）、琉球、中国——日中国际关系史（分析、资料、文献）》（增补版），东京三和书籍，2005 年，第 131 页。

③ ［日］平冈昭利编著：《离岛研究Ⅲ》（Research in to People, Life and Industry of the Japanese Islands Ⅲ），东京海青社，2007 年 12 月，第 14 页。

④ ［日］平冈昭利编著：《离岛研究Ⅲ》，（Research in to People, Life and Industry of the Japanese Islands Ⅲ）东京海青社，2007 年 12 月，第 14 页。

⑤ ［日］外务省外交史料馆所藏《帝国版图关系杂件》，转引自平冈昭利编著：《离岛研究Ⅲ》（Research in to People, Life and Industry of the Japanese Islands Ⅲ），东京海青社，2007 年 12 月，第 14 页。

第五，平冈教授认为，古贺是在 1895 年举行的第四届海螺、珍珠、贝壳博览会获奖的，而在此前 1890 年举行的第三届博览会上冲绳县 200 多名送展人中并无古贺的名字。这是因为，古贺于明治二十四年（1891 年）十二月向冲绳县知事申请开发大东岛，翌年三月获准后率 31 名渔民乘"大有丸"汽船赴大东岛。三月二十二日到达大东岛后由于风大浪高，岸边布满隆起的珊瑚礁和岩石而未能登岛，第二天绕岛一周仍难以登岛，只好返回那霸港。可以认为，古贺是在开发大东岛失败后才获知有关钓鱼岛的信息。1892 年以后，古贺开始从不断减少的海螺捕捞转向钓鱼岛捕捉信天翁，[①] 因此，在 1890 年以前古贺尚未参与大东岛和钓鱼岛海产品开发，当然不可能有其参与海产博览会的可能性。

上述与事实不符且前后不一的记载说明，古贺辰四郎 1909 年接受蓝绶褒章时上报的履历，很有可能是人为地把在八重山开设分店的真实日期提前了 14 年，把古贺开发钓鱼岛的时间提前了 12 年，制造了两个假象。这有可能是古贺对自己参与殖民开拓"业绩"的夸大宣传，而当时日本政府对此予以容忍，恰恰证明古贺履历中就最早登岛日期造假符合日本帝国政府掩盖通过甲午战争窃占钓鱼岛制造依据的需要。更确切地讲，这很可能是当时日本帝国政府通过授勋表彰，为鼓励对外扩张而利用并伙同古贺辰四郎造假。

（四）1885 年很可能是大城永保最先把了解钓鱼岛、黄尾屿的情况报告给冲绳县政府的，其后冲绳县才秘密派船前往钓鱼岛调查，这与古贺辰四郎毫无关系

据 1885 年 9 月 21 日石泽兵吾上报冲绳县令西村捨三的调查报告称：古代流传本县人时常渡海登岛，但未见详细记录。"有个叫大城永保的文书在废藩置县前曾渡海去清国办事，图中曾亲眼目睹这些小岛并向本官讲述，故向他本人了解情况。"据大城称："有一次航海去南方时，因帆船失去了顺风态势，在港口停留了 6 个小时左右，之后乘上大舢板船，虽然行驶时已经十分接近岸边，但是由于是无人岛，难以估计岛上动物生息状

---

① ［日］平冈昭利编著：《离岛研究 Ⅲ》（Research in to People，Life and Industry of the Japanese Islands Ⅲ），东京海青社，2007 年 12 月，第 16 页。

况，故未敢登岛。"① 据石泽兵吾报告记载，"《中山传信录》所载之赤尾屿，乃久米赤岛，黄尾屿乃久场岛，鱼钓台相当于鱼钓岛。根据大城永保所言，假使如今放入《琉球新志》的地图中记载其概略位置，其大小皆不得当。"②

石泽兵吾的这一报告证明，在 1885 年 9 月之前，日本虽已确认这些岛屿即《中山传信录》所说的钓鱼岛等岛屿，但包括大城永保在内，日本尚无人登钓鱼岛实地考察，如果把钓鱼岛放入 1873 年大槻文彦所著《琉球新志》中的地图中，位置和面积也显得有所不妥。

需要澄清的是，日本冲绳右翼团体"尖阁列岛（钓鱼岛）防卫会"会长惠忠久、日本大学名誉教授浦野起央都在出版的资料集中，把大城永保 1859 年首次去中国途中看到钓鱼岛，说成"抵达钓鱼岛、黄尾屿、赤尾屿岸边，调查钓鱼岛的地势、植物、鸟类"，③ 这显然是偷换时空概念的杜撰。如前所述，大城在多次往返琉球与中国途中看到过钓鱼岛，其中有一次遇到风向变化，曾随船靠近钓鱼岛岸边。尽管发生这种情况的具体记载时间不详，但从以上文献分析，可以肯定不是发生在 1859 年第一次到中国途中的事情。因此，不能把 26 年以后发生的事情提前嫁接到 1859 年。

据 1900 年考察钓鱼岛的黑岩恒记载，大城永保明治十八年（1885 年）九月十四日曾向冲绳县厅提交了有关钓鱼屿、黄尾屿、赤尾屿的报告。④ 据该报告称，钓鱼岛上"岭上松木、樫木及其他树木繁茂，山中有流水，海边有开阔的码头及船舶之碇所。诸鸟群飞至船上，与人接触、捡食，并不怕人。船头潮下，鲛鱼、鲭鱼等鱼群聚集，用绳套挂住鲛鱼之尾往上一

---

① ［日］转引自村田忠禧著：《日中领土问题的起源——公开文献所述尴尬的真实》，东京花传社，2013 年 6 月 25 日，第 160 页。

② ［日］石泽兵吾：《久米赤岛、久场岛、鱼钓岛三岛调查书》，《尖阁列岛（钓鱼岛）特集》，《季刊冲绳》，1971 年第 56 期，第 114、115 页。转引自吴天颖著：《钓鱼岛列屿之历史与法理研究》（增订本），中华书局，2007 年，正文第 150 页、村田忠禧著：《日中领土问题的起源——公开文献所述尴尬的真实》，东京花传社，2013 年 6 月 25 日，第 158 页。

③ ［日］惠忠久著：《尖阁诸岛（钓鱼岛）鱼钓岛写真、资料集》，那霸，"尖阁列岛（钓鱼岛）防卫协会"，平成 8 年（1996 年）10 月 28 日，第 91 页。浦野起央著：《尖阁诸岛（钓鱼岛）、琉球、中国——日中国际关系史（分析、资料、文献）》（增补版），东京三和书籍，2005 年，第 128—131 页。

④ ［日］黑岩恒：《尖阁列岛（钓鱼岛）探险记事》，明治三十三年（1900 年）第 8 期日本《地学杂志》，第 478 页。

拉就能捕到"。① 这段话非常重要，证明了以下两个关键事实：

第一，在 1885 年 9 月 21 日石泽兵吾向冲绳县令西村捨三报告的前 1 周，大城永保已经向冲绳县做过报告。据此可以认为，大城永保可能是现有记载中最早向冲绳县提交相关报告的日本人。如果真如古贺辰四郎 1909 年履历所说，他 1884 年便曾派人登岛探险，以后年年前往捕猎，那当时冲绳县咨询的第一人应该是古贺辰四郎而非大城永保。然而，在冲绳县 1885 年秘密调查过程中，根本没提及古贺其人及其提供的任何有关钓鱼岛的信息。

第二，大城报告指出，钓鱼岛"海边有开阔的码头及船舶之碇所"，这分明是中国人 1885 年之前开发钓鱼岛留下痕迹的证据。早在 1722 年，中国清政府巡视台湾监察御史黄叔璥视察台湾各岛后就有如下记载："山后大洋北有山，名钓鱼台，可泊大船十余。"② 此处所谓"山后"系指台湾东部地区。这句话的意思是，在台湾东部大洋的北面有岛，名为钓鱼台，当时已有可停泊古代大型木船十几艘的船舶碇所。中日两国历史文献都说明，1885 年日方所谓钓鱼岛没有清国统治痕迹的说法不成立。尽管钓鱼岛是无人岛，但中国早已对其进行开发利用和管辖，无人岛绝不等于无主地。

大城永保之所以于 1885 年 9 月 14 日向冲绳县报告钓鱼岛情况，似与同年 7 月日本内务省要求冲绳县调查并占领附近无人岛的密令直接相关。大城永保于 1859 年只是从琉球国渡海到中国办事途中见过这些中国的无人岛。当时琉球国还不是日本的一部分。1872 年日本明治政府强行把琉球国改称日本的琉球藩，1879 年又利用"废藩置县"之机把琉球藩改称日本的冲绳县。在这 20 年间，日本的目标主要是吞并琉球国，其对外殖民扩张的触角还未到达中国的钓鱼岛。日本彻底吞并琉球后不到 6 年便开始继续向外扩张领土。正是在这一背景下，大城永保受到冲绳县厅咨询时才报告了所了解的情况。

据日本文献记载，1885 年 7 月，日本内务省曾密令冲绳县调查冲绳附近的无人岛，并将其纳入日本版图。同年 8 月 29 日，冲绳县派出的"出云丸"完成了对大东岛的登岛考察并于 31 日建立了奉日本帝国冲绳县之

---

① ［日］黑岩恒：《尖阁列岛（钓鱼岛）探险记事》，明治三十三年（1900 年）第 8 期日本《地学杂志》，第 479 页。

② 黄叔璥著：《台海使槎录》卷二"武备"，北京，清华大学图书馆古籍部典藏。

命开创航路的标志，以此作为纳入日本版图的日期。同年 9 月 3 日冲绳县令西村捨三向内务卿提交了《大东岛巡视完毕之事宜呈报》。① 可以认为，1885 年 8 月底，日本秘密调查并决定占领琉球东面的无人岛大东岛后，琉球西面中国的无人岛钓鱼岛便首当其冲地成为其下一个扩张的目标。冲绳县是在根据内务省密令调查周边无人岛的过程中，于 1885 年 9 月 14 日首先得到大城永保有关钓鱼岛、黄尾屿的相关报告的。

1885 年 9 月 22 日，冲绳县令西村捨三接到石泽兵吾首份调查报告后，于翌日向内务卿山县有朋呈文（第 135 号）禀报："将此等接近本县所辖之久米、宫古、八重山等群岛之无人岛隶属冲绳县下一事，不敢有何异议，但该岛与前时呈报之大东岛（位于本县和小笠原岛之间）地势不同，无疑系与中山传信录记载之钓鱼台、黄尾屿、赤尾屿等属同一岛屿。若属同一地方，则显然不仅也已为清国册封原中山王使船所悉，且各附以名称，作为琉球航海之目标。故是否与此番大东岛一样调查时即立标仍有所疑虑。"② 其态度与调查并占领大东岛时明显不同，显得相当慎重。

在此之前，中国清朝光绪十一年（1885 年）七月二十八日（阳历 9 月 6 日）《申报》，以《台岛警信》为题披露："台湾东北边之海岛近有日本人悬日旗于其上大有占据之势。"③ 若确有此事，当时登岛的日本人必定会向日本政府或冲绳县提交报告，而恰巧就在同年 9 月 14 日冲绳县收到的唯一报告就是来自大城永保关于钓鱼岛的上述探险调查报告。据此，似可做出一个合理的推断：当年中国《申报》披露的登岛日本人或许正是大城永保等人。

当时，日本外务省也在通过密切跟踪中国的报纸报道，关注中方可能做出的反应。据明治十八年（1885 年）十月二十一日在外务卿井上馨致内务卿山县有朋的密信（亲展第三十八号）中称："该等岛屿亦接近清国国境。与先前完成踏查之大东岛相比，发现其面积较小，尤其是清国亦附有岛名，且近日清国报章等，刊载我政府拟占据台湾附近清国所属岛屿等之传闻，对我国抱有猜疑，且屡促清政府之注意。此刻若有公然建立国标

---

① ［日］村田忠禧著《日中领土问题的起源——公开文献所述尴尬的真实》，东京，花传社，2013 年 6 月 25 日出版，第 153 页。

② ［日］日本外务省编撰：《日本外交文书》第十八卷"杂件"，日本国际联合协会发行，东京，1950 年 12 月 31 日，第 574 页。

③ 中国清光绪十一年（1885 年）七月二十八日（阳历 9 月 6 日）《申报》头版，见中国国家图书馆缩微历史文献。

等举措，必遭清国疑忌，故当前宜仅限于实地调查及详细报告其港湾形状、有无可待日后开发之土地物产等，而建国标及着手开发等，可待他日见机而作。"① 经查阅当年中国清朝的《申报》，尚未发现其他相关报道或评论。或许可据此断定，1885 年 10 月 21 日井上馨外务卿密信中提及的"清国报章"报道，很可能正是《申报》同年 9 月 6 日的那则报道。值得留意的是，在这一过程中，日方并无古贺辰四郎曾经登岛或提供任何报告的记录。

三、早期登岛偷猎的日本人后代证言：钓鱼岛属于中国

经以上考证，可以认为古贺辰四郎最早到达钓鱼岛始自 1895 年甲午战争之后当属确定无疑。据日本史料记载，在 1896 年古贺辰四郎租借开发钓鱼岛之前，熊本县出生的井泽弥喜太曾于 1891 年在钓鱼岛、黄尾屿捕获信天翁，采集贝类，② 1897 年以后成为古贺辰四郎的主要合伙人。然而，迄今日本政府却几乎从不提及井泽弥喜太其人，其中必有缘由。

（一）笔者在研究钓鱼岛问题的过程中获得一份来自日本的独家孤本历史证言，也佐证古贺辰四郎最先发现、开发之说纯系捏造

这份孤本原始材料是 1891 年曾在中国钓鱼岛、黄尾屿偷猎的日本人井泽弥喜太的长女井泽真伎（YIZAWA MAKI）留下的历史证言。据井泽真伎证言称，她 1901 年 2 月出生于黄尾屿。1971 年美国归还冲绳时擅自把钓鱼岛非法划入归还日本的范围，引起中国海峡两岸强烈反对。井泽真伎从自己的良心出发，于 1972 年 1 月 8 日口述并请人用毛笔写下一份《关于尖阁列岛（钓鱼岛）的证言》，证明钓鱼岛是中国的。现将这份鲜为人知证言的主要内容披露如下③：

我出生于尖阁列岛（钓鱼岛）的黄尾岛古贺村。父亲是井泽弥喜太。他曾任古贺辰四郎的业务主任，在该岛经营干制鲣鱼工厂，也采集信天翁的羽毛以及贝壳等。现在报纸等报道称古贺辰四郎是第一个发现该岛屿的

---

① ［日］日本外务省编撰：《日本外交文书》第 18 卷"杂件"，日本国际联合协会发行，1950 年，第 575 页。

② ［日］宫岛干之助：《黄尾屿》，明治三十三年（1900 年）《地学杂志》11 月，第 143 卷，第 651 页。

③ 注：笔者曾在 2014 年 1 月 16 日《环球时报》发表《日本登岛人后代：钓鱼岛应归中国》一文，提及这份井泽证言的部分内容，当天中央电视台（CCTV）新闻综合频道 21 小时栏目就此制作了采访节目。本文首次公开证言详细内容。

人，这是弥天大谎，是绝对不可能的事情。因为有明文记录可以证明，我父亲井泽弥喜太于明治二十四年（1891年）航行至鱼钓岛、黄尾岛，打捞海产品和采集信天翁的羽毛。父亲是熊本县人，在我儿时的记忆当中，当时冲绳出现了传染病，父亲作为一名医生，出海找寻治疗的药材。途中在寻找遇难的渔船时发现海上漂来原本生长在岩石上的海藻，因此确信附近一定有岛屿，最终他们到达了尖阁列岛（钓鱼岛）。返航后，父亲立刻向政府报告此事，并开始在该岛屿采集信天翁的羽毛……父亲登岛后曾对其进行调查，期间在一个洞穴里发现了两具身着中国服装的骸骨。现在看来，在父亲登岛之前可能已有中国人达到此处。父亲和古贺相识是因为古贺当时很有钱，他曾主动向父亲提出："你在冲绳经营事业需要资金，我们一起合作怎么样。"因为是古贺出资，所以名义上是古贺经营，但一切事务实际上都是由我父亲全权负责的。古贺也曾说过，他允许我父亲在那里自主随意的经营。

由于岛上没有水，所以不允许带家属登岛，但父亲还是破例带上了我母亲一同登岛。因此我和妹妹两人就出生在这个岛上。古贺于明治二十八年（1896年）向政府提交的开拓申请书上写的是"明治十七年（1884年）发现"，这是他托律师捏造的，绝对不是事实。我父亲曾于明治二十六年（1893年）再度出海至该岛时遭遇台风而漂流至福州……古贺是从明治三十一年（1898年）才加入到我父亲的事业中，因此说古贺首先发现该岛屿简直是天方夜谭。父亲的事业没有坚持多久就带着我们远渡台湾。他是在台湾去世的。我是在台湾结婚的，战败后才回到日本。

如上所述，尖阁列岛（钓鱼岛）的黄尾岛是我出生的地方，如果可以的话希望能再去一次。但是由于身体情况不允许，所以没能如愿。最近由于在该岛附近发现了石油，日本与中国在该地区产生了争端。我觉得，在我父亲发现该岛屿的时候就已经有中国人的遗体，而且当时的日本政府也知道中国早已经对该岛屿命过名，后来通过日清战争（笔者注：甲午战争）将其与台湾一同抢夺过来，并于明治二十九年（1896年）正式编入日本的版图。

日中两国之间应该建立良好的关系，此时日本提出要将其占为己有的无理主张是错误的。日本战败时曾承诺将台湾以及当时一并抢夺的岛屿归

还中国，尖阁列岛（钓鱼岛）理所当然地应该归还给它的故乡——中国。^①（见原件影印件 1）

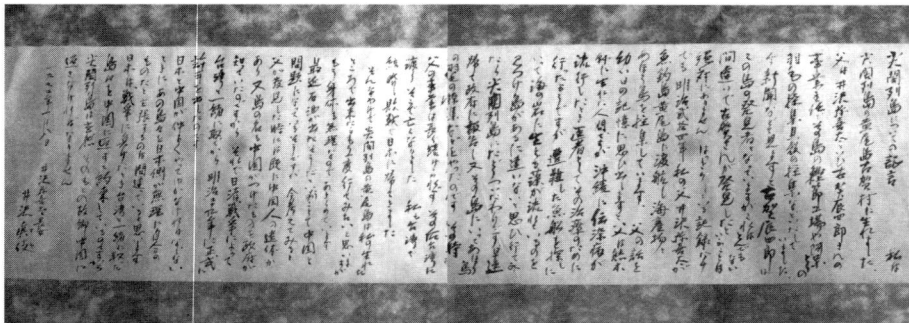

原件影印件 1：井泽真伎 1972 年 1 月 8 日口述证言笔录影印件之一部分

（二）井泽弥喜太之女井泽真伎的证言可信度较高，而古贺辰四郎之子古贺善次的说法则含混不清，涉嫌造假

其一，这份证言中提及井泽弥喜太 1893 年再度出海至该岛时遭遇台风而漂至福州。关于这一点，世森仪助明治二十七年（1894 年）出版的《南岛探险》一书也记载了 1891 年井泽弥喜太曾雇渔民在"胡马岛"（日语久场岛的别字），即黄尾屿采集海产品和信天翁羽毛。1893 年有 1 名山口县雇工和 3 名八重山的琉球雇工状告雇主，称雇主把他们抛弃在无人岛"胡马岛"上，断粮 12 天。^②他们称，在岛上种的地瓜遭遇鼠害，但岛上有饮水。结果是靠绑在一起的两条独木船划了 7 昼夜才像乞丐一样回到琉球本岛。这起事件的被告并不是井泽弥喜太而是鹿儿岛商人，这或许是因为井泽当年遭遇台风被吹至台湾而下落不明。从国际法角度看，这些日本人的民间行为是在中国无人岛上进行偷猎的非法行为，不可能构成日本拥有钓鱼岛的国际法依据。

其二，1971 年 8 月 29 日冲绳通讯社创刊的《群星》第一期刊载了同年 8 月 20 日对井泽真伎的访谈内容，题为《与"发现"尖阁列岛（钓鱼

---

① 注：这份证言是笔者得到的独家孤本原件，目前尚不便披露这份原件产生的原委及笔者得到这份原件的经纬，敬请读者谅解。

② ［日］世森仪助著《南岛探险》，明治二十七年（1894 年）五月出版，第 98-100 页。转引自［日］村田忠禧著《日中领土问题的起源——公开文献所述尴尬的真实》，东京花传社，2013 年 6 月 25 日出版，第 185-186 页。

岛）相关的日本人民的证言》，并留下一张井泽弥喜太等人的合影（见原件影印件 2）。据这次井泽真伎访谈录称，井泽弥喜太生于日本熊本县下益城郡河江村字住吉，甲午战争时似曾当过军医，其后在那霸行医谋生，大正三年（1914 年）61 岁时在台湾花莲去世。井泽真伎并未说明其父最初发现钓鱼岛的时间，而只提及甲午战争后不久，在八重山的十几艘三井物产渔船遇难，井泽弥喜太曾作为医生随搜救队船只出海，并到达一无人岛。当时还不知道这些岛屿是中国的还是日本的，井泽弥喜太立即返回九州，与政府联系。日本当地政府说是日本的。于是，井泽弥喜太和古贺辰四郎等人商定提出开发申请。由于井泽没有资金，而由古贺出资，所以1896 年获得政府批准后岛屿的开发权在名义上属于古贺，但古贺未在岛上定居开发，实际上是委托井泽负责开发，从未听说这些岛屿是古贺发现的。

原件影印件 2：井泽弥喜太系照片中第二排右起第四位（抱着其次女者）

　　这与此后井泽证言中所述其父在甲午战争前的 1891 年冲绳出现传染病时出海寻找药材而到达钓鱼岛的时间和情形不吻合，显然是两次分别发现钓鱼岛列岛中的不同岛屿。不过，井泽真伎在先后证言中都提到，发现和负责开发钓鱼岛、黄尾屿的是其父井泽弥喜太。经查阅史料发现，1891

年井泽弥喜太的家乡熊本县一带确曾发生严重的霍乱和痢疾传染病。据《九州日日新闻》报道，日本明治二十四年（1891 年）二月十九日至十月二十日，熊本县痢疾患者达 4373 人，其中死亡患者达 841 人，病情传染蔓延猖獗。① 距熊本县以南不远的琉球居民很容易受到传染病波及。这则报道从另一个侧面佐证了井泽真伎证言的真实性。

其三，宫岛干之助发表在明治三十三年（1900 年）11 月《地学杂志》143 期的《黄尾岛》一文中记载了当时在岛上的井泽弥喜太。② 宫岛干之助 1900 年受古贺辰四郎委托，与黑岩恒等人乘古贺租借的"永康丸"赴钓鱼岛、黄尾屿探险考察，并于当年回到日本做过黄尾屿考察报告。若古贺辰四郎果真曾于明治十七年（1884 年）即派人到钓鱼岛探险调查，其后每年都派工人前往捕获海产品，那根本没有必要 1900 年再委托黑岩恒、宫岛干之助前往探险调查，而且这次调查报告也不会不提及 1884 年古贺派人登岛探险一事。然而，在他们的调查报告中都只字未提此事。

据宫岛记载，关于黄尾屿虽然早就有所耳闻，但过去尚无准确的实地踏查报告。此前，冲绳县派出探险的"大有丸"也未能发现该岛。故，宫岛干之助认为："这次是难得的机会。与古贺辰四郎商议后，首先向该岛航行。5 月 4 日下午到达该岛所在海域，尽管当时天气晴朗，但也未发现该岛。据船工说，这么好的天可视距离约为 15 海里远，由此可见海图上记载的 10 海里以内并无该岛，故只好返回西表岛。5 月 9 日才到达黄尾屿。"③

宫岛报告还证实，"据移居黄尾屿的井泽弥喜太称，他从明治二十四年（1891 年）起带领琉球渔民到钓鱼岛、黄尾屿捕获海产品和信天翁。当时航海只有刮舟、传马船（舢板），不能在岛上久居，故只好返回石垣岛。明治二十六年（1893 年）再次登岛，回程遭遇飓风，飘至福州，九死一生才保住性命。其后，明治二十九年（1896 年）古贺辰四郎雇用井泽带领十几名系满村的渔夫赴该岛……"④

---

① ［日］《九州日日新闻》明治二十四年（1891 年）十月二十四日。

② ［日］宫岛干之助：《黄尾屿》，明治三十三年（1900 年）《地学杂志》11 月，第 143 卷，第 651 页。

③ ［日］宫岛干之助：《黄尾屿》，明治三十三年（1900 年）《地学杂志》11 月，第 143 卷，第 647-652 页。

④ ［日］宫岛干之助：《黄尾屿》，明治三十三年（1900 年）《地学杂志》11 月，第 143 卷，第 647-652 页。

如前所述，在宫岛干之助整个调查过程中，没有任何关于古贺辰四郎1884 年或 1885 年踏查或派人登岛开发屿的记录。此外，在 1885 年日本内务省指示冲绳县所做的秘密调查报告中也未提及古贺辰四郎。这从另一个侧面证明了上述井泽真伎所做证词的真实性，证明井泽弥喜太确有其人，并曾在甲午战争后实际负责开发钓鱼岛、黄尾屿。实际上，1900 年宫岛干之助、黑岩恒等人登岛考察的向导就是井泽弥喜太。当时黄尾屿有三个雨水储水槽，淡水不足时用船从钓鱼岛取水，可以维持井泽等人在岛上生存。从总体判断，井泽真伎留下的证言有若干可靠的旁证支撑，是可信的。

同属当事人后代的古贺辰四郎的儿子古贺善次（1978 年 6 月去世）生前曾接受日本媒体采访，并笼统地表示：“当时据八重山渔民称岛上有很多白鸟，捕鱼的年轻人经常忘记捕鱼而去捉鸟。我父亲也会听到这种说法，加之他生来就有很强的冒险心理，于是决定去探险。大概是明治十七年（1884 年）的事。但这次探险没留下详细的记录。”古贺善次还说，“明治十八年（1885 年）其父向明治政府申请开发，但未获受理。其理由似乎是当时的政府还搞不清楚这些岛屿的归属。然而，听了父亲的话，当时的西村捨三县令很感兴趣，独自派出了调查船。调查的结果，了解到该岛是无人岛，没有人住过的痕迹，其后西村积极向政府申请纳入日本领土。”古贺善次承认，明治政府决定占有钓鱼岛是由于“日清战争获胜，台湾成为日本领土”。[①]

古贺善次的上述这段话还证明，实际上并无 1884 年古贺辰四郎登钓鱼岛探险的详细记录。然而，关于 1885 年西村捨三县令派船调查钓鱼岛，是同年受明治政府山县有朋内务卿的命令，而并非听了古贺辰四郎的报告。古贺善次关于这一过程的回忆疑似以讹传讹。

关于这一点，日本学者村田忠禧仔细查阅相关历史档案的原始记录后认为，日本第四任冲绳县令西村捨三在钓鱼岛问题上态度相当慎重。西村捨三 1884 年 2 月到任后发现，当时冲绳人对日本以暴力吞并琉球十分反感，一些人逃往中国。1882 年至 1884 年，每年都有八、九起琉球船舶漂泊逃亡中国的事件。一些从事贸易和救国运动的琉球人，冲破冲绳县当局的严密控制，以偷渡漂泊的方式到中国去“政治避难”。西村捨三作为冲

---

① ［日］《现代》月刊，1972 年 6 月号。

绳县令，首先考虑的是如何笼络冲绳的民心。① 因此，在可能与中国发生争议的钓鱼岛问题上，西村捨三态度慎重，并未积极主张占有。

另外，西村捨三县令1885年9月首次根据内务省命令派人调查钓鱼岛时，口头询问的是据称曾于1859年（当时琉球国还不是日本领土）从海上到中国而途径钓鱼岛、黄尾屿的大城永久保，而非古贺辰四郎。假若1884年至1885年古贺辰四郎果真在钓鱼岛开发并促使西村县令调查钓鱼岛，首先被询问的人应该是古贺辰四郎，而非大城永久保。由此可见，古贺善次关于其父1885年以前曾开发钓鱼岛绝非事实。

需要指出的是，井泽弥喜太1891年登岛开发是在冲绳县派人秘密调查钓鱼岛而未敢占有之后，其性质仍属于在中国的无人岛偷猎。而1972年井泽弥喜太的长女井泽真伎则证明钓鱼岛是中国的领土。这里需要进一步研究的是，井泽弥喜太和古贺辰四郎同为日本人，都曾参与殖民开拓钓鱼岛，但为何其后代在相关史实和钓鱼岛归属问题上的看法迥然不同？

从上述第一手材料看，井泽先于古贺登岛，后来成为古贺的合伙人。实际上是古贺利用手中的资本和官方权势后来居上地攫取了对钓鱼岛殖民开发的垄断权，并成为当年日本政府树立的殖民开拓"样板功臣"。井泽只不过是古贺驱使的帮工。1895年1月14日伊藤博文内阁第133号秘密决议的附件中记载："久场岛（黄尾屿）、鱼钓岛（钓鱼岛）一直为无人岛，但近年有人试图在该岛从事渔业等，对此须加以取缔之。"② 这显然不是指中国人，而很可能是指井泽等人的行为。甲午战争一结束，古贺辰四郎便立即于1895年6月10日向内务省提出开发申请。古贺在申请中表示："以前获悉欧美人视信天翁羽毛为珍品。期间射杀数羽制成样品出口欧洲各国颇受好评，并获订单……我确想从事其捕捉业，但使他人闻知则将引起竞相乱杀，而众人经营输出自然互不获利"，故申请租借黄尾屿全岛，独自开发。③ 由此可见，井泽与古贺的最大不同点在于他们同日本政府的关系不同。古贺辰四郎同日本政府之间有相互利用的关系，而井泽弥喜太则没有，甚至如果不为古贺效力则很可能被取缔开发。另外，古贺辰四郎

---

① ［日］村田忠禧著：《日中领土问题的起源》，"第六章西村捨三的1885年"，东京花传社，2013年6月出版，第145-176页。

② ［日］浦野起央等编：《钓鱼台群岛（尖阁诸岛）问题研究资料汇编》，（香港）励志出版社，2001年出版，第169页。

③ ［日］浦野起央等编：《钓鱼台群岛（尖阁诸岛）问题研究资料汇编》，（香港）励志出版社，2001年出版，第174页、第175页。

没有到过台湾，而井泽弥喜太则后来去了日本殖民统治下的台湾，了解各方面信息比较全面。他们在钓鱼岛问题上不同的社会存在，必然会导致他们后代受到的影响不同，并对钓鱼岛问题产生不同的看法，而井泽证言说的是真话。

日本明治政府在殖民统治台湾时期，把从中国窃占的钓鱼岛作为所谓"国有地"，采取先租后卖的方式让古贺家族进行殖民开发。对此，中国清政府难以提出异议。但是，伴随1945年日本接受《波茨坦公告》和《开罗宣言》，承诺把从中国窃取的领土归还中国，日本的这种殖民特权便已经作废。如今，日本政府从所谓日本"私人岛主"手中购买钓鱼岛是没有任何依据的非法之举。井泽真伎作为一个普通而又伟大的日本人留下的这份历史证言也充分证明了这一点。

四、日本外务省档案等旁证充分证明井泽弥喜太确有其人

尽管笔者获得的上述两份井泽真伎的历史证言，对于证明钓鱼岛属于中国十分有利，但就其真实性欲可考性也必须予以认真和充分的考证。因为"孤证不立"，首先必须找到确凿的旁证证明井泽弥喜太确有其人。

（一）日本外务省档案关于井泽弥喜太1893年海上遇险漂至中国浙江和福州沿海获救的中方详细记录，佐证了井泽真伎证言

这些原始档案记录揭示了以下历史事实：井泽弥喜太等三人1893年6月赴黄尾屿途中遭遇风暴，漂至中国浙江、福建沿海，受到中国地方官员的救助。井泽弥喜太为掩饰到中国无人岛偷猎的行为，谎称是从家乡到八重山运输煤，在海上遇到风暴而被迫到"胡马岛"（杜撰岛名，应为钓鱼岛）避风，欲往台湾却漂至中国浙江省平阳县。日本外务省档案中保存着中方福州通商总局官员提交日方相关照会的详细记录（另纸誊写第一号），其主要内容如下：

"……据署福防同知朱清泽禀称，本年六月十八日，准闽安协派掇办兵送到外国难民三人。询系日本国熊本县人一名井泽弥喜太、一名有川岩助、一名满石良助。先由本地开船欲往八重山屿，做运煤炭，中途遭风吹入胡马岛暂避，因知离台湾相近，拟即前往，再图回国。不意又遭飓风，桅柁篷帆俱行损失，漂至浙江平阳县古鳌头阜内，报由地方官给予移文，饬赴福鼎县投递，复因不识路径，驶入霞浦县三沙海口。当经该处巡查指

点，其进省，随于昨日驶至五虎门口，蒙武营派兵护送前来恳乞代为修理原船，资遣回国等语，并据闽安巡查报同前情。据此，卑职当即亲赴江干查勘。该难民原来之船仅长二长有零并无篾篷房舱，即桅杆、尾舵亦系抄小杂木为之，本不过在于内洋地面载贩柴炭等货，万难漂洋过海，何况日本国相离闽省深远，即使为之修整完固，亦恐未能迳驶回国。详询该难民亦毫无成见，但求资遣归国，情词迫切，殊堪悯恻，理合据情禀请察核应如何酌遣之处……查各国遭风难民应就近送交领事官遣送回国，现在日本并无领事在闽，自应援照前半成案送由贵道就近照送日本领事遣回，惟该难民原来小船既无篷舱，即桅柁，又系抄小杂木，断难漂洋过海，询之该难民等均称情愿就地变卖。因即由局派员商同在闽之日本商人小仓锦泰估变价银七元，业交该难民收领，并每名另给恤偿番银十二元，饬委招商局委员分发浙江补用，同知王叔蕃辅轮带送贵道衙门，就近转送日本领事官收遣回国，以示怀柔……"[1] 上述材料是中国福建省通商总局官员将井泽弥喜太等三人送交日本驻上海总领馆时撰写的照会说明。其中详细记载了井泽等三位日本海上遇险者获救的经过。其中要注意的是，井泽弥喜太等人向中方官员供述的出海目的、行船方向和中途临时停靠的岛屿名称。这些信息背后发应出，井泽弥喜太等日方人员当时对钓鱼岛是中国的无人岛心知肚明，对在岛上从事的偷猎行为竭力掩饰。

另据中方官员所做井泽弥喜太的供述记录称：据难民井泽弥喜太供，年三十九岁，系日本国熊本县住吉村人，自置小船向在八重山屿做运煤炭生意已经八年。此番由家起，行五十里先至鹿儿岛，又由岛行三百七十里可至八重山屿。因途中突遇暴风，避在胡马屿内，因拟就近前去台湾再图回国，不料又被飓风吹至浙江平阳县界。由平阳县给与移文，饬赴福鼎县投递，因不识路径驶入霞浦县三沙地方，经向彼处巡查官报明，承为指点，开驶入五虎口，蒙彼处武营派兵护送进省。有川岩助系雇来船伙，满石良助系属搭客。今蒙查讯所供是寔（实），乞赐资遣回国就沾恩了。

据有川岩助供，年三十六岁，系日本国鹿儿岛县人，此番经井泽弥喜太雇为船伙，欲前往八重山屿去做运煤炭，因途中遭风辗转漂至闽省，乞恩资遣回国，余同前。据满石良助供，年三十六岁，系鹿儿岛县人，搭座井泽弥喜太便船，欲往八重山屿，因途中遭风辗转漂至闽省，乞恩资遣回

① ［日］外务省《困难船及漂民救助杂件日本之部（明治二十五年至二十七年）》第二十七卷。

国，余供同前。①

如前所述，这里值得注意的史实是，井泽弥喜太等三人实际上并非从其熊本县家乡经鹿儿岛到八重山做运煤生意，而是为给钓鱼岛上偷猎的雇工运大米而从八重山的石垣岛赴钓鱼岛，但不料途中遇到风暴而漂至中国浙、闽沿海。当他们受到中国地方官救助时并未讲出实情，而是统一口径谎称去是八重山运煤。

这是因为他们知道钓鱼岛并非日本属岛，而是中国的无人岛，担心实情败露被中方拘留；他们急切请求资遣回八重山，重要原因是担心留在岛上的雇工很可能因粮食断绝而饿死，那样他们将难辞其咎。上述 1971 年 8 月 20 日井泽真伎证言证明，1895 年甲午战争后井泽弥喜太在海上发现钓鱼岛方向有一无人岛后，曾立即报告日本九州地方政府，询问其是哪国领土。这说明井泽弥喜太有明确的领土疆界意识。据此可以推断，他 1891 年到达钓鱼岛并开始采集信天翁羽毛时也不可能不向日本官方询问该岛是否属于日本。由于这正值 1885 年日本政府秘密指令冲绳县调查钓鱼岛和 1894 年发动甲午战争期间，所以日本政府尚未窃占钓鱼岛。对于日本民间人士到该岛捕鱼狩猎，日本政府虽不加管束，但非常清楚该岛就是中国的钓鱼岛，故也不愿在军事准备尚未到位时过早引起中日纠纷。为掩人耳目，当时日本政府和井泽弥喜太等民间偷猎者或许是统一了口径，一律把钓鱼岛谎称为所谓"胡马岛"。

（二）当时日本驻上海总领馆报告与中方相关照会记载不尽相同，证明井泽弥喜太等人其实是从八重山到"胡马岛"（日方给钓鱼岛杜撰的岛名）送米途中遇险

据日本外务省档案文献记载，1893 年 9 月 9 日，时任日本驻上海总领事代理林权助上呈外务次官林董一份呈请报告（第一百三十号文件），曾由时任日本外务大臣陆奥宗光圈阅。该报告还作为"另纸誊写第二号"，报送日本长崎县知事大森钟一，以便长崎县船只公司协助将井泽弥喜太等三人运回八重山。该报告记载详细，尤其重要的是，与中方福州通商总局官员的记载相互对照，可以发现关于井泽等人此次海上遇险的原因有所不同，其中并未提及所谓到八重山做运煤生意，而透露了实情。但该报告同

① ［日］外务省《困难船及漂民救助杂件日本之部（明治二十五年至二十七年）》第二十七卷。

样证明中国福建地方官员给予井泽等日本难民以周到的善待，有助于今人了解此事经纬的全貌。林权助报告之主要内容如下：

对于送还本邦人漂流者之清国地方官由大臣阁下陈谢事宜之申请报告

熊本县下益城郡住吉村十番户

井泽弥喜太

三十九年

鹿儿岛县川边郡七岛恶石岛

有川岩助

三十六年

鹿儿岛县楫宿郡幅元村字山川

满石良助

三十六年

关于右漂流者之事宜……在福州通商总局司道之照会基础上，增添了以上漂流者对本官有关引渡及漂流并护送情况之应询。漂流者系数年前在冲绳县八重山逗留生活的井泽弥喜太，在该岛近旁的诸岛经营海产渔业及鸟羽收集。此番是为迎接在胡马岛的打工者，雇用了有川岩助、满石良助两名船工，装了几包大米，于本年六月四日驶离八重山石垣大川村，而当晚遭遇暴风，在洋中漂流数日，结果于同月十二日飘至清国浙江省平阳县古鳌头港内，帆樯俱损，受到该处地方官之厚待，修复了船体，更新了帆樯，并得到水瓮两个和两元银两作为菜金，于七月十五日从该处起航前往福州。但同月十八日因再遇暴风而飘至福建省霞浦县三沙，又得到该处地方官的救助，重新涂修了船体并由闽安协所属兵船一艘护卫，于同月二十六日同兵船一起起航到福州。同月二十七日抵达北家港，又增加了一艘兵船，在两艘兵船保护下于同月二十九日到达福州港口，同月三十日入福州港。到达后被直接送至当地海防厅，在福州逗留期间受到该厅诸多救助。另外，从霞浦县知事获得四元银两馈赠，在福州本邦乐善堂①得和洋行、庐山轩之三店，各获一元，从尚木乐善堂另获三元及衣服三套馈赠。在该处逗留期间，所持船以七元银两变卖。于八月三十日起航之汽船，由通商局招商局委员陪同护送至本港。另如上述福州通商总局长在另纸所写第一

---

① 注：乐善堂是在1885年日本秘密调查钓鱼岛之后开始大力加强对华情报活动背景下，于1886年在中国汉口、福州、上海等地建立的秘密间谍机构的民间掩护单位。

号记载，从福州到本港（上海港）因无运费，故为送迎漂流者而另外给予三十六元银两。

上述漂流人等与本馆结算时，减去诸费用所持二十五元，另从本港本邦常驻人组织慈善会获得十元，此外从各志愿者获得十二元，由当地依靠长崎邦船公司免费送还。根据漂流者的希望，以八重山为送还目的地，于本月九日从本港起航。如邦船另纸所写第二号，致函长崎县知事讲述送还漂流者事宜。如前所述，这三人漂至清国以来得到该国诸多官员之厚待。诸官系平阳县知县、霞浦县知县、闽安协、福防厅长及福州通商总局长等，本官希望大臣阁下对他们表达谢意……

在上海总领事代理林权助

外务次官林董殿

追申，前述漂流者免费乘长崎船只一事，作为本地邮船公司是极其困难的，特作补充。①

对来自日本驻上海总领馆的报告，1894 年 1 月，时任日本外务大臣陆奥宗光向日本驻上海总领事馆事务代理山座圆次郎发出训令，对协助送还本邦人漂流者的清国官员表达谢意。

日本外务大臣陆奥宗光称，据报熊本县益城郡住吉村十番户井泽弥喜太等三人，由冲绳县八重山岛向胡马岛航行之际遭风，漂至清国沿海。当蒙该国平阳县知县、霞浦县知县、闽安协、福防厅长、福州通商局长等各官，优加保护照料等。因本大臣闻报之下，实深感谢，合行礼令。贵官查照即烦将此谢意转致清国各官可也……

1894 年 1 月 23 日，陈为作为"大清钦命布政使衔办理通商事务福建分巡宁幅海防兵备道"，收到日方感谢照会后，向日本驻上海总领事做了回复。其中称："贵国民人遭风，援救乃地方官分内之事。远承谦谢，纫佩殊深，兹准前由，除呈报移行外，合就照复。"②（见日本外务省有关井泽弥喜太获救档案影印件）

综上所述，1971 年 8 月 20 日井泽真伎访谈纪要记载的井泽弥喜太原籍是，日本熊本县下益城郡住吉村。1914 年井泽弥喜太去世时 61 岁。这些细节与 1893 年记载井泽弥喜太在海上遇险获救时的日本外务省档案原

---

① ［日］外务省《困难船及漂民救助杂件日本之部（明治二十五年至二十七年）》第二十七卷。
② ［日］外务省《困难船及漂民救助杂件日本之部（明治二十五年至二十七年）》第二十七卷。

始记录，完全吻合。1893 年 6 月井泽弥喜太海上遇险时报告的年龄为 39 岁，1914 年去世时正好 60 至 61 岁。

上述历史档案文献，充分佐证了井泽真伎证言是千真万确的。然而，如今日本仍有人以上述外务省相关档案为依据辩称，当时井泽弥喜太到"胡马岛"即钓鱼岛，而中方官员不仅没有谴责，反而援救，说明清政府承认钓鱼岛属于日本。这种推断十分牵强。

这是因为，首先，所谓"胡马岛"原本并非钓鱼岛，在古代琉球国和日本冲绳县地图中从未见标注。"胡马岛"的日语发音近似"久场岛"（KUBA JIMA），而"久场岛"则是日本给黄尾屿篡改的岛名。如前所述，冲绳的庆良间诸岛中原有个"久场岛"，古代称为"古巴山"或"枯巴岛"，发音与"胡马岛"（KOBA JIMA）完全一样。

据此可以断定，所谓"胡马岛"正是日方为掩人耳目而杜撰的岛名的写法。因而即使陆奥宗光外务大臣在感谢文书中提及"胡马岛"，中方也不会知晓那就是钓鱼岛。其次，井泽弥喜太等 3 人获救后向中方谎称是到八重山运煤，隐瞒了是从八重山向钓鱼岛运大米的事实。在这种情况下，中方根本无从知晓井泽弥喜太所去之处是中国的钓鱼岛，当然不可能就此向日方表示不满。第三，根据闽浙沿海中国人的习惯，对于海上遇险者必须相救，责无旁贷。据井泽弥喜太向中方所述，他们曾被暴风吹至"胡马岛"暂避。退一步讲，即便中方知道日本海上遇险船只漂至钓鱼岛，也同样不会追究遇险的外国船只，因为这与领土诉求毫不沾边。

五、小结

中国清代的考据学代表人物、语言学家和思想家戴震（1724—1777）曾批评那些浮躁的学风是："依于传闻以拟其是；择于众说以裁其优；出于空言以定其论；据于孤证以信其通。"[①] 对照戴震的这段精彩绝伦之论，反观日方所谓古贺辰四郎 1884 年登钓鱼岛、1885 年提交开发申请等流行至今的"百年谎言"，堪称是恰如其分、切中要害。

通过考证发现，在钓鱼岛问题上，日本政府目前宣传的主要观点，几乎均可日本冲绳右翼团体"尖阁列岛（钓鱼岛）防卫会"会长惠忠久1996 年编著的《尖阁诸岛（钓鱼岛）鱼钓岛写真、资料集》中找到。这

---

① 戴震《与姚孝廉姬传书乙亥》，《戴震文集》卷九，中华书局，1980 年版。

下　篇 389

部资料集不仅重点宣传了古贺辰四郎履历中制造的一些历史谎言，而还制造了所谓大城永保作为当地官员曾于 1859 年到钓鱼岛做调查的新谎言。其手法与古贺履历如出一辙，都是偷换时空概念，把后来发生的事最大限度地提前记载其发生的年代，伪造历史。这部资料集不仅根本无视当事人井泽弥喜太的存在，而且对大城永保 1885 年报告中有关钓鱼岛有"码头及船舶碇所"的记载也只字不提，反而篡改为明治三十三年（1900 年）古贺开发钓鱼岛后才建立船舶碇所①，以此彻底抹杀中国 1885 年之前在钓鱼岛开发所留下的痕迹。该资料集在引用 1895 年日本政府秘密调查钓鱼岛结果的外交文书档案时，还刻意用所谓"中略"、"以下略"及删节号，删除了对日本不利部分的内容，② 纯属欲盖弥彰。

如今，日本政府一些官员和政客依据这样一份不诚实的、剪裁历史的资料集，宣扬日方的片面主张，这不能不使人联想起当年日本政府褒奖古贺辰四郎时认可其在履历中造假的行为。两者何其相似乃尔，在本质上如出一辙。从古至今，钓鱼岛问题就像摆在日本政府面前的一面镜子，折射出其究竟是诚实守法还是不择手段、唯利是图。

作为考据学的精髓，提倡求证、求实、求真的科学研究精神，注重收集真实的资料和确凿的证据，进行逻辑缜密的分析。针对中日之间钓鱼岛问题的关键细节的实证研究，也应采取这样一种实事求是的态度，重视不同观点和各种第一手史料文献及证据的考证，不断深化研究。鉴此，笔者在搜集到井泽真伎独家孤本证言后，根据"孤证不立"原则，并未马上披露，直到通过古贺辰四郎和井泽弥喜太这两个当事人的人物行为线索，发现其他彼此相连又相互印证的旁证之后，才公之于众。这样才能更好地展现这一独家证言特有的价值。

笔者通过考证相关证据及旁证得出的结论是：井泽证言可破"百年谎言"。井泽真伎的证言是真实可信的，而所谓古贺辰四郎 1884 年登岛开发及 1885 年提出开发申请均系造假。古贺获得登岛开发权是在甲午战争及《马关条约》签署后殖民统治台湾时期的 1896 年取得的。这是日本对窃占中国岛屿进行的殖民开拓行为，而不能构成日本拥有钓鱼岛主权的国际法

---

① ［日］惠忠久著《尖阁诸岛（钓鱼岛）鱼钓岛写真、资料集》，那霸，"尖阁列岛（钓鱼岛）防卫协会"，平成 8 年（1996 年）10 月 28 日，第 111 页。

② ［日］惠忠久著《尖阁诸岛（钓鱼岛）鱼钓岛写真、资料集》，那霸，"尖阁列岛（钓鱼岛）防卫协会"，平成 8 年（1996 年）10 月 28 日，第 99 页。

依据。冲绳县 1885 年秘密调查钓鱼岛直接受命于日本内务卿山县有朋，是日本明治政府早期试图对外扩张政策的重要步骤。日本政府决定窃占钓鱼岛、黄尾屿、南小岛、北小岛是甲午战争尚未结束的 1895 年 1 月 14 日，同年 1 月 21 日完成内阁成员签字手续，而占有赤尾屿并将其纳入日本国有地籍则是《马关条约》签署 26 年后的 1921 年。

事实证明，在 1895 年这一岛屿争端产生的关键日期之前，钓鱼岛并非无主地，而是中国领土。伴随 1945 年日本接受《波茨坦公告》，宣布无条件投降，《马关条约》业已作废，日本必须把从中国窃取的台湾及其附属岛屿钓鱼岛归还中国，古贺家族在日本殖民统治台湾期间的所谓"私人岛主"地位及权利在"二战"后业已作废，无论如何转让都不能构成如今日本政府"购岛"的依据。

日本已故钓鱼岛研究者高桥庄五郎 1979 年曾指出："琉中之间根本不可能存在领土问题。琉球有 36 个岛屿，对经常来往于福州的琉球官员来说，分散在琉球与福州之间、中国命名的钓鱼岛、黄尾屿、赤尾屿等，当然属于宗主国中国所有。"[①] 他强调，所谓"尖阁列岛（钓鱼岛）"是古贺辰四郎或井泽弥喜太"发现"的说法都是错误的[②]。因为第一次发现钓鱼岛的并非日本人，在大城永保、井泽弥喜太、古贺辰四郎等到达这些岛屿之前，中国早已为这些岛屿命名并在中国和琉球的古代官方文献中标出。高桥庄五郎的观点与井泽弥喜太长女井泽真伎的历史证言在本质上是一致的。即，甲午战争时日本窃占的钓鱼岛列岛是中国的固有领土，"二战"后日本必须把钓鱼岛及其附属岛屿归还中国。

日本在甲午战争中秘密窃取钓鱼岛的非法性，必然导致日本任何个人、团体、地方政府或中央政府所谓拥有钓鱼岛都是非法的。"二战"后，《马关条约》所赋予日方的所有相关权利均告作废。因此，2012 年 9 月 10 日，日本政府从所谓私人岛主购买本来不属于他的中国领土钓鱼岛同样是非法的、无效的。日本政府企图通过"回购"方式恢复日本殖民统治台湾时期对中国部分领土的占有，完全是徒劳的。日本政府的一系列相关宣传只会弄巧成拙。中日两国之间的钓鱼岛问题解决的第一步，首先是共同确

---

① ［日］高桥庄五郎著：《尖阁（钓鱼）列岛笔记》，1979 年 10 月，转引自北京中日新闻事业促进会编《钓鱼岛主权归属》，人民日报出版社，2013 年 3 月版，第 288 页。

② ［日］高桥庄五郎著：《尖阁（钓鱼）列岛笔记》，1979 年 10 月，转引自北京中日新闻事业促进会编《钓鱼岛主权归属》，人民日报出版社，2013 年 3 月版，第 289-290 页。

认相关历史事实，而不能听凭日方继续散布历史谎言，自欺欺人了。

The research on the perjury of the initial exploration of the Diaoyu Islands by KOGATATUSHIRO ——Discussion on the illegality of Japanese government's purchase of the Diaoyu Islands

LIU Jiangyong

Abstract：After Japan annexed the Diaoyu Islands in the first Sino−Japanese war in 1895, KOGA TATUSHIRO was approved by the Japanese government to rent and develop the Diaoyu Islands in September 1896 when Japan ruled Taiwan as a colony. In 1945, Japan surrendered unconditionally and accepted the Potsdam Proclamation and Cairo Declaration, which meant they must return Taiwan including the Diaoyu Islands and all affiliated islands. Japan's right to own the Diaoyu Islands privately has been abolished since then. However, in 2012, the Noda Yoshihiko cabinet declared that the Japanese government would buy the Diaoyu Islands from Japanese private owners regardless of China's objection, in the attempt to occupy the Diaoyu Islands permanently by nationalization. Up to now, the Japanese government still considers KOGA TATUSHIRO's colonial exploitation of the Diaoyu Islands as their international legal precedent to occupy and control the Diaoyu Islands. One of the typical claims made by Japan is that KOGA TATUSHIRO's initial exploration of the Diaoyu Islands was in the year 1884, before the first Sino−Japanese war in 1895. This lie has lasted for more than a hundred years. This article aims to discover the origins of the conflict through historic facts, exclusive testimony and circumstantial evidence.

Keywords：Diaoyu Islands；Huangwei Island；Chiwei Island；Koga Takushiro；Izawa Yakita

（本文原载在《清华大学学报》（哲社版）
2014 年第 4 期，现作补充修改。）

　　作者简介：刘江永（1953—），法学博士，清华大学当代国际关系研究院教授、副院长。1979 年毕业于北京外国语学院日语专业后，进入中国现代国际关系研究所从事研究。1987 年获得该所授予的硕士学位后，在日本早稻田大学攻读博士学位，因公辍学回国。其后，获清华大学国际关系专业法学博士学位。1992 年任中国现代国际关系研究所研究员、东北亚研究室主任。1993 年曾在澳大利亚国立大学做访问学者，1997 在曾美国哈佛大学做访问学者。2003 年任清华大学国际问题研究所教授、副所长，2010 年任现职，兼任中国人民外交学会理事、中国国际关系学会常务理事、中华日本学会常务理事、第五届中日友好 21 世纪委员会中方委员等。

　　研究领域：国际关系。主要研究方向：日本与东亚地区。迄今单独及合著图书近 40 部，发表论文 500 篇及时评文章 500 余篇。2007 年由人民出版社出版的专著《中国与日本：变化中的"政冷经热"关系》，2008 年荣获北京市第十届哲学社会科学优秀成果一等奖。新著《战后日本政治思潮与中日关系》，被中国教育部作为优秀学术著作列入"高校社科文库"，于 2013 年 6 月由人民出版社出版。

雅尔塔条约体系在处理
钓鱼岛争端上的
国际法地位

刘丹，何笑青*

（上海交通大学凯原法学院，200240）

摘要： 钓鱼岛争端的"论战"中，日本官方回避《开罗宣言》、《波茨坦公告》为代表的雅尔塔体系法律文件在确定战后东亚领土中的地位，反而将《旧金山和约》作为日本对钓鱼岛"主权"主张的条约法依据。本文结合历史学对"雅尔塔体系"的研究，侧重从国际法尤其是条约法角度，重点考察和论证"二战"后国际秩序的雅尔塔条约体系的"强行法"特质，并分析这些条约与钓鱼岛问题的紧密关联，以批驳日本的官方主张。

关键词： 雅尔塔条约体系；钓鱼岛争端；旧金山和约；条约法

一、引言

根据国际法院"三重性分级规则"，国际条约在领土争端判例中往往作为判案的法理逻辑起点并优先处理。国际法院在具体的司法判例中，已经表明了一项具有层级结构的优先程序规则：首先是条约法（treaty law）；其次是保持占有；然后是有效控制。① 国际法院的领土争端判例充分体现了现代国际司法机构对领土争端的判案趋势，对其他司法机构处理类似争

---

* 基金项目：本文为作者主持的国家社科基金青年项目——《钓鱼岛争端视角下琉球法律地位问题研究》（13CFX123）、中国博士后科学基金第 53 批面上资助——《琉球国际法地位问题研究》（2013M531152）阶段性成果。

① 张卫彬：《论国际法院的三重性分级判案规则》，《世界政治与经济》，2011 年第 5 期。

议甚至对领土争端谈判都有重要指导意义。从此意义上看，领土争端中条约的重要性不言自明。

钓鱼岛[①]争端中，围绕着条约问题，我国官方主张体现在 2012 年公布的《钓鱼岛是中国的固有领土白皮书》中，概括起来为：钓鱼岛列岛明代已划入福建海防版图、清代则归台湾管辖，此后根据《马关条约》割让给日本，而此后根据《开罗宣言》和《波茨坦公告》，钓鱼岛列岛应归还中国。[②] 日本的官方主张体现在日本外务省官方网站上公布的《1972 关于"尖阁诸岛"的基本见解》、《"尖阁诸岛"问答》以及日本官员在国际媒体发表的文章等文件中。上述日本官方文件中，日本对钓鱼岛所涉条约的法律主张可归纳为：第一，"尖阁诸岛"没有被包含在 1895 年生效的《下关条约》（即《马关条约》）第 2 条由清朝割让给日本的台湾及澎湖诸岛当中。1895 年明治政府是在确认钓鱼岛没有清朝统治痕迹的基础上将其纳入日本领土。[③] 第二，更重要的是，日本政府虽不否认"《开罗宣言》和《波茨坦公告》显示的是当时联合国战后处理的基本方针"，但它更主张"'二战'后从法律角度上确认战后日本领土的条约是 1952 年 4 月生效的《旧金山和平条约》（以下简称《旧金山和约》）"，因此"《开罗宣言》和《波茨坦公告》不能对日本的领土处理形成最终的法律效果"[④]。在此基础上，日本继续依据《旧金山和约》第 2 条和第 3 条涉及我国岛礁和琉球托管安排的规定[⑤]，将琉球与日本的行政隶属关系裹挟着钓鱼岛问题，进一步论证所谓的钓鱼岛"主权主张"[⑥]。可见，与中国引证"雅尔塔体系"中《开罗宣言》、《波茨坦公告》等条约依据不同，日本主要依据

---

① 钓鱼岛：又称"钓鱼台"、"钓鱼岛列屿"等。日本称其为"尖阁诸岛"。如无特殊说明，本文均用"钓鱼岛"指代钓鱼岛及其附属岛屿。

② 国务院新闻办：《钓鱼岛是中国的固有领土》，2012 年 9 月。

③ 参见日本外务省：《尖阁诸岛问答》（中译本），资料来源于 http://www.mofa.go.jp/region/asia-paci/senkaku/qa_1010.html。

④ 日本外务省：《尖阁诸岛问答》（中译本）。

⑤ 日本外务省：《关于尖阁诸岛所有权问题的基本见解》（中译本）。

⑥ 探讨琉球问题与钓鱼岛之间关联的文献参见丘宏达：《关于中国领土的国际法问题论集》（修订本），台湾商务印书馆，2004 年；陈荔彤：《琉球群岛主权归属——历史角度与国际法》，台湾：《东海大学法学研究》，2005 年第 22 期；褚静涛：《钓鱼岛与琉球归属》，《江海学刊》，2012 年第 6 期；刘丹：《琉球托管的国际法研究——兼论钓鱼岛的主权归属问题》，《太平洋学报》，2012 年第 12 期；Seokwoo Lee and Jon M. Van Dyke, The 1951 San Francisco Peace Treaty and Its Relevance to the Sovereignty over Dokdo, 9 Chinese Journal of International Law 2010, 等。

《旧金山和约》①　来主张对钓鱼岛的"主权"。

除了加强和中国的"法律战"，实践中，日本政府还非常重视与中国的"舆论战"。2012 年 9 月日本"购岛"闹剧及中日关系降到冰点之后，我国政府指出：日本在钓鱼岛问题上的立场是对世界反法西斯战争胜利成果的公然否定，日本政府对待历史问题的是"对战后国际秩序的严重挑战"。② 然而，日本政客在国际场合却公然颠倒黑白。2012 年 11 月，日本时任外务大臣玄叶光一郎在《国际先驱论坛报》发表文章称："作为战后的第一步，日本缔结了《旧金山和平条约》，这一条约有 48 个国家签署，包括美国。该条约包括了战后秩序的一个重要组成部分，但是中国政府视该条约非法、无效……中国 1992 年通过的《领海及毗连区法》视'尖阁诸岛'为中国的一部分，此举试图单方面改变《旧金山和约》定义的该岛属性"③。他进而叫嚣，"那么，究竟是哪个国家，日本还是中国，在否定战后国际秩序"？④ 日本官方和政客口径一致的论调，究其根源，其实反映了理论界就"二战"后国际秩序安排（含领土安排）上的不同认识：一种观点认为战后国际秩序是由"雅尔塔体系"（Yelta System，又称"雅尔塔体制"）的一系列协议、安排确定的；⑤ 而以日本学者为代表的另一种观点则认为，以《旧金山条约》为主确立的"旧金山体系"才是对战后东亚国际秩序和安全格局的安排⑥。本文认为，揭穿日本官方上述言论，我国除了在外交层面继续谴责"日本在钓鱼岛问题上的立场，是对世界反

---

① 《旧金山和约》是部分同盟国与日本签订的和平条约，于 1951 年 9 月 8 日由包括日本在内的 48 个国家的代表在美国旧金山签订，1952 年 4 月 28 日生效。和约的起草人为当时的美国国务卿杜勒斯。

② 参见"李克强会见巴布亚新几内亚总理奥尼尔"，资料来源于中国外交部网站 http：//www. fmprc. gov. cn/mfa_ chn/zyxw_ 602251/t968530. shtml。

③ 〔日〕玄叶光一郎：《日中关系正处在一个重要的十字路口》，《国际先驱论坛报》，2012 年 11 月 21 日。

④ 〔日〕玄叶光一郎：《日中关系正处在一个重要的十字路口》，《国际先驱论坛报》，2012 年 11 月 21 日。

⑤ Gaddis John Lewis, The Long Peace：Inquiries into the History of the Cold War, New York：Oxford University Press 1987.

⑥ See Hara Kimie, "Rethinking the 'Cold War' in the Asia－Pacific", The Pacific Review, 1999, Vol. 12, No. 4, pp. 515－536；Hara Kimie, Cold War Frontiers in the Asia－Pacific：Divided Territories in the San Francisco System, Rougledge, 2006, p. 1－14.

法西斯战争胜利成果的公然否定，是对战后国际秩序的严重挑战"① 外，还应该对组成"雅尔塔体系"的多项条约和法律文件（为论述方便，以下简称"雅尔塔条约体系"）从国际法层面进行详细解读，尤其侧重结合钓鱼岛问题进行条约法角度的分析；而针对《旧金山和约》涉及我国东海、南海岛礁争端的条约法问题，作者将撰文另议，本文不做深入论述。

钓鱼岛问题上，日本上述官方文件以"中国否定战后秩序"这一言论向国际社会"恶人先告状"，但总的来看却可以引出几项国际法议题：第一，"雅尔塔体系"中，如《开罗宣言》具有何种条约性质和条约法效力？第二，"雅尔塔条约体系"与钓鱼岛争端有怎样的关联？第三，总体看，"雅尔塔条约体系"和（《旧金山和约》为主的）"旧金山体系"这两个体系中条约间的关系如何？结合钓鱼岛争端，本文将从这几个问题入手从国际法角度进行论述。

二、雅尔塔条约体系的内涵及其与钓鱼岛争端的关联

如上文所述，日本就战后领土安排这一问题称：战争结束后，领土主权的处理最终根据是以《旧金山和平条约》为主的国际协议决定的。《开罗宣言》和《波茨坦公告》"不能对日本的领土处理形成最终的法律效果"。② 表面看，如果只谈"战后秩序安排"却不做具体指向的话，"二战"后国际秩序首先是以"雅尔塔体系"为核心建立的，此后美国主导的《旧金山和约》对战败国的安排，包括领土问题、战后赔偿问题等的处理，某种程度上却背离了雅尔塔会议的初衷，这也就是日本官方做出上述狡辩的原因。除了揭穿日本"打擦边球"以掩盖其阳奉阴违的历史观外，更重要的是，还应理清"雅尔塔条约体系"的内涵以及该体系内诸多条约和法律文件与钓鱼岛争端之间的关联，进而从法理上驳斥日本官方在钓鱼岛问题上的观点。

（一）"雅尔塔条约体系"内涵的历史考察

相对于其他人文社会学科，我国历史学界较早关注并研究"雅尔塔体

---

① 参见《中华人民共和国外交部声明》（2012 年 9 月 10 日），资料来源于 http://www.fmprc.gov.cn/mfa_chn/ziliao_611306/zt_611380/dnzt_611382/diaoyudao_611400/t967820.shtml。

② 日本外务省：《尖阁诸岛问答》（中译本）。

系"①。世界史角度的"雅尔塔体系"是指以雅尔塔会议为代表的一系列重要国际会议上美、英、苏三国所达成的关于战后世界安排的各种宣言、公告、协议和谅解等，② 因此"雅尔塔体系"是以雅尔塔会议的决议为中心，"二战"结束后战胜国对未来世界秩序进行规划，做出对战后世界的安排。③

　　探讨"雅尔塔条约体系"，首先要弄清该体系内包含哪些条约和法律文件，也就是"雅尔塔体系"的内涵和外延必须予以明确。然而，有一部分中国学者倾向于广义理解"雅尔塔体系"，即该体系不仅包括"二战"盟国召开的所有重要会议发表的宣言、公开或秘密达成的一切协定，除开罗会议、德黑兰会议、敦巴顿橡树园会议、雅尔塔会议、布雷顿森林会议、波茨坦会议及其他美、英、苏外长会议等所签订的一系列协定外，还包括对战败国一系列和约的签订等。④ 按此观点，甚至《旧金山和约》都将包括在雅尔塔体系内。其实早在1990年，史学界在"天津圆桌讨论会"讨论并发表在《世界历史》的"会议摘要"就已经指出，"对雅尔塔体制的含义不宜理解得过狭，也不宜过宽"。⑤ 五国和约、朝鲜战争、《旧金山和约》和奥地利国家条约等只是"雅尔塔体制"的既定大框架内进一步的争夺和落实，虽先后有联系，但不宜直接说成是该体制的组成部分。相关领域的国外研究也指出，《旧金山和约》不仅不属于雅尔塔体系，反而是"旧金山体系"中重要组成部分并对东亚地区冷战格局产生影响。⑥ Kimie Hara 还将雅尔塔会议为代表的"雅尔塔体系"和《旧金山和约》为代表的"旧金山体系"并列并分析二者对冷战的影响。⑦ 可见，如果对雅尔塔

---

　　① 1990年11月22日，世界历史编辑部与中国世界现代史研究会华北分会和天津社会科学联合会曾专门在天津举办的圆桌讨论会就雅尔塔体制的含义、形成、发展及与冷战的关系以及战后国际关系格局的影响及其历史评价等问题展开激烈讨论。

　　② 吴于廑，齐世荣：《世界史》（现代史编：上卷），高等教育出版社，1994年，第375页。

　　③ 参见李世安：《从国际体系的视角再论雅尔塔体系》，《世界历史》，2004年第4期；李海君，张战：《论中国与雅尔塔体系的关系》，《前沿》，2012年第14期。

　　④ 参见李世安：《从国际体系的视角再论雅尔塔体系》，《世界历史》，2004年第4期；齐涛：《世界通史教程》（现代卷），山东大学出版社，2004年，第3页。

　　⑤ 张志等：《雅尔塔体制与战后世界格局》，《世界历史》，1991年第1期。

　　⑥ Min Gyo Koo, Island Disputes and Maritime Regime Building In East Asia: Between A Rock And A Hard Place, Springer 2009, p. 33.

　　⑦ Kimie Hara, Cold War Frontiers In the Asia-Pacific: Divided Territories In The San Francisco System, Rougledge 2006, p. 22-23.

体系理解过宽，则易与战后国际关系史和冷战体制混同。① 因此，本文主张，除了应明确《旧金山和约》并不包含在"雅尔塔条约体系"内之外，更应认清，"二战"后国际格局的安排以及国际秩序的初始安排是以"雅尔塔体系"为核心建立起来的。

（二）雅尔塔条约体系与钓鱼岛和琉球问题的关联

"二战"前后，反法西斯同盟规制日本非法夺取的他国领土，并对战后国际秩序进行安排的"雅尔塔体系"的法律文件涵盖《大西洋宪章》、《联合国国家宣言》、《开罗宣言》、《波茨坦公告》、《日本投降文书》、同盟国"677 号指令"等。而原则上《旧金山和约》应当支持反法西斯联盟在开罗、雅尔塔和波茨坦达成的有关领土问题的协议。②"雅尔塔体系"重要的一环就是重新绘制战后欧亚的政治地图，特别是重新划定德、日、意法西斯国家的疆界及其被占领区的归属和边界，③ 其中与钓鱼岛和琉球问题关联最为紧密的是《开罗宣言》、《波茨坦公告》、《日本投降文书》和同盟国"677 号指令"（其他关联不够紧密的法律文件不做详细列举）。

1. 《开罗宣言》

与如今东北亚领土争议紧密关联的条约首当其冲就是《开罗宣言》。《开罗宣言》制定前夕，开罗会议中美两国商谈中，涉及对日本放弃的中国领土的处理，更包括对琉球归属的讨论。

盟国在 1943 年 12 月 1 日公布的《开罗宣言》中宣告："我三大盟国（中美英三国）此次进行战争之目的，在于制止及惩罚日本之侵略，三国绝不为自己图利，亦无拓展领土之意思，三国之宗旨在剥夺日本自从 1914 年第一次世界大战开始后在太平洋所夺得或占领之一切岛屿，在使日本窃取中国之土地，例如东北三省、台湾澎湖群岛等归还中华民国；其他日本以武力或贪欲所攫取之土地，亦务将日本驱逐出境；我三大盟国念之朝鲜人民所受之奴役待遇，决定在相当期间，使朝鲜自由独立。"④

① 张志等：《雅尔塔体制与战后世界格局》，《世界历史》，1991 年第 1 期。
② Seokwoo Lee, The 1951 San Francisco Peace Treaty With Japan And The Territorial Disputes In East Asia, 11 Pac. Rim L. & Pol'y J. 63 2002.
③ 吴于廑，齐世荣著：《世界史之现代史编》，高等教育出版社，1994 年，第 24 页。
④ 《开罗宣言》中文版，参见丘宏达：《关于中国领土的国际法问题论集》，（台湾）商务印书馆，2004 年，第 20 页。

《开罗宣言》中涉及日本夺取的中国之领土中，首先提到"三国之宗旨在剥夺日本自从 1914 年第一次世界大战开始后在太平洋所夺得或占领之一切岛屿，在使日本窃取中国之土地，例如东北三省、台湾澎湖群岛等归还中华民国，例如东北三省、台湾澎湖群岛等归还中华民国"。那么"台湾澎湖列岛"为什么要并列表述？这可以从草案起草和修改的过程中找到原因。《开罗宣言》美方草案由美国的霍布金斯起草，其中一项重要内容是剥夺日本自 1914 年第一次世界大战开始以后在太平洋所夺得或占领的一切岛屿。中方代表、海军军官杨宣诚在审阅中发现，宣言草案上只提到战后日本应归还所霸占的台湾，而未提澎湖列岛，杨宣诚遂向最高国防委员会秘书长王宠惠提出，"因当年《马关条约》上写得清清楚楚，割让台湾与澎湖，两者是并列的，这还是日本方面提出来的，我国议和代表李鸿章正如阁下所言，认为澎湖已包括在台湾内，不必再予以标明。而日方坚持，是恐怕我国于签约之后，临时将澎湖划出台湾省，或并入福建省管辖。另一方面，日方坚持要写明澎湖，也是恐怕帝俄要出面要求割让或租借澎湖，因李鸿章是以亲俄著名，所以日本对此特别重视。现在如果宣言中只写台湾，与《马关条约》不符。战争结束后，日本也可以以此为借口不将澎湖交还我国"。王宠惠把上述情况向蒋介石汇报后，中方即通知美方，在宣言中应加上澎湖列岛。最后美国方面对宣言草稿进行了修改。[①]毋需置疑的是，《开罗宣言》是第一份确认台湾及其附属岛屿（含钓鱼岛）是中国领土的国际法文件，明确了日本侵占中国这些领土的非法性。

2.《波茨坦公告》

为解决对日作战及战后政治诸问题，1945 年 7 月 17 日至 8 月 2 日美、英、苏三国在柏林郊区的波茨坦举行了战时第三次首脑会议。7 月 26 日，发表了由美国起草、英国赞同并邀请中国参加的《波茨坦公告》，敦促日本"立即无条件投降"。后苏联、法国加入签字。《波茨坦公告》第 8 条规定："《开罗宣言》之条件必将实施，而日本主权必将限于本州、北海道、九州、四国及吾人所决定之其他小岛之内"。[②]

---

① 参见《中国代表修正开罗宣言》，《环球时报》，2004 年 9 月 8 日版。

② 《波茨坦公告》中文版，参见复旦大学历史系中国近代史教研室编：《中国近代对外关系史资料选辑》（下卷第二分册），上海人民出版社，1977 年。

　　我国大陆学者多从驳斥"台湾地位未定论"角度研究《波茨坦公告》。① 较早将《波茨坦公告》结合琉球问题进行探讨的主要是台湾学者，如陈荔彤指出，"《波茨坦公告》系中国认为其对琉球群岛主权的争议尚有置喙余地的依据"。② 其中的原因为：首先，依据《波茨坦公告》中"吾人所决定其他小岛之内"也就意味着琉球的归属应由盟国共同决定，"其他小岛"应包含琉球群岛在内③；其次，日本于 1945 年向同盟国投降文书中亦表示愿意接受《波茨坦公告》。总的来看，《波茨坦公告》第 8 条规定了剥夺日本殖民地、重新划定其领土范围的原则。④

　　3.《日本投降书》

　　1945 年 9 月 2 日，日本政府在东京湾"密苏里"号战舰上签署《日本投降书》。《日本投降书》开宗明义第 1 条为："余等谨奉日皇、日本政府与其帝国大本营的命令，并代表日皇、日本政府与其帝国大本营，接受美、中、英三国政府元首 7 月 26 日在波茨坦宣布的，及以后由苏联附署的公告各条款。"第 6 条为："余等兹担承日皇、日本政府及其继承者忠实实行波茨坦公告的各项条文，并颁布盟国最高统帅所需要的任何命令及采取盟国最高统帅所需要的任何行动，或者实行盟国代表为实行波茨坦公告的任何其他指令。"⑤ 可见，《日本投降书》第 1 条、第 6 条当然包含无条件接受《开罗宣言》，并履行其必须将台湾及其附属岛屿归还给中国的义务。

　　4. 同盟国"第 677 号指令"

　　1946 年 1 月 29 日，同盟国最高司令官总司令部（SCAP）向日本政府发出题为《某些边远区域政府和行政从日本的分离》的"第 677 号指令"。该指令的目的为剥夺日本对本土以外地域的支配管辖权、明确界定日本的

　　① 参见张久营，孔令德，寇子春：《从〈开罗宣言〉、〈波茨坦公告〉两个国际法文件看台湾地位》，《资料通讯》，2005 年第 7、8 期；郑国梁：《从〈〈开罗宣言〉、〈波茨坦公告〉驳台湾地位未定论》，《国防》，2005 年第 8 期，等等。
　　② 陈荔彤：《琉球群岛主权归属——历史角度与国际法》，（台湾）《东海大学法学研究》，2005 年第 22 期。
　　③ 参见丘宏达：《关于中国领土的国际法问题论集》（修订本），台湾商务印书馆，2004 年，第 21 页；陈荔彤：《琉球群岛主权归属——历史角度与国际法》，（台湾）《东海大学法学研究》，2005 年第 22 期。
　　④ 徐勇：《战后琉球政治地位之法理研究与战略思考》，《战略与管理》，2010 年第 3/4 期合编。
　　⑤ 《日本投降书》中文版，参见《中国近代对外关系史资料选辑》（下卷第二分册），上海人民出版社，1977 年。

领土。"第 677 号指令"第 3 款规定："为了确保本指令的目的，日本领土的定义由以下构成：4 个主要的岛（北海道、本州、九州和四国）以及对马诸岛，包括北纬 30 度以北的琉球（南西）诸岛（不包括口之岛）的大约 1000 个邻接小岛。不包括：（a）郁陵岛、竹岛、济州岛；（b）北纬 30 度以南的琉球（南西）诸岛（含口之岛）、伊豆、南方、小笠原、硫黄群岛以及包含大东群岛、冲之鸟岛、南鸟岛、中之鸟岛在内的所有其他边远的太平洋岛屿；（c）千岛列岛、齿舞群岛（包含水晶、勇留、秋勇留、志发、多乐岛）、色丹岛。"① 此份文件中关于日本领土的规定，使原有的、被日本吞并的"琉球王国"被分解为两个部分，即北纬 30 度以北之琉球（西南）诸岛属日本（口之岛除外），但北纬 30 度以南之部分，并没有明确的规定。这也就是说，在北纬 25 度 40 分至 26 度之钓鱼岛及附属岛屿，不属于日本领土。总之，"第 677 号指令"清晰地界定了日本的领土范围，而北纬 30 度以南的琉球（南西）诸岛均被排除在构成日本领土的定义之外。根据这一指令，钓鱼岛更不可能属于日本。②

总体来看，1943 年中、美、英三国发表的《开罗宣言》，宣告三国联合对日作战目的"在使日本窃取中国之土地，例如东北三省、台湾澎湖群岛等，归还中华民国"，首次明确日本侵占台湾澎湖群岛的非法性，并令其归还给中国，其中就应包含钓鱼岛。1945 年《波茨坦公告》第 8 条规定："《开罗宣言》之条件必将实施"并将日本领土限制在其 4 个本岛和"吾人所决定其他小岛之内"，而《日本投降书》中承诺接受并履行《波茨坦公告》各项规定之义务。随后同盟国"第 677 号指令"对日本领土范围的界定，更昭示出钓鱼岛不属于日本的事实。

三、"雅尔塔条约体系"的国际法地位

"雅尔塔条约体系"中，与钓鱼岛争端联系最为紧密的主要是《开罗宣言》和《波茨坦公告》。《开罗宣言》和《波茨坦公告》是战时同盟国的正式协定，日本通过《投降书》接受《波茨坦公告》，由此构成盟国与日本间的国际协定。然而，正是意识到"雅尔塔条约体系"在"法律战"

---

① See SCAP-677, Governmental and Administrative Separation of Certain Outlying Areas from Japan, Jan 29, 1946, available at http：//en. wikisource. orgwikiSCAPIN677.

② 管建强：《国际法视角下的中日钓鱼岛领土主权纷争》，《中国社会科学》，2012 年第 12 期。

中的威力，一些政客、学者通过各种国际场合对"雅尔塔条约体系"的条约效力进行曲解和攻击，具体表现为：第一，抬高《旧金山和约》的条约效力以贬低"雅尔塔条约体系"。如 2012 年玄叶光一郎发表于《国际先驱导报》① 的言论中称，"《旧金山和约》由美国主导，并有 48 个国家签署，因此成为确定战后秩序的重要组成部分"，这其中的内在逻辑其实就是，《旧金山和约》对所有国家（哪怕如中国这样没有签字的国家）都应该具有法律效力。第二，否定《开罗宣言》为条约。如台籍美国教授 Y. Frank Chiang 认为，《开罗宣言》和《波茨坦公告》只是意向性声明而不是条约，在国际法上无法律约束力。其论据一是，"这两份声明从本质上仅仅是美、英、苏三国首脑在 1943 年和 1945 年发布的类似于'公报'（communiqué）的文件，用于表达一般的外交政策或者政府的一般意图，并不能对当时政权和之后继任的政府产生法律约束力"。② 论据二，在两份声明发布的时候，盟军虽赢得战争，但日本还没有投降，这样对领土的转让本应在日本投降后才在战后条约中予以安排。③ 另外，还有国外学者从"对一切"（erga omnes）的国际法角度考察并论证《旧金山和约》普遍适用性。④ 也就是说，即使《旧金山和约》仅有 48 个国家签署，如果它具备"对一切"的条约特质，那么就算对非缔约国也应适用。可见，为了加强我国在"战后国际秩序"论争中的理论依据，亟须对"雅尔塔条约体系"从国际法角度进行解读和论证。

（一）"雅尔塔条约体系"的国际法地位："强行法"的视角

分析"雅尔塔条约体系"和《旧金山和约》之间的关系时，我国学者有运用条约法中"前后约"概念进行的尝试，如"《旧金山和约》的前约是《联合国家宣言》⑤，在缺少中华人民共和国政府参加和没有苏联等国

① ［日］玄叶光一郎：《日中关系正处在一个重要的十字路口》，《国际先驱论坛报》，2012 年 11 月 21 日。

② Y. Frank Chiang, One China Policy and Taiwan, 28 Fordham Int'l L. J. 1, 2004.

③ Y. Frank Chiang, State, Sovereignty and Taiwan, 23 Fordham Int'l L. J. 959, 2000.

④ Seokwoo Lee and Jon M. Van Dyke, The 1951 San Francisco Peace Treaty and Its Relevance to the Sovereignty over Dokdo, 9 Chinese Journal of International Law 2010, pp. 744-745.

⑤ 《联合国家共同宣言》：1942 年 1 月 1 日，中、苏、美、英等 26 国在华盛顿发表的宣言，亦《联合国国家共同宣言》，又称《二十六国宣言》。该宣言表示赞成《大西洋宪章》，并决心共同战败德、意、日法西斯侵略，不到侵略国无条件投降，决不和敌国单独议和。经与苏联磋商并告知有关国家后，1942 年 1 月 1 日，26 个国家的代表在华盛顿签署了《联合国家共同宣言》。此宣言标志着反法西斯联盟正式形成。

签字的情况下，美国等国与日本缔结和约是违反《联合国家宣言》的行为……有理由认定《旧金山和约》违反了前约，至少是与前约相违背的"。① 前法优于后法的"前法"规则虽曾得到多位国际学者包括劳特派特、菲茨莫里斯等的赞同，但随着"后法"原则（lex posterior）即后法优于前法或后法优先原则被纳入《维也纳条约法公约》第 30 条第 3 款和第 4 款②中，"后法"原则也从国际习惯法变成了成文法。③ 用"前后约"规则解释"雅尔塔体系"诸条约与《旧金山和约》之间的关系，对我国在海洋岛礁争端的主张并无优势。

　　我国对《开罗宣言》为代表的"雅尔塔条约体系"的研究中，往往忽略了从"强行法"（jus cogens）角度来考察这些条约。现代国际法学者菲德罗斯指出，国际法中的强行法规则是为了满足整个国际社会的较高利益而存在的，而不是像任意法那样为了满足个别国家的需求而存在的。④ 1969 年《维也纳条约法公约》第 53 条对强行法做出一般性规定："强行法"是"列国国际社会作为整体接受并承认为不得背离且只能由发生在后且具有同一性质的一般国际法规则予以更改的规则"⑤；该条同时规定，"条约在缔结时与一般国际法强制规律抵触者无效"⑥。关于强行法的渊源的讨论，一般会将其与国际法传统的初级渊源——即条约、国际习惯法、

---

　　① 管建强：《论中国民间对日索赔的权利》，《政治与法律》，2006 年第 2 期。

　　② 1969 年《维也纳条约法公约》第 30 条"关于同一事项先后所订条约之适用"："3. 遇先订条约全体当事国亦为后订条约当事国但不依第五十九条终止或停止施行先订条约时，先订条约仅于其规定与后订条约规定相合之范围内适用之。4. 遇后订条约之当事国不包括先订条约之全体当事国时：（甲）在同为两条约之当事国间，适用第三项之同一规则；（乙）在为两条约之当事国与仅为其中一条约之当事国间彼此之权利与义务依两国均为当事国之条约定之。"

　　③ 廖诗评：《条约冲突基础问题研究》，法律出版社，2008 年，第 68 页。

　　④ 李浩培：《条约法概论》，法律出版社，2003 年，第 241 页。

　　⑤ 1969 年《维也纳条约法公约》第 53 条的翻译的几种版本参见王铁崖，田如萱编：《国际法资料选编》，法律出版社，1982 年，第 117 页；李浩培：《条约法概论》，法律出版社，2003 年，第 495 页；1969 年《维也纳条约法公约》（中文本），资料来源于中华人民共和国外交部"条约文件" http：//www. fmprc. gov. cn/mfa_ chn/ziliao_ 611306/tytj_ 611312/t83909. shtml. 以上王铁崖教授和外交部的翻译中，将《维也纳条约法公约》第 53 条的"一般国际法强行规则"译为："国家之国际社会全体接受并公认为不许损抑且仅有以后具有同等性质之一般国际法规律始得更改之规律"。然而，对照《维也纳条约法公约》英文版 "a peremptory norm of general international law" 的定义 "a norm accepted and recognized by the international community of States as a whole as a norm from which no derogation is permitted and which can be modified only by a subsequent norm of general international law having the same character" 后，就"国家之国际社会全体接受"这样的表述，笔者认为容易引起歧义，因此更赞同并采用李浩培的翻译即"列国国际社会作为整体接受"。

　　⑥ 1969 年《维也纳条约法公约》（中文本）。

一般法律原则，甚至自然法联系起来。① 如今，被广泛接受的强行法规则包括如《联合国宪章》禁止使用武力原则②、禁止奴隶制、禁止酷刑、禁止种族隔离③等。

结合国内外学者对"强行法"规则的论述，"强行法"具有以下特征：第一，强行法规则是国际社会的"公共政策"，具有"不容损抑"的特性。违反强行法规则的条约无效，起源于世界各国国内法都承认的违反国内强行法规则的契约无效的原则，输入到国际社会就成为，背离国际强行法规则的条约无效的原则。如果没有此原则，一切违反国家重要利益和社会幸福的契约都将被认为有效，其结果是国家和社会的解体④，因此国家不能通过双边或多边条约对其予以限制或排除适用⑤；第二，强行法"列国之国际社会作为整体接收"这一重要因素，并不在于国际社会的成员毫无例外地全体一致接受，而只需要"绝大多数的成员表示接受"就行了，个别或是为数极少的国家或国家集团执意反对某一规则的强行效力，也丝毫无损于该规则的强行性质⑥，这正是强行法与国际习惯法在这一问题上的根本区别之所在；⑦ 第三，违反一般国际法强行规则的条约无效。在解释条约对第三国的效力问题上，强行法比习惯法具有现代国际法上更积极的内容，对国际社会的协调能起到促进作用。强行法适用于国际社会的一切成员国，毫无例外，即强行法的效力具有普遍性。任何国家虽具有

---

① The Commentary of the I. L. C. to Article 50 of its "Drafts Articles on the Law of Treaties", in Reports of the I. L. C. on the Work of Its 18th Session (1966), 2 YbI. L. C. 172, p. 248.

② The Commentary of the I. L. C. to Article 50 of its "Drafts Articles on the Law of Treaties", in Reports of the I. L. C. on the Work of Its 18th Session (1966), 2 YbI. L. C. 172, p. 248.

③ Michael Byers, Conceptualising the Relationship between Jus Cogens and Erga Omnes Rules, Nodic Journal of International Law 66, 1997, p. 219.

④ 李浩培：《条约法概论》，法律出版社，2003 年，第 248 页。

⑤ 潘德勇：《论国际法规范的位阶》，《北方法学》，2012 年第 1 期。

⑥ 对于如何理解"列国之国际社会作为整体接收"，维也纳公约外交公议起草委员会主席雅森解释："起草委员会意欲强调：不存在要求一个规则被全体国家接受或承认大具有强行性质的问题。如果经一个很大多数接受或承认那就够了；这意味着，如果一个国家孤立地拒绝接受一个规则的强行性，或者该得到较少数目国家的支持，国际社会作为整体对该规则的强行性的接受和承认并不因而受到影响"。国际法委员会委员阿戈解释："对于规则的强行性的确信，应当是国际社会的一切必要成分所共同具有的，而不仅只是一些西方国家或东方国家，只是一些发达国家或发展中国家，或者只是一个洲的国家或另一个洲的国家所共有的。"参见李浩培：《条约法概论》，法律出版社，2003 年，第 246 页。

⑦ 万鄂湘：《从国际条约对第三国的效力看强行法与习惯法的区别》，《法学评论》，1984 年第 3 期。

主权的属性，都不能以此为借口主张不受强行法约束而违背整个国际社会的利益。强行法的这一特征是对国际法的传统法则"条约不约束第三国"的重大限制，因为任何国家都不得以不是条约的当事国为借口，否定载有强行法规范的条约对其所具有的强制效力。①

日本提升《旧金山和约》并将其"代替""雅尔塔体系"诸条约作为确定战后国际秩序的依据，其实是典型的"偷梁换柱"的做法，虽具有欺骗性但并非难以驳斥。旧金山和会及在美国操纵下缔结的《旧金山和约》牵涉就日本侵占中国领土的处置这一核心利益，但该和约并没有得到中国政府的书面接受或者同意，因而是严重违反国际法的行为。这也就是中华人民共和国政府在公开场合表示不承认《旧金山和约》②。"雅尔塔体系"诸条约，尤以《开罗宣言》、《波茨坦公告》为代表的国际性法律文件是最重要的反法西斯战争成果之一，这是包括中国人民在内世界反法西斯斗争用生命代价所换来的国际性条约。③"雅尔塔体系"条约体系不仅是盟国对法西斯宣战的正义战争的一系列条约，更是确立国际"公共秩序"的战后秩序安排，完全具有"强行法"特质。总结起来，"雅尔塔体系"条约体系中的强行法规则包括：禁止盟国成员单独与法西斯媾和（《联合国家宣言》）；将法西斯战败国攫取的领土剥离（《开罗宣言》）；战败国日本领土限于盟国决定的本土四岛和其他小岛（《波茨坦公告》），等等。《日本投降书》已明示接受《波茨坦公告》，由此构成盟国与日本间的国际协定；即使不谈《日本投降书》，"雅尔塔体系"条约体系中的规则因具有强行法效力，对（未参与缔约的）战败国日本应当适用。

针对国外学者提出的"《旧金山和约》具备'对一切'的条约特质，就算对非缔约国也应适用"的观点，须明确什么是"对一切"的条约，还需甄别强行法规则和"对一切"规则之间的异同。首先，"构成性条约"

---

① 万鄂湘：《国际强行法与国际法的基本原则》，《武汉大学学报（社会科学版）》，1986 年第 6 期。

② 例如周恩来于 1951 年 9 月 18 日的声明指出："中国人民在击败日本帝国主义的伟大战争中，经过时间最久，遭受牺牲最大，所做贡献最多。然而，美国政府却公然违反一切协议，排斥中华人民共和国……美国政府在旧金山会议中强制签署的没有中华人民共和国参加的对日单独和约，不仅不是全面和约，而且完全不是真正的和约……中央人民政府认为是非法的，无效的，因而是绝对不能承认的。"参见《周恩来外长关于美国及其仆从国家签订旧金山对日和约的声明》（1951 年 9 月 18 日），载田桓主编：《战后中日关系文献集（1945—1970）》，中国社会科学出版社，2002 年，第 103-104 页。

③ 荣维木：《奠定战后世界秩序的基本法律文件——〈开罗宣言〉和〈波茨坦公告〉对反法西斯成果的巩固》，《北京日报》，2013 年 6 月 3 日第 20 版。

在《奥本海国际法》第九版中表述为：那些"起源和性质上是契约性的"，但有建立"对一切人"都有效的地位或制度效果的条约，即契约性（而非造法性）并有"对一切"效果的条约。① 但《奥本海国际法》也明确指出，契约性条约无法与造法性条约相提并论，这类契约性条约所谓"对一切"效果是否及于非缔约第三方的法理依据并不明确。② 《旧金山和约》是典型的契约性而非造法性条约，其中固然有对"二战"中日本窃取他国领土进行安排的条款，但正如"雅尔塔体系"中诸条约包括"日本投降文书"所明确的，日本的领土边界仅限于其本土四岛及盟国确认的岛屿，即日本和中国的领土边界是清晰的，《旧金山和约》并不属于上述"客观领域"中领土划界的"构成性条约"，不具备"对一切"的条约效果，因此对未参会、未缔约的中国并不适用。其次，强行法规则和"对一切"规则有时被混用，但二者之间的区别却很明显。强行法规则都必然具有"对一切"特征，但"对一切"的规则却并不必然具有强行法特性。③ 一定程度上，强行法由于其初级法律规则的属性，甚至可以视为类似于宪法性的规则④。综上，《旧金山和约》并不属于具备"对一切"的条约效果的"构成性条约"；退一步，即使《旧金山和约》是具有"对一切"效果的条约，也难以对抗具有"强行法"效力的"雅尔塔条约体系"。

（二）雅尔塔条约体系中《开罗宣言》的条约效力问题

维护还是否定《开罗宣言》法律效力的斗争，不是一般的学术之争，说到底是要不要维护国际法的权威和效力的问题。⑤ 以《开罗宣言》为中心的"雅尔塔体系"条约的法律效力以及在钓鱼岛争端中重要的条约作用不容置疑，依据如下：

第一，《开罗宣言》是以"二战"时同盟国的国家元首而非仅是"全

---

① Robert Jennings and Arthur Watts (eds.), Oppenheim's International Law, 9th Edition, Vol. I, Longman 1992, p. 1205.

② Robert Jennings and Arthur Watts (eds.), Oppenheim's International Law, 9th Edition, Vol. I, Longman 1992, p. 1205-1206.

③ Michael Byers, Conceptualising the Relationship between Jus Cogens and Erga Omnes Rules, Nodic Journal of International Law 66, 1997, p. 236-237.

④ 宪法性规则的讨论，参见 Geoffrey Marshall, Constitutional Theory, (Oxford) Clarendon 1971.

⑤ 饶戈平：《维护〈开罗宣言〉的权威性和有效性》，《台湾研究》，2003 年第 4 期。

权代表"① 的名义缔结的，国家元首有为本国缔约的权利和最高的公信力。《开罗宣言》不仅以中、美、英三国政府首脑的名义共同发表，表明三国政府的共同意愿，还记载了三国领导人达成的对日作战的协议以及明确规定盟国对日作战、处置战后日本的行为规则，包括承诺务使日本将台湾归还中国。这些内容不但使《开罗宣言》区别于国家间的一般政策性声明，成为一项法律文件，而且具备了国际法上条约构成的法律要素，成为对三国都有法律拘束力的协议。②

　　第二，《开罗宣言》具备条约的实质要件，其文件形式不影响其法律性质和效力。1969 年《维也纳条约法公约》规定："称条约者，谓国家间所缔结而以国际法为准之国际书面协定，不论其载于一项单独文书或两项以上相互之文书内，亦不论其特定名称为何"。③ 宣言或公告是不是条约只能依当事者的意思来确定，而确定当事者的意思当然只能依其外部的表现，特别是宣言所用的文字。④ 确定一项文件的法律性质是否是条约的决定因素不是其名称或形式，而在于它是否意图在缔结国之间创设权利和义务关系。⑤《开罗宣言》诚然没有采用一般法律文件的形式，包括没有采用领导人正式签字的步骤。但是这些外在形式不影响其法律性质和效力。中、美、英领导人⑥在《开罗宣言》中宣称其宗旨是，"剥夺日本自 1914年第一次世界大战开始以后在太平洋所获得或占领之一切岛屿，在使日本所窃取于中国之领土，例如满洲、台湾澎湖列岛等，归还中华民国"。《开罗宣言》之所以被公认具有条约或协议的性质主要不是依据其形式，而是依据其实质内容及发布国的意愿，即其包含了中、美、英三国之间协定的

<hr>

①　全权代表在缔结条约过程中需要使用全权证书，即需要持有国家有权机关所颁发、用以证明持有人为该国进行条约谈判（包括草成和议定条约约文）和认证约文以及签署条约的文件。在国际法上，国家元首向来被认为具有"一切形式的代表性"（jus repraesentationis omnimodal），从而当然无须全权证书而有代表国家谈判缔约的权能。参见李浩培：《条约法概论》，法律出版社，2003 年，第 58-59 页。

②　饶戈平：《维护〈开罗宣言〉的权威性和有效性》，《台湾研究》，2003 年第 4 期。

③　1969 年《维也纳条约法公约》（中文作准本），第二条（甲）。参见李浩培著：《条约法概论》，法律出版社，2003 年，第 495 页。

④　李浩培：《条约法概论》，法律出版社，2003 年，第 24 页。

⑤　饶戈平：《维护〈开罗宣言〉的权威性和有效性》，《台湾研究》，2003 年第 4 期。

⑥　1951 年 6 月 10 日，苏联就对日和约问题致电美国的照会中说明由于中华民国已经成了中华人民共和国，因此台湾、澎湖应交还中华人民共和国。参见廉德瑰：《美国与中日关系的演变》，世界知识出版社，2006 年，第 300 页。

有关如何共同对日作战及处置战后日本的权利义务的承诺。①

第三，《开罗宣言》的法律性质和效力事实上被包括《波茨坦公告》在内的国际法律文件和国际实践所确认，因而具有连续一贯的权威性和有效性。1945 年 7 月 26 日，中、美、英共同签署，后又有苏联参加的《促令日本投降的波茨坦公告》是战时同盟国的正式协定。《波茨坦公告》第 8 条重申："《开罗宣言》之条件必将实施，而日本主权必将限于本州、北海道、九州、四国及吾人所决定之其他小岛之内"，② 正式把《开罗宣言》列入其中从而验证和加强了《开罗宣言》的国际法效力。

第四，"日本投降文书"等其他"雅尔塔体系"国际法律文件也确认《开罗宣言》的法律效力。1945 年《日本投降书》明白无误地承诺将"忠诚履行《波茨坦公告》各项规定之义务"，该投降书构成盟国与日本间的国际协定。不仅如此，当时的中国政府根据《开罗宣言》及盟国间协议从日本手中收复台湾、再度确立中国对台湾的主权后，世界各国包括西方主要国家，都以多种方式对《开罗宣言》的法律效力及台湾回归中国的法律地位予以确认。③ "二战"以后，1972 年日本政府在《中日联合声明》中又重申，"遵循《波茨坦公告》第 8 条的规定"，据此钓鱼岛作为台湾的附属岛屿应与台湾一并归还中国。

第五，日本官方并不否认《开罗宣言》法律效力。1972 年 9 月 29 日，中日两国政府发表建交《联合声明》。日本表示充分理解和尊重中国政府关于台湾是中国领土不可分割的一部分的立场，坚持遵守《波茨坦公告》第 8 条的规定，进一步验证了《开罗宣言》连续的一贯的法律拘束力。④ 即使是日本此后和多方签订和约，但并不否认《开罗宣言》的存在。如日本国立国会图书馆官方网站可以公开查阅《开罗宣言》，日本不仅将《开罗宣言》作为"日本宪法诞生"的法律基础，还将开罗会议蒋介石与罗斯福会谈中对天皇制的意见作为天皇存续的依据。⑤

---

① 饶戈平：《维护〈开罗宣言〉的权威性和有效性》，《台湾研究》，2003 年第 4 期。
② 廉德瑰：《美国与中日关系的演变》，世界知识出版社，2006 年，第 301 页。
③ 饶戈平：《〈开罗宣言〉的法律效力不容否定》，《人民日报》，2003 年 11 月 28 日版。
④ 饶戈平：《维护〈开罗宣言〉的权威性和有效性》，《台湾研究》，2003 年第 4 期。
⑤ 参见 "Cario Declaration"，资料来源于日本国立国会图书馆 http：//www. ndl. go. jp/constitution/e/etc/c03. html.

　　（三）"雅尔塔条约体系"中《开罗宣言》涉钓鱼岛和琉球问题的条款解读

　　本文第一部分提到，《开罗宣言》将台湾与澎湖列岛并列表述是有历史依据的，对钓鱼岛的归属具有重要的意义。《开罗宣言》对日本窃取的中国领土的列举中，"台湾澎湖群岛"的表述从起草到定稿，关联到《马关条约》在日本窃取中国领土中的作用，更体现了中方参会代表对"台湾及其附属岛屿"的认知，最终得到美方代表的确认并落实到正式《开罗宣言》条文中。

　　《开罗宣言》制定进程中还涉及对日本放弃的中国领土的处理，其中就包括对琉球的讨论。琉球问题与钓鱼岛争端盘根错节，日本官方文件中认为，钓鱼岛列屿的行政编制隶属琉球，琉球是日本的领土，因此钓鱼岛主权归日本，其依据除《旧金山条约》外，更重要的就是美国托管琉球以及返还琉球施政权给日本的安排。① 根据美国的记录概要，1943 年开罗会议期间"罗斯福总统提及琉球群岛问题并数次询问中国是否要求该群岛"②，蒋介石并未直接回应是否收回琉球的问题，而称"将很愿意同美国共同占领琉球，并根据一个国际组织的托管制度，与美国共同管理该地"。③ 中国对于琉球的合理主张并未列入《开罗宣言》中，是一大失策。④

　　就《开罗宣言》日本"以武力或贪欲所攫取之土地"，即日本"二战"后被剥离的"领土"是否包括琉球，台湾丘宏达教授认为，"《开罗宣言》对琉球毫未涉及，尤其不利的是说明只剥夺日本自 1914 年以来窃占领土，而琉球是 1879 年日本窃去"⑤。持类似观点的还有台湾陈荔彤教授，他认为：《开罗宣言》主要是决定第一次世界大战战后日本所夺得或

　　① 刘丹：《琉球托管的国际法研究——兼论钓鱼岛的主权归属问题》，《太平洋学报》，2012 年第 12 期。

　　② 英文原文"The president then referred to the question of Ryukyu islands and enquired more than once whether China want the Ryukyu"，转引自汪晖：《琉球与区域秩序的两次巨变》，《中国经济》，2009 年 11 月。

　　③ 参见 Roosevelt-Chiang Dinner Meeting（1943/11/23），FRUS, 1943, The Conference at Cairo and Tehran, 1961, p. 324, 转引自汪晖：《琉球：战争记忆、社会运动与历史解释》，《开放时代》，2009 年第 3 期。

　　④ 丘宏达：《关于中国领土的国际法问题论集》，台湾商务印书馆，2004 年，第 20 页。

　　⑤ 丘宏达：《关于中国领土的国际法问题论集》，台湾商务印书馆，2004 年，第 20 页。

占领的岛屿与自中国窃取的领土，应予归还或将日势力驱逐，或使之独立。《开罗宣言》内容中"未提及琉球主权归属亦系事实"①。大陆学者管建强对《开罗宣言》所涉日本应放弃的领土问题做出三个层面更详细的解读，与台湾学者的观点不尽相同：第一层面，《开罗宣言》条款中"要剥夺日本在太平洋上所占岛屿"是指西南太平洋群岛。因为在 1914 年第一次世界大战中，日本向德国宣战并占领了这些岛屿，1920 年国际联盟委托日本统治这些岛屿，其中包括加罗林群岛、北马里亚纳群岛、马绍尔群岛。这是《开罗宣言》条款规定要"剥夺日本自 1914 年第一次世界大战开始后在太平洋上所夺得或占领的一切岛屿"的原因所在。"这个附有时间和地域限制性的剥夺日本所占领土的规定，显然与台湾、澎湖以及琉球等岛屿无关"。② 第二层面再看"在使日本所窃取于中国之领土，例如满洲、台湾、澎湖群岛等，归还中华民国"这一条款。原文中"例如满洲、台湾、澎湖群岛等"只是插入语，起到列举作用，原文的主干句子是：使日本所窃取于中国之领土，归还中国，因此第二层含义涵盖了日本从中国窃取的钓鱼岛及其附属岛屿。③ 第三层面的表述，"日本亦将被逐出于其以暴力或贪欲所攫取之所有土地"，这样的表述方法从某种角度来看有些重复，这是考虑到日本政府常常使用人们想象不到的各种手段和名义攫取他国领土，为防止遗漏。因此采用了兜底条款的方式进行表述，该条款显然是适用于所有被日本占领的岛屿。按此分析，只要是日本窃取自中国的领土，不论其行为是否早于 1914 年，都必须归还中国，④ 其中就包括钓鱼岛。本文赞同管教授的观点，唯一的补充就是，《开罗宣言》所涉中国领土表述的第二层面"例如满洲、台湾、澎湖群岛等"，其中"例如"的用词，表明这并非是穷尽式的列举，因此不能就此认为没有明确提到的领土如钓鱼岛不在其列。

四、结论

　　围绕钓鱼岛争端的中日论战中，我国学界对涉钓鱼岛的条约问题之细

---

　　① 　陈荔彤：《琉球群岛主权归属——历史角度与国际法》，（台湾）《东海大学法学研究》，2005年第 22 期。

　　② 　管建强：《国际法视角下的中日钓鱼岛领土主权纷争》，《中国社会科学》，2012 年第 12 期。

　　③ 　管建强：《国际法视角下的中日钓鱼岛领土主权纷争》，《中国社会科学》，2012 年第 12 期。

　　④ 　管建强：《国际法视角下的中日钓鱼岛领土主权纷争》，《中国社会科学》，2012 年第 12 期。

致考察还较为欠缺。有针对性地分析确定"战后国际秩序"的雅尔塔条约体系之国际法地位，揭穿日本官方以《旧金山和约》打擦边球的真相，不仅可以有针对性地批驳日本对钓鱼岛的"主权主张"，还有利于加强我国"法律战"的应对。具体看，本文认为：第一，处理中日领土争端中，不仅应从舆论宣传角度指出日本挑战"战后国际秩序"、占领国际道义高地，更应明确确定"战后国际秩序"的内涵，尤其是其中的国际法内涵；第二，"雅尔塔体系"条约体系是盟国对法西斯宣战的正义战争的一系列条约，也是确立国际"公共秩序"的战后秩序安排，因而具有"强行法"特质，《旧金山和约》不能也不应与"雅尔塔条约体系"相对抗。应重提并广泛宣传"雅尔塔体系"条约体系在确定二战后亚洲领土秩序中"强行法"的法律地位，揭露日本利用《旧金山和约》"偷梁换柱"的阴谋，以应对并回击日本在钓鱼岛争端"法律战"和"舆论战"中的主张。第三，"雅尔塔体系"条约体系中，《开罗宣言》、《波茨坦公告》作为条约的法律效力以及在钓鱼岛争端中重要的条约作用不容置疑。"雅尔塔条约体系"中对日本主权限制的基础性文件是《开罗宣言》、《波茨坦公告》，并得到《日本投降文书》的补充和印证。这些法律文件前后内容关联紧密、环环相扣，不仅是构成对日本主权限制的基本文件，也是钓鱼岛回归中国的法律依据。

The Legal Status of the Yalta Treaty System in Dealing with the Diaoyu Islands Dispute

LIU Dan, HE Xiaoqing

Abstract: To be in a "better position" in the debate concerning Diaoyu Islands, on one side, the Japanese government has tried to ignore the legal status of the legal documents of the Yalta System such as Cairo Declaration and Potsdam Proclamation; on the other side, it has relied on San Francisco Peace Treaty as legal ground for its sovereign claims over Diaoyu Islands. This paper firstly analyses the Yalta System from historical perspective, then focuses on the *jus cogens* characteristics of the treaties of the Yalta System, especially the connection between those treaties and the issue of Diaoyu islands dispute, so as to rebut the official arguments of the Japanese government.

Key Words: The Yalta System; Diaoyu Islands Dispute; San Francisco Peace Treaty; the Law of the Treaties

（本文原载《太平洋学报》2014 年第 4 期。）

作者简介：刘丹，籍贯贵州省贵定县，上海交通大学极地与深海战略研究中心副研究员，上海交通大学凯原法学院副教授，法学博士，硕士生导师。现为中国国际法学会理事、上海市法学会海洋法治研究会常务理事、《中国海洋法评论》和《南海学刊》特约审稿人。研究方向：海洋法、极地法律与政策、国际公法理论、国际环境法。海外经历包括国际海洋法法庭法律部（2006）实习、荷兰莱顿大学"格老秀斯中心"国际刑法培训（2009）、美国奥尔巴尼法学院访学（2010）以及新加坡国立大学东亚研究所短期研究工作（2014）。代表专著为《海洋生物资源保护的国际法》（2012）。在"Marine Policy"、《太平洋学报》《武大国际法评论》《探索与争鸣》《河北法学》《云南大学学报（法学版）》《金陵法律评论》等发表 20 余篇中英文论文，多次受邀在国内外国际会议做主题发言。在《环球时报》《文汇报》撰写海洋法动态文章，接受《南方周末》《国防参考》等有关海洋问题的采访。近期有关钓鱼岛争端的研究获"国家社科基金青年项目"（2013—）和"中国博士后科学基金第 53 批面上项目"资助（2013—2015），此外还主持国家海洋局海洋发展战略研究所项目 3 项、上海日本研究交流中心项目 1 项、上海市教委全英文示范课程建设项目 1 项，还参与中国太平洋学会学术研究工作委员会重大项目 1 项。

何笑青，浙江杭州人，上海对外经贸大学 2012 级国际法硕士研究生。

钓鱼岛主权归属与《马关条约》的演进解释问题

张卫彬

（安徽财经大学法学院，233030）

摘要： 中日钓鱼岛之争涉及《马关条约》第 2 条第 2 款 "台湾全岛及所有附属各岛屿" 解释问题。对于该术语地理表达的含义，两国政府及民间人士依赖于《维也纳条约法公约》第 31～32 条之规定，并结合在实践中生成并发展而来的演进解释方式对其内涵进行了不同的阐释。实际上，经由国际法庭确立的 "一般规则" 之实践路径进行考察，历史文献记载及持续、适度有效的行政管辖有力证明钓鱼岛作为台湾附属岛屿的这一史实，因而只能采取静态解释方法而非演进解释方法。同时，也不存在采取演进解释的原始意图和嗣后合意。

关键词： 演进解释；附属岛屿；钓鱼岛

一、问题的提出

近年来，随着右翼势力的猖獗，日本政坛出现日益保守化的趋势，加之配合美国的 "向亚洲再平衡" 战略的推进和实施，中日钓鱼岛之争不断升温。其主要表现为单方面打破长期以来双方就海洋领土问题达成的 "搁置争议" 共识，不断制造各种事端，意图强化对我国钓鱼岛及其附属岛屿（以下简称钓鱼岛）的实际控制，如 2012 年 9 月 11 日日本非法国有化 "钓鱼岛及附属的南小岛和北小岛"。为了维护国家领土主权及应对日本的国际不法行为，中国政府采取了一系列行之有效的 "组合拳" 反措施：公布钓鱼岛诸岛屿的标准名称、宣布钓鱼岛领海基线、实行巡航常态化，等等。

毋庸置疑，我国历史上已通过对钓鱼岛"无主地先占"和有效管辖将其"凝结"为固有领土。但随着甲午战争的溃败，1895 年 4 月 17 日中国被迫与日本签订《马关条约》（原名为《马关新约》）。该条约共 11 条，并附有《另约》，《议订专条》以及《停战展期专条》。主要内容包括：中国承认朝鲜独立；割让台湾岛及其附属岛屿、澎湖列岛与辽东半岛给日本（后因俄国、德国和法国干涉还辽而未能得逞）；赔偿日本 2 亿两白银；开放沙市、重庆、苏州、杭州为通商口岸；允许日本人在通商口岸开设工厂等。1895 年 5 月 8 日，中日在芝罘（今烟台）交换两国皇帝的批准书，条约正式生效。《马关条约》对中国的历史影响极其深远。台湾省等大片领土的割让，进一步破坏了中国领土主权的完整，刺激了西方列强瓜分中国的野心，中华民族危机日益加深。[①] 而且，该条约的签署，最终实现了日本长达 10 年 （1885—1895）之久的图谋——将钓鱼岛纳入其管辖范围，进而产生了中日钓鱼岛主权争议，至今悬而未决。

其主要原因在于，两国政府对于该条约第 2 条第 2 款"台湾全岛及所有附属各岛屿"是否涵盖钓鱼岛存在不同的阐释。中国认为，根据该条款钓鱼岛于 1895 年割让给日本，随着 1941 年对日宣战，《马关条约》得以废除。1943 年《开罗宣言》和 1945 年《波茨坦公告》做出了"二战"后处置日本的规定，确认台湾及附属岛屿（包括钓鱼岛）应归还于中国。而且，1945 年 8 月 15 日，日本宣布无条件投降时也接受了这些规定。相比，日本政府却一贯无理主张钓鱼岛为日本固有领土，《马关条约》与钓鱼岛没有任何关联。如 1972 年日本外务省发表《关于尖阁列岛主权的基本见解》时声称："该列岛向来构成我国领土西南诸岛的一部分，而根据明治二十八年五月生效的《马关条约》第 2 条，该列岛并不在清朝割让给我国的台湾、澎湖诸岛内。"[②]

与此同时，对于"台湾全岛及所有附属各岛屿"是否涵盖钓鱼岛，学界也是莫衷一是，见仁见智。鉴于条约解释与主权存在密切的关系，不同的解释方法会对争议领土主权归属产生不同的影响，因而日本民间人士在

---

① 参见张海鹏：《牢记马关遗恨 努力振兴中华》，《台湾研究》，1995 年第 3 期。
② 张海鹏、李国强：《论马关条约与钓鱼岛问题》，《人民日报》，2013 年 5 月 8 日第 9 版。

解释"附属岛屿"术语时绝大多数从其本国利益出发，坚称钓鱼岛已于《马关条约》签订之前通过其"无主地先占"和领土并入方式处于其主权控制之下，因而与该条约第 2 条第 2 款之规定无关。即使部分学者主张钓鱼岛主权应归属于中国，但依据的是日本政府非法"窃占"，与《马关条约》第 2 条没有直接关系。①

传统上，我国学界在解释"附属各岛屿"条款时，按照 1969 年《维也纳条约法公约》（以下简称《条约法公约》）第 31~32 条规定的文本上下文、目的、宗旨、意图、补充资料等多种解释方法，论证钓鱼岛应为该条款所割让以及随后依据《开罗宣言》《波茨坦公告》等嗣后条约归还于中国。如有的学者指出，"钓鱼岛应该或至少是部分地依据《马关条约》中的台湾附属各岛屿一并割让之规定"。② 另外，部分学界及相关人士分别从地理、历史、经济、政治、安全等多种因素对钓鱼岛属于台湾的附属岛屿展开论证。尤其是认为，钓鱼岛距台湾 92 海里，相对距日本琉球群岛 145 海里更近些，且是台湾陆地领土向外的自然延伸部分，是台湾"岛链"中的一个点，也属于我国东海大陆架自然延伸的一部分，而且与日本之间还隔着冲绳海槽，因此钓鱼岛在地理上附属于台湾。③

但是，这种地理学演进解释的视角也受到了来自于包括日本在内的部分国家和民间人士的挑战。如 Matsui 认为，"台湾全岛及所有附属各岛屿"的表述不可能被解释包括远离台湾岛 92 海里的钓鱼岛，同时也没有任何证据显示钓鱼岛为台湾的附属岛屿；而且，根据《马关条约》第 2 条第 3 款之规定，距台湾岛 23~34 海里的澎湖列岛都不属于其附属岛屿，那么相对更远的钓鱼岛也当属不可能之列，因此《马关条约》与钓鱼岛没有任何关联。④

此外，"大陆架"作为法律概念始于 1945 年《杜鲁门公告》，正式确立于 1958 年《大陆架公约》，而《马关条约》签订于 1895 年，由此产生如下问题，"附属岛屿"能否演进解释（evolutive interpretation）？大陆架

---

① 参见井上清著，贾俊琪、于伟译：《钓鱼岛：历史与主权》，中国社会科学出版社，1997 年，第 9 页。

② 郑海麟：《钓鱼岛列岛之历史与法理研究》（增订本），明报出版社，2011 年，第 162 页。

③ 参见黄世席：《钓鱼诸岛主权归属与条约法的适用》，《外交评论》，2013 年第 4 期。

④ See Erden Denk, "Interpreting a Geographical Expression in a Nineteenth Century Cession Treaty and the Senkaku/Diaoyu Islands Dispute", the International Journal of Marine and Coastal Law, Vol. 20, pp. 100–102.

概念可以追溯适用当时的"附属岛屿"含义吗？采用演进解释方法的判定规则如何？如何界定附属岛屿的地理标准？基于此，结合《条约法公约》第31~32条之规定，并从司法仲裁实践中采用的动态解释方法视角分析地理上"附属岛屿"的内涵就显得尤为必要了。

二、领土争端中有关地理表达术语演进解释的适用条件

通常，条约一经缔结，当事方就倾向于其保持静止状态。但是，由于文本语言的限制和现实的多变性和不可预测性，在事实之外，任何一部法律文本都需要解释。[①] 尤其是在实践中，条约的实施环境不断受到政治、经济、社会等因素制约，因而为了保持其稳定性和有效性，条约解释须保持一定的灵活性。为了衡平考虑，国际司法仲裁机构以《条约法公约》为实践基础，创造了静态解释方法和演进解释方法。[②] 领土边界条约也不例外。

实际上，从《条约法公约》第31~32条规定的条约解释规则来看，可以推定其并不排除采用演进解释方法。如第31条第1款规定的"通常含义"就可能随着时间而产生变化，而且也未明确界定是条约缔结时还是发生解释之时"通常含义"内涵以及当两者发生冲突时，究竟哪一个具有优先效力？而且，"善意"、"目的和宗旨"等其他条款规定也可能要求有关术语须演进解释。尽管如此，该公约对于何时及如何进行演进解释并未涉及，因而对实践的指导作用相对有限。

值得强调的是，国际社会对于条约演进解释的内涵和适用条件，也没有做出明确的规定。因而，在国际实践中，主要司法仲裁机构做法和各国的态度并不一致，缺乏统一的判断基准。例如，欧洲人权法院在解释其自身公约时依据"活的文件理论"（living instrument theory），一直采取演进的解释方法。[③] 虽然国际法院（ICJ）和世界贸易组织（WTO）等经常采取演进解释方法，但在个案中有时也采用静态解释方法。如2002年喀麦隆诉尼日利亚陆地和海洋划界案和1999年厄立特里亚和埃塞俄比亚仲裁案等。

---

① See H. L. A. Hart, The Concept of Law, Oxford University Press, 2nd, 1994, p. 126.

② See Tyrer v. The United Kingdom, Series A no 26, para. 31.

③ See George Letsas, A Theory of Interpretation of the European Convention on Human Rights, Oxford University Press, 2007, p. 65.

　　与此同时，国内外学界和相关人士也是见仁见智。如部分相关人士认为，"演进解释是指一个术语含义的解释将随着时间的推移而发生变化。"① 有的学者指出，演进解释与动态解释（dynamic interpretation）、累进解释（progressive interpretation）为同义语。② 有的国际公法学家以条约中"概念"、"术语"、"目的和宗旨"、"意图"等作为其主张演进解释的基础。③ 当然，也有部分学者持不同意见，严格区分"原意主义"和"活的文件"二分法，否定条约文本含义演进的可能。而且，质疑其是否与《条约法公约》第31~32条相兼容。④

　　一般来说，"附属各岛屿"相关术语的解释，根据时际法理论应依赖于《马关条约》签订之时生效的法律，⑤ 但鉴于《条约法公约》是传统习惯法的编纂，因而该公约第31~32条可作为对《马关条约》第2条解释的基本架构。由于该条款并未清楚界定台湾全岛的"附属各岛屿"涵盖的领土范围，须从学理上和实践上考察领土条约中有关地理表达在当时的真正内涵以及嗣后能否进行演进解释。基于国际法院对此提供了相对详细的说明和归纳，因此，文中主要阐释其适用的相关条件及判定规则，并结合领土边界争端进行重点分析。

　　通常，演进解释方法分为明示和隐含适用两种不同的解释方式。明示的演进解释概念首次出现在1971年纳米比亚咨询案判决书之中。国际法院指出，《国际联盟规约》第22条第1款规定的"神圣委托"（sacred trust）等术语的含义并非是静止的，可做演进的解释。⑥ 在1978年爱琴海

---

　　① Feldbrugge v. The Netherlands, ECHR, the Joint Dissenting Opinion, Series A, No 99, 266, para. 24.

　　② See Malgosia Fitzmaurice, "the Practical Working of the Law of Treaties", in Malcolm D Evans (ed.), International Law, 3rd, Oxford University Press, 2010, p. 188.

　　③ See Sondre Torp Helmersen, "Evolutive Treaty Interpretation: Legality, Semantics and Distinctions", European Journal of Legal Studies, Vol. 6, 2013, p. 132.

　　④ See John H Jackson, Sovereignty, the WTO, and Changing Fundamentals of International Law, Cambridge University Press, 2006, p. 187.

　　⑤ 时际法是指一个法律事实必须根据当时的法律予以分析，而非争议发生时或未能解决时生效的法律。See Island of Palmas Case (Netherlands/United States of America), Award of 4 April 1928, RIAA, Vol. II (1949), p. 839.

　　⑥ 1966年10月28日，联合国大会通过第2145（XXI）号决议，鉴于南非持续拒绝履行其依《委任统治书》所负担的义务，决定终止该委任统治书，并敦促南非撤出它设在西南非洲领土上的行政机构。但是，南非依据对《国际联盟条约》第22条第1款规定之静态解释结果，拒绝履行联大决议。

案中，国际法院将"领土地位"（territorial status）视为"一般术语"（generic term），并强调该用语应根据国际关系的发展其含义有所演进。[①] 但是，在这两个判例中，国际法院均没有明确界定演进解释的适用规则。在2009 年哥斯达黎加与尼加拉瓜有关圣胡安河航行权及相关权利案中，国际法院第一次明确表达了采用演进解释的一般规则：一是当事方使用"一般术语"，且注意到该术语的意义可能随着时间而演进；二是条约生效很长时间或具有持续的效力。[②]

通过国际法院上述三个案例来看，可以得出如下结论：第一，条约的持续期不受限制。第二，一般规则允许国际法院推定当事方对于某一术语具有演进解释的意图。第三，一般规则并不解决所有关于条约演进解释的问题，仅言及当满足上述两个条件时，演进的解释意图应予以推定。第四，一般规则具有溯及力，可以适用旧的条约。然而，这种规则也受到了学界的一定质疑。如 Thirlway 指出，"演进解释可能赋予国际法庭太多的自由裁量权，进而背离当事方的原意"。[③] 其实，对于这种质疑，国际法院认为，如果当事方意图使得一般术语进行演进解释，然而法庭机械采用静态解释方法，这同样非常有害。[④]

由此看来，作为一般适用规则，国际法院须综合考虑条约文本、意图、目的和宗旨等，加之权衡国际政治、经济、文化、社会等发展，进而做出科学、合理的解释。实际上，在个案中，国际法院经考察后发现，虽然有的领土条约文本采用了演进术语，但当事方并未旨在使其演进解释。例如，在 1999 年博茨瓦纳和纳米比亚卡西基里/色杜杜岛案中，国际法院在解释 1890 年英国和德国签订的殖民边界条约第 3 条第 2 款中英文文本术语丘贝河主河道"中心线"（centre）和德文文本术语"最深谷底线"（Thalweg）时强调，在条约缔结时这两个术语确实含义不同，并且当时可交替使用，尤其鉴于博茨瓦纳和纳米比亚对这些术语的含义均未表现出任

---

①　Aegean Sea Continental Shelf, ICJ Reports 1978, p. 3, para. 77.

②　See Dispute Regarding Navigational and Related Rights (Costa Rica v. Nicaragua), ICJ Reports 2009, p. 213, para. 66.

③　Hugh Thirlway, The Law and Procedure of the International Court of Justice, BYB Intl L. , Vol. 60, p. 141.

④　Sondre Torp Helmersen, "Evolutive Treaty Interpretation: Legality, Semantics and Distinctions", European Journal of Legal Studies, Vol. 6, 2013, p. 137.

何真正观点的差异，因此，法院认定两者具有相同的含义。① 希金斯在该案中曾对一般术语做出如下定义："一个众所周知的法律术语，当事方预期其内容将随着时间而发生变化。"② 显而易见，国际法院在对某一术语决定是否采用演进解释时尊重当事方合意或者条约"起草者"的意图，并非任意勾勒演进解释的规则。

当然，如前文所述，国际法院有时在个案中采用静态解释方法而非演进解释方法，似乎有违一般规则；或者说，是否可以认为静态解释为一般规则，演进解释是一种例外情况。事实上并非如此。其主要原因在于，在这些案件中，国际法院认为，有关术语具有特殊意义（special meaning），根据《条约法公约》第 31 条第 4 款"如经确定该条约各当事国意在把一个术语使用于某一特殊意义，就应认其具有该特殊意义"，因而只能采取静态解释方法。如 2002 年喀麦隆诉尼日利亚陆地和海洋案中，国际法院在详细分析当事方的主张、相关的条约文本及附属地图后指出，在条约缔结之时当事方设想的河口就是那个标志着陆地边界起点的恩济（Ebeji）河口，别无其他河口，因此不存在演进解释问题。③ 与之类似，1999 年厄立特里亚和埃塞俄比亚仲裁案也是如此。④

与明示适用方式相比，国际法院对领土条约中有关地理表达的术语解释时，多数采用隐含适用的方式进行演变解释。例如，当事国对"附属岛屿"术语涵盖的范围出现解释争端时就是如此。其实，早在 1923 年《洛桑条约》第 6 条就已明确体现"位于一国领海之内的岛屿归属于该国"的原则。在 1928 年帕尔玛斯岛案中，胡伯就强调，当分配一个岛屿归于一国而非另一国时，"邻近"可能是相关考虑的因素。⑤ 但是，对于地理"邻近"标准并未做出明确的规定。实际上，在先前的国家实践中，一般都将地理标准置于优先考察的地位，且认定处于大陆或洋中主岛领海之内的岛屿视为一国的附属岛屿。即使稍微超过领海宽度，也可依据"柱廊理

---

① Kasikili/Sedudu Island（Botswana/Namibia），ICJ Reports 1999, p. 1062, para. 4.

② Kasikili/Sedudu Island, Declaration of Judge Higgins, ICJ Reports 1999, p. 1113, para. 2.

③ See Land and Maritime Boundary between Cameroon and Nigeria（Cameroon v. Nigeria：Equatorial Guinea intervening），Judgment, ICJ Reports 2002, p. 346, para. 59.

④ See Decision Regarding Delimitation of the Border between Eritrea and Ethiopia, Reports of International Arbitral Awards Vol. XXV, p. 83, para. 3, 5.

⑤ See Island of Palmas Case（Netherlands/United States of America），Award of 4 April 1928, RIAA, Vol. II（1949），p. 893.

论"（portico doctrine）判定为附属岛屿。① 1982 年《联合国海洋法公约》第 46 条（b）款关于"群岛"的定义中拓展了判定"附属岛屿"标准：地理、经济和政治的实体，或在历史上已被视为这种实体。显然，"附属岛屿"的解释标准发生了演进。

　　其实，在国际法院的实践中，最初判定附属岛屿的标准为地理标准，并没有考虑历史标准、经济和政治实体标准，除非当事国提出此类证据予以主张。如在 2002 年利吉丹岛和西巴坦岛归属案中，印度尼西亚仅以地理邻近为由主张争议岛屿归其所有，因而国际法院就从邻近角度界定"附属岛屿"的标准为"相当临近"（immediate vicinity），并以此为据判定 40 海里过于遥远而不能称之为附属岛屿。② 在 2008 年马来西亚/新加坡白礁岛、中岩礁和南礁案中，当事方提出了地理、地质证据和历史证据，国际法院须先后对这些主张进行分析，但最后均没有予以采信。与之类似，在 2012 年尼加拉瓜诉哥伦比亚案中，针对 1928 年条约第 1 条第 1 款所提到的"构成圣安德烈斯群岛的其他岛礁"的解释问题，法庭指出：根据地理标准，分别距安德烈斯岛 20 海里和 16 海里的阿尔布开克和东南—东礁可被视为该群岛的组成部分，其他岛礁（如龙卡多尔、塞拉纳、塞拉尼亚、新浅滩分别距主岛普罗维登西亚 75 海里、80 海里、165 海里、205 海里）不可能成为其组成部分或地理单元。而且，也没有历史文献记录哪些岛屿构成圣安德烈斯群岛组成部分。③ 至于单一行政单元的创造，国际法院经分析后采纳了尼加拉瓜的主张，根本没有予以考虑。

　　从上述的判例中可以看出，因"附属岛屿"的判定标准随着时间推移发生了一定变化，因而国际法院在解释其内涵时采取了演进方法。尤其是在距离标准方面，国际法院不再局限于领海宽度的限制，其外延扩大至约领海宽度的 2 倍。但是，国际法院在司法实践中过于重视地理标准的适用，而忽视"历史上已被视为这种实体"标准，而且考察逻辑和进路也存在一定问题。基于此，国际法院在司法实践中应重构"附属岛屿"的判定规则。尤其是，应当尊重当事国的历史性权利，将历史证据置于优先考察的地位。如果历史证据缺乏或不够清晰，地理标准、政治和经济标准可起

① See O'Connell, The International Law of the Sea, Clarendon Press, 1982, p. 185.

② Sovereignty over Pulau Ligitan and Pulau Sipadan (Indonesial/Malaysia), Judgment, ICJ Reports 2002, p. 669, para. 96.

③ See Nicaragua *v.* Colombia case, Judgment of 19 November 2012, pp. 23–26, paras. 23, 55.

着辅助、补充作用。至于当事国的行政单元的设置，也应予以区分。如果是一国先前行为的继续，应当予以考虑；否则，单纯的行政单元的创造不具备任何国际法上的效力。无疑，这使得国际法院的判案规则具有更大的确定性和预期性，进而切实提高其判案权威和公信力，增强相关当事国将领土争端通过法律手段解决的信心，对促进国际法治和国际习惯法的形成也具有重要的推动作用。

三、《马关条约》第 2 条地理表达的通常含义演进解释的考察

根据《马关条约》第 2 条第 2 款，清政府割让"台湾全岛及所有附属各岛屿"给日本。从文本地理表达的普通含义来看，"附属各岛屿"究竟包括那些岛屿，存在语言模糊之处，因而需要对其采用地理、经济或行政和历史标准进行解释。但是，该术语能否进行动态解释？是否符合一般规则的要求？"附属各岛屿"是否具有特殊意义？对于诸如此类的问题，如前所述，国内部分学者从该术语地理标准的视角进行了深入分析，并得出结论：钓鱼岛是台湾岛大陆架自然延伸，属于台湾岛链的一部分，与之共处一个大陆架之上，且与琉球群岛隔有 2 000 多米深的冲绳海槽，因而应归属于台湾的附属岛屿。显然，这是一种演进解释方式。

与之相比，日本政府和部分学者从行政管辖的角度认为，钓鱼岛为琉球境界的附属岛屿。主要支撑证据为：一是 1895 年 1 月 14 日，日本内阁已通过决议将钓鱼岛纳入日本领土，1896 年日本政府颁布第 13 号敕令，将其正式并入冲绳县八重山郡；二是美国琉球民政府于 1953 年 12 月 25 日发布的第 27 号公告确定了琉球政府管辖的地域范围，把钓鱼岛划入地理经纬度之内，[①] 1971 年 6 月 17 日依据《琉球群岛和大东诸岛协定》，将占领管辖的琉球群岛施政权归还日本。通过对这些证据分析来看，日本主要以行政单元的创造为演进解释主张钓鱼岛为琉球群岛附属岛屿。其实，无论是国内部分学者抑或日本的演进解释主张都存在一定问题。之所以如此，主要依据包括如下几个方面。

第一，依据国际法院在实践中适用的"一般规则"之有效期限要件因素的考察，《马关条约》条约第 2 条规定台湾及附属各岛屿和澎湖列岛

---

① 参见郑海麟：《钓鱼岛列岛之历史与法理研究》（增订本），明报出版社，2011 年，第 204-207 页。

"永远让与日本"条款，似乎该条约属于无期限条约。然而，随着1941年12月9日中国对日宣战之后单方废除此项条约，1943年《开罗宣言》和1945年《波茨坦公告》规定"日本交还占领自中国的所有领土，比如台湾、澎湖及满州"以及随后1945年8月15日日本无条件投降时接受了这些规定，因此该条约已自始无效，并不符合实践中确定的"一般规则"的期限持续性要求。由此也可以进一步得出，在1945年之后，大陆架概念不可能作为演进解释《马关条约》的"附属各岛屿"，除非中日当事国一致同意。显然，就目前而言，双方难以达成这种合意。

第二，虽然根据国际法院演进解释的实践，如果某一岛礁距主岛或大陆沿岸不得超过24海里可视为附属岛屿。但是，就钓鱼岛地理位置而言，其距台湾岛约92海里，无疑地理标准的演进解释对于钓鱼岛属于台湾附属岛屿没有太大意义。至于附属岛屿与主岛共同大陆架演进解释说，不仅理论上存在误区，实践上也缺乏判例支撑。一方面，中日双方在签署《马关条约》时并无大陆架概念，其进入国际法领域并被广泛接受是在第二次世界大战之后。[1] 因此，在阐释"附属岛屿"的普通含义时，如果缺乏当事方的一致同意，采用此种演进解释方式缺乏证明价值。另一方面，虽然在1999年卡西基里/色杜杜案中，国际法院认为，在解释条约模糊条款时当今的科学技术也可以考虑，[2] 但从既往的实践来看，沿海国对大陆架的权利严格限制在对自然资源的主权权利和管辖权，因而不可能导出如下推定：一国对位于其大陆架上的岛屿享有主权。更何况这种推定违反"陆地统治海洋"原则。即使存在个别例外情况，钓鱼岛也不应归于此类之中。例如，对于某一争议岛屿的主权声索，若当事双方都未能提供充分的证据，那么距离相对较近的沿海国获得其主权。[3] 姑且不论钓鱼岛距离台湾岛较近的因素，就是历史证据也足以证明钓鱼岛为中国固有领土，即不存在所谓"未能提出充分的证据"的例外。概言之，共同大陆架说并非取得附属岛屿主权的权原。

第三，关于岛链说的地理演进解释主张也难以具有说服力。这种演进解释基础主要是古航海线路图和地图。例如，1579年明朝册封使萧崇业

① 1945年9月28日美国总统杜鲁门发表公告宣称："毗连美国海岸的大陆架，受美国的管辖和控制。"该公告首次在国际法上明确提出大陆架问题。

② See Kasikili/Sedudu Island (Botswana/Namibia), ICJ Reports 1999, p. 1060, para. 20.

③ See Eritrea-Yemen Award, Chapter VII, para. 315.

《使琉球录》之琉球过海图绘制的航路为：广石→梅花所→东墙山→平佳山→小琉球→基隆屿→花瓶屿→彭佳山→钓鱼屿→黄尾屿→赤屿→古米山（中琉分界，作者注）→马齿山→溪赖米→那霸港。同样，《大清一统舆图》由福建梅花所至琉球那霸港，中经懂东沙、小琉球、彭佳屿、钓鱼屿、黄尾屿、赤尾屿，俱为中国命名；自故米山起，即附有琉球译名，且图案也有圆形变为长椭圆形，中国与琉球的地方分界一目了然，即在赤尾屿与姑米山之间。① 虽然这些古代的航路图可清楚证明钓鱼岛主权归属于中国，但并不能确证其附属于台湾。主要原因在于，一则，该岛链上的岛屿并非都是台湾的附属岛屿，如隶属于福建省的梅花所；二则，无法解释个别地图将该岛链上的钓鱼岛错误纳入琉球的版图，如中华民国政府时期发行的（1949 年 5 月）《中国形势交通详图》、1965 年 10 月我国台湾地区发行的《世界地图集》（东亚诸国）中的琉球群岛图等。

　　第四，国内利己立法创设行政单元不能作为判断附属岛屿标准。该规则在 2012 年尼加拉瓜诉哥伦比亚案中得以确立。日本采取秘密内阁决议将钓鱼岛纳入日本冲绳县管辖，其行为并不属于一种行政管辖行为，而属于非法"窃取"行为，根本没有国际法效力。虽然日本根据《马关条约》割占钓鱼岛划归冲绳县管辖，但随着确定"二战"后国际秩序的《开罗宣言》和《波茨坦公告》的发布，这种殖民管辖行为已丧失了权利存在基础。换言之，1945 年成为钓鱼岛主权归属的关键日期，此时主权已泾渭分明，归属中国所有。至于美国琉球民政府发布的公告所划定的"琉球地理境界"，不仅因属于 1945 年关键日期之后的行为而归于无效，且这种单方处置钓鱼岛的举措也违背领土主权原则。而且，根据国际法院的实践，这种管辖行为具有效力的前提条件须是他国对领土缺乏条约依据或者无所有权。由于钓鱼岛为我国最早发现、占有、使用和管理，因而享有历史主权，不存在日本主张的"无主地先占"之说。

　　第五，经济一体化的扩张解释标准也难以证明钓鱼岛为台湾的附属岛屿。持该种标准的学者认为，自古以来钓鱼岛海域是台湾渔民捕鱼谋生的传统渔场，有力说明了钓鱼岛与台湾具有密不可分的经济关系，因而附属于台湾岛。但是，这种演进解释的观点也存在一定问题。一是钓鱼岛海域不仅是台湾渔民的传统捕鱼场所，也为浙江和福建沿海渔民捕鱼谋生的重

---

① 　参见郑海麟：《钓鱼岛列岛之历史与法理研究》（增订本），明报出版社，2011 年，第 220 页。

要海域，所以其与浙江和福建省也应具有密切的经济关系。二是该观点缺乏国际司法仲裁实践的支持。如 1999 年厄立特里亚/也门仲裁案中，仲裁庭指出，单纯的私人渔民捕鱼活动不能作为有效统治的证据，一国如声索争议岛屿主权须提供体现国家颁发许可的执照。① 就目前而言，尚没有发现古代或近代台湾颁发的此类执照或许可证。当然，这并非意味着私人捕鱼行为没有任何价值。实际上，在缺乏此类官方证据情况下，尽管私人捕鱼行为不能确证钓鱼岛经济上附属于台湾，但可作为中国"发现"该岛的重要证据。

最后，关于钓鱼岛作为台湾岛附属岛屿的历史关联问题。通常，在国家实践中，与国际法院判案基准不同，判断一个岛屿是否为大陆或洋中主岛的附属岛屿，历史文献记载或历史形成居于主要地位。如彭佳屿虽距台湾岛 56 公里（约 31 海里），这并不妨碍历史上为台湾的附属岛屿。因此，综合考察历史文献、古代地图对于判断钓鱼岛是否为台湾的附属岛屿至关重要。对此，日本学界多数片面解析中国的历史文献及附图，认为钓鱼岛并非台湾的附属岛屿。如日本拓殖大学下条正男认为，1743 年乾隆时代编纂的地理书《大清一统志》第 335 卷中，台湾府东北端是"鸡笼城"（现基隆市），在书中收录的"台湾府图"中，钓鱼岛不是台湾附属岛屿。平和彦认为，在中国的正史《明史》中，台湾作为东藩被列入《外国列传》，台湾北部的鸡笼山也包含在《外国列传中》。这样就证明钓鱼岛不是台湾的附属岛屿。② 日本东海大学国际法塚本孝教授认为，中国根据明清时代的资料主张钓鱼岛在历史上是中国固有领土，但仅依赖于展示发现土地、标明航路的古文献是不足以作为证据的，中国还必须出示能证明其领有意志和曾实际控制的证据，相比之下，日本很早便实际控制钓鱼岛，因此处于有利地位。③ 部分国外学者也认为，中国提供的很多历史证据似乎可证明在《马关条约》签订之前，已经通过发现和持续占有获得钓鱼岛的主权，但这并不能说明钓鱼岛与台湾岛之间具有特殊的历史关系。④

---

① See Eritrea-Yemen Award, Charpter X, paras. 477-480.

② 参见平和彦：《中国史籍に现われる尖阁（钓鱼）诸岛》（下），日本国立国会图书馆《アジア・アフリカ》第 10 卷第 6 号，第 20 页。

③ 参见王欢：日专家称中国单凭古文献难印证中国拥有钓鱼岛主权，http://world. huanqiu. com/exclusive/2012-10/3228531. html，2014-9-11.

④ See Erden Denk, Interpreting a Geographical Expression in a Nineteenth Century Cession Treaty and the Senkaku/Diaoyu Islands Dispute, the International Journal of Marine and Coastal Law, Vol. 20, p. 108.

　　然而，事实并非如此。我国对钓鱼岛拥有主权不仅具有完整的证据链——历史证据、地图证据、有效管辖证据和条约证据，也不缺乏钓鱼岛作为台湾附属岛屿的有力证据。其一，有关中琉边界划分的历史文献及附图清楚界定两国分界岛屿是姑米山。主要证据包括：1534 年陈侃《使琉球录》、1561 年郭汝霖《使琉球录》、1719 年徐葆光《中山传信录》、1650年琉球正史《中山世鉴》、1708 年琉球学者陈顺则《指南广义》等。虽然1885 年台湾改行省时并没有明文记载钓鱼岛为其附属岛屿，但一些史料图集清楚记载了这一历史事实。① 如有的国内学者从历史考证角度认为，台湾渔民经常到钓鱼岛海域出没作业，习惯将其视为台湾岛的附属岛屿，这是一种历史的自然形成，对于这种地理概念的历史形成，中日文献都有反映。如郑舜功于 1565 年所撰《日本一鉴》记载：钓鱼屿，小东（台湾）小屿也。② 又如明治二十八年（1895 年）日本海军部所撰《日清战史稿本》中钓鱼岛的位置距台湾淡水港北方约九十海里（小基隆之海面），③也是将钓鱼岛视为台湾的附属岛屿。

　　第三国也认可这一史实。法国人蒋友仁于 1760 年绘制的《坤舆全图》之《台湾附属岛屿东北诸岛与琉球群岛》中有彭嘉、花瓶屿、钓鱼屿、赤尾屿等，将上述岛屿置于台湾的附属岛屿之中。1809 年法国出版家暨地理学家皮耶·拉比所绘制的《东中国海沿岸各国图》，将钓鱼岛绘成与台湾及其他附属岛屿相同的红色（琉球绘成绿色），④ 清楚表明钓鱼岛为台湾的附属岛屿。1894 年英国海军海图官局最新修订本《中国海针路志》也详细记录了台湾的东北诸岛，其中包括钓鱼岛。⑤

　　其二，我国对钓鱼岛进已进行了长期、有效的适度管辖，主要证据包括：①1562 年明朝抗倭海防军事地形图《筹海图编》中的"沿海山沙图"，明确将钓鱼岛纳入福建省界；②1736 年清朝监察御史黄叔敬撰写

---

① 参见郑海麟：《钓鱼岛列屿之历史与法理研究》，中华书局，2007 年，第 119-120 页。

② 参见张海鹏、李国强：《论马关条约与钓鱼岛问题》，载《人民日报》2013 年 5 月 8 日，第 9 版。

③ 参见吴天颖：《甲午战前钓鱼岛列屿——兼质日本奥原敏雄诸教授》，社会科学文献出版社，1994 年，第 110-120 页。

④ 参见郑海麟：《钓鱼岛列岛之历史与法理研究》（增订本），明报出版社，2011 年版，第 143 页。

⑤ 参见鞠德源：《钓鱼岛正名——钓鱼岛列屿的历史主权及国际法渊源》，昆仑出版社，2006 年，第 288 页。

《台湾使搓录》卷二《武备》一节中特别记载了台湾、海岛、港口及附属岛屿的相关情况。尤其考察了钓鱼台和薛坡兰的重要地位，有力体现了清朝的统治"痕迹"；③1863 年湖北巡抚胡林翼编制的《皇朝中外壹统舆图》中标绘出台湾及附属岛屿东北诸岛的各个岛屿图形之"点"，同时在图册南七卷以内具体标注出小琉球、彭家山、钓鱼屿、黄尾屿和赤尾屿；④清朝乾隆和嘉庆年间编撰的台湾府志记载，当时已把钓鱼岛划入我国海防管辖范围，隶属于台湾葛玛兰厅（今宜兰县）。①

四、《马关条约》第 2 条地理表达意图演变阐释的分析

依据国际法院的实践，适用演进解释的另一个要件为当事方的意图。这种意图可为原始意图——体现在条约文本之中，也可以是嗣后意图——从争端方的实践中探寻。当然，如果当事方在争端发生时形成意志协调，也可以为即时合意。然而，就钓鱼岛争端而言，基于中日之间长期以来对钓鱼岛是否为台湾附属岛屿的立场及主张迥然相异，不可能达成演进解释的即时合意。至于其他两种意图方式，经考察也不存在该条款演进解释的可能性。

首先，从原始意图来看，《马关条约》第 2 条第 2 款规定清政府割让"台湾全岛及所有附属各岛屿"，这种模糊处理的方式似乎难以准确探究当事方的原始意图。但是，事实并非如此。主要依据为：第一，从 1885 年至 1895 年的 10 年间，无论是日本内务卿命冲绳县令钓鱼岛展开实地调查，还是 1895 年内阁会议决定钓鱼岛纳入冲绳县管辖，诸如此类行为都是在秘密状态下进行的，唯恐清政府和国际社会知悉。② 基于此，1895 年 4 月 17 日，日本通过与清政府签订《马关条约》，以"合法"条约形式掩盖其秘密窃占我国钓鱼岛的实质。

第二，虽然 1895 年 6 月 2 日中日签署的《交接台湾文据》没有具体载明钓鱼岛，但在此前的会谈纪要中，清政府全权委员李经方基于担心日本以后将福州附近的岛屿也视为台湾附属岛屿而提出主权要求，因此提出是否应该列出台湾所有附属岛屿名录。从李经方交涉记录的意图来看，似

---

① 参见国家海洋局海洋发展战略研究所课题组：《中国的领土钓鱼岛》，海洋出版社，2012 年，第 12-14 页。

② 参见管建强：《国际法视角下的中日钓鱼岛领土主权纷争》，《中国社会科学》，2012 年第 12 期。

乎顾虑"所有附属各岛屿"含义未来可能发生演变。但是，日本公使水野弃理强调，如果逐一列举岛名，可能发生疏漏或涉及无名岛的问题，如此岛屿将不属于任何一方，进而带来不必要的麻烦；有关台湾附属岛屿已有公认的海图和地图，日本决不会将福建省附近的岛屿视为台湾附属岛屿。[①]通过水野弃理的谈话可以看出，如逐一列举岛名，钓鱼岛既非无名岛也不可能发生疏漏，因为公认的海图和地图已确证其主权归属中国。而且，基于距离标准更不可能属于福州附近的岛屿，因而推定日本实际上承认钓鱼岛为台湾的附属岛屿。同时，水野弃理的谈话也表明台湾"所有附属各岛屿"不会因时间推移内涵发生演变。

其次，从嗣后行为来看，《马关条约》第 2 条地理表达意图也没有发生任何变化。虽然 1972 年日本外务省宣称，钓鱼岛历史上一直是其领土西南诸岛的组成部分，不包括在《马关条约》接受割让的台湾及澎湖诸岛之内，而是依据《旧金山和约》第 3 条作为南西诸岛的一部分置于美国的行政管理之下，且中国当时并未对这一事实提出任何异议，证明其没有认为钓鱼岛为台湾的一部分。但是，这完全不符合历史事实。如前所述，钓鱼岛历史上从未附属过琉球群岛，日本通过秘密内阁决议及《马关条约》隐含割占并为之创设行政管辖权丝毫改变不了其隶属于台湾岛的史实。而且，针对 1951 年《旧金山和约》相关条款中非法处置中国领土的行为，时任中国外交部长周恩来便发表声明指出："如果没有中华人民共和国的参加，无论其内容和结果如何，中国人民政府一概认为是非法的，因而也是无效的。"[②]

然而，有的学者提出如下质疑：《马关条约》第 2 条规定了"台湾全岛及所有附属各岛屿"，但在《开罗宣言》中剥夺"日本窃自中国之领土如东北、台湾、澎湖的归还中国"、《波茨坦公告》第 8 条、1952 年"中日双边合约"第 2 条"日本放弃对于台湾澎湖列岛以及南沙群岛和西沙群岛的一切权益"中都遗漏了"所有附属各岛屿"字样，实属于谈签条约失误之所在，也为日本妄图吞并钓鱼岛提供"合法"依据。[③]其实，这种担

---

① 参见张海鹏，李国强：《论〈马关条约〉与钓鱼岛问题》，载《人民日报》2013 年 5 月 8 日，第 9 版。

② 刘江永：《从历史事实看钓鱼岛主权归属》，《人民日报》2011 年 1 月 13 日，第 23 版。

③ 参见郑海麟：《钓鱼岛列岛之历史与法理研究》（增订本），明报出版社，2011 年版，第 257 页。

心没有必要。因为"附属物永随主物"已经成为国际法中一般原则，既然钓鱼岛及其他岛屿历史上附属于台湾，那么随着台湾的回归，其附属岛屿一并回归自然不言自明。

与此同时，也有部分学者提出以下主要证据，试图证明中国对作为台湾附属岛屿的钓鱼岛主权归属意图发生了变化，已承认或默认钓鱼岛为琉球群岛的一部分，归日本冲绳县管辖。一是 1920 年中华民国驻长崎总领事冯冕曾给救助福建惠安县因台风遇险的 31 名渔民的石垣村村民书写感谢信中提及的"尖阁列岛"前冠有日本帝国字样。二是 1953 年《人民日报》曾记载"琉球群岛散布在我国台湾东北和日本九州岛西南之间的大海上，包括尖阁诸岛……"。① 三是极少部分国内地图标明钓鱼岛为尖阁诸岛的日本称谓，纳入琉球版图。如 1949 年《中国形势交通详图》、1958 年由北京地理出版社刊行的中国地图等。② 针对这些所谓证据，主要反驳的理由如下：

（1）在国际法庭解决领土争端实践中，国际条约具有处于压倒性地位或结论性证明价值。直言之，一旦条约确定了领土主权的归属，那么保有占有证据、有效统治证据、历史证据、地图证据等其他证据仅具有补强价值，甚至处于无足轻重地位。毫无疑问，1943 年《开罗宣言》和 1945 年《波茨坦公告》的签署及日本随后无条件予以接受，钓鱼岛主权已于 1945 年之关键日期回归中国。由此，日本其后主张的任何利己证据都将没有任何证明价值。虽然 1971 美日《琉球群岛和大东诸岛协定》，明确将琉球群岛的施政权归还日本，钓鱼岛包含其中，但这种行为一方面因发生在关键日期之后而不具有可采性；另一方面也违反了条约相对效力原则和不干涉他国主权原则，因而在国际法上归于无效。

（2）冯冕感谢状恰恰反映了当时钓鱼岛已作为台湾附属岛屿，通过《马关条约》割让给日本，处于其殖民统治时期之下的事实。因为直至 1945 年之前钓鱼岛一直为日本所割占，冯冕的感谢信并不能表明中国政府已承认钓鱼岛为日本的领土。而且，这种殖民统治证据随着《马关条约》的失效，已经毫无证明价值。同样，1953 年《人民日报》所发表的未署名文章，经考证是一篇编译自日文材料的无署名"资料"而非证据本身，

① 《琉球群岛人民反对美国占领的斗争》，《人民日报》，1953 年 1 月 8 日，第 4 版。
② 参见郑海麟：《钓鱼岛列岛之历史与法理研究》（增订本），明报出版社，2011 年版，第 257 页。

并不代表政府立场，① 且与钓鱼岛主权依据相关条约回归中国的主要事实不一致，不具备补强证明价值。

（3）虽然 1958 年地图把钓鱼岛误划入冲绳范围，但出版发行者已在该图的扉页中注明"某些国界是基于中日战争（1937—1945 年）前编制的地图绘制的"，因而即使部分存在绘制的错误，也几乎没有任何证明价值。而且，日本忽视了同时期也有一些地图未标钓鱼岛为日本领土的事实，如 1956 年日本地图学会编著的《新日本地图》并没有把钓鱼岛纳入西南诸岛的版图以及同年中国出版的《世界分国图》中冲绳并不包括钓鱼岛；1966 年由日本人文社出版的日本总图之南西诸岛部分，西南端以久米岛为界，极西南界以与那国岛为界，也未将钓鱼岛纳入琉球版图。② 尤其是，根据国际法院的判案规则，这些彼此相互冲突的地图没有任何证明价值。③

五、结语

近年来，中日钓鱼岛之争日趋升温，呈现胶着的态势。毫无疑问，钓鱼岛为我国固有领土。实质上，之所以发生纠纷，归根结底在于双方对《马关条约》第 2 条第 2 款解释问题上产生了争端。即中国割让的"台湾全岛及所有附属岛屿"是否包括钓鱼岛问题所致。传统上，判断一个岛屿是否为一国大陆海岸或洋中主岛的附属岛屿，主要依赖于地理上的邻近，但并没有严格的界定基准，因而在实践中产生了何时及如何演进解释的问题。

近年来，国内部分学者采取了大陆架说等地理演进解释方式以及经济、行政和安全等其他演进解释标准对钓鱼岛附属于台湾进行阐释。但是，这些演进解释方法不仅与司法仲裁实践不符，也缺乏相应的国际法理基础。实际上，钓鱼岛作为台湾的附属岛屿应采取历史标准进行解释，并得出结论：历史文献记载及持续的行政管辖都有力证明钓鱼岛是台湾的附

---

① 参见刘江永：《从历史事实看钓鱼岛主权归属》，载《人民日报》2011 年 1 月 13 日，第 23 版。

② 参见郑海麟：《钓鱼岛列岛之历史与法理研究》（增订本），明报出版社，2011 年版，第 254-257 页。

③ See Hugh Thirlway, The Law and Procedure of the International Court of Justice, BYBIntlL, Vol. 60, pp. 1099-1100, paras. 85-88.

属岛屿。尽管如此，历史标准解释方法并非属于演进解释，而是一种静态解释方法。

党的十八大报告首次提出"建设海洋强国"战略，基于此，新近以来，国内学界开始尝试对中国海洋强国战略提出的背景与原因、顶层设计、基本内涵、路径选择及相关问题进行了相应剖析。但无论如何，维护国家领土主权和海洋经济安全自然为海洋强国的核心构成要素。其实，中日钓鱼岛之争不仅仅涉及政治层面问题，更为重要的是《马关条约》解释争端问题。因此，进一步探究领土条约解释问题并逐渐掌握国际法话语体系，进而对实现海洋强国梦显得尤为必要。

The Sovereignty of Diaoyu Islands and the Developing Explanation of Treaty of Shimonoseki

ZHANG Weibin

Abstract：The Diaoyu Islands dispute relates to the interpretation on Article II (b) of 1895 Shimonoseki Treaty, which China ceded to Japan the island of Formosa, together with all islands appertaining or belonging to the said island of Formosa. As regarding the meaning of geographical expression, the two governments and people construe diversely, according to Article 31–32 of the Vienna Convention on the Law of Treaties, combined with evaluative interpretations. In fact, after a comprehensive survey on a "general rule" established by the International Court of justice, Chinese historical records, and continuous, administrative jurisdiction, we draw a conclusion that the Diaoyu Islands is appurtenant to Taiwan. Therefore, the Article II (b) should be interpreted by static interpretation method, not by evolution interpretation. At the same time, there are not original intentions of treaty parties and a common will of evaluative interpretations.

Key words：Evaluative interpretation；Appurtenant Islands；Diaoyu Islands

（本文原载《法学评论》2015 年第 1 期。）

作者简介：张卫彬，男，汉族，1975 年出生，安徽怀远人，安徽财经大学法学院教授，中国社科院法学研究所博士后研究人员，中国国际法学会理事。曾在《法学研究》《法学家》《现代法学》《法学》《法学评论》《政治与法律》等刊物上公开发表论文 40 余篇，其中部分论文分别被人大复印资料《国际法学》和《中国社会科学文摘》全文转载或转摘，曾出版学术专著 1 部，主持国家级和省部级科研项目多项。代表作品有《国际法院证据问题研究：以领土边界争端为视角》（法律出版社 2012 年版）、《国际法院解释领土条约的路径、方法及其拓展》（载《法学研究》2015年第 2 期）、《国际法上的"附属岛屿"与钓鱼岛问题》（载《法学家》2014 年第 5 期）等。

近代日本对钓鱼岛的非法调查及窃取[*]

李 理

（中国社会科学院近代史研究所，100006）

摘要： 钓鱼岛及其附属岛屿在历史上不属于琉球，是中国领土不可分割的一部分。日本在明治维新后，一次次企图将其纳入领土范围。1885 年，日本通过实地踏查，了解到钓鱼岛及其附属岛屿富藏铁矿资源，为"贵重之岛"，便想窃取，但慑于清政府的实力，没敢具体实施。1895 年，日本在甲午战争优势的前提下，没有通过清政府，将钓鱼岛及其附属岛屿强划为冲绳县所辖，暗中窃取了中国的钓鱼岛及其附属岛屿，后期又捏造所谓天皇"敕令"的谎言，企图掩盖偷偷窃之事实。本文主要依据日本所藏原始档案资料，对日本在钓鱼岛及其附属岛屿的踏查及窃取过程做深入探讨，以厘清这段历史史实。

关键词： 日本；窃取；钓鱼岛

钓鱼岛及其附属岛屿，简称"钓鱼岛"，由钓鱼岛、黄尾屿、赤尾屿 8 个无人岛礁组成，分散于北纬 25°40′—26°、东经 123°—124°34′之间，总面积约 6.344 平方公里。这些岛屿在地质构造上，与花瓶屿、棉花屿及彭佳屿一样，是中国台湾北部近海的观音山、大屯山等海岸山脉延伸入海后的突起部分，在历史上作为中琉航海指针被中国古籍所记载，本为中国台湾岛的附属岛屿，与琉球国没有关系。资料已经确凿证明，日本在明治维新后，曾多次想建立国标占有该群岛，但迫于清政府的压力而没能实施。

---

* 此文为中国社会科学院 2010 年院重点课题"琉球处分与出兵台湾"（编号：YZKB2001-9）的阶段性研究成果。

甲午战争以后，日本明治政府乘胜利之机，瞒着中国及各国暗中窃取了钓鱼岛。① 关于日本窃取钓鱼岛的过程，以往学界已经有大量文章论及，但遗憾的是都利用"日本外交文书"所收录之二手资料。《日本外交文书》所收录之相关资料，出自于日本国立公文书馆及外务省外交史料馆所藏之原始档案，其中之"踏查"、"回航报告"及"矿产资源"等方面的第一手资料，《日本外交文书》中都没有收录到。笔者在本文中，将利用《日本外交文书》所没有收录的资料，对日本窃取中国钓鱼岛的历史史实进行补充还原，以证明钓鱼岛在历史上为中国领土之事实。

一、钓鱼岛不属于琉球

论及钓鱼岛被窃取之前，必须明确钓鱼岛在历史上是否属于琉球国。1970 年前后，随着钓鱼岛海底大量石油资源的发现，日本政府开始主张钓鱼岛为琉球的一部分，并暗中与美国进行秘密交涉，以允许美军在突发事件时可以携带核武器进入冲绳为条件，要求美国将钓鱼岛作为琉球的一部分交给日本，双方最终达成秘密约定。② 1971 年签订的《日美冲绳返还协定》，钓鱼岛被作为琉球的一部分交给了日本，这就是日本政府以为拥有钓鱼岛的"国际法依据"。但钓鱼岛在历史上并非是琉球的领土。

日本为了掩盖 1885 年开始意欲偷窃之事实，在记载钓鱼岛与琉球关系的资料中，刻意将时间提早到 1873 年。即是收录于《钓鱼台群岛（尖阁群岛）问题研究资料汇编》中的《向琉球藩辖内久米岛等五岛颁发国旗及律令的文书》。该资料的内容是日本明治政府在 1872 年 10 月单方面设立琉球藩后，于 1873 年 3 月 6 日派外务省六等出仕伊地知贞馨向琉球政府辖内久米岛等五岛颁发日本国旗及律令书之事："琉球藩：无奈海中孤岛，境界尚有不明之处，难以预料外国卒取之虞。此次，授与你藩大国旗七面，自日出至日落，高悬于久米、宫古、石垣、入表、与那国五岛官署。此次交付与你为新制国旗，日后破损以藩费修缮。"③ 琉球藩 1873 年 4 月

---

① ［日］井上清：《关于钓鱼列岛的历史和归属问题》，（香港）四海出版社，1972 年，第 28 页。

② 《1972 年の沖縄返還時の有事の際の核持込みに関する密約》、《1972 年の沖縄返還時の原状回復補償費の肩代わりに関する密約》，日本外务省网（http://www.mofa.go.jp/mofaj/gaiko/mitsuyaku/kanren_ bunsho.html），访问时间：2011 年 8 月 29 日。

③ 《钓鱼台群岛（尖阁群岛）问题研究资料汇编》，励志出版社、刀水书房，2001 年，第 164 页。

14 日向伊地知贞馨汇报："悬挂于本职管辖内久米岛及另外四岛之国旗大旗一面、中旗六面，连同文书已顺利交付完毕。"①

从上述内容分析来看，明治新政府要求琉球将日本国旗所悬挂之五岛，为"久米、宫古、石垣、入表、与那国"，而这五岛本为琉球之附属，其中所谓的"久米岛"与"粟国岛、庆良间岛、渡名喜岛"构成一个岛群，本为琉球三十六岛之一部分。"久米岛"与钓鱼台群岛的"久米赤岛"（赤尾屿）根本是两个不同的岛屿。"久米赤岛"（赤尾屿）与"久米岛"的距离，相差达 70 多里，故将此份资料作为琉球拥有钓鱼岛的最初证据，完全是日本刻意偷梁换柱，企图将日本与钓鱼岛发生关系的时间提前。

另外，《那霸市史》资料篇第 2 卷收录的《古贺先生对琉球群岛的功绩》可以证明钓鱼岛历史上不属于"琉球"：

> 明治二十七年（1894），（古贺辰四郎）向本县（冲绳县）知事申请开发该岛（钓鱼岛），但因为当时该岛是否为日本帝国所属，尚不明确而未准。于是他向内务和农商两大臣提出申请书的同时，本人又到东京亲自陈述了该岛实况恳愿批准开发，仍然未准。时至二十七、二十八年战役（中日甲午战争）告终，台湾始入帝国版图，二十九年以敕令第十三号公布尖阁列岛为我所属，古贺立即向本县知事申请开发，于同年九月终被批准，由此此人对该岛多年宿望得以实现。②

这份资料的原始出处为 1910 年 1 月的《冲绳每日新闻》，它明确说明日本在 1894 年时，还不敢也不能确定钓鱼岛的所属，但在中日甲午战争后，随着台湾的割让，钓鱼岛被以所谓"内阁决议之敕令"，偷偷打包裹挟到日本领土范围内。这反证在历史上，钓鱼岛不属于"琉球"，而是台湾的附属之地。

另外，《冲绳一百年》第 1 卷《近代冲绳的人们》中，也认为古贺辰四郎申请开发钓鱼岛未准许的原因是"当时该岛是否为日本帝国所属尚不明确"。③

以上资料都证明，在 1894 年中日甲午战争处于胶着状态时，不论日本的中央政府，还是冲绳县厅，对钓鱼岛是否属于日本均不确定。甲午战

---

① 《钓鱼台群岛（尖阁群岛）问题研究资料汇编》，第 165 页。
② ［日］井上清：《关于钓鱼列岛的历史和归属问题》，第 27 页。
③ ［日］井上清：《关于钓鱼列岛的历史和归属问题》，第 27 页。

争日本胜利后的《马关条约》中，也没有涉及钓鱼岛。

1895年4月17日签订的《马关条约》中，指定的割让岛屿范围，也不包括钓鱼岛，其割让范围为："台湾全岛及其附属各岛屿；澎湖列岛即东经百十九度起乃至百二十度及北纬二十三度至二十四度之间群岛屿。"①而钓鱼台群岛在北纬25°40′～26°之间，显然不在此范围之内。也就是说，钓鱼台群岛并不是因《马关条约》而成为日本领土的，而是日本将其作为甲午战争的战利品，同台湾及澎湖列岛一并打包窃取的。

之所以言之"窃取"，是因为古贺辰四郎申请开发钓鱼岛之所依据的敕令"第13号"，为日本政府刻意捏造的谎言。

笔者找到所谓钓鱼岛被纳入到日本版图的毛笔书写之敕令第13号（1896年官报3月7日）原件。此敕令由内阁总理大臣伊藤博文及内务大臣春芳显正上报给天皇，睦仁天皇于3月5日批下，其内容具体如下：

第一条　除那霸、首里两区之区域外，冲绳县划为下列五郡。

岛尻郡　岛尻各村、久米岛、庆良间群岛、渡名喜岛，粟国岛、伊平屋群岛、鸟岛及大东岛

中头郡　中头各村

国头郡　国头各村及伊江岛

宫古郡　宫古群岛

八重山郡　八重山群岛

第二条　各郡之境界或名称如遇有变更之必要时，由内务大臣决定之。

附则

第三条　本令施行时期由内务大臣定之。②

从敕令的内容来看，根本就不存在"钓鱼岛"或"尖阁群岛"的任何记载，日本政府说那时的八重山群岛包括了"尖阁群岛"显然不符合历史事实。而根据日本学者井上清等的研究，"尖阁群岛"名称出现的时间是在1900年。当时冲绳县师范学校教员黑岩根，根据学校的命令进行探险调查后，在《地学杂志》上发表报告论文中，第一次以"尖阁群岛"称呼钓鱼岛，以后被日本政府采取至今。

---

① 《日本外交文书》第28卷第2册，日本国际联合协会明治二十八年版，第332页。

② 《御署名原本·明治二十九年·勅令第十三号·沖縄県郡編制二関スル県》，JCAHR：A03020225300，日本国立公文书馆藏。

1896 年 9 月古贺辰四郎申请开发钓鱼岛的原始档案，笔者没有查到，但作为其依据的敕令"第 13 号"史料确为刻意所捏造。故笔者推断，所谓 1896 年 9 月古贺辰四郎申请开发报告及批件是否存在，是值得探讨及研究的。

二、日本现存窃取中国钓鱼岛的资料

日本窃取中国钓鱼岛的历史资料，《日本外交文书》第 18 卷、第 23 卷收录了一部分，而毛笔手写体原稿主要收录于日本国立公文书馆及外务省外交史料馆。

日本国立公文书馆所藏的相关资料名称为《冲绳县与清国福州之间散在之无人岛国标建设之件》（冲绳県卜清国福州卜ノ間ニ散在スル無人島ヘ国標建設ノ件），其档案号为 A03022910000。这份证明日本对钓鱼台群岛怀有野心的资料，最早记录时间起始于 1885 年 2 月，事因日本欲在钓鱼岛建立国标。其内容分为"内务省内部通报"、"秘第一二八号"及"秘第二六〇号"三个部分。

"内务省内部通报"起稿于 1885 年 12 月 8 日，其主要内容是"命令冲绳县将国标建立于散落于冲绳与清国福州之间的无人岛事宜"之诸件，在内务省各主管官员间进行传阅的"内命"。传阅的文件内容，主要集中于"秘第一二八号"及"秘第二六〇号"中。

"秘第一二八号"资料部分，以时间顺序排列，包括以下文件：1885 年 11 月 2 日"出云丸"号船长林鹤松提交给冲绳县大书记官森长义的《钓鱼岛、久场岛、久米赤岛回航报告》；1885 年 11 月 4 日冲绳县五等文官石泽兵吾提交冲绳县令西村捨三及森长义给的《钓鱼岛及外二岛调查概略及附图》；1885 年 11 月 24 日冲绳县令西村捨三提交给外务卿井上馨及内务卿山县有朋的信；1885 年 12 月 5 日山县有朋提交给太政大臣三条实美的《无人岛建设国标之情况报告》；"出云丸"号船长林鹤松所书之《钓鱼岛、久场岛、久米赤岛回航报告》。

第"秘第二六〇号"部分，以时间为顺序，包括以下文件：1885 年 11 月 13 日冲绳县三等教喻上林义忠写给石泽兵吾的关于矿石实验成绩的信件；1885 年 11 月 20 日由冲绳县五等文官石泽兵吾提交给西村捨三及森长义的《钓鱼岛矿石之情况》；1885 年 11 月 21 日冲绳县令西村捨三提交给内务卿山县有朋的《钓鱼岛矿石之情况的报告》；1885 年 12 月 16 日山县有朋提交给太政大臣三条实美《钓鱼岛矿石之情况的报告》；《矿石实验报告》。

日本外务省外交史料馆所藏相关资料名称为《冲绳县久米赤岛、久场岛、钓鱼岛国标建设之件（1885 年 10 月）》（沖縄県久米赤岛、久場島、魚釣島へ国標建設ノ件 明治十八年十月），档案号为 B03041152300。从此份资料的标题来看，日本显然已将钓鱼岛纳入冲绳县范围，而后缀之"明治十八年"（1885）的时间标识，似乎是公示早在 1885 年日本已经将钓鱼岛纳入日本领土范围。资料除包括上述"A03022910000"即 1885 年日本关于钓鱼岛的相关资料外，还收录有 1890 年日本欲在钓鱼岛建立国标及 1895 年日本偷窃钓鱼岛的资料。其中收录 1885 年相关的资料，大部分与"A03022910000"的内容相同，但其标题之"用语及时间"却发生了重大变化，其具体文件如下：1885 年 9 月 22 日冲绳县令西村捨三提交给山县有朋的《久米赤岛外二岛调查情况之上报》；1885 年 9 月 21 日石泽兵吾提交给冲绳县令西村捨三的《久米赤岛、久场岛、钓鱼岛之三岛调查书》（附地图）；1885 年 10 月 9 日官房甲第三十八号内务卿山县有朋写给外务卿井上馨的《冲绳县久米赤岛、久场岛、钓鱼岛国际建设之件》；内务卿写给太政官的《太政官上报案》；1885 年 10 月 16 日起草、21 日发文的《外务卿井上馨给内务卿山县有朋关于久米赤岛外二岛建设国标之事的答复》（亲展第三十八号）；1885 年 11 月 2 日林鹤松所写《钓鱼、久场、久米赤岛回航报告书》；"亲展第四十二号"；1885 年 11 月 5 日冲绳县令西村捨三写给山县有朋之《钓鱼岛外二岛实地调查情况之上报》及 1885 年 12 月 5 日《井上馨、山县有朋给西村捨三的回复》；1885 年 11 月 24 日冲绳县令西村捨三写给山县有朋之信件；1885 年 11 月 30 日（秘第二一八号之二）《山县有朋回复井上馨的回复》及《太政官的指令案》。

上述相关 1885 年的资料，基本都出自于前述"A03022910000"档案中，但在 B03041152300 收录之时，对岛屿的具体记述上，将 A03022910000 资料中关键词"钓鱼岛"修改为"久米赤岛"。笔者推断其为故意所为，其原因即为"钓鱼岛"是中国对该岛的固有称呼。

1890 年前后的相关资料主要有以下三件：1890 年 1 月 13 日知事（冲绳）提交给内务大臣"甲第一号"《无人岛久场岛钓鱼岛之议》；1890 年 2 月 26 日知事（冲绳）写给内务省县治局长的信；1890 年 3 月 2 日内务省县治局长回复冲绳县知事的"县冲第六号"。

1895 年前后的相关资料主要有以下九件：1894 年 4 月 14 日县治局长、冲绳县知事向内务省提交的《久场岛及钓鱼岛所辖标识建设之件》；1894 年 5 月 12 日冲绳县知事奈良原繁向内务省县治局长江木干之提交的"第百五十三号"《久场岛钓鱼岛港湾的形状及其他秘别第三四号》；1894 年 12 月 15 日冲绳县向内务省提交的《久场岛及钓鱼岛所辖标识建设之件》；1894 年 12 月 27 日内务大臣野村靖写给外务大臣陆奥宗光的"秘第一三三号"及附件"阁议提出案"；"阁议提出案"；1895 年 1 月 10 日起草，11 日发文的外务大臣陆奥宗光给内务大臣野村靖的《久场岛及钓鱼岛所辖标识建设之件》；1895 年 1 月 21 日内阁批"第一十六号"《标识建设相关申请通过》之件；冲绳县提交给外务大臣、次官长及政务局长的《久场岛钓鱼岛本县所辖标识建设之件》；冲绳知事奈良原繁提交给内务大臣井上馨及外务大臣陆奥宗光的"甲第百十一号"《久场岛钓鱼岛本县所辖标识建设之议的上报》。

综上，日本公文书馆及外交史料馆收藏的上述资料，包含了《日本外交文书》中所收录的全部相关钓鱼岛的资料，其中还有很多是《日本外交文书》中没有收录的。另外 A03022910000 及 B03041152300 中，所记载钓鱼岛的历史史实也有所差别。A03022910000 号档案中的资料只有 1885 年日本欲在钓鱼台群岛建立国标的记录，而 B03041152300 档案中的资料既包括 1885 年、1890 年的资料，也将 1895 年日本趁甲午战争胜利偷窃钓鱼岛的资料包括其中，特别是 B03041152300 档案中相关 1895 年的资料中"钓鱼岛"名称的变更，非常耐人寻味。

三、1885 年日本欲窃取钓鱼岛的历史

（一）"国标案"的提出者

明治维新后的日本，在实施"琉球处分"的同时利用国际法中"先占"原则确定了占领小笠原岛、硫黄岛及钓鱼岛等一系列岛屿的目标。1876 年日本占有小笠原岛，1879 年事实上又吞并了琉球三十六岛。吞并琉球及海军的壮大，标志着近代日本开始主导东亚。日本利用 1882 年朝鲜的"壬午政变"，将势力延伸到朝鲜半岛，扩张的目标也转向中国大

陆。① 与琉球地缘上相连，又靠近台湾及澎湖列岛的钓鱼岛，自然也成为日本扩张领土的新目标。

日本窃取钓鱼岛的资料，最早记录起始于 1885 年 9 月 22 日冲绳县令西村捨三提交给内务卿山县有朋的《关于久米赤岛及外两岛调查情况之上报》② （第三百十五号）中。该资料的内容与国立公文书馆所藏 A03022910000 中的《钓鱼岛及外二岛调查概略及附图》内容完全相同，但有两点明确改变，即在时间上，《关于久米赤岛及外两岛调查情况之上报》为 9 月，而《钓鱼岛及外二岛调查概略及附图》的时间为 11 月；标题上的"钓鱼岛"改为"久米赤岛"。此份文件没有官方的正式官印，故笔者怀疑可能为外务省在 1895 年前后的誊写之件。其内容具体如下：

关于调查散落在本县与清国福州间的无人岛一事，依日前在京的本县森大书记官下达的密令，进行调查，其概要如附件所示。久米峙、久场峙及钓鱼岛自古乃本县所称地名，又为接近本县所辖的久米、宫古、八重山等群岛之无人岛峙，说属冲绳县未必有碍，但如日前呈报的大东岛（位于本县与小笠原岛之间）地理位置不同，无疑与《中山传信录》记载之钓鱼台、黄尾峙、赤尾峙等属同一岛峙。清国册封旧中山王之使船，不仅详尽证实它们果然为同一岛峙，还分别付之名称，以作为琉球航海的目标。故此次担忧是否与大东岛一样实地勘察，立即建立国标？预定十月中旬前往上述两岛的"出云丸"号汽船返航并立即呈报实地调查后，再就建立国标等事宜仰恳指示。③

从内容来看，这份报告主要是冲绳县令西村捨三，向内务卿山县有朋回复关于调查钓鱼岛及在钓鱼岛建立国标的事宜，其中透露出几点信息值得注意。

首先，报告书内容中的"在京的本县森大书记官下达的密令"之说辞，说明给冲绳县下达密令的直接传达人为"森长义"。但森长义作为冲绳县"大书记官"，本身并没有这样的权力。故笔者推断，密令的真正下达者，并不是某一个人，而是出自于明治新政府内部的某个部门，而西村

---

① ［日］藤春道生：《日清战争》，岩波书店，1974 年，第 45 页。

② 《冲绳县久米赤岛、久场岛、鱼钓岛ヘ国标建设ノ件 明治十八年十月》，JCAHR：B03041152300，外务省外交史料馆藏。

③ 《冲绳县久米赤岛、久场岛、鱼钓岛ヘ国标建设ノ件 明治十八年十月》，JCAHR：B03041152300，外务省外交史料馆藏。

捨三上报的单位为内务省，故这个"内命"可能出自于内务省。

其次，冲绳县令西村捨三在报告中认为，冲绳地方对钓鱼岛已有自己的命名，又因接近所辖之久米、宫古、八重山等岛屿，可认定属于无人岛屿，且认为将之说成为冲绳县所辖也未尝不可，这说明当时冲绳县已经考虑认定钓鱼岛为其所属之无人岛屿。

第三，西村捨三认为钓鱼岛与大东岛地理位置不同，且《中山传信录》早有记载，有中国自己的称谓，且为清朝册封旧中山王之航海指针。这表明西村捨三确切知道这些岛屿分布于日、清交接地带，它可能也属于中国，至少是可能会同中国发生领土争议的地区，故对进行实地勘察及建立国际，表示了担忧与疑虑。

第四，西村捨三提出希望将于十月派船赴钓鱼岛进行实地调查后，就是否建设国标事宜再请政府给予具体提示。这表示西村捨三虽愿意到钓鱼进行实地考查，但建立国标之事，其不能做主，故策略地将决定权推回给明治新政府。这也从另一个侧面表明，在钓鱼岛建立国标之事，不是由冲绳县自下而上发起的。

《关于久米赤岛及外两岛调查情况之上报》，还收录于公开出版的《日本外交文书》第18卷之"版图关系杂件"中，其标题与 B03041152300 收录的《关于久米赤岛及外两岛调查情况之上报》完全相同，所标的日期为10 月 9 日。[①] 这样一份完全相同内容的资料，就出现"9 月、10 月、11月"三个完全不同的日期，这也是值得研究者注意的。

另外此份"上报"也揭示出，对钓鱼台群岛的窃取野心，并非来自于冲绳县令西村捨三，而是来自明治政府的某个部门。这种明明是"由上而上"密变成"由下而上"的手段，是近代日本惯用的，即本为政府的企图，却以地方向中央"请愿"为表象，诸如"琉球处分"中的"鹿儿岛县的请求"，出兵台湾中"大山纲良的请求"。而战后冲绳返还中，也是以由冲绳县向日本中央政府"请愿"，再由中央政府与美国进行秘密交涉，最终达到目的。

（二）对钓鱼岛等岛屿的实地调查

日本政府于 1885 年命令冲绳县对钓鱼岛进行实地调查。冲绳县受命

---

① 《日本外交文书》第 18 卷，第 573 页。

后，于 1885 年 10 月 22 日，雇用动船会社"出云丸"号汽船，派冲绳县五等文官石泽兵吾、十等文官久留彦、警部补神尾直敏、御用掛藤田千次、巡查伊东捉祐一及柳田弥一郎等，对钓鱼岛、黄尾屿及赤尾屿进行实地调查。调查内容记载于冲绳县五等文官石泽兵吾所写的《钓鱼岛及外二岛巡视调查概略》中。该"概略"主要报告了此三岛的情况，并附有从距离钓鱼岛西南岸十五海里远望钓鱼岛、黄尾屿（久场岛）的侧面图。

根据《钓鱼岛及外二岛巡视调查概略》，"出云丸"号于 1885 年 10 月 29 日下午 4 点从宫古石垣起锚出发，30 日早上 4 点多接近钓鱼岛，8 点左右从西海岸上陆，开始进行实地调查。调查结果认定此岛方圆超过三里，由巨大的岩石构成，上面布满了可旦、榕、藤等树种，与大东岛相同，整个岛被与冲绳本岛相同的杂草覆盖，溪涧清水流淌，水量充沛，没有平原，缺乏可耕地，海滨水产资源丰富，由于受地势的影响，农渔两业难以发展。调查还对钓鱼岛上的地质构造进行了观察，根据其土石的情况，推断可能含有煤或铁矿，并认为如果真是这样，这个岛就可以说是一个"贵重"之岛。[1]

《钓鱼岛及外二岛巡视调查概略》还记载由于钓鱼岛散落在日本与清朝间的海上航路上，故发现很多诸如废船等漂流物。岛上素无人迹，树林繁茂，诸如鸦、鹰、鸠等海禽类很多，最多的是信天翁。石泽兵吾用很大的篇幅来描写岛上信天翁的情况。[2]

石泽兵吾在概略中对信天翁的记载，有助于理解前记 1896 年 6 月古贺辰四郎为捕捉海产物、采集和输出信天翁羽毛，提出申请租用"久场岛"可能是事实。虽然目前笔者没有找到古贺的申请报告，但推断可能有两种可能性。第一种是明治政府对钓鱼岛实地调查后，发现其岛上的信天翁资源可以利用，鼓励古贺辰四郎到岛上进行捕鸟作业，以便实现其"先占"的目的；另一种可能性是古贺辰四郎自己发现钓鱼岛的天然资源后，受经济目的引诱，以个人身份到钓鱼进行经济作业。但不管历史史实到底怎样，即使古贺辰四郎 1896 年以 30 年期限无偿租用了钓鱼岛，也是发生在日本政府窃取钓鱼岛后的事情。

---

① 《沖縄県ト清国福州トノ間二散在スル無人島ヘ国標建設ノ件》，JCAHR：A03022910000，日本国立公文书馆藏。

② 《沖縄県ト清国福州トノ間二散在スル無人島ヘ国標建設ノ件》，JCAHR：A03022910000，日本国立公文书馆藏。

《钓鱼岛及外二岛巡视调查概略》还记载，调查船下午 2 点离开钓鱼岛，驶向黄尾屿，此岛在钓鱼岛的东北 16 海里处。日落西山之时到达，调查人员本欲登岛，但由于海上突然强风大作，故只能在船上观察。调查人员认为，此岛与钓鱼岛类似，也是由巨岩大石构成，禽类与树木也基本相同。归途中路过赤尾屿，由于风高浪急、夜暗漆黑无法进行观察，石泽兵吾虽也觉遗憾，但认为此岛只为一小礁，对其没有农渔业或殖民的想法。①

通过《钓鱼岛及外二岛巡视调查概略》，笔者推断日本之所以对钓鱼岛进行调查，主要出自几个目的：第一个是为建立国标了解地理地质资料；第二为探查钓鱼岛有无清政府统治迹象；第三为该岛有无经济价值及殖民价值；第四，为窃取钓鱼岛做基础的认知工作。

（三）有关钓鱼岛的回航报告

另外一份相关钓鱼岛本岛实况记载的资料为《钓鱼、久场、久米赤岛回航报告书》②。此报告为动船会社"出云丸"号船长林鹤松所写，1885 年 11 月 2 日提交给冲绳县大书记官森长义。

报告记载"出云丸"号初次航行到钓鱼岛西岸，并在其沿岸三四个地点进行了探测，其海底极深，约四十至五十寻，没有可以抛锚之地。鱼钓群岛由一岛六礁组成，最大者为鱼钓岛，六礁俱列在该岛西岸五六里内，礁脉恐连绵于水面之下。

钓鱼岛的西北岸，山崖屹立，其高度约一千零八十尺，地势向东岸渐渐倾下，远望如水面上的直角三角形。岛上水资源丰富，其东岸河溪纵横，据海路志记载，可见溪中鱼儿。本岛距离那霸河口三重城西七度，南二百三十海里。

黄尾岛屹立在钓鱼岛东北十六海里处，沿岸皆有六十尺高，其最高点为六百尺，与钓鱼岛相同，没有地方可以停靠船舶。

"出云丸"号从黄尾岛离开，驶向庆良间峡的中途，接近了赤尾屿，但由于夜半未得实地调查。根据海路志记载，该岛不过为一岩礁，其具体

---

① 《沖縄県卜清国福州卜ノ間二散在スル無人島ヘ国標建設ノ件》，JCAHR：A03022910000，日本国立公文书馆藏。

② 《沖縄県卜清国福州卜ノ間二散在スル無人島ヘ国標建設ノ件》，JCAHR：A03022910000，日本国立公文书馆藏。

位置在东经一百二四度三十四分，北纬二十五度五十五分，距离那霸三重城西六度，南一百七十海里，四面嵩岸屹立，高度大约二百七十尺，远望似日本帆船。该岛屡屡被外船报错位置，盖因其在黑潮中孤立，想必各船也难以推测。

林鹤松的回航报告书，与石泽兵吾的调查报告角度不同，主要从岛的外部环境、海底礁岩及地形地貌进行了描述。

（四）资源类的实验

日本通过对钓鱼岛等三岛的实地调查，推断岛上可能藏有煤炭或铁矿石资源。石泽兵吾于 1885 年 11 月 12 日，将从钓鱼岛带回的岩石标本交给其学弟冲绳县金石学者三等教谕小林义忠对岩石进行含矿可能性检验分析。11 月 13 日，小林义忠给石泽兵吾回信，确定了钓鱼岛拥有铁矿资源："昨天交来的矿石，今天进行了实验，其酸化铁完全可以满足制铁，别纸附实验成绩报告。"①

石泽兵吾在收得矿石实验报告后，马上向冲绳县令西村捨三及大书记官森长义进行汇报："本月（11 月）四日，上呈钓鱼岛及外二岛调查概略之时，曾言怀疑钓鱼岛石层中，可能含有煤矿或铁矿，并带回几块样本，附以简单说明，以供参考之用，另外，将其中一块，交由本县三等教谕小林义忠，进行化学试验。小林很快进行实验分析，别纸附了成绩报告书，断定该石中含有的酸化铁，完全可以满足制铁所用。该岛是否存在着大型矿层，待它日进行更细致的调查。"②

西村捨三于次日（11 月 21 日）向内务卿山县有朋进行了报告："本月五日上报之钓鱼岛调查报告及附属复命书类中，曾提到岛上可能埋藏煤矿或铁矿之申述，其后命金石学者三等教谕小林义忠进行分析，如别纸所附，取得实验结果，证明足够满足制铁用之。"③

通过小林义忠的矿石实验报告，证明钓鱼岛上拥有铁矿石资源，钓鱼岛为"贵重之岛"的推想也被证实。

---

① 《沖縄県卜清国福州卜ノ間二散在スル無人島ヘ国標建設ノ件》，JCAHR：A03022910000，日本国立公文书馆藏。

② 《沖縄県卜清国福州卜ノ間二散在スル無人島ヘ国標建設ノ件》，JCAHR：A03022910000，日本国立公文书馆藏。

③ 《沖縄県卜清国福州卜ノ間二散在スル無人島ヘ国標建設ノ件》，JCAHR：A03022910000，日本国立公文书馆藏。

（五）"国标案"的搁浅

冲绳县在对钓鱼岛进行实际调查之时，明治新政府内部就"窃占"问题进行了一系列的相互沟通。1885 年 10 月 9 日，内务卿山县有朋以"官房甲第三十八号"，向外务卿井上馨进行通报："冲绳县与清国间散在之无人岛调查之提议，另附别纸由同县令上报给政府。"① 同时，山县有朋还向太政官三条实美进行报告："冲绳县与清国福州之间散在的无人岛，久米赤岛及外两岛的调查之提议，如别纸所附由同县令上报提出，上记群岛与中山传信录中所记载的岛屿实属相同，历来在航海上作为航路方向的针路，目前虽特别属于清国的证迹很少，且岛名我与彼所称各异，与冲绳县宫古八重山等地接近，属无人岛屿，指示同县进行实地踏查的基础上，提出建立国标之提议，情况至急，请给予指示。"②

山县有朋向三条实美的报告中，将"钓鱼岛及外两岛"的名称，变成了"久米赤岛及外两岛"。这种名称的变化，笔者理解可能为山县有朋故意所为。"久米赤"从本质上讲，并不是真正的岛屿，而是礁岩。而"久米赤"在钓鱼岛、黄尾屿及赤尾屿这三岛中最小也不是最重要的。特别是冲绳县实地调查的对象只有钓鱼岛一岛，但山县有朋却在上报中，将"钓鱼岛"修改为"久米赤岛"，笔者推断可能出自于两个原因：第一是"钓鱼岛"本为中国对该岛的称呼，山县有朋有意回避使用；第二种可能是，有意让太政大臣三条实美将"久米赤"理解成琉球境内之"久米岛"，这样不明实情的三条实美，可能就会给予支持。山县有朋的这种做作，笔者认为是一种欺骗性的"有意所为"。故我们就能理解为什么前述 B03041152300 收录的 1885 年相关资料中，凡涉及标题中有"钓鱼岛"的，一律修改为"久米赤岛"。

同时，"指示同县令进行实地踏查"之语，则证明对钓鱼台群岛建立国标事宜，是由日本内务省发起的。其证据就在外务省获得通报后，考虑到与清朝的关系，最终提出反对意见的"亲展第三十八号"中。

"亲展第三十八号"起草于 1885 年 10 月 16 日，发文于 10 月 21 日。

---

① 《沖縄県卜清国福州トノ間ニ散在スル無人島ヘ国標建設ノ件》，JCAHR：A03022910000，日本国立公文书馆藏。

② 《沖縄県卜清国福州トノ間ニ散在スル無人島ヘ国標建設ノ件》，JCAHR：A03022910000，日本国立公文书馆藏。

井上馨在此件中，对山县有朋言："经冲绳县对散落冲绳与清国福州之间无人岛——久米赤岛及外两岛的实地调查，于本月9日以附甲第三十八号就建立国标进行商议。几经熟虑后，认为上记各岛屿靠近清国国境，非以前调查过的大东岛可比，其周围看似很小，清国竟附有岛名。近来清国报纸等盛载我政府欲占据台湾附近的清国属岛之传言，对我国怀有猜疑。于频频敦促清政府注意之际，我若于此时遽尔公然建立国标，反易招致清国之猜忌。当前仅须实地调查港湾形状及开发土地物产可能性做成详细报告。至于建立国标之事须俟它日时机。请诸位注意，已调查大东岛一事及此次调查之事，恐均不刊载官报及报纸为宜。上述答复顺申拙官意见。"①

从"亲展第三十八号"内容来看，明治政府内部对在钓鱼岛建立国标事宜，进行了具体的商议，但顾虑没有历史证据证明钓鱼岛为冲绳所属，如冒然建立国标事宜，恐与清朝产生摩擦与矛盾，故希望俟它日以便等待时机。

"亲展第三十八号"也说明井上馨等人反对在钓鱼岛建立国标，故指令冲绳县继续对该岛进行调查，以便等待好的时机。同时，为了不引起国际上的注意，连对大东岛的调查，也不许在报纸上公开发表，为了达到保密的效果，连外务省发出的文件，也明令收回，即是以"秘字第二一八号之二"追申："望处理后返还此件。"②

内务省在接到外务省井上馨暂时搁置建立国标事宜后，并没有马上通知冲绳县。冲绳县令西村捨三于1885年11月5日将《钓鱼岛外二岛实地调查情况之上报》递交给山县有朋的同时，以"第三百八十四号"要求正式将钓鱼岛纳入冲绳县："最初考虑与清国接近，怀疑其所属，不敢决断。这次复命及报告书中，记载其为贵重之岛屿，从地理上看，其在我县八重山群岛西北、与那国岛的东北，可决定为本县所辖。如果这样，即引自大东岛之例，在钓鱼岛、久场岛建立我县所辖之标识。"③

从"第三百八十四号"内容分析来看，西村捨三在实地考察钓鱼岛后，积极要求马上建立国标，缘于钓鱼岛为"贵重之岛"。1885年11月

---

① 《沖縄県久米赤島、久場島、魚釣島ヘ国標建設ノ件 明治十八年十月》，JCAHR：B03041152300，《日本外交文书》第十八卷，第572页。

② 《沖縄県久米赤島、久場島、魚釣島ヘ国標建設ノ件 明治十八年十月》，JCAHR：B03041152300，《日本外交文书》第十八卷，第572页。

③ 《沖縄県久米赤島、久場島、魚釣島ヘ国標建設ノ件 明治十八年十月》，JCAHR：B03041152300，《日本外交文书》第十八卷，第572页。

21 日，西村捨三又将《钓鱼岛矿石实验报告》交给山县有朋。11 月 24 日，西村捨三再次给外务卿井上馨及内务卿山县有朋同时发信，就钓鱼岛建立国标事宜，再次提出请求："提议在该岛建立国标一事，与清国不无关系，万一发生矛盾冲突，如何处理至关重要，请给予具体指示。"①

从 11 月 24 日西村捨三信的内容分析来看，尽管冲绳县认识到钓鱼岛为"贵重之岛"，希望划归其所辖，但恐怕与清政府产生冲突，故敦请日本中央政府给予具体指示。而日本政府内部，就此事件的具体讨论，没有详细的记载资料保留下来，但根据现存的 1885 年 11 月 30 日三条实美给内务卿山县有朋及外务卿井上馨的指令按"秘第二一八号之二"之内容分析来看，外务卿井上馨的意见占了上风。

"秘第二一八号之二"之内容为："由冲绳县令提出，别纸所附之无人岛国标建设之议案，为右下记的具体意见——目前应缓建散落冲绳县与清国之间无人岛的国标。该案之涉及指令之官方记载及捺印之书类，望处理后返还。"②

指令书是太政大臣三条实美批复给山县有朋及井上馨的。故可分析出，就建设国标案，在日本政府内部，其意见不完全统一。外务卿井上馨从外交的角度出发，不愿意在此时期与清政府产生矛盾，故虽支持对钓鱼群岛进行调查，但不主张马上建立国标。从三条实美的批复指令来看，日本政府也是知道这些岛屿位于清朝边境处，且已有中国之名称，恐与清政府产生矛盾与冲突，不敢轻举妄动，权衡轻重利弊，最后采取井上馨的建议，暂时搁置国标建立之事宜，退而等待窃取之机会。

四、日本"窃占"钓鱼台群岛

1890 年 1 月 13 日，日本冲绳县知事再次向内务大臣呈文，要求将钓鱼岛纳入冲绳："关于邻近本官管辖下八重山群岛内石垣岛的无人岛——钓鱼岛及外两岛，明治十八年十二月五日，已于同年十一月五日第三百八十四号请示进行作业。上述岛屿为无人岛，迄今尚未确定其所辖。近年因管理水产业之需要，故八重山岛官署报请确定其所属。借此机会，请求将

---

① 《冲绳县卜清国福州卜ノ間二散在スル無人島へ國標建設ノ件》，JCAHR：A03022910000，日本国立公文书馆藏。
② 《冲绳县久米赤岛、久場島、魚釣島へ國標建設ノ件 明治十八年十月》，JCAHR：B03041152300，《日本外交文书》第十八卷，第 572 页。

其划归本官辖下之八重山岛官署所辖。"①

日本政府内部对此怎样讨论，没有资料记载。但同年的 2 月 7 日，内务省以县治局长公函，对冲绳县的请求以"县冲第六号"给予驳回："本年一月十三日甲第一号的无人岛贵县所辖之提议，如明治十八年十一月五日贵县之第三百八十四号之请求，已有十二月五日指令案的答复，请在调查的基础上参照，特此照会。"②

从明治政府的答复来看，可推断政府内部在讨论后，认为时机还不成熟，故没有批准冲绳县的请求。

1893 年 11 月 2 日，冲绳县知事奈良原繁再次向内务大臣井上馨及外务大臣陆奥宗光提出《久场岛钓鱼岛本县所辖标权建设之请求》（甲第百十一号）："位于本县下八重山群岛西北的无人岛——久场岛钓鱼岛本县所辖之提议，可援引大东岛之例，建设本县所辖之标权。明治十八年十一月五日第三百八十四号上报，同年十二月五日批复'目前应缓建'。近年来尝试在该岛进行渔业等，由于管理上的需要，从明治十八年开始，就不断提出请求。该岛作为本县所辖，建立标权至急，仰望给予具体指示。"③

此时期，日本已经开始大陆作战的准备，故对冲绳县提出的请求给予了积极的回应。1894 年 4 月 14 日内务省以"秘别第三四号"，由县治局长将冲绳县的请求报告给内务大臣、次官及参事官，同时，指令冲绳县就以下内容进行调查："该岛港湾之形状；未来有无物产及土地开拓的可能；旧记口碑等有无记载我国所属之证据及其与宫古、八重山岛之历史关系。"④

冲绳县在接到"秘别第三四号"后，奈良原繁于 1894 年 5 月 12 日以"复第百五十三号"回复内务省县治局长江木干之："久场岛钓鱼岛港湾形状及其他之件的秘别第三四号照会已经了解，然而该岛自 1885 年由本县派出警部等进行踏查以来，再没有进行实地调查，故难于确报。故别纸附

① 《沖縄県久米赤島、久場島、魚釣島ヘ国標建設ノ件 明治十八年十月》，JCAHR：B03041152300，《日本外交文书》第十八卷，第 572 页。

② 《沖縄県久米赤島、久場島、魚釣島ヘ国標建設ノ件 明治十八年十月》，JCAHR：B03041152300，《日本外交文书》第十八卷，第 572 页。

③ 《沖縄県久米赤島、久場島、魚釣島ヘ国標建設ノ件 明治十八年十月》，JCAHR：B03041152300，《日本外交文书》第十八卷，第 572 页。

④ 《沖縄県久米赤島、久場島、魚釣島ヘ国標建設ノ件 明治十八年十月》，JCAHR：B03041152300，《日本外交文书》第十八卷，第 572 页。

当年调查书及'出云丸'号船长的回航报告。"该件最后还追述："没有旧记书类相关该岛我邦所属之明文证据及口碑传说等，只是本县下之渔夫经常到八重山岛及这些岛屿进行渔业，特此申报。"①

从冲绳县 1894 年 5 月 12 日"复第百五十三号"内容来看，冲绳县并没有找到钓鱼台群岛属该县的历史证据，也没有提及前述的"贵重之岛"的内容，要求成为其所辖的理由为渔业管理的需要。

此后日本在甲午海战中逐渐占据优势，并拟定强迫中国割让台湾为和谈条件。钓鱼岛在琉球与台湾之间，故日本认为窃取钓鱼岛时机已经成熟。1894 年 12 月 15 日，内务省以"秘别一三三号"，由县治局长向内务大臣、次官、参事官及庶务局长递交《久场岛钓鱼岛所辖标权建设之上报》，提出："对钓鱼岛久场岛相关地理等进行了逐次调查，不论怎么讲，和平山及钓鱼岛二岛，位于海军省水路部二百十号地图的八重山岛东北方，其依照部员的口述，右二岛从来都是属于领土的范围，其在地形上当然地被认为冲绳群岛之一部。"②

1894 年 12 月 27 日，日本内务大臣野村靖发密电给外务大臣陆奥宗光，称：关于在久场岛（黄尾屿）、钓鱼岛建标一事，虽已下令暂缓，但"今昔形势已殊"，对这些岛屿"需要管理"，故应当重议此事。此次日本外务省未表异议，并答复"请按预定计划适当处置"。

1895 年的 1 月 14 日，为内阁会议召开预定日。内务大臣野村靖于 12 日向内阁总理大臣伊藤博文发件《关于修建界桩事宜》（"秘别第一三三号"），提出："位于冲绳县下辖八重山群岛之西北的久场岛、钓鱼岛一直为无人岛，但近年有人试图在该岛从事渔业等，对此须加以管理之，故该县知事呈报修建该县所辖之界桩。恳请上述内阁会议批准归由该县所辖，准其修建呈报之界桩。"③

内阁会议在内外大臣沟通良好的基本上当然讨论通过。1895 年 1 月 21 日一份带有内阁总理大臣、内阁书记官长、外务大臣、大藏大臣、海军大臣、文部大臣、通信大臣、内务大臣、陆军大臣、司法大臣及农商务大臣

---

① 《沖縄県久米赤島、久場島、魚釣島ヘ国標建設ノ件 明治十八年十月》，JCAHR：B03041152300，《日本外交文書》第十八卷，第 572 页。

② 《沖縄県久米赤島、久場島、魚釣島ヘ国標建設ノ件 明治十八年十月》，JCAHR：B03041152300，《日本外交文書》第十八卷，第 572 页。

③ 《钓鱼台群岛（尖阁群岛）问题研究资料汇编》，第 169 页。

画押的批复文发下，具体批示为："对于内务大臣建议的位于冲绳县八重山群岛之西北称为久场岛、钓鱼岛之无人岛，近年来有人试图从事渔业等，故应有序加以管理之，对此，应按照该县知事呈报批准该岛归入冲绳县辖，准其修建界桩，此事如建议顺利通过。指示：按照关于修建界桩事宜的建设办理。"①

同时，内阁（1895 年 1 月）还发表了政府文书《久米赤岛、久场岛及钓鱼岛编入版图经过》，具体内容如下：

散落在冲绳与清国福州之间的久米赤岛（距久米岛西南方约七十里，位于离清国福州近二百里处）、久场岛（距久米岛西南方约百里，位于靠近八重山岛内石垣岛约六十余里处）及钓鱼岛（方位同久场岛，仅比久场岛远十里左右）之三岛未发现所属清国的特别证迹，且靠近冲绳所辖之宫古、八重山岛等，为无人岛屿，故冲绳县知事呈请修建国标。上述审议在呈报太政大臣前，山县内务卿于明治十八年十月九日已征询井上外务卿的意见。经外务卿熟虑，鉴于本岛屿靠近清国国境，为蕞尔孤岛，当时我国政府因清国报纸刊载我占据台湾附近清国属岛等流言而敦促清国政府注意等理由，于十月二十一日答复把建立国标、开拓岛屿之事延至它日时机为宜。十二月五日内务、外务两卿指示冲绳知事，对目前不修建国标望加谅解。明治二十三年一月十三日，冲绳县知事向内务大臣请示，要求确定这些岛屿的管辖。请示提出本案岛屿一直为无人岛，未特别确定其所辖，近年因取缔水产之需要，故八重山官署报请确定其所辖。进而明治二十六年十一月二日，当时有人试图在本案岛屿从事渔业生产等，冲绳县知事为管理之，向内务、外务两大臣呈报修建该县所辖之界桩。内务大臣就本案提交内阁会议与外务大臣磋商，外务大臣未表示异议。于明治二十七年十二月二十七日提交内阁会议。明治二十八年一月二十一日，内阁会议决定由内务、外务两大臣指示冲绳县知事：报请修建界桩一事已获批准。②

综上所述，历史的真相只有一个，即钓鱼岛是中国的固有领土，早在明清时期就已经有中国自己的称谓，且为中国册封琉球国王及往来船只的航海指针。日本现存资料也充分证明，日本明治政府对此心知肚明，虽在 1885 年通过踏查知道钓鱼岛为"贵重之岛"，想将其纳入到领土之内，但

---

①　《钓鱼台群岛（尖阁群岛）问题研究资料汇编》，第 169 页。

②　《新領土ノ発見及取得ニ関スル先例》，JCAHR：B04120002200，日本国立公文书馆藏。

慑于清政府的实力，没敢具体实施，一直等待着机会。1895 年 1 月 14 日，日本政府不等甲午战争结束便迫不及待地通过内阁决议，单方面决定将觊觎 10 年之久的钓鱼岛划归冲绳县所辖。日本没有将此决定通告给清政府，即使是在 1895 年 1 月至 4 月中日签署《马关条约》的谈判过程中，日本也从未提及钓鱼岛。在 4 月 17 日签订的《马关条约》中更没有涉及，一直到 1902 年，日本才以天皇敕令的形式试图把钓鱼岛并入日本领土。日本就这样窃取了中国的钓鱼岛。日本迄今一直坚持的"钓鱼岛"为无主之地的说法，根本没有历史根据。

Study on Japan's Field Surveys and Grab of Diaoyu Island in Modern Times

LI Li

Abstract: According to historical data, Diaoyutai Islands do not belong to the Ryukyu Kingdom originally. It can be proved that in history Diaoyutai Islands act as integral parts of Chinese territory. After the Meiji Restoration, Japan attempted to incorporate Diaoyutai Islands into Japan's territory several times. Through field surveys, Japan discovered that Diaoyutai islands were rich in iron ore resources as "precious islands" in 1885. Then Japan tended to include Diaoyutai Islands within its own territory. But threatened by the deterrent of the Qing government, at that time Japan did not dare to implement the plan. In 1900, Japan made another attempt to delimit boundary on Diaoyutai islands, but failed in the end. Later in 1895, with the advantages of the Sino-Japanese war, Japan grabbed Diaoyutai islands without the approval of Qing government and posed them under the jurisdiction of Okinawa County through Cabinet resolution.

Key words: Japan; Diaoyu Islands; Grab

（本文原载《中国边疆史地研究》2012 年第 4 期，现略有调整。）

作者简介：李理，吉林省长春市人。2006 年毕业于中国社会科学院研究生院，获历史学博士学位。研究方向为台湾近现代史。曾受日本国际交流基金会资助，留学于日本中央大学，并受台湾陆委会及夏潮基金的资助，以台湾中央研究院、政治大学、玄奘大学、中国文化大学等访问学者身份，多次在台湾进行调研。现任中国社会科学院近代史研究所台湾史研究室副研究员，中国社会科学院台湾史研究中心副秘书长，中国政法大学台湾研究中心特聘研究员。曾出版《日据时期台湾警察制度研究》《教育改造及改造教育——教育部审订高中台湾史课程纲要及教科书研究》《另一视角看台湾史》《近代日本对钓鱼岛的非法调查及窃取》《日本馆藏钓鱼岛文献考纂》《日本各界人士对日本"尖阁列岛"主张的反驳》《日本吞并琉球与出兵台湾关系探析（下、下卷）》等专著，并在《近代史研究》《抗日战争》《台湾研究集刊》等刊物上发表学术论文几十篇。

从甲午战争到钓鱼岛争端

——中日国际法运用评价与启示

宋云霞　尹丹阳　冯艳军

（海军大连舰艇学院政治系，116001）

摘要： 121 年前爆发的甲午战争对中日两国产生了重要影响，这是一场软实力战胜硬实力的典型范例。在众多软实力中，中日双方对国际法的认识和运用水平的差异，也是影响战争胜负的重要因素之一。从中日两国运用国际法的角度对这场战争及其遗留的钓鱼岛问题进行考察，其意义已不仅仅是探究胜败的原因，更重要的是以史为鉴，未雨绸缪，坚决不让历史悲剧重演。在钓鱼岛维权军事斗争中，必须注重运用国际法捍卫国家领土主权，联合国际社会，共同遏制日本军国主义抬头，维护世界和平。

关键词： 甲午战争；钓鱼岛争端；国际法

　　1894 年爆发的甲午战争使中日两国均发生了重大转折，日本从此迈入世界强国的行列，而中国却深陷谷底，任人欺凌。对甲午战争中国失败的原因，尽管可以从不同角度进行考察，但不可否认的是，这是一场软实力战胜硬实力的典型范例。无论从国家财力、武器装备还是兵员数量上，当时的清政府都远远强于日本，但是战端一起，大清帝国陆海战场全线崩溃，号称亚洲最强的北洋水师全军覆没，签订了条件极为苛刻的《马关条约》，并由此为中日钓鱼岛争端埋下伏笔。在众多软实力中，中日双方对国际法的认识和运用水平的差异，是其中重要的因素之一。历史转过两甲子之后，中日由钓鱼岛争端所引发的一系列问题正成为两国之间亟待解决的关键所在，解决这一争端，离不开国际法的运用。因此，我们今天从中日两国运用国际法的角度对这场战争及其遗留的钓鱼岛争端进行考察，其意义已不仅仅是探究胜败的原因，更重要的是以史为鉴，未雨绸缪，坚决不让历史悲剧重演。

一、前事不忘，甲午战争前后中日国际法运用评析

与"二战"后形成的现代国际法不同，1894年时的国际法处于近代阶段，它形成于殖民主义兴起的时代，带有强烈的强权政治烙印，具有鲜明的时代特点。首先，它肯定国家的战争权。近代国际法认为，战争是国家解决国际争端的强制手段之一，是从主权中引申出来的一种固有权利，是推行国家政策的合法手段。这种规定符合当时资本主义对外殖民扩张的需要，客观上为一切战争披上了合法外衣，使其侵略行为获得了法律上的支持。其次，战争的开始需要满足一定条件。近代国际法规定，战争不仅仅是一种冲突状态，而且是一种法律状态。战争的成立，要以国家表示战争意向为要件。因此，即使两国之间已经开始武装冲突，只要交战方不做战争意向的表示，或者干脆否认它们之间进行的是战争，那么，近代国际法就认为不存在法律规定的战争。最后，将不平等条约视为当然。在国际联盟以前，对那些使用武力或者威胁手段强迫他国签订的条约，国际法没有规定以一方对另一方使用武力或威胁为由可以撤销条约，这也是近代国际法中缺乏禁止诉诸战争规则的结果。这就使得各列强国家将不平等条约视为其获得利益的当然手段。中日两国正是在这样的国际法环境下，在与西方列强签订不平等条约的过程中开始了解国际法，然而对其作用的认识却大相径庭，导致在实际运用的过程中走上了南辕北辙的两个极端。

（一）两国对国际法的认识分析

1839年，林则徐在广州禁烟时派人将瑞士人瓦特尔（Emerich de Vattel）所著的《万国法》中关于战争、敌对措施和封锁、禁运等内容翻译为中文，收入魏源的《海国图志》，这是中国第一次接触国际法的内容。鸦片战争后，美国传教士丁韪良（William Martin）将美国国际法学者惠顿（Henry Wheaton）的《国际法原理》译为中文，取名《万国公法》，总理衙门将此书分发到沿海各重要通商口岸，作为对外交涉的依据。国际法正式进入中国。其后，清政府在1864年以《万国公法》为指导，顺利解决了"普丹大沽口船舶事件"。在1874年，又用国际法在与秘鲁签订通商条约时订立了相互最惠国条款，从而在一定程度上维护了自己的利益。由

此，甲午战争前清政府开始有意识地用国际法指导外交事务，甚至更一度认为，"公法是外交的至宝"，① 希望靠国际法来维护国家主权。这种盲目相信国际法的态度，说明清政府还处在学习和运用国际法的初级阶段，没有认识到近代国际法是建立在欧洲殖民强权思想之上的，想要单纯依靠国际法弥补自身不足，在当时残酷的殖民斗争中保全自己，完全是缘木求鱼，舍本逐末。甲午战败，举国震动。在残酷的事实面前，中国朝野开始对国际法的作用进行反思，并逐渐认识到国际法固然对中国不无助益，但由于国家有强弱之分，国际法的作用也就大不相同。强才可享国际法上的利益，弱则国际法并不可恃，关键在于国家是否强盛。这种认识是从残酷的历史事实中得出的自然结论，是对国际法理解进一步深入的体现。

几乎同时，日本正处于幕府末期，与中国相同，正深受西方国家所强加的不平等条约的困扰。因此，《万国公法》传入日本后，立即受到朝野人士的高度重视，初期也寄希望于依靠《万国公法》来维护其国家权益，甚至还流传着"长剑不如短刀，短刀不如手枪，手枪不如《万国公法》"的说法。② 但随着明治政府为日本订立了向外扩张的基本国策，日本对国际法的态度也发生了根本的转变，更强调国际法的消极方面，开始采取否定主义的态度。甚至认为"今日之世界，尚非道理之世界，是武力之世界"，"数千万言的万国公法，可以用一声枪炮抹杀之"。③ 完全将国际法视为对外侵略扩张的工具，走向了另外一个极端。甲午战争后，日本迈入强国行列，树立起了极度的自信，更加深了对国际法是为其侵略扩张服务的认识。这可以从其战后出版的几本专论甲午战争国际法问题的著作中一窥端倪，这些论著无一不是为其侵略行径辩护、张目，它们的一个共同特点是建立在虚假的历史之上，为美化日本的侵略行为，歪曲和掩盖历史真相服务。

（二）两国对国际法的运用分析

鸦片战争后，西方国家在中国建立起新的条约制度，把中国强行拖入近代国际社会的系统之中。强弩之末的清政府在当时国际国内背景下，对国际法的运用呈现出正向自卑，反向自负的特征。

---

① 转引自尹新华《晚清中国与国际公约》，湖南师范大学博士学位论文，2011 年第 44 页。
② 戚其章：《国际法视角下的甲午战争》，人民出版社，2001 年，第 5 页。
③ 郭渊：《近代国际法视野下的中日丰岛海战》，《东北史地》，2007 年第 7 期，第 54-59 页。

一方面，清政府在对日关系上，在惧战、怯战的心态影响下，盲目夸大国际法的作用，希望借助国际法的力量来抵御外敌，企图靠西方列强的调解来避免战争，为此目的，一味诚实、谨慎甚至迂腐的死守国际法规则，认为"万国公例，谁先开战，谁即理拙"，训令在朝清军静守勿动，对日军的挑衅，"毋与计较"，① 从而丧失了有利战机。在战争已经开始之后，清政府仍然寄希望于借西方国家调停双方的争端。面对日军在战争中枪杀落水士兵、屠杀平民和战俘、强奸妇女、掠夺财物等种种违反国际法的罪行，一味忍让，不仅没有及时收集和保存证据，也没有有效利用宣传手段予以揭露，呼吁国际社会舆论支持，最终导致战争全面失败。

另一方面，清政府尽管认识到国际法是与列强交涉的有效手段，但内心深处仍受"天朝上国"思想的影响，认为与列强签订的条约是对其的恩惠和给予，并且"主要是要求对方守约，并有着暗地摆脱条约约束的明显意图"。② 在运用国际法方面显得十分被动。除被迫运用国际法签署条约，满足列强们的要求外，鲜有主动适用国际法来谋求利益，维护权益。

在战争前后，北洋水师并没有认真学习研究国际法的精神实质和具体内容，更不会灵活运用。北洋水师初期，曾仿照英、德海军制度，制定了内容详尽、规定严格的《北洋海军章程》，包括船制、官制、升擢、事故、考校、俸响、恤赏、仪制、军规等十四章，共 3 万余字。但自洋教头辞职后，北洋水师管理松懈，纪律废弛，令不行，禁不止，规章制度形同虚设，使得"每北洋封冻，海军岁例巡南洋，率淫赌于香港、上海，识者早忧之"。③ 在 1894 年 9 月 16 日，北洋水师提督丁汝昌率北洋舰队护送招商局轮船运兵至鸭绿江口大东沟登陆时，遭日本联合舰队挂美国国旗接近突袭，北洋水师不识日本舰队运用海战惯例"假旗"④ 诈术，仓促迎战，损失惨重，经此一战，日本控制了制海权。

反观日本，在引入国际法后，深入研究，并配合其扩张政策灵活运用。先是废除了与西方国家的不平等条约，而后，为麻痹中国，又主动与清政府签订了《中日修好条规》和《中日通商章程》。在这些条约批准不

---

① 郭渊：《近代国际法视野下的中日丰岛海战》，《东北史地》，2007 年第 7 期，第 54-59 页。

② 转引自尹新华《晚清中国与国际公约》，湖南师范大学博士学位论文，2011 年第 42 页。

③ 徐平，陈晰：《北洋水师兵败甲午海战的惨痛教训》，《海军后勤学报》，2009 年第 4 期，第 68-70 页。

④ 假旗：在海战中，军舰为了追赶敌船，企图逃跑或为了诱使敌舰前来作战，可以冒挂敌国或中立国的国旗，但在攻击敌舰前必须换挂本国国旗以显示国籍，这样攻击才合法，否则即为非法。

到一年后，日本悍然以台湾是"无主之地"以及"保民义举"为由发兵入侵台湾。1885年4月，又与中国签订《天津条约》，条约共3款，其中最重要的是第3款："将来朝鲜若有变乱重大事件，中日两国或一国要派兵，应先互行文知照。及其事定，仍即撤回，不再留防。"这也是日本发动甲午战争的主要借口。可以看出，日本在运用国际法方面居于主动地位，将其视为推行国策的一项重要工具。

同时，日本还积极主动利用国际法为其行为开脱和辩护。先是在丰岛海战中不宣而战，突然袭击清军舰队，击沉中国租借的用以运兵的英国商船"高升"号后，面对英方的强烈反应，诬陷中方首开战端，编造"高升"号被清军所左右，日军被迫将其击沉的借口。其后，在战争进行中，日军一方面实施大量违反战争法的残暴行为，一方面却由其国际法学者等进行大力宣传，将日军鼓吹成一支在战争中很好地遵守了国际法的文明之师。1894年11月21日至24日，日军在旅顺进行了为期4天的大屠杀，其野蛮暴行不但举世震惊，而且引起了国际正义舆论的强烈谴责，指责"日本披着文明的外衣，实际是长着野蛮筋骨的怪兽"，"已经撕下其面纱，原形毕露，在此前4天里将文明踏于胜利之师的足下"。① 日本政府对其军队犯下的滔天罪行却矢口否认，百般狡辩。时任外务大臣陆奥宗光竟然声称：这些对日军暴行的揭露和责难都是"过于夸张之词"，不过是"耸人听闻"而已。②

此外，日本还通过《马关条约》窃取了钓鱼岛。《马关条约》第2款规定让与日本的土地为，"台湾全岛及所有附属各岛屿"。日本利用割占台湾的机会，故意模糊处理此问题，就是要掩盖其窃占钓鱼岛的目的，为如今的钓鱼岛主权归属争端埋下了伏笔。可见，日本置国际正义、道德及世界和平于不顾，将国际法服务其国家利益的价值发挥到了极致。

二、逆流而动，日本借钓鱼岛争端挑战现行国际法律秩序

甲午战争结束120年之际，中日之间因钓鱼岛争端再生嫌隙，并且愈演愈烈。自日本政府"购岛"闹剧发生以来，日本右翼势力活动猖狂，甚

---

① 转引自尹新华《晚清中国与国际公约》，湖南师范大学博士学位论文，2011年，第340页。
② 转引自尹新华《晚清中国与国际公约》，湖南师范大学博士学位论文，2011年，第340页。

至叫嚣要让"日本自卫队常驻钓鱼岛"①，并借钓鱼岛争端试图摆脱《开罗宣言》和《波茨坦公告》的约束，企图修改《和平宪法》，不断发展军事力量，再次成为东亚地区的不稳定因素。面对日本的挑衅，我们必须予以高度的警惕，做好充分的应对准备，厘清钓鱼岛争端的法律症结和日本的真实意图，依法捍卫国家主权。

（一）《马关条约》为争端埋下隐患

钓鱼岛是中国固有领土，事实和法律依据充分，世人皆知。日本明治政府也明知这一事实，故在《马关条约》第 2 款中规定中国让与日本"台湾全岛及所有附属各岛屿。澎湖列岛，即英国格林尼次东京百十九度起至百二十度止，及北纬二十三度起至二十四度之间诸岛屿"。在这一条款中，对澎湖列岛的地理范围规定十分明确，却有意在台湾及其附属岛屿上模糊处理。因为，日本政府明知钓鱼岛历来是台湾附属岛屿，这样处理有利于达到其窃取钓鱼岛的目的。正因如此，为如今的钓鱼岛主权归属争端埋下了伏笔。

中国认为，根据该条款钓鱼岛于 1895 年割让给日本，随着对日宣战，《马关条约》被正式废除。其后的《开罗宣言》和《波茨坦公告》对战后日本的处置做出了规定，确认台湾及其附属岛屿应归还于中国，这里的附属岛屿当然包括钓鱼岛。日本在 1945 年 8 月 15 日宣布无条件投降时正式接受了这些规定，即"日本从中国窃取的所有领土，如满洲、台湾、澎湖列岛等，应归还中国"。但与中国立场截然相反，日本政府却一贯主张钓鱼岛为日本固有领土，与《马关条约》没有任何关联，因此不在 1943 年《开罗宣言》和 1945 年《波茨坦公告》的司法管辖范围之内。1972 年日本外务省发表的《关于"尖阁列岛"主权的基本见解》就声称："该列岛向来构成我国领土西南诸岛的一部分，而根据明治二十八年五月生效的《马关条约》第 2 条，该列岛并不在清朝割让给我国的台湾、澎湖诸岛内。"② 同时，日本强调对其领土的确定依据的是《旧金山和平条约》，而非《开罗宣言》和《波茨坦公告》。

---

① 《石原慎太郎称日本自卫队应常驻钓鱼岛》，环球网，http://world.huanqiu.com/exclusive/ 2012-07/2912223.html，最后访问时间：2015 年 6 月 28 日。

② 张卫彬：《钓鱼岛主权归属与〈马关条约〉的演进解释问题》，《法学评论》2015 年第 1 期，第 17-25 页。

然而，无论是从对《马关条约》的演进解释①、"附属岛屿"的国际法界定②，还是从《旧金山和平条约》和《美日归还冲绳协定》的非法性③、雅尔塔条约体系在确定"二战"后亚洲领土秩序中"强行法"的法律地位④，中国拥有完整充分的历史证据、地图证据、有效管辖证据、条约证据以及钓鱼岛作为台湾附属岛屿的证据，这些都一再证明中国对钓鱼岛拥有无可争辩的主权。

（二）试图借争端之机突破和平宪法

现行《日本国宪法》被称作日本的"和平宪法"，是国际社会在"二战"后为防止日本军国主义复燃而制定的。其中最核心的第 9 条规定，"日本国民衷心谋求基于正义与秩序的国际和平，永远放弃以国权发动的战争、武力威胁或武力行使作为解决国际争端的手段。为达到前项目的，不保持陆海空军及其他战争力量，不承认国家的交战权。"由此形成了日本"专守防卫"的防卫基本原则，即仅在本国领土受到直接攻击后，才能开始使用军事手段予以还击，而且仅能行使最低必要限度的自卫，不能实施先发制人的攻击。

尽管和平宪法给日本带来巨大的经济利益和政治影响力，有效地遏制了日本军国主义势力的蔓延，为日本提供了较为安全的国际环境，使之能专注于国内的经济建设。但是日本国内修宪主张从未中断，近年来，更是利用钓鱼岛争端以及中国与周边国家海洋争端渐趋激烈之机，加快了走向"军事正常化"的步伐。2012 年，日本首相野田佳彦公开表示计划重新定义"集体自卫权"，有意修改宪法。同年，安倍晋三上台后，即推动修改关于宪法修订程序的第 96 条，以便为最终修改宪法第 9 条的"放弃战争"条款扫清障碍。2013 年 2 月 15 日，安倍晋三出席自民党宪法修正推进总

---

① 关于这一问题，参见张卫彬：《钓鱼岛主权归属与〈马关条约〉的演进解释问题》，《法学评论》，2015 年第 1 期，第 17-25 页。

② 关于这一问题，参见张卫彬：《国际法上的"附属岛屿"与钓鱼岛问题》，《法学家》，2014 年第 5 期，第 1-14 页。

③ 关于这一问题，参见王友明：《〈美日归还冲绳协定〉私相授受钓鱼岛的非法性》，《国际问题研究》，2012 年第 2 期，第 62-75 页；黄世席：《钓鱼诸岛主权归属与条约法的适用》，《外交评论》，2013 年第 4 期，第 17-29 页。

④ 关于这一问题，参见刘丹，何笑青：《雅尔塔条约体系在处理钓鱼岛争端上的国际法地位》，《太平洋学报》，2014 年第 4 期，第 77-87 页。

部会议时称，将修宪定位为"需解决的重大课题"，提出通过修改对宪法第 9 条的解释这种更为简便快捷的"释宪"方式来解禁集体自卫权。2014年 6 月 27 日，安倍政府提交了解禁集体自卫权的内阁决议案最终版本，提出新的"武力行使三条件"，打破了自卫队仅防卫本岛的限制并为将来可能的对外用兵铺平了道路。同年 7 月 1 日，日本政府临时内阁会议正式决定修改宪法解释以解禁集体自卫权。

国际法上对集体自卫权的定义是，当与本国关系密切的他国遭受武力攻击时，即使本国未受到直接攻击，也拥有使用武力阻止攻击的权利。联合国宪章第 51 条将其与个别自卫权一起，规定为主权国家的"固有权利"。日本正是利用这一规定，突破其宪法条文的束缚。但是，日本之所以被限制集体自卫权，是"二战"后国际社会为惩罚其所犯下的战争罪行而以限制主权的方式使其承担国家责任的一种形式。日本作为侵略战争的发动国而承担限制交战权的国际责任，是国际条约、国际习惯和强行法的共同要求，日本擅自修改宪法解释以解禁集体自卫权的行为，不但违反了国际法，更是对"二战"后国际秩序的破坏。故国虽大，好战必亡。"二战"惨况犹在眼前，殷鉴不远。妄图通过修改法律重走军国主义旧路是不可能成为令人尊重的大国，只会重蹈覆辙。

（三）加紧制定单行法案，积极扩张军事力量

日本除了紧锣密鼓加快修改和平宪法外，还利用各种时机，制定单行法律，不断突破和平宪法的限制。1992 年，日本借海湾战争之机，通过《联合国维持和平活动合作法案》，利用参与联合国维和行动的形式，突破海外派兵的限制。其后，又以 1994 年朝鲜半岛危机和 1996 年台湾海峡危机为借口，进一步加强了日美安保体制，修改《自卫队法》，把海外军事活动作为自卫队的重要职能。1996 年《日美安保共同宣言》和 1997 年《日美防卫合作新指针》的颁布则标志着日美安保体制的质变，并把日本自卫队的活动区域推向了整个亚太地区，成为日本走向世界军事大国的"战略平台"。1999 年，日本通过《周边事态法》，大大拓宽了日美在亚太地区进行军事合作的范围。2001 年"9·11"事件和之后的阿富汗战争又给日本以可乘之机，迅速通过了《反恐怖特别措施法》《自卫队法修改案》和《海上保安厅修改案》在内的"反恐法案"。根据这些法案，日本可在国内外协助美国进行反恐活动，3 个相关法律在许多方面突破了日本

安保政策和防卫方针的限制。2003 年，日本政府又充分利用伊拉克战争和朝鲜核危机，通过了被称为"有事法制"的《应对武力攻击事态法案》《自卫队法修改案》和《安全保障会议设置法修改案》3 个法案。根据这些法案，认定日本首相在危急时刻可不经过国会同意直接派部队采取军事行动。日本不仅可以在受到攻击时进行防卫作战，还可以进行"先发制人"的攻击，日本因此变相获得了"集体自卫权"。

根据日本《和平宪法》第 9 条及相关国际条约的明文规定：日本的军事实力只能维持在自卫所需的水平，总兵力不得超过 10 万人，军舰数量不得超过 30 艘，总排水量不得超过 10 万吨，不能拥有航母及核动力潜艇，作战飞机数量不得超过 500 架，不得拥有远程轰炸机，不得发展弹道导弹技术。然而，经过几十年的发展，日本自卫队已成为一支装备精良、训练有素、适合迅速扩充的精干型高技术化的军事力量。目前，日本自卫队由海、陆、空三军组成，现存总兵力大约为 28.6 万人，在亚洲、非洲和中东地区都有自卫队的存在，而且还在非洲吉布提建立了首个永久性基地，早已突破了《波茨坦公告》规定专守日本本土的限制。此外，日本还加快先进武器的研制与采购，继建造直升机航母、大规模采购 F-35 战斗机等先进武器装备之后，开始针对钓鱼岛争端进口美国海军陆战队的进攻性装备，包括水路两栖坦克、两栖登陆舰等；继续推进在西南诸岛的增兵、驻军并强化对东海的监控；并以"离岛防卫部队"之名建立海军陆战队，谋求将"自卫队"升格为"自卫军"。

经过多年发展，当前的日本防卫战略已发生质变，从最初的"基础防卫力量构想"到"动态防卫力量"，直至 2013 年 5 月 17 日，自民党公布新的《防卫力量大纲》修改建议草案，提出"强有力的机动防卫力"这一战略思想。① 这表明，"二战"以来的防卫政策甚至可能从根本上被改变。陆海空自卫队的作战指挥权也整合到统合幕僚监部，一体作战能力得到前所未有的提高。2015 年 6 月 10 日，日本参议院全体会议更是通过《防卫省设置修订法》，正式废除"文官统领"制度，这实际上取消了防卫省文职官员对军职官员的优势地位，废除了防止自卫队恣意妄为的一道重要防线。当前，日本通过积极修改国内法、曲解国际法的方法，一步步突破对其使用武力的种种限制，其危险性正与日俱增。我们对此必须有清

---

① 陈哲：《试析日本防卫战略与交战规则的调整》，《国际论坛》，2014 年第 1 期，第 58-64 页。

醒的认识，保持高度的警惕。

三、以史为鉴，运用国际法解决钓鱼岛问题的启示

今天的中国不再是 120 年前的中国，国际法也不再是强权之法，和平解决国际争端成为国际社会公认的基本原则。在运用国际法解决中日钓鱼岛争端时，我们既要以史为鉴，灵活运用国际法维护国家根本利益，也要面向未来，为维护世界和平做出贡献。

（一）善于灵活运用国际法维护国家利益

国际法必须为维护国家利益服务。国际法的本质体现了它存在的根源和发展变化的内在动力，也即各国在维护本国利益的基础上，相互的协调和制约。与近代国际法只维护西方列强的利益不同，在全球化的今天，国家利益早已经不可能简单局限于一国国内利益。各国为实现本国利益就必须与其他国家相互协调，从而最大限度地实现国家利益，避免出现两败俱伤的局面。国际法在这一过程中起到了关键作用。它以协调国家间利益为合理内核，但反对将国家利益极端化，更注重国家的相对利益和长期利益。日本历来重视运用国际法维护其国家利益，但却往往将其本国利益极端化。从发动甲午战争、策动世界大战到今天挑起钓鱼岛争端、否定侵略罪行等都证明了其狭隘的国家利益观。也正因如此，它的如意算盘从未真正实现。在解决与日本的争端中，我们应当吸取甲午战争中的教训，不能死守国际法规则，而应当主动适用国际法，在法律上找到支持我们的依据，并以此为突破口，加大国际宣传的力度，而不是被动防御，见招拆招地等待驳斥日本的行为和论点。

国际法的有效运用需要强大的国家实力做后盾。尽管国际法是现代社会国家维护权益的有效手段，但是，"徒法不足以自行"。毕竟在国际法中实现完全的公正是不现实的，我们必须正视大国在社会结构中拥有的特殊性，国际法在很大程度上体现它们的意志，就如同国内法体现统治阶级意志一样。因此，我们需要将利益与现行规则相结合，调整我们的实践，既要有效利用现有国际法维护自身权益，更要参与到国际法的形成和制定中去，争取在这一过程中实现国家利益的最大化，并促进国际法向相对公正发展。

（二）联合国际社会共同促进国际法的遵守

国际法是在国家长期交往的过程中产生的，国家之间彼此分享信息、理念和对特定国际问题的共识，因而在一定程度上具有了价值上的一致性。同时，国际法作为法律还反映了一般的人类良知和价值，因此，违反国际法的行为一般会被界定为不正当而遭到国际社会的普遍质疑和谴责。这也是国际法发挥作用的重要机制。"二战"后日本的国际法律地位具有特殊性，这一点是国际社会通过"和平宪法"的形式确认下来的，得到了国际社会的一致认可和支持。而日本美化侵略战争，否定历史事实的行为，就是对整个反法西斯战争胜利结果的否定，对整个"二战"后国际秩序的挑战。在解决钓鱼岛争端时，我们应当充分利用这一点，从法律上说明，日本的种种行为是严重违反国际法律秩序的，这种肆无忌惮地违反国际法的行为可能带来"模仿效应"，从而导致秩序崩溃，这是国际社会所不愿看到的。

此外，在这样一个信息时代，没有哪个国家有能力掩盖重大的违法事实或左右全球舆论。国际声誉的下降无疑会提高其国际交往的成本，降低该国的可信度或增强敌意，有损国家的"软权力"。因此，我们可以在利用国际舆论的平台，说明日本对战后国际秩序的破坏，不但侵害了受其侵略的亚洲人民的利益，而且是对《开罗宣言》、《波茨坦公告》等国际条约的公然违反，其对历史事实口是心非，言不由衷的行为，违反了诚实信用和信守承诺这一人类社会的"帝王法则"。如果仅从我国利益或亚洲受害国家利益的角度进行阐释则不能引起国际社会的共鸣，只有让国际社会认识到日本的行为违反了一般的人类良知和价值，才能获得大多数国家的支持。同时，在当今这样一个相互依赖的世界中，国际法的遵守与适用需要国际社会共同参与。中日之间的争端必须联合其他利益相关国家形成合力才能更好地解决。除了受日本直接侵害的国家之外，还要联合其他"二战"受难国，从维护"二战"后建立的国际秩序的角度以及维护反法西斯胜利成果的角度，对日本的行为进行谴责，防止其进一步向军国主义的道路前进。

（三）积极做好军事斗争中的法律准备

晚清政府愚昧无知地死守国际法中的开战规则，错失了大好战机，最终一败涂地。前事不忘，后事之师，我们必须加强国际法的学习，掌握相关规定，在必须直接使用武力捍卫国家利益时绝不手软，当机立断。美国战略家阿尔弗雷德·赛耶·马汉（Alfred Thayer Mahan）曾经说过："海权的历史，虽然不全是，但是主要是记述国家与国家之间的斗争，国家间的竞争最后常常会导致战争的暴力行为。"① 日本政府已经打破了 20 世纪中日两国领导人在建交时达成"搁置争议，共同开发"的默契，中国政府也失去了继续保持克制的依据。如若日本自卫队使用武力登上我钓鱼岛，则构成国际法规定的侵略行为——"一个国家的武装部队侵入或攻击另一国家的领土"，② 即构成对我国领土的实质性侵犯。根据联合国宪章的规定，我国得以行使自卫权予以自卫反击，捍卫国家主权。而依据《联合国宪章》第 51 条之规定，其他国家有义务对我国自卫行为予以支持，而不是走向反面。美国虽然与日本有所谓的"联防协议"，但不得与《联合国宪章》相违背。在第一次海湾战争结束后，江泽民同志就明确指出："国际法是一个斗争武器，不了解国际法，说话没准头，人家一听就知道你不懂。如果我们对国际法研究得比较透，在国际上进行斗争就有依据。否则，我们老是'挨打'老是处于被动，本来有理的，有时也变得没有理了。"③ 这说明国际法作为现代国际斗争的一个重要手段的价值。

习主席提出新形势下"听党指挥，能打胜仗，作风优良"的强军目标，并指出"能打胜仗"是核心，反映军队的根本职能和军队建设的根本指向。在当今国际环境下，战争的胜负早已不局限于武器装备和技术资源等硬实力的较量，而是已经扩展至政治、外交、法律等软实力领域的争夺，要求赢得包括政治、军事、外交在内的全局效益。这就要求在未来的军事斗争准备中，不但要具有优秀的军事实力，还要具有合格的法律素养，不但在战争中要遵守法律，更要能正确判断出战争中的违法行为，从而保证取得战争的最终胜利。

前事不忘，后事之师。纵观甲午战争和两次世界大战的历史，日本军国主义在国际法的运用上，从来就是奉行其军国利益至上原则，对国际法肆意违背和践踏，在战争中屡屡不宣而战、使用不分青红皂白的作战方法

---

① ［美］马汉：《海权对历史的影响》，解放军出版社，1998 年第 2 版，第 1 页。
② 1974 年 12 月 14 日联大通过的《关于侵略定义的决议》草案。
③ 任仕坤：《论战争法宣传教育的着力点》，《内蒙古农业大学学报（社会科学版）》，2011 年第 6 期，第 45、46、160 页。

和手段，这些都是全世界人民有目共睹的事实。我们必须对其本性有清醒的认识，更要有充分的应对措施。在军事斗争中，应汲取晚清政府在甲午战争中对敌人心存幻想，死守国际法中的开战规则，错失大好战机，最终一败涂地的教训，准确判断局势，依法捍卫我国领土主权。

From the 1894 Sino-Japanese Warfare
to the Current Dispute of the Diaoyu Islands
——Evaluation and Inspiration on the Use
of International Laws of China and Japan

Song Yunxia, Yin Danyang, Feng Yanjun

Abstract: The 1894 Sino-Japanese Warfare that broke out 121 years ago had imposed significant influences of China and Japan, which had consequently established a typical model for the triumph of soft power over that of hardcore power. Over various species of soft powers, discrepancy in capability of realization and use of international laws of China and Japan had been recognized as one of the decisive elements to the outcome of the warfare. By inspecting the warfare and the aftermath, the disputes over Diaoyu Islands, under the angle of the use of international laws between China and Japan, which do not merely researching for the cause of the outcome of the 1894 warfare, but more critically, to make reference from the previous section of history, to prepare for unforeseen circumstances before worsening of the situation and to make tragedy that come out from the 1894 warfare never take place again. On the military struggle of right-safeguarding that is taken place over the territory of the Diaoyu Islands, in order to protect the sovereignty of national territory, use of international laws shall be taken special care of, for which would donate significant benefits over following procedures that includes behavior of coordinating with other countries over the globe, containing the rise of imperialism in Japan and maintaining peace of the world.

Keywords: The 1894 Sino-Japanese Warfare; dispute of the Diaoyu Islands; international law

　　主要作者简介：宋云霞，海军大连舰艇学院政治系军事法学教研室主任、教授、博士，主要研究方向为海洋法、海战法。现任中国海洋法学会军事海洋学专业委员会理事，代表作：《海洋法律制度的发展与构建和谐海洋》，载《西安政治学院学报》2012 年第 1 期；《军队维护国家海外利益法律保障研究》，海洋出版社 2014 年 12 月出版；《国家海上管辖权理论与实践》，海洋出版社 2009 年 1 月出版。

略论丘宏达在钓鱼岛问题研究上的学术贡献

王伟男

（上海交通大学国际与公共事务学院、台湾研究中心，200030）

摘要： 丘宏达先生作为一位深具中国情怀的国际知名学者，自 20世纪 70 年代初起在钓鱼岛问题上进行了开创性研究，为两岸和学界从国际法角度论证钓鱼岛主权属于中国，做出了历史性贡献。他所建立的钓鱼岛问题研究和论述框架，迄今无人超越。丘先生和他的学术贡献不只属于台湾，也属于两岸，更属于整个中华民族。

关键词： 丘宏达；钓鱼岛问题；学术贡献

一、引言

两岸学界对钓鱼岛[①]问题一向高度关注。事实上，主要由于两岸内部各自不同的历史与政治原因，台湾学界对钓鱼岛问题的关注或许早于大陆学界。[②] 同样由于两岸内部各自不同的历史与政治原因，大陆学界在钓鱼岛问题上的理论脉络一直很清晰、很坚定，即认为钓鱼岛自古以来就是中国的神圣领土，日本方面虽然曾根据不平等但合法的《马关条约》领有该岛，但"二战"结束后根据一系列国际法文件，《马关条约》已经失效，中国已经从日本手中收回该岛，因此"二战"后钓鱼岛主权当然属于中

---

① 中国官方和学界统称为"钓鱼岛及其附属岛屿"，台湾地区和学界统称为"钓鱼台列屿"。本文中如无特别说明，统一简称为"钓鱼岛"。

② 例如，在 20 世纪 70 年代初期钓鱼岛问题出现后，台湾学界在短时间内即有大量研究文献问世，而当时大陆学界的研究成果却极其匮乏。

国。但台湾学界在钓鱼岛问题上的理论脉络却发生了严重分野。早期的台湾学界与大陆学界一样，一致坚持钓鱼岛是中国领土，且两岸同属一个中国。但随着时间的推移，台湾学界开始有人提出钓鱼岛主权属于台湾但不属于中国，因为他们认为"台湾不属于中国"。甚至还有人妄称钓鱼岛"既不属于中国也不属于台湾，而只属于日本"，如李登辉之流。此外，在钓鱼岛问题的解决方式上，台湾学界的观点分歧也很明显。质言之，台湾学界在钓鱼岛问题上发生了明显的理论蜕变。这种蜕变根源于错综复杂的两岸关系，也根源于台湾地区内部的政治演变。

正因为此，我们有必要认真研究华人学界早期的钓鱼岛问题专家丘宏达先生，尤其是认真学习他的学术思想。丘先生作为一位深具中国情怀的国际知名学者，虽然长期客居美国，但他自 20 世纪 70 年代起在钓鱼岛问题上所做的开创性研究，为两岸和学界从国际法角度论证钓鱼岛主权属于中国，做出了历史性贡献。他所建立的钓鱼岛问题研究和论述框架，迄今无人超越。

二、丘宏达其人、其学、其文

丘宏达先生祖籍福建省漳州地区海澄县（今漳州市下辖的县级龙海市），1936 年生于上海，40 年代后期在战乱中随家人远赴台湾。他于 1958 年获得台湾大学法律系学士学位，1962 年同时获得美国长岛大学政治学硕士和哈佛大学法学硕士两个学位，1965 年又获得哈佛大学法学博士学位。他的研究专长为国际法。丘先生曾执教于岛内的台湾大学和政治大学以及美国的哈佛大学和马里兰大学。他一生提倡学生要多研读与自己国家相关的国际法案例。在政治大学执教期间，丘先生曾推动出版华人学界第一本法学院刊物《政大法学评论》。他后来成为美国马里兰大学的终身荣誉教授，并曾担任该院《现代亚洲研究专刊》主编。丘宏达先生于 2011 年 4 月 12 日在美国病逝，享年 75 岁。

丘先生学养深厚，中外贯通，在国际法学界享有崇高地位。他曾于1993—1999 年担任"中华民国国际法学会"理事长，1998—2000 年担任设在英国伦敦的国际法学会世界总会（International Law Association，ILA）会长，任满后获推选为该会终身副会长。他曾主编台湾地区的中、英文版《中国国际法与国际事务年报》达 30 年之久，并于 1981 年起任改版后的英文版 Chinese（Taiwan）Yearbook of International Law and Affairs 年刊总编

辑，1987 年起任中文版《中国国际法与国际事务年报》总编辑。丘先生
的主要著作包括：《条约新论》（1959 年）、《中国国际法问题论集：兼论
最近国际法问题》（1972 年）、《关于中国领土的国际法问题论集》（1975
年初版，2004 年修订版）、《中美关系问题论集》（1979 年）、《现代国际
法基本文件》（1984 年）、The Future of Hong Kong（1987 年，与 Y. C.
Jao、吴元黎合著）、The Draft Basic Law of Hong Kong：Analysis and Docu-
ments（1988 年）、International Law of the Sea：Cases，Documents and
Readings（1991 年，与 Gary Knight 合著）、《钓鱼台列屿主权争执问题及其
解决方法的研究》（1991 年）、《联合国研究》（1994 年）、《现代国际法》
（1995 年）等。编有《丘汉平先生法律思想和宪法问题论集》（1973 年，
与丘宏义合编）、《现代国际法参考文件》（1996 年，与陈纯一合编）等。[1]
另据《关于中国领土的国际法问题论集》2004 年修订版的介绍，截至当
年他共著有中文学术论文 16 篇、书 8 册，英文学术论文 124 篇、书 24
册，[2] 可谓著作等身。

　　在丘先生的诸多著述中，钓鱼岛问题既是一个重点，也是一个亮点，
即使说丘先生是我国涉钓研究学界的开山泰斗也不为过。早在 20 世纪 70
年代初期钓鱼岛争端爆发之初，他就迅速投入这方面的研究，并在很短时
间内就有极具学术价值与政策意义的成果发表。他发表于岛内期刊《大学
杂志》1971 年 1 月号的论文《从国际法观点论钓鱼台列屿问题》，或许是
最早从国际法视角研究钓鱼岛问题的学术文献。大约在 1971 年初或更早
时候，他接受台当局"国家科学委员会"的委托，对钓鱼岛问题进行专题
研究，并把研究报告初稿中的一部分以《日本对于钓鱼台列屿主权问题的
论据分析》为题予以发表，但发表在哪家学术期刊已无从考证。1971 年 4
月，当时国民党中央负责宣传工作的第四组出版《钓鱼台列屿问题资料汇
编》一书，把之前岛内媒体有关钓鱼岛问题的报道与评论、岛内专家学者
的文章与论文等结集出版，丘先生的上述两篇大作也在其中。1975 年 4
月，丘先生出版专著《关于中国领土的国际法问题论集》，上述两篇论文
稍经修改后再次被录入其中。该书于 2004 年推出修订版，上述两篇论文

---

　　① 关于丘宏达生平的更详细介绍，可参见维基百科：http：//zh. wikipedia. org/wiki/%E4%B8%
98%E5%AE%8F%E9%81%94，登录时间：2013-03-05。

　　② 丘宏达：《关于中国领土的国际法问题论集（修订本）》，台湾商务印书馆，2004 年 11 月，
封三。

略经修改后仍被保留在内，并各为一章。1991年1月，岛内的政治大学国际关系研究中心以"国际及中国大陆情势专题报告"的形式，把上述两篇论文的主要内容整合成一本专著予以出版，题为《钓鱼台列屿主权争执问题及其解决方法的研究》。① 因此，这本书在丘先生的钓鱼岛问题著述中自成一体，最完整、最有代表性和权威性。下文在讨论他在钓鱼岛问题研究上的主要学术观点与贡献时，也将以这部著作为蓝本。

三、丘宏达在钓鱼岛问题上的主要观点述评

丘宏达先生在钓鱼岛问题上的主要观点，集中体现在1991年出版的《钓鱼台列屿主权争执问题及其解决方法的研究》一书中。作为专著来说，这本书的篇幅其实并不算长，包括正文和参考文献在内约五万字，共七章。第一章是前言，主要介绍写作意图和钓鱼岛概况，并从地理、地质和称谓等角度，初步论证钓鱼岛主权属于中国。第二章题为"一八九五年以前日琉史籍及地图有关钓鱼台列屿归属的记载"，主要说明在1895年日本窃占钓鱼岛之前，日本和琉球（即冲绳，下同）的官方及民间出版的史书、地图等文献中，并未曾把钓鱼岛列入日本或琉球的行政管辖范围；相反，确有若干日本和琉球史籍把钓鱼岛明确划入中国版图。作者特别注意到，中日两国于1880年讨论琉球地位时，在日方主动提出的中日两国瓜分琉球方案中，并不包括钓鱼岛。② 但作者也发现，自1879年日本吞并琉球后不久，确有个别日方地图开始把钓鱼岛纳入其中，③ 值得进一步研究。

该书第三章题为"日本占据钓鱼台列屿的经过"，主要记述并分析1885年10月至1895年1月期间，日本外务大臣、内务大臣和冲绳县令三方围绕是否在钓鱼岛建立日本国标一事而进行的秘密文书来往，以及与之相关的中日关系历史背景。作者在本章特别指出，日本对钓鱼岛的所谓"先占"其实"并不完全符合"国际法有关"先占"的要件：一是日本"先占"时并没有进行正式的和有效的公开宣示，甚至连秘密通过的所谓"内阁决议"也没有公开宣示过；二是日本在"先占"后也没有进行正式

① 丘宏达：《钓鱼台列屿主权争执问题及其解决方法的研究》，政治大学国际关系研究中心，1991年1月。本文以下部分如无特别说明，所引资料或观点均出自本书，相应引注也只标出作者、出版年份与页码。
② 丘宏达，1991年，第5页。
③ 丘宏达，1991年，第4页。

的和有效的管理。所以作者认为，"日本窃据钓鱼台的法律根据，是依据《马关条约》中的台湾属岛连同割让之规定"。① 作者结合第二章的分析，在第三章结束时提出两个结论和一个疑问。两个结论分别是：（1）1895年以前，钓鱼岛不是琉球的一部分；（2）日本占据钓鱼岛的时机是它在甲午战争中已经击败中国军队，大势已定之际。一个疑问是：先占的对象必须是无主地，钓鱼岛在1895年以前是无主地吗？② 对这个疑问的解答，作者放在第四章"我国对于钓鱼台列屿主权主张的论据"中。

第四章是本书的重点，作者力图从历史、使用与法理等方面证明钓鱼岛主权属于中国。他在本章开始处特别提醒，"我国的论据必须要建立在1895年以前钓鱼台列屿各岛已为中国领土才能在'二次大战'后将其与台湾一并收回"。③ 在历史方面，作者先后引用我国明代文献《顺风相送》、由明清两代皇帝派往琉球册封其新任国王的若干使节所撰写的《使琉球录》《琉球杂录》《中山传信录》《使琉球记》《琉球国志略》等明显具有官方性质的文献，证明中国人早在1895年之前就已发现钓鱼岛。在使用方面，除了前述明清两代册封使节把钓鱼岛作为中国大陆与琉球之间的海上航路指标外，台湾东北部的渔民、药师等历来把钓鱼岛及其毗邻海域当作渔业生产和中草药采集的重要场所，这种使用无论在1895—1945年日本合法占有台湾及其附属岛屿期间，还是自1945年战后日本把台湾及其附属岛屿交还中国至20世纪70年代初钓鱼岛争端产生之前，都未曾间断。1955年3月2日，自大陆浙江败退准备撤往台湾的国民党军队之一部曾在钓鱼岛进行短暂休整，期间他们还曾炮击进入该海域的琉球渔船，酿成多人死亡和失踪的"第三清德丸事件"，④ 这可被视为官方使用、甚至行使主权的行为。在法理方面，作者主要引用明清两代《使琉球录》之类明显具有官方性质的历史文献中，有关"钓鱼屿，小东小屿也"、赤尾屿与琉球群岛之间的"黑水沟"（即冲绳海槽）为"中外之界"等记录，证明早在明朝时期中国官方就已把钓鱼岛视为中国领土。

作者在第四章中还提出两个对中国不利的疑虑。其一，如果从"钓鱼

---

① 丘宏达，1991年，第14页。
② 丘宏达，1991年，第15页。
③ 丘宏达，1991年，第15页。
④ 丘宏达，1991年，第17页。关于这个事件的更详细描述，可参见"台湾曾控制钓鱼岛：1955年军人炮击冲绳渔船"，中华网：http://military.china.com/history4/62/20131022/18102784_1.html，登录时间：2013-11-09。

岛是台湾附属岛屿、台湾是中国领土"这一论点出发，当中国人早在明朝
就发现和使用钓鱼岛时，台湾当时并非中国的一部分，那么"主岛台湾尚
未收入版图，属岛是否可由此种记载推断为先行归并，不无疑问"。① 其
二，"在我国论据方面，最大的困难是清代的各种地方志及地图中，均未
明白显示钓鱼台列屿属何省何县管辖，不但钓鱼台列屿各岛如此，不少其
他沿海岛屿也是如此情形，所以万一将本案提出仲裁，除非仲裁员熟悉清
代疆域的情形，否则根据西方国际法原则很可能认为在 1895 年日本实行
'先占'时，该岛为无主土地"。②

以学术界迄今所挖掘的史地知识和取得的理论进展观之，笔者认为丘
先生的上述两个疑虑应该已有答案。关于第一个疑虑，笔者认为先拥有属
岛、后拥有主岛并无不妥，一方面是因为国际法并无明文规定必须先拥有
主岛然后才能拥有属岛；另一方面这其实也符合盛行于 16—19 世纪西方
各国发现与领有土地或殖民地的一般经验。当年英国殖民者占领澳大利亚
大陆前，必然是先发现澳大利亚大陆外围的某些岛屿或礁石，然后才发现
澳大利亚大陆；西班牙殖民者到达美洲大陆前，也是先发现外围的西印度
群岛，然后才发现美洲大陆。事实上，中国古代文献中有关台湾的记载远
早于有关钓鱼岛的记载，且台湾于清朝康熙年间进入中国版图时，并无任
何国家提出异议。关于第二个疑虑，已有学者论证，曾受清朝康熙皇帝之
命视察台湾的钦差大臣黄叔璥，早在 1722 年便在其述职报告《台海使槎
录》中，首度将钓鱼岛划入台湾海防哨船的巡逻范围，从而建立起对台湾
的附属关系；而由陈寿祺所著并于 1871 年成书的官方史书《重纂福建通
志》，更进一步把钓鱼岛划入噶玛兰厅（大致在今天的台湾省宜兰县）管
辖。③ 退一步说，即使我们无法证明在 1895 年之前钓鱼岛已在行政上划归

---

① 　丘宏达，1991 年，第 19 页。
② 　丘宏达，1991 年，第 21 页。
③ 　参见张海鹏、李国强：《〈马关条约〉与钓鱼岛问题》，载《人民日报》2013 年 5 月 8 日，第
9 版。这实际上已成为两岸的官方论述。但据著名学者郑海麟的考证，《台海使槎录》与《重纂福建通
志》中所记之"钓鱼台"，不大可能是现在广为人知的钓鱼岛或其附属岛屿中的某一个，而更可能是
今天台湾省宜兰县头城镇外海不远处的龟山岛。参见郑海麟：《〈台海使槎录〉所记"钓鱼台"、"崇
爻之薜坡兰"考》，载《中国社会科学报》2013 年 4 月 24 日，第 A05 版。郑海麟同时认为，钓鱼岛在
行政上虽然从未划入台湾附属岛屿的范围，但在明代胡宗宪、郑若曾编纂的《筹海图编》与茅元仪撰
写的《武备志》等具官方性质的文献中，已将钓鱼岛作为福建沿海岛屿划入海防区域，置于东南沿海
防倭抗倭军事指挥部（闽浙总督府）的行政管制之内。参见郑海麟：《钓鱼岛列屿及其相关条约辨
析》，载《太平洋学报》2013 年第 7 期，第 10 页。

中国某省某县管辖，但正如丘先生所言，"不但钓鱼台列屿各岛如此，不少其他沿海岛屿也是如此情形"，恰好说明古代中国对于钓鱼岛、台湾及其他沿海岛屿的领有与管辖形式，确实有与西方不同之处，发轫于西方的国际法规范不见得完全适合同一时期东方的情形。我们不必画地为牢，一味迎合西方国际法的某些所谓原则或条件。

　　第五章题为"日本图谋再度占据钓鱼台列屿的根据及一九四五年后该列屿的地位"，是本书的重中之重，实际上是作者依据国际法对"二战"后的钓鱼岛法律地位进行的严密论证，意义重大。作者首先指出，日本官方文献并无明确记录日方具体在何时将钓鱼岛命名或更名为"尖阁列岛"，也无明确记录日方在何时将钓鱼岛划入冲绳县管辖范围，但在 1945 年日本战败前，钓鱼岛归冲绳县管辖应无疑问。因此，作者认为要想弄清楚钓鱼岛在"二战"后的法律地位，首先应该弄清楚琉球在"二战"后的法律地位。作者的看法是：第一，《开罗宣言》未把琉球问题明确涵盖进去，是对最早遭受日本侵略的琉球人民的不公，也是当时中国国民政府的失误。第二，《波茨坦公告》规定日本领土仅限于本州、北海道、九州、四国及"吾人所决定的其他小岛之内"，意味着琉球地位问题应由包括中国在内的各大盟国共同决定，但战后美国单独占领琉球、1972 年又把琉球交给日本时，并没有与包括中国在内的任何其他盟国协商，因而此举不当。第三，1945 年日本战败后美国把钓鱼岛作为琉球的一部分实施占领与管理，其依据不应是"旧金山和约"第三条，而是由于"二战"前钓鱼岛已被日方划入冲绳县管辖范围，"二战"结束时因美国对东亚国际关系史的无知而一并接管，后来又将错就错、一错再错，直至 1972 年又把钓鱼岛连同琉球一并交给日本；而台湾当局当初之所以对此保持沉默，主要出于其与美国之间的"友好"、甚至"结盟"① 关系、台湾渔民在"二战"后不受干扰地持续使用钓鱼岛的客观事实等主客观因素。第四，美国于1972 年结束对琉球的占领与管理时，至少应把钓鱼岛归还中国而非日本；而琉球是否要交给日本，也应由"二战"时的各大盟国共同决定。第五，日本于 1895 年获得钓鱼岛的主要依据是《马关条约》，但根据《开罗宣言》《波茨坦公告》《日本投降文书》这一系列国际法文件以及台当局与日本之间于 1952 年签订的"日蒋和约"，《马关条约》已宣告失效，钓鱼

---

① 指台湾当局与美国之间因 1954 年 12 月 2 日签订的"美蒋共同防御条约"而形成的安全关系。

岛的法律地位理应回归到《马关条约》生效前的状态，即归中国所有。①
至此，作者完成了他的国际法论证。

应该说，作者以琉球的法律地位为切入点，自然而然地引出钓鱼岛的
法律地位问题，其论证过程条理清晰、逻辑严密、环环相扣，充分展现出
国际法学大家的本色。考虑到当时岛内学界和舆论界对钓鱼岛问题的讨论
更多的是史实罗列或情绪宣泄，丘先生主要从国际法理角度进行的扎实论
证，愈加显得可贵。

本书第六章题为"中共对钓鱼台列屿问题的态度"，实际上是作者站
在台湾当局的立场、从国共竞争的视角出发，对中国政府在涉及钓鱼岛问
题上的某些反应和做法提出批评。主要有以下几点：第一，他指责中国政
府在20世纪50年代追随苏联立场，赞同把琉球"归还"日本，也未把钓
鱼岛排除在琉球范围之外，更未标示在"中共版图"之内。第二，他认为
在1970年9月钓鱼岛争端爆发后，中国政府的反应不够及时、积极和有
力，最初只是由新华社和《人民日报》等媒体发文回应，中国外交部直到
1971年12月30日才首次正式表态，主张钓鱼岛为中国领土。第三，他指
责大陆在与日本的建交谈判（1972年）和《中日和平友好条约》谈判签
署（1978）过程中搁置钓鱼岛问题。第四，他批评大陆外交部主编的《中
国外交概览1987》和中国社会科学院于1987年出版的《当代中国外交》
等书籍，避而不谈中日钓鱼岛争端，而且"中共的法学家迄今还未写出过
一篇关于钓鱼台列屿主权问题之论文"。②

笔者倾向于把丘先生的上述评论看做是特定时代背景下的政治语言。
在两岸当局"汉贼不两立"、两岸学界"各为其主"的特殊年代，出现这
样的指责不足为奇。大陆学界当年对台湾当局和学界的类似指责恐怕不会
比来自海峡对岸的指责少很多。无需讳言的是，相对于台湾学界来说，大
陆学界在钓鱼岛问题研究上可资利用的第一手资料较少，研究工作起步较
晚，成果也较为有限。我们也必须承认，由于特殊的历史与政治原因，大
陆在琉球问题和钓鱼岛问题上确实有过失误。当然，我们更应该看到，近

---

① 其中，台当局与日本政府于1952年签署的"日蒋和约"（全称是"中华民国与日本国间和平条约"）第四条规定，"公历1941年12月9日以前所缔结之一切条约、专约及协定，均因战争结果而归无效"，相当于直接指明《马关条约》失效，但大陆官方和学界迄今仍无意碰触"日蒋和约"。这也显示出两岸政治定位问题迟迟无法解决，对两岸共同维护中华民族合法权益所带来的消极后果。

② 丘宏达（1991），第34-35页。

年来随着大陆综合实力的大幅提升，大陆在钓鱼岛问题上维护国家利益的决心越来越坚定，措施越来越多样、越来越有效。大陆学界也在奋起直追，有价值的研究成果日渐增多，值得欣慰。而台湾学界自 20 世纪 90 年代后期以来，在钓鱼岛问题上新的、有价值的研究成果却日渐匮乏，甚至还出现"去大陆化"、"去中国化"和"台独化"的危险倾向，令人担忧。

本书第七章、也是最后一章，题为"综合研判与可能的解决方式"，主要是系统总结前述各章提出的观点与结论（有些还稍有引申），然后对钓鱼岛争端的解决前景提出自己的看法。值得注意的是，由于 1972 年中国与日本正式建交，作者特意从国际法角度强调大陆此后在中日钓鱼岛争端解决方式中的重要作用："在国际法上，对被侵犯的权利，如果仅仅抗议而久无具体行动，在国际法上可能被认为放弃权利。即使一再抗议而久无具体行动，也会被认为使抗议失效。抗议之后，如不采取司法解决的步骤，也可能使一个抗议失去其有效性。所以中共对钓鱼台列屿问题，如久不提交与日本谈判或提交联合国解决，久而久之在国际法上会被认为已放弃对钓鱼台列屿之权利"。① 作者显然意识到中国政府在国际社会日益巩固的政治与法律地位，他在钓鱼岛问题上的期待实际上开始更多地寄托到大陆政府身上。

至于钓鱼岛争端的解决前景，作者认为，无论从当代联合国宪章等国际法规范与实践的角度来看，还是从台当局与日本之间的实力对比、尤其是台湾对日本的经济依赖等现实因素来看，台当局都"不宜用武力解决此一争执"；由于日本已与大陆建交，不再承认台当局的合法地位，根本不会与台当局谈判，所以作者认为，台当局除了不断宣示自身立场并保障台湾渔民到钓鱼岛附近海域作业外，"似无其他有效方式可行"。② 他同时认为，虽然大陆与日本之间有正式外交关系且都为联合国成员，但双方均无就此议题进行谈判的意愿。若要把钓鱼岛争端提交国际法院解决，必须由双方先行签署一个特别协定同意提交国际法院解决才行。此外，大陆与日本也可以同意，将此争端提交经双方协议成立的仲裁法庭解决。可见，作者还是主要从国际法的角度研判钓鱼岛争端的解决前景。他没有想到的是，近半个世纪后的今天，国际法规范仍然不能为钓鱼岛争端提供令各利

① 丘宏达，1991 年，第 37 页。
② 丘宏达，1991 年，第 39 页。

益攸关方都可以接受的解决方案，以实力对比为基本内涵的现实主义国际政治逻辑在钓鱼岛争端的发展过程中依然居于支配地位。自 2010 年以来两岸、日本和美国这三国四方之间围绕钓鱼岛问题进行的激烈而又复杂的博弈，已充分证明这一点。

该书正文之后为"有关文献"，列举了若干与钓鱼岛主权纷争相关的文史资料，主要包括丘先生本人对慈禧太后赏赐钓鱼岛给盛宣怀的"诏书"的研究、日本学者井上清关于钓鱼岛主权属于中国的论述摘录、日本学者奥原敏雄关于钓鱼岛主权属于日本的论述摘录、1939—1940 年台湾与琉球之间关于钓鱼岛附近渔场利用权的纷争事件简介、1895 年以前的日本和中国地图各一份，等。其中，丘先生本人对慈禧太后"诏书"的研究值得关注。他认为，这个"诏书"的发现早于中日钓鱼岛争端的肇始时间，"诏书"持有者"似无伪造之必要"，因此其真实性"似无疑问，但可断言并非正式诏书"，而只是慈禧太后的"私人行为"。[①] 若如此，亦足可证明钓鱼岛在 1893 年该"诏书"产生时已属中国，而非无主之地。但迄今为止已有更多学者（其中包括两岸学者）对此"诏书"进行证伪，因此笔者认为，对于把这个所谓的"诏书"作为钓鱼岛主权属于中国的证据，我们还需慎重对待。[②]

四、丘宏达学术贡献的重要意义及不足之处

丘宏达先生作为最早从事钓鱼岛问题研究的华人学者之一，其研究工作无疑具有开创意义。在笔者看来，他的研究成果事实上为两岸乃至整个华人学界建构了一个完整的理论框架与研究范式，即从地理、地质、历史、使用、法理等多个角度综合论述钓鱼岛主权属于中国，且以法理论述为主干。无论是台当局于 2011 年 12 月发表的《中华民国对钓鱼台列屿主

---

① 丘宏达，1991 年，第 45 页。

② 例如，根据郑海麟的考证，这个"诏书"是当时清宫里某太监为诈骗盛宣怀的钱财而假造的。但郑海麟同时认为，这个假"诏书"仍可用来证明钓鱼岛是中国领土，因为如果连清宫里的太监都知道钓鱼岛的存在，说明中国人在当时已对钓鱼岛有较多了解。从史学来看，这个假材料也是非常有用的。参见搜狐网："钓鱼岛：客观的立场来自对历史的清醒认识"，http：//book.sohu.com/20120923/n353775117_ 3. shtml，登录时间：2013−12−11。

权的立场与主张》说帖，① 还是大陆政府于 2012 年 9 月发布的《钓鱼岛是中国的固有领土》白皮书，② 它们的论述框架事实上都循此范式。虽然后来的其他学者曾在上述范式内的某些方面有所突破或更深入的探究，如马英九先生从新海洋法的角度探讨钓鱼岛争端的解决之道，③ 郑海麟先生在历史证据方面进行了极大拓展，法理分析方面也有更严密的论证，④ 但迄今尚未有在整体上突破此框架与范式者。尤其是丘先生从国际法理的角度，建立起从《马关条约》到《开罗宣言》《波茨公告》《日本投降文书》及"日蒋和约"这一国际法文献论述的逻辑链条，为后来论者进一步论证"《马关条约》是日本于 1895 年获得钓鱼岛主权的唯一合法依据"提供了可能。⑤ 这些都是丘先生在钓鱼岛问题研究上所做的开创性贡献，其理论价值与现实意义均难以估量。

当然，我们也应看到丘先生研究的某些不足。例如，在论述《马关条约》的作用时，丘先生并没有把它确立为日本曾经获得钓鱼岛主权的"唯一"法理依据，而是把它称作"主要根据"，⑥ 从而降低了前述国际法文献逻辑链条的权威性。如果《马关条约》只是"主要根据"，那么是否还有"次要根据"？若有，是哪些？合法性如何？对于日本当年窃占钓鱼岛时的秘密"内阁决议"、日本提出的"先占"理由等，丘先生在法理上都没有采取果断否定的态度，而是认为其"不完全符合"国际法有关"先占"的要件，言外之意似乎是其"部分符合"国际法有关"先占"的要件。质言之，丘先生在反驳日本的"先占"谬论时，似乎尚无建立足够的理论自信。此外，丘先生在评价美国在钓鱼岛问题上扮演的角色时，没有

---

① 该说帖全文见台当局"外交部"网站：http：//www. mofa. gov. tw/official/Home/Detail/217bb223-b19c-4b8e-a510-ee54dfae7fec？arfid=2b7802ba-d5e8-4538-9ec2-4eb818179015&opno=027ffe58-09dd-4b7c-a554-99def06b00a1，登录时间：2012-02-25。

② 该白皮书全文见中华人民共和国外交部网站：http：//www. mfa. gov. cn/mfa_ chn/ziliao_611306/zt_ 611380/dnzt_ 611382/diaoyudao_ 611400/t973235. shtml，登录时间：2012-09-30。

③ 马英九：《从新海洋法论钓鱼台列屿与东海划界问题》，中正书局，1986 年 1 月。

④ 郑海麟：《钓鱼岛列屿——历史与法理研究（增订本）》，明报出版社，2011 年 5 月。

⑤ 值得欣慰的是，台当局领导人马英九于 2013 年 4 月 17 日公开表示，1945 年以后日本统治钓鱼岛的法律依据已经消失，因为日本统治钓鱼岛的唯一法源就是《马关条约》第二条，在《开罗宣言》、《波茨坦公告》以及"中日和约"陆续签订后，日本统治钓鱼岛的法律依据已经消失。参见台湾《联合晚报》2013 年 4 月 17 日。在 2013 年 8 月 6 日由台当局"外交部条约法律司"公布的"中华民国对钓鱼台列屿的主权主张与东海和平倡议"文件中，正式提出"在 1895 年之后，日本统治台湾（含钓鱼台列屿）50 年的唯一法律依据，就是《马关条约》"。

⑥ 丘宏达，1991 年，第 29 页。

充分意识到自"二战"结束以来美国在钓鱼岛问题上的所作所为对中国合法权益损害的严重性，他对美国的批评力度也明显不足，更多地停留在就事论事的法理层面。这或许是由于丘先生考虑到台湾在安全上对美国的依赖关系、丘先生本人长期在美国工作和生活等现实因素，而不得不有所克制。

五、结语

瑕不掩瑜。我们必须承认丘宏达先生是一位深具中国情怀的爱国学者，他生前一贯主张两岸同属一个中国，坚决反对台湾独立。在钓鱼岛问题上，他坚守"钓鱼岛是台湾的附属岛屿；钓鱼岛和台湾的主权均属中国"的爱国立场，并在其著作中多有体现，甚至可以说是其著作的灵魂。例如，在其初版于1975年4月、修订再版于2004年11月的《关于中国领土的国际法问题论集》一书中，首篇便是《台湾澎湖法律地位问题的研究》，其中力证台湾在"二战"后便已回归中国版图，"所谓台澎法律地位未定之说，不但在法律上站不住脚，更与历史事实不符"。[①] 而2004年正是民进党在岛内已掌权四年之久、刚又赢得竞选连任、分裂势力甚嚣尘上之际，丘先生在这样不利的政治氛围中仍能一如既往、旗帜鲜明地坚守"一个中国"原则立场、严词抨击"台独"思想，令人感佩。在笔者看来，丘宏达先生和他的学术贡献不只属于台湾，也属于两岸，更属于整个中华民族。

The Academic Contribution of Chiu Hungdah to Diaoyu Islands Issue Studies

WANG Weinan

Abstract：Mr. Chiu Hungdah was an international well-known scholar, who had

---

① 丘宏达：《关于中国领土的国际法问题论集（修订本）》，台湾商务印书馆，2004年11月，第11页。

deeply Chinese feelings. Since early 1970s he had made pioneering studies on Diaoyu islands issue, which made historical contribution to cross – strait authorities and academia demonstrating the sovereignty of Diaoyu islands belonging to China from the view of international law. No one scholar has surpassed the studying and demonstrating framework established by Mr. Chiu. He, as an outstanding scholar, and his academic contribution not only belong to Taiwan area, but also to both sides of the Taiwan Strait and the whole Chinese nation.

Key words: Chiu Hungdah, Diaoyu islands, academic contribution

（本文原载《太平洋学报》2014 年第 4 期，现略有修改。）

作者简介：王伟男，1973 年生，河南登封人，国际关系硕士，国际政治经济学博士。主要研究两岸关系、中美关系、国际气候政治。现为上海交通大学国际与公共事务学院副研究员、台湾研究中心副主任。出版专著《中美关系中的台湾问题（1948—1982）》《应对气候变化：欧盟的经验》，与他人合著《新时期的美国涉台政策及其变化趋势》，是《美国的国防转型及其对中国的影响》一书的主要撰写者之一。在重要学术期刊发表论文 30 余篇，其中近 10 篇被中国人民大学复印报刊资料全文转载。代表作有：《"超越接触"：美国战略调整背景下的对华政策辨析》《台湾当局在钓鱼岛问题上的立场演变》《两岸政治互信的困境析论》等。在《联合早报》《解放日报》《文汇报》等境内外媒体上发表评论文章 30 余篇。

1972 年后日本"管理"琉球的非法性

——琉球问题所涉"剩余主权"论的历史与法律考察

罗欢欣

（中国社会科学院国际法研究所，100720）

摘要："剩余主权"论是日本在"二战"后主张"收回琉球"的基础，美国和日本在 1971 年所签订的《琉球与大东群岛协定》即以此为理论依据。据此，美国于 1972 年正式将"琉球与大东群岛"区域交由日本"管理"，日本称之为"冲绳返还"。然而，如果进行实证考察，"剩余主权"论从杜勒斯的最早提出，到《琉球与大东群岛协定》中的演变，其内容不统一，理论也不完整，还存在与联合国托管制度不兼容等诸多法律障碍。"剩余主权"论本身的非法性与无效性，使它根本不能成为日本拥有琉球主权的依据。

关键词：琉球地位；剩余主权；对日和约；联合国托管

一、引言

　　琉球（Ryukyu）① 的地位问题随着近年来钓鱼岛争端的升温而逐步被关注。② 但是，直到 2012 年 6 月以后，从国际法的专业角度分析琉球地位或涉及琉球地位探讨的文章才开始出现。③ 2014 年 5 月，最新创刊的《国际法研究》杂志在其首篇论文中较详细地论述了"琉球法律地位未确定"的问题。文章指出，琉球在第二次世界大战后作为"敌国领土"从日本剥离，进一步经《旧金山和约》（1951 年签订）处理为"潜在的托管领土"，

---

　　① 　琉球是中国历史上的琉球王国的简称，也是地理上的琉球群岛的简称，琉球群岛又有广义和狭义之分。在英语中，琉球群岛或是日本所称的"南西诸岛"往往都简称"琉球"（Ryukyu）。"二战"后，盟国有关琉球的领土处理范围存在多次变动。譬如，在 1946 年 1 月 31 日的美国的 JCS 570/50 号文件中，北纬 31 度以南为琉球。后来，日本专家赖肖尔（Edwin O. Reischauer）提出应该以北纬 28 度东经 40 度为界，该线以北属于日本本土，以南才是琉球。到了 1946 年 3 月，盟军最高司令部同意改为以北纬 30 度为界，并要求保持与 1946 年 1 月 29 日指令的一致性。这样，北纬 30 度到 31 度之间的鹿儿岛（Kagoshima）区域就被归入日本的本土。后来，又基于同样理由将北纬 30 度线调整为 29 度线。这便是《旧金山和约》中的"北纬 29 度"界限之形成，其理由是认为"北部琉球"并不是传统意义上的琉球，而是日本鹿儿岛县的领土范围，"南部琉球"才是真正应该脱离日本的琉球。参见罗欢欣：《论琉球在国际法上的地位》，《国际法研究》，2014 年 5 月第 1 期（总第 1 期），第 5 页，第 16、17 页。鉴于琉球范围的这种特殊状况，本文所称的琉球指日本所"控制"下的"冲绳县"，也是泛指北部、中部与南部的整个琉球群岛或是南西诸岛这样抽象概念的简称，具体依上下文确定。本文对琉球、琉球范围或琉球地位等问题的讨论，均不假定钓鱼岛列屿属于琉球，或支持钓鱼岛列屿属于琉球的任何观点。

　　② 　最早提出琉球地位未定的学者以商务部国际贸易经济合作研究院研究员唐淳风和北京大学历史系教授徐勇为代表。

　　③ 　此前，有很多论著的名称为法理或者国际法探讨，但作者基本上都是历史、国际关系或国际政治领域的学者，这些论著并非国际法的专业理论分析。从国际法专业的角度，具有代表性的学者及其著作有：梁淑英：《国际法视角下的琉球地位》，《法学杂志》，2013 年第 4 期，第 76-86 页；管建强：《国际法视角下的中日钓鱼岛领土主权纷争》，《中国社会科学》，2012 年第 12 期，第 123-137 页；刘丹：《琉球托管的国际法研究——兼论钓鱼岛的主权归属问题》，《太平洋学报》，2012 年第 12 期，第 78-89 页；罗欢欣：《论琉球在国际法上的地位》，《国际法研究》，2014 年第 1 期（总第 1 期），第 5-28 页，等等。这里未将中国台湾学界计算在内。关于台湾学者的研究，或者想要了解国内外的整体研究状况，参见罗欢欣：《海内外钓鱼岛研究四十年：比较与述评》，载《日本蓝皮书：日本研究报告 2013》，社会科学文献出版社，2013 年，第 128-156 页。

其法律地位并未确定。之后，因为美国依据《琉球与大东群岛协定》① 对日本进行"施政权让与"的无效性，目前日本对琉球的"管理"亦缺乏合法依据，更不能据此对琉球拥有主权。② 鉴于琉球地位问题的高度复杂性和争议性，该文并没能穷尽所有核心问题，其中，美国和日本提出的"剩余主权"（residual sovereignty）③ 论就值得深入探讨。

　　"剩余主权"，这一提法最早由美国国务卿顾问杜勒斯（Dulles）在1951 年签订《旧金山和约》期间所发表的讲话中提出。此后，"剩余主权"论又成为日本与美国进行所谓的"收回琉球"或"琉球复归"谈判的基础。正是因为日本声称对琉球拥有"剩余主权"，美国和日本才以此名义，于1971 年签订了《琉球与大东群岛协定》。④ 同时，美日双方不顾中国反对，将钓鱼岛⑤所在地理坐标列入该协定中所谓的"琉球与大东群岛"区域，擅自"交给"日本"管理"，导致钓鱼岛争端产生并延续至今。

　　因此，"剩余主权"论是日本"收回琉球"的基本依据，亦是钓鱼岛争端产生时的一个重要背景。事实上，钓鱼岛作为中国台湾的附属岛屿，作为中国领土的一部分，在20 世纪60 年代该海域被发现存在丰富的石油资源之前，并未受到日本关注。1966 年2 月，日本、菲律宾和中国台湾地区在联合国远东经济委员会支持下设立了一个共同开发沿岸海底资源的委员会（CCOP）。⑥ 1967 年11 月，据初步研究及勘探的结果，在这个区域

---

　　①　Agreement Between Japan and the United States of America Concerning the Ryukyu Islands and the Daito Islands, June 17, 1971, 23. 1 U. S. T. 1972, p. 447-574.《琉球与大东群岛协定》签订后，美日政府及传媒往往将该协定简称为"冲绳返还协定"／"冲绳复归协定"（Okinawa Reversion Treaty）。然而，除了签订该条约的美日双方领导人在其个人发言、新闻发布会或是媒体报道中用过"Reversion of Okinawa"这样的字眼外，《琉球与大东群岛协定》的正文中并无返还或复归（reversion）的任何字眼，所涉领土的名称也未直接使用冲绳（Okinawa）而是用的琉球（Ryukyu）。鉴于"冲绳返还协定"在名称上就容易让人误以为涉及"冲绳主权返还"的问题，故本文不采用此简称。See: Okinawa Reversion Treaty, Senate Executive Report, No. 92-10, 92nd Congress, 1st session, p. 6.

　　②　参见罗欢欣：《论琉球在国际法上的地位》，《国际法研究》，2014 年第1 期（总第1 期），第5、27 页。

　　③　也有中文版本将"Residual Sovereignty"译为"潜在主权"。

　　④　参见 Agreement Between Japan and the United States of America Concerning the Ryukyu Islands and the Daito Islands, June 17, 1971, 23. 1 U. S. T. 1972, p. 447-574.

　　⑤　指钓鱼岛及其附属岛屿，简称为钓鱼岛或钓鱼台岛（列屿），指钓鱼岛及其全部附属岛屿。日本称其为尖阁列岛或尖阁诸岛，除非特别说明，下文不再标注。

　　⑥　参见 Geological Structure and Some Water Characteristics of the East China Sea and Yellow Sea, CCOP Tech. Bull, Tokyo, 1969, p. 38-41.

内海底特别是钓鱼岛附近有丰富的石油矿。① 日本作为世界上最大的石油及其附加产品的进口国，对这个发现表示出非同寻常的兴趣。② 1969 年远东经济委员会正式公布了中国东海钓鱼岛区域可能存在巨大石油资源的报告。③ 此后，日本展开了对我国钓鱼岛的主权图谋。然而，因为此时美国对整个"琉球与大东群岛区域"的管理和控制以及美国对台湾区域的"特殊军事控制"，④ 日本不能脱离美国对钓鱼岛采取任何行动。因此，日本对钓鱼岛的图谋，实际上与其依所谓的"剩余主权"论要求"返还琉球"相伴随。当时日本图谋钓鱼岛的关键主张是：钓鱼岛是琉球群岛的一部分，琉球群岛正由美国管理，但美国与日本协商，美国已承诺将琉球"归还"日本。⑤

所以，验证"剩余主权"论的合法性，就是进一步验证"日本与琉球的关系"这一命题，并对于澄清钓鱼岛争端的真相大有裨益。本文提出的问题是，美国和日本是怎样将"剩余主权"论作为琉球问题的处理依据的？"剩余主权"论的内容、含义及其国际法效力究竟如何？按照"剩余主权"论，琉球的法律地位是否能够确定？鉴于已有研究中并无对"剩余主权"论的系统的、专门的研究成果，本文尝试弥补这一空白，对"剩余主权"论进行集中的实证考察。

二、"剩余主权"论的提出

1945 年，日本战败后即被以美国为首的盟军占领。按照《波茨坦公告》的规定，"日本之主权必将限于本州、北海道、九州、四国及吾人所

---

① 参见 1968 年 3 月 5 日台湾地区就海床开发问题答复联合国秘书长的文件。UN Doc. A/AC. 135/1 March 11, 1968, p. 28.

② 日本立刻组织了一个海洋地质队对南部琉球展开调查，由日本首相办公室直接组织和控制。然而在此期间，调查队并没能找到积极证据证明在琉球南部有油气资源存在，却在 1968 年 6 月左右进一步确认了与钓鱼岛邻近的海洋沉积物富含油气资源的巨大可能。参见：Philip Shabecoff, Japanese Oil Find Poses Title Problem, in New York Times, Aug. 28, 1969, p. 1-4.

③ ECAFE Committee for Coordination of Joint Prospecting for Mineral Resources in Asia Offshore Areas (CCOP), Technical Bulletin, Vol. 2, May 1969.

④ 美国对台湾的"特殊军事控制"，可以具体参考 1950—1970 年的系列《人民日报》文章。譬如，1955 年 10 月 19 日，《人民日报》社论指出："美国强占着中国领土台湾，同时它也还保持着对日本的占领状态……"参见《努力促进中日关系正常化》，《人民日报》，1955 年 10 月 19 日。此外，1971 年《人民日报》还有多篇文章谴责美国对台湾的军事控制。如：《美帝霸占我领土台湾的罪行必须清算》，《人民日报》，1971 年 6 月 28 日。

⑤ 丘宏达：《琉球问题研究》，《政法大学评论》，第 2 期，1970 年 6 月，第 1-12 页。

决定之其他小岛之内"。据此，驻日盟军最高司令部（GHQ/SCAP）将琉球视作日本以外的区域（outside of Japan）进行直接统治。鉴于这种直接统治在性质上属于战时占领，在国际法上，占领事实本身不能获得领土主权，不属于国际法上的领土取得方式，所以琉球从此成为地位未确定的领土。和平条约是用以结束国家或武装团体之间的战争状态而订立的专门协议，其目的在于确定战争期间涉及的军队、土地、财产、赔偿以及国家地位、对外关系等未决事宜，以恢复和平秩序。① 因此，在盟军对日本和琉球的军事占领期间，要结束战争状态并对琉球这类未决事项加以确认，需要缔结和平条约。②

《旧金山对日和约》作为美国主导的对日媾和的结果，并非一朝一夕的事情。事实上，从 1947 年开始到 1951 年对日和平条约在旧金山签订，美国拟定了多份对日和平条约草案（Draft of Japanese Peace Treaty），每一份草案都涉及琉球地位的处理。然而，1950 年以前的所有草案对琉球地位的处理都很清楚，不涉及"剩余主权"等这类争议问题。也就是说，"剩余主权"的概念直到 1951 年《旧金山对日和约》签订时才由美国国务卿顾问杜勒斯首次提出，涉及的是该和约第三条的解释。

（一）《旧金山和约》第三条的形成

根据历史考察，最早的对日和约草案产生于 1947 年 3 月 19 日。一直到 1951 年 9 月 8 日对日和约正式在美国旧金山签署，美国政府起草了许多份对日和约草案，每个草案文本无一例外地将"联合国托管，以美国为管理当局"作为琉球地位的安排，并且，在 1950 年以前，几乎所有草案都对日本的领土界限有明确定义，并同时清楚写明了日本放弃琉球领土或类似的明确处分条款。

譬如，1947 年 3 月 19 日的草案由波顿和贝肯所在的委员会拟写，草案第一条和第七条提出了日本的领土界限并涉及对琉球的处理，原文如下：

第一条：日本领土应以 1894 年 1 月 1 日时的存在为界限……其范围包括本州等四个主岛以及邻近小岛屿，含构成鹿儿岛县那一部分的琉球岛

---

① Jann K Kleffner, Peace Treaties, Max Planck Encyclopedia of Public International Law, 2012, para. 1.

② 参见罗欢欣：《论琉球在国际法上的地位》，《国际法研究》，2014 年第 1 期（总第 1 期），第 9−18 页。

屿，不含库页岛。

第七条：日本在此放弃形成冲绳县所属部分的琉球群岛以及大东和利雅群岛等。①

1948 年 1 月 8 日的草案中，除再次将日本的领土定义为四个主岛和附近小岛外，不再以鹿儿岛县为标准，而是明确了北纬 29 度的界限，即北纬 29 度以北的琉球才是日本的一部分。②

1949 年 10 月 13 日和 1949 年 11 月 2 日的和约草案中，将日本放弃琉球领土与置于联合国托管制度之下置于同一条款：

日本放弃北纬 29 度以南的琉球群岛的所有权利与权利根据，协约国将支持美国根据《联合国宪章》第 77、79 和 85 条，将这些岛屿置于托管之下的提案，托管协议中约定美国为管理当局。③

类似的条款也体现在 1949 年 12 月 8 号的草案：

第三条：日本的领土被定义在本州、四国、九州、北海道四个主要岛屿以及所有邻近小岛。

第四条：日本在此割离和放弃第三条所述的领土区域以外的所有领土的权利、权利根据、特权或委任统治权，接受协约国已经或可能进行的按照《联合国宪章》第 77、79 和 85 条的托管制度对这些领土的处理。④

1949 年 12 月 29 日的草案中，仍然对日本领土进行了明确定义（第三条）并包括了放弃北纬 29 度以南的琉球群岛和将这些岛屿置于联合国托管制度之下，以美国为行政管理当局的条款（第七条）。⑤

---

① Telegram, State Dep't File No. Pol 32-6 Senkaku Is, Taipei 2946, State Dep't Records, Record Group 59（June 17, 1971）（on file with the U. S. National Archives and Records Administration in College Park, MD）; see also Senkakus Dispute, State Dep't File No. Pol 32-6 Senkaku Is 051921, State Dep't Records, Record Group 59（Mar. 27, 1972）（on file with the U. S. National Archives and Records Administration in College Park, MD）.

② Memorandum, Background of Draft of Japanese Peace Treaty, State Dep't Decimal File No. 740.0011 PW（PEACE）/1-3048 CS/W, State Dep't Records, Record Group 59（Jan. 30, 1948）（on file with the U. S. National Archives and Records Administration in College Park, MD）.

③ Memorandum, Attached Treaty Draft, State Dep't Decimal File No. 740.0011 PW（PEACE）/10-1449, State Dep't Records, Record Group 59（Oct. 14, 1949; Nov. 2, 1949）（on file with the U. S. National Archives and Records Administration in College Park, MD）.

④ Draft Treaty of Peace with Japan, Territorial Clauses, State Dep't Records, Record Group 59（Dec. 8, 1949）（on file with the U. S. National Archives and Records Administration in College Park, MD）.

⑤ Draft Treaty of Peace with Japan on December 29, 1949, State Dep't Records, Record Group 59（Dec. 29, 1949）（on file with the U. S. National Archives and Records Administration in College Park, MD）.

　　1950 年朝鲜战争爆发后，琉球与日本的战略地位显著提升，尤其是琉球成为美国在战争中至关重要的军事基地。[1] 同时，日本之于美国的战略价值也大大提升，很大意义上，朝鲜战争成为影响日本战后方向的重要转折。在朝鲜战争爆发的 6 月，麦克阿瑟就命令日本政府建立一支 75000 人的国家警察部队，它是 1952 年日本国家安全机构以及 1954 年的自卫队的前身，成为日本战后重新武装的基础。同时，美国和联合国部队巨大的物资与服务需求又成为日本战后经济复苏的契机。[2] 于是，从 1950 年开始，美国对日媾和政策发生根本变化。也就是从这一年开始，美国新任命杜勒斯为国务卿顾问并主导对日媾和问题。杜勒斯为原共和党外交事务发言人，有着 40 余年的国际事务处理经验，最后的对日和约草案就是由他所起草。[3] 一个明显的差别是，由杜勒斯所主导拟定的和约草案中不再对日本的领土范围做出明确定义，也不再列出日本放弃琉球的条款，只是保留了将琉球放于联合国托管制度之下、以美国为管理当局的内容，同时在这前面又加入了一段美国暂时行使施政权的文字。因为这样的行文，使 1951 年《旧金山和约》第三条的文字读起来含糊暧昧，为美国提出"剩余主权"论埋下了伏笔，并最终成为美国政治利用的工具。

（二）杜勒斯提出"剩余主权"论

　　1951 年 9 月 4 日，对日媾和会议在美国旧金山举行，故该和约通常被称为《旧金山对日和约》。为了实现单方面的战略利益，美国主导的旧金山会议是一个片面的媾和会议。[4] 中国对日抗战长达八年之久，却被完全排除在了旧金山会议之外，并且，参加会议的苏联、波兰、捷克斯洛伐克都未在和约上签字。印度、缅甸、南斯拉夫因反对美国的媾和政策也拒绝参加旧金山会议。最后，参会的 52 个国家里面只有 48 个国家签字，而中苏英美四个主要作战盟国里就有两个（中国与苏联）不是和约签字国。[5]

　　① 参见 Kadena Air Base, 1945—1995: Fifty Years of Heritage, Office of History, Kadena, Okinawa, 18th Wing, 1993, pp. 8-9.
　　② Edward Robert D. Eldridge, The Origins of The Blateral Okinawa Problem, Okinawa in Postwar Us_ Japan Relations（1945—1952）Garland Publing, 2001, p. 50.
　　③ Edward Robert D. Eldridge, The Origins of The Blateral Okinawa Problem, Okinawa in Postwar US- Japan Relations（1945—1952）, Garland Publishing, 2001, p. 269.
　　④ 参见于群:《美国对日政策研究》，东北师范大学出版社，1996 年，第 55 页。
　　⑤ U. S. Treaties and Other International Agreements, 3. 3 UST 1952, p. 3169.

　　第三条是《旧金山对日和约》中关于琉球问题的唯一条款。该条的原文是：

　　日本对于美国向联合国提出将北纬 29 度以南之南西诸岛（包括琉球群岛与大东岛）、墉妇岩岛以南之南方诸岛（包括小笠原群岛、西之鸟与硫黄列岛）及冲之鸟岛与南鸟岛置于联合国托管制度之下，而以美国为唯一管理当局之任何提议，将予同意。在提出此种建议，并对此种建议采取肯定措施以前，美国将有权对此等岛屿之领土及其居民，包括其领海，行使一切及任何行政、立法与司法权力。①

　　可见，该条款中本身没有任何字眼提及"剩余主权"。实际上，只是在签订和约的当天，杜勒斯在发表的有关和约第三条的讲话中，提到了日本对琉球的"剩余主权"问题。他发言的原文是：

　　"……（和约）第三条处理日本南方和东南方位置的琉球与其他群岛问题。自从投降以来，这些岛屿一直由美国进行单独管理。一些盟国强烈要求日本应当在和约中放弃这些岛屿的主权并同意美国的主权，另外一些则建议这些岛屿应完全地归还给日本。面对这些盟国的不同意见，美国感到最好的方案是允许日本保留剩余主权（residual sovereignty），而将这些岛屿置于联合国托管制度下，以美国为管理当局。大家会记得《联合国宪章》托管制度的适用涵盖了'作为第二次世界大战的结果而将从敌国割离的领土'（第 77 条）。毫无疑问，将来的托管协议将决定这些居民与日本相关的公民身份，而管理当局可能行使《联合国宪章》第 84 条所述之'管理当局有保证托管领土对于维持国际和平及安全尽其本分之义务'……"②

　　这便是历史上"剩余主权"论的来源。此后，日本在与美国谈判所谓的"冲绳返还"或"冲绳复归"（Okinawa Reversion）时就以日本对琉球拥有"剩余主权"为名，这一过程也体现在 1971 年美国和日本所签订的《琉球与大东群岛协定》的序言部分，成为该协定的签订依据。

---

　　① Treaty of Peace with Japan: Signed Sept. 8, 1951; proclaimed Apr. 28, 1952. Declaration by Japan, and exchange of notes signed Sept. 8, 1951. U. S. T 1955, 1952 vol. 3 Part 3, p. 3169.

　　② Japan, San. Francisco, California, September 4-8, 1951, Record of Proceedings (Department of State publication 4392, 1951), pp. 73, 77-79, 84-86.

三、"剩余主权"论的内容考证

通过前面一节的历史考证，我们发现，"剩余主权"这个概念由杜勒斯在 1951 年的旧金山对日和约会议中为阐述第三条而提出，而该第三条的内容涉及琉球地位的处理，并且其文字形成经历了特殊的历史背景和争议。那么，怎么看待"剩余主权"的含义及其性质？本节将严格从实证的角度出发，围绕杜勒斯的讲话含义、和约第三条的规定，结合美日针对"剩余主权"论的实际操作，接着考察"剩余主权"论的内容问题。

（一）杜勒斯的"剩余主权"论是否意味着琉球应"返还日本"

中国台湾地区于 1969 年 7 月 17 日发表声明，主张"中国对于邻近'中华民国'海岸，在领海以外之海床及底土所有天然资源，均得行使主权上的权利"。[①] 这个声明发布以后，包括日本在内，当时没有任何国家提出异议。1969 年底，台湾地区所属石油公司分别与美国各石油公司签约勘探，以确定油矿位置以便开发。开始，日本政府也未提出异议。[②] 到了 1970 年，台湾石油公司与美国海湾石油公司签约勘探包括钓鱼岛在内的海域油矿后，日本外长爱知揆一于同年 8 月 10 日在日本参院答复日本社会党议员川村的质询时称，"尖阁列岛"应归日本，并照会台湾不得对该群岛之大陆架做任何片面要求。至此钓鱼岛争端公开化。[③] 前已提及，当时日本的主张是钓鱼岛是琉球群岛的一部分，琉球群岛由美国管理，但美国在与日本协商时已承诺将琉球"返还"日本。于是，美日此后对于"剩余主权"论的实际操作是，按照 1971 年的《琉球与大东群岛协定》，琉球被"返还给了日本"（中国的钓鱼岛坐标被非法划入其所谓的"琉球返还"区域）。

那么，从内容来看，杜勒斯的"剩余主权"论是否包含琉球应该"返还日本"的含义呢？事实上，参照杜勒斯关于"剩余主权"的讲话内容，其"剩余主权"说法并未提及，也未暗含琉球在将来应当返还日本，而是表示遵从《联合国宪章》中关于联合国托管制度的规定。首先，如前节对

---

① 《"中央"日报》国际版，1969 年 7 月 18 日。
② 参见丘宏达：《从国际法观点论钓鱼台列屿问题》，《钓鱼台列屿问题资料汇编》，中国国民党中央委员会第四组编，第 160 页。
③ 《"中央"日报》国际版，1970 年 8 月 11 日，1970 年 8 月 13 日。

原文的引用，杜勒斯在讲话中明确提到："大家会记得《联合国宪章》托管制度的适用涵盖了'作为第二次世界大战的结果而将从敌国割离的领土'（第 77 条）。毫无疑问，将来的托管协议将决定这些居民与日本相关的公民身份。"

　　并且，杜勒斯还指出两种对立观点，表示美国的意见与这两种都不同（是一个折中方案），从而也排除了"剩余主权"论意味着"完全地归还日本"这样的观点。杜勒斯的原话是："一些盟国强烈要求日本应当在和约中放弃这些岛屿的主权并同意美国的主权，另外一些则建议这些岛屿应完全地归还给日本。面对这些盟国的不同意见，美国感到最好的方案是允许日本保留剩余主权……"由此，杜勒斯对《旧金山和约》第三条有关琉球"置于联合国托管制度之下"这一句话的解释共有三方面的内涵，如图 1 所示。

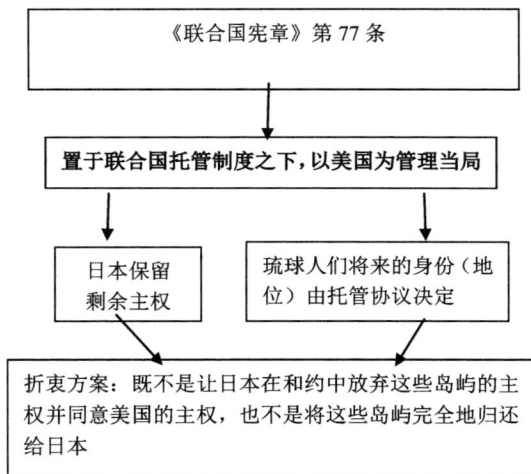

图 1　杜勒斯所提"剩余主权"论的内涵图示

　　由此可见，杜勒斯本人所提出的"剩余主权"论的内涵并不违反《旧金山对日和约》第三条的规定。首先，按照《联合国宪章》关于托管的明确规定，该和约第三条对琉球地位的处理是，日本同意将琉球置于联合国托管制度之下，由美国作为唯一管理当局。而在此托管程序开始及完成之前，琉球暂时由美国"施政"。所以，一旦琉球完成联合国托管的程序，则正式成为托管领土，而在此之间，则是由美国临时施政的"潜在托管领土"。① 可见，杜勒斯所称"琉球人们将来的身份（地位）由托管协议决定"（而不是"返还日本"）正好符合联合国有关托管制度的规定。

此外，在 1951 年杜勒斯发表"剩余主权"论的正式讲话之前，杜勒斯的其他说法也印证了对日和约中有关琉球地位的处理并不包含"日本未失去主权"或者"未改变（琉球）为日本领土之地位"这样的意思。杜勒斯在 1950 年受聘处理对日和平条约事宜后，于 9 月 11 日拟写了和约草案，类比安理会 1947 年通过的由联合国托管（美国为唯一施政管理当局）原日本委任统治下的太平洋岛屿的决议，提出琉球领土的处理条款为："对于北纬 29 度以南的琉球群岛、小笠原群岛……美国同意向联合国提议，由美国为管理当局，在这样的提案得到肯定之前，美国将对这些岛屿的领土享有全部的立法、行政与司法权。"② 其内容与对日和约第三条的定稿内容基本相同。然而，此提案在分发给盟国后，立刻受到苏联、印度与中国的批评。在 10 月 26 日在联合国安理会的一次会议上，苏联驻联合国代表马立克（Malik）质问为什么琉球群岛没有被计入（《波茨坦公告》的）"其他小岛"之内，这样盟军同意按照投降书，考虑它们属于日本四个主岛以外的领土的一部分。马里克指出，台湾、澎湖列岛与库页岛已经得到美国和苏联的同意，从日本分离出来了，但是琉球与小笠原群岛的情况不同（即苏联认为琉球没有从日本分离，笔者注）。1950 年 11 月 20 日，苏联再次向美国对日和约草案中的琉球问题提出反对意见，指出："不管是《开罗宣言》还是《波茨坦公告》都没有提到琉球和小笠原群岛必须从日本的领土主权之下分离出来"，并进一步批评了草案内容有领土扩张的倾向。对此，杜勒斯做出了以下书面答复意见："美国不能理解苏联为何将琉球和小笠原群岛可能被置于联合国托管制度之下以美国为管理当局的这一建议与'领土扩张'联系起来。按照《联合国宪章》第 77 条，托管领土的适用范围可以是'因为第二次世界大战而从敌国分离出来的领土'，那么托管制度肯定不能与'领土扩张'相提并论。美国政府也不能理解，因为《开罗宣言》和《波茨坦公告》都没有提到琉球和小笠原群岛，为何它们对于和平解决的考虑就自动排除了。苏联政府看来是忽略了

---

① 罗欢欣：《论琉球在国际法上的地位》，《国际法研究》，2014 年第 1 期（总第 1 期），第 21 页。

② Draft of a Peace Treaty with Japan (Sep. 7, 1950), FRUS 1950, vol. 6, p. 1298.

《波茨坦公告》条款规定的事实，即日本的主权必须被限制在四个主岛之内，以及我们所说的'那些我们决定的小岛之中'。因此，它（即美国制定的和约草案，笔者注）正是严格地按照《波茨坦公告》的规定，通过和平解决来决定这些岛屿的将来地位。"①

由此可以看出，马里克认为"琉球并没有从日本分离"，而杜勒斯却在对苏联意见的答复中将该条解释为：琉球是"从敌国分离的领土"，也即"不属于《开罗宣言》和《波茨坦公告》所定义的属于日本领土范围的'其他小岛'之内"。鉴于苏联的意见未被采纳，最后签约的对日和约以美国起草的版本为准。

（二）1951 年的"剩余主权"论和 1971 年的"剩余主权"论相互矛盾

不但杜勒斯所发表的"剩余主权"论并不包含日本对琉球"未失去主权"或者应当"返还日本"这样的意思，在《旧金山和约》签订后，日本首相吉田茂（Yoshida）在阐释其对和约第三条有关琉球地位的理解时，亦与杜勒斯的说法一致，指出琉球的地位应由"托管协议来决定"，而不是"返还日本"。1951 年 10 月，在《旧金山和约》签订后，日本前首相、外交部长兼民主党党首芦田均（Ashida Hitoshi）向时任首相吉田茂质询，要求澄清《旧金山和约》中的领土条款。其相关对话的原文如下（着重号为笔者所加）：

芦田（问）：……根据最近在和平会议上接受的领土条款，包括奄美、琉球、小笠原等岛屿在内的南西诸岛将由美国提议进行托管，直到那时候到来，美国自身有权管理那些岛屿。对此，如你所知，这些岛屿的地位问题是本国民众的重要关注点……然而，在这个情况下，这种形式的主权到底是什么……

吉田（答）：我刚刚给予的解释是，美国政府并没有任何（获得）领土的野心，而且，杜勒斯和肯尼思-杨格（Kenneth Younger）都声称主权保留给日本。在这个意义上，这是一个政治解释。关于托管将如何发生的

---

① Documents on International Affairs 1949—1950 (1953), pp. 622-624. On January 11, 1951, the Department of State announced that President Truman had designated Mr. Dulles as his special representative "to conduct, on behalf of the United States, such further discussions and negotiations as may be necessary to bring a Japanese peace settlement to an eventual successful conclusion." XXIV Bulletin, Department of State, No. 604, Jan. 29, 1951, p. 185. For a summary of the Dulles-Malik negotiations at New York during 1950—1951, see ibid., No. 611, Mar. 19, 1951, p. 453.

问题，这将取决于信赖还是不信赖美国——和平条约中所述的托管无论如何是一种可能性。我想，我们不得不等待美国与联合国之间达成托管协议。

芦田（问）：你的回答并不必然错误，我并不认为你的回答错误是因为我刚在前面说过的，托管区域的管理形式将由具直接利益的国家间的托管协定来决定，吉田首相，在你已经给予他人的回答里面，你提到对南西诸岛的托管之发生是因为美国管理这些岛屿有军事必要的原因，一旦这个军事必要性消失，你说你肯定这些岛屿将会返还给日本。那么，吉田首相，我想问你，你声称的这种确定性是否为额外的条约或任何形式的文件之结果？

吉田（答）：我将回答这个问题，我已经说过，这个（说法）是建立在与杜勒斯及其他美国官方人员谈话的结果上的。我的结论是，如它们的事实所在，并不是建立在任何互换文件的基础上的。①

由此可见，1951 年《旧金山和约》签订时所提出的"剩余主权"论明确以《联合国宪章》为基础，对琉球地位的安排是实施"联合国托管"，并且其将来的地位由"美国与联合国之间的托管协议"来决定，并不是应当"返还日本"，亦不包含"日本未失去主权"这样的含义。这样，如果进行比较，不难发现，1971 年的《琉球与大东群岛协定》中，美日提出因为日本的"剩余主权"而将琉球及大东群岛区域"返还给日本"与 1951 年杜勒斯以及芦田均所说的"剩余主权"并不一致，甚至，除了"Residual Sovereignty"这个用词一样外，事实上两者的内涵相互矛盾，面目全非。

1971 年 6 月 17 日，美国和日本签订《关于琉球与大东群岛的协定》。当天，美国国务卿罗杰斯（Rogers）发表讲话提到："将冲绳返还给日本将实现美国一个长久的承诺。从对日和约开始，该和约赋予美国对冲绳的管理权，美国认可了日本对冲绳的'剩余主权'。1951 年 9 月 5 日，杜勒斯大使在《旧金山和约》会议上首次发表了这个观点……"② 据此，日本

① "Shugiin Heiwa Joyaku Anpo Joyaku Tokubetsu Iinkai ni Okeru Ashida Hitoshi Daigishi Shitsumon (Questions by Representative Ashida Hitoshi at the House of Representative Special Committee on the Peace Treaty and Security Treaty)," Nihon Gaiko Shuyo Bunsho Nenpyo, pp. 450−452.

② "Ambassador John Foster Dulles first enunciated this doctrine on September 5, 1951, at the San Francisco Peace Treaty Conference, and it has been confirmed since then by every American President." 65 Dep't St. Bull. 34 1971, p. 34−35.

认为这意味着它在美国"施政"期内对琉球"没有失去主权"，从而提出"在此期间，虽然没有进行直接统治，但未改变其为日本领土之地位"。①可见，尽管杜勒斯与罗杰斯运用的是同一个"剩余主权"（residual sovereignty）的词语，但1971年的美日双方实际上篡改了1951年杜勒斯时期所提出的"剩余主权"的原意，直接将"剩余主权"论替换成了"返还给日本"。

从政治背景上看，20世纪60年代越南战争的局势再次改变了美国在亚太的战略局势，"剩余主权"论的这种变化可以解释为美国与日本的又一个政治交易筹码。历史事实证明，美国根据政治局势的需要任意地解释着"剩余主权"的含义，其态度的反复性造成了"剩余主权"论的内容前后矛盾，不客观、不统一，从而不可能产生确定的法律效果。

（三）"剩余主权"在国际法上是否有特定内涵

从严谨的角度，还有必要讨论一下"剩余主权"这个概念本身在国际法上是否有既定的内涵或效力。

首先，尽管"剩余主权"这个组合词来源于杜勒斯，但在国际法理论界亦存在过相类似的概念性词语。在国际法上存在过"复归或返还"（reversion）的概念，它通常分为四种情况：（1）与皇族契约相关的权利复归，这种情况发生在当（家族）继承血脉断裂的时候，假如将来的情况足以限定并且不在继承人之列，则原家族可以收回主权，或者这个实体也可能成为独立的国家。（2）"殖民主义飞地"（colonial enclaves）的复归，这是一种有效的法律主张，但其限定非常严格。目前，这两种情况都很少见。（3）战后财产的返还，主要发生在战争年代。（4）主权复归（reversion to sovereignty），在国际实践中主要发生在殖民主义情况下，

---

① 譬如，日本在其《"尖阁列岛"问答》中提到："根据《旧金山和平条约》第三条，'尖阁诸岛'作为南西诸岛的一部分，被置于美国施政之下，因此，直至昭和四十七年（1972年）五月十五日含'尖阁诸岛'在内的冲绳施政权归还日本以前的这段时期，日本没能对尖阁诸岛进行直接统治。但是，即便是在此期间，'尖阁诸岛'亦未改变为日本领土之地位，除了根据《旧金山和平条约》美国拥有对其的施政权外，任何第三国均无对其享有权利，该诸岛的这种法律地位通过琉球列岛美国民政府及琉球政府进行的有效统治而得以确保。"因为日本认为"尖阁列岛"为琉球（日本所称南西诸岛的主要组成部分）的一部分，因而这里所称之的"尖阁列岛未改变为日本领土之地位"就是以"琉球未改变为日本领土之地位"的角度说的，等同于日本未失去琉球领土之意。参见http://www.mofa.go.jp/region/asia-paci/senkaku/qa_1010.html，2012年12月29日。

如葡萄牙从西班牙独立后，其首要主张就是葡萄牙的独立地位的恢复。①

以上四种情形，唯一只有"主权回归"一词仿佛与"剩余主权"的运用相似。然而，美日从来没有提过其《琉球与大东群岛协定》与国际法上的"主权复归"这个概念有承继关系。而且，美国在 1972 年前"施政琉球"期间并无琉球（冲绳）的主权，何来对日本"返还主权"？因此，美国事实上也一直只是提出《琉球与大东群岛协定》涉及"施政权的返还"。甚至，从国际法理论上，美国的"施政权返还"都被认为具有非法性。从而，在国际法上，"剩余主权"论与"主权复归"完全不能等同。

此外，国际实践中还有过"剩余性权利"（reversionary rights）的概念，而这与所谓的"剩余主权"亦根本不同。"一战"失败后，德国按照《凡尔赛和约》放弃了它的部分领土，对于如何处理这些领土，有关于主要盟国享有"剩余性权利"的提法。对此，国际法院意见中曾经提及："一次世界大战后创造的委任统治制度提供了一个有用的案例。对于前德国领土的委任统治国、或者是管理国，它们由五个主要盟国和相关国家提名，支持德国在《凡尔赛和约》中放弃领土，并由它们决定将领土置于委任统治之下，那么从这个角度，这些盟国保留，或者继续在潜在的基础上保留剩余的能力与利益，除非该领土已经实现自治与独立。"② 但是，这种剩余的能力或权利并不导致主权，而只是一种权力处分形式，在处理的过程中或加以干涉或进行否决。③

综合说来，杜勒斯所提出的"剩余主权"（Residual Sovereignty）概念在词语的构成上与"Reversion"、"Reversionary"仿佛相似，但它不过是将这些类似词语加以拼凑、混淆视听，其实质内涵在国际法上毫无渊源。因此，"剩余主权"是由杜勒斯首创的一个名词。事实上，杜勒斯自己也认为"剩余主权"这个概念在国际法上从来没有出现过。④ 从而，"剩余主权"概念在国际法上既无先例，也没有特定内涵可言。值得一提的是，鉴于国内外的已有研究中均未对"剩余主权"的虚假性进行揭露，一些西方学者亦将琉球相关的"剩余主权"概念直接引用为理论上的"未失去领土

---

① James Crawford, Brownlie's Principles of Public International Law, 8th edition, 2012, p. 695-699.

② See the Joint Diss. Op. of Judges Spender and Fitzmaurice in the South West Africa cases（Prelim. Objections）, ICJ Reports（1962）, p. 482.

③ See James Crawford, Brownlie's Principles of Public International Law, 8th edition, 2012, p. 109.

④ Memorandum for the Secretary of Defence on the Japanese Peace treaty,（June 26, 1951）, FRUS 1951 vol. 6, p. 1157.

的主权地位"问题。① 因为"剩余主权"在全世界的实践中至今也几乎只有琉球问题这一例，所以西方学者这种不加考察、"积非成是"的现象应当引起重视并加以纠正。

四、"剩余主权"论的法律障碍

最后，鉴于关于琉球"剩余主权"论的这种混乱的实践，有必要从国际法的角度综合一下它的法律障碍与逻辑缺陷。

（一）"返还日本"不兼容于联合国托管制度

"剩余主权"论作为一个政治妥协的技术性概念，其含糊与暧昧造成了法律上的障碍与混乱。其中，最为明显的是，如果"剩余主权"论意味着琉球应当"返还日本"，则与《旧金山和约》第三条本身所要求的"置于联合国托管制度之下"不兼容。

按照《联合国宪章》第 12 章、第 13 章之规定，如果一方面约定"联合国托管"，另一方面又约定"将来返还日本"，将造成法律上的矛盾，因为联合国托管制度对于托管领土的主权地位有特定的要求，表现在：一方面联合国只对特定的领土实施托管，另一方面，在实施联合国托管时，管理国不能脱离联合国框架下的国际机制的监督，以实现托管领土的人民自决。也就是说，琉球作为"潜在的托管领土"，要么由联合国框架下的国际机制，如联合国大会、安理会来决定其领土的最终地位，要么由该领土上的人民通过行使自决权来予以决定。②

《联合国宪章》第 77 条规定托管制度主要适用于两类领土：一是原（国际联盟时期）委任统治下之领土，二是作为第二次世界大战结果而可

---

① 譬如詹姆斯·克劳福特在其书中提到，"reversion"与剩余主权（residual sovereignty）是不同的概念，事实上，其差异的关键在于"reversion"导致了主权的变化，而"residual sovereignty"却并没有失去主权地位。参见 James Crawford, Brownlie's Principles of Public International Law, 8th edition, 2012, p. 109.

② 罗欢欣在《论琉球在国际法上的地位》一文中指出："对琉球地位的处理，要在国际法上成就其合法性，或者说，让琉球的主权地位得到合法有效的确定，有必要严格遵循《联合国宪章》的规定，回到和平条约的多边处理机制，或者联合国大会、安理会的集体处理机制上来，以尊重战后盟国的平等意志和琉球作为'潜在托管领土'本身的权利。"参见罗欢欣：《论琉球在国际法上的地位》，《国际法研究》，2014 年第 1 期（总第 1 期），第 27 页。但她对"琉球作为'潜在托管领土'本身的权利"未做进一步阐述，而这其实就是自决权问题。因此，下文对自决权的探讨可视为对罗欢欣"论琉球在国际法上的地位"一文中有关"潜在的托管领土"之最终地位问题的补充和深入。

能自敌国割离之领土。琉球显然不属于委任统治领土，那么就只有第二种可能，对此，杜勒斯在讲话中也明确指出和约第三条与"作为第二次世界大战的结果而将从敌国割离的领土（第77条）"的问题。那么，既然琉球是被视为"'二战'后从日本剥离的领土"而将置于联合国托管制度之下，也就不能再说"日本未失去琉球领土"或应当"返还日本"。

同时，托管（Trusteeship）或委任统治（Mandate）制度是国际监管机制的延伸，用以控制、特别是最终决定受委任或托管的领土地位。托管制度不同于非自治（non-self-governing）领土的关键在于，托管不能与为利益托管领土上的人们而设置的国际控制（监督）机制相分离。托管机构不享有主权，其非主权性体现在托管机构自身不能单独决定领土的地位，而需要一种国际行动，这种行动通常通过称职的团体或联合国机构实施。[①]

《联合国宪章》第76条（丑）款规定托管制度的基本目的为："增进托管领土居民之政治、经济、社会及教育之进展；并以适合各领土及其人民之特殊情形及关系人民自由表示之愿望为原则，且按照各托管协定之条款，增进其趋向自治或独立之逐步发展。"在国际法上，独立（Independence）与国家主权（Sovereignty）可以是个同义词。[②] 通常认为，独立是国家地位（Statehood）的先决条件，而主权是国家地位的法律后果。[③] 因此第76条的这一规定被认为是确认了托管领土人们享有"自由表达其意愿以决定领土变更"的自决权。[④]

自决权的行使意味着人们决定领土的命运，而不是领土决定人们的命

①　James R. Crawford, The Creation of States in International Law, Oxford University Press, USA, 2007, p. 573.

②　James R Crawford, The Creation of States in International Law, Oxford University Press, USA, 2007, p. 569.

③　James R Crawford, State, Max Planck Encyclopedia of Public International Law, available at www. mpepil. com, last updated January 2011, para. 40.

④　Atlantic Charter（1941）（Declaration of Principles of 14 August 1941）, in which President Roosevelt of the United States and Prime Minister Churchill of the United Kingdom declared, inter alia, that they desired to see 'no territorial changes that do not accord with the freely expressed wishes of the peoples concerned'（Principle 2 Atlantic Charter）, that they respected 'the right of all peoples to choose the form of government under which they will live'（Principle 3 Atlantic Charter）and that they wished to see 'sovereign rights and self-government restored to those who have been forcibly deprived of them'（Principle 3 Atlantic Charter）. Daniel Thürer, Thomas Burri: Self-determination, para. 5, 6, 7, Max Planck Encyclopedia of Public International Law, available at www. mpepil. com, This article was last updated January 2008.

运。① 国际实践中，置于联合国托管制度之下的所有托管领土全部都通过行使自决权并在联合国监督之下决定了它们的主权地位。1947 年，托管理事会召开了第一次会议，强调了维护托管领土上居民之自治与独立的目标。② 到 1994 年，托管理事会共管理了 11 处领土。其中，在 1946 年，联合国大会批准了 8 块领土置于托管理事会之下。③ 这些托管领土绝大部分成为独立国家，或者经全民公决所决定而并入邻国。因此，无论是从国际法理论还是实践上看，琉球的最终地位应该由琉球人们决定，由他们自己选择独立建国或者加入邻国等。所以，《琉球与大东群岛协定》据以成立的所谓"返还日本"的"剩余主权"论亦严重侵害了琉球人民的自决权。

1951 年 9 月 6 日，在《旧金山和约》会议的第四次全体会议上，埃及代表就指出和约规定中存在一些遗漏，专门提到："按照第三条'北纬 29 度以南的南西诸岛'将事先受'置联合国托管之下、以美国为唯一管理当局'的约束，那么，联系到《联合国宪章》第 12 章的规定，有关管理与权力安排等具体条款须在托管协议中加以明确，由联合国大会或者安理会批准，并且应该考虑它所涉及的民族自决和领土居民表达自身愿望的问题。"④ 埃及的意见得到叙利亚、沙特阿拉伯、伊拉克和黎巴嫩等国代表的支持。⑤

先在地规定琉球在将来"返还日本"与联合国托管制度不兼容也为美国政府法律专家所认知。早在 1948 年 4 月 5 日，在讨论凯南（Kennan）报告的会议中，时任联合国事务办公室主任，原政治与法律教授、陆军上

---

① Judge Dillard, sep op, Western Sahara Case, 1975 ICJ Rep, p. 12, 122.

② Trusteeship Council 4th Meeting [28 March 1947] TCOR 1st Session 58, 79.

③ UNGA Resolution 63 (I) of 13 December 1946 ('Approval of Trusteeship Agreements' GAOR 1st Session Part II Resolutions 122): Cameroons (the former mandate of British Cameroons), Togoland (the former British Togoland) and Tanganyika, all three being under UK administration; Cameroons (the former mandate of French Cameroons) and Togoland (French Togoland), both administered by France; Ruanda-Urundi (administered by Belgium); Western Samoa (administered by New Zealand); and New Guinea (administered by Australia), Andriy Melnyk, United Nations Trusteeship System, para. 10, Max Planck Encyclopedia of Public International Law, www. mpepil. com, This article was last updated March 2011.

④ Conference for the Conclusion and Signature of the Treaty of Peace with Japan, San Francisco, California, September 4-8, 1951, Record of Proceedings (Department of State publication 4392, 1951), pp. 135, 144.

⑤ The Egyptian statement, supra, was supported by Syrian delegate EI-Khouri (ibid. , pp. 205, 206), Saudi Arabian delegate Al-Faqih (ibid. , p. 207), Iraqi delegate Bakr (ibid. , pp. 240-241), and Lebanese delegate Malik (ibid. , p. 254).

校迪恩·卢斯克（Dean Rusk）从国际法的角度提出了一些意见。他认为，在一个和平会议之前进行托管安排，很多利益相关国会提出法律质疑（legal doubt）。对冲绳问题，美国在和平会议之前就进行确定的解决，这样的法律基础是很薄弱的（a weaker legal grounds），因而会在联合国大会上受到反对。卢斯克建议，如果冲绳的地位还没有确定，接下来有三种可能性：（1）美国继续留在冲绳直到和平条约签订；（2）美国在和平会议中要求对冲绳实行普通托管（ordinary trusteeship）；（3）美国在联合国大会寻求对托管协议的同意，对此，条款中必须有"由冲绳人们自己决定他们将来的地位（包括，但不是限定要返还日本）"。卢斯克认为，任何情况下，如果美国决定要在将来将冲绳主权返还给日本的话，托管并不是一个最合适的解决方案，因为，这与《联合国宪章》是不相容的（somewhat incompatible）。①

（二）不适用"出租方案"的悖论

换个角度，如果日本确实保留或未失去对琉球领土的所谓"主权"，还有一个法律障碍是：如何解释美军在琉球的存在与其在日本本土之存在的不同？因为，如果在美国"施政"期间，日本仍保留着主权，则美日应该实行"出租方案"，或者类似的，由双方直接签订协议约定美国在琉球的施政或军事存在问题，而不是经由和平条约的约定来实施"托管"。然而，在1972年前，美日双边签订的《日美安全条约》完全不适用于琉球。

1947年，不甘于失去琉球的日本天皇曾专门提出了一个意见稿，试图说服美国在满足其战略需要的同时又保留日本对琉球的"主权"，从而构想出一个对琉球实行出租的方案。显然，如果按照出租方案，日本对琉球的"剩余主权"问题就清楚得多，不至于存在任何争论。美国军部机构（SANACC）在1947年8月专门讨论了天皇意见中的基地出租方案与托管方案的比较问题。国家事务专家，受雇于国务院日本事务支部的罗伯特·费尔里（Robert Fearey）首先讨论出租方案的优点，认为基地出租方案只是美国与日本间一个纯粹的双边协议，不需要其他国家的参与，美国的权利可以在出租条款中得到明确，也不需要对本地居民承担责任，并可以保

① Edward Robert D. Eldridge, The Origins of The Blateral Okinawa Problem, Okinawa in Postwar US-Japan Relations（1945—1952）, Garland Publishing, 2001, p.218-219.

证一个确切的固定的基地拥有时间（如天皇意见中提出的的 25～50 年）；然而，在讨论出租方案的缺点时，费尔里又提到，基地出租有可能"削弱《联合国宪章》所设立的联合国框架下的安全设计条款"，也有可能被认为违反了杜鲁门早在 1946 年 11 月就宣布了的"托管"（琉球）的意见。① 美国参谋长联席会议（JCS）的意见则是反对在琉球实行基地出租，也反对普通的托管，而是要实行战略托管。② 当然，不管是普通托管还是战略托管，都属于联合国框架下的托管制度安排，意味着将琉球视作"'二战'后从敌国剥离的领土"。

出租方案没有适用于琉球，但后来却被运用于日本本土的美军基地，成为与《旧金山和约》同一天签订的《日美安全条约》的源起。1951 年 9 月 8 日下午，在对日和平条约签订 5 个小时后，在对日和约会场之外的旧金山军人俱乐部，美日两国间签订了"安保条约及其行政协定"（两协约在 1960 年又进行了修改，1960 年安全条约又称为新安全条约，行政协定改为地位协定）。在旧金山对日和约会议上，安全条约并没有被作为会议的议题而提出，而是把它放在对日和约会议之外由美日两国进行单独签订。所以，不同于《旧金山和约》的多边性质，《日美安全条约》及其行政（地位）协定是双边条约，其内容涉及驻日美军的基地租用、管理乃至人员地位、行政、司法管辖等广泛事宜。

《旧金山对日和约》第六条规定："各盟国所有占领军，应于本条约生效后尽早撤离日本，无论如何，其撤离不得迟于本条约生效后九十日之期。但本款规定并不妨碍外国武装部队依照或由于一个或两个以上的盟国与日本业已缔结或将缔结之双边或多边协定，而在日本领土上驻扎或留驻。"此约定正是为美国单独与日本签订安全条约、保留军事存在做了铺垫。然而，尽管冲绳是美国最大的军事基地所在，《日美安全条约》在 1972 年前却与琉球毫无关系，事实上，该第六条的规定只是适用琉球与大东群岛以外的日本本土罢了。因此，该条内容也正好证明：当时（在《旧金山对日和约》项下），各和约当事国所代表的国际社会，根本未将琉球

---

① "Tend to weaken the Charter of the United Nations, which supposedly made ample provision for security arrangements with the United Nations framework", Advantage and Disadvantages of a United States Leased Base Arrangement in the Ryukyu Islands, Roll 5, Microfilm C0044, ONA Records, RG59.

② Edward Robert D. Eldridge, The Origins of The Blateral Okinawa Problem, Okinawa in Postwar US-Japan Relations（1945—1952）, Garland Publishing, 2001, p. 189.

视为"日本领土"对待，该条有关赋权军队的驻扎是不包含琉球在内的（可以参考第六条关于"日本领土"的用词）。

1971 年，日美双方签订的《琉球与大东群岛协定》的第二条、第三条中明确规定美军继续使用在冲绳的基地，故而从此开始适用 1960 年的《日美安全条约》及相关的地位协定。《琉球与大东群岛协定》的这一表述，亦正好证明了日本和美国间的安全条约在 1972 年前并不适用于琉球，突显了日本本土与琉球在地位上的显著差异以及"剩余主权"论在现实中的欺骗性与矛盾性。

五、结论

综上所述，从实证的角度，1951 年杜勒斯提出的"剩余主权"论与 1971 年美日签订《琉球与大东群岛协定》时所提出的"剩余主权"论，尽管用词都是"剩余主权"（Residual Sovereignty），但其含义存在本质区别。其中，杜勒斯在提出日本保留"剩余主权"的同时还指出琉球人们的地位应该按照《联合国宪章》由托管协议来决定，并且承认这种托管安排是依据《联合国宪章》第 77 条将琉球视为"'二战'后从敌国剥离的领土"，可是，《琉球与大东群岛协定》签订时美日所提出的"剩余主权"论却移花接木，违背了杜勒斯的"剩余主权"论的初衷，直接将杜勒斯这种试图兼容于联合国托管制度的"剩余主权"论替换为"返还日本"。

历史事实证明，因为对政治交易的追求，美国根据自身需要自由解释，使"剩余主权"这个概念在内容上含糊暧昧、理论上不能自圆其说。如果说"剩余主权"意味着日本"保留"琉球主权的话，将与联合国托管制度不相容。或者，如果说在美国施政期间日本确实对琉球"保留主权"，那么美日双方完全可以适用"出租方案"，即由美国与日本签订双方协议来确定具体关系，而不应该通过多边和约来约定所谓的"联合国托管"。因此，"剩余主权"只能算作一个政治妥协的技术概念，而绝不应该作为一个严谨的、具有确切含义及效果的法律概念。

本文所披露的"剩余主权"论的虚假性进一步证明，美日私自签订的《琉球与大东群岛协定》不但非法地回避了作战重要盟国的意志，回避了《旧金山和约》其他多数缔约国的意志，甚至还违背了来自他们自身的政治领导人针对同一问题的陈述与表态；进一步证明，超级大国在处理琉球问题这一领土事务上进行了法律霸权主义（Legal hegemony），① 并且在实施法律霸权主义时运用了"剩余主权"这一复杂的技术概念障人耳目，为祸经年而不为人知。

　　严格地讲，美国和日本根据"剩余主权"这样一个虚假与非法的理论来私自处理琉球，不但导致《琉球与大东群岛协定》自始无效，还违反了《联合国宪章》、违反了人民自决权原则这一国际强行法规则。② 因此，日本不但不能通过《琉球与大东群岛协定》获得对琉球的"主权"，甚至，日本基于此而对琉球进行的 40 余年来的管理与控制也具有非法性，更不应该将这种非法企图进一步扩展到中国的钓鱼岛列屿。

Illegality of Japan's Administration over Ryukyu after 1972

——A historic and legal investigation of "residual sovereignty" concerning Ryukyu issue

LUO Huanxin

Abstract: The discourse of "residual sovereignty" was the legal basis claimed by Japan for the action of "reversion of Ryukyu" after the World War II, and it was also the theoretic foundation of the Agreement between Japan and the United States of America Concerning the Ryukyu Islands and the Daito Islands signed in 1971. Accordingly, America "returned" to Japan full administrative control over "the Ryukyu Islands and the Daito Islands" in 1972, which is described as the "Okinawa reversion" by Japan. However, after a positive investigation, this paper reflected the wordings of "residual sovereignty" concept are inconsistent, meanings logically incomplete, and the theory is incompatible with the UN trust-

---

① James R. Crawford, The Creation of States in International Law, p. 505. 罗欢欣在其文中对法律霸权主义问题进行了较系统的阐述。参见罗欢欣：《论琉球在国际法上的地位》，《国际法研究》，2014 年第 1 期（总第 1 期），第 25-26 页。

② 自决权作为强行法规则为诸多《国际法》通用教材所认可和引述，笔者不一一列举。

eeship system etc. Consequently, the concept of "residual sovereignty" is substantially illegal and invalid, and it should not become Japan's sovereign title to the Ryukyu in any sense.

Keywords：Ryukyu Status；Residual sovereignty；Peace Treaty with Japan；UN trusteeship

（本文原载《日本学刊》2014 年第 4 期，现稍作修改。）

　　作者简介：罗欢欣，女，中国社会科学院国际法研究所助理研究员，北京大学法学博士，英国剑桥大学访问学者。研究方向：国际公法。在《国际法研究》《日本学刊》《日本蓝皮书》等核心期刊与杂志发表论文 10 余篇，部分论文被人大复印资料全文转载，亦在《法制日报》、美国《侨报》等报章媒体发表评论文章近 10 篇。论文代表作主要有：《论琉球在国际法上的地位》《琉球问题所涉"剩余主权"论的历史与法律考察》《中俄边界争端中的国际法争议》《海内外钓鱼岛研究四十年：比较与评述》等。

钓鱼岛主权若干国际法问题研究

金永明

（上海社会科学院法学研究所，200020）

摘要：钓鱼岛列岛问题无法得到合理解决的关键因素，是日本长期以来否定在中日两国之间存在争议，以及否认"搁置争议"共识的存在。在亚太地缘政治格局出现变动的情形下，日本为强化对钓鱼岛列岛的"管理和管辖"，采取了"国有化"钓鱼岛三岛的行为，以"补正"法律缺陷，并实施国内海洋政策，遵循海洋法制"要求"。但鉴于钓鱼岛列岛问题的特殊性，这种行为自然受到了中国政府和人民的坚决反对和强烈抗议，并采取了包括完善我国的领海制度等相应措施。本文重点依据国际法批驳了日本针对钓鱼岛列岛问题的主张的错误性和违法性，指出日本应承认钓鱼岛列岛问题争议，与中国展开和平谈判，以解决钓鱼岛列岛争议问题。

关键词：钓鱼岛列岛争议；"国有化"目的；国际法；解决方法

钓鱼岛及其附属岛屿（以下简称钓鱼岛列岛、钓鱼台列屿）问题主权争议，是横亘在中日两国之间十分敏感而复杂的难题之一。其显现和升级严重影响了中日关系的发展，并危及区域乃至国际的和平与安全。它不仅涉及历史和国际法，关联国际政治秩序及国际制度，又涉及国民感情和民族情绪，加上美国因素包括其偏袒日本的态度等，所以，解决钓鱼岛列岛问题十分困难。从中日两国针对钓鱼岛列岛的立场和态度看，其蕴涵着多个国际法问题，有必要予以阐释。

一、钓鱼岛列岛问题难解的要因

毫无疑问，日本长期以来否认在钓鱼岛列岛问题上存在争议，是中日两国之间 40 多年来无法取得进展并实质性解决钓鱼岛列岛问题的主要障碍。

尽管在国际法中不存在国际争议（国家间争端）的明确概念，但从国际法院多次引用常设国际法院 1924 年 8 月 30 日审理马弗提斯和耶路撒冷工程特许案（Mavromamat Palestine Concessions）的判决内容可以看出，所谓的争端是指两个当事人（或国家）之间在法律或事实论点上的不一致（desaccord），在法律主张或利害的冲突（constradiction）及对立（opposition）。① 换言之，国际争议是指针对特定主题，二者间互相对抗的主张出现明显化的状况。正如国际法院在此后多次提及的那样，争议是由客观事实确定的，不依赖于当事者是否承认。② 对照此判决内容，结合中日两国针对钓鱼岛列岛问题的立场与态度，两国在钓鱼岛列岛问题上是存在争议的。③

钓鱼岛列岛问题无法得到实质性进展或合理解决的关键原因之二是日本否定存在"搁置争议"的共识。"搁置争议"这一术语虽然未在《中日联合声明》、《中日和平友好条约》等文件中显现，但 1978 年 10 月 25 日邓小平副总理在日本记者俱乐部的讲话表明两国在实现中日邦交正常化、

---

① 例如，《国际法院规约》第 38 条第 1 款规定，法院对于陈诉各项争端，应依国际法裁判之，裁判时应适用：（四）司法判例及各国权威最高之法学家学说，作为确定法律原则之补助资料者。Also see PCIJ, Series A, No. 2, p. 11.

② 参见〔日〕杉原高岭著：《国际法学讲义》，有斐阁，2008 年，第 544 页。

③ 中国政府针对钓鱼岛列岛问题的立场与态度文件，主要为：《中华人民共和国外交部声明》（1971 年 12 月 30 日）；《中华人民共和国外交部声明》（2012 年 9 月 10 日）；以及《钓鱼岛是中国的固有领土》（2012 年 9 月）白皮书。以上资料，参见国家海洋信息中心编：《钓鱼岛——中国的固有领土》，海洋出版社，2012 年，第 25-30 页；中华人民共和国国务院新闻办公室：《钓鱼岛是中国的固有领土》，人民出版社，2012 年，第 1-16 页。日本政府（外务省）针对钓鱼岛列岛（"尖阁诸岛"）问题的立场性文件，主要为：《日本关于尖阁诸岛领有权问题的基本见解》（1972 年 3 月 8 日）；《日本针对尖阁诸岛的"三个真实"》（2012 年 10 月 4 日），《日本尖阁诸岛宣传资料》（2013 年 10 月）。以上资料，参见〔日〕浦野起央等编：《钓鱼台群岛（尖阁诸岛）问题研究资料汇编》，励志出版社、刀水书房，2001 年，第 272-273 页；〔日〕冈田充著：《尖阁诸岛问题：领土民族主义的魔力》，苍苍社，2012 年，第 225-226 页；以及 http://www.mofa.go.jp/mofaj/area/senkaku/pdfs/senkaku_flyer.pdf，2013 年 10 月 30 日访问。

中日和平友好条约的谈判中，存在约定不涉及钓鱼岛问题的事实。① 换言之，中日两国领导人同意就钓鱼岛问题予以"搁置"；否则，针对邓小平副总理在日本记者俱乐部的讲话，日本政府和人民可做出不同的回答，而他们并未发表不同的意见，也没有提出反对的意见，这表明对于"搁置争议"日本政府是默认的。此后，日本政府也是以此"搁置争议"的原则和精神处理钓鱼岛列岛问题的，具体表现为"不登岛、不调查及不开发、不处罚"，从而维持了钓鱼岛列岛问题的基本稳定。

应注意的是，由于邓小平副总理在日本记者俱乐部的讲话是在 1978 年 10 月 23 日中日两国互换《中日和平友好条约》批准文后做出的，所以针对钓鱼岛列岛问题的讲话内容，具有补充《中日和平友好条约》内容原则性、抽象性的缺陷，具有解释性的作用和效果，即针对钓鱼岛列岛问题的讲话内容，也具有一定的法律效力。因为《维也纳条约法公约》第 32 条第 2 款规定，对于条约的解释，条约之准备工作及缔约之情况，也可作为解释条约之补充资料。

此外，《中日渔业协定》（1997 年 11 月 11 日签署，2000 年 6 月 1 日生效）第 1 条规定，此协议适用海域是指中日两国的专属经济区。但两国的专属经济区界限至今未确定。其第 2~3 条规定，各国基于相互利益，根据此协定及自国的相关法令，可许可他国缔约国的国民及渔船在自国的专属经济区内作业，并发给许可证，也可征收合适的费用；同时，在作业时应遵守对方国家确定的渔业量及作业条件，而在决定作业条件时应尊重中日渔业共同委员会的协议内容。但此渔业协定只适用于北纬 27 度线以北的海域，位于钓鱼岛的北纬 27 度线以南海域不是该渔业协定适用的海域。所以，在此协定未规范的海域，仍适用如在公海那样的在自国登记的船舶由自国管理的"船旗国管辖"的原则。② 从上述《中日渔业协定》的相关规定可以看出，日本政府是同意将钓鱼岛列岛周边海域作为争议海域处理的，承认两国对钓鱼岛列岛周边海域存在争议，其基础显然包括两国存在"搁置争议"的共识。

针对"搁置争议"共识是否存在的问题，日本坚持认为中方有这样的提议，但并未得到日本的同意或许可，只停留于听过（出席邓小平、园田

---

① 关于邓小平副总理在日本记者俱乐部上的发言内容，参见《邓小平与外国首脑及记者会谈录》编辑组：《邓小平与外国首脑及记者会谈录》，台海出版社，2011 年，第 315-320 页。

② 参见（日）丰下楢彦著：《何谓"尖阁问题"》，岩波书店，2012 年，第 177-178 页。

会谈时日本外务省原中国课课长田岛高志的证言），即其是中方的单方面的行为，而不是双方的行为，所以对日方无拘束力。特别是日本外务省官员指出，在所有的《日本外交文书》中都没有这些内容的记录。所以，自始至终不存在"搁置争议"的共识。日本在 1972 年及 1978 年后，采取了尽可能平稳而慎重的管理方针，包括限制建造建筑物及人员上岛，目的是避免与中国发生摩擦的事态，这是从发展中日友好关系的大局出发予以考虑并决策的。① 尤其是 1976 年及 1996 年建立灯塔时日方的反驳，均否定了"搁置争议"共识的存在。

而依据中国前驻日大使陈健先生在上海交通大学"第五届中日美关系论坛"（2013 年 11 月 3 日）上的谈话，当时田中首相针对周恩来总理的谈话表示："好，不需要再谈了，以后再说"。即当时的日本首相田中是做出回答的，与邓小平和园田外相的谈话内容是不一样的。换言之，日方是同意"搁置争议"的，也即存在"搁置争议"的共识。所以，所谓《日本外交文书》中无这些记录内容，估计是日方删除了这些内容，为此，中国外交部应就此内容予以明确，包括公布外交部相关档案。

可见，日本政府违背历史事实，在钓鱼岛列岛问题上否定争议、否定"搁置争议"的共识，是中日两国长期以来无法得到实质性进展或合理解决钓鱼岛列岛问题的关键因素。当然，美国所谓的《美日安保条约》第 5 条适用于钓鱼岛列岛的表态以及在《归还冲绳协定》时一并将钓鱼岛"交还"日本的做法等，也是钓鱼岛列岛问题难决的重要因素。

二、日本"国有化"钓鱼岛三岛的意图

日本政府于 2012 年 9 月 10 日确立"购岛"方针（所谓的"平稳及安定地维护和管理"钓鱼岛及其部分附属岛屿），并于 9 月 11 日签署"购买"合同及于 9 月 12 日完成所谓的"土地所有者"登记手续"收场"，即日本政府所谓"国有化"钓鱼岛、北小岛和南小岛（简称钓鱼岛三岛）的行为，是在无视中国政府的多次强烈抗议和严重警告、无视中日关系大局的情形下完成的，因此遭到了中国政府和人民的坚决反对。所谓的中日

---

① 参见［日］田岛高志：《尖阁问题"中方不想谈，而日方只限于听过"——邓小平和园田会谈同席者的证言》，《外交》，第 18 卷（2013 年 3 月），第 77-78 页。

关系的大局，是指应进一步深化两国尤其在经济合作方面的相互依存关系。① 笔者认为，中日关系的大局，是指两国应进一步深化以经济为基础的相互依存关系，实现睦邻友好长期发展和战略互惠目标。②

那么，日本政府为何要在纪念中日邦交正常化 40 周年时"国有化"钓鱼岛三岛呢？这有众多的原因，主要为国际政治、国际关系和国内政治等的变化及需要，尤其是随着中国的进一步发展，亚太地缘政治格局出现了明显的变化，包括在亚太地区出现了政治、安全和经济的双重权力结构，出现了中美竞争和对立的倾向；美国亚太再平衡战略的部署和实施以及美国在钓鱼岛列岛问题上偏袒日本的做法，包括宣称这一问题适用《美日安保条约》第 5 条的态度，加快了日本"国有化"钓鱼岛三岛的进程。而从法律层面看，日本"国有化"钓鱼岛三岛的目的，主要有以下两个方面。

（一）补正"拥有"钓鱼岛列岛主权的法律缺陷

众所周知，日本是借甲午战争胜利之际，于 1895 年 1 月 14 日通过所谓的内阁决议，秘密地将属于中国领土的钓鱼岛及其部分附属岛屿编入所谓的日本领土，并在 1 月 21 日的内阁会议上决定由内务、外务大臣指示冲绳县知事：报请在岛上修建界桩事项已获批准。③ 此后，日本内阁 1896 年 3 月 5 日颁布、4 月 1 日开始实施的《冲绳县之郡编制的敕令》（第 13 号），主张将钓鱼岛及其部分附属岛屿并入冲绳县八重山郡，成为国有地。④

事实上，在日本秘密将钓鱼岛及其部分附属岛屿编入所谓的日本领土的内阁决议（秘别 133 号），直到 1952 年日本外务省编辑出版的《日本外交文书》第 23 卷中才显现，而在此之前，国际社会包括中国都无从知晓。⑤ 即使

---

① 参见［日］冈田充著：《尖阁列岛问题：领土民族主义的魔力》，苍苍社，2012 年，第 13 页。

② 参见金永明：《改善中日关系的几点思考及建议》，《东方早报》，2013 年 12 月 5 日，第 A15 版。

③ 参见［日］浦野起央等编：《钓鱼台群岛（尖阁诸岛）问题研究资料汇编》，励志出版社、刀水书房，2001 年，第 170–171 页。

④ 关于《冲绳县之郡编制的敕令》内容，参见［日］浦野起央等编：《钓鱼台群岛（尖阁诸岛）问题研究资料汇编》，励志出版社、刀水书房，2001 年，第 175–177 页。

⑤ 日本内阁决议（1895 年 1 月 14 日）附件内容：对于内务大臣建议的位于冲绳县八重山群岛之西北称为久场岛、鱼钓岛之无人岛，近年有人试图从事渔业等，故须加以取缔之。对此，应按照该县知事呈报批准该岛归入冲绳县所辖，准其修建界桩。此事应如建议顺利通过。参见［日］浦野起央等编：《钓鱼台群岛（尖阁诸岛）问题研究资料汇编》，励志出版社、刀水书房，2001 年，第 167–170 页。

在 1895 年 6 月 2 日中日两国政府代表在谈判和签署《有关接管台湾的公文》时，日本公使水野弁理也隐瞒了日本政府在《马关条约》签署前三个月已召开内阁会议秘密将钓鱼岛编入冲绳县的事实。① 所以，此举严重地违反国家取得领土的基本要件：向国际社会予以公示或通告，因此其不具有国际法的效力，是一种违法的行为。同时，从《冲绳县之郡编制的敕令》内容可以看出，在冲绳县的五郡中根本没有钓鱼岛等岛屿的内容。而根据明治宪法规定，内阁只是天皇的辅助机构，日本的法令只有以天皇的名义发布才算有效，且从日本针对其他领土（如硫黄岛、南鸟岛等无人岛）编入日本领土均予以公示的实况来看，日本将钓鱼岛及其部分附属岛屿编入日本领土的手续明显不同。② 即《冲绳县之郡编制的敕令》未通过天皇敕令发布，所以毫无国内法的效力。

日本"国有化"钓鱼岛三岛的行为，就是为了"补正"日本针对钓鱼岛列岛主权的法律缺陷，以向国际社会显示日本对钓鱼岛三岛的"管理"并体现"管辖"，试图在今后的国际司法判决中准备有利的"证据或要素"。

（二）日本海洋扩张战略及海洋法制的"必然要求及产物"

实际上，日本政府在"国有化"钓鱼岛三岛之前，已在 2011 年 5 月和 2012 年 3 月对确定专属经济区外缘的 49 个离岛做出了在地图、海图上记载的决定。③ 所以，日本"国有化"钓鱼岛三岛行为，是日本实施海洋扩张战略和"遵循"海洋法的"必然要求及产物"。

一般认为，21 世纪以来，日本海洋战略的代表性文件为海洋政策研究财团于 2005 年 11 月 18 日向日本政府提交的《海洋与日本：21 世纪海洋政策建议书》。其建议日本政府应立项制定海洋政策大纲，完善海洋基本法的推进体制，国家管辖范围应扩大到海洋"国土"和加强国际合作。为此，日本政府于 2006 年 12 月 7 日公布了《海洋政策大纲——寻求新的海洋立国》。其内容包括三个方面：重视海洋问题，强调综合管理海洋的必

---

① 参见李国强：《钓鱼岛主权若干问题辨析》，《太平洋学报》，2013 年第 7 期，第 3 页。

② 关于日本于 1898 年将南鸟岛编入东京府的过程及内容，参见［日］百瀬孝著：《史料检证：日本的领土》，河出书房新社，2010 年，第 87-89 页。

③ See http：//www. kantei. go. jp/jp/singi/kaiyou/ritoushin/pdf/10. or 39. pdf，2012 年 3 月 4 日访问。

要性，制定海洋基本法。此后，日本于 2007 年 4 月通过了《海洋基本法》，并根据其要求，日本内阁会议于 2008 年 3 月 18 日批准了《海洋基本计划》（2008—2012 年）。① 鉴于此海洋基本计划已到期，日本政府又于 2013 年 4 月通过了新的《海洋基本计划》（2013—2017 年），以持续推进日本海洋战略的实施。

此外，为扩大日本海洋"国土"范围并加强对其"管理"，日本还修正及制定了一些法律，包括：2005 年 7 月将原来的《国土综合开发法》改名为《国土形成计划法》，扩大了诸如专属经济区和大陆架为海洋"国土"的范围，并强化对其的"管理"；2008 年 6 月 5 日通过并于 2012 年 9 月 5 日修改了《在领海等区域内有关外国船舶航行法》，目的是强化对钓鱼岛周边海域的"管理"和"管辖"；日本国会和内阁分别于 2010 年 5 月和 7 月 13 日通过了《为促进专属经济区和大陆架的保全和利用对低潮线保全和相关设施完善等法律》及其基本计划，以规范和保全离陆岛屿低潮线和完善相关设施等。②

可见，进入 21 世纪以来，日本通过制定海洋战略、海洋政策，修改和制定海洋法及海洋基本计划等方法，特别部署了"强化"对离陆岛屿"管理"的具体措施。所以，笔者认为，日本"国有化"钓鱼岛三岛行为，是日本政府实施海洋扩张战略和"遵循"海洋法的"必然要求和产物"。即使野田政府不对钓鱼岛三岛予以"国有化"，其后续政府也会在此后"合适"的时机采取这一行动的。但这种基于不法权利下的行为，毫无国际法效力。③

三、钓鱼岛列岛主权的国际法分析

为分析与钓鱼岛列岛问题有关的国际法特别是条约法内容，有必要阐述日本的主张。

日本认为，第二次世界大战后，日本的领土是依据 1952 年 4 月生效的

---

① 参见金永明著：《海洋问题专论》（第一卷），海洋出版社，2011 年，第 267-272 页，第 294-310 页。

② 参见金永明：《日本"国有化"钓鱼岛行为之要因：海洋战略与海洋法制概要》，《东方法学》，2012 年第 6 期，第 113-118 页。

③ 参见罗国强：《日本"购岛"之举的国际法效力解析》，《现代国际关系》，2012 年第 10 期，第 45-48 页。

《旧金山和约》以法律的形式确定的。"尖阁诸岛"依据《旧金山和约》第3条,作为日本西南诸岛的一部分置于美国的施政下,并包含在1972年5月生效的美日关于琉球诸岛和大东诸岛协定(《归还冲绳协定》)返还给日本施政权的区域内。"尖阁诸岛"在历史上一贯构成日本领土——西南诸岛的一部分。"尖阁诸岛"是在1885年以后,经过多次或再三调查慎重确认其没有清朝统治的痕迹后,于1895年编入日本领土的。此后,根据日本政府的许可予以移民并在岛上经营鲣鱼生产的事业。而日本于1895年1月将其编入日本的领土,在国际法上属于正当地取得领土权的方式(所谓的无主地先占)。此后,于1968年预测"尖阁诸岛"周边海域可能埋藏石油资源后,至1971年中国政府和台湾当局在主张领有权以前,日本以外的任何国家和地区均没有主张领有权并提出异议。①

针对日本政府关于钓鱼岛列岛领有权的所谓上述主张,有以下几个国际法问题需要澄清。

（一）在1895年以前,钓鱼岛等岛屿不是无主地

从《日本关于尖阁诸岛领有权问题的基本见解》可以看出,日本自1885年起,开始图谋侵占钓鱼岛等岛屿。其过程如下:1885年日本内务卿山县有朋密令冲绳县县令西村舍三勘查钓鱼台列屿,以设立"国标"。1885年9月22日西村以密函回报称:此等岛屿系经中国命名,且使用多年,载之史册,如在勘查后即树立"国标",恐未妥善,建议暂缓。山县有朋并不死心,再次征询外务卿井上馨之意见。1885年10月20日,井上馨在答复山县有朋的极密函件"亲展第38号"中,亦指出"清国对各岛已有命名",且当时中国报纸报道(即1885年9月6日上海《申报》标题为"台湾警信"的报道)指出:"近有日本人悬日旗于其上,大有占据之势,促请清政府注意。"此时,日本明治政府因自忖力量不足,又察"近时清国报纸等揭载我国政府欲占据台湾近旁清国所属岛屿的传闻",乃未敢妄动,决定"当以俟诸他日为宜",且为免"招致清国猜疑",要求勘查之事"均不必在官报及报纸刊登"。为此,日本内务、外务两卿联合在1885年12月5日下达指示,要求冲绳县暂勿设立"国标"。同时,对当时

---

① http://www.mofa.go.jp/mofaj/area/senkaku/index.html,2013年6月9日访问。

福冈人古贺辰四郎开发钓鱼岛的申请，亦予以驳回。[①] 可见，在 1885 年时日本已知悉钓鱼岛等岛屿根本不是无主地，已为中国命名和使用且并载入史册，根本不是所谓的无清朝统治的痕迹，而是确为属于中国的领土。1894 年 7 月，中日甲午战争爆发，至 10 月底，中方海、陆军皆已战败。此时，日本内阁鉴于甲午战争胜利在望，乃以"今昔情况已殊"为由，于 1895 年 1 月 14 日秘密核准冲绳县于钓鱼岛设立"国标"。日本对钓鱼岛等岛屿的窃占，至此"完成"。

此外，即使依据所谓的"无主地"先占原则取得对钓鱼岛列岛的主权，但至 1969 年 5 月 5 日，日本政府没有在钓鱼岛列岛建立任何具有管辖痕迹或领土意思的标志，也就不符合国际法意义上的先占原则。[②] 那么，为何日本在此时突然设置了"标桩"？主要原因之一为，在埃默里报告发表之前，调查成员新野弘于 1967 年 9 月在日本的《科学与技术》期刊上独自发表了一篇专论，强调钓鱼岛列岛周边海域有蕴藏大量石油的可能，并向日本政府建言献策，要在联合国亚洲及远东经济委员会（ECAFE）公布中国黄海、东海及南海勘测报告之前，抢先向钓鱼岛列岛海域派出勘测队，以期获得更加准确的资料。受此"建言"影响，日本政府不仅实施了两次勘测活动，也加快了设置"标桩"的步伐。[③] 主要原因之二为，日本认为钓鱼岛列岛是台湾的属岛，既然台湾已通过《马关条约》割让给了日本，所以无须再设置"标桩"，从而"延缓"了设置"标桩"的进程。

（二）自 1885 年以来，日本并未对钓鱼岛等岛屿进行过多次调查

证据之一：1892 年 1 月 27 日冲绳县知事丸冈莞尔致函海军大臣桦山资纪，鉴于钓鱼岛列岛为"踏查不充分"之岛屿，要求海军派遣"海门"舰前往钓鱼岛列岛实地调查，然后海军省以"季节险恶"为由，未予派

---

① 参见台湾"外交部"：《钓鱼台列屿之主权声明》（2011 年 5 月 27 日）。此外，对于《日本关于尖阁诸岛领有权的基本见解》内谎称的所谓"再三对钓鱼岛等岛屿的实地调查"反驳内容，参见金永明：《再驳"日本关于钓鱼岛等岛屿领有权的基本见解"的错误性》，《东方法学》，2012 年第 5 期，第 54-61 页。

② 为显示日本对钓鱼岛等岛屿的行政管辖，1969 年 5 月 5 日日本石垣市在各岛设置了钢筋水泥制的标识或标记。参见郑海麟著：《钓鱼岛列岛之历史与法理研究》（增订本），中华书局，2007 年，第 117 页。

③ 参见吴天颖著：《甲午战前钓鱼列屿归属考》（增订版），中国民主法制出版社，2013 年，第 6-9 页。

遣。证据之二：1894 年 3 月 12 日，冲绳县知事奈良原繁致函内务省谓："自明治十八年（1885 年），由本县属警部派出的调查以来，期间未再进行实地调查，故难有确实事项回报"。而此一文件为 1894 年 8 月 1 日中日甲午战争爆发前的最后一份官方文件，不但直接反驳了日本政府所称对所谓"尖阁诸岛"进行过多次或再三彻底调查的说法，也说明明治政府当年确实是借甲午战争的胜利而窃占钓鱼岛等岛屿的。①

实际上，日本用"出云丸"对钓鱼岛的所谓现场调查活动只有一次，时间在 1885 年 10 月 30 日上午 10 时到下午 14 时，前后最多也只有 6 个小时，根本不存在所谓的"多次调查"。②

（三）日本关于所谓依据许可对钓鱼岛列岛实施的"有效统治"无效

日本辩称对钓鱼岛列岛进行了所谓的"有效统治"，包括政府批准民间人士在岛上进行开发活动。由于钓鱼岛列岛是中国的领土，并不是无主地，也违反无主地先占的要件，尤其是如上所述，日本政府秘密通过的内阁决议，不仅无国际法效力，也无国内法效力，所以即使采取了所谓的有效统治，也属无效，因为不法行为不产生权利。③ 换言之，1895 年至 1945 年日本统治台湾期间，钓鱼岛列岛既为台湾属岛，故俱为日本领土。日本人使用该岛自无他人抗议，古贺辰四郎父子的开发行为即为一例。④

（四）日本声称在 20 世纪 70 年代前没有任何国家对钓鱼岛列岛提出主权主张，也不符合事实

1946 年 6 月 22 日，美国主导下的盟军总司令部划定的日本渔区图，将中国钓鱼岛渔区划入日本渔区，遭到中国政府的反对，但盟军知错不改，向中国和其他盟国解释说，"日本粮荒急迫，应增加渔产，俾谋救

---

① 参见台湾"外交部"：《钓鱼台列屿之主权声明》（2011 年 5 月 27 日），第 7 页。
② 参见［日］村田忠禧著：《日中领土问题的起源——公文书表明的不切实际的事实》，花伝社，2013 年，第 220–221 页。
③ 关于"不法行为不产生权利"内容，参见王可菊：《不法行为不产生权利》，《太平洋学报》，2013 年第 7 期，第 91–93 页。
④ 日本窃占钓鱼台列屿后，即许可其国民在岛上开发。自 1897 年起，古贺辰四郎及古贺善次父子先后曾在钓鱼台上从事羽毛及鸟粪收集、标本制作、鲣鱼罐头工厂经营及农耕。前后二阶段，共历时二三十年，终因成本过高及太平洋战争爆发而终止。参见台湾"外交部"：《钓鱼台列屿之主权声明》（2011 年 5 月 27 日），第 2、7 页。

急"，希望盟国谅解。① 可见，盟军明知钓鱼岛不是日本的领土，且中国明确反对，却仍将钓鱼岛海域划入日本渔区，理由是出于对日本粮荒的救济。此外，1950 年和 1953 年，美国琉球当局将托管范围包括钓鱼岛列岛的"依据"并非认为其是日本的领土，而是按照 1944 年的日本陆军地图地名索引确定的。② 所以，根本不符合日本声称的在 20 世纪 70 年代前无任何国家提出对钓鱼岛列岛拥有主权的说法。

至于 1920 年中华民国驻长崎领事在救出遇难中国渔民的感谢状中载有"日本帝国冲绳县八重山郡尖阁列岛（即钓鱼岛列岛——引者注）"的字样，这也无日本拥有钓鱼岛列岛领土主权的效果。因为如上所述，自 1895 年至 1945 年日本统治台湾期间，钓鱼岛既为台湾属岛，故俱为日本领土，日本人使用该岛自无他人抗议。上述感谢状中承认"尖阁列岛"为日本领土，因为当时确实如此。③

另外，对于日本声称的在 1953 年 1 月 8 日《人民日报》一篇报道中有琉球诸岛由包括钓鱼岛列岛在内的七组岛屿组成的记载，经查原文，《琉球群岛人民反对美国占领的斗争》是一篇编译文章。因为该文没有作者，只注明"资料"字样，且"尖阁诸岛"纯属日语写法，文中的冲绳地区"嘉手纳"被按日语音译成"卡台那"，可见其是一篇辅助阅读的资料，显然不能代表中国政府或《人民日报》报社的立场。更为重要的是，此文对"琉球群岛"的定义范围也存在错误。因为依据《旧金山和约》，大隅诸岛不在琉球群岛之内，也不在美军占领的范围内，根本不存在"反对美军占领的斗争"。换言之，《人民日报》的文章只是资料性质的参考文献，且属于日本本土鹿儿岛的大隅诸岛也不在琉球群岛范围之内，其存在定义范围之错误，所以无法代表中国政府的立场。

至于 1960 年在中国发行的中国世界地图集中把钓鱼岛列岛作为冲绳岛屿处理的辩称，也无作用。因为当时中国无单独测绘出版地图的能力，

① 参见胡德坤，韩永利：《旧金山和约与日本领土处置问题》，《现代国际关系》，2012 年第 11 期，第 11 页。

② 参见胡德坤，韩永利：《旧金山和约与日本领土处置问题》，《现代国际关系》，2012 年第 11 期，第 11 页。

③ 参见台湾"外交部"：《钓鱼台列屿之主权声明》（2011 年 5 月 27 日），第 7 页。另外，以"中华民国驻长崎领事冯冕"名义分别给予日本地方官员和各位救助者的感谢状共有七份，其原件现存于冲绳县石垣市立八重山博物馆。参见朱建荣：《辨析日本关于钓鱼岛主权主张的结构性缺陷》，《日本学刊》，2013 年第 1 期，第 29 页。

此地图或是沿用日本占据台湾时期的地图，或是直接参看了日本的地图，证据之一为中国后来正式测绘的地图中使用的岛屿名称也有变化，例如，将土噶喇诸岛称为土噶喇列岛。① 所以，这种地图充其量只能反映日本统治台湾期间把钓鱼岛划归琉球管辖的一个侧面，不足以证明历史的全貌，更不能作为辩明领土主权归属的依据。

事实上，日本是于 1968 年预测钓鱼岛列岛周边海域埋藏丰富石油资源后，才开始加紧活动的。主要表现如下：1969 年 6 月、1970 年 4 月，日本政府组织东海大学科研人员对钓鱼岛列岛周边海域实施了 2 次勘测调查活动，调查认为钓鱼岛列岛附近海域蕴藏丰富的石油资源；② 1969 年后，琉球政府船只开始驱赶台湾渔民在钓鱼岛列岛周边海域的捕鱼活动，③ 目的是使驻琉美军与琉球政府共同派人前往钓鱼岛列岛周边海域调查石油矿藏；④ 1969 年 5 月 9 日，琉球政府石垣市官员在钓鱼岛列岛的 5 个岛上设置了显示"行政管辖"的"标设"；⑤ 1970 年 9 月 1 日，琉球政府立法院通过了《关于"尖阁列岛"的领土权》的决议，指出"尖阁列岛"在行政上属于冲绳石垣市；⑥ 1974 年 1 月，日韩签署所谓的共同开发大陆架案；等等。这些事实充分反驳了日本所谓中国是在 20 世纪 70 年代预测东海海底蕴藏丰富石油资源后才开始主张或强化对钓鱼岛列岛的主权要求及管理措施的谬论。

（五）日本认为钓鱼岛列岛"主权"依据是《旧金山和约》、《归还冲绳协定》取得的，而不是依据《马关条约》割让的领土，也属无理

尽管《马关条约》第 2 条未提及钓鱼岛列岛，但并不能就此推出其为

① 针对日本辩称的《人民日报》文章、有关地图内容分析及其作用，参见朱建荣：《辨析日本关于钓鱼岛主权主张的结构性缺陷》，《日本学刊》，2013 年第 1 期，第 32—34 页。

② 国家海洋局海洋发展战略研究所编：《钓鱼岛问题纪事》，1996 年，第 15—16 页。

③ 参见丘宏达：《中国对于钓鱼台列屿主权的论据分析》，《明报月刊》，第 78 期（1972 年 6 月），第 59 页；台湾"外交部"：《钓鱼台列屿之主权声明》（2011 年 5 月 27 日），第 7—8 页。

④ 参见朱建荣：《辨析日本关于钓鱼岛主权主张的结构性缺陷》，《日本学刊》，2013 年第 1 期，第 30 页。

⑤ 参见［日］浦野起央著：《尖阁诸岛·琉球·中国——日中国际关系史》，三和书籍，2005 年，第 154 页。

⑥ 参见［日］浦野起央等编：《钓鱼台群岛（尖阁诸岛）问题研究资料汇编》，励志出版社、刀水书房，2001 年，第 192—198 页。

琉球西南诸岛一部分的结论。因为台湾全岛及所有附属各岛屿所涵盖的其他许多岛屿都没有在《马关条约》第 2 条中提及，如接近台湾本岛的兰屿、琉球屿、花瓶屿、彭佳屿等。

　　1951 年 9 月 8 日，美日等国在旧金山签署的《旧金山和约》第 3 条规定的美国行政权管辖下的琉球列岛及其领海范围，并无包括钓鱼岛列岛或日本所称的"尖阁群岛"、"尖头群岛"。① 而日本政府对《旧金山和约》第 3 条的地域范围解释时，明确指出"历史上的北纬 29 度以南的西南群岛（或诸岛），大体是指旧琉球王朝的势力所及范围"。此解释表明，《旧金山和约》规定交由美国管理的范围，不含钓鱼岛列岛，因为钓鱼岛列岛并非"旧琉球王朝的势力所及范围"。② 所谓的钓鱼岛列岛为琉球西南诸岛的一部分，只是错误地反映了日本在割让台湾后重新将钓鱼岛列岛划归冲绳管辖的"事实"，未能体现历史的真实面貌。

　　同时，钓鱼岛列岛由于台湾渔民经常出没作业的关系，习惯上将该列岛视为台湾附属岛屿，这是一种历史的自然形成。对于这种地理概念的历史形成，中日的文献资料均有反映。例如，明朝嘉庆帝派遣的"宣谕日本国"的特使郑舜功所撰《日本一鉴》（1564 年）便记有："钓鱼屿，小东小屿也"（小东即台湾），即钓鱼屿被视为台湾的附属小屿；明治 28 年（1895 年）日本海军省所撰《日清战史稿本》之《别记·台湾匪贼征讨》记载的"尖阁岛"位置，是在"台湾淡水港北方约 90 海里（小基隆之海面）"，也把钓鱼岛列岛视为台湾的附属岛屿。

　　其实，日本人要到 1885 年前后才通过西洋人的海图（主要是英国《海军水路志》）注意到钓鱼岛列岛的存在。而英国海军是通过闽台人获悉钓鱼岛列岛的命名的。1900 年，日本才给钓鱼岛列岛起名为"尖阁列岛"。此外，在 1895 年 6 月 2 日中日政府代表签署《有关接管台湾的公文》谈判时，日本代表水野弁理公使认为，有关台湾附属岛屿已有公认的海图及地图。此谈话表明，日本政府承认台湾附属岛屿已有公认的海图及

<hr />

　　① 《旧金山和约》第 3 条规定，日本对于美国向联合国所做任何将北纬 29 度以南之西南诸岛（包括琉球群岛及大东群岛）、孀妇岩以南之南方诸岛（包括小笠原群岛、西之岛及硫黄列岛）及冲之鸟岛与南鸟岛，置于托管之下，而以美国为其唯一管理当局之建议，将予同意。在提出此项建议并就此项建议采取确定性之行动以前，美国有权对此等岛屿之领土暨其居民，包括此等岛屿之领水，行使一切行政、立法及管辖之权力……

　　② 参见郑海麟：《日本声称拥有钓鱼岛领土主权的论据辨析》，《太平洋学报》，2011 年第 7 期，第 94 页。

地图，因而不需要在接管台湾的公文中列出钓鱼岛列岛，所以，日本政府实际上承认钓鱼岛列岛是台湾附属岛屿，因为钓鱼岛列岛在公认的海图及地图上早已表明它属于中国台湾。①

1945 年日本战败投降后，根据《开罗宣言》、《波茨坦公告》及《日本投降文书》等文件的规定，钓鱼岛列岛本应作为台湾的附属岛屿归还中国。值得注意的是，《开罗宣言》对领土内容的规定采用了不穷尽列举的方式，意在强调日本以任何方式窃取于中国的一切领土，不论是通过《马关条约》正式割让的台湾、澎湖，还是日本通过傀儡政府而实际占据的东北四省，或是以其他方式窃取的中国领土，均应归还中国。即便日方辩称钓鱼岛列岛没有作为台湾附属岛屿在《马关条约》中一并割让给日本，也不能否认该等岛屿是日本利用甲午战争或在甲午战争期间从中国"窃取"的领土，因而是必须归还中国的。②

但美国基于冷战及地缘战略考虑，根据 1951 年签订的《旧金山和约》管理琉球，并依据 1953 年 12 月 25 日生效的有关奄美大诸岛的《日美行政协定》，认为有必要重新指定琉球列岛美国民政府及琉球政府按照民政府布告、条令及指令所规定的地理境界，所以，美国民政府于 1953 年 12 月 25 日发布了《琉球列岛的地理境界》（第 27 号），将钓鱼岛列屿单方面地划入琉球群岛的经纬线内，并于 1972 年将钓鱼岛列屿连同琉球群岛一并"交还"日本。③ 美日私相授受中国钓鱼岛列屿领土的做法，导致现今钓鱼岛列屿被日本非法实际控制的局面，从而衍生出长达 40 余年的中日钓鱼岛列屿领土主权之争。

在此，美国依据《归还冲绳协定》"归还"琉球群岛及钓鱼岛列屿行政权之举，不仅未取得第二次世界大战盟国的同意，而且也违反《旧金山和约》要求将琉球纳入联合国托管制度的目的。即美国出于自身战略利益考虑，没有将托管琉球的建议提交联合国审议，所以使得"从敌国分离的潜在的托管领土——琉球"，始终没有受到联合国托管制度的约束，进而

---

① 参见李国强：《钓鱼岛主权若干问题辨析》，《太平洋学报》，2013 年第 7 期，第 2-3 页。

② 国纪平：《钓鱼岛是中国领土铁证如山》，参见 http：//politics. people. com. cn/2012/1012/c1001-19239223. html，2012 年 10 月 14 日访问。

③ 关于美国单方面划定琉球地理境界并依据"群岛基线"划定琉球群岛经纬线范围内容，参见郑海麟：《日本声称拥有钓鱼岛领土主权的论据辨析》，《太平洋学报》，2011 年第 7 期，第 94-96 页。

违反《旧金山和约》拟将琉球提交联合国托管的出发点和归宿。①

1943 年 10 月，中美英苏发表了《四国关于普遍安全的宣言》。其宣布，四大国决心在打败敌人及处理敌人投降方面，采取共同行动。可以看出，盟国一致原则和不单独媾和为反法西斯四大国之间的庄重约定，各国必须遵守。所以，于 1951 年 9 月 8 日在没有中国参加、苏联没有签字，美日等国签署的《旧金山和约》突破了盟国的共同决定，改变了盟国对日本领土的许多规定，在国际法上无效。② 中国政府周恩来总理兼外长代表政府郑重声明，指出《旧金山和约》没有中华人民共和国参加的对日单独和约，不仅不是全面的和约，而且完全不是真正的和约；中国政府认为是非法的、无效的，因而是绝对不能承认的。③

中国政府的上述立场和观点得到国际法的支持。例如，《维也纳条约法公约》第 34 条规定，条约非经第三国同意，不为该国创设义务或权利；第 35 条规定，如条约当事国有意以条约之一项义务之方法，且该项义务经一第三国以书面明示接受，则该第三国即因此项规定而负有义务。上述条款内容，体现了国家主权平等原则和"协议不损害第三国及不得益第三国"的原则。所以对于《旧金山和约》，由于中国政府没有参加，并做出了反对的声明，因此与中国有关的内容，对中国政府无拘束力。

在此特别应该指出的是，所谓的日本对钓鱼岛列屿的主权，尤其是"二战"后对于日本的领土范围，日本试图割裂与重要的国际法文件之间的关系。即日本主张依据《旧金山和约》、《归还冲绳协定》确定日本的领土范围，这就是所谓的对国际秩序或国际制度的认识差异，明显是日本的诡辩。

对于日本的领土范围，中美英政府首脑于 1943 年 12 月 1 日公布的《开罗宣言》指出，我三大盟国此次进行战争之目的，在于制止及惩罚日

---

① 对于《旧金山和约》第 3 条的含义是指，日本同意，琉球作为普通托管领土或战略托管领土，经过联合国大会或者安理会批准并于联合国托管理事会、大会以及安理会的监督之下后，由美国作为唯一管理当局；而在此托管程序开始或完成之前，琉球暂由美国"施政"。换言之，一旦琉球完成联合国托管的程序，则正式成为托管领土，而在此之前，则是由美国临时施政的"潜在的托管领土"。参见罗欢欣：《论琉球在国际法上的地位》，《国际法研究》，2014 年第 1 期，第 21-22 页。

② 胡德坤，韩永利：《旧金山和约与日本领土处置问题》，《现代国际关系》，2012 年第 11 期，第 8-10 页。

③ 《周恩来外长关于美国及其仆从国家签订旧金山和约的声明》，载田桓主编：《战后中日关系文献集（1945—1970）》，中国社会科学出版社，2002 年版，第 103-104 页。

本之侵略，三国决不为自己图利，并无拓展领土之意思；三国之宗旨，在剥夺日本从 1914 年第一次世界大战开始在太平洋上所夺得或占领之一切岛屿；在使日本所窃取于中国之领土，例如，东北四省、台湾、澎湖列岛等，归还中华民国；其他日本以武力或贪欲所攫取之土地，亦务将日本驱逐出境。①

《波茨坦公告》第 8 条规定，开罗宣言之条件，必将实施；而日本之主权，必将限于本州、北海道、九州、四国及吾人所决定其他小岛之内。②

由于《日本投降文书》内的《向同盟国投降文件》（1945 年 9 月 2 日）规定，日本接受美中英政府首脑于 1945 年 7 月 26 日在波茨坦所发表，其后又经苏联所加入之公告列举之条款；日本担任忠实执行波茨坦宣言之各项条款。③ 同时，《中日政府联合声明》（1972 年 9 月 29 日）第 3 条规定，中华人民共和国政府重申：台湾是中华人民共和国领土不可分割的一部分；日本国政府充分理解和尊重中国政府的这一立场，并坚持《波茨坦公告》第 8 条的立场。④ 所以这些国际法文件对日本有拘束力。

依据这些条约文件内容，日本应放弃或归还的岛屿及领土，主要包括以下三个方面。第一，日本应归还"一战"后夺得的太平洋上的一切岛屿，其是指西太平洋群岛的岛屿，主要为加罗林群岛、北马里亚纳群岛、马绍尔群岛。第二，日本应归还窃取于中国的领土。第三，日本应放弃以武力或贪欲所攫取之土地。⑤

总之，依据国际法文件，特别是《开罗宣言》《波茨坦公告》《日本投降文书》及《中日政府联合声明》等文件的原则和精神，钓鱼岛列屿属于中国应收复的领土，毫无异议。因为这些条约属于最高层级的立法性或造法性条约，起引导及决定性的作用，特别是当低级层次的立法性条约、合同性或契约性条约（例如，《旧金山和约》、《归还冲绳协定》）与其发

① 《开罗宣言》内容，参见丘宏达编辑，陈纯一助编：《现代国际法参考文件》，（台湾）三民书局 2002 年版，第 926-928 页。
② 《波茨坦公告》内容，参见丘宏达编辑，陈纯一助编：《现代国际法参考文件》，（台湾）三民书局 2002 年版，第 928-929 页。
③ 《日本投降文书》内的《向同盟国投降文件》内容，参见丘宏达编辑，陈纯一助编：《现代国际法参考文件》，（台湾）三民书局 2002 年版，第 930-932 页。
④ 参见《当前中日关系和形势教育活页文选》，红旗出版社，2005 年版，第 77-78 页。
⑤ 参见管建强：《国际法视角下的中日钓鱼岛领土主权纷争》，《中国社会科学》，2012 年第 12 期，第 132 页。

生冲突时，它们具有优先适用的性质和功能。同时，日本的领土限于四地及同盟国决定之小岛内。在这"小岛"内，自然不包括琉球。因为，第一，琉球群岛包含大小岛屿 150 多个，其中最大的岛屿冲绳有 1200 余平方公里，人口 100 多万，是除日本四地（本州、北海道、九州、四国）以外的第五大岛屿，很难被看成"小岛"；第二，在美国占领日本与琉球期间，对于日本与琉球的方式截然不同，采取了"分离式处理"的方式，对日本的政策也都"不包含琉球"。①

　　1946 年 1 月 29 日，同盟国最高司令官总司令部（General Headquarters of Supreme Commander for Allied Power，SCAP）向日本政府发出题为《某些边远区域从日本的统治和行政中分离的备忘录》（Memorandum for Imperial Japanese Government on Governmental and Administrative Separation of Certain Outlying Areas from Japan）的"第 677 号指令"规定了日本领土的范围：日本由 4 个本岛和约 1000 个较小的邻接岛屿所组成，包括对马岛及北纬 30 度以北的琉球（西南）岛屿。同时，上述备忘录指出，"即日起日本帝国政府对日本以外的区域或此区域内的任何政府官员、职员或个人，停止实施一切政府的、行政的权力或权力意图"，琉球被视为日本以外区域。这种"分离式处理"方式的意义，与盟军最高司令官总司令部间接管理下的日本不同，琉球被留在了美军的直接统治之下。

　　由于美国只是占领琉球，而且没有将琉球纳入主权的意愿，其他战胜同盟国也从来没有表达获得琉球主权的意愿。因此，琉球在战时占领期间的地位是：既不属于日本，也不属于美国，而是在国际共管下的一种地位未定的领土。更值得注意的是，美国从未真正地遵行国际共管制度规定。因为，美国在 1952 年 2 月 10 日将在北纬 29 度以北的吐噶喇群岛岛屿"返还"给了日本，违反了"第 677 号指令"规定的以北纬 30 度为界的内容。在 1952 年 4 月 28 日生效的《旧金山和约》中又认为日本的"剩余主权"可以包括在北纬 29 度以南，即南琉球群岛，美国在此区域行使的是"行政管理权"。1953 年 12 月 25 日，美国将此区域中的奄美群岛行政权交还日本。1968 年 6 月 26 日，美军将小笠原诸岛的行政权交还日本。1972 年 5 月 15 日美国又依据《归还冲绳协议》，将北纬 29 度以南的南琉球群岛，

　　① 参见张亚中：《两岸共同维护钓鱼岛主权：国际政治的观点》，《台海研究》，2013 年第 1 期，第 36-37 页。

包括钓鱼岛列屿一并交还日本。① 美国这种单方面变更范围及"交还"领土的行为，自然没有得到同盟国的同意，因而其是非法、无效的。

此后，同盟国未曾协商讨论决定日本的领土范围，包括琉球群岛的地位问题。鉴于钓鱼岛列屿主权问题危及或影响东亚区域及世界的和平与安全，联合国安理会有责任讨论此问题，或其可向国际法院申请咨询意见，以重申或再次确定日本领土之范围，切实保卫"二战"之胜利成果，并遵循国际制度安排，维护国际秩序。②

四、中国的应对及钓鱼岛列岛问题解决方法

日本政府"国有化"钓鱼岛三岛后，中国出台了一系列的反制措施，尤其在法律上特别明显，效果不错。主要为：2012 年 9 月 10 日，中国政府就钓鱼岛列岛的领海基线发表了声明，公布了钓鱼岛列岛作为基点的经纬度坐标，从而确立和明确了钓鱼岛列岛以直线基线为基础的领海制度及其他海域管辖范围。③ 9 月 12 日，国家海洋局公布了《领海基点保护范围选划及保护办法》。9 月 13 日，中国常驻联合国代表李保东大使向联合国秘书长提交了中国钓鱼岛列岛领海基点基线坐标表和海图副本。此外，国家海洋局、民政部授权于 2012 年 9 月 21 日公布了中国钓鱼岛海域部分地理实体标准名称，从而完善了中国针对钓鱼岛等岛屿的领海制度及一切法定手续。这是 2012 年 3 月 3 日经国务院批准授权国家海洋局、民政部公布钓鱼岛及其部分附属岛屿名称以来的后续措施；④ 也是依据中国的海洋法（包括《中国政府关于领海的声明》，中国的《领海及毗连区法》，《中国政府关于领海基线的声明》，中国的《海岛保护法》等）以及《联合国海洋法公约》做出的决定，目的是完善中国的海洋法制度尤其是领海制度，

---

① 参见张亚中：《两岸共同维护钓鱼岛主权：国际政治的观点》，《台海研究》，2013 年第 1 期，第 37—38 页。

② 例如，《联合国宪章》第 39 条、第 96 条第 1 款；《国际法院规约》第 65 条第 1 款。

③ 中国关于钓鱼岛及其附属岛屿领海基线的声明内容，参见 http：//www.gov.cn/jrzg/2012-09/10/content_ 2221140.htm，2012 年 9 月 11 日访问。

④ 国家海洋局、民政部授权公布我国钓鱼岛及其部分附属岛屿名称内容，参见 http：//www.soa.gov.cn/soa/news/importantnews/webinfo/2012/03/1330304734962136.html，2012 年 3 月 4 日访问。

捍卫中国的国家领土和海洋权益。[①]

除在法律上反制日本"国有化"钓鱼岛三岛行为外，外交部于 2012 年 9 月 10 日还发表了《日政府所谓"购岛"是非法的、无效的》声明；国务院新闻办公室于 2012 年 9 月 25 日发表了《钓鱼岛是中国的固有领土》白皮书，坚定地宣示中国政府对钓鱼岛列岛的主权。

尽管中国政府已公布了钓鱼岛列岛的领海基线，并完善了相关领海制度，已在法律上掌握了管理钓鱼岛列岛周边海域的主动权，也产生了一定的效果。但为加强对钓鱼岛领海领空的保护，需要增强巡航执法管理力度及制度，目的是显示存在、体现管辖，更重要的是实施管辖。而中国国防部于 2013 年 11 月 23 日发布的关于划设东海防空识别区的声明以及东海防空识别区航空器识别规则公告，则进一步提升了中国保卫钓鱼岛列岛周边领空的意志和决心，有利于钓鱼岛列岛主权的维护。[②] 可以预见，在日本海上保安厅、海上自卫队仍将继续维持其领海领空警备体制的情况下，中日两国各类船只、飞机之间的摩擦和纠纷甚至诸如碰撞、冲突之类的事件必将增加。为此，中国制定完善相关国内法规就显得特别重要，如《中国管辖海域巡航执法管理及处罚条例》、《外国船舶在我国领海内无害航行制度规范》、《中国东海防空识别区航空器识别规则实施细则》等。

一直以来，中国政府和人民考虑到中日友好关系发展的重要性，严格执行中日两国领导人对钓鱼岛列岛问题达成的政治默契（搁置争议），严守中日四个政治文件的原则和精神，在钓鱼岛列岛问题上保持了最大的克制，希望通过和平方法包括"主权属我、搁置争议、共同开发"的方式处理钓鱼岛列岛问题。

应该说，中国解决钓鱼岛列岛问题争议的基本思路和立场是一贯的。中国政府依然希望通过和平方法尤其是政治方法或外交方法，解决中日两国之间存在的钓鱼岛列岛问题争议。这不仅符合国际法制度和原则，也符合中日两国四个政治文件的原则和精神。所以，中日两国通过平等对话和

---

① 例如，《联合国海洋法公约》第 16 条规定，沿海国应将标注测算领海宽度基线或界限等的海图或地理坐标妥为公布，并应将各该海图和坐标表的一份副本交存于联合国秘书长；第 319 条第 1 款规定，联合国秘书长应为本公约及其修正案的保管者。

② 《中国政府关于划设东海防空识别区的声明》内容，参见 http：//www. gov. cn/jrzg/2013-11/23/content_ 2533099. htm，2013 年 11 月 25 日访问。《中华人民共和国东海防空识别区航空器识别规则公告》内容，参见 http：//www. gov. cn/jrzg/2013-11/23/content_ 2533101. htm，2013 年 11 月 25 日访问。

协商，利用现有双边机制（如中日外交部副外长级磋商机制、中日高级别海洋问题磋商机制等），合理地讨论钓鱼岛列岛问题争议及解决方法，使其不影响中日关系发展的大局，包括在必要时探讨构筑预防及应急反应机制就十分重要，有利于合理管控钓鱼岛列岛周边领海和领空的和平、安定及秩序，为进一步发展中日两国全面战略互惠关系做出贡献。

Research into Several Issues of International Law Regarding Sovereignty over Diaoyu Islands

JIN Yongming

Abstract：The key elements resulting in failure to reasonably settle Diaoyu Islands issues is that Japan has long denied such dispute with China and the existence of "suspension of dispute". With the changing political pattern in Asian‐Pacific area, Japan strengthened its "management" and "administration" in Diaoyu Islands and nationalized three islands of Diaoyu to "correct" legal deficits and improve requirement of its domestic ocean policies and legal system. However, in view of the specialty of issues over Diaoyu Islands, Japan's behaviors certainly receive firm opposition and protest from Chinese government and people, including improvement of territory sea system of China. Therefore, in consideration of Japan's argument on issues of Diaoyu Islands, this thesis is focused on refuting such argument and proving its mistake and illegality according to international law, and points out that Japan shall admit the dispute over Diaoyu Islands and negotiate with China amicably to settle disputes over Diaoyu Islands.

Key words：Dispute over Diaoyu Islands；Purpose of "Nationalization"；International Law；Solution

（本文原载《中国边疆史地研究》2014 年第 2 期，现略作补充。）

作者简介：金永明，1966 年出生，浙江绍兴人。上海社会科学院法学研究所研究员，上海社会科学院创新工程特色人才，法学博士，理论经济学博士后。研究方向：国际法，海洋法，中日关系。兼任上海市法学会海洋法治研究会常务副会长，上海市太平洋区域经济发展研究会副会长，上海市海洋湖沼学会海洋战略与权益专业委员会主任委员。代表性论文：《日本的海洋立法新动向及对我国的启示》（《法学》，2007 年第 5 期）；《专属经济区与大陆架制度比较研究》（《社会科学》，2008 年第 3 期）；《岛屿与岩礁的法律要件论析——以冲之鸟问题为研究视角》（《政治与法律》，2010 年第 12 期）；《南沙岛礁领土争议法律方法不适用性之实证研究》（《太平洋学报》，2012 年第 4 期）；《中国拥有钓鱼岛主权的国际法分析》（《当代法学》，2013 年第 5 期）；On China's Strategy of Building an Ocean Power and Its Legal System（*China Legal Science*，Vol. 3，No. 1，January 2015）；《日本积极和平主义政策研究》（《国际观察》，2015 年第 2 期）。

二、南海问题研究

中国在南沙的建礁设塔有理有据

贾　宇　张小奕

（国家海洋局海洋发展战略研究所，100860）

围绕中国在南沙群岛部分进驻岛礁上的建设活动，美国等域外国家给予了极大关注。美国国防部长卡特在多个场合无端指责中国正在制造改变地区现状的事实，要求中国立即停止在南海的填海造地，并誓言美军将继续按照国际法在国际海域和空域执行任务。在赶赴 2015 年 5 月 29 日在新加坡召开的第十四届香格里拉对话会（简称"香会"）之前，卡特屡放硬话，美国不同意"中国建设岛屿的 12 海里为中国领海"，美国仍将在国际法允许的范围内飞行、航行和执行任务。[①] 在 5 月 30 日的香会上，卡特指责中国填海造地的规模和速度史无前例，超过其他声索国的总和；中方在南海的行动与国际准则和规范不"合拍"；将水下岩礁变成机场不能获得主权；美国将继续行使与保护航行和飞越自由，并呼吁各方立即停止填海造地，反对任何一方将领土争议军事化。[②]

继 2014 年年底美国公开否定我国南海断续线之后，炒作和抨击中国南沙岛礁建设成为美国干涉南海事务的又一抓手。澄清事实真相，从国际法的角度予以分析，以正视听，十分必要。

一、岛礁建设是中国的国家主权行为

中国对南沙群岛及其附近海域拥有无可争辩的主权。中国在南海的主权和相关权利主张是在长期的历史过程中逐步形成的，为历代中国政府长

[①] 参见环球军事网：《香会召开在即美防长否认中国南海领海主权》，http：//www.armystar.com/cnjs/2015-05-30_ 25250. html，最后浏览时间 2015 年 10 月 8 日。

[②] 参见外交部网站：《外交部发言人华春莹就美国国防部长卡特在香格里拉对话会上涉南海问题有关言论答记者问》，http：//www.fmprc.gov.cn/mfa_ chn/fyrbt_ 602243/t1268772.shtml，最后浏览时间 2015 年 10 月 8 日。

期坚持，有着充分的历史和法理依据。中国对南沙群岛及其附近海域的领土主权自史固有，无需通过岛礁建设来强化。而个别国家对于"将水下岩礁变成机场以获得主权"的担忧，也纯属庸人自扰。

此番施工的岛礁，如永暑礁、赤瓜礁、华阳礁、东门礁等，连同南沙群岛的其他岛礁，都是中国的固有领土，中国最早发现、命名、开发、经营并对南沙群岛行使主权管辖。有关史书的记载、地图证据、长期的开发利用活动、行政管辖等对此有着充分的证明；《开罗宣言》、《波茨坦公告》等一系列战后国际法文件，就中国对南海诸岛的领土主权做出了清晰的规定。领土主权包括两个方面的内容，一是国家的领土神圣不可侵犯，二是国家享有排他的领土管辖权。① 中国在南沙群岛部分岛礁上的建设，属于中国主权范围内的正常建设项目，是中方行使排他性领土管辖权的行为，有理有据，合理合法，其他国家无权指手画脚。

南沙岛礁远离大陆，在南沙海域高温、高湿、高盐的环境下，驻岛人员的生活条件急需改善。与此同时，中国南沙岛礁上的高脚屋，历经几十年的风风雨雨，需要改扩建和维护。"中国对南海部分岛礁进行的建设，主要是为了完善岛礁的相关功能，改善驻守人员的工作和生活条件，满足必要的军事防卫需求，更好地履行中方在海上搜救、防灾减灾、海洋科研、气象观测、环境保护、航行安全、渔业生产服务等方面承担的国际责任和义务"。②

同时，中国政府对南沙部分驻守岛礁进行的建设和设施维护，除了改善驻岛人员的工作和生活条件，完善岛礁的相关功能，服务于各类民事需求之外，还可以更好地履行中方在海洋安全、科学研究、环境保护、防灾减灾、渔业生产服务等方面承担的国际责任和义务，有利于为中国和周边国家以及航行于南海的各国船只提供必要服务，符合地区安全利益、促进保护人权以及经济的可持续发展。中国海军司令吴胜利还表示，欢迎国际组织和美国及相关国家在未来条件成熟时利用这些设施，开展人道主义救援减灾合作。③

---

① 周忠海：《论领土主权问题上的"行政管辖"的意义》，《政法论坛》，1990 年第 1 期，第 50 页。

② 参见人民网：《孙建国：中国对南海部分岛礁的建设系为更好履行责任和义务》，http：//military.people.com.cn/BIG5/n/2015/0531/c1011-27082158.html，最后浏览时间 2015 年 10 月 12 日。

③ 张军社：《南海问题：坦率应增加，偏见须减少》，载《人民日报》（海外版），2015 年 5 月 4 日，第 1 版。

　　有必要指出的是，中国在南海的岛礁建设是在中国的固有领土上的建设，在国际法上属于领土的添附，与《联合国海洋法公约》（以下简称《公约》）中的人工岛屿，在法律性质和地位上是迥然不同的。美国所谓之不承认中国在南海建设的人工岛的领海之语，文不对题。岛礁建设是中国作为负责任大国，为维护本地区包括海域、航道安全在内的安全环境采取的切实举措。为了打击海盗、有组织犯罪等非传统安全问题的目的以及出于维护岛礁和自身安全的考虑，驻扎一定的武装力量是必要的，符合《联合国宪章》和平与安全宗旨，也是其他国家的惯常举措。对此，我们无需遮遮掩掩，外界也不必过度解读。

二、设立灯塔为南海的航行安全提供公共产品

　　南海是重要的海上通道，也是太平洋和印度洋之间的海上走廊。广袤南海的很多海域礁石密布，海况复杂，被视为"危险区域"，受台风和季风影响突出，海难事故多发。而船舶航行安全保障设施、海上应急救助力量以及船舶溢油反应力量和设施的严重不足，影响了南海的通航环境安全和本地区的经济发展。出于地区航行安全考虑，中国政府在华阳礁、赤瓜礁修建多功能灯塔。这两座灯塔的建成和投入使用，改善了南海水域的通航环境，为航经该海域的各国船舶提供高效导航助航服务，包括航路指引、安全信息、应急救助等公益服务，降低了船舶航行风险，减少海损事故发生，提高南海海域船舶的航行安全指数。华阳礁、赤瓜礁灯塔的建成和投入使用，是中国为国际社会提供"顺风车"的义举。

　　受联合国教科文组织委托，中国政府于1988年在永暑礁建立了海洋气象观测站。时至今日，永暑礁海洋气象观测站一直通过国家海洋局定期向世界气象组织提供潮位资料，为过往南海的中外船只提供可靠的航海水文气象保障，为国际减灾和海洋气象预报研究做出重要贡献。凡此种种，都是中国向国际社会提供公共产品的积极举措。

三、建礁设塔并不违反国际法

　　《公约》对主权国家在岛礁建设中应享有的权利和应履行的义务做出了规定，这些规定聚焦在"近岸设施"、"人工岛屿"、"人工岛屿、设施

和结构"、"安全地带"以及"人工岛屿和其他设施"等方面。①《公约》第 121 条对岛屿给出了国际法的定义。上述规定明确了岛屿和人工岛屿、设施和结构的区别和各自的法律地位，但岛礁扩建问题在《公约》中属于空白。

事实上，岛礁建设是主权国家的一项权利。在造岛过程中该国也应当履行相应的国际义务，重点之一就是不妨碍这一地带的航行自由。中国在南沙的岛礁建设不会阻碍该地区的航行与飞越自由。中国是世界主要贸易国之一，进出口货物的 80%～90%要通过海运，中国比任何国家都关心海洋的航行安全和航行自由。中方对南沙部分驻守岛礁进行相关建设和设施维护，有助于提高中方及国际社会在海上搜寻与救助、气象观测、航行安全等方面的能力，不仅不会减损各国在南海享有的航行自由，反而有利于共同应对海上挑战，为航行安全提供更多保障。事实上，各国依据国际法在南海享有的航行与飞越自由从未因为南海有关争议受到影响。但是，美国不断派遣军机舰船在南海炫武力、搞军演，才是对南海航行自由的影响乃至威胁。

与沿岸国保障航行自由的义务相对应的是，各国不应滥用航行和飞越自由的权利，更不得以此为借口损害沿岸国受国际法保护的主权、权利和安全。依照包括《公约》在内的国际法以及《中华人民共和国领海及毗连区法》，中国的南沙群岛可以拥有包括 12 海里领海在内的海洋区域。国际习惯法和《公约》第 2 条都明确，沿海国的主权及于领海、领海上空及其海床和底土。尽管中国尚未公布南沙群岛的领海基线，但有关国家在飞越我国南沙有关岛礁上空时应有所顾及，避免采取可能导致海空意外事件的冒险和挑衅行为。近期美军侦察机抵近中方南沙有关岛礁海域进行的侦察活动，对中方岛礁的安全构成潜在威胁，极易引发误判，是十分不负责任的行为，有损地区和平稳定，是对南海航行和飞行安全的最大威胁。

四、炒作无益于南海的和平稳定

美国一方面承诺在南海问题上不选边站队；另一方面却采用双重标准，对中方主权范围内合法、合情、合理的正常建设活动说三道四，而对菲律宾和越南长期以来在非法侵占的中国南沙岛礁上大兴土木的行为却选

---

① 详见《公约》第 11 条、第 56 条、第 60 条、第 80 条和第 87 条等。

择性"失明"。菲律宾、越南等国自 20 世纪 70 年代以来，非法侵占了中国南沙群岛部分岛礁并长期在相关岛礁上开展大规模填海造地活动。菲律宾在中国南沙中业岛修建机场并进行扩建，并在该岛建设码头等设施；在中业岛、马欢岛和费信岛等岛礁建设所谓旅游设施；菲律宾还将一艘旧军舰"坐滩"在中国的仁爱礁，一坐十几年赖着不走，还要进行加固，以图长久侵占该礁。越南在中国南沙 20 多个岛礁实施大规模填海造地，并同步建设了港池、跑道、导弹阵地、办公楼、营房、宾馆、灯塔等大批固定设施。越南还在万安滩、西卫滩、李准滩、奥南暗沙等建设多座高脚屋和直升机平台等设施。这些"违章建筑"严重侵犯了中国领土主权，违反了《联合国宪章》和国际关系基本准则，中国对此坚决反对。从南海和平稳定大局出发，中国对这些非法、不义之举一直采取克制、忍让的态度，始终致力于同有关当事国直接谈判和协商，解决领土争议和主张管辖海域重叠问题。对于菲律宾、越南等国长时间、大规模的填海造地工程，美国暗中怂恿挑拨于先，故意装聋作哑于后，却对中国的主权行为大肆炒作，渲染"中国威胁论"。如此令人瞠目的双重标准，岂非有违美国一直标榜的公平正义？

中国坚持走和平发展道路，坚持与邻为善、以邻为伴，是维护地区和平稳定的坚定力量。中国最不愿看到南海生乱，更不会主动制造混乱。美国不是南海问题当事国，却不断在南海挑起事端，煽风点火，对中国领土主权和海洋权益进行肆意挑衅，这才是南海地区的乱源所在。作为自我标榜的负责任大国，美国应从中美关系和地区和平稳定大局出发，恪守在领土主权争议问题上不持立场的承诺，谨言慎行，停止任何有损南海地区和平稳定的言行。

（本文原载《人民日报》2015 年 6 月 5 日，第 3 版，有删改。）

作者简介：贾宇，法学博士，国家海洋局海洋发展战略研究所党委书记、副所长，研究员，中国海洋法学会常务副会长、秘书长；张小奕，法学博士，国家海洋局海洋发展战略研究所助理研究员。

中国拥有南海诸岛主权考

邢广梅

（海军军事学术研究所，100841）

摘要： 南海诸岛自古以来属于中国领土，但由于其战略地位及其资源价值凸现，至今被南海周边声索国侵占多达 43 个。因此按照国际法取得领土主权的规定详细梳理中国拥有南海诸岛主权的历史与法理依据仍是学界需要继续研究的课题。本文采用大量翔实、确凿的中外史料详细论证了中国最早发现、命名并开发经营了南海诸岛，中国历代政府对南海诸岛实施了持续有效的主权管辖，为宣示、维护与巩固主权，中国政府与人民进行了不懈的斗争与努力，中国对南海诸岛拥有主权已被国际社会广泛承认以及南海周边声索国对南海诸岛主权主张理由不成立，从而得出中国无可争辩地拥有南海诸岛主权的结论。

关键词： 南海诸岛；主权；历史依据；法理依据；南海声索国

南海是个半闭海，面积约 350 万平方公里。南海诸岛是中国现行地图所示南海九段线内 200 余个岛、礁、沙、滩①的总称，分为西沙、东沙、中沙、南沙四个群岛。南海诸岛自古以来属于中国领土，这不仅为古今中外大量文献及相关文物所证实，也被国际社会所广泛承认。但是，由于其战略地位及其资源价值日渐凸现，成为部分周边国家窥视侵占的对象。20 世纪 70 年代始，越南、菲律宾、马来西亚三国相继出兵侵占了南沙部分岛礁。为达到永久占领、据为己有的目的，上述国家在采取国内立法、实施"行政管辖"等"主权"措施的同时，罗织多种"法理依据"否认中

---

① 岛为高潮时露出水面的岩石，礁为低潮时露出水面、高潮时没于水中的珊瑚礁，滩为低潮时没于深水中的珊瑚群，沙是暗沙与沙州的总称，前者为由滩向上生长、接近水面的珊瑚礁，后者指高潮时露出水面、表面覆盖沙子、形状平坦的新生岛。

国对南海诸岛的主权拥有。① 越南更是处心积虑，收集、编造各种"历史证据"，挑战中国政策底线。域外大国也基于自身利益趁机介入。南沙岛礁主权争端逐渐演变为集岛礁主权争端、海域划界争端、海洋资源争夺以及地缘战略博弈四位一体的"南海问题"，对中国周边海上安全环境产生严重的负面影响。因此，理清中国拥有南海诸岛主权的历史和法理依据，驳斥周边声索国的歪理主张，有效维护国家领土主权完整是我国学界一直以来面临的重要课题，本文试按照国家取得领土主权的国际法原则阐述中国无可争辩地拥有南海诸岛主权。

一、中国拥有南海诸岛主权的历史法理依据

（一）中国最早发现、命名并开发经营了南海诸岛

大量翔实、确凿的中外史料记载了中国最早发现、命名并开发经营了南海诸岛。

首先，中国最早发现、命名了南海诸岛。至迟于公元前 2 世纪的汉代，包括政府官员在内的中国人在南海航行或生产实践中就发现南海诸岛，并将其命名为"涨海崎头"。时任临海太守的东汉官员杨孚在其所著的《异物志》中就提到："涨海崎头，水浅而多磁石，徼外大舟，铟以铁叶，值之多拔。"② 意思是南海岛礁水浅而多礁滩，船舶航行到此就像被磁石吸住一样，难以脱身。三国时期吴国万震所著的《南州异物志》③ 等，也介绍了"涨海崎头，水浅而多磁石"的南海岛礁地质特征。三国时期吴国交州中郎将康泰出使扶南（柬埔寨）归来撰写的《扶南传》④ 指出："涨海中，倒珊瑚洲，洲底有盘石，珊瑚生其上也"，这是康泰亲眼看到南海岛礁由珊瑚礁组成，成为证明我国发现南海诸岛的第一手资料。

唐宋以来，随着航海事业的发展及生产实践的增多，中国人对南海诸岛的认识逐步加深，对南海诸岛的命名也由"涨海崎头"这一泛称逐渐演

---

① 目前，中国拥有东沙、中沙群岛主权不存争议，越南对中国拥有西沙群岛主权有异议，越、菲、马、文莱四国对中国拥有南沙群岛主权有异议。

② 参见（明）唐胄：《正德琼台志》第九卷（1521 年）。杨孚，字孝元，南海人，东汉章帝（76—88 年）时为议郎，曾任临海太守。

③ 参见（宋）李昉：《太平御览》第 790 卷。

④ 参见（宋）李昉：《太平御览》第 69 卷。康泰，三国孙权手下的中郎，在吴黄武至黄龙年间（约公元 225—230 年），与宣化从事朱应奉派到南海巡游。

变为对东、西、中、南沙群岛的专有命名，并被记录在历代文献中。如针对西沙群岛，唐代贾耽《皇华四达记·广州通海夷道》称作"象石"，① 宋代曾公亮《武经总要》称作"九乳螺州（又做'洲'）"，② 吴自牧《梦粱录》称作"七洲"，③ 明代黄衷《海语》④ 称作"万里石塘"；晋代裴渊《广州记》将东沙群岛称作"珊瑚洲"；⑤ 宋代《宋会要》将中沙群岛称作"石塘"⑥；元代宋濂《元史》将南沙群岛称作"万里石塘"。⑦ 明代顾玠《海槎余录》则明确记录了中沙及南沙群岛的方位、里程、航路和地理形势。⑧ 清代陈伦炯《海国闻见录》明确将西、东、中、南沙群岛分别称作"七州"、"南澳气"、"万里长沙"及"千里石塘"等。⑨

从宋代开始，各种文献比较明确而集中地以"长沙"、"石塘"（又作"千里长沙"、"万里石塘"）指称南海诸岛。据不完全统计，仅宋元明清四代以此为名记载南海诸岛的民间及官方书籍就达上百种。⑩ 明代王佐《琼台外纪》记载："（万）州东长沙、石塘，环海之地"；⑪ 清代屈大均《广东新语》记载："涨海，万州志东外洋有千里长沙、万里石塘"，等等。

至迟于清初（18 世纪初），中国海南岛渔民就在指导其到西、南沙群岛从事渔业生产的《更路簿》（又名《水路簿》）中，根据方言、特产、岛礁形状及罗盘方位等为西、南沙群岛各岛、礁、滩、洲命名，其中，南沙 73 个，西沙 33 个。如称西沙群岛的永兴岛为巴峙，称南沙群岛的太平岛为黄山马峙等。这是中国首次系统而详细地记录西、南沙群岛各岛礁的

---

① 参见（宋）欧阳修，宋祁：《新唐书》第 43 卷。

② 载于《武经总要》前集第 20 卷"广南东路"，1040 年。《武经总要》是中国第一部规模宏大的官修综合性军事著作。

③ 载于《梦粱录》第 12 卷江海船舰，1275 年。

④ 明代黄衷《海语》（1536 年）收录于清代谭莹《岭南遗书》，1845 年。

⑤ 参见（宋）乐史：《太平寰宇记》第 157 卷。

⑥ 载于《宋会要》第 8116 卷，收录于清代《永乐大典》。

⑦ 载于《元史》（明洪武刻本）第 162 卷，列传 49"史弼传"，1370 年。

⑧ （明）顾玠：《海槎余录》，1540 年。文中的"千里石塘"指今天的中沙群岛及海域，"万里长堤"和"鬼哭滩"指南沙群岛以及周围航海危险区。

⑨ 参见（清）陈伦炯：《海国闻见录》（上卷）"南洋记"，第 14-15 页，1823 年易理斋重印。陈伦炯曾任浙江提督。

⑩ 厦门大学林金枝教授统计。参见林金枝：《中国最早发现经营和管辖南海诸岛的历史》，载吕一燃主编：《南海诸岛地理、历史、主权》，黑龙江教育出版社，1992 年。

⑪ （明）王佐：《琼台外纪》，1488 年。载于（清）胡端书，杨士锦：《万州志》，第 3 卷。王佐曾任江西临江府同知。文中的"长沙"、"石塘"泛指南海诸岛。

具体名称。这些名称一直为外国官方或民间以音译、意译或音意兼译的方式长期采用。16 世纪，葡萄牙人将我国渔民所称的巴峙（永兴岛）音译为 PAXO，西方人将石塘（西沙群岛）意译为 Paracel（帕拉塞尔，意为石礁）。英国出版的《中国海指南》，称鸿庥岛为 Namyit、景宏岛为 Sincowe 等，这些均是从我国渔民习称的"南乙"、"秤钩"等音译过来的。[①] 明清时代的地图则对南海诸岛的具体方位有了标绘。明代茅元仪《武备志》中引用的《郑和航海图》、清代陈伦炯《海国闻见录》中的"四海总图"以及清代陶晋的《大清一统天下全图》中，均标示了西、东、中、南沙四群岛的具体名称及位置。

总之，如果从东汉杨孚《异物志》（约于公元76—88 年成书）记载南海诸岛算起，中国发现南海诸岛的历史已有 1900 余年，比越南声称的其发现西沙群岛的 15 世纪至少早 1400 余年，比菲律宾声称的其发现南沙群岛的 1947 年早 1900 余年；如果从东汉以"涨海崎头"命名南海诸岛算起，中国命名南海诸岛的历史已有 1900 余年，即使从宋代以"九乳螺州"命名西沙群岛、以"石塘"命名南沙群岛算起，中国正式命名西、南沙群岛的历史也已 1000 余年。

其次，中国最早开发经营了南海诸岛。至迟于三国两晋时期中国人民已着手开发经营南海诸岛了。晋代张勃《吴录》记载："交州涨海中有珊瑚，以铁网取之。"[②] "涨海中，玳瑁似龟而大，魏使以马求易珠玑、翡翠、玳瑁；孙权曰此皆孤所不用，而得马，若何而不听。"说的是南海盛产珊瑚、玳瑁，中国渔民用网捕捞珊瑚，当魏使提出用马匹换取吴国玳瑁等物产时，孙权欣然同意。同时期的记载还有晋代郭璞《尔雅·注文》中的蠃（螺）[③] 以及晋代徐衷《南方草物状》中的白蚌珠[④]等。

唐宋元时期文献中已有中国人在南海诸岛定居的记录。如唐代段成式《酉阳杂俎》记载："木饮州，珠崖一州，其地无泉，民不作井，皆仰树汁为用"，[⑤] 指的是西、南沙等群岛上，因无水或少水，当地居民以椰果汁液解渴的情形。明清时期，我国渔民已遍及南海诸岛，除捕捞业外，还在岛

---

① 韩振华：《我国南海诸岛史料汇编》，东方出版社 1985 年版，第 3 页。

② 参见（宋）乐史：《太平寰宇记》第 170 卷。《吴录》成书于公元 265 年至 289 年。

③ 参见（宋）郑樵：《通志》第 76 卷。晋代郭璞曾任尚书郎等。

④ 参见（唐）徐坚：《初学记》（光绪戊子年至 1888 年蕴石斋刻本）第 27 卷，宝器部，珠第三，第 5 页。

⑤ 参见（唐）段成式：《酉阳杂俎》第 4 卷，商务印书馆 1941 年版，第 36 页。

上种植树木、开垦荒地。《更路簿》作为海南渔民往返西、南沙群岛从事渔业生产的航行指南，清晰记载了从海南岛到西、南沙群岛的航向、航程及各岛礁的名称，证明我国海南渔民祖祖辈辈都在西、南沙群岛一带航行和从事生产活动。

大量从西、南沙群岛考古挖掘出的文物也充分证明，世代中国人在西、南沙群岛上生活、生产。在西沙群岛上，1920 年挖掘出从南朝到明代的古钱、1974 年挖出唐宋元明清时期的瓷器、铜钱等。发掘出的文物表明，中国海南岛渔民在西沙群岛上从事捕捉鱼类、海龟，捡海参、贝壳、海螺及割牡蛎等活动，也在岛上挖水井汲水、种植椰树、晒鱼干、拾柴薪、盖草棚和珊瑚石小庙等。① 在南沙群岛上，发现海南岛琼海县渔民约于 1894 年在太平、西月、中业、双子及南威等岛上挖水井、建小庙、种椰树；居住在南威岛上的文昌县渔民还修建了储存海味、干货和粮食的地窖。直到南沙主权出现争端前，南海诸岛仍保存有清代海南渔民的房屋、水井、椰子树等，一些为开发西、南沙群岛而死亡的中国渔民，还安葬在这些岛屿上。②

上述文献记载及出土文物充分显示，中国至迟于三国两晋时期就开始开发经营南海诸岛，至迟于唐宋时期就有渔民开始在南海诸岛居住并从事捕捞、种植活动，这比越南提出的所谓开发"黄沙群岛"（即西沙群岛）、"长沙群岛"（即南沙群岛）的 17 世纪至少早了 1400 年。

在尚未形成现代领土主权概念的古代，最早发现、命名南海诸岛并在其上居住或从事生产经营活动，具有重要的国际法意义。首先，最早发现、命名南海诸岛，就使中国取得了优先占有南海诸岛，进而实施有效管理的权利，只要不放弃主权，"最早发现"将成为阻却他国以发现为名拥有南海诸岛主权的可能；其次，中国人在南海诸岛上的生活与生产实践是中国实际占有南海诸岛的体现。国际司法实践已表明，一国人民在某个区域生活或进行经济活动，对确定这个地区属于该国具有决定意义。③ 与15—16 世纪西方国家海外拓展殖民地时，通过"本国国民看到并登陆"这样简单的事实就取得无主地主权的情况相比，对待像西南沙群岛这样

---

① 在西沙群岛上发现中国渔民建造的 13 座小庙。

② 南沙群岛的北子岛上，就有两座清代中国渔民坟墓。

③ 1953 年，国际法院在曼基埃和埃克里荷斯案的判决中就指出，英国人在这两个岛屿上世代居住的事实，是这些岛屿归属英国的明证。

"不适宜人类居住"的岛礁群，中国仅凭发现、命名并在西南沙群岛上居住、从事生产经营活动这些事实，就足以取得对南海诸岛的原始主权。在此基础之上，中国历代政府还以多种方式对南海诸岛实施了持续有效的主权管辖，无可辩驳地持续拥有南海诸岛的主权。

（二）中国历代政府对南海诸岛实施了持续有效的主权管辖

中国历代政府至迟于唐代开始，从纳入版图、设立政区，监管开发，救助外国遇难船只，规范地名，宣示主权等多个方面，对西、南沙群岛进行了持续有效的主权管辖。

1. 纳入版图，设立政区

南宋赵汝适《诸蕃志》记载："海南，汉朱崖、儋耳也……唐贞元五年，以琼为督府……外有洲……南对占城，西望真腊，东则千里长沙，万里石床（塘）……四郡凡十一县，悉隶广南西路。"[①] 此段文字说明，中国从唐代开始就将南海诸岛划归海南琼督府管辖。明代《元史》地理志及清代魏源《增广海国图志》之《元代疆域图叙》则记载了元代疆域已包括南沙群岛，说明至迟于元代开始，我国政府已将南海诸岛完整纳入中国版图。明清两代，我国政府明确把南海诸岛列入广东省琼州府万州（今海南万宁、陵水县）管辖，如清代郝玉麟《广东通志》记载："……万州三曲水环泮宫，六连山障，州治千里长沙、万里石塘，烟波隐见。"[②] 这里的千里长沙、万里石塘即指包括西、南沙群岛在内的南海诸岛。清代行政区域地图，如1767年《大清万年一统天下全图》、1810年《大清万年一统地理全图》等还清晰地在大清版图上标绘了四沙群岛。《大清天下中华各省府州县厅地理全图》用双线方格图例标示"万里石塘"（指中沙群岛和南沙群岛）属于广东省的"府"级行政单位。

1911年，广东省政府宣布将西沙群岛划归海南岛崖县管辖。1921年广东省南方军政府重申这一政令。1947年4月14日，内政部主持召开了有国防部、外交部、海军总司令部等参加的关于确定和公布西、南沙群岛

---

① 《诸蕃志》成书于1225年。文中的"朱崖"是汉代郡名，在今广东省琼山县东南，辖有海南岛东部地区；"儋耳"是汉代郡名，在今广东省儋县西，辖有海南岛西部地区；"海南"指今天的海南岛及其附属岛屿——南海诸岛。

② 《广东通志》成书于1731年，参见该书第4卷"疆域"。郝玉麟时任两广总督，主持编修地方通志。治指旧王都或地方官署所在地，或管辖区域。千里长沙指西沙群岛，万里石塘指南沙群岛。

主权范围的会议。会议确定："南海领土范围最南应至曾母滩"。12 月 1 日，国民政府内政部对外公布了重新审定的南海诸岛名称，同时再次宣布将四沙群岛划归广东省政府管辖。1948 年 2 月，国民政府公布《中华民国行政区域图》，其附图《南海诸岛位置图》中以 11 条断续国界符号线，将西起北仑河口，南至曾母暗沙，东至台湾东北的海域划入中国版图。至此中国南海海上断续国界线正式形成，成为标志中国享有南海诸岛主权以及相关海洋权益的范围界限。海上断续国界线公布后的许多年，没有国家对它提出异议。

新中国成立后，1959 年 3 月，海南特别行政区在西沙群岛的永兴岛设立"西、南、中沙群岛办事处"，加强对西、南、中三沙群岛的行政管理工作。1969 年 3 月，又将该办事处改称为"广东省西沙、中沙、南沙群岛革命委员会"，下设人民武装部、公安派出所等机构。1979 年后，又把行政单位改称为"广东省西沙、南沙、中沙群岛工作委员会"，直属广东省领导。1988 年海南省成立后，又将该工作委员会改为"海南省西沙、南沙、中沙群岛工作委员会"，归属海南省管辖。2012 年 9 月中国成立三沙市，首次对西、南、中三沙群岛实施专门的行政管辖。

2. 派遣水师，巡海防卫

由于古代交通及南海诸岛自然条件的限制，派遣水师（海军）巡视海岛成为古代中国政府行使主权的重要方式。至迟自 11 世纪北宋始，中国即派水师巡视南海及其诸岛，在此捕捉盗贼，维持治安。由北宋（公元1023 年）宋仁宗亲作"御序"，专门记载宋朝军事制度和国防大事的《武经总要》，清楚记载了中国水师巡视西沙群岛的历史事实："命王师出戍……七日至九乳螺洲（即西沙群岛）。"上述这段历史在清代《读史方舆纪要》、《防海辑要》中均有记载。宋代以后，有更多的史书记载了中国水师巡视南海诸岛的史实。明代黄佐《广东通志》记载："海寇，有三路，设巡海备倭，官军以守之……至乌潴、独潴、七洲三洋……"① 清代乾隆《泉州府志》记载："吴升……擢广东副将，调琼州，自琼崖，历铜鼓，经七洲洋、四更沙，周遭三千里，躬自巡视，地方宁谧。"上述两段文字描述了广东省水师巡防"七洲洋"（即西沙群岛附近海域）的情形。1909 年4 月，两广总督张人骏派广东水师提督李准率 170 余名海军官兵，巡视西

---

① 参见黄佐：《广州通志》卷六十六外志三，夷情上，番夷、海寇，第 71 页。

沙群岛，查勘、命名了 14 座岛屿，每座岛屿均立碑竖旗，[①] 重申中国对西沙群岛的主权。

3. 委派官员，测量天文

1279 年，元世祖忽必烈为制订新历法，命时任同知太史院事的天文学家郭守敬主持在全国范围内展开"四海测验"。《元史》记载，郭守敬将南部测点选在了"南海北极出地 15 度"，从元制换算为现在的 360 度制，相当于北纬 14 度 47 分。由于当时科学技术所限，郭守敬测量的大部分测点都有 1 度左右的误差，北纬 14 度 47 分加上 1 度，位置正在西沙群岛。元朝政府在西沙群岛上建立天文据点，证明我国中央政权对南海诸岛实行了有效统辖。

4. 监管开发，修建设施

1909 年广东水师提督李准巡查西沙群岛后，向清政府提出了开发西沙群岛八条建议。1910 年，清政府决定"招来华商承办岛务……以重领土，而保利权。"1916 年至 1927 年间，国民政府和广东地方政府曾多次审批华商开采西沙群岛鸟粪、水产的申请，对进行经营开发的商家征收税赋，对存在违法行为的商人实施处罚乃至取消经营许可。如 1921 年，国民政府内政部批准商人何瑞年在西沙群岛开采鸟粪、筹办渔业等实业。后发现何瑞年将经营权暗中转让给日本南兴实业公司，国民政府即取消了其经营权。之后，广东省政府又陆续办理了广东琼崖西沙群岛实业有限公司、协济公司、中华国产肥田公司等开采西沙群岛鸟粪和磷矿的申请事宜。1933 年，广东省建设厅筹建西沙群岛鸟粪肥料制造场并制定实施建设西沙群岛的计划。1936 年，根据香港远东气象台会议的建议，中国政府在西沙群岛建成气象台、无线电台与灯塔，建立与岛外各地的联络，并保障航经此处的船舶的航行安全。

5. 行使调查测量专属管辖权

1883 年，德国船舶在西、南沙群岛附近海域开展调查测量活动，清政府获知后，即刻向德国政府提出抗议，德国政府不得不停止非法活动。1928 年 6 月，为了解西沙群岛确切情况，广东省政府组成调查团，对西沙群岛进行了全面调查。之后，中国政府又多次派员、派舰巡视调查西沙

---

① 天津《大公报》，1947 年 2 月 2 日。

群岛。

6. 救助外国遇难船只

救助在中国海域遇难的外国船只及人员，也是中国政府行使主权的一种方式。文献记载清政府在西沙群岛附近海域救助遇难的外国船只及人员的事件就有数起。1756年，清政府对遇难漂泊到此的12名外国渔民实施救助，并发放粮食，安排他们搭乘过往船只回国。1762年，清政府对来中国进贡、但在西沙海域遇难的暹罗（今泰国）人实施救助，安排人员护送他们去北京。

7. 规范地名

1909年4月，广东水师提督李准巡视西沙群岛时命名了14座岛屿。1934年12月，国民政府内政部水陆地图审查委员会，审定并颁布了南海岛、礁、滩、沙中英文对照名称132个，① 是中国政府对南海诸岛的第一次标准化命名。1935年3月该委员会做出决定，此后绘制中国政区疆域图时必须标出东、西、中（时称南沙群岛）、南沙群岛（时称团沙群岛）。1935年4月，该委员会出版《中国南海各岛屿图》，详细标绘了南海诸岛四群岛中各岛、礁、滩、沙的具体位置，并将中国海上疆界最南端标绘在北纬4度曾母暗沙处。这是民国政府第一次公开出版的具有官方性质的南海专类地图。1947年12月，国民政府内政部重新审定南海诸岛名称，正式公布了《南海诸岛新旧名称对照表》，② 共167个岛屿名称，其中东沙群岛3个、西沙群岛33个、中沙群岛29个、南沙群岛102个；将原南沙群岛改称为中沙群岛，团沙群岛改称为南沙群岛，使南海诸岛名称更加规范。新中国成立后，为实现全国地名标准化，中国地名委员会对南海诸岛的地名进行了普查，并于1983年4月公布了南海诸岛部分标准地名，共计287个。

8. 立法确认

1958年9月，中国政府发表《关于领海的声明》，宣布"中华人民共和国的领海宽度为十二海里。这项规定适用于中华人民共和国的一切领土，包括……东沙群岛、西沙群岛、中沙群岛、南沙群岛以及其他属于中

---

① 参见1935年1月该会会刊第1期，第61-69页。
② 参见郑资约：《南海诸岛地理志略》，商务印书馆，1947年，第83-94页。

国的岛屿"；1992 年 2 月，中国政府公布《中华人民共和国领海和毗连区
法》，宣布"中华人民共和国的陆地领土包括中华人民共和国大陆及其沿
海岛屿、台湾及其包括钓鱼岛在内的附属各岛、澎湖列岛、东沙群岛、西
沙群岛、中沙群岛、南沙群岛以及其他一切属于中华人民共和国的岛屿"；
1996 年 5 月，中国政府公布《关于中华人民共和国领海基线的声明》，宣
布"西沙群岛领海基线为下列各相邻基点之间的直线连线……中华人民共
和国政府将再行宣布中华人民共和国其余领海基线。"

　　上述诸多方式均是中国政府对南海诸岛实施有效管辖的方式，对南海
诸岛主权的持续拥有具有重要国际法意义。第一，将南海诸岛纳入版图，
对其设立行政区划，体现的是将南海诸岛纳入行政管辖的主权宣告；第
二，派水师巡视南海诸岛，目的在于维持秩序、抵御侵略、展示主权，是
国际法上行使国家防卫权的重要表现形式；第三，受朝廷指派直接到西沙
群岛进行天文测量，作为一种主权行使方式已被国际司法实践所证实；第
四，组织调查、建气象台灯塔及授权私人公司开矿，抗议外国在南海诸岛
非法调查和开采，救助外国遇难船只等，体现了国家对主权的行使以及对
南海诸岛的有效控制。

　　总之，中国政府上述行使国家主权的行为，已超出了国际法对获取不
适宜人类居住地区领土主权的条件要求，有效地建立起了对南海诸岛的有
效管辖和实际控制，当之无愧地持续拥有南海诸岛的主权。

　　（三）为宣示、维护与巩固主权，中国政府与人民进行了坚持不懈
的斗争与努力

　　20 世纪 30 年代以前，没有国家对中国享有南海诸岛主权提出异议，
更没有国家对南海诸岛提出主权要求，中国持续拥有南海诸岛主权。20 世
纪 30 年代以后，一些国家开始主张南沙群岛"主权"，有的甚至实施武力
侵占。面对声索国的非法要求及侵略行径，中国政府和人民进行了坚持不
懈的斗争与努力，宣示、维护与巩固了对南海诸岛的主权拥有。

　　1. 交涉抗议

　　1931 年底，法国趁日本发动"九·一八"事变入侵中国之机，向中国
驻巴黎公使馆提出照会，声称安南帝国（今越南）对西沙群岛拥有"先有
权"，法国应继承这一权利，遭到中国政府的严正驳斥。时任中国外交部视
察专员的朱兆莘于 1932 年 11 月致函法国驻广州领事，严正指出："西沙群

岛隶属中国版图，实无疑议"。1933 年 7 月法国发表公告，公开侵吞南沙群岛中的九个主要岛屿，7 月 25 日派兵武力侵占，当即遭到岛上中国渔民的强烈反抗。渔民们砍倒法国旗杆、撕毁法国旗帜，显示出捍卫国家领土主权的坚定决心。中国各界人士对法国的侵略行径提出强烈抗议，中国政府也在第一时间与法国进行外交交涉。法国不得不发表声明，声称其占领南沙九岛是为了设置浮标，保障航行，无意把这里做海军基地。针对法国于 1938 年侵占西沙群岛以及日本于 1939 年侵占西、南沙群岛事件，中国政府及人民展开了针锋相对的斗争，有效捍卫了中国对西、南沙群岛的主权。

2. 收复失地

1939 年，日本侵占西、南沙群岛，并将南沙群岛划归台湾高雄管辖。1945 年日本投降后，中国根据《开罗宣言》和《波茨坦公告》，于 1946 年 9 月发布收复西、南沙群岛的训令。其后，广东省政府任命萧次尹为接收西沙群岛专员，麦蕴瑜为接收南沙群岛专员。海军总司令部任命林遵上校为指挥官，姚汝钰上校为副指挥官，率太平、永兴、中建、中业四舰分别开赴西沙、南沙群岛，于 11 月至 12 月间先后接收西、南沙群岛，分别在西沙群岛的永兴岛和南沙群岛的太平岛上举行接收仪式，重竖主权碑，派兵驻守，向全世界宣告中国恢复行使对西、南沙群岛的主权。之后，中国政府再次将西、南沙群岛划归广东省管辖。当时国际社会对中国政府接收南海诸岛主权未有任何异议，之后的几十年里，也未有国家对中国拥有西、南沙群岛主权提出异议。

3. 宣示主权

针对外国对南海诸岛主权的侵犯，中国政府曾多次发表严正声明，重申中国对南海诸岛拥有无可争辩的主权。1951 年 8 月 15 日，中国发表《关于美英对日和约草案及旧金山会议声明》，指出："西沙、南沙群岛和东沙、中沙群岛一样，向为中国领土。"[①] 1956 年 5 月 29 日，当菲律宾对南沙群岛提出主权要求时，中国外交部发表《关于南沙群岛主权的声明》，指出："中国对于南沙群岛的合法主权，绝不容许任何国家以任何借口和采取任何方式加以侵犯。"[②] 1959 年 2 月 27 日、1974 年 1 月 11 日、1974 年 2 月 4 日，中国外交部先后就南越西贡当局侵犯中国西、南沙群岛主权

---

① 《中华人民共和国对外关系文件集》第 4 集，第 61 页。
② 《中华人民共和国对外关系文件集》第 4 集，第 61 页。

发表声明，重申中国拥有南海诸岛主权的一贯立场。1959 年 5 月至 1971
年 12 月，美军机和军舰侵犯中国西沙群岛的领空和领海 200 余次，中国外
交部每次均提出严重警告。1974 年，中国代表出席联合国经社理事会经济
委员会时，拒绝了第七次联合国亚远制图会议通过的关于设立南海水文委
员会、将中国南沙群岛及其附近海域纳入委员会水文计划的决议，重申中
国对南沙群岛拥有主权的立场。① 1980 年 1 月，中国外交部发表《中国对
西沙群岛和南沙群岛的主权无可争辩》的文章，以大量确凿的史实记载、
官方文献、地图和文物，论证了西、南沙群岛自古以来就是中国领土，并
对越南外交部公布的《越南对于黄沙和长沙两群岛的主权白皮书》进行了
严厉驳斥。2009 年 5 月，中国常驻联合国代表团向联合国秘书长潘基文提
交照会，指出："中国对南海诸岛及其附近海域拥有无可争辩的主权，并
对相关海域及其海床和底土享有主权权利和管辖权，中国政府的这一一贯
立场为国际社会所周知。"

4. 武力保卫

针对外国的武力侵犯行为，中国人民解放军适时使用武力，反击侵
略，捍卫了国家领土主权。1974 年 1 月 19 日，中国海军和民兵联合击退
侵犯西沙群岛的南越当局武装力量。1988 年 3 月 14 日，中国海军击退侵
犯南沙赤瓜礁的越南海军，保卫了南沙群岛。

国际法对国家保有领土主权的要求是，当国家领土主权受到外国挑战
与侵犯时，必须做出明确、及时、持续的反对，否则视为默认，领土主权
可能会转移到新主张权利的国家手中。20 世纪 30 年代以来，面对外国的
非法主张与侵占，中国通过上述宣示主权、维护主权与巩固主权的斗争与
努力，有效阻断了相关声索国对南海诸岛的"主权"要求，捍卫了中国对
南海诸岛的领土主权。

二、中国拥有南海诸岛主权曾被国际社会广泛承认

（一）国际条约的承认

承认中国拥有南海诸岛主权的主要条约有《开罗宣言》、《波茨坦公

---

① [Australian] Jeanette Greenfield, China's Practice in the Law of the Sea, Clarendon Press, 1992,
p. 15.

告》、《旧金山对日和约》和《日台和约》等。其中，1943 年的中美英《开罗宣言》郑重宣布："三国之宗旨在剥夺日本自 1914 年第一次世界大战开始以后在太平洋所得的或占领之一切岛屿，在使日本所窃取于中国之领土，例如满洲、台湾、澎湖群岛等，归还中华民国"；1945 年的《波茨坦公告》再次重申："开罗宣言之条件必将实施，而日本之主权必将限于本州、北海道、九州、四国及吾人所决定其他小岛之内。"根据上述公约，日本应把 1939 年占领的西、南沙群岛归还中国。第二次世界大战结束后，中国政府正是以此为依据，通过一系列法律程序向全世界宣告中国收复并恢复对西、南沙群岛主权行使的。1951 年《旧金山对日和约》规定日本放弃对西、南沙群岛的一切权利。1952 年《日台和约》承认《旧金山对日和约》有关"日本国业已放弃对于台湾及澎湖列岛以及南沙群岛及西沙群岛之权利、权利依据要求"，虽然中国不承认后两个条约的合法性，但是这两个条约与前述两个国际条约均证明了中国对西、南沙群岛主权的拥有。而 1885 年《中法越南条约》、1887 年《中法续议界务专条》、1898 年美西《巴黎和约》、1900 年美西《关于菲律宾外围岛屿刈让的条约》以及 1930 年美英《菲律宾与北婆罗洲边界条约》等条约，则因没有将西南沙群岛划入南海周边声索国版图而间接证明了中国对西、南沙群岛主权的拥有。

（二）国际会议的承认

承认中国对西南沙群岛拥有主权的国际会议主要有香港远东气象会议和国际民航组织马尼拉会议。1930 年 4 月香港远东气象会议召开期间，会议代表安南观象台台长法国人勃鲁逊及上海徐家汇法国观象台主任劳积勋共同建议由中国政府在西沙群岛建设观象台，没有任何国家代表提出异议。可见，当时国际社会普遍认为西沙群岛属于中国所有。1955 年 10 月在菲律宾马尼拉召开第一届国际民航组织太平洋地区飞行会议。出席会议的代表来自澳大利亚、日本、菲律宾、英国、美国、法国、南越和中国台湾等 16 个国家和地区。与会代表认为南海诸岛中的东、西、南沙群岛位于太平洋要冲，其附近海域的气象报告对国际民航飞行具有重大关系，一致同意通过第 24 号决议，建议中国台湾当局将南沙群岛气象观测的强度增加到每天四次。决议通过时，任何代表均没有异议。可见，当时国际社会普遍认为南沙群岛属于中国所有。1987 年 3 月，联合国教科文组织在拟制的全球海平面监测计划中，建议中国政府在南沙群岛建设两个永久性观测站，再次确认了中国对南沙群岛的主权拥有。

（三）各国的承认

1. 各国政府的承认

1898 年，法国政府在回答国内投资者"有关在西沙群岛建立供应站是否可行"问题时，法国当局承认找不到任何文件能证实法国应"关心"西沙群岛。1920 年，日本南兴实业公司拟在西沙群岛上开采磷矿，致函西贡法国海军司令，询问该岛是否属于法国时，其回答说："在海军的档案资料中没有一个文件能确定帕拉塞尔的归属问题，可是我可以向你保证，它不是法属的。"1921 年，法国内阁总理兼外长白里安说："由于中国政府1909 年确立了自己的主权，我们目前对这些岛屿提出要求是不可能的。"1929 年，法国驻印度支那署理总督宣称："根据多方报告，帕拉塞尔应认为属中国所有。"①

越南政府在 1974 年以前一直承认南海诸岛属于中国。1956 年 6 月，越南外交部副部长雍文谦会见中国驻越领事馆临时代办李志民时表示："根据越南方面的资料，从历史上看，西沙、南沙群岛应当属于中国领土。"当时在座的越外交部亚洲司代司长黎禄说："从历史上看，西、南沙群岛早在宋朝时就已属中国了。"1958 年 9 月中国政府发表关于 12 海里的领海宽度"适用于中华人民共和国的一切领土，包括……东沙群岛、西沙群岛、中沙群岛、南沙群岛以及其他属于中国的岛屿"的声明时，越南总理范文同照会周恩来总理表示："越南民主共和国政府承认和赞同中华人民共和国政府 1958 年 9 月 4 日关于规定中国领海的声明"，"越南民主共和国政府尊重这一决定"。② 1965 年 5 月，越南政府发表强烈谴责美国政府悍然宣布越南及其附近水域为美国武装部队"战斗区域"的战争行动声明，指出："1965 年 4 月 20 日，美国总统约翰逊把整个越南及其附近水域——离越南海岸线约一百海里以内的地方和中华人民共和国西沙群岛的一部分领海规定为美国武装部队的'战斗区域'……"该声明清楚表明越

---

① ［Australian］Jeanette Greenfield, China's Practice in the Law of the Sea, Clarendon Press, 1992, p. 15.

② 中华人民共和国外交部文件，《中国对西沙群岛和南沙群岛的主权无可争辩》，1980 年 1 月30 日。

南承认西沙群岛是中国领土。

1974 年 2 月，印度尼西亚外长马利克在同记者谈话时声称："如果我们看一看现在发行的地图，就可以从图上看到帕拉塞尔群岛（即西沙群岛）和斯普拉特利群岛（即南沙群岛）都是属于中国的，而且从未有人对此提出抗议。"1938 年 7 月，针对法属印度支那殖民政府侵占西沙群岛一事，日本外务省宣称："日本反对第三国占领中国属岛，或在此类岛屿上作任何利用之权利。""1900 年及 1921 年英法两国声明中，已经宣布西沙群岛系海南岛行政区的一部分，因此，目前安南或法国对西沙群岛提出主权要求是不公正的。""二战"后，日本政府在 1952 年《日台和约》及 1972 年《中日联合声明》等文件中，均表达了承认南海诸岛属于中国的立场。1957 年，英国照会中国政府说："我们承认中国对斯普拉特利群岛和帕拉塞尔群岛的要求。"1951 年 9 月，苏联外长葛罗米柯指出："美英对日和约草案严重地侵犯了中国对于台湾、澎湖列岛、西沙群岛和其他岛屿的权利，这些岛屿历来就是中国的领土。"1958 年，中国发表领海声明时，苏联及德意志民主共和国、罗马尼亚、保加利亚、匈牙利等国家政府纷纷发照会表示完全尊重中国的声明。

2. 各国出版物的承认

1956 年法国出版的《拉鲁斯世界政治与经济地图集》，有"东沙岛（蒲勒他斯）（中国）"、"西沙岛（帕拉塞尔群岛）（中国）"、"南沙岛（斯普拉特利群岛）（中国）"的注记，表示它们都归属中国所有。此类的地图还有 1968 年法国国家地理研究院出版的《世界普通地图》和 1969 年巴黎出版的《拉鲁斯现代地图集》等。1933 年法国出版的《殖民地世界》杂志则记载了 20 世纪 30 年代法国测量及侵占南沙群岛时，发现各岛居民全是中国人的事实。

1960 年越南人民军总参谋部地图处编绘的《世界地图》，用中国名称标注"西沙群岛（中国）"、"南沙群岛（中国）"。1964 年由越南国家测绘局出版的《越南地图集》，不但用中国名称拼写东、西和南沙群岛，而且所涂颜色与中国本土颜色一致。类似的地图还有 1972 年由越南国家测绘局出版的《世界地图集》等。① 1974 年由越南教育出版社出版的普通学校地理教科书，在《中华人民共和国》一课中写道："从南沙、西沙各

---

① 韩振华主编：《我国南海诸岛史料汇编》，东方出版社，1988 年，第 11—12 页。

岛到海南岛、台湾岛……构成保卫中国大陆的一道'长城'。"① 此外，越南出版的本国地图没有把南海诸岛列入其版图的有 1958 年的《越南行政地图》、1964 年的《越南地图》、1966 年的《越南地形与道路图》、1968年的《越南行政区域图》及 1957 年的《越南地理》等。②

1974 年 1 月 21 日，马来西亚槟城《华光日报》以"中越在西沙群岛的冲突"为题发表社论，指出："无可否认的，无论从历史或地理条件说，在中国海的这四个群岛，均属于中国领土的一部分，乃不可争论的事实。"③ 类似的表述还出现在 1974 年 1 月 26 日的《星槟日报》④、1974 年 1月 28 日的《光华日报》⑤ 及 1974 年 2 月 5 日的《光华日报》⑥ 等。

美国 1961 年出版的《哥伦比亚利平科特世界地名辞典》对南沙群岛词条的解释为："中国南海的中国属地，广东省的一部分。"1963 年出版的《威尔德麦克各国百科全书》则明确指出："中华人民共和国各岛屿，还包括伸展到北纬 4 度的南海的岛屿和珊瑚礁。"1952 年由日本外务大臣冈崎胜男推荐出版的《标准世界地图集》、1962 年由日本外务大臣大平正芳推荐出版的《世界新地图集》等，均标注南海诸岛属于中国。1955 年日本出版的《中国年鉴》概述中国情况时，指出中国领土包括曾母暗沙。⑦ 1966 年日本出版的《新中国年鉴—1966》指出："中国的海岸线，北从辽东半岛起到南沙群岛约一万一千公里，加上沿海岛屿的海岸线，达二万公里。"⑧ 1972 年，日本出版的《世界年鉴》更加明确指出："中国……除大陆部分的领土外，有海南岛、台湾、澎湖列岛及中国南海上的东沙、西沙、中沙、南沙各群岛等。"1973 年，日本《现代大百科辞典》指出，"中华人民共和国……北起北纬 53 度附近的黑龙江沿岸，南到赤道附近的南沙群岛约 5500 公里……"⑨ 此外，1974 年，针对南越侵犯西沙群岛一事，日本的《朝日新闻》和《钻石》周刊等均发表评论，认为西沙群岛

① ［越］《普通学校九年级地理教科书》，越南教育出版社，1974 年。
② 黎春芳主编：《越南地理》，河内文史地出版社，1957 年，第 124-128 页。
③ 新华社香港 1974 年 1 月 26 日电。
④ 新华社香港 1974 年 1 月 29 日电。
⑤ 新华社香港 1974 年 1 月 31 日电。
⑥ 新华社香港 1974 年 2 月 9 日电。
⑦ 日本中国研究所编：《中国年鉴》，日本石崎书店，1955 年，第 3 页。
⑧ 日本中国研究所编：《中国年鉴》，日本石崎书店，1955 年，第 114 页。
⑨ 日本中国研究所编：《中国年鉴》，日本石崎书店，1955 年，第 193 页。

属于中国。

英国 1957 年出版的《大不列颠百科全书》、《牛津澳大利亚地图集》、1958 年出版的《菲利普档案地图集》、1959 年出版的《牛津世界经济地图集》和 1963 年出版的《斯坦福亚洲普通地图》等，均将南海诸岛标注为中国所有。苏联 1954 年至 1967 年期间出版的《世界地图集》、1961 年出版的《东南亚国家地图集》、1957 年出版的《外国行政区域划分》也都将南海诸岛标注为中国领土。1957 年罗马尼亚出版的《世界地理图集》、1968 年民主德国出版的《哈克世界大地图集》以及 1954 年、1961 年和 1970 年联邦德国出版的《世界大地图集》等，也都将南海诸岛标注为中国领土。

可见，南海诸岛主权属于中国得到了国际社会的广泛承认。根据国际法，承认、默认是国际关系中重要的法律行为，能产生法定的权利义务，在领土争议中起到重要作用。对于曾经承认或默认一国领土主权的，在任何时候不能否认这种承认，并在国际法上承担尊重他国权利的义务。这一法律准则在国际法上称作"禁止反言原则"，即禁止言行不一致、前后矛盾，以致损害他国权利。英国国际法学者布朗利指出："禁止反言原则——在国际法院受理的领土争端中占有重要地位……在国家关系中以信守义务和反对自食其言为基础的'禁止反言'原则，可以包括要求一国政府坚守其已作出的声明，即使实事上这项声明违反其真意也罢。"

国际司法实践已经表明：一国政府首脑或长官对一个事实特别是领土问题代表本国所作出的明确表示如声明或照会，对其本国有约束力，不得借口其在当时背景下的"不得已"而逃脱责任。根据国际法中的禁止反言原则，越南、菲律宾等声索国曾正式承认中国对西、南沙群岛的主权，就必须对其承诺承担法律责任，真诚地履行法律义务，对中国拥有这两个群岛主权不得提出异议，不得提出主权要求，更不允许以武力实施侵占。

对于法日而言，它们均于 20 世纪 30 年代侵占西、南沙群岛前承认南海诸岛属于中国，因此，侵占成了违反国际法禁止反言原则的无效行为。"二战"后，日本又以国际条约、声明等形式再一次确认南海诸岛主权属于中国。对于这两个曾经或继续承认南海诸岛主权属于中国的国家，应遵守国际法条约以及禁止反言的规定，认真履行国际义务，继续保持在南海主权问题上的承认立场。

对于英美等南海岛礁主权争端的非当事国而言，承认中国对南海诸岛拥有主权，就构成了第三方的承认或默认，在支持中国拥有南海诸岛主权问题上具有重要的证据作用，也应该接受国际法禁止反言原则的约束，遵守本国在该问题上的原有立场，按照《联合国宪章》规定，履行维护地区和平、稳定、安宁良好秩序的国际义务，不在南海岛礁主权争端问题上做麻烦制造者。

三、南海诸岛主权声索国主张的理由不成立

（一）越南以先占及继承原则主张西、南沙群岛主权理由不成立

越南以国际法的先占原则和继承原则主张对西、南沙群岛拥有主权。1974 年 5 月越南发表《关于黄沙（帕拉塞尔）群岛和长沙（斯普拉特利）群岛的白皮书》宣称，自 17 世纪初，越当局就派人登上西沙群岛（越称黄沙群岛）；1979 年 9 月 28 日越南发表《关于黄沙和长沙两群岛的主权白皮书》，引证了越南自认为两个最早、最重要的证据——《越南广义地区图》及《抚边杂录》，① 以说明"黄沙"、"长沙"等地名多次出现在许多越南历史文献中，说明越南有充足的历史及法理依据证明越南对西、南沙群岛拥有不可争议的"主权"；同时，越南又声称其殖民地宗主国——法国，曾于 1933 年 7 月 25 日宣布占领无主地——南沙群岛九小岛及 1938 年 7 月 3 日宣布占领无主地——西沙群岛，分别取得了两群岛的主权。1954 年，越南独立后，作为法国的继承国，继承了西、南沙群岛的主权。②

越南上述两重理由均不成立。就先占原则而言，首先，越南声称发现西沙群岛的 15 世纪比我国发现的时间晚至少 1400 余年。当越南发现西沙群岛时，我国早已在那里移民垦殖、设官行政数个世纪了。③ 其次，越南列举的史料证据中只描述了对西沙群岛的发现，而缺少对西沙群岛的有效管辖。遍查越南当局屡次发表的《关于黄沙（帕拉塞尔）群岛和长沙（斯普拉特利）群岛的白皮书》以及《黄沙群岛和长沙群岛与国际法》等

---

① 其中，《越南广义地区图》由 17 世纪越南人杜柏编制，书中提到："海中有长沙，名（即黄沙滩）……自大占门越海至此一日半"；《抚边杂录》由 18 世纪越南人黎贵敦撰写，书中写到："广义府平山县安永社居近海，海外之东北有岛屿焉。群山灵星一百三十余岭（岭）"。

② 1974 年 5 月越南发表的《关于黄沙（帕拉塞尔）群岛和长沙（斯普拉特利）群岛的白皮书》中内容。

③ 那个时段，西沙群岛划归中国广东省琼州府万州统辖，地方官派水师巡查，维持治安。

文件，自 1816 年其所宣称的嘉隆皇帝登上西沙群岛后，至 1930 年越南宗主国——法国侵占南沙九小岛的一百余年时间里，找不出越南在这些岛屿上行使主权的证据。无怪乎美国马里兰大学丘宏达教授评论说："中国自本世纪初以来一直在西沙行使主权行为……如果西沙属于越南，为何 1816 年到 1930 年一百多年间越南或其保护国法国未在该地区行使主权，或对他国在该地区行使主权不提抗议？"[①] 再次，越南的证据令人置疑。如越南《大南一统志》举证的安南嘉隆皇帝登上西沙群岛宣示主权的时间是 1816 年，而此时正是安南藩属于中国的时间，如何解释一个藩属国敢胆大妄为地侵占宗主国的领土呢？最后，越南文献中提到的"黄沙"和"长沙"不是中国的西、南沙群岛，而只是越南中部沿海的一些岛屿和沙洲。如《越南广义地区图》提到，越南的大占门（今越南会安海口）到黄沙（西沙群岛）行程一天半，而按照当时越南的航海技术，从越南中部海岸出发，驾帆船无论如何一天半时间也到不了二百海里以外的西沙群岛；越南《抚边杂录》提到，黄沙群岛（西沙群岛）是一组群山，由 130 余顶山脉组成，其中一顶长约 30 里。然而，现实中的西沙群岛地势低平，全部露出水面的岛礁沙滩一共只有 35 个，其中最大的永兴岛也只不过 1.3 公里宽、1.9 公里长。再如，越南《白皮书》提到的《大南实录正编》，记载了越南嘉隆皇帝于 1816 年"占有黄沙群岛"。这一信息来源于法国路易·塔伯特主教所写的《印度支那地理札记》。[②] 札记中写道："帕拉塞尔（西沙群岛）……位于东京 107°，似乎一直延伸到北纬 11°"。而现实中，西沙群岛位于东经 110°10′以东，北纬 15°47′以北。显然，塔伯特及越南文献中提到的帕拉塞尔一定不是西沙群岛，而只能是越南中部沿海的一些岛屿和沙洲。

至于越南所说的长沙群岛（或大长沙），在中越史籍中记载的位置也不是中国的南沙群岛。越南《白皮书》中引用的一张来历不明的地图——《大南一统全图》所标示的"万里长沙"，不在南沙群岛的位置上。西沙与南沙群岛相隔 500 余公里，且与越南中部海岸不平行，而图中的"长沙"与"黄沙"紧靠在一起，且与越南中部海岸相平行。

总之，越南史籍中记载的"黄沙"与"长沙"，因其地理位置、地形

---

① 丘宏达：《西沙南沙群岛的领土主权问题的分析》，载《关于中国的国际法问题论集》，台湾商务印书馆，1975 年，第 228-229 页。

② 该札记刊登在 1937 年 4 月的《孟加拉皇家亚洲学会季刊》上。

地貌及航程路线等均与中国西沙与南沙群岛情况不符，却与越南中部沿岸的一些岛屿十分吻合，而推断为是越南近岸的岛礁。越南这种不顾事实真相，硬要以假充真、张冠李戴的做法，只能说明它为达侵占目的不择手段。

就继承原则而言，越南根本无法继承其殖民地宗主国法国没有取得的权利。首先，在法国于 20 世纪 30 年代宣布对西、南沙群岛享有"主权"时，中国早已成为西南沙群岛的合法所有者。不法行为不产生权利，法国以国际法所禁止的使用武力的方式侵占属于中国的领土，不仅不被国际法所承认，而且还应承担由此产生的国际责任。其次，法国曾承认西沙群岛归中国所有，如 1929 年法国驻印度支那署理总督宣称："根据多方报告，帕拉塞尔应认为属中国所有。"① 之后，法国又予以否认并加以侵占。这在国际法上属于违反禁止反言原则的无效行为。因此，法国自始至终没有取得西、南沙群岛的主权，越南的继承也就无从谈起。再次，法国否认了南沙群岛属于越南。法国驻香港总领事史萧（Gerard Chesnel）宣称，"南沙群岛从来不属于越南。当年法军占领南沙时……并没有越南人。1954 年法国签订了日内瓦协议，承认越南独立，其疆域也未提及南沙群岛的主权问题，亦即是说，法国并没有把南沙群岛的主权交给越南"。②

（二）菲律宾以先占及邻接原则主张南沙群岛主权理由不成立

菲律宾以先占原则和邻接原则（即安全原则）主张对西、南沙群岛拥有主权。菲律宾曾于 1956 年宣称菲律宾"探险家"托马斯·克罗马曾于 1947 年发现南沙群岛，并视为无主地，以先占方式取得对南沙群岛的"主权"。同时，早在 20 世纪 50 年代，菲律宾有人士就提出南沙群岛是"插在菲律宾腰部的一把匕首"，③ 事关菲律宾的安全。1974 年 2 月 5 日，菲律宾外长罗慕洛"照会"中国台湾当局，指出：南沙群岛邻接菲律宾，"对菲律宾安全有战略上之重要性……基于此理由，菲律宾有获得该地区作为保护安全之必要的每一种权利。"

菲律宾上述两重理由均不成立。首先，就先占原则而言，菲律宾声称发

---

① 《外交评论》，1934 年 4 月，第 97 页。
② 1977 年 3 月 2 日，法国驻香港总领馆领事史萧对我国报纸编辑谈南沙群岛主权问题，转引自韩振华：《我国南海诸岛史料汇编》，第 542 页。
③ 《星洲日报》1950 年 4 月 28 日。

现南沙群岛的 1947 年比中国的发现晚了 1900 余年，这只能成为国际社会的笑柄。其次，就邻接原则而言，菲律宾有关南沙群岛离菲律宾很近，应划归菲律宾的邻接原则主张，已被国际司法实践所否定。1928 年珀尔玛斯仲裁案中，仲裁员胡伯指出：根据地理邻近而主张的权利在国际法上没有根据，不能成为决定领土主权的法律方法。国际法院在 1969 年北海大陆架案中进一步指出："仅邻近本身并不能赋予陆地领土以所有权"，一个特定海底区域"可能比任何其他国家的领土更靠近沿岸国，也不得认为属于该国"。因此，菲律宾主张南沙群岛部分岛礁因离菲律宾近，位于菲律宾专属经济区内而应归菲律宾所有的主张不成立。同时，菲律宾的主张与做法也违反了国际法上的禁止反言原则。菲律宾曾于 1961 年公布划定其领土范围的共和国第 3046 号令、法案以及于 1968 年公布第 5446 号法案，确定菲律宾的领土范围为北部到北纬 21°7′、南部到北纬 4°24′、西部到东经 116°55′、东部到东经 126°36′，即将南沙群岛划在菲律宾国界线之外。1973 年，菲律宾在新颁布的宪法中删除了对占领南沙群岛不利的条文，于 1978 年颁布的第 1596 号总统令中，将南沙部分岛礁划入其版图。菲律宾为获得南沙岛礁主权而采取的出尔反尔的行为在国际法上是非法和无效的。

（三）马来西亚以专属经济区派生岛礁主权论主张南沙群岛主权理由不成立

马来西亚根据 1982 年《联合国海洋法公约》，宣布了本国 200 海里的专属经济区，并据此主张对位于其专属经济区内的部分南沙岛礁享有主权。1983 年，马来西亚侵占弹丸礁，对外主张的就是这个理由。普雷斯科特对这一主张的评价是："如果属实，这是一个奇怪的管辖权。正是岛屿授予水域权利而不是水域赋予岛屿所有权"，"马来西亚对大陆架上高于海平面的岛屿的颠倒主权要求在海洋法基础上是不能成立的"。[①] 认真查阅《公约》内容，找不到任何规定可以赋予沿海国通过划定大陆架和专属经济区的方式，确定原属于他国的岛屿归己所有。相反，《公约》的执行前提是"陆地支配海洋原则"，这一点已被国际法院在 1969 年北海大陆架案的判决中证实："陆地支配海洋是国际法的一项基本原则。"[②]

有关西、南沙群岛主权的归属问题，西方一些媒体也做了中肯评价：

① 高之国等编：《国际海洋法的新发展》，海洋出版社，2005 年，第 208-209 页。
② 国家海洋局政策研究室主编：《国际海域划界条约集》，海洋出版社，1989 年，第 79 页。

西德《法兰克福评论报》介绍西沙群岛背景的文章写道："自汉朝（公元前203年到公元220年）以来，中国人就控制了该群岛。"① 英国《泰晤士报》社论断言："北京……坚决重申中国对斯普拉特利群岛（南沙群岛）拥有主权……中国的这种主权要求在西方出现地图的大约一千年以前就提出来了……那时候，现在同中国争夺主权的那些当时的王国还没有一个具有目前这种独立地位。"②

综上所述，中国至迟于东汉时期发现、命名南海诸岛，至迟于三国两晋时期就对南海诸岛进行开发经营，至迟于唐代就开始对南海诸岛进行持续有效管辖，充分证明中国早已取得并持续拥有对南海诸岛的主权。直至20世纪30年代，中国对南海诸岛的主权从未受到挑战。30年代之后，中国政府对外国侵犯西、南沙群岛主权的行为进行了不间断的抗议和维权活动，阻断了其他声索国对西、南沙群岛主权的获取。同时，包括相关声索国在内的国际社会对中国拥有南海诸岛主权的长期承认，即使这些国家受到国际法禁止反言原则的约束，也使相关声索国对南沙所占岛礁采取的所谓固化"主权"的行为成为国际法上非法与无效的行为。诸多事实证明，中国对南海诸岛拥有无可争辩的主权。

（本文原载《比较法研究》2013年第6期。）

作者简介： 海军军事学术研究所研究员、博士，全军常备外宣专家、全军法律战咨询专家、海军兵力行动法律顾问，解放军西安政治学院、海军陆战学院兼职教授，北京大学国际和平与战略研究中心学术委员、中国南海协同创新中心研究员、中国政法大学军事法研究中心研究员、北京法学会军事法学研究会理事。研究方向为海上安全战略、海上兵力行动和国际法。代表作包括《国际海上武装冲突法的历史演进》（专著）、《香格里拉对话会演讲集》（译著）、《海上斗而不战——美苏公海协定形成始末》（译著）、《海上自卫权初探》《中美对专属经济区军事利用的法律分歧》《中国拥有南海诸岛主权考》《钓鱼岛维权行动中的法律运用》等。

---

① 《自汉朝以来就是中国的领土》，［西德］《法兰克福评论报》，1974年1月21日。
② 《争夺斯普拉特利群岛》，［英］《泰晤士报》，1976年6月16日。

中菲礼乐滩油气资源
"共同开发"的前景分析[*]

李金明

（厦门大学南洋研究院、国际关系学院，361005）

摘要： 礼乐滩位于南沙群岛东北，由于蕴藏有丰富的油气资源，故成为中菲南海争议的焦点。菲律宾早在 20 世纪 70 年代就引进外国石油公司，对礼乐滩的油气资源进行单边开发，近年来又将之划成区块进行招标。2012 年，菲律宾菲莱克斯石油公司总裁邦义礼南因资金与安全问题，提议引进中国海洋石油公司在礼乐滩"72 号合同区"联合进行开发，但后来因菲方在合同中增加了联合"开垦协议"，要求中方承认菲律宾对礼乐滩"拥有主权"而遭到中方的拒绝，导致双方谈判未见成效。此次谈判破裂预示，中菲在礼乐滩"共同开发"的前景很不乐观，其可能性微乎其微。

关键词： 中菲；礼乐滩；油气资源；共同开发

礼乐滩（Reed Bank）位于中国南沙群岛的东北，在"南海断续线"的范围之内，属中国的固有领土。它距离菲律宾西部的巴拉望岛约 85 海里，目前在菲律宾的控制之下。由于盛传蕴藏有丰富的油气资源，故礼乐滩成为中菲领土争议的焦点。菲律宾早在 20 世纪 70 年代就引进外国石油公司在礼乐滩进行单边勘探，近年来又将之划成几个油气开发区，公然进行招标。中国在这方面向来奉行"搁置争议，共同开发"的主张，提倡实行共同开发，但菲方却认为礼乐滩在其 200 海里专属经济区之内，不属于

　＊本文系 2013 年福建省社科规划项目"南海领土争议中的媒体角色研究"（2013B160）和中央高校基本科研业务费专项资金资助项目"南海领土端中的媒体外交博弈"（T2013221045）的阶段性成果。

争议区，不同意共同开发。因此，中菲对礼乐滩油气资源实行"共同开发"的可能性甚为渺茫，本文拟对其前景做一客观的分析。

一、早期菲律宾在礼乐滩的单边勘探

1969 年，联合国下属的联合勘探协调委员会首次在亚洲近海地区进行矿产资源调查，建议南海周边国家在该地区开发近海石油可能获益。在此利诱之下，1970 年，菲律宾东方石油矿产公司在南沙群岛危险地带申请到970280 英亩的海域。1974 年，所有持有在礼乐滩勘探石油合同的菲律宾公司，一致同意在该地区进行联合勘探和开发，由"滨海"（Seafront）国际财团出面与瑞典的"塞伦集团"（Salen Group）签订一份协议，在一块596 平方公里的地区进行地震调查。调查的结果大有希望，促使"塞伦集团"在 1975 年签订了一份协议，涵盖了礼乐滩、忠孝滩、棕滩和海马滩。1976 年，在忠孝滩钻了一口井，证实有石油资源，但这口井后来报废了。[①]

接着，美国"阿莫科"（Amaco）公司受雇执行后续的勘探，并于1976 年和 1977 年进行了一次地震调查，且继续在礼乐滩钻井，无视美国国务院不准其介入的忠告，原因是这些活动会激起中国和越南的反对。1978 年，"阿莫科"放弃了这项工作，而"塞伦"则恢复钻井试验，并对今后的勘探计划做了一番评估。1979 年，一家英国集团"伦敦与苏格兰矿业石油有限公司"（London and Scottish Marine Oil, Ltd. ）和一家与瑞典集团联合的菲律宾股份公司，获准于 1981 年在另一个特许区开始钻井，驻扎在该地区的菲律宾部队受命保护钻井队。在 20 世纪 80 年代初，菲律宾政府也授权给本国公司，但这些公司均陷入财政问题而无力承受。至 80年代末，美国"柯克兰石油公司"（Kirkland and Oil）和菲律宾政府签订了一份地球物理调查与勘探合同，其勘探区约 6000 平方公里，包括了礼乐滩。[②]

1995 年，菲律宾发现中国在南沙群岛的美济礁建造保护渔民的安全设施后，认为中国有可能在菲律宾声索的区域内进行勘探和钻井，于是极力鼓励国际公司进入其声索区，以此来对抗中国对其声索区的"侵占"。

① Liselotte Odgaard, Maritime Security between China and Southeast Asia, Ashgate Publishing Company, Burlington, 2002, pp. 80-81.

② Liselotte Odgaard, Maritime Security between China and Southeast Asia, Ashgate Publishing Company, Burlington, 2002, p. 81.

1998 年 8 月，壳牌公司被授予在马兰帕亚（Malampaya）天然气田进行近海钻探的合同。菲律宾能源部长佩雷斯（Vicente Perez）在 2003 年 10 月宣称，有 46 个勘探区将被公开招标，不仅在马兰帕亚气田，而且在巴拉望的西北、东南和东部。美国能源部长亚伯拉罕（Spencer Abraham）被邀请到菲律宾探讨美国介入菲律宾声索区油气勘探的前景。[①]

　　马兰帕亚天然气田位于菲律宾巴拉望省以西约 80 公里处，在礼乐滩附近，于 2001 年开始投产，是菲律宾有史以来最大的工业项目。该天然气田从南海海平面 3 000 多米以下开采天然气，经由 500 多公里长的管线输送到吕宋岛西南岸的港口城市八打雁，供 3 家大型发电厂做燃料之用。从菲律宾能源部的资料获悉，这 3 家发电厂总装机容量高达 2 700 万兆瓦，可满足菲律宾经济最发达的吕宋岛 40%～45% 的电力供应需求。据参与营运马兰帕亚天然气田的壳牌石油菲律宾勘探公司总经理基尼奥内斯说道，该天然气田项目让菲律宾持续受益，不仅为政府提供了大笔收入，也为数百万菲律宾人提供了清洁能源和电力。他还透露，马兰帕亚天然气田联合体计划再打两口新油井，再装一个新平台，进一步推动马兰帕亚天然气田的开发。从资料上看，马兰帕亚天然气田名义上是由菲律宾能源部牵头，但壳牌石油菲律宾勘探公司控股 45%，雪佛龙马兰帕亚公司控股 45%，余下 10% 由菲律宾国家石油公司控股。截至 2013 年，菲律宾政府已从马兰帕亚天然气田分得 60 多亿美元；在 2011 年和 2012 年，菲律宾政府均分得 11 亿美元的特许开采权费。[②]

　　礼乐滩在中国的领土范围之内，菲律宾的单边勘探是非法的。当 1976 年，菲律宾总统马科斯要与瑞典一家财团联合开发礼乐滩的油气资源时，中国方面就提出了警告。马科斯担心如继续勘探将会受到中方的制裁，于是他请求美国履行《美菲防御条约》，如菲律宾受到中方袭击时予以援助。但美方的答复很简单：礼乐滩和"卡拉延"群岛（即自由群岛）不属于《美菲防御条约》第五条所规定的"本土地区"，"卡拉延"群岛也不在 1898 年《巴黎条约》规定的范围之内。[③] 由此可见，当时美国政府也认

---

　　① Leszek Buszynski and Iskandar Sazlan，"Maritime Claims and Energy Cooperation in the South China Sea"，Contemporary Southeast Asia，Vol. 29，No. 1，2007，p. 161.

　　② 《菲律宾再从南海油气项目分得 11 亿美元特许开采权费》，（菲律宾）《世界日报》，2013 年 2 月 22 日，第 17 版。

　　③ 林智聪：《重新审视菲美安全协议》，（菲律宾）《世界日报》，2011 年 10 月 17 日，第 5 版。

为，礼乐滩和"卡拉延"群岛不属于菲律宾领土范围，故菲律宾无权擅自开发其资源。然而，近年来，阿基诺三世却以《联合国海洋法公约》规定的 200 海里专属经济区为由，认为礼乐滩"在其 200 海里专属经济区之内"，是"无争议的"，菲律宾有权勘探和开发礼乐滩地区的油气资源。这种看法同样是错误的，也是违反《联合国海洋法公约》的规定。

新加坡国立大学法学院国际法中心主任罗伯特·比克曼（Robert Beckman）认为，如果中国声称礼乐滩附近的一些岛屿有权划专属经济区和大陆架，那么，它可以坚持，按《联合国海洋法公约》规定，对这些区域石油资源的勘探与开发拥有主权和管辖权。因为从争议岛屿量起的专属经济区和大陆架将与菲律宾从其群岛量起的专属经济区重叠，故这些争议岛屿就成为"争议区"，它们的 12 海里领海、专属经济区和大陆架都将与菲律宾的专属经济区重叠。如果礼乐滩附近海域是一个"争议区"，那么，其活动只能由中菲双方依法执行。最近国际仲裁的决定显示，在"争议区"单边勘探和开发都是违反《联合国海洋法公约》规定的，特别钻井更是如此。目前，完全可以说，中国是以海洋法和国际法为依据，声称对南沙群岛及其附近海域油气资源的勘探与开发拥有主权和管辖权。因此，中国反对菲律宾的做法可以被视为是以法律行动来维护自身的权利。①

二、菲律宾将礼乐滩划区块进行招标

菲律宾早在 1896 年就开始钻探石油，但至今石油产量仍然不高，其海上石油生产多数来自于巴拉望西北海域。该国的石油勘探近年来已逐渐深入到南沙群岛海域，主要在礼乐滩和巴拉望西北盆地一带。截止 2006 年 1 月，菲律宾已探明的天然气储量为 3.9 万亿立方英尺，几乎都在礼乐滩附近的马兰帕亚气田。根据 2009 年的统计，在菲律宾的能源结构中，石油和天然气所占的比重分别为 32% 和 8%，其能源自给为 58.89%。因此，油气资源的开发对菲律宾而言极其重要。菲律宾的油气开采主要由菲律宾国家石油公司（PNOC）为主，其触角已伸向中国的礼乐滩。虽然菲律宾在巴拉望西北海域和礼乐滩一带的勘探尚无新的突破，但他们已将该地区作为勘探热点对外进行招标。

---

① Robert Beckman, The China-Philippines Dispute in the South China Sea: Does Beijing have a Legitimate Claim? RSIS Commentaries, No. 036/2012, dated 7 March 2012.

2011 年 11 月 13 日，菲律宾总统阿基诺三世在檀香山经合峰会上透露，美国公司将于 2012 年开始勘探菲律宾北部的一处天然气油田。他说道："这是菲律宾北部的一个新油田，其蕴藏的油气资源，已证实将超过现有的马兰帕亚气田。"另据菲律宾《马尼拉时报》报道，菲律宾政府于 13 日称，菲律宾目前在礼乐滩开采的天然气田位于马兰帕亚天然气田与南海之间，是在菲律宾领土范围之内，具体操作将于明年开始。11 月 11 日，在 APEC 领导人峰会的一个商品安全会议上，阿基诺三世宣称："我们相信在这块成熟区域含有足以使马兰帕亚气田相形见绌的丰富的天然气资源。其中有一部分位于一直存在主权争议的区域之内。"他说道，菲律宾政府正展开具体步骤，根据《联合国海洋法公约》决定谁事实上拥有这些天然气田。①

菲律宾自 2011 年 6 月开始启动第四轮能源承包项目，即准许外国勘探油气资源公司参与其 15 个油气区的合作开发（根据德勤华永会计师事务所网站提供的图表，15 个区块的总面积约 10 万平方公里），其中第三区块和第四区块属于南海"断续线"范围，中国曾就此向菲方提出严正抗议。但菲方无视中国的反对，于 2012 年 7 月 31 日宣布对位于南海中菲争议海域的 3 个区块进行招标。据此前的媒体报道，开放招标的 3 个区块都位于巴拉望西北外海的中国南沙海域，总面积达 16 万公顷。这是中菲争议海域，也被认为是最有可能成功开采石油和天然气的海域。该区域紧邻菲律宾的马兰帕亚气田，这个气田目前已承担了菲律宾吕宋岛近 40% 的能源供应。②

在招标会开始之前，菲律宾能源部就对外放风，宣称包括澳大利亚尼多石油公司（Nido Petroleum）、西班牙石油企业雷普素尔公司（Repsol）、法国天然气苏伊士集团（GDF Suez）和意大利石油公司埃尼（Eni）在内的众多跨国公司都已通过预审，"可能参加招标会"。英国路透社 2012 年 7 月 31 日也报道称，符合菲律宾此次招标申请要求的公司还包括美国埃克森石油公司、法国能源巨头道达尔公司和荷兰皇家壳牌集团。然而，在 7 月 31 日的招标会上，这些外国公司都没有出现，菲律宾能源部仅接到国内 6 家企业的 4 份投标申请，其中 5 家为菲律宾企业。菲律宾能源部副部

① 《菲律宾不顾中国抗议，将继续邀外国开发南海》，（菲律宾）《世界日报》，2011 年 11 月 16 日第 2 版。

② 《菲招标开发南海 3 油气田》，（菲律宾）《世界日报》，2012 年 8 月 1 日第 2 版。

长拉约格对此惨淡结果辩解道："我们不认为南海的紧张影响了竞标，至于大企业为何没有提交申请，我不知道。外国企业可能要根据自己对数据的评估，来决定何时提出投标。"但美国彭博社 31 日却引述香港能源分析师戈登·关的话称，"没有一家跨国公司担得起惹恼中国，被中国市场边缘化的代价"，只有那些"在中国没有机会的公司"才会参与投标。①

2014 年 5 月 9 日，菲律宾能源部宣布启动第五轮能源合同招标，在推出的 11 个油气勘探区块中，第 7 区块位于南沙群岛的礼乐滩。据菲律宾能源部称，该区块总面积约 46.8 万公顷，估计石油储量可达 1.65 亿桶，天然气储量可达 34 860 亿立方英尺。为了减少投标者对该区块位于争议区的忧虑，菲律宾能源部副部长奥加告诉路透社说："我们推出的这个油气勘探区位于西菲律宾海，非常接近巴拉望省。"第 7 区块也非常接近现在由荷兰皇家壳牌石油公司与本国一家分公司合作经营的马兰帕亚气田。他说道："从菲律宾的立场来说，第 7 油气区块并不是一个有争议的地区，因为它是在菲律宾的专属经济区内。"②

此次中标的据说是纳卯市巴那干社的末申地·刘建筑公司，获得两项保护马兰帕亚气田和礼乐滩工程的承建合同。按照工程方案，他们将在仙牙仙牙、沓威沓威及巴拉望的公主港，各建一个用于研究和救援的基地和飞机棚。据菲律宾国防部发布的公告称：这个方案的目的是强化海上安全与保护马兰帕亚天然气田以及礼乐滩和将来在苏禄海上竖立的一个钻井平台。国防部相信，该方案将提高空军的力量及其支援救援的工作。③ 另一项是菲律宾政府准许弗洛姆能源公司（Forum Energy），将其在礼乐滩勘探天然气的项目延长一年，至 2016 年 8 月 15 日。

弗洛姆能源公司总部设在英国，在伦敦证券交易所上市，由菲律宾菲莱克斯石油公司（Philex Petroleum）直接或间接持股 64.45%。2011 年，弗洛姆公司根据 72 号合同开始在礼乐滩进行勘探活动。由菲莱克斯公司提供 8 000 万美元资金，承诺在 2013 年 8 月之前在 72 号合同区内的桑帕吉塔（Sampaguita）油田打两口井。根据该公司 2011 年进行的地震勘探结果，桑帕吉塔油田蕴藏有 2.6 万亿桶石油和 5.5 万亿立方英尺天然气。但

① 《菲国竞拍南海油气块仅接到 4 个投标申请》，（菲律宾）《世界日报》，2012 年 8 月 2 日第 1 版。

② 《菲启动第 5 轮能源合同招标》，（菲律宾）《世界日报》，2014 年 5 月 10 日，第 1 版。

③ 《纳卯一公司竞得礼乐滩 1.5 亿工程》，（菲律宾）《世界日报》，2014 年 7 月 7 日，第 3 版。

是，所有在礼乐滩的钻井活动于 2011 年 3 月停止，因当时中方的船只靠近
弗洛姆公司的船只，要求他们停止一切活动并离开该海域。此事件导致菲
律宾军方向该海域派出舰机，并迫使弗洛姆公司于 7 个月后取消原定对海
床的地质勘探活动。后来，菲律宾政府将弗洛姆公司完成第一阶段工作计
划的最终期限推迟至 2015 年 8 月，原因是政府未能颁发给公司开始钻井所
需的许可证。然而，现在菲律宾政府也许认为，开发该天然气田对之非常
紧迫，因菲律宾目前仅有马兰帕亚一个具备商业开采规模的天然气田，且
该气田的储量只有 2.7 万亿立方英尺，仅够开采 25 年。而桑帕吉塔天然气
田的储量预计为 11 万立方英尺，可以满足菲律宾长达 100 年的天然气需
求。故决定让弗洛姆公司在礼乐滩勘探天然气的项目再延期一年。①

三、中菲公司谈判礼乐滩"共同开发"未见成效

中菲石油公司谈判在礼乐滩实行共同开发始于 2012 年。时任菲律宾
菲莱克斯石油公司董事长兼首席执行官万雷·邦义礼南（Manuel
Pangilinan）提出，由于礼乐滩油气资源的开发需要庞大的经费和科技力
量，因此他计划引进一个或两个外国伙伴来参与。他认为，菲莱克斯石油
公司多年来开设在香港的母公司——菲莱克斯矿业公司及其控股公司——
第一太平洋有限公司与中国的关系良好，于是他决定到北京与中国官员和
中国海洋石油公司的行政首长举行会谈。他说道："中国人非常清楚地告
诉我们，如果我们能搁置主权问题，他们将准备以商业利益处理受争议地
区。"邦义礼南表示，该公司作为石油公司，没有资格也没有获得授权谈
论主权问题，相信与中方在争议区可以制定出一个合适的开发模式。② 中
菲石油公司共同开发的谈判引起国际上的关注，美国华盛顿智库亨利·史
汀生中心的助理研究员扎克·迪贝尔撰文称，这一项合作工程将成为南海
其他海域进行类似合作开采的先例。他写道："尽管邦义礼南称中海油仅
是可能合作的伙伴，菲莱克斯并不排除与其他外国公司合作的可能，但是
中海油至少有一只脚已迈进这个工程的大门。深海钻探方面的技术专家对

---

① 《菲准许一家英国能源公司，延长南海天然气勘探》，（菲律宾）《世界日报》，2014 年 7 月 12
日，第 4 版。
② 《邦义礼南要带进中国公司，前去礼乐滩共同勘探石油》，（菲律宾）《世界日报》，2012 年 6
月 25 日，第 2 版。

工程的开发有所帮助，同时这将为南海其他海域的共同开发开一个先例。"①

2013 年 1 月 17 日，邦义礼南应邀出席菲律宾外国记者会举办的论坛，在谈到礼乐滩共同开发时说，继续与中海油商谈合作是最佳的选择，菲莱克斯公司渴望与中海油合作开发礼乐滩的油气资源。在记者的追问下，他证实有一些美国公司曾对礼乐滩油气资源表示兴趣，但他强调正集中与中海油商谈。目前也仅在与中海油商讨合作，"如果中海油同意，才会引入第三方参与。"他表示，在南海争议未解决的情况下，菲中两国可先达成商业合作。② 2013 年 10 月 23 日，菲能源部长贝蒂诺证实，菲律宾和英国合资的弗洛姆能源公司正和中国海洋石油总公司谈判在南沙群岛礼乐滩共同勘探石油和天然气问题。双方在外地已举行多次例行会议，最近一次在香港，目前谈判仍处于初步阶段。他表示，中菲在礼乐滩有主权争议，但这是政府之间的事，他期望两个石油公司最终能签订商业协议。他强调说："如果不能达成一项商业伙伴协议，那就不要进行钻油，也就是可能永远不要进行钻油。"③ 因此，他呼吁邦义礼南领导的集团，尽快与中国石油公司达成商业协议，从而为勘探有争议的礼乐滩海域铺平道路。④

2012 年 5 月 7 日，邦义礼南在提交给阿基诺总统的一份报告中，介绍了他与中海油董事、总经理杨华等会谈的情况。列举了他提出的 11 点建议，其中包括菲莱克斯石油公司与中海油的一个"关于将被 72 号合同定义为共同利益区"的框架协议。由于"72 号合同"规定了 7 年的勘探期（可延期 3 年）和 25 年的生产期（可延期 15 年），故邦义礼南称："框架协议的有效期应从执行之日开始，直至双方确定共同利益区内的油气资源是否具有商业开发价值为止。"他写道，"框架协议将只是涉及商业和技术问题，双方在主权问题上均不得采取立场，双方同意主权问题是政府间的问题。"邦义礼南在备忘录中还写道："中海油与菲莱克斯石油公司之间在

① 《美国智库研究员称：中菲或在礼乐滩合作开采油气》，（菲律宾）《世界日报》，2012 年 7 月 6 日，第 3 版。

② 《菲企业希望与中海油合作开采礼乐滩油气》，（菲律宾）《世界日报》，2013 年 1 月 18 日，第 1 版。

③ 《菲中石油勘探公司拟在南海合作采油》，（菲律宾）《世界日报》，2013 年 10 月 24 日，第 2 版。

④ 《能源部长贝蒂诺呼吁邦义礼南尽快与中国石油公司达成协议》，（菲律宾）《世界日报》，2014 年 1 月 10 日，第 2 版。

共同利益区进行油气开采的任何后续协议（包括盈利分配协议），必须视菲中两国政府就领土争端解决的情况而定。"他澄清道，双方将就各自的责权达成协议，"包括中海油将以何种角色参与勘探工作计划，是技术顾问还是投资方，或是二者兼有。"两家公司选择成立一个工作组，负责谈判并制定框架协议，以送交各自的政府审批。至于法律方面，邦义礼南表示，他稍后将把框架协议置于"一部中立但享有国际认可的法律"之下，指的是英国的法律，只要这种做法不与菲律宾法律和菲莱克斯石油公司与政府签订的 72 号合同内容相抵触。①

邦义礼南在这份提交给总统的报告中还提到，中海油董事、总经理杨华认为，邦义礼南对"72 号合同"所涵盖地区提出的有关经济、技术活动的建议是"积极的"。杨华明确表示："中国政府已经赋予中海油对这一片地区的勘探权，这片地区包括了'72 号合同'涵盖的海域。"同时，杨华对他们的会谈还做了如下三点总结：①主权问题仍是根本问题，而中海油和菲莱克斯石油公司均没有处理该问题的权力。但是，中海油认为两家公司之间的经济和技术合作不存在任何障碍，因为菲中两国政府均同意两公司在潜在共同利益地区进行联合勘探，并同意将主权问题作为政府与政府之间的问题加以区分处理。②两家公司均同意研究所有创新性的提议，以便继续推动合作。③两家公司均同意，中海油的及早参与将有助于确定潜在的共同利益地区中蕴藏有何种资源（包括让中海油参与菲莱克斯石油公司和弗洛姆公司的工作方案）。

然而，邦义礼南提交总统的这份报告据说此前从未被公开过，现在是菲律宾资深调查记者组织"VERA Files"获取到该报告的内容。他们于2014 年 3 月 9 日披露说，报告中称，中海油在 2012 年 5 月 2 日与邦义礼南担任董事长兼首席执行官的菲莱克斯石油公司举行的一次会谈中，就回绝了签署共同开发礼乐滩油气合同的建议，原因是"涉及领土问题，在 SC-72（即 72 号合同）中增加'联合开垦协议'的建议不被接受"。所谓"开垦协议"指的是一种由"农场"的所有者和开发伙伴签署的合同。签署此类协议可以被解读为，中海油接受菲律宾是礼乐滩的"拥有者"。②

---

　　①《在礼乐滩资源开发谈判中，邦义礼南献议中海油进入南沙》，（菲律宾）《世界日报》，2014年 3 月 11 日，第 4 版。

　　②《中海油拒绝邦义礼南提议，不与菲在礼乐滩联合开采》，（菲律宾）《世界日报》，2014 年 3月 10 日，第 3 版。

　　类似这种涉及主权问题的"共同开发"谈判，中海油当然是不能接受，予以回绝是毫无疑义。其实，邦义礼南之所以主动提出与中海油联合开发 72 号合同区，据说与 2011 年 3 月中国两艘巡逻舰在该海域和菲律宾一艘石油勘探船对峙有关。此前有的菲律宾媒体报道就称，邦义礼南把中海油带入礼乐滩项目是为了解决中国造成的安全问题。另有的报道说，开发南海天然气是菲律宾不可或缺的能源政策，但仅依靠菲律宾民营企业很难筹资，上述共同开发谈判未见成效，对菲律宾政府是个打击。① 由此说明，邦义礼南主动提议与中海油联合开发为的是解决安全问题和资金问题，菲律宾政府不可能因此而搁置对礼乐滩海域的主权索求。这一点菲律宾法律界专家就警告道，邦义礼南对中海油的献议可能违反了菲律宾宪法，宪法规定"对自然资源的勘探、开发和使用，必须在国家的全面控制和监督下进行"。宪法进一步阐明："国家可以直接进行上述活动，也可以与菲律宾公民，或者与菲律宾公民控制资本六成以上的企业或组织签署共同生产、合营，或者产量分成协议。"2004 年阿罗约政府时期，菲、中、越三方签署的对争议区进行联合地震勘探的协议，就因为涉嫌触犯上述条款而在大理院遭到质疑。② 况且阿基诺三世一再强调，与中国签署的任何该种交易都必须符合菲律宾法律。他说道，位于菲律宾西北的巴拉望省显然是处于本国的专属经济区之内。③ 这种情况显示，中菲礼乐滩油气资源"共同开发"的前景并不乐观。

四、结语

　　菲律宾早在 20 世纪 70 年代就已开始利用外国石油公司，对礼乐滩的油气资源进行单边勘探。近年来，又发展到将礼乐滩划成区块进行招标，无视中方一再提出"搁置争议，共同开发"的建议。2012 年，菲律宾菲莱克斯石油公司总裁邦义礼南曾因资金与安全问题所迫，提议将中国海洋石油总公司引进礼乐滩"72 号合同区"联合进行开发，并提出各种"创新性"的合作建议。但后来因菲方在合同中增加了联合"开垦协议"，要

---

　　①　《抗中国，菲向韩买战机》，（菲律宾）《世界日报》，2014 年 4 月 11 日，第 3 版。
　　②　《在礼乐滩资源开发谈判中，邦义礼南献议中海油进入南沙》，（菲律宾）《世界日报》，2014 年 3 月 11 日，第 4 版。
　　③　《菲中石油勘探公司拟在南海合作采油》，（菲律宾）《世界日报》，2013 年 10 月 24 日，第 2 版。

求中方承认菲律宾对礼乐滩"拥有主权"而遭到中方的拒绝，导致双方谈判未获成效。此次谈判的破裂预示着，中菲在礼乐滩"共同开发"的前景很不乐观，其可能性微乎其微。

当中海油明确表示，不接受这种涉及主权问题的所谓"共同开发"时，弗洛姆能源公司仍计划 2016 年在礼乐滩钻两个油井，声称"只要没有被干扰，在没有合伙者的情况下，我们将自己做"。① 据《华尔街日报》中文网站 2014 年 10 月 30 日报道，菲莱克斯石油公司计划于明年初向礼乐滩派遣一艘调查船。该石油公司的董事长称，此任务将于明年 3 月至 5 月进行，为其 2016 年初的天然气钻井计划打下基础。该公司宣称，他们有可能向马尼拉方面寻求一些保护，以防范中方船只的侵扰。② 这种种迹象说明，菲律宾在礼乐滩油气资源合作开发的问题上，并非真正要与中方做到"搁置争议，共同开发"，而是借"共同开发"之名，让中方承认其对礼乐滩海域拥有的"主权"。这种做法显然是中方所不能容许的，也是不可能达到目的的。

为什么中菲在礼乐滩油气资源"共同开发"的谈判会一再破裂呢？究其原因，全在于菲律宾对礼乐滩海域的实际控制和对其资源的单边开发，也就是说，他们在共同开发的谈判中占有先机，因此才会以所谓的"遵守菲律宾宪法"为借口，迫使中方承认其对礼乐滩的"主权"。反观中方长期以来坚持通过友好协商、谈判等外交手段应对争端，没有采取过单边开发的行动，因此在共同开发的谈判中往往陷于被动。扭转这种局势的做法，就是要经常派出巡逻船在礼乐滩海域进行巡逻，以防止菲方在争议海域继续进行单边开发。同时，亦应派出海洋探测船定期在该海域进行水文、地质等方面的探测，以显示我国对该海域的主权和管辖权。此外，还要在我国当前实际控制的南海海域内实行单边开发，如同最近在西沙群岛中建岛附近设置 981 钻井平台那样，以不断扩大我国在南海政治、经济和军事方面的真实存在，迫使周边其他争议国不得不坐下来与我们谈判共同开发。只有这样，我国向来主张的"搁置争议，共同开发"才有可能得到贯彻落实。

---

① 《中国一家国有石油公司并没有进行联合钻油》，（菲律宾）《世界日报》，2014 年 9 月 27 日，第 1 版。

② 《菲石油公司拟向礼乐滩派调查船》，（菲律宾）《世界日报》，2014 年 10 月 31 日，第 2 版。

An Analysis on Prospect of China-Philippines "Joint Development" of Reed Bank's Oil and Gas Resources

LI Jinming

Abstract: Reed Bank locates in the northeast part of the Spratlys. Owing to its rich reserve of oil and gas, Reed Bank has become a focus of the South China Sea disputes between China and the Philippines. As early as the 1970s, the Philippines had invited some foreign oil companies to explore the sources of Reed Bank unilaterally. In recent years, it has divided Reed Bank to blocks and called for tenders. In 2012, on account of money and security issues, Manuel Pangilinan, director of a Philippine company called Philex Petroleum, suggested bringing in China National Offshore Oil Corporation (CNOOC) to take part in the joint exploration and development in the "No. 72 Contracted Block" of Reed Bank. But later on, as the Philippines added the joint "Reclamation Agreement" in the contract and required China to admit its "sovereignty" over Reed Bank, China rejected the proposal. As a result, talks between China and the Philippines were unproductive. The breakdown of negotiation indicates that the outlook for China-Philippines "joint development" in Reed Bank is bleak and the possibility is remote.

Key words: China and the Philippines; Reed Bank; oil and gas resources; joint development

(本文原载《太平洋学报》2015 年第 5 期。)

作者简介：李金明，男，福建泉州人，厦门大学南海研究院教授、博士生导师，中国南海研究协同创新中心兼职教授，历史学博士，主要研究方向：中外关系史、中国海外贸易史、中国南海疆域、南海争端与国际海洋法。

关于南海油气开发的几点思考

张良福[*]

（中国海洋石油总公司经济技术研究院，100028）

摘要： 南海有着丰富的油气资源，是我国油气开发的重要战略接替区。当前我国南海地区政治安全形势复杂，围绕岛礁领土主权和海域划界的争端不断升温，严重阻碍了我国南海油气勘探开发的正常进行。当务之急是以创新的思维应对复杂的海洋形势，以油气开发为突破口和抓手，坚决维护我国在南海的海洋权益，开创南海维权新局面。

关键词： 南海；油气开发；海洋强国；"美丽中国"；海上丝绸之路

一、我国南海油气开发初具规模，蓄势待发

（一）南海油气资源丰富

南海海域面积约 350 万平方公里，位于我国传统海疆线内的海域约 200 万平方公里。南海的油气资源极为丰富，是世界四大海洋油气聚集中心之一（另三大中心是波斯湾、欧洲北海和墨西哥湾）。由于我国对南海的调查勘探活动仍然十分有限，对南海油气资源量的估计数据大小不一。

例如，2008 年国土资源部估计，整个南海盆地群石油地质资源量约在

———————————

* 本文的研究与写作获国家社科基金重大项目《南海断续线的法理与历史依据研究》（14ZDB165）的资助，特此致谢。此文初稿提交南京大学中国南海研究协同创新中心 2014 年 12 月 2 至 3 日举办的"中国南海研究 2014 年度论坛"，此次发表略有修改。

230~300 亿吨之间，天然气总地质资源量约为 16 万亿立方米，占我国油气总资源量的 1/3，其中 70% 蕴藏于 153.7 万平方公里的深海区域。此外，南海还蕴藏丰富的天然气水合物，仅南海北部陆坡天然气水合物远景资源量就可达上百亿吨油当量。2007 年 5 月，中国在南海北部的神狐海域钻获"可燃冰"，估算该区域天然气水合物远景资源量约 45.5 亿吨油当量，表明西沙海槽区具有巨大的天然气水合物资源潜力。

曾任职中国海洋石油总公司的王佩云 2012 年 10 月在《中国南海油气开发与主权维护》一文中指出，"根据这么多年南海勘探活动资料的积累，大致可以确定整个南海海域 18 个沉积盆地，其中北部 4 个，中南部 14 个，都具有较好的油气资源前景。预测南海石油、天然气总资源量约 570 亿吨油当量，我国传统疆界线内石油储量约为 270 亿吨，天然气约为 16 万亿立方米"。① 而据 2013 年 6 月 7 日《中国海洋石油报》的有关报道，南海海域内 17 个新生代沉积盆地油气资源总量约为 571 亿吨，其中属于中国传统海疆线内的达到 372 亿吨。②

（二）中国南海油气勘探开发初具规模

中国海洋石油工业是白手起家，经历了探索下海、对外合作、对外合作与自营勘探并举、引进来和走出去四个发展阶段。

从 1957 年石油工业部派人到海南岛调查莺歌海的油气苗开始，中国把寻找石油的目光投向了海洋。1978 年起，中国海洋石油工业在改革开放中迅速崛起。从 1982 年中国海洋石油总公司（简称"中国海油"）成立起，中国海洋石油从此进入了对外合作时期，通过大规模的对外招标，中国陆续与国外油气公司签订一系列勘探协议和石油合同，引进国外资金和先进技术，为中国海洋石油行业培养了一大批技术和管理人才，大大加速了中国近海油气勘探开发进程和中国海洋石油工业体系的建立。中国海洋石油在不断扩大对外合作的同时，就制定了对外合作和自营"两条腿走路"方针，坚持开展自营勘探开发，在向外国石油公司的学习中不断创新，海洋油气勘探开发水平不断提高，勘探开发的海域也是逐步从近岸海域走向近海、浅海，又从近海、浅海走向远海、深海。

---

① 王佩：《中国南海油气开发与主权维护》，《国际石油经济》，2012 年 10 月，第 2 页。
② 《鏖战油气铸海魂》，《中国海洋石油报》，2013 年 6 月 7 日，第 5 版。

南海是中国海洋石油工业的重要发祥地。20 世纪 50 年代末，海洋石油人在极为困难的条件下在莺歌海开展油气苗调查，并在浅海开展地震和钻井作业，开始了中国海洋石油工业的艰难探索。

目前，南海油气勘探开发工作主要集中在南海北部陆架海域的珠江口、北部湾、莺歌海、琼东南四大含油气盆地，主要由中国海洋石油总公司下属的南海西部公司和南海东部公司负责从事南海油气勘探开发工作。中石油、中石化在北部湾、琼东南盆地、南海南部海域也有数个油气勘查区块，但尚未进行开发生产。

南海西部（湛江）公司管辖南海东经 113 度 10 分以西的南海海域，主要从事北部湾、莺歌海、琼东南盆地和珠江口盆地西部海域的油气勘探开发工作。自 2008 年年产量首次突破 1 000 万吨立方米油当量以来，连续5 年油气年产量超过 1 000 万方立方米。南海东部（深圳）公司，主要从事珠江口盆地东部海域（东经 113 度 10 分以东）的油气勘探开发。油气产量 1996 年达到 1 173 万吨，1997 年 1 295 万吨[①]。2010 年，南海东部油田实现连续 15 年年产超千万立方米油当量。自 1990 年第一个油田投产至2010 年，累计生产油气超过 2 亿立方米油当量，为海洋石油事业的发展做出了应有的贡献[②]。截至 2013 年 6 月 29 日，南海已累计生产油当量超 3 亿立方米[③]，占据中国海洋油气总产量的半壁江山，为保障国家能源安全做出了突出贡献。

（三）中国南海深水油气勘探开发已取得实质性突破

目前，中国海洋石油工业已完全掌握了 300 米水深范围内作业能力，初步具备了 1 500 米水深条件下的作业能力，并积极向 3 000 米水深范围进军。

近年来，中国海洋石油总公司为适应发展深水油气的需要，加强了深水装备及技术能力的建设。2008 年 4 月 28 日，中国海洋石油总公司开工建造深水钻井平台——"海洋石油 981"。2011 年 5 月 23 日，我国首座自主设计、建造的深水半潜式钻井平台——"海洋石油 981"在上海建造完

---

① 罗明主编《中国海洋石油总公司志》，改革出版社，1999 年版，第 405 页。

② 《战天斗海"建大庆"再攀高峰"创一流"——总公司 2011 年工作会发言摘登》，《中国海洋石油报》，2011 年 1 月 26 日，第 2 版。

③ 《南海油区 30 年贡献油当量超 3 亿立方米》，《中国海洋石油报》，2013 年 7 月 5 日。

成并举行命名仪式。该钻井平台最大作业水深 3 000 米，钻井深度可达 12 000 米，代表了当今世界海洋石油钻井平台技术的最高水平，填补了我国在深水钻井特大型装备方面的空白，使我国深水油气资源勘探开发能力和大型深水装备制造水平跨入世界先进行列，达到目前世界上最先进的第六代钻井平台的水平，开启了我国自主进行深水石油勘探开发的新篇章①。到 2012 年，以"海洋石油 981"为旗舰、包括深水钻井平台"海洋石油 981"、深水起重铺管船"海洋石油 201"、12 缆深水物探船"海洋石油 720"、深水工程勘察船"海洋石油 708"和大马力深水三用工作船"海洋石油 681/682"等在内的"五型六舰"深水船队建成，标志我国深水油气资源勘探开发能力和大型海洋装备建造水平跨入了世界先进行列。目前，南海周边国家都不得不以与技术能力强的跨国石油公司合作开发、收益分成的方式开展南海深水油气勘探。而拥有了以"海洋石油 981"为旗舰的"五型六舰"深水油气勘探船队，中国完全有能力独立完成勘探开发活动。此外，中国海油正在与国内相关部门和机构合作开展深水浮式远程补给基地、深海空间站、天然气液化船（FLNG）、海上核电站等前瞻性研究，这些设施是走向南海深水的必备设施。例如，国家能源海洋核动力平台技术研发中心已经成立，着手开展海洋核动力平台研制，以解决当前我国在渤海、南海油气资源开发过程中迫切的能源需求②。

　　2012 年 5 月 9 日"海洋石油 981"在南海"荔湾 3-1"深水气田开钻，标志着我国深水勘探开发迈出了实质性的步伐。"荔湾 3-1"深水气田是由中国海油与加拿大哈基斯石油公司于 2006 年 8 月共同勘探发现和合作开发，位于位于香港东南面约 300 公里处的南海，水深约 1 500 米的海域，是我国在南海投入开发建设的第一个深水项目，也是我国第一个超深水油气田。2013 年 4 月 10 日，我国海上最大油气平台组块——"荔湾 3-1"中心平台建造完工并开始拖运至位于香港东南 261 公里处安装，标志着我国深水装备再次取得重大进展。2014 年 4 月，"荔湾 3-1"深水气田正式投产供气。"荔湾 3-1"深水气田的成功开发，预示着中国南海深水油气勘探前景非常广阔。

　　2014 年 8 月 18 日，深水钻井平台"海洋石油 981"在南海北部深水

---

　　① 张良福：《南海油气开发需要"新政"——写在"海洋石油 981"命名之际》，《聚焦中国海疆》，海洋出版社，2013 年 6 月第 1 版，第 403 页。

　　② 《海油参与研发国家海洋核动力平台》，《中国海洋石油报》，2014 年 10 月 9 日，第 1 版。

区"陵水 17-2-1"井测试获得高产油气流，是中国海域自营深水勘探的第一个重大油气发现，标志着我国深水油气田勘探开发取得历史性突破！"陵水 17-2"构造位于南海琼东南盆地深水区的陵水凹陷，距海南岛约150 公里，平均作业水深 1 500 米。本次测试是"海洋石油 981"平台建成以来的首次测试作业，并创造了中国海油自营气井测试日产量最高纪录。该井测试的成功标志着中国海油已基本掌握了全套深水钻井技术、全套深水测试技术和全套深水管理要素，这为中国海油多年潜心探索的深水油气田整体开发方案设计、深水勘探开发工程核心技术、深水工程重大装备研制及作业技术等成果提供了集成示范和技术提升的平台，更为今后深水油气勘探开发积累了宝贵的经验，奠定了坚实的基础。目前，中国海油正在"以陵水气田发现为契机，大力拓展南海油气勘探的成果"[①]。

（四）我国南海油气开发面临的主要障碍是政治、外交、军事等问题

要说下海找油，中国早在 20 世纪 50 年代末 60 年代初就开始行动了，而中国周边海洋邻国伙同国际石油公司勘探开发中国海域油气资源则是迟至 20 世纪 60 年代末 70 年代初。但时至今日，形成鲜明对比的是：目前，越南、菲律宾、马来西亚等多个国家对南海争议海域的实际控制和油气资源勘探开发活动远远超过中国方面，彼强我弱的比例极为悬殊。我国的海洋油气开发基本上局限于近海海域，在与周边国家主张重叠的海域尚未进行任何实质性的勘探开发行动。越、菲、马等多个国家已经在南海南部的曾母暗沙、文莱—沙巴、万安、西北巴拉望、南巴拉望、礼乐—仙宾等盆地获得相当可观的油气储量和产量，有的盆地油气勘探程度已经达到中期阶段。这些国家在这些区域已发现油气田 283 个，且大多位于近岸浅水区。在深水区也有一定的油气发现，已发现的油气田有 73 个，主要集中在曾母盆地和文莱—沙巴盆地。这些被发现的油气田有很大一部分在我国传统疆界线内。根据近年的统计，目前在南海我国传统疆界线海域内，周边几个国家已经建成 1 000 多口油气井，每年流失的油气资源量约为 5 000万吨油当量以上[②]。

---

　　① 《王宜林到"海洋石油 981"和南海西部油田调研》，《中国海洋石油报》，2014 年 8 月 22 日，第 1 版。

　　② 王佩：《中国南海油气开发与主权维护》，《国际石油经济》，2012 年 10 月，第 2 页。

中国南海油气开发面临问题和挑战，主要并不是由于海洋油气开发本身所必需的资金、技术、装备、人才等以及南海的地质地理等自然方面因素，而是海洋油气开发以外的政治、外交、军事、法律、安全保障等方面的制约因素。在当今贸易自由化、经济全球化的时代，海洋油气开发并不完全需要依赖自主的资金、或人才、技术、装备等因素来实施，这些因素均可通过国际市场来解决。

越南、菲律宾、马来西亚等南海周边国家历来有浓厚强烈的海洋意识，高度重视海洋权益，十分重视海洋开发利用，总是利用一切手段，千方百计地巩固和扩大自身的海洋权益。这些国家均把开发海洋油气资源上升到国家战略高度来考虑，作为基本国策来实施，从政治、经济、外交乃至军事上，积极支持和鼓励本国的油气公司开发海洋油气资源，并制订优惠政策吸引国际石油公司参与合作，充分利用外国资金、技术、装备、人才等，加快勘探开发海洋油气资源。

与此形成对照的是，中国政府在维护我国南海海洋权益、开发南海油气资源方面，需要反思的问题有很多。在我国，时至今日，海洋油气开发尚未成为国家油气开发的战略重点区域，也没有制订海洋油气开发的总体战略和规划。来自国家政治、经济、外交、乃至军事上的考虑成为制约我国海洋油气开发的重要因素。中国政府在南海油气开发方面，经常在维护南海稳定和双边关系的考虑过多。中国油气企业在南海油气勘探开发活动多次因外交关系考虑而中途停止执行。我国政府在自我约束我国公司在南海进行油气勘探开发活动的同时，对南海周边国家的油气勘探开发活动总体上仅限于外交交涉和抗议，在海上未采取实质性的干扰行动。

南海问题短期内难以解决，而油气资源的开发却时不我待。我国南海油气资源的开发，不仅需要考虑地理、地质、经济性和装备技术等因素，更需要考虑解决政治、外交、军事等方面的障碍性问题。

二、保障国家能源安全视角下的南海油气开发

能源是一个国家赖以生存和发展的命脉，没有能源任何现代文明都将无从谈起。我国能源的基本格局是"富煤、缺油、少气"。并且，总体上来说，相对于我国庞大的油气消费量来说，我国的油气资源并不丰富，缺口很大。"我国大地构造和石油地质条件决定了国内的油气资源很难适应

国内持续高速发展的国家需要"。① 我国油气资源供应已明显落后于经济增长需求，1993 年以来中国一直保持在石油净进口状态。2000 年以来，我国原油进口大幅上升，2004 年石油进口突破亿吨，对外依存度超过 40%。2009 年我国原油进口量超过原油国内产量，原油对外依存度超过 50%。2013 年我国进口原油首次突破 3 亿吨（净进口 2.8 亿吨），由 2012 年的2.931 亿吨上升到 3.042 亿吨的历史最高水平，与 2004 年的 1.515 亿吨相比翻了一番。我国进口石油占全国油品消费量的比例（进口依存度）由2012 年的 61.5%略升至 2013 年的 61.7%。② 中国现已成为全球第二大经济体，是世界最大的能源消费国和仅次于美国的第二大原油消费国，中国超越美国，成为世界最大石油净进口国为期不远。Wood Mackenzie 咨询公司2014 年 8 月预测指出，随着中国用车人口推升国内石油需求，到 2017 年，中国将超越美国成为全球最大原油进口国。

能源安全，特别是油气资源安全问题已十分严峻。保障油气资源安全的核心要素可概括为两点：一是自身油气资源自给程度，二是油气进口来源与运输通道的安全畅通。加大南海油气开发，既可以增加国内油气产量，提高资源自给程度，又可以保证我国油气进口海上运输通道的安全，是保障国家能源安全的一箭双雕之举。

立足国内油气资源勘探开发，从资源储备上保障国内需求，是维护我国石油安全的根本途径；目前，我国陆地油气开发的潜力已非常有限，我国能源供应的重要战略接替区只能依赖海洋油气资源。东海和黄海面积小，油气资源量有限；只有南海海域资源丰富，能够成为我国油气生产的重要战略接替区。加快南海油气资源开发，是增加我国油气产量、提高油气自给程度、减少对外依存度的战略需要，是确保我国能源安全的重要战略支撑。

开发南海油气资源还对优化我国能源格局具有重大战略意义。在我国最缺乏能源的南方，如果南海油气资源开发取得重大进展，将有效改善"北煤南运、北油南运、西气东输"的状况，极大地缓解南方省份的能源进口压力，优化我国能源生产和消费格局。

此外，南海是中国走向世界的重要战略通道，是我国最重要的能源和

---

① 任纪舜，邓平等：《中国与世界主要含油气区大地构造比较分析》，《地质学报》，第 80 卷第10 期（2006 年 10 月），第 1499 页。

② 田春荣：《2013 年中国油气市场进出口分析》，http：//oilobserver. com. cnhtml3584214712. html.

物资的海上运输通道。我国对外贸易的 80% 以上是经由南海运输的，进口油气的 90% 以上是经由南海运抵我国。我国在南海建设的一系列油气开发设施，可以宣示我国在南海海域的主权，直接控制相关海域和岛屿，进而控制南海战略通道，可以成为确保我国南海通道安全的战略平台，并且还有助于我国控制马六甲海峡等咽喉要道，确保我国油气进口海上运输通道安全。

三、建设海洋强国战略视角下的南海油气开发

党的十八大报告提出"提高海洋资源开发能力，发展海洋经济，保护海洋生态环境，坚决维护国家海洋权益，建设海洋强国"。开发海洋油气资源是推动海洋经济发展、保障国家能源安全、维护海洋权益、建设海洋强国的重要组成部分。针对当前南海形势的复杂性、艰巨性和紧迫性，我国政府应从捍卫中国在南海的主权和海洋权益的战略高度出发，以海洋油气开发为切入点和突破口，建设海洋强国，实现中华民族伟大复兴的中国梦。

（一）以建设海洋强国战略为指导，加快制订我国海洋油气开发战略，特别南海油气开发战略

南海油气资源开发绝对不是单纯的海洋资源开发问题，而是复杂的南海问题的一部分，涉及国家战略、外交、政治、军事、经济等方方面面。推进南海油气资源开发需要以建设海洋强国战略为指导，并在国家解决南海问题的总体框架内进行。针对南海形势的复杂性、艰巨性紧迫性和长期性，必须把制订南海总体战略特别是南海油气资源开发战略提上议事日程，把加大对南海油气资源勘探开发列为未来我国南海战略的核心，并围绕这一核心制订相应的战略、规划、政策和保障措施。应在分析新世纪以来南海形势变化的基础上，综合评估我国在南海方向战略利益的基础上，组织政府有关部门、科研机构及三大油公司，制订全面、综合的南海油气开发战略和规划，明确南海油气开发的指导思想、总目标和阶段目标，确定相关政策措施，为我国未来十至二十年南海油气开发提供战略指导。

（二）以南海油气开发为支柱产业，开发利用南海，发展海洋经济

"发达的海洋经济是建设海洋强国的重要支撑"。[①] 海洋经济中，海洋资源、特别是油气资源的开发利用是重头戏。没有海洋油气资源的开发利用，就不可能高度利用海洋能源，就不可能有发达的海洋经济。

并且，海洋油气开发利用作为多学科、多门类的综合性高新技术产业，还能够带动各类海洋新能源产业的开发。包括海上风能、太阳能、海洋能、可燃冰、页岩气及氢能的开发利用，都可以在海洋油气勘探开发装备、技术的基础上延伸和发展。而海上油气勘探开发的大型设施、装备以及后勤补给需要建设的港口、码头、机场等，也可以助推南海资源的多元开发和海洋经济的发展，包括渔业、运输业、矿业、旅游等。

（三）以油气开发为突破口，坚定开展南海维权工作

建设海洋强国，必须坚定维护国家领土主权和海洋权益。习近平指出，"要维护国家海洋权益，着力推动海洋维权向统筹兼顾型转变"。[②] 应该以习近平总书记关于"着力推动海洋维权向统筹兼顾型转变"的思想为指导，坚持维权、维稳动态平衡，以维权促维稳，在维权的前提下实现维稳，通过维权实现维稳。我国应该把南海维权与资源开发密切结合起来，把海洋油气开发作为促进维权、实现维稳、巩固和发展睦邻友好合作外交关系的主要手段。

当前南海周边国家竞相开发利用南海、南海资源争夺日趋激烈。我外交交涉难以阻止有关国家的资源争夺，使用军事手段又不可取。加快南海油气资源开发是积极应对当前周边国家争夺南海资源严峻形势、坚定我国南海岛礁领土主权和海洋权益的客观需要。通过加快南海油气资源勘探开发，既可实际获取南海资源，有效实现南海权益，又可实现对海域的实际管控，是维护南海主权和海洋权益的有效手段。唯有以我国更积极、更主动、更大力度的油气开发来应对有关国家的油气资源掠夺，才能有效遏止南海资源争夺的严峻形势，确保我国在南海的海洋权益；才能推动共同开

---

① 习近平在中共中央政治局第八次集体学习时强调，"进一步关心海洋认识海洋经略海洋，陆海统筹走依海富国以海强国之路"，《新华每日电讯》，2013 年 8 月 1 日，第 1 版。

② 习近平在中共中央政治局第八次集体学习时强调，"进一步关心海洋认识海洋经略海洋，陆海统筹走依海富国以海强国之路"，《新华每日电讯》，2013 年 8 月 1 日，第 1 版。

发，实现南海和平稳定。

面对南海地区存在错综复杂的岛屿领土主权和海域划界争议，我国政府应当有排除一切干扰和争议的勇气，从外交应该服从和服务于国家经济建设需要的高度出发，树立外交为油气开发服务的意识与理念，开展积极的外交活动，为我国油气公司勘探开发南海油气资源创造机遇和条件。不是消极、被动地等待时机，被动地"择机"，而应是主动创造机会，积极支持企业勘探开发南海油气。

（四）以油气开发为载体，强化南海海防力量

海洋强国是以拥有强大的海权为标志，需要建设强大的海军和海防力量。南海油气资源开发是统筹经济建设与国防建设的最佳载体。在推进南海海洋经济发展、特别是南海油气开发的过程中，坚持军民融合、寓军于民，大力推进南海的国防建设，实现军经结合、军民融合、协调发展。

一方面，人民海军应该为南海油气开发保驾护航。我国油气公司进行的海洋油气开发活动，并不是单纯的企业行为、经济或商业行为，而是宣示和维护国家海洋权益的行为，有利于增强我国在争议海域的经济、军事存在，有利于维护国防安全特别是海洋安全，意义重大。我国政府和军队有责任、有义务、有能力为我国企业的海洋油气勘探开发活动提供安全保障，我国的海上执法部门以及人民海军应当为我国油气公司勘探开发南海油气保驾护航。应当建立以海上执法队伍为先导，以人民海军为后盾，形成企业、外交、执法队伍、军队四位一体的海洋油气勘探开发活动安全保障体制和机制，确保我国海洋油气勘探开发活动正常、顺利、安全地进行。

另一方面，以油气资源开发为手段，走军民融合式发展道路，不断增强我在南海的军事存在和实力。南海问题的最终彻底解决有赖于我国在南海地区军事实力的增强。当前，我国在南海地区大规模兴建军事基地等设施容易引发区域内外国家的恶意炒作。油气资源开发就成为了宣示主权、体现存在、维护权益、获取实际经济利益的最佳手段，是加强我国实际存在和控制的最有效、最现实可行的途径和突破口。我国可以油气资源开发为手段，走军民融合式发展道路，不断增强我在南海的军事存在和实力。依托油气开发，可进一步加强我驻岛礁的基础设施建设。发挥"海洋石油981"等油气钻井、开发平台这一"流动国土"的"战略利器"的作用，

显示我国主权，震慑侵权国家。油气开发设施如平台、船舶、后勤保障基地等可以平战结合、军民共建、军民公用。油气平台可成为我实际控制南海的依托和支点。

四、建设"美丽中国"视角下的南海油气开发

党的十八大报告在首次提出建设海洋强国战略时，也首次提出"建设美丽中国"战略，指出：面对资源约束趋紧、环境污染严重、生态系统退化的严峻形势，必须树立尊重自然、顺应自然、保护自然的生态文明理念，把生态文明建设放在突出地位，融入经济建设、政治建设、文化建设、社会建设各方面和全过程，努力建设美丽中国，实现中华民族永续发展。

建设海洋强国，必须做到"人海和谐"。要保护海洋生态环境，把海洋生态文明建设纳入海洋开发总布局之中，坚持开发和保护并重，科学合理开发利用海洋资源，维护海洋自然再生产能力。

保护好海洋环境，既是建设海洋战略目标的重要内容，也是建设美丽中国的重要内容。实现建设美丽中国、海洋强国的战略目标，需要一个生态优美的南海。为此，中国作为南海地区的大国和南海岛礁主权和海域权利的最大拥有者，必须积极主动地承担起保护南海海洋环境的责任，为造福中国、造福南海周边国家和人民做出自己的贡献。

一是率先垂范。建设美丽中国、海洋强国的战略目标给我国在南海的油气开发提出了更高的环境保护要求。中国在南海油气开发过程中，应着力保护南海海洋环境，做保护南海海洋环境的先锋、标兵、楷模，为南海周边国家树立榜样，带头打造生态优美的南海。我国在南海油气开发过程中必须正确处理好海洋开发与环境保护的关系，统筹兼顾海洋开发与环境保护，秉承在保护中开发、在开发中保护，统筹兼顾、共同推进的理念，合理开发利用海洋资源，切实保护海洋生态环境。在南海油气勘探开发过程中，要更加注重海洋开发的质量效益，更加突出安全、节能、环保，确保海洋油气开发过程的环保化、清洁化、低碳化和安全性。应以最小的环境代价赢得最大的油气开发效益，绝不能以牺牲海洋生态环境为代价来求得短期的发展，一定要坚持开发与保护并举的方针，确保南海海洋资源取之有道、用之有序，确保南海海洋环境不断改善、永续利用。

二是倡导区域合作。中国作为一个南海地区大国，应该为南海地区海

洋环境保护做出更大的贡献。中国应以负责任的地区大国心态，主动为南海海洋环境保护承担责任和义务，积极倡导和推动南海地区各国搁置争议，开展合作，建立区域海洋环保合作机制。中国应该做南海海洋环境保护区域合作的领导者、倡导者、主导者。当前，南海地区的油气资源开发处于无序状态。南海问题短期内难以解决，越南、菲律宾、马来西亚、文莱、印度尼西亚等南海周边国家出于争夺南海油气资源的自私目的，从自身利益出发，对南海油气资源进行掠夺性开发。这种掠夺性开发最直接的影响无视对海洋生态环境的破坏。并且海上油气开采的环境破坏风险是客观存在的。此外，南海是国际航运要道，油轮航行过程中的发生溢油事故的风险一直相当高。2010 年 4 月 20 日，位于墨西哥湾美国路易斯安那州近海的"深水地平线"号钻井平台爆炸沉没事故导致大量原油泄漏进入墨西哥湾，以及全球其他海域各种严重的井喷、海底输油管道破裂、油轮事故溢油等重特大石油泄露污染事故的频繁发生表明，随着海洋油气勘探开发规模的日益扩大，由此导致的海洋石油污染的危害也在日益加大。南海周边国家应该尽快讨论制订区域性的规章与机制，以防止、减少和控制海洋油气开发造成的海洋石油污染。

在南海油气开发过程中，中国应该致力于保护南海海洋环境，履行好自身应尽的责任和义务。中国这样做，不仅有利于南海周边国家，更给中国带来益处，因为它将向南海周边国家乃至世界表明，中国和平发展有利于地区各国。中国通过积极参与和推动区域合作来体现中国负责任的大国形象，彰显中国的追求地区和平、稳定、发展、进步的诚意，展示中国的实力、地位和影响力；化解南海周边国家的疑虑与戒备心理，建立信任；为最终妥善解决南海争端创造合适的条件、气氛、氛围。

五、建设"海上丝绸之路"视角下的南海油气开发

2013 年 10 月 3 日，习主席访问印度尼西亚并在印度尼西亚国会发表题为《携手建设中国—东盟命运共同体》的演讲，提出，东南亚地区自古以来就是"海上丝绸之路"的重要枢纽，中国愿同东盟国家加强海上合作，使用好中国政府设立的中国—东盟海上合作基金，发展好海洋合作伙伴关系，共同建设 21 世纪"海上丝绸之路"。共同建设 21 世纪"海上丝绸之路"倡议连同习近平主席访问中亚时提出的共同建设地跨欧亚的"丝绸之路经济带"一起构成了"一带一路"战略构想，这一战略设想是以习

近平同志为总书记的党中央根据变化了的国内国际环境，着眼于实现中华民族伟大复兴而提出的经略周边、联通世界的战略构想，规划出了新时期我国对外战略的新思路、新布局。

东南亚地区自古以来就是"海上丝绸之路"的重要枢纽，南海是海上丝绸之路的起点和必经之地。南海地区和沿岸国家是中国建设 21 世纪"海上丝绸之路"的首要对象。"海上丝绸之路"由来已久。中国提出共同建设 21 世纪"海上丝绸之路"绝不是仅仅为应对南海问题而提出的权宜之计，而是重振中国古代的海洋文明传统与遗产，深化中国睦邻富邻外交政策的战略举措，旨在打造周边命运共同体和对外开发合作新局面。积极拓展南海区域合作无疑是"海上丝绸之路"建设的重要内容。"海上丝绸之路"建设将为南海问题的解决创造良好的环境和条件。南海问题久拖不决，争议升级，无疑将不利于乃至阻碍"海上丝绸之路"建设。

"海上丝绸之路"建设应以尊重中国在南海的领土主权和海洋权益为前提。应该努力避免因为南海问题而影响"海上丝绸之路"建设，但绝不能因为"海上丝绸之路"建设而损害或削弱中国在南海的领土主权和海洋权益。因此，比较现实可行的途径是以"海上丝绸之路"建设为契机，大力推进南海区域合作，特别是南海争议海域的共同开发。

多年来，我国一直主张搁置争议，共同开发。南海周边国家不仅对我国共同开发倡议或虚与委蛇，或置之不理；还利用中国的求稳、求合作的心理，加快单方面勘探开发南海油气的活动，导致"我国搁置争议、别国单方面和平开发"的局面。这种局面的出现，并不能说明"搁置争议，共同开发"政策的失效。根本原因在于，在过去的十多年里，我国宣示"主权属我"不强、落实"搁置争议"有余，推动"共同开发"不足造成的。

鉴于南海问题的复杂性和长期性，"共同开发"仍然是妥善处理南海问题、维护南海地区和平稳定、促进南海合作的现实可行的途径。正如习近平主席 2013 年 7 月 30 日在政治局集体学习建设海洋强国研究时明确指出的，我国要坚持"主权属我、搁置争议、共同开发"的方针，推进互利友好合作，寻求和扩大共同利益的汇合点。当前和今后相当长一段时间，我国应不断深化、扩展、丰富和充实"主权属我，搁置争议，共同开发"的政策。为此：

我国南海油气资源开发要遵照"立足自营开采，发展对外合作，推动共同开发"的原则，积极开展自主勘探开发，根据不同区块条件，采用自主开发、与外国公司合作开发、共同开发等多种开发形式相结合，实现我国在争议海域油气开发存在。

应坚持以自主开发来遏制周边国家掠夺我国南海资源的行为，以我国自主开发的实际动作反制周边国家的单方面开发，以自主开发掌握主动，通过我国在争议海域的自主开发来创造合作需求，推动、迫使有关国家愿意与我国进行共同开发。

南北并进开展油气勘探开发，尽快改变目前油气开发局限于南海北部浅海的局面，应加快南海中南部海域自主勘探开发的步伐，实现南海中南部海域油气开发的战略突破。

以南沙进驻岛礁为依托，加快南沙海域油气勘探，择机进入越、菲、马等国在南沙海域的油气勘探开发区域，形成相互交错开发局面，逐步挤压有关国家的油气开发活动。

采用维权执法斗争手段和自主开发手段相结合，坚决有效遏制周边国家无视我国南海传统海疆线主张与合法权益、单方面在我国传统海疆线内进行资源开发活动。针对越、菲等国一意孤行地扩大在我国传统疆界线内进行单边油气行动，需出台一套明确具体的反制措施，区分不同情况采取不同的反制行动。同时，要划定绝不允许任何周边国家继续侵犯我国南海传统疆界线内岛、礁、滩、沙的红线，一旦出现这类严重情况，应动用必要强力手段惩治踩踏红线者。要让周边国家清醒地认识到，中国维护领土主权和海洋权益的坚定意志，寸土不让，寸海必争。

作者简介：张良福，笔名江淮，安徽省桐城市人，北京大学国际关系学院法学博士，曾在世界知识出版社《世界知识》编辑部、外交部亚洲司、驻菲律宾大使馆、中国常驻联合国代表团、外交部边界与海洋事务司工作，现就职于中国海洋石油总公司经济技术研究院能源经济研究室。长期致力于研究国际海洋法及中国海洋划界争端问题，特别是南海问题，已出版中国海疆风云录系列专著《中国与邻国海洋划界争端问题》《南海万里行》《让历史告诉未来——中国管辖南海诸岛百年纪实》《聚焦中国海疆》等，并在国内核心学术期刊杂志上发表《〈联合国海洋法公约〉与南海问题》《关于争议海域油气资源的共同开发问题》等论文30余篇。

中法西沙争议及西沙气象台的筹设[*]

王 静 郭 渊

（黑龙江大学历史文化旅游学院，150080）

摘要： 中国南海疆域内的西沙群岛，由于地处战略要地，在 20 世纪 20—30 年代就受到法国的觊觎和侵占。法国谋夺西沙群岛的行为恶化了南海局势，成为区域外大国干预南海问题的始作俑者，其制造的所谓法理依据为后来的越南承认和继承，故理清法国西沙政策演变的脉络和动因，有助于理解南海争端的缘起和发展。尽管国力有限，但国民政府为了维护西沙群岛的主权，曾开展了一系列外交斗争，并筹建西沙气象台，这在一定程度上抑制了侵略者的野心，捍卫了民族权益。

关键词： 西沙群岛；中法；西沙气象台

20 世纪 20—30 年代，强占印度支那的法国对西沙战略地位的认知逐渐加深，在西沙的非法活动日益猖獗。为侵占西沙岛礁，法国寻找各种所谓历史依据，主张安南在西沙拥有历史主权，这对中国南海主权构成了巨大威胁。长期以来，国内外学者对法国侵略西沙群岛的研究，主要集中在抗战后国民政府接收西沙群岛时中法所展开的外交、军事斗争，而对上述

* 本文为 2011 年度国家社科基金一般项目"冷战时期南海地缘形势与中国海疆政策研究"（项目批准号：11BGJ028）阶段性研究成果。

历史探讨的并不多。[①] 鉴于此,本文根据国内外文献资料,主要分析法国对西沙战略地位的认知过程、国民政府筹建西沙气象台及中法之间的交涉,并总结该事件的历史经验教训。

一、法国对西沙群岛的认知及中法交涉之始

西沙群岛是中国南海四大群岛之一,自古就是中国的神圣领土。但越南变成法国殖民地后,法属印度支那当局就开始了侵占西沙群岛的预谋。1898 年 12 月,被法国殖民地部称之为政论家的沙布里埃(Chabrier),"想在帕拉塞尔(西沙群岛)为渔民设立供应站",但为法属印度支那总督杜梅(Paul Doumer)所否定。次年,杜梅向巴黎发去一封信函,建议在西沙群岛的珊瑚岛上建一座灯塔,作为日后法国提出主权要求的依据,但由于资金的缺乏,这一建议没有得到法国内阁的批准。[②] 1909 年 5 月,广东水师提督李准奉命巡视西沙群岛,宣示主权。法驻广州领事伯威(Beauvais)就此事向法外交部提交了详细报告,主张法国在该问题上应保持沉默,主要原因:一是如干预中国宣示西沙主权的行为,可能会激起中国新一轮的民族主义浪潮;二是中法滇越铁路问题亟待解决,法国如在西沙问题上让步,保住中国政府的面子,滇越铁路的补偿问题可能更容易解决。[③] 此时,法海军、外交部均认为,西沙群岛无论从战略还是从贸易上看都不具有任何意义,但法国并没有终止侵占西沙的野心。

20 世纪 20 年代初,法国对西沙群岛的战略价值有了新的评估,法属印支当局欲寻找各种借口向西沙渗透势力。1921 年 5 月 5 日,法驻华大使馆给海军部寄了一封信,指出西沙处冲要之地,战略地位重要,虽面积很小,但如为一个海军强国所控制,建立临时军事基地,后果将不堪设想。[④]

---

① 如耿立强:《抗战胜利后中国政府接收南海诸岛的斗争》,《文史杂志》,1997 年第 1 期;李金明:《抗战前后中国政府维护西沙、南沙群岛主权的斗争》,《中国边疆史地研究》,1998 年第 3 期;Ulises Granados, As China Meets the Southern Sea Frontier: Ocean Identity in the Making, 1902—1937, Pacific Affairs, Vol. 78, No. 3, Fall 2005 等。

② 《法国外交部档案选》(法国曾企图染指西沙群岛的函件),耿昇译,《中国边疆史地研究报告》,1991 年第 3-4 期,第 77 页。

③ Monique Chemillier-Gendreau, Sovereignty over the Paracel and Spratly Islands, Martinus Nijhoff Publishers, 1996, Annexe 12, Hanoi, 6 may 1921.

④ Ulises Granados, As China Meets the Southern Sea Frontier: Ocean Identity in the Making, 1902-1937, Pacific Affairs, Vol. 78, No. 3, Fall 2005, pp. 443-461.

这封信是法国政府官员对西沙群岛战略地位较早的论述。联系到此时日人对西沙资源的染指，法国已注意到日对西沙的图谋。在这样的背景下，法国萌发了采取行动侵占西沙的野心。1925 年 4 月，法殖民者派平和（Nha-traug Binhhoa）芽庄海洋研究所长克洪氏（Krempf），率领海洋测量船"德拉内桑"号（De Lanessan）对西沙进行勘查，发现了西沙蕴藏有丰富的磷矿资源。[①] 同时，法军采取行动，6 月至 7 月法舰游弋于伏波、金银、永兴等岛屿附近海域。但法忌惮于中国维护西沙主权的决心，未表达对西沙的主权诉求。

国民党在 1927 年形式上统一中国后，在一定程度上促进了社会事业的发展，此时针对西沙的调查活动持续进行。为攫取地缘利益，法国代理印支总督茹尔内（René Robin）向殖民部建议采取行动，主张对西沙拥有主权。此时，恰巧日人撤出西沙，法印支当局觉得有机可乘，决定寻找证据，择机予以占领。1929 年 1 月 22 日，安南驻扎官乐福尔（Le Fol）向印支总督帕斯奇尔（Pasquier）递交了一份关于西沙群岛的详细报告，一是列举所谓安南拥有西沙主权的历史证据，二是强调西沙战略价值对印度支那的重要性。[②] 然而他不得不承认："现在（即直到 1929 年）安南和帕拉塞尔群岛似乎没有什么关系，沿海渔民和船主大都不知道这些岛屿的存在，更没有任何人到那里去"；"这些岛屿事实上是海南岛的自然延伸"。[③] 这表现出法国殖民者虽欲占领西沙，但仍觉得理论不足的矛盾心态。

20 世纪 30 年代前后，法国对西沙群岛的战略价值的认识更加具体，而且似乎各方也达成了某种共识，即西沙群岛作为军事基地，可以轻易地摧毁印度支那脆弱的铁路运输系统，封锁印度支那以至中国南海物资交流。"九一八"事变后，法国担心如果日本占领中国，那么印度支那的前沿防卫——西沙群岛，有可能会陷入日军之手，于是法国决定乘日占中国东北之机，侵占西沙群岛，为此编造了各种理由。1932 年 1 月 4 日，法外交部给国民政府驻巴黎使馆送去了一份照会，声称越南对西沙群岛拥有主

---

① 中国国际法学会、外交学院国际法研究所：《关于黄沙（帕拉塞尔）群岛和长沙（斯普拉特利）群岛的白皮书》（西贡伪政权外交部，1975 年），《国际法资料》（第 5 辑），法律出版社，1990 年，第 63 页。

② ［法］石克斯（Olivier A. Saix），胡焕庸译：《法人谋夺西沙群岛》，《外交评论》，1934 年第 3 卷第 4 期，第 96-97 页。

③ Monique Chemillier-Gendreau, Sovereignty over the Paracel and Spratly Islands, Annexe 28, Letter of 22 January 1929, Hanoi.

权是以"历史事件"为根据的。这包括 1816 年越南嘉隆皇帝正式统治这些岛屿以及 1835 年明命皇帝派遣臣民在其中一个岛上建造了一座塔并立了一块石碑。① 3 月，法国公然派兵占领西沙永兴岛，建坟墓一座。国民政府海军部抗议指出西沙群岛确属中国领土，指出 1910 年广东省曾派舰到群岛竖旗鸣炮，正式宣告中外。至 1931 年 4 月香港远东气象会议开议时，安南观象台台长、法人勃鲁逊（E. Bruzon）及徐家汇法国天文台主任劳积勋（L. Froc）亦向中国代表声请，由中国建筑西沙观象台。故依法律之解释，该地属中国领土毫无疑义。②

但法国对于中方的抗议，不以为然。1932 年 4 月 29 日，法致函中国外交部，以假乱真，对我开采西沙资源提出异议，声称自古以来西沙群岛主权属于安南。6 月 15 日，印支总督通过"第 156/SC 号"法令，把西沙群岛变成了承天省的一个行政单位。7 月 26 日，国民政府外交部指示驻巴黎公使馆向法外交部提出抗议，拒绝法对西沙群岛的主张。中国照会首先提及了国民政府在 1928 年对西沙群岛进行的勘查，《调查西沙群岛报告书》、《西沙岛成案汇编》对此有详细记载；其次指出 1887 年的中法界约对中越海上划界很明确；再次广东省政府在 1921 年 12 月至 1932 年 3 月间曾五次批准中国人勘探、开发这些岛屿的资源的申请。按照国际公法和惯例，"以切实先占为取得领土主权之先决条件，换言之，何国人民首先占领与继续不断的居住，其地即为何国之领土"。照会还指出，当越南人"占领"行为发生时，中国仍然是越南的宗主国，附庸国专横地占领其宗主国的领土是违反逻辑和常识的。③

为了尽快获得法方关于西沙问题的答复，我驻法使馆一再催促。1933 年 8 月 1 日，外交部函法外交部，2 日、23 日，又派人前往，得到法方的答复是"部长现正查案拟复"等语。终于在 9 月 27 日，法外交部给中国驻巴黎使馆递交了一份照会，回复 1932 年的中国照会，声称 1887 年的中

---

① 《转呈关于七洲岛问题法外部来文并请示我国意见》（民国 21 年 1 月 7 日 法字第 872 号），驻法使馆致外交部呈，II（2）：001；台湾"外交部"研究设计委员会编：《"外交部"南海诸岛档案汇编》（上册），第 145 页。

② Monique Chemillier-Gendreau, Sovereignty over the Paracel and Spratly Islands, Annexe 10, 29 September, 1932, Paris；杨志本：《中华民国海军史料》，海洋出版社，1987 年，第 1096 页。

③ 《令向法外部驳覆关于西沙群岛问题案》（民国 21 年 7 月 26 日 第 4182 号），外交部训令驻法使馆，II（2）：025，台湾"外交部"研究设计委员会编：《"外交部"南海诸岛档案汇编》（上册），第 186-189 页。

法界约不适用于西沙群岛，因为这些岛屿在界线以东 200 海里处，该界线应该被认为是局部的，只适用于越南北部的芒街地区。照会狡辩说，如果该线不认作局部界限，那么就会使得很多的越南岛屿成为中国领土的一部分。法外交部还进一步声称，中国意欲吞并该群岛是 1909 年中国水师舰队调查西沙之时，此前"并无该岛之领权"，而越南人早在 1816 年就主张这个群岛了。① 至于法代表团在香港远东气象会议上的行为，法外交部说那是一个科学会议并不涉及政治问题。此外法外交部还声称，安南王公曾在此岛建塔立碑，安南历史中有此事实，而琼人聚散无定，何时来岛居住捕鱼，亦无凭证，这在国际法及惯例方面不生效力。对于中国照会上提出的其他理由，该照会则没有回应。

为搜集证据回击法方，外交部与驻法使馆、海军部以及舆论媒体密切配合。1932 年 8 月 10 日，天津《大公报》就西沙之事刊发社评指出，清末李准曾查勘西沙群岛。外交部据此查找李准勘察西沙议案卷，结果无案可稽，故致函海军部，查找线索。8 月 17 日，海军部致函外交部，称海军部成立于民国元年，调阅旧档案无此项报告。② 此事告一段落，而驻法使馆反映情况极为重要。10 月 27 日，驻法使馆致电外交部指出，查阅法国历次发给我照会，其声称西沙为其所有的"唯一根据"，系安南嘉隆王朝于 1816 年正式占领该岛，反说中国只是在 1909 年才去占领该岛。驻法使馆就此建议："如能将此点打破，则其余理由，自不成立。拟请外交部搜集中国历史、省志及地图，证明中国在 1816 年以前，确曾管理该岛，则安南之占领，自属无效。"另外，依据国际公法，占领应有实际行动，而安南在西沙群岛从未践行"实权"，"自不能认其为正式占领"。③ 此后搜集西沙属我历史证据以及法理上的说明，就成为国民政府与法交涉的重要任务了。

二、国民政府筹设西沙气象台及对南海权益的捍卫

为捍卫西沙群岛的主权，国民政府在驳斥法方无理要求之际，其重要

---

① 《抄录关于西沙群岛（Iles Paracels）问题法外部复文，送请鉴核由》（民国 22 年 10 月 27 日总字第 549 号），驻法使馆函外交部，II（2）：046，台湾"外交部"研究设计委员会编：《"外交部"南海诸岛档案汇编》（上册），第 202 页。

② 《咨外交部据查李准查勘西沙群岛报告本部调阅旧卷并无此案请查照由》，《海军公报》，1933 年第 51 期（1933 年 9 月），第 331-332 页。

③ 《咨外交部据查李准查勘西沙群岛报告本部调阅旧卷并无此案请查照由》，《海军公报》，1933 年第 51 期（1033 年 9 月），第 202 页。

举措就是筹建西沙气象台。我们有必要根据有关史料，对这一过程进行认真梳理。1920 年航经西沙海域国内外船舶，因遭飓风遇难者众多，故上海徐汇天文台著《西沙史》一书，"使航海者咸有戒心"。该书力陈西沙群岛应由中国建设海洋观象台。① 1925 年夏，经海军部将建台及设备所需经费 12 万元提出阁议并通过，并令海防处察勘建台地点。不久海岸巡防处复称："察勘各岛地形与锚位，应以茂林一岛（Woody Island）为最适宜。该岛在东经 112°21′，北纬 16°50′，长阔约一英里……有钢质码头一座，长约 700 尺。岛之南，水深 6 托，可泊大船。内有新屋数椽，可容员兵土匠，轻便铁路三道，可供材料起卸。岛之北地高 50 尺，宜造航海灯塔。"② 海岸巡防处绘送西沙台屋及铁塔两座草图，海军部予以批准。后因建设经费无着，以致迁延未成。1926 年 4 月，海军部以西沙、东沙群岛同为海南要区，应援案将西沙群岛定为海军军事区域，经提呈北洋政府备案，并由北洋政府通告中外知悉。③ 这是中国主权范围之内所进行的疆土巩固，亦是对国际社会南海航海活动的佐助。

如前所述，20 世纪 20 年代法国觊觎我西沙主权，并试图采取某种行动，中国西沙主权建设已势在必行。为利用地缘之便，广东政府首先提出应将筹设中的西沙气象台及无线电台之事，划归其就近管理。国民政府将此事交由交通、海军两部会商办理，海军部坚持西沙气象台原系该部负责筹建，现仍应由该部继续负责。1930 年 7 月 4 日，海军部会同交通部，呈请行政院转呈国民政府饬令财政部，将建筑西沙群岛无线电及观象台费用 18 万元，予以按期拨款。7 月 11 日，行政院第 77 次会议同意海军部所请，令财政部、广东省政府遵照执行。④ 7 月 12 日，南京国民政府指令（第 1314 号）海军部会同交通部筹建西沙岛无线电及观象台。7 月 29 日，广东省政府第五届委员会第 100 次会议，通告并同意行政院决定。但海军部编制预算后，向财政部接洽领款时，因财政部未即拨款，以致西沙气象台

---

① 《（广东）省政府呈据建设厅建议速筹设置西沙岛气象台及无线电台请转饬东沙岛气象台与广东通报恳察核令遵一案》，《行政院公报》，1930 年第 168 期，第 20 页。

② 《行政院令复关于本省呈请筹建西沙岛无线电观象台办法案》，《广东省政府公报》，1930 年第 116 期，第 47 页。

③ 陈天锡编著：《实业厅呈覆省政府文》，《西沙岛东沙岛成案汇编·西沙岛成案汇编》，商务印书馆、香港印刷局，1928 年，第 248 页。

④ 《海军部呈为会同交通部议复粤省政府呈请筹建西沙岛无线电观象台一案》，《行政院公报》，1930 年第 168 期，第 30 页。

未能立即建设。

在西沙气象台筹设搁置之时，法国因素促使中方不得不采取积极行动。如前所述，1930 年下半年法国占领西沙的倾向越来越明显，中国西沙主权面临挑战。海军部见东沙设台，领土日渐巩固，而西沙尚待设台，于 1932 年 4 月 1 日密呈行政院，以西沙群岛设台，关系外交重大，如不着手立即修建，后患难以设想，故请财政部拨款。4 月 4 日，行政院"第 768 号密指令"同意海军部所请，另经行政院第 18 次会议决议令财政部，于 2 个月内分期拨足。然而财政部又以财政竭蹶，无款可拨为由，致使西沙气象台建设再次搁浅。海军部复于 5 月 4 日呈文行政院，再次恳请财政部拨款。12 日，行政院"第 1111 号指令"，电饬财政部"勉力筹拨"。14 日，海军部长陈绍宽致函财政部，称海军部建筑西沙观象台需款 18 万元，前奉行政院令由财政部于 2 个月内分期拨足，请财政部于 5 月内先拨半数，余由 6 月份起按月拨付。25 日，财政部称："现在时局虽略见和缓，而金融来源仍形枯竭，前项用款，惟有恳宽以时日，一俟财政稍裕，再行遵照筹款。"[①] 是以西沙群岛设台之事，一时又停顿下来。

就在政府各方因款项问题，致使西沙设台蹒跚不前之际，舆论媒体再次将西沙问题拉入政府视野。1934 年 3 月 7 日京沪各报登载法国鼓吹进占西沙群岛消息，"其（法国）最大理由，则曰该岛为夏季飓风，进袭安南必经之路，该岛未有气象台设置，安南一带，事先不得气象报告，无从准备，故需及时占领。"[②] 国内报刊消息源于国外的报道，《大阪时事新闻》以《法国瞄向西南群岛　主张安装气象仪》报道说，根据最近法报刊消息，法国为了预测向安南地方袭来飓风，认为有必要先获取西沙群岛占领权，在群岛上设置"本国"的气象台。报道指出法国欲将西沙转移为法国领土，其目的："是想立足于太平洋的危机，获取对中国近海有力的军事性的控制，在分割中国之际，应获取此权利。"[③] 报道还说，为了不让法国阴谋得逞，中国在此之际，应迅速在西沙群岛上设立气象仪，借此打住法国借口。

---

① 《审查二十二年度海军部海岸巡防处西沙岛建筑费临时概算意见书》（1933 年），中国第二历史档案馆：《有关国民政府在南海诸岛设置无线电台等设施的一组史料》，《民国档案》，1991 年第 3 期，第 53 页。

② 《观象台之建筑——西沙岛观象台之筹建》，《政治成绩统计》，1934 年第 5 期，第 53 页。

③ 《新南群岛をフランス狙う　気象台設置を主張》，《大阪時事新報》，昭和九年（1934）三月十一日。

海军部权衡西沙主权危机情形，于 1934 年 3 月 9 日再次呈文行政院，指出"现在法报既有此种论调，若再不图，难保不成事实"，因此建设西沙观象台已万难再缓。[①] 行政院再次敦促财政部分期拨款，以便使西沙气象台早日兴工修建。19 日，行政院复函海军部，称行政院第 814 号指令已令财政部查照办理，分期拨款。21 日，海军部咨请财政部拨款，从速建设西沙岛观象台，以杜外人觊觎。[②] 5 月，海军部将西沙岛建台进行详细规划，计划于 6 月底兴工，7 月底完成，因为过此时期台风骤起，船只不能前进。关于气象台应用器械，海军部向中央研究院接洽办理，并由该院允许尽量供给；关于长短波无线电机件，交上海大华无线电公司承办；建筑工程与上海陈椿记营造厂订立合同，由其承保，此时各种手续陆续完成。

根据上述规划，财政部应先行签发支付 8 万元，但碍于审计手续，海军部未能领出。为此陈绍宽致电财政部长孔祥熙，恳请说："国防外交关系重要，倘再迟缓，恐误事机，拟请电饬海关"，暂行垫拨第 1 期西沙建筑费 8 万元，以应需要。[③] 而此项预算，1933 年度及 1934 年度均编送有案，计建筑费 18 万元，开办费 1 万元，经常费照东沙台核定数目，全年度共 6.7617 元，但尚未奉中央政治会议核定。根据 1934 年 4 月 2 日国民政府公布修正预算章程第 39 条规定，即如有特殊应急之经费，得由五院主管院长，提经中央政治会议议决"先行动支"，海军部于 5 月 2 日向行政院提出预算申请。[④]

为此事，行政院第 159 次会议决议议决，函主计处"迅核转中央政治会议核定"，中央政治会议核定批准。同时，行政院第 1098 号公函至审计部。审计部加以审核，并致函财政部，需要检送原件，按照国民政府修正预算章程第 39 条办理。海岸巡防处遂将西沙气象台建筑费概算书、合同图样送到审计部审核。鉴于领款尚需时日，1934 年 5 月 17 日，海军部致函行政院，"请饬财政部暂行挪发现款，以应急需，一俟主计处办妥以后，

①　《呈行政院西沙岛设立观象台一案前经本部缕晰沥陈现据报载法有鼓吹进占企图事势危急究应如何办理乞察核由》，《海军公报》，1934 年第 58 期，第 329 页。

②　《咨财政部关於从速建设西沙岛观象台以杜外人凯观一案现奉院令由贵部查案拨款请查照见复由》，《海军公报》，1934 年第 58 期，第 260 页。

③　《代电财政部孔部长请迅饬海关暂行垫拨第一期西沙建筑费八万元以应需要由》，《海军公报》，1934 年第 60 期，第 433-434 页。

④　《呈行政院建筑西沙岛观象台经费拟恳按照修正预算章程提经中央政治会议先行动支一面再补概算汇案核定由》，《海军公报》，1934 年第 60 期，第 327 页。

即行归垫。"① 21 日，主计处审查完毕，同意海军部所请，呈报国民政府。
7 月初，财政部致函海军部，请将西沙气象台详细计划书及预算过部（财
政部）。10 日，海军部致函财政部，因西沙筹设气象台的文件颇多，将另
行派员检送。② 恰在此时，法国闻中国筹建西沙台，与国民政府交涉阻拦，
致使筹建西沙气象台之事再度搁浅。

三、中法之间围绕西沙建台所展开的交涉

　　20 世纪 30 年代，围绕中国筹设西沙气象台之事，中法之间多次交涉。
中方根据搜集证据，对法方所持理由或无理要求进行了批驳，但是西沙建
台之事却被搁置了。中法交涉首先是通过驻法使馆进行的，1934 年 3 月 21
日，中国驻法使馆致函外交部，录送法外交部函。该信函称："闻中国在
西沙岛建观象台计书，南京行政院与海军部正在审议。本部以为在该岛主
权商谈未决以前，建台实有未便。"③ 22 日，外交部致电驻法公使顾维钧，
列举中国拥有西沙主权的理由，指令驳斥法方。驻法使馆于 6 月 7 日照会
法外交部，对法提出抗议。双方争议内容以及彼此的主要观点胪陈如下：
　　（1）中法条约与西沙归属。中法争议焦点之一为《中法续议界务专
条》文本第三款，④ 中方指出，第三款除划清芒街区域之中越界限外，对
于海中岛屿之领土主权，有明确规定，"两国勘界大臣所画之红线"，原为
规定海中岛屿之领土主权而设，明确规定"红线以东，海中各岛归中国"，
西沙群岛既在红线以东，按条约其主权应归中国。至于法方所谓："如该
线可以延长，不但越南多数岛屿，应为中国领土，即越南本陆之大部亦
然"，这是理解之误。该条款所指为"海中各岛"，断无包括越南陆地在
内。这种做法划分的是岛屿，而不是海域。

---

① 《呈行政院建筑西沙岛观象台概算书及合同图样经已送请主计处核办现情形危迫恳饬财政部先
行垫拨乞鉴核由》，《海军公报》，1934 年第 60 期，第 341 页。
② 《咨财政部西沙岛筹设观象台一事其中文件颇多除另行派员检送阅毕交还外咨复查照由》，
《海军公报》，1934 年第 62 期（1934 年 8 月），第 344—345 页。
③ 《西沙岛建观象台事录送法外部来文由》（民国 23 年 3 月 21 日 总字第 812 号），II（2）：048，
台湾"外交部"研究设计委员会编：《"外交部"南海诸岛档案汇编》（上册），第 216 页。
④ 该款规定："广东界务现经两国勘界大臣勘定，边界之外芒街以东及东北一带，所有海论未定
之处，均归中国管辖。至于海中各岛，照两国勘界大臣所画之红线，向南接画，此线正过茶古社东边
山头，即以该线为界（茶古社汉文名万注，在芒街以南，竹山西南）。该线以东，海中各岛归中国，
该线以西，海中九头山（越名格多），及各小岛归越南。"商务印书馆编译所：《国际条约大全》（上
编·卷 5·中法条约），商务印书馆，1914 年，民国 14 年（1925）增订，第 17 页。

（2）西沙归属历史记载内容的争议。法方声称："安南历史，曾载有嘉隆王朝于 1816 年正式占领该岛，在中国 1909 年占领之先。"中方指出：①1816 年安南隶属于中国，在势在理均无侵占中国领土之可能。1909 年李准之竖旗鸣炮，为重定岛名之一种纪念仪式。②西沙群岛为中国所有，远在汉朝马援征南之前，此证见诸于中国历史。反之群岛曾为安南占领一说，证诸中国史籍，并无此记载。③民国成立以来，广东省商人承垦西沙资源，均须经政府批准，至今仍在实行。这证明西沙为中国领土，中国政府握有群岛的管理实权。①

（3）"九小岛事件"发生时，法国对中国拥有西沙主权是承认的。当时驻华法使馆秘书博德（Bandet）承法使韦礼敦（Wilden）之命致函国民政府，声称："中国地理及地图内，对于法占之九小岛，从未提及或列入，中国地理亦仅认西沙群岛之最南岛 Triton（中建岛——笔者注）为中国之最南领土。"②外交部指出："法方虽不认九小岛为中国领土，但至少已承认中国最南之领土为西沙群岛之 Triton。"③由此证明法方明知西沙为中国领土，然而法交外部复文所称，与驻华法使馆来文显然不符。外交部据此指出，所有法外交部关于西沙群岛之矛盾主张，本部碍难接受。

紧接着外交部次长徐叔谟会晤法使，指出中国政府为航海安全起见，拟在西沙岛建台，中国政府此举，"于远东气象会议时固为贵国政府所提议，现在中国政府实行建筑，贵国政府当无异言也。"④然而法使却坚持以前立场，声称关于西沙主权问题，法政府持保留态度，至于建筑气象台，将电呈本国政府。此后法国政府可能自感理屈，在相当长的一段时间未有回音。直至 1936 年 11 月 23 日，法外交部才回复我驻法使馆，重弹先前老调，提出中国政府应"重新覆核"，对法方予以答复。⑤驻法使馆建议外交

---

① 《驳斥法国占有西沙群岛》（民国 26 年 4 月），Ⅱ（2）：110，台湾"外交部"研究设计委员会编：《"外交部"南海诸岛档案汇编》（上册），第 356-357 页。

② 《为西沙群岛事》（民国 23 年 3 月 20 日 欧字第 3324 号），外交部致驻法使馆指令，Ⅱ（2）：047，台湾"外交部"研究设计委员会编：《"外交部"南海诸岛档案汇编》（上册），第 214-215 页。

③ 《西沙岛建观象台事录送法外部来文由》（民国 23 年 3 月 21 日 总字第 812 号），Ⅱ（2）：048，台湾"外交部"研究设计委员会编：《"外交部"南海诸岛档案汇编》（上册），第 357 页。

④ 《徐次长会晤法使谈话记录》（民国 23 年 12 月 20 日），Ⅱ（2）：068，台湾"外交部"研究设计委员会编：《"外交部"南海诸岛档案汇编》（上册），第 266 页。

⑤ 《关于西沙群岛问题抄送法外部十一月二十三日复文呈请鉴核由》（民国 25 年 12 月 10 日 总字第 2182 号），Ⅱ（2）：072，台湾"外交部"研究设计委员会编：《"外交部"南海诸岛档案汇编》（上册），第 270-272 页。

部，我方应再从历史和事实以及中国在该岛行使主权等方面，搜集有力证据，再向法方交涉。

进入1937年后，国民政府国防会议议决由广东省派驻警察驻守西沙群岛，并设灯塔以明主权。广东省建设厅派员拟于夏季前往探查，并请总司令部派舰前往。法方获悉后，于2月18日照会顾维钧，称西沙岛主权尚未解决，中方如此举动不妥，法方建议双方在巴黎或南京直接谈判，使该案获得解决，如不成功，则提交国际仲裁。外交部为此致电顾维钧，指出法方如再提及，可告之中国对西沙岛属我无疑义，毋庸谈判。3月9日，顾维钧照会法外交部提出抗议，并称中方对于法外交部1936年11月23日照会，准备答复。4月18日，法大使馆致中国外交部节略，重申对西沙归属的看法。外交部4月26日致电驻法使馆，对于法方所持理由，根据以下各点，责其进行逐条驳斥：①法外交部仍说西沙群岛1816年已经隶属越南，其所依据的主要是《大南一统志》有经营黄沙岛、明命十六年建祠立碑的记载。外交部指出，明命王朝至今才百余年，何以近年来中法调查西沙时均无该王朝遗迹。且据该志记载，其群山130余顶，岛中有黄沙洲延袤不知几千里，且岛近廉州府，然而西沙群岛形势、面积、位置无一符合该志所说。即使确指西沙群岛，志载有古庙，不知何代所建，庙碑刻有"万里波平"四字，乃华文碑碣，显然为中国人所建无疑。②法方声称中国对于1898年日轮、英轮沉没于西沙海域采取消极态度，证明西沙不为我所有。外交部指出，查此事本无案可稽。即使有之，亦属于清代地方官吏不负责任所为，于群岛主权问题并不发生影响。③法方称其所引用中国地图，仅为说明九小岛不属中国，不能作为其承认西沙为中国领土的论据。外交部根据史实指出，中国舆图明确划定、记载西沙有很多，恰恰相反越南很多官方或权威舆图未载西沙很多，对于越南每区分省记载极为详细，稍大的岛屿均载入，而独不记载西沙群岛。①驻法使馆据此驳覆法外交部，而法方一年多时间未见答复。

1938年远东局势日益严峻，法国对日本轰炸海南岛、进攻华南，进而威胁印度支那感到不安，决定对西沙群岛采取动作。7月3日，法军突袭西沙群岛，在永兴岛竖立"主权碑"，建造灯塔、气象站和无线电台。7

---

① 《驳斥法国占有西沙群岛》（民国26年4月），II（2）：110，台湾"外交部"研究设计委员会编：《"外交部"南海诸岛档案汇编》（上册），第357-359页。

月 4 日，法国发表非正式声明："西沙群岛 19 世纪初由原安南王国占据，属安南王国领土，最近印度支那政府为了西沙群岛外沿海海域的航行安全，在该岛设置永久灯塔及气象观测站，并派少量警察予以保护。"① 时人分析认为，法国唯一目的是在军事方面，使西贡、九小岛、西沙群岛、广州湾成为四个军事点，以保护安南，抗衡英日。② 中方对法军非法侵占西沙岛礁行为进行了质询，但法方却诡称越南保安队占据了西沙群岛，"以阻日本窥伺而遥制日本侵占海南岛的动机，此举纯为保护越南安全及假道越南海岸线，与中法双方所持立场毫无影响，该岛主权根本问题仍待将来依照法律解决。"③ 但实际上，法军并未考虑中国西沙主权利益，中方对此无可奈何。驻河内总领事馆致电外交部建议，我国处于抗日战争之时，对法除空口抗议外，"实无他法，与其抗议无效，徒伤情感，毋宁密约共同经营，以此间便利运输（为）交换条件。"④ 7 月 13 日，顾维钧以节略形式，向法方声明中国拥有西沙群岛主权，中国政府保留一切权利。然而中法之间关于西沙群岛的交涉，因为日本的东南亚侵略加强而告一段落。

四、几点思考

20 世纪 20—30 年代，中法围绕西沙主权问题展开了交涉，其中涉及中国筹设西沙气象台，但其问题的实质是西沙主权问题。中国筹建西沙气象台，正是在上述背景下发生的。从某种角度说，法国对西沙的侵占行为唤醒了中国对西沙的主权意识，然而中国在捍卫西沙主权问题上是被动的。与中国相比，法国西沙政策有着清晰的演变轨迹和发展脉络，这与法国对西沙群岛战略价值的重估有关，故向西沙渗透势力就成为法国战略防卫的当务之急。

首先，为了对西沙群岛拥有所谓的主权，法外交部、殖民部、印支当

---

① ［日］浦野起央：『南海諸島国際紛争史——研究・資料・年表』，刀水書房，1997 年，第286 页。

② 桴子：《西沙群岛之危机》，《晨光》，1934 年第 2 卷第 47 期，第 6-7 页。

③ 《法方称越军占领西沙群岛在阻日侵占海南岛》（民国 26 年 7 月 6 日 第 674 号），巴黎顾大使致汉口外交部电，Ⅱ（2）：133，台湾"外交部"研究设计委员会编：《"外交部"南海诸岛档案汇编》（上册），第 386 页。

④ 《议请密约法国共同经营西沙群岛》（民国 27 年 7 月 8 日 第 327 号），河内总领馆致外交部电，Ⅱ（2）：141，台湾"外交部"研究设计委员会编：《"外交部"南海诸岛档案汇编》（上册），第396 页。

局的报刊舆论不断进行造势，寻找所谓的历史依据。如前所述，法国越南殖民地要人及舆论，纷纷支持法国政府对西沙采取占领行动，其"历史依据"的搜集伴随法军侵占行为而不断发展，其目的是为其侵略行为张目。法国搜寻的所谓历史依据以及所采取的侵略策略，为后来的越南继承和发展。日本舆论评论说，西沙群岛属于中国之领土范围，法国行为是对中国领土之不法占领，其政治目的的，"是保卫法领印度支那迫切需要之一种举动"。①

其次，法国从当时的国际法中寻找所谓的法理根据，企图否认中国西沙主权，为其侵略行为辩护。法方称西沙距琼崖 145 海里，中国"既同意采纳'三海里原则'以划领海，则该岛不能认为贵国领土"②。法方实际上以海南岛为中国最南海上领土来划定中国领海的，当然西沙不在 3 海里领海范围。然而无论当时还是现在，"陆地支配海洋"是国际法的一项基本原则，"陆地是一个国家对其领土的向海延伸部分行使权力的法律渊源"。③ 国民政府外交部指出，中国自古拥有西沙群岛，与"3 海里原则"毫无关系，中国同意采纳该原则是事实，但此原则，不限制本国海疆领土，即陆地领土决定领海范围。

最后，为了巩固和扩大自身利益，法国妄图与日本寻求妥协，以牺牲中国利益来瓜分我南海诸岛。1938 年 7 月，当法人登岛并试图升旗时，被日军制止，日军指挥官扬言西沙群岛作为日本领土至少已经 60 年了。为缓和双方关系，法国在西沙问题与日进行了交涉。后来，可能得到了国内指令，日军最终允许法军驻留在永兴岛和珊瑚岛，从而在西沙群岛形成了法国和日本共同占领的局面。④ 这一局面一直维持到 1945 年 3 月，随着远东战势日趋严峻，日本对法国猜疑加剧，就解除了西沙群岛上驻守的法军的武装，彻底占领了西沙群岛。

抗战时期，国民政府为维护主权，对法采取外交交涉，并进行西沙台的筹建，尽力维护了中国的南海权益，但是由于国力衰弱，国民政府最终

---

① 《西沙群岛之政治和经济重要性》，《东亚杂志》（昭和十三年八月）第 11 卷第 8 期，东亚经济调查局 1938 年，第 25—30 页。

② 《为西沙群岛事》（民国 23 年 3 月 20 日 欧字第 3324 号），外交部致驻法使馆指令，II（2）：047，台湾"外交部"研究设计委员会编：《"外交部"南海诸岛档案汇编》（上册），第 213 页。

③ 国家海洋局政策研究室主编：《国际海域划界条约集》，海洋出版社，1989 年，第 79 页。

④ Stein Tonnesson, The South China Sea in the Age of European Decline, Modern Asian Studies, Vol. 40, No. 1, 2006, p. 57.

没有建成西沙观象台，与法之交涉亦无果而终，但其论证西沙主权属我论据，为以后维护南海权益提供了一定的历史和法理基础。在维护海洋权益过程中，国民政府一些官员和有识之士初步意识到，要想从根本上杜绝外人对南海诸岛的觊觎侵占，只有加快主权行为的存在。1934 年 5 月海军部呈文行政院，指出应利用有利时机加快西沙台的建设，"在此设台，且足慰外国航行安全之希望，是又于国防主权之外，兼符国际信用"。① 总结这段历史，有如下经验教训。

第一，国家各部门协同运作，才能有效地维护国家主权。国民政府对西沙群岛主权的维护与交涉，做了多方面的努力，能够协调各方面的力量。为搜集有力证据与法交涉，外交部与驻河内大使馆、驻菲律宾大使馆、驻法使馆紧密联系，互通信息，协商对策。驻法使馆多次奉外交部之命就西沙群岛问题，向法外交部严正驳复，重申西沙群岛为我固有领土，同时将获得的法方信息及时传递给国内决策部门。驻河内总领事馆，奉外交部之命，寻找各种途径，购买越南或法国政府出版的越南地图，为我西沙主权论证提供信息参考。在筹设西沙气象台之时，关于气象人才，海军部向中央气象台接洽，寻求人才支持，该部也积极响应。②

第二，在维护海洋权益过程中，要加强人们的海洋意识。这既包括西沙文献资料一定范围的普及，也包括有关国际会议承认西沙属我内容的周知。1928 年 10 月 5 日原广东省实业厅长李禄超，向省政府呈送《西沙岛东沙岛成案汇编》10 部，"并附（此书）96 部，请分发汕头、江门两市厅，及全省九十四县查览"，③ 其目的是提高人们的南海主权意识。海军部也注意到对南海属我知识的普及，以增强人们的海洋意识。1934 年 9 月，海军部建议外交部，由海岸巡防处将 1930 年远东气象会议报告书和决议案印成 200 份，发放全军舰艇、商船等地，而东沙气象台的观测和绘图，由海岸巡防处编制成册再向各处发放。④ 这在一定意义上是对海洋主权的

---

① 《呈行政院 呈陈西沙设台应行赶办各缘由乞鉴核示遵由》，《海军公报》，1934 年第 60 期，第 349-350 页。

② 《观象台之建筑——西沙岛观象台之筹建》，《政治成绩统计》，1934 年第 5 期，第 53 页。

③ 广东省档案馆：《民国时期广东省政府档案史料选编（二）——第四、五届省政府会议录》，广东省档案馆，1987 年版，第 5 页。

④ 《呈送代理航警课课长沈有琪参加远东气象会议报告书》（民国 23 年 9 月），海军部致外交部徐次长函，II（2）：065，台湾"外交部"研究设计委员会编：《"外交部"南海诸岛档案汇编》（上册），第 242 页。

践行。

第三，法国觊觎和侵占西沙群岛的历史启示我们，靠外交上的纵横捭阖是不能维护国家主权的，加强国家的海空军事实力，必要时采取占领措施，才是维护国家海洋主权的有效途径。抗战胜利后，调查西沙群岛的人员认为，西沙位于太平洋、印度洋航线的中心，如将来中国海运发达，"气象台供给海洋气象资料，俾策航海之安全，故我政府应站在国防立场重视西沙群岛位置，而请求积极开发也"。① 但由于国民党忙于内战，造成以前维护西沙群岛的成果没有巩固下来，这就给法国殖民势力侵占西沙、南沙群岛制造了条件。

总之，国民政府在捍卫西沙主权过程中，无论从历史资料证据，还是法理上的准备是不充分的。这固然与当时中国内忧外患、政府无暇顾及海洋国土的一隅之地有关，但也与国民政府海洋意识的薄弱有直接关系。不过仍应予以肯定的是，当西沙问题出现时，外交部等部门还是能及时制定对策，联系有关部门查找资料、商量对策，国民政府的高层对此事也予以充分关注。尤其值得注意的是，在驳斥法方的所谓历史依据过程中，国民政府的历史和法理依据，对后来中国政府捍卫南海主权，批驳他国无理主张是有一定的借鉴和启迪作用。

The Sino-French Xisha Dispute and Establishment of Xisha Meteorological Station

WANG Jing, GUO Yuan

Abstract: Paracel Islands which belong to the South China Sea was occupied by France before the Second Sino-Japanese War owing to its pivotal strategic location. French occupational behaviour of Paracel Islands worsened the situation in the South China Sea, It was not only the instigator of seeking Paracel Islands but the important enabler of the South China Sea conflict among great powers outside

---

① 赵畹田：《西沙群岛土壤及鸟粪调查》，《农报》，1947 年第 12 卷第 5 期，第 42 页。

the region as well, its so-called legal basis was recognized and inherited by the later Vietnam. Therefore, clarifying the context and motivation of the evolution of the French occupation of Xisha policy context and motivation can help us understand the origin and development of the South China Sea dispute. In order to protect the sovereignty of the Paracel Islands, although the national power was weak, but National Government carried out a series of diplomatic struggle and prepared to construct Xisha meteorological station. To some extent, this inhibited the wild ambition of the aggressor and defended the rights interests of the nation.

Keywords: Paracel Islands; Sino-French; Xisha Meteorological Station

（本文原载《中国边疆史地研究》2013 年第 4 期。）

　　作者简介：王静，黑龙江大学历史文化旅游学院讲师，历史哲学专业博士，主要研究方向为历史哲学、中国海疆史，为中国东南亚研究会会员、黑龙江省哲学学会会员，发表《20 世纪 70 年代台湾当局对西沙、南沙群岛主权维护的应对》（《当代中国史研究》2014 年第 2 期）、《中法西沙争议及西沙气象台的筹设》（《中国边疆史地研究》2013 年第 4 期）、《晚清政府对东沙群岛的开发及其历史意义》（《理论月刊》2008 年第 9 期）等多篇学术论文。

　　郭渊，黑龙江大学黑龙江流域文明研究中心教授，中国北部边疆民族历史文化研究所所长，历史学博士，主要研究方向为中国南海疆域史，现兼任曲阜师大中国南海与周边国家关系研究中心副主任、中国南海研究协同创新中心研究员。出版《地缘政治与南海争端》（中国社会科学出版社 2011 年 11 月版）等专著，发表《日本对南海诸岛的侵略及其后果（1901—1945）》（《中国社会科学内部文稿》2011 年第 2 期）、《日俄在中国领土上进行的帝国主义战争》（《中国军事科学》2011 年第 2 期）、《晚清政府的海洋主张与对南海权益的维护》（《中国边疆史地研究》2007 年第 3 期）等学术论文。

中国在南海的历史性权利

王军敏

（中共中央党校研究生院，100091）

摘要： 历史性权利包括历史性所有权和非专属历史性权利。历史性所有权所及的水域被称为"历史性水域"，这些水域是权利主张国的内水或领海的一部分。非专属历史性权利分为历史性通过权和历史性捕鱼权。从国际法上看，南海断续线具有三层含义。第一，断续线意味着中国对该线以内的岛屿、礁、沙、滩享有领土主权，按照《联合国海洋法公约》的规定，中国根据线以内的岛屿、礁、沙、滩享有相应的国家管辖海域。第二，中国对那些距离较近、密切相关、可视为一个整体的群岛或列岛间的水域享有历史性所有权，这些水域是中国的历史性水域，中国有权用划定连接群岛最外缘各岛和各干礁的最外缘各点的直线基线作为领海基线。第三，当南海断续线内的海域成为其他国家的专属经济区时，中国在上述海域享有历史性捕鱼权；它是影响中国与邻国专属经济区划界的"相关因素"及评价划界结果是否公平的标准之一，在用单一边界线划分专属经济区和大陆架中也具有一定的地位和作用。

关键词： 历史性权利；南海断续线；历史性所有权；历史性捕鱼权

　　近年来，一些国家、学者否认、质疑我国根据南海断续线享有的权利。① 大陆和台湾学者纷纷发表文章，论证南海断续线的性质和含义，其中不免涉及国际法中的历史性权利、历史性水域问题。② 然而，学术界仍然对国际法中的历史性权利问题缺乏系统深入研究，也缺乏对中国在南海历史性权利问题的研究。因此，研究国际法中的历史性权利，特别是中国根据南海断续线享有的历史性权利，对回应国际上对断续线的质疑、维护中国在南海的历史性权利具有重要意义。

　　国际法中的历史性权利是指国家对某些海域在历史上一直享有的权利，这些权利已被国际法所确认，并往往作为编纂性条约确立的一般规则的例外而使所涉国家继续享有。《中华人民共和国专属经济区和大陆架法》第 14 条规定：“本法不影响中华人民共和国享有的历史性权利。”中国开发利用海洋历史悠久，20 世纪 40 年代在地图上标注了南海断续线。毫无疑问，中国在南海海域享有历史性权利。

一、国际法中的历史性权利

（一）历史性海湾、历史性水域及历史性所有权

　　主要包括公海和领海制度的传统海洋法到 19 世纪已经初步形成。传统海洋法认为：领海之外是公海；领海在沿海国的主权之下，但受外国船舶无害通过的限制；公海对一切国家开放，实行公海自由。传统海洋法一直悬而未决的问题是：如何确定领海界限？其中，关键问题是制定关于领海宽度和测算领海宽度基线的一般国际法规则。尽管较多的国家主张 3 海里领海，客观地说，在整个 19 世纪并不存在关于领海宽度的一般国际法。在领海宽度一定的情况下，领海基线即测算领海宽度的起始线的位置选定显得至关重要：领海基线向海一定距离（如 3 海里）的海域为沿海国的领

---

　　① 例如，2009 年以来，越、菲等国多次在联合国、东盟等国际场合，以外交照会、大会发言等方式，否定或反对中国的断续线。2010 年 7 月和 2011 年 4 月，印度尼西亚和菲律宾分别向联合国秘书长提交照会，指责中国的断续线不符合国际法。2011 年 5 月东盟峰会上，菲律宾与越南再次质疑断续线。2011 年 6 月 20 日，新加坡外交部发表声明，敦促中国澄清在南海的领土主权范围，并强调新加坡作为主要贸易国，对可能影响南海航行自由的事件都极为关注。贾宇：《南海问题的国际法理》，《中国法学》，2012 年第 6 期，第 31 页。

　　② 李金明：《国内外有关南海断续线法律地位的研究述评》，《南洋问题研究》，2011 年第 2 期，第 54–62 页。

海，向陆一侧水域为沿海国的内水。①领海基线离海岸越远，沿海国不仅可以将海岸与领海基线之间的水域主张为内水，而且可以享有更多的领海海域和其他国家管辖海域。然而，规范沿海国划定领海基线的国际法规则长期以来是有争议的。这种争议在确定海湾的领海基线问题上表现得尤为突出。

由于海湾的特殊地理位置以及它对沿岸国的国防意义和经济价值，海湾应该、而且某些海湾在历史上也的确一直被视为沿海国国家领土的一部分。从理论上说，海湾一直被视为沿海国的领土组成部分，在确定海湾的领海时，领海基线只能从横越海湾湾口的直线测算。公法学家、国家实践以及编纂领海问题的学术机构均将湾口宽度不超过一定距离的海湾、或者宽度虽然超过一定距离但长期、连续惯例认可更大宽度的海湾作为沿岸国的领湾，其他海湾则不属于沿岸国的领湾，其领海基线从沿海岸的低潮线量起。②

在北大西洋沿岸捕鱼案中，国际常设仲裁法院提出了"历史性海湾"概念。③ 此后，学术机构、国际会议提出的海洋法草案在根据湾口距离标准界定领湾时，承认存在着一种海湾，即那些湾口距离虽然超过一定宽度、但一直属于沿岸国的那种海湾。在限定和说明这种海湾时，它们使用了不同的表述，后来逐渐用"历史性海湾"特指这种海湾。④国际社会在界定和说明这种海湾的性质时，逐渐明确了"历史性海湾"的意义和价值，即实际上是指那些湾口宽度虽然超过一定距离，不属于编纂性条约草案规定的领湾，但一直被沿岸国作为其领土一部分的那种海湾，因而将这种海湾作为适用编纂性条约一般规则的例外，承认这些海湾的地位不受编纂性条约的影响，仍然属于海湾沿岸国所有。

后来，海牙国际法编纂会议、美洲国际法协会在编纂领海规则时意识

① 例如，1958 年《领海与毗连区公约》第 1 条第 1 款规定："国家主权扩展于其陆地领土及其内水以外邻接其海岸的一带海域，称为领海。"第 5 条第 1 款规定："领海基线向陆一面的水域构成国家的内水。"参见北京大学法律系国际法教研室编：《海洋法资料汇编》，人民出版社，1974 年，第 197-198 页。

② "Historic Bays, Memorandum by the Secretariat of the United Nations" (Document A/CONF. 13/1), printed in Official Records of the United Nations Conference on the Law of the Sea, 1958, Preparatory document No. 1, Part I: "The practice of States; draft of International codifications of the rules relating to bays; opinions of learned authors", pp. 3-16.

③ Scott, Hague Court Reports, First Series, 1916, 185.

④ 王军敏：《国际法中的历史性权利》，中共中央党校出版社，2009 年 8 月第 1 版，第 6-11 页。

到：具有历史性海湾地位的水域绝不限于海湾，也存在于其他沿海水域。①哈佛《关于领海研究草案》及评述不仅承认历史性海湾，而且承认存在着宽于一般公认的领海宽度的历史性领海。②在渔业案中，国际法院否认英国提出的只能对具有海湾特征的水域主张历史性海湾的观点，确认挪威对不是海湾的其他海域享有历史性所有权，并且暗示，挪威有权以历史性所有权为根据主张更宽的领海宽度。③联合国秘书处1957年准备的、拟向联合国第一次海洋法会议提交的《历史性海湾备忘录》指出："历史性海湾理论是普遍适用的。不仅对海湾而且对不构成海湾的海域，例如，对位于群岛内的水域以及群岛和毗邻陆地之间的海域主张历史性权利；也可以对海峡、河口湾和其他类似水域主张历史性权利。存在着日益将这些海域说成是'历史性水域'、而不是'历史性海湾'的趋势。"④

联合国第一次海洋法会议在讨论历史性海湾条款时意识到，除历史性海湾外，还存在着其他类似海域，在讨论领海划界规则时提到了历史性所有权，并且使用了"包括历史性海湾在内的历史性水域"表达法，但没有对历史性水域、历史性所有权进行界定，而是促请"联合国大会对包括历史性海湾在内的历史性水域法律制度进行研究，并将这些研究结果分送联合国所有会员国"。海洋法会议最后通过了四个公约，其中《领海与毗连区公约》规定了历史性海湾、历史性水域和历史性所有权在现代海洋法中的地位。公约关于海湾法律制度的第7条第6款规定："上述规定应不适用于所谓'历史性海湾'……"关于领海划界的第12条第1款规定："如果两国海岸彼此相向或相邻，两国中任何一国在不能达成相反协议的情形下，均无权将其领海延伸至一条其每一点都同测算两国中每一国领海宽度的基线上最近各点距离相等的中间线以外。但如因历史性所有权或其他特殊情况而有必要按照与本款规定不同的方法划定两国领海的界限，本款的规定不应适用。"联合国秘书处1962年向联大提交的《包括历史性海湾在内的历史性水域法律制度》重申其在《历史性海湾备忘录》得出的结论，

①　Series of League of Nations Publications, 1930, V. 14, p. 125.

②　Research in International Law, Harvard Law School (Nationality, Responsibility of States, Territorial Waters), 1929, p. 288.

③　International Court Justice Reports (1951), p. 127.

④　Historical Bays Memorandum, by the Secretariat of the United Nations (Document A/CONF. 13/1), printed in Official Records of the United Nations Conference on the Law of the Sea, 1958, Preparatory document No. 1, p. 2.

指出："虽然'历史性海湾'是对海域享有历史性所有权的典型例子，但似乎毫无疑问的是，原则上对不是海湾的其他海域也存在着历史性所有权，如海峡或群岛间海域，或者一般地说对可以构成国家海域领土一部分的那些所有海域存在着历史性所有权。"①

联合国第三次海洋法会议在海湾、领海宽度、海域划界、群岛国以及适用导致有拘束力裁判的强制程序的例外等问题上，涉及了历史性海湾或历史性所有权问题。

关于历史性海湾以及历史性所有权在领海划界中的地位和作用，《联合国海洋法公约》的规定与 1958 年《领海及毗连区公约》的有关规定一致。

在讨论领海宽度时，菲律宾曾建议："①领海包括以历史性权利或所有权为由并且实际上被它作为领海一部分的那部分海域；②公约规定的领海宽度的最大范围不应适用于被任何国家视为其领海的历史性水域；③在批准本公约前已经确立了比本条规定的领海宽度更宽领海的任何国家不应受本条规定的最大宽度限制。"②但该建议案最终没有被接受，《海洋法公约》第 3 条规定："每一国有权确定其领海的宽度，直至从按照本公约确定的基线量起不超过 12 海里的界限为止。"公约虽然承认历史性所有权在领海划界中的地位，但明确规定：任何国家不能以历史性所有权主张超过 12 海里的领海。

在讨论群岛国问题时，一些国家提出了对群岛间海域的历史性权利问题。③ 但是，《联合国海洋法公约》没有明确承认，只是在界定群岛国的概念时提到历史性因素。公约第 46 条规定：群岛国是指全部由一个或多个群岛构成的国家，并可包括其他岛屿；群岛是指一群岛屿，包括若干岛屿的若干部分、相连的水域和其他自然地形，彼此密切相关，以致这种岛屿、水域和其他自然地形在本质上构成一个地理、经济和政治实体，或在历史上已被视为这种实体。

在讨论适用导致有拘束力裁判的强制程序的例外时，会议同意将历史

①　"Juridical Regime of Historic Waters, Including Historic Bays", Document A/CN. 4/143, Study prepared by the Secretariat, in Yearbook of the International Law Commission (1962), Vol. II, p. 25.

②　A/CONF. 62/C. 2/L. 24/Rev. 1 (1974), Third United Nations Conference on the Law of the Sea, III Official Records, para. 25.

③　王可菊等著：《国际海洋法》，海洋出版社，1986 年 4 月第 1 版，第 159-160 页。

性海湾或所有权的争端作为导致有拘束力裁判的强制程序的例外，但在是否为这些争端规定某种第三方争端解决程序问题上存在分歧。《联合国海洋法公约》第298条第1款规定：

一国在签署、批准或加入本公约时，或在其后任何时间，在不妨碍根据第一节所产生的义务的情形下，可以书面声明对于下列各类争端的一类或一类以上，不接受第二节规定的导致有拘束力裁判强制程序：（a）解释或适用第15条、第74条和第83条关于划定海洋边界的争端，或涉及历史性海湾或所有权的争端，但如果这种争端发生在本公约生效之后，经争端各方谈判仍未能在合理时间内达成协议，则作此声明的国家，经争端任何一方请求，应同意将该事项提交附件五第二节所规定的调解；此外，任何争端如果必然涉及同时审议与大陆或岛屿陆地领土的主权或其他权利有关的任何尚未解决的争端，则不应提交这一程序。①

可以看出，在确定国家管辖海域特别是领海基线过程中，提出了历史性海湾、历史性水域问题。历史性海湾、历史性水域实际上是指沿海国自古以来一直将其作为领土一部分，即沿海国对其享有领土主权。既然如此，包括历史性海湾在内的历史性水域应该作为编纂性条约确立的一般规则的例外而使所涉国家继续享有。

（二）历史性通过权和历史性捕鱼权

历史性所有权是沿海国自古以来一直对海湾或其他水域享有的领土主权，往往作为适用编纂条约规定的一般规则的例外使国家继续享有这些权利。作为一种理论，历史性所有权被援引在其他场合：联合国第一次海洋法会议在讨论直线基线问题时提出了历史性通过权问题；联合国第二次海洋法会议在讨论扩大领海宽度、设立专属渔区问题以及第三次海洋法会议在讨论专属经济区时提出了历史性捕鱼权问题。历史性通过权、历史性捕鱼权是非领土主权性质的权利，是非专属历史性权利，这种非专属历史性权利被有些学者称为逆向的历史性权利。②

1. 历史性通过权问题

受国际法院在渔业案中关于挪威使用直线基线方法作为领海基线不违

---

① 《联合国海洋法公约（汉英）》，海洋出版社，1996年1月第1版，第145-146页。

② Blum, Historic Title in International Law, Martinus Nijhoff, the Hague, 1965, p. 316.

反国际法判决的影响，联合国国际法委员会起草的《海洋法公约》规定，沿海国可以使用低潮线或直线基线作为领海基线划定领海，领海基线向陆一面的水域构成国家的内水。然而，沿海国使用直线基线方法的效果，使原来认为领海或公海一部分的海域包围在内成为内水，那么，这些水域应该具有怎样的法律地位呢？按照国际法，内水和国家陆地领土一样，国家对其享有完全的排他性主权，外国船舶非经许可不得驶入，也不得进行捕鱼和其他活动，否则，将构成对沿海国领土主权的侵犯。为维护原来在领海的无害通过权或在公海的自由航行权，其他国家或国际社会援引历史性权利理论，要求在由于使用直线基线的效果使原来认为领海或公海一部分的海域被包围在内成为内水的海域保留无害通过权。[1]国际法委员会拟定的《海洋法草案》、海洋法会议讨论表明：其他国家在这些海域内享有的无害通过权应该得到承认，被称为历史性通过权。[2] 1958 年《领海与毗连区公约》第 4 条第 2 款规定："如果按照第 4 条确定直线基线的效果使原来认为领海或公海一部分的海域被包围在内成为内水，则在此水域内应有第 14 条至 23 条所规定的无害通过权。"

《联合国海洋法公约》第 8 条第 2 款规定："如果按照第七条所规定的方法确定直线基线的效果使原来并未认为是内水的区域包围在内成为内水，则在此种水域内应有本公约规定的无害通过权。"可以看出，《联合国海洋法公约》基本上沿用了《领海与毗连区公约》第 5 条的规定，但又有发展。根据《领海与毗连区公约》，原来认为领海或公海一部分的海域，确定直线基线的效果使其被包围在内成为内水，则在此水域内应有无害通过权。而《联合国海洋法公约》第 8 条规定表明，确定直线基线的效果使原来并未认为是内水的区域包围在内成为内水，则在此种水域内应有公约所规定的无害通过权，换句话说，这些海域在确定直线基线前只要不是内水，则这种水域内继续具有公约所规定的无害通过权；反之，在确定直线基线前，这部分水域一直是内水，则这种水域不具有公约所规定的无害通过权。

2. 关于历史性捕鱼权问题

联合国第一、二次海洋法会议在讨论领海宽度、专属渔区以及联合国

---

① Official Records of the General Assembly, Tenth Session, Supplement No. 9 (A/2934), pp. 43~44.

② Historic Bays, Memorandum by the Secretariat of the United Nations, p. 23.

第三次海洋法会议在讨论群岛水域、专属经济区问题时，一些国家也援引了历史性权利理论。[①] 沿海国扩大领海宽度，设立专属渔区或专属经济区，将原来属于公海一部分的海域变成其领海的一部分或将渔业资源置于其专属管辖之下，这势必剥夺其他国家原来基于海洋自由原则享有的捕鱼自由。这种历史性捕鱼权是国家根据其国民在公海的部分海域长期从事捕鱼活动取得的。因此，沿海国在扩大领海宽度、设立专属渔区或专属经济区或者群岛国在采用群岛基线时，这些国家应该尊重其他国家在所涉海域的历史性捕鱼权。《联合国海洋法公约》第 51 条规定，群岛国应尊重与其他国家间的现有协定，并应承认直接相邻国家在群岛水域范围内的某些区域内的传统捕鱼权利和其他合法活动。第 62 条规定，沿海国对专属经济区生物资源享有主权权利，但这种权利也受到了某种程度的限制，即沿海国应决定其专属经济区内生物资源的可捕量及其捕捞能力，在没有能力捕捞全部可捕量的情形下应通过协定或其他安排准许其他国家、包括其国民惯常在专属经济区捕鱼的国家捕捞可捕量的剩余部分。也就是说，其他国家在沿海国专属经济区内的历史性捕鱼权，是沿海国在分配其没有能力捕捞全部可捕量的剩余部分的考虑因素之一。

可以看出，沿海国对包括历史性海湾在内的历史性水域享有的历史性所有权，作为适用编纂性条约确立的一般规则的例外使这些海湾、沿海海域继续置于沿岸国的主权之下。作为一种理论，它又被适用于保护国家原先在公海自由原则基础上形成的非领土主权性质的权利，主要是历史性通过权和历史性捕鱼权。

（三）结论

（1）国际法中的历史性权利是指国家自古以来一直对某些海域享有的权利，这些权利已被国际法所确认，并往往作为编纂性条约确立的一般规则的例外而使所涉国家继续享有。历史性权利本质上应视为国际法的一部分，不过它常常作为适用编纂性条约确立的一般规则的例外。应该指出的是，历史性权利主张只限于对海域的权利要求。正如联合国第三次海洋法会议讨论中所达成的共识："不应对陆地领土或者已经置于另一国家主权、

[①] 王军敏：《国际法中的历史性权利》，中共中央党校出版社，2009 年，第 244-260 页。

主权权利或管辖权之下的水域提出历史性水域权利主张。"①

（2）历史性权利包括历史性所有权和非专属历史性权利。历史性所有权所及的水域被称为"历史性水域"，即意味着这些水域是权利主张国的内水或领海的一部分，"历史性水域"包括历史性海湾、多国历史性海湾、邻接海岸的其他沿海水域、群岛间的水域以及比国际公认的领海宽度更宽的领海等。以历史性所有权为根据可主张离海岸较远的领海基线，或者主张较宽的领海宽度，其效果使海岸相向或相邻国家的领海界限可以偏离中间线。

（3）非专属历史性权利分为历史性通过权和历史性捕鱼权。历史性通过权是指在内水的无害通过权，即其他国家在那些由于适用直线基线的效果使原来并未被认为是内水、但被包围在内成为内水的水域内享有的无害通过权。历史性捕鱼权是某些国家根据公海捕鱼自由原则在先前为一部分公海海域、现为国家管辖海域取得的非专属性捕鱼权。历史性捕鱼权是沿海国在分配其没有能力捕捞全部可捕量的剩余部分的考虑因素之一，也是影响专属经济区划界的"相关因素"之一，同时又是评价划界结果是否公平的标准之一。

二、南海断续线的法律地位

南海断续线早在 1914 年就出现在中国私人出版的地图上。1933 年 7 月，法国侵占南沙九个小岛（太平岛、南威岛、中业岛、南钥岛、安波沙洲、双子礁等），中国政府和民间各界强烈抗议。此后，中国出版的地图将南海断续线的南端扩至北纬 9°左右，将九小岛纳入线内，并标注"南海九小岛"或"琼州九岛"。② 1935 年 3 月 22 日，中华民国政府水陆地图审查委员会第 29 次会议决议：政区疆域地图必须画明东沙、西沙、南沙和团沙群岛。1935 年 4 月，委员会出版的《水陆地图审查委员会会刊》第 1 期登载《中国南海各岛屿图》，明确标绘了南海诸岛，将曾姆滩（今曾母暗沙）标在接近北纬 4 度的位置上，表明中国政府认为其领土最南端至少应在北纬 4°附近。

---

① A/CONF. 62/L. 8/Rev. 1 (1974), Annex II, Appendix I〔A/CONF. 62/C. 2/WP. 1〕, Provisions 14 to 16, III Off. Rec. 93, 107, 110 (Repporteur-general)〔Main Trend〕.

② 贾宇：《南海问题的国际法理》，《中国法学》，2012 年第 6 期，第 31 页。

　　"二战"结束后，根据《开罗宣言》、《波茨坦公报》和《日本投降书》等国际法律文件的规定，日本应将窃取于中国之领土，归还中国。1946 年 11 月至 1947 年 3 月，中国内政部和海军部派专员乘军舰收复被日本侵占的南海诸岛，恢复行使主权。1947 年 4 月 14 日，内政部会同有关部门讨论了《西南沙范围及主权之确定与公布案》，决定：（1）南海领土范围最南应至曾母滩，抗战前中国政府机关、学校及书局出版物，均以此项范围为准，并曾经内政部呈奉有案，仍照原案不变；（2）西、南沙群岛主权之公布，由内政部命名后，附具图说，呈请国民政府备案，仍由内政部通告全国周知，在公布前，由海军总司令对各该群岛所属各岛，尽可能予以进驻；（3）西、南沙群岛渔汛瞬届，前往各群岛渔民由海军总司令部及广东省政府予以保护及提供运输通讯等便利。①在 1947 年 4 月内政部致广东省政府的公函中，明确南海领土范围最南应至曾母滩。② 为了使确定的南海领土范围具体化，内政部方域司绘制、国防部测量局代印了《南海诸岛位置图》，该图以国界线的标绘方式，在南海诸岛周围画出了十一段断续线。该线西起中越边界北仑河口、南至曾母暗沙、东至台湾东北，线内还标注了东沙、西沙、中沙和南沙四组群岛的整体名称和曾母暗沙及大部分岛礁的名称，南海诸岛全部位于线内。1948 年 2 月，中国政府首次公开出版发行了《中华民国行政区域图》，其中"南海诸岛位置图"在南海海域标绘了西沙群岛、中沙群岛、东沙群岛和南沙群岛等岛礁的位置，在其周围绘有十一条断续的国界线画法的线段。1949 年 5 月 20 日，国民政府《海南特区行政长官公署组织条例》把"海南岛、东沙群岛、西沙群岛、中沙群岛、南沙群岛及其他附属岛屿"包括在海南特区之内。③

　　1949 年以后，中华人民共和国出版的地图沿用 1948 年 2 月"南海诸岛位置图"上标绘的断续线。1953 年去掉了北部湾的两段，其他各段线的位置也有调整。现今所称的"九段线"，系指位于南海的九条"断续线"。如果加上台湾岛东部的一段，现在的"断续线"一共有十段。大陆学界口语称该线为"九段线"，中国台湾和海外也有学者呼之"U"形线。④ "断

　　① 国家海洋局政策法规办公室：《中华人民共和国海洋法规选编》，海洋出版社，2001 年，第 1–14 页。

　　② 韩振华：《中国南海诸岛史料汇编》，东方出版社，1988 年，第 181 页。

　　③ 吴士存：《南海问题文献汇编》，海南出版社，2001 年，第 37 页。

　　④ 贾宇：《南海问题的国际法理》，《中国法学》，2012 年第 6 期，第 32 页。

续线"自民间流传、公认到政府公布、宣告，半个多世纪以来，中国政府在管辖南海的过程中对断续线进行了适当调整，各段线的位置虽然发生小幅度的变化，但总体位置和走向没有发生实质变化，逐步形成了南海九段、台湾岛东侧一段的基本格局，说明了历届中国政府对此线的继承和沿用。1958 年《中华人民共和国政府关于领海的声明》、1992 年《中华人民共和国领海及毗连区法》以及 1998 年《中华人民共和国专属经济区和大陆架法》，以国内法的方式确认了对南海诸岛的领土主权以及在南海的历史性权利。[①] 2009 年，中国政府在提交给联合国的照会中附有标注断续线的南海地图。[②]

南海断续线公布之初到 20 世纪 70 年代的几十年间，南海周边国家和国际社会从未提出异议。许多国家都承认断续线内的岛屿是中国领土，所出版的地图均据此标绘中国疆域。[③] 随着《联合国海洋法公约》的生效以及南海岛礁主权争议和海域划界争端的出现，一些国家和国外学者开始对中国的南海断续线和含义和性质提出质疑。[④]

关于南海断续线的含义或性质，中国学者主要以下几种观点：（1）历史性水域说，主张中国对于线内的岛、礁、沙、滩以及海域享有历史性权利，断续线内的整个海域是中国的历史性水域。[⑤]（2）历史性权利说，主张中国在断续线内享有历史性权利，这些历史性权利包括对岛、礁、沙、

[①]　《中华人民共和国专属经济区和大陆架法》第 14 条规定："本法的规定不影响中华人民共和国享有的历史性权利。"

[②]　参见联合国大陆架界限委员会网站：http：//www. un. org/depts/los/clcs。

[③]　例如法国拉鲁斯书店分别于 1956 年、1969 年出版的《拉鲁斯世界政治与经济地图集》、《拉鲁斯现代地图集》，1970 年法兰西普通书店出版的《袖珍世界地图集》；日本外务大臣冈崎胜男签字推荐的日本全国教育图书公司 1952 年版《标准世界地图集》，1973 年日本平凡社出版的《中国地图集》等；1960 年越南人民军总参地图处编绘的《世界地图》、1972 年越南总理府测量和绘图局印制的《世界地图集》等；1946 年美国纽约哈蒙德公司出版的《哈蒙德世界地图集》；1954 年至 1975 年苏联政府部门出版的《世界地图集》等。转引贾宇：《南海问题的国际法理》，《中国法学》，2012 年第 6 期，第 32 页。

[④]　在中国政府向联合国秘书长提交针对越南和马来西亚联合划界案的反对照会后，印度尼西亚 2010 年 7 月 8 日向联合国秘书长发出照会，就中国的上述照会（附南海断续线地图）提出反对意见，指出中国南海断续线"明确缺乏国际法基础"，"侵害了国际社会的合法权益"。印度尼西亚认为，中国南海断续线违反国际法，南沙任何岛礁均不能主张 200 海里专属经济区。参见孙国祥：《南海形势新发展与两岸合作的前景及挑战》，载中国南海研究院编：《海峡两岸南海问题学术研讨会——两岸视角下的南海新形势论文集》（2011 年），第 5 页。

[⑤]　参见李金明：《国内外有关南海断续线法律地位的研究述评》，《南洋问题研究》，2011 年第 2 期，第 54-55 页。

滩等的主权以及对线内内水以外海域和海底自然资源的主权权利，同时承认其他国家在断续线内海域的航行、飞越、铺设海底电缆和管道等自由的权利。① （3）海上疆域线说，认为南海断续线标出了中国在南海诸岛的领土主权范围，确认了中国至少从 15 世纪起就被列入中国版图的南海诸岛的海上疆界，在此界线内的岛屿及其附近海域，受中国的管辖和控制。即南海断续线可以被看成海上疆域线，中国对断续线内海域的底土、海床和上覆水域的生物与非生物资源享有历史性权利。② （4）岛屿归属线说，主张南海断续线内的南海诸岛及其附近海域归属中国，受中国的管辖和控制；而断续线内水域的法律地位则视线内岛礁或群岛的法律地位确定。③

上述观点共同点是，他们都认为中国对南海断续线内的所有岛、礁、沙、滩等及其附近海域享有主权，不同点是对于南海断续线内水域的法律地位存在着分歧。④

（一）南海断续线的含义

南海断续线是否意味着中国对南海断续线内包括岛屿领土在内的海域享有领土主权？换句话说，南海断续线内的水域是否是中国的历史性水域？

历史性水域的法律地位要么是内水，要么是领海。因此，南海断续线内的水域是否是中国的历史性水域，取决于中国在历史上是否将这些海域作为内水或领海行使了国家主权。如果是内水，那么中国应该对这些水域行使了完全排他性主权，如外国船舶未经许可不得南海断续线内的水域航行，飞机不能飞越水域上空；如果是领海，那么中国也应该对这些水域行使领土主权，但受外国船舶无害通过权的限制。因此，确定南海断续线内的水域是否为中国的历史性水域应该考虑三方面的因素：中国划定南海断

① 参见潘石英：《南沙群岛·石油政治·国际法》，香港经济导报出版社，1996 年，第 60-63 页；许森安：《南海断续国界线的内涵》，载海南南海研究中心编：《21 世纪的南海问题与前瞻研讨会论文选》（2000 年），第 80-82 页。

② 参见赵理海：《海洋法问题研究》，北京大学出版社，1996 年，第 37 页；傅昆成：《南（中国）海法律地位之研究》，台北 123 资讯有限公司，1995 年，第 204-205 页。

③ See Zhiguo Gao, "The South China Sea: From Conflict to Cooperation", Ocean Development & International Law, Vol. 25, 1994, p. 136.

④ 金永明：《中国南海断续线的性质及线内水域的法律地位》，《中国法学》，2012 年第 6 期，第 37-38 页。

续线的意图和意志、中国在公布南海断续线后对南海断续线内的岛屿、礁、沙、滩及其水域行使国家主权的性质以及其他国家的反应。

1. 中国划定南海断续线的意图和意志

国家对历史性水域提出权利主张的方式是多种多样的，既可以是公开发表的声明、颁布国家法令、实际行使国家权力或者公布地图。其中，以公布地图的方式提出的权利主张被布卢姆称为领土的地图权利主张（territorial "map claims"），即对领土的权利主张表现在国家或国家主持下印制的地图上。① 如上所述，"二战"后，中国恢复对南海诸岛的主权，为进一步明确南海诸岛的范围，中国在地图上标注了南海断续线，对线内的南海诸岛进行了命名，标明了位置，这显然表明中国将南海诸岛作为中国领土一部分的意图和意志。从中国当时公布地图的背景也可以看出这一点。1947 年 4 月，内政部在致广东省政府的公函中，开宗明义地写道："西南沙群岛范围及主权之确定与公布"，一语道破了中国政府标绘南海断续线的意图和意志。② 内政部在讨论《西南沙范围及主权之确定与公布案》时提及 "西南沙群岛主权之公布……"，但没有特别指明对所涉水域的主权。③ 根据已有的资料，尚不能查明中国主张的领土主权是仅及于南海断续线内的岛屿、礁、沙、滩呢？或者是同时及于南海断续线内的所有海域呢？因此，还需要查明中国政府对南海断续线内的岛屿、礁、沙、滩及其水域行使国家主权的性质和范围。

2. 中国政府对南海断续线内的岛屿、礁、沙、滩及其水域行使国家主权的性质和范围

中国政府内政部在讨论《西南沙范围及主权之确定与公布案》时曾决定在公布西南沙群岛主权前由海军尽可能进驻该群岛所属各岛，"西沙群岛渔汛瞬届，前往各群岛渔民由海军总司令部及广东省政府予以保护及运输通讯等便利"。④ 可以看出：中国渔民的确前往各群岛进行捕鱼，当时中国政府对南海诸岛的有效管辖主要是对渔民 "予以保护及运输通讯等便利"。然而，这些行使国家主权和管辖的具体措施似乎不涉及南海断续线

---

① See Blum, Historic Title in International Law, Martinus Nijhoff, the Hague, 1965, p. 149.
② 韩振华主编：《中国南海诸岛史料汇编》，东方出版社，1988 年，第 181 页。
③ 韩振华主编：《中国南海诸岛史料汇编》，东方出版社，1988 年，第 181–182 页。
④ 韩振华主编：《中国南海诸岛史料汇编》，东方出版社，1988 年，第 181–182 页。

内的水域。中国台湾学者俞宽赐认为，民国政府 1947 年颁布《南海诸岛位置图》后，行使国家权力的事实，既未拒绝外国渔船进入断续线内水域捕鱼，亦未阻止中国船只在该水域内航行，或外国航空器在该海域上空飞越，也未要求外国舰船或飞机在该水域或其上空遵守异于一般国际法的规范，或采取其他行使主权的措施。唯一行使权力的事实只有当外国飞机或船舶飞越或侵入中国有效管辖下的岛礁上空或其周围领海时，才提出警告或强行驱离。① 邹克渊教授认为，南海断续线公布以来，无论是中国大陆，或者是台湾方面都很少在该海域行使过权力，即使偶尔行使过，也只是在线内的群岛，而不是水域。②也就是说，中国政府并未将断续线线内所有海域作为内水或领海来行使国家权力。实际上，中国政府后来也没有将线内所有海域都作为内水或领海的意图。例如，20 世纪 50 年代初，台湾当局在就对日和约的旧金山会议表态以及 1952 年与日本缔结的"中日和约"也只是重申中国对西沙和南沙群岛的领土主权，没有涉及水域。③ 中华人民共和国外交部 1951 年 8 月 15 日就旧金山和约草案和会议发表的声明，只是提及中国享有对南沙群岛和西沙群岛的领土主权，也没有提及南海断续线内的水域的地位问题。④

　　3. 其他国家的态度

　　中国政府 1947 年标绘在地图上的南海断续线，长期以来也一直为周边国家所承认或默认。"尽管越南、菲律宾、马来西亚等南海周边国家对南沙群岛的部分岛礁提出领土主权的要求甚至加以侵占，但并没有质疑后否定中国断续线的存在。这些国家不但在断续线公布之初没有异议，其后也一直默认其存在。实际上，断续线产生以来，不仅周边国家、而且国际社会也都是予以默认的。"⑤

　　那么，周边国家和其他国家对南海断续线的默认、没有提出异议，是

---

① 俞宽赐：《中国南海 U 形线及线内水域之法律性质和地位》，载中国南海研究院编：《海南暨南海学术研讨会论文集》（2001 年），第 427-439 页。

② Zou Keyuan, "Historical Rights in International Law and in China's Practice", Ocean Development & International Law, Vol. 32, No. 2, 2001, pp. 162-163.

③ 参见丘宏达：《中国领土的国际法问题论集（修订本）》，台湾商务印书馆发行，2004 年，第 20-24 页。

④ 田桓，纪朝钦，蒋立峰：《战后中日关系文献集（1945—1970）》，中国社会科学出版社，1996 年，第 102 页。

⑤ 贾宇：《南海问题的国际法理》，《中国法学》，2012 年第 6 期，第 31 页。

否意味承认断续线线内水域为中国领海或内水呢？首先，外国对断续线默认的性质，取决于中国划定南海断续线的意图和意志以及中国对线内岛礁及其水域行使国家主权的性质的范围。换句话说，如果中国只对线内岛礁行使了国家主权、而没有对断续线内水域行使国家主权，外国的默认也只能解释为其就中国对线内岛礁主权的承认，不能解释为就中国对线内水域主权的承认。俞宽赐指出：既然中国对线内水域无行使权力的事实，外国当然也无必要做出消极的默认或积极的抗议，故断续线内水域并无满足称为"历史性水域"的条件。[①]其次，外国出版的地图百科全书、年鉴都标绘、指出西沙群岛、南沙群岛等岛礁是中国领土，而没有涉及断续线线内水域问题。例如，1952 年日本外务大臣冈崎博男亲笔签字推荐出版的《标准世界地图集》的第十五图《东南亚图》，明确把《旧金山和约》规定日本必须放弃的西沙、南沙群岛及东沙、中沙群岛全部标绘属于中国。1954年德意志联邦共和国出版的《世界大地图集》、1954—1967 年苏联出版的《世界地图集》、1970 年西班牙出版的《阿吉拉尔大地图集》以及 1963 年美国出版的《威尔德麦克各国本科全书》、1979 年日本共同社出版的《世界年鉴》都明确标注、指出西沙群岛、南沙群岛是中国领土。[②] 第三，越南等周边国家明确承认西沙群岛、南沙群岛等岛礁是中国领土。1956 年 6月 15 日，越南外交部副部长雍文谦在接见中国驻越南大使馆临时代办时郑重表示："根据越南方面的资料，从历史上看，西沙群岛和南沙群岛应当属于中国领土。" 1958 年 9 月 4 日，中国政府发表关于领海的声明。9月 14 日，越南总理范文同照会中国总理，郑重表示："越南民主共和国承认和赞同中华人民共和国 1958 年 9 月 4 日关于领海决定的声明。"[③] 范文同的照会清楚地表明越南政府承认西沙群岛和南沙群岛等岛礁是中国领土。可以看出，这些国家承认或默认了中国对南沙群岛、西沙群岛等岛礁享有领土主权，似乎不涉及南海断续线以内的海域。

总之，从中国当时公布南海断续线的意图和意志以及其后对于南海断续线以内包括岛屿、礁、沙、滩及其中水域行使国家主权的性质和范围

---

① 俞宽赐：《中国南海 U 形线及线内水域之法律性质和地位》，载中国南海研究院编：《海南暨南海学术研讨会论文集》（2001 年），第 427–439 页。

② 参见《中国对西沙群岛和南沙群岛的主权无可争辩》（中华人民共和国外交部文件），《人民日报》，1980 年 1 月 31 日。

③ 参见《中国对西沙群岛和南沙群岛的主权无可争辩》（中华人民共和国外交部文件），《人民日报》，1980 年 1 月 31 日。

看，中国似乎没有将南海断续线内的水域作为中国的领海或内水。因此，不能将南海断续线内的所有水域主张为中国的历史性水域。

（二）应该将南海断续线视为"岛屿归属线"，即表示线内的南海诸岛及其附近海域属于中国领土。

首先，对南海诸岛，中国最早发现、命名、开发利用，历代中国政府连续平稳地行使国家权力，按照领土取得时的时际法，中国至迟在"二战"前就已确立了对南海诸岛的主权。"二战"结束后，中国收复对南海诸岛的主权。中国南海断续线雏形产生于法国侵占南沙群岛九小岛之时，定形于抗日战争之后，法国再度侵占西沙群岛的珊瑚岛和南沙群岛的部分岛礁以及菲律宾企图将群岛"合并于国防范围之内"的背景下采取的防患措施。从 1947 年 4 月内政部致广东省政府的公函，即"为西南沙群岛范围及主权确定与公布一案函请查照办理"，可以看出，中国政府划定南海断续线的目的，是为了维护中国政府在南海诸岛的领土主权。①

其次，南海断续线公布以后，从中国政府的权利要求和国家实践看，中国只是对南海断续线内的岛、礁、沙、滩等及其附近海域主张、行使国家主权，并未将南海断续线内的所有海域主张为内水或领海。《中华人民共和国政府关于领海的声明》称：南海诸岛与大陆及沿海岛屿隔有公海。1996 年 5 月 15 日，中国政府《关于领海基线的声明》宣布西沙群岛领海基线为直线连线。中国根据《联合国海洋法公约》可以主张西沙群岛的其他国家管辖海域，如领海、毗连区、专属经济区和大陆架。这说明中国并未将南海断续线视为海上疆界线。② 实际上，其他国家在南海断续线线内海域及其上空的航行自由、飞越自由从未受到中国的限制。相反，中国政府一再重申，中国维护对南沙群岛的主权及相关海域权益，不影响外国船舶和飞机按照国际法通过南海国际航道的航行、飞行自由和安全，呼吁有关国家不要因存在争议而影响各国船只通过南海的正常航行。③

第三，从"二战"后的国际惯例以及沿海国扩大海洋权益的大背景看，南海断续线表明中国只是对线内的岛、礁、沙、滩等及其附近海域主

---

① 李金明：《南海断续线：产生背景及其法律地位》，《现代国际关系》，2012 年第 9 期，第 44 页。

② 李金明：《国内外有关南海断续线法律地位的研究述评》，《南洋问题研究》，2011 年第 2 期，第 61 页。

③ 《人民日报》，1995 年 5 月 19 日。

张权利。19 世纪末至 20 世纪初，国际上盛行以地理经纬度的方法界定海上岛屿归属，即以群岛最外缘的岛屿为界，把众多岛礁全部包括在界限之内，省得逐一罗列出来，因此，中国政府当时以断续线的形式表明对线内岛礁的主权符合国际惯例。而且，在"二战"结束后美国主张大陆架、拉美国家对邻接本国海岸并从该国海岸起 200 海里海域主张专属主权和管辖权的背景下，新中国 1958 年领海声明没有对领海之外的海域提出权利要求，因此，断续线只能理解为中国只对线内的岛、礁、沙、滩等及其附近海域主张权利。

总之，无论从断续线产生的历史背景，还是从中国权利主张和国家实践看，把断续线的性质定为"岛屿归属线"是比较符合实际的。

三、中国在南海的历史性权利

中国在南海海域的历史性权利包括历史性所有权和非专属历史性权利。

（一）中国对南海某些群岛间的水域享有历史性所有权

南海断续线意味着中国对该线以内的岛屿、礁、沙、滩及附近海域享有领土主权，不是对线内的全部海域都享有领土主权，因此，不能将断续线线内的所有水域都视为历史性水域。然而，中国对南海诸岛中的某些彼此密切相关、本质上构成一个整体的群岛间的水域享有历史性所有权。

南海诸岛在高潮时露出水面的岛礁总面积约 14 平方公里，其中南沙群岛总面积约 6 平方公里，另外三大群岛的总面积约 8 平方公里。东沙群岛中高潮时露出水面的唯一岛屿东沙岛约 1.74 平方公里；西沙群岛总面积超过 6 平方公里（永兴岛 2.1 平方公里、东岛 1.6 平方公里、中建岛 1.5 平方公里、赵述岛 0.19 平方公里、北岛 0.25 平方公里、中岛 0.2 平方公里、南岛 0.17 平方公里，此外还有浪花礁和北礁等岛礁）；中沙群岛中高潮时露出水面的唯一岛礁黄岩岛只有面积很小的一些岩礁；南沙群岛都是面积较小的岛礁，其中四个面积较大岛屿是：太平岛 0.48 平方公里、中业岛 0.37 平方公里、西月岛 0.18 平方公里、南威岛 0.15 平方公里。南海断续线内的岛屿、礁、沙、滩的地理特征、面积、相互之间的距离远近等实际情况不同，适用于这些岛屿的国际法也是不同的。对南海诸岛中的礁石、低潮高地、岛屿、岩礁应该按照《联合国海洋法公约》的规定划定领海基线和国家管辖海域。

那么，对南海诸岛中某些彼此密切相关、本质上构成一个整体的群岛如何划定领海基线和国家管辖海域呢？在第三次联合国海洋法会议上，一些国家主张，大陆国家也应有权对散布在大洋中的群岛适用群岛制度以划定群岛水域，但遭到多数国家的反对，因此，公约没有对大陆国家的远洋群岛做出任何规定，换句话说，在大陆国家的远洋群岛问题上不存在一般国际法。公约虽然没有对大陆国的远洋群岛的法律制度做出规定，但公约序文明确指出："确认本公约未予规定的事项，应继续以一般国际法的规则和原则为准绳……"

中国 1958 年 9 月 4 日发表的《关于领海的声明》规定：中国大陆及其沿海岛屿的领海以连接大陆岸上和沿海岸外缘岛屿上各基点之间的各直线为基线，从基线向外延伸 12 海里的水域是中国的领海。基线以内的水域是中国的内海（即内水），一切外国船舶和军用船舶，未经中华人民共和国政府的许可，不得进入中国的领海和领海上空。并且规定，这些原则同样适用于台湾及其周围各岛、澎湖列岛、东沙群岛、西沙群岛、中沙群岛、南沙群岛以及其他属于中国的岛屿。可以看出，中国使用直线基线方法划定领海的制度也适用于中国在南海的远洋群岛。① 1973 年 7 月 19 日，中国政府向联合国海底委员会提交的《关于国家管辖范围内海域的工作文件》第 1 条"领海"第 6 款指出："岛屿相互距离较近的群岛或列岛，可视为一个整体，划定领海范围。"《中华人民共和国领海及毗连区法》第 3 条规定："中华人民共和国领海基线采用直线基线法划定，由各相邻基点之间的直线连线组成。"② 可以看出，中国在某些彼此密切相关、距离较近、可视为一个整体的某些群岛或列岛使用直线基线方法划定领海的国家实践是一贯的。实际上，中国政府自 1958 年以来坚持使用直线基线制度，将基线内的水域视为内水，在外国船舶、飞机未经许可时，中国的确阻止外国船舶、飞机驶入中国内水、飞越领空，这意味着中国事实上对基线内的水域作为内水行使国家权力。美国等国只是反对中国主张 12 海里领海宽度，对中国在岛屿相互距离较近、可视为一个群岛或列岛使用直线基线

① 《中华人民共和国关于领海的声明》（1958 年 9 月 4 日），载北京大学法律系国际法教研室编：《海洋法资料汇编》，人民出版社，1974 年，第 84-85 页。

② 《中国代表团提出的"关于国家管辖范围内海域的工作文件"》（1973 年 7 月 14 日），载北京大学法律系国际法教研室编：《海洋法资料汇编》，人民出版社，1974 年，第 73-76 页。

划定领海范围没有提出异议，中国的领海声明、划定领海范围的方法以及对上述水域行使国家权力的国际实践得到了其他国家的承认或默认。①因此，早在《联合国海洋法公约》签字、生效前，中国已经对南海诸岛中的某些彼此密切相关、距离较近、可视为一个整体的群岛或列岛间的水域享有历史性所有权，所涉水域是中国的历史性水域。

1996 年 5 月 15 日，《中华人民共和国关于领海基线的声明》宣布中华人民共和国大陆领海的部分基线和西沙群岛的领海基线。其中，西沙群岛 28 个基点，28 条直线基线，总长 282.1 海里，平均每条基线长度为 10.075 海里，其中 4 海里以下的 23 条，占基线总数的 82.14%，48~78.8 海里的 2 条，占比 7.14%，没有 80 海里以上的基线。中国在西沙群岛的基线划定，并非采用了群岛基线划法，而是中国对基线内的海域享有历史性所有权，所及的水域是中国的历史性水域。中国尚未划定中沙群岛、东沙群岛和南沙群岛的领海基线，对中沙群岛、东沙群岛，特别是南沙群岛，相信中国政府将会根据"岛屿相互距离较近的群岛或列岛，可视为一个整体"以及享有的历史性所有权，仿效确定西沙群岛的领海基线的划法。

（二）中国对某些国家的专属经济区或群岛水域内享有历史性捕鱼权

中国有漫长的海岸线，沿海居民自古以来从事捕鱼等资源开发活动。随着航海技术进步，特别是自 20 世纪 50 年代以来，中国渔民一直在包括南海断续线在内的远洋海域从事捕鱼活动，中国对所涉海域享有捕鱼权。在其他国家扩大领海宽度、设立专属渔区或专属经济区将所涉海域，特别是将南海断续线内的海域变为领海、专属经济区或将所涉区域的渔业资源置于其专属主权权利之下时，中国均可援引历史性捕鱼权继续行使捕鱼权或者主张捕捞其他国家专属经济区生物资源可捕量的剩余量。② 历史性捕鱼权在专属经济区划界中具有一定的地位和作用，表现在：它作为影响专属经济区划界的"相关因素"以及作为评价划界结果是否公平的标准。因此，中国在与其他国家的专属经济区划界中时可以主张历史性捕鱼权。另外，在用单一边界线划分专属经济区和大陆架时，历史性捕鱼权也具有一

---

① 《第一百次警告》，《人民日报》1960 年 5 月 27 日社论。
② 《联合国海洋法公约（汉英）》（第 62 条第 1、2、3 款），海洋出版社，1996 年，第 30-32 页。

定的地位和作用，因此，在相关海域划界中也应该考虑到中国享有的历史性捕鱼权。

中国与作为群岛国的菲律宾、印度尼西亚直接相邻，因此，在这些群岛国适用群岛制度将所涉海域变为群岛水域时，应该尊重中国在群岛水域内享有的历史性捕鱼权。正如《联合国海洋法公约》第 51 条所规定的，在不影响群岛国对群岛水域享有主权的情形下，群岛国应尊重与其他国家间的现有协定，并应承认直接相邻国家在群岛水域范围内的某些区域内的传统捕鱼权利和其他合法活动。

四、结论

根据以上研究，可以得出以下结论。

（1）国际法中的历史性权利是指国家自古以来一直对某些海域享有的权利，这些权利已被国际法所确认，并往往作为编纂性条约确立的一般规则的例外而使所涉国家继续享有。历史性权利包括历史性所有权和非专属历史性权利。历史性所有权所及的水域被称为"历史性水域"，即意味着这些水域是权利主张国的内水或领海的一部分，以历史性所有权为根据可主张离海岸较远的领海基线，或者主张较宽的领海宽度，其效果使海岸相向或相邻国家的领海界限可以偏离中间线。非专属历史性权利分为历史性通过权和历史性捕鱼权。

（2）南海断续线不是中国的海上疆域线，也不能笼统地将南海断续线视为中国的历史性水域线或历史性权利线。从中国当时公布南海断续线的意图和意志以及对南海断续线以内包括岛屿、礁、沙、滩及其中水域行使国家主权的性质和范围看，中国似乎没有将南海断续线内的水域作为中国的领海或内水，中国只是对线内岛礁及附近海域主张、行使了国家权力，因此，应将南海断续线视为岛屿归属线。

（3）根据中国渔民自古以来在南海的捕鱼自由，特别是南海断续线颁布以来中国渔民对包括断续线在内的南海海域的捕鱼自由以及中国 1958年发表领海声明以来对南海群岛间领海基线内海域行使国家主权的事实，中国对南海享有历史性权利。其中，中国对南海享有的历史性所有权主要指对南海诸岛中的某些彼此密切相关、距离较近、可视为一个整体的群岛或列岛间的水域享有历史性所有权，所涉水域是中国的历史性水域；中国对南海享有的历史性捕鱼权主要指，周边国家将南海海域特别是断续线内海域主张为其专属经济区时，中国对上述海域享有历史性捕鱼权，另外，在这些群岛国适用群岛制度将所涉海域变为群岛水域时，也应该尊重中国在群岛水域内享有的历史性捕鱼权。

Historic rights of China in South China Sea

WANG Jun-min

Abstract：Historic rights in the international law refer to rights to which some states have been enjoying to some sea areas in the history；they are recognized by international law and regarded as an exception to the rule laid down in general convention. Historic rights fall into historic titles and non-exclusive historic rights. Historic title to waters means that those waters are historic waters of a state. "Historic waters" are internal waters of the coastal State (States) or are to be considered as part of its territorial sea. Non-exclusive maritime historic rights fall into two main groups：(a) historic right of passage, it normally arises through the application of the straight baseline method and the resulting incorporation into the riparian State's maritime domain (as internal waters) of what was hitherto regarded as part of the open sea, or of the territorial sea；(b) historic fishing right, it normally arises through the extension of territorial sea, establishment of Fishery Zone or the EEZ and the resulting incorporation into the coastal territorial sea or subjection to its jurisdiction of what was hitherto regarded as part of the high seas. The nine-dashed line has three meanings. First, it represents China's title to the island groups, islands and other insular feature, therefore, China has sovereignty, sovereignty rights and jurisdiction over the waters and seabed and subsoil adjacent to those islands and insular features in according with UNCLOS. Second, China has historic title to the water areas between a group of islands (some archipelagos) which are so closely interrelated that such islands, waters and other natural features form an intrinsic geographical, economic and political entity, or which historically have been regarded as such. Those waters are

China's historic waters, China has the right to draw straight baselines joining the outermost points the outermost islands and drying reefs of some archipelagos. Third, when the water areas as enclosed by the nine-dashed line become a part of the EEZ of other neighbor states, China has historic fishing rights. Historic rights play an important role in the delimitation of the EEZ and of the EEZ and the Continental Shelf by single boundary.

Key words: historic right　the nine-dashed line　historic title　historic fishing rights

（本文原载《中国边疆史地研究》2014 年第 4 期。）

作者简介：王军敏，1969 年 2 月出生，河南省郏县人，北京大学法律系国际法专业硕士、中国社科院法学所国际海洋法专业博士。现为中共中央党校研究员，研究生院副院长，中国海洋法学会常务理事，研究方向为国际法、海洋法和国际争端解决。代表作：《国际法中的历史性权利》（专著）、《聚焦钓鱼岛——钓鱼岛主权归属及争端解决》（专著）；学术论文有：《条约规则成为一般习惯法》《国际会议和国际组织中的协商一致原则》《领土所有权的形成过程——历史性逐渐强化》《国际诉讼中的举证责任》《历史性捕鱼权在专属经济区划界中的地位和作用》《国际法中的时效》《国际法中的时际法规则》《国际法中的关键日期》等多篇学术文章。

南海问题中的印度因素浅析

刘阿明

（上海社会科学院国际合作处，200020）

摘要： 南海问题虽然是中国与某些东南亚国家之间的双边海上领土争议，但其域外影响因素却正在发酵。除由来已久的美国因素外，印度——一个有着地区大国抱负的南亚国家——的影响日益显现。自 20 世纪 90 年代印度制定并实施东向政策以来，南海地区被界定为与印度国家战略与经济发展密切相关的延伸区域。近年来，印度在南海海域加大了战略投入，通过加强与东南亚海上国家的经济、政治和军事联系，积极介入南海问题。未来印度在南海问题中的作用变化值得进一步关注和评估。

关键词： 印度；东向政策；南海问题

印度在南海争议的发展过程中扮演着越来越引人注目的角色。在地缘和地理意义上，印度不属于南海周边国家。长期以来，印度既不涉及南海海域内诸岛和岛礁、南海海洋资源和空间的主权或所有权要求的争端，在南海海域争议岛礁的归属问题上也不持有明确立场。但是，近年来，作为一个域外国家，印度在其国家战略的总体规划下，正从外交、军事、经济等各方面介入南海海域，谋求扩大在南海事务中的发言权和影响力，从而逐渐成为影响南海问题的一个重要域外因素。这种影响作用的界定既是基于印度传统上谋求发挥大国作用的心态和新世纪以来其东向政策的深化，同时也有着地缘政治与地缘经济利益的双重考虑。印度在南海问题上作用的加强不可避免地推动该问题的进一步国际化、多边化，对中国寻求双边解决争端、促进联合开发的处理原则和方法构成不利影响。

一、印度国家战略中的"南海相关性"

南海是西太平洋的一部分，它通常是指从台湾海峡到马六甲海峡之间的广阔水域。这片面积约 200 万平方公里的海域蕴藏着丰富的能源、矿产及渔业资源，素有"新波斯湾"之称。这里既是世界上最繁忙的海上商业通道之一，承载着近一半的世界海上贸易；也是经由马六甲海峡连接东印度洋和西太平洋的枢纽，战略地位极为重要。作为一个传统的印度洋国家，印度对南海问题的介入深深根植于其自身的战略设计和长远的地缘政治与经济考虑。

第一，东向政策的制定与深入实施。印度于 20 世纪 90 年代初推出东向政策（Look East Policy），又称向东看战略。该政策最初主要希望通过加强与东盟各国的合作，借助东南亚国家经济发展的经验和发展红利，推动印度经济的发展。随着东向政策的深入推进，印度与东南亚国家、甚至其他太平洋国家，如澳大利亚、新西兰的全方位合作正在亚太地区范围内全面展开。正如 2005 年印度总理辛格（Manmohan Singh）所称，印度的东向政策不仅仅是一项对外经济政策，更是印度全球视野的战略转移。[①]

地处印度洋与太平洋的交汇处，南海成为印度突破印度洋、走向太平洋，实施东向政策并扩大其影响的必由之路。为此，2000 年印度政府提出所谓"延伸邻国"的战略概念，规划了除南亚外印度有兴趣获得、保有和保卫的地理区域。随后，这个概念被诠释为"印度的安全环境和潜在关注必须从波斯湾延伸到马六甲海峡的西部、南部和东部以及东北部的中国"。"印度期待发展与超越其当前邻国的国家间关系，将东盟国家看做是更近的东部邻国"。[②] 南海海域恰恰位于这一概念范畴所规划的区域内。时任印度国防部长费尔南德斯（George Fernandes）认为，印度"对于不受阻碍的海上商业运输有着很高的切身利益，印度海军对于从阿拉伯海北部到南海

---

① David Brewster, "Indian Strategic Thinking about East Asia", The Journal of Strategic Studies, Vol. 34, No. 6, December 2011, p. 826.

② Malla VSV Prasad, "Political and Security Cooperation between India and ASEAN", in Sen Kumar and Mukul Asher, eds., India-ASEAN Economic Relations: Meeting the Challenges of Globalization, Singapore: Institute of Southeast Asian Countries, 2006, p. 270. 转引自师学伟：《21 世纪初印度与亚太多边机制关系分析》，《国际展望》，2012 年第 4 期，第 98 页。

海域的海洋区域有着利益所在"。① 在延伸邻国概念的基础上，印度的国家安全战略也随之有了新的重点。2007 年《印度海洋军事战略》报告将南海和太平洋列为所谓的"二类区域"（Secondary Areas），"这种二类区域的意义在于它们与印度的首要利益直接相连，或是可以用来作为未来海上力量部署的区域"。② 正如印度著名的外交与战略专家莫汉（Raja Mohan）所言，在新德里东向政策的地缘范畴中，传统的印度洋和太平洋之间的区分已经开始模糊。随着经济增长和海军能力的扩大，印度可以以一种更加自信的方式来界定它所处的海上空间。印度的战略触角现已超越马六甲海峡，而把南海海域纳入了它的国家安全计算之中。③ 可见，东向政策的深入推进使得印度的战略利益关注点超出了局限的紧邻周边地区。南海海域作为印度战略兴趣所在，由此成为印度部署海上力量以支持更大的对外政策目标的区域。

第二，与中国的地缘竞争关系。作为两个相邻大国，中印两国长期在边界划分、西藏问题、中巴关系等方面存在矛盾和摩擦，印度从心理上一直视中国为其战略竞争对手和潜在威胁。虽然中印在 2005 年建立"战略伙伴关系"，但两国之间的猜疑和不信任始终难以消除。这既缘于两国复杂、纠葛的历史关系，在相当大程度上也是大国行为的逻辑使然。近年来，随着中国力量的快速发展，中国海军开赴马六甲海峡、深入印度洋，中国—东盟关系不断深化，中国与巴基斯坦、斯里兰卡、孟加拉等南亚国家开展多方面的战略合作，都使印度深感不安。而印度应对这种不安的方法之一就是加强其在南海地区的存在和影响力。

在很多印度战略家看来，中国很可能第一个选中印度以武力解决两国之间悬而未决的问题，目的是为了显示中国在领土争端上的坚决态度。④ 两国在印度洋—太平洋地区的长期竞争和潜在冲突将加深地区内的安全困

① Atul Aneja, "India, Vietnam Partners in Safeguarding Sea Lanes", The Hindu, April 15, 2000, http：//www. hindu. com/thehindu/2000/04/15/stories/0215000c. htm.

② Indian Navy, Freedom to Use the Seas：India's Maritime Military Strategy, New Delhi：Ministry of Defence, May 2007, p. 60.

③ C. Raja Mohan, "India and Australia：Maritime Partners in the Indo-Pacific", The Asialink Essays, Vol. 3, No. 7, November 2011, p. 3.

④ Jayadeva Ranade, "China, the South China Sea and Implications for India", Indian Foreign Affairs Journal, Vol. 7, No. 2, April-June 2012, p. 170.

境并改变世界海洋空间。[①] 印度对于中国海上力量的日益强大有两方面的担心：一是中国在南亚和印度洋地区营造的"珍珠链"战略会对印度形成"包围"；[②] 二是中国在南海增强力量会间接导致其进一步扩大在印度洋的立足点。因此，考虑到中印在东南亚地区竞争的可能，印度必须为进入中国的"后院"打基础。[③] 近年来，印度不仅大力发展与东南亚国家的外交、经济和文化关系，更与一些南海声索国进行军事合作和联合开发，借此进一步介入南海问题。一些印度分析家毫不讳言地说，如果中国有权利与印度的邻国，如巴基斯坦和斯里兰卡在印度洋开展海军合作，那么印度在南海海域也有同样的权利。[④] 在 2012 年的香格里拉对话上，印度国防部长安东尼（A. K. Antony）称，"印度的安全和繁荣密切有赖于更大的印度洋地区的安全与繁荣"，而中国巨大的军费开支是印度关注的问题，"海上航行自由不是专有特权"，[⑤] 矛头直指中国。海洋问题，尤其是事关中国重要国家利益的南海问题，业已成为中印两国未来竞争的新舞台。

第三，经济发展与能源利益的考虑。随着印度战略触角不断向东延伸，南海作为连接印度洋和太平洋的枢纽区域，在确保印度与东亚各国之间的海上交通运输线的安全、保障马六甲海峡的通畅中发挥着关键作用。据估计，到 2015—2016 年，印度与东亚国家之间的经济联系将达到 1 000 亿美元，经济利益的扩展更凸显了印太地区地缘经济与地缘政治空间的安全与稳定对印度的战略意义。[⑥] 时任印度外交国务秘书马塔伊（Ranjan Mathai）2011 年宣称："南海对于我们的对外贸易、能源以及国家安全利

① C. Raja Mohan, Samudra Manthan: Sino-Indian Rivalry in the Indo-Pacific, Washington, D. C.: Carnegie Endowment for International Peace, October 12, 2012.

② "Beijing's 'string of pearls'", July 13, 2009, http://www.ft.com/cms/s/0/4ff7f96c-6f2b-11de-9109-00144feabdc0.html#axzz2z7oTcw2Z. 登录时间：2014 年 4 月 17 日。

③ James R. Holmes, "Inside, Outside: India's 'Exterior Lines' in the South China Sea", Strategic Analysis, Vol. 36, No. 3, May-June 2012, p. 359.

④ Anjana Pasricha, "India Vows to Protect S. China Sea Interests", VOA News/Asia, December 4, 2012, http://www.voanews.com/content/india-vows-to-protect-south-china-sea-interests/1558070.html. 登录时间：2014 年 4 月 17 日。

⑤ "Defence minister A. K. Antony says India is concerned over China's military spending", June 3, 2012, http://rpdefense.over-blog.com/article-defence-minister-a-k-antony-says-india-is-concerned-over-china-s-military-spending-106280316.html. 登录时间：2014 年 4 月 17 日。

⑥ Raman Puri and Arun Sahgal, "The South China Sea Dispute: Implications for India", Indian Foreign Affairs Journal, Vol. 6, No. 4, October-December 2011, p. 445.

益至关重要。"① 而南海地区丰富的石油和天然气贮藏则是另一个驱使印度染指南海问题的重要因素。南海海域已探明的石油贮藏量大约是 70 亿桶，天然气储量大约为 900 万亿立方英尺。② 在印度海洋军事战略中，对于海外有价值的资源、尤其是有战略价值的油气资源的获取，被认为是对印度的发展不可或缺的。这意味着，保护这些资源的稳定获取是印度海军力量的使命所在。③ 印度海军司令乔什（D. K. Joshi）声称，尽管印度并不是南海的声索国家，但它也会（在南海）部署必要的海军船只，新德里不会在保护自己的海洋和经济利益上后退。一些印度的分析家和官员也在多个场合强调，印度希望保持在南海海域的存在，这一海域油气贮藏丰富，攸关印度的能源安全。④

可见，无论是从国家战略规划、扩展地区影响力还是从印度现实的经济发展需要来看，南海已经进入了印度地缘政治与经济的战略谋划之中。值得一提的是，这些因素并非孤立存在，而是相互加强、密切互动的，军、政、商各界互为支撑、利益共享，使得这种"因素结合体"变得荣损与共。2011 年 12 月，针对印度国家石油天然气公司与越南合作开采南海争议海域石油资源的举措，时任印度西部海军司令的乔什表示，"印度海军将保护印度在世界范围内的所有资产，包括印度国家石油天然气公司在南海的资产"。⑤ 2012 年他被任命为印度海军司令，随即重申愿意在南海部署海军力量以保护印度石油公司的利益。为了谋求在南海海域的更大行动自由，印度前外长克里希纳（S. M. Krishna）甚至称，"南海是全世界

① Ranjan Mathai, "Security Dimensions of India's Foreign Policy", November 24, 2011, http://southasiamonitor. org/detail. php? type=pers&nid=1270. 登录时间：2014 年 4 月 17 日。

② Robert D. Kaplan, "The South China Sea Is the Future of Conflict", Foreign Policy, August 15, 2011, http://www. foreignpolicy. com/articles/2011/08/15/the_ south_ china_ sea_ is_ the_ future_ of_ conflict. 登录时间：2014 年 4 月 17 日。

③ Indian Navy, Freedom to Use the Seas: India's Maritime Military Strategy, p. 50.

④ Anjana Pasricha, "India Vows to Protect S. China Sea Interests"; "India will protect its interests in disputed South China Sea: Navy chief", The Times of India, December 3, 2012, http://timesofindia. indiatimes. com/india/India-will-protect-its-interests-in-disputed-South-China-Sea-Navy-chief/articleshow/17463910. cms. 登录时间：2014 年 4 月 17 日。

⑤ "Navy to protect ONGC Videsh assets in South China Sea: Vice Admiral DK Joshi", Indian Defence forum, December 2, 2011, http://defenceforumindia. com/forum/indian-navy/28152-navy-protect-ongc-videsh-assets-south-china-sea-vice-admiral-dk-joshi. html. 登录时间：2014 年 4 月 17 日。

的资产，没有人有权对其单独控制。"① 在政治影响、经济收益、军事部署等各种因素的综合考虑和充分互动下，南海已经成为印度明确表达和有意谋取利益的所在。

二、印度介入南海地区的方式和程度

鉴于南海的地缘重要性，印度正在努力扩大在该地区的安全作用并使之合理化。通过缜密的战略设计和规划，印度或单独或联合、或倚重军事方式或强调经济利益，多管齐下，加大了在南海地区的介入力度。

其一，直接进行军事活动，显示军事力量。2000 年印度首次在南海地区开展军事活动，一支由 6 艘军舰和 1 艘潜艇组成的舰队穿越南海访问了越南等东南亚国家的港口，被当时的印度媒体形容为"一个大胆的行动，第一次显示出印度的战略触角"。② 近年来，类似的军事活动越来越多。2004 年，为了进一步加强在南海及更远海域的军事投射能力，印度海军两艘"卡辛"级导弹驱逐舰和一艘油轮补给舰组成的一支小型舰队驶过南海海域。2005 年，印度"维拉特"号航空母舰，连同 2 艘驱逐舰、1 艘小型导弹护卫舰和一艘补给舰又象征性地穿越南海海域。2011 年 7 月，印度海军两栖攻击舰"艾拉瓦特"号进入了越南沿海中国宣称拥有主权的水域。2012 年 5 月，印度的"拉纳"号驱逐舰、"夏克提"号补给舰、"什瓦利克"号护卫舰和"喀木克"号导弹护卫舰穿越南海，造访了菲律宾苏比克湾，并对越南海防港进行短暂访问，显示印度海军在南海海域的强势存在。通过在南海地区频繁开展军事活动，印度重申，"为了确保印度贸易船只不被打扰和安全地通行，印度将保持在这片水域（南海）内的军事存在，以保护其利益的关键区域"。③ 与此同时，印度还在坎贝尔湾（Campbell Bay）建立新航空站以及在安达曼群岛（Andaman Islands）最南端设立情报设施。这些设施一旦建成，印度就将基本实现对马六甲海峡及

---

① "South China Sea is property of world：Krishna"，Hindustan Times，April 6，2012，http：// www. hindustantimes. com/india-news/newdelhi/south-china-sea-is-property-of-world-krishna/article1- 836372. aspx. 登录时间：2014 年 4 月 17 日。

② Ashok K. Mehta，"India's national interest had been made coterminous with maritime security"，Rediff News，December 4，2000，http：//www. rediff. com/news/2000/dec/04ashok. htm. 登录时间：2014 年 4 月 18 日。

③ "Our warships will keep going to S. China Sea：Antony"，The Tribune，October 13，2011，http：// www. tribuneindia. com/2011/20111013/main5. htm. 登录时间：2014 年 4 月 18 日。

南海海域的监控。"印度军队则可以在这一地区发动联合攻击，也可以更好地保护印度在马六甲海峡以及更远地区的商业和战略利益。"[1]

其二，与东南亚南海声索国建立和发展军事伙伴关系，加强与这些国家的定期访问和海上军事演习。由于地理位置偏远且缺乏在这一地区的军事基地作为力量补给，印度介入南海的最重要方式是加强与地区国家之间的防务联系。"目前的地缘政治现实为印度提供了一些空间以在东南亚地区的版图上进行活动。基于此，印度已经与一些东南亚国家进行外交和军事上的接触。"[2] 近年来，印度与一些东南亚南海周边国家的防务联系不断扩大，尤其是在海军方面，其中最引人注目的是印度与越南防务关系的发展。1994 年印越首次签署《防务协定》，2000 年达成《防务协助协定》作为补充和加强。2003 年，印越签署《全面合作框架联合宣言》，加强两国在军事交流、情报交换、建造海军舰艇、打击南海海盗等领域的全方位军事合作。2007 年，越南总理阮晋勇访问印度，双方发表《战略伙伴关系联合宣言》，加强在政治、经济、安全、防务以及技术领域的双边和多边合作。[3] 2009 年两国签署《防务合作备忘录》，进一步强化国防领域的合作。与此同时，印越军方人士频繁互访，积极筹划和落实两国安保合作。

在这一系列不断深化的高层互动和条约机制促进下，两国实质性防务合作取得了显著进展。2000 年印越第一次在南海进行双边海上军事演习，之后从未中断。2013 年 6 月，印度海军东部舰队派出 4 艘军舰，搭载 1 200 名军官和水兵，抵达越南中部的岘港，与越南海军在南海附近举行联合搜救演习。印度还为越南军官提供联合训练，加强两国战斗机飞行员的合作演练，培养两国海军联合行动的能力。2010 年后，印越密切的军事互动达到新的高潮。印度向越南提供 1 亿美元的贷款用以购买印度的武器装备，包括"布拉莫斯"巡航导弹以及先进的潜艇。印度还帮助越南建造

---

① David Scott, "India's Role in the South China Sea: Geopolitics and Geoeconomics in Play", India Review, Vol. 12, No. 2, 2013, p. 59.

② Arjun Subramaniam, "Building deterrence for peace", The Hindu, October 20, 2012, http://www.thehindu.com/opinion/op-ed/building-deterrence-for-peace/article4013770.ece. 登录时间：2014 年 4 月 18 日。

③ 张贵洪、邱昌情：《印度"东向"政策的新思考》，《国际问题研究》，2012 年第 4 期，第 96 页。

潜艇舰队，"并在怎样运作这些部队方面与越南人一起分享经验"。[①] 越南海军官员也在印度的海军潜艇训练学校中得到培训。

2000 年以来菲律宾对印度进行定期友好访问，两国于 2006 年签署《防务合作协定》，2009 年开始建立战略对话机制协调彼此政策。2012 年 1 月印菲两国共同防务合作小组在马尼拉表示，两国在南海有共同利益，双方会就重大的地区安全关切如南海争端交换意见。印度尼西亚从 2002 年起就得到印度帮助以发展海军能力，两国的合作包括派出军舰和飞机，共同在安达曼海以及马六甲海峡北部进行联合巡逻。印度还向菲律宾和印度尼西亚提供"布拉莫斯"巡航导弹，以加强这些国家的沿海安全。新加坡独特的地缘位置使印度特别重视与之合作，将此作为插手南海问题的一个备用手段。两国于 20 世纪 90 年代建立起军事联系，先后签署了两个军事协定，并早于 1994 年开始定期举行海上军事演习，演习地点时常位于南海海域。同时，印度还向新加坡提供范围广泛的空军和地面部队的训练装备。

除发展双边军事关系外，印度还利用多边军事合作方式扩大与东南亚国家间的战略协作。始于 1995 年的米兰演习是印度与东南亚海上国家之间重要的多边军事互动机制之一，至 2012 年所有的东南亚海上国家都参加了演习。2004 年 10 月，印度海军东部舰队的 5 艘大型战舰对越南、菲律宾、印度尼西亚、日本和韩国展开为期 45 天的港口访问及联合演习，这是印度有史以来最大规模的海上远征。[②] 在获得相对强大的印度军事支持的同时，这些南海国家也在不同程度上为印度在南海的军事部署提供帮助。越南允许印度舰只停靠其主要港口，如金兰湾、岘港、芽庄等，以便印度在南海进行军事活动的战舰和能源运输船只进行补给；菲律宾、新加坡、印度尼西亚、文莱和马来西亚与印度建立了友好港口关系并进行定期互访，认可印度在南海海域的利益诉求，从而扩大了印度在南海的实质性介入。

其三，参与联合开发，分享资源红利。在印度政府支持下，印度国家石油公司 1988 年首次与越南公司一起在中国拥有主权但处于越南控制下

---

① Ritu Sharma, "India to help Vietnam build submarine fleet", The New Indian Express, September 16, 2011, http://www.newindianexpress.com/nation/article363168.ece? service = print. 登录时间：2014 年 4 月 18 日。

② 张贵洪、邱昌情：《印度"东向"政策的新思考》，《国际问题研究》，2012 年第 4 期，第 93 页。

的南海水域内进行石油开采活动。之后，印度不断在有争议的中国南海海域内进行油气开发。2006 年 6 月，印度国家石油天然气公司与越南国家石油公司签署伙伴协定，越南公司在印度石油公司中占有 20% 股份，越方将中国南沙群岛海域西侧的 127 号和 128 号区块分配给印度石油天然气公司与越南公司共同开采。两国还就开采出的油气产品达成了分享协定。2011 年 10 月，印度国家石油天然气公司下属的海外投资和作业公司与越南国家石油公司签署扩充和促进南海油气开采协议，宣称两国企业将在油气开发领域长期合作，并要在三年内实施并产生效果。协议条款包括新的投资和开采计划以及将油气资源运输到这两个国家的安排。[①] 2013 年 11 月，越共总书记阮富仲对印度进行国事访问，商讨加强两国在能源和国防等多个领域的合作，印度获得越南提供的南海 7 个石油区块用于勘探。在南海海域的联合油气开采已经并正在给印越两国带来丰厚的收益，目前印越分别是该地区仅次于中国的第二和第三大石油储备国家。

其四，利用双边、多边等多种政治渠道，与东南亚国家、甚至一些地区外国家协调立场，加强在南海问题上的发言权。东向政策重视修复印度与东南亚国家关系，印度与东盟的关系不断扩大。印度于 1996 年加入东盟地区论坛，2003 年签署《东南亚友好合作条约》，成为继中国后第二个加入该条约的区域外国家。在印度与东南亚海上国家的双边对话中，南海问题已经成为固定的议程，这使得印度"能够在未来加强在东马六甲包括整个南海地区的安全份量"。[②] 印度借南海问题偏助南海周边小国，强调以和平手段解决争端，谋求达到平衡中国影响力的地缘政治目的。此外，印度不断在东盟主导的地区多边论坛上迎合某些东南亚声索国在南海问题上的政治诉求。在 2012 年东盟地区论坛上，印度外长克里希纳一改印度以往"中立"的南海立场，声称"我们关注南海问题的发展，印度支持航行自由以及根据国际法原则对于该海域资源的获取自由，这些原则应该得到遵守"。[③] 2012

---

① 黄梦哲等：《越印签南海合同刺激中国》，《环球时报》，2011 年 11 月 14 日。

② C. Raja Mohan, "Looking beyond Malacca", Indian Express, October 11, 2011, http://archive. indianexpress. com/news/looking-beyond-malacca/858300/. 登录时间：2014 年 4 月 18 日。

③ "External Affairs Minister's Intervention on 'Exchange of Views on Regional and International Issues' at 20th ASEAN Regional Forum (ARF) meeting in Brunei Darussalam", July 2, 2013, http://www. mea. gov. in/in-focus-article. htm? 21891/External+Affairs+Ministers+Intervention+on+Exchange+of+views+on+regional+and+international+issues+at+20th+ASEAN+Regional+Forum+ARF+meeting+in+Brunei+Darussalam. 登录时间：2014 年 4 月 18 日。

年12月印度与东盟发表共同声明，进一步指出印度在这一地区海域的海上利益和深刻卷入。双方同意根据国际法原则、尤其是《联合国海洋法公约》的规定，加强海上合作，应对海洋事务中的共同挑战，确保海洋安全与海上航行自由。①

与此同时，印度还与美国、日本和韩国讨论南海问题，显示其在这一地区的作用。在2012年10月第三轮美、日、印三边对话上，海上安全成为一个主要议题，美、印强调要"鼓励对话与外交，而非恫吓与胁迫"。近年来，印度与日本在海上安全领域的合作持续深化。2012年6月，两国海军在东京附近的相模湾举行了首次联合演习，两国在年内正式启动局长级海上安全磋商机制，并商讨两国共同提出的海上安全合作倡议。2012年日、韩、印建立起三边对话机制，在第一次会议上印度代表宣称，"南海局势今天表现出不同的主权要求，我们的战略利益也在其中，因为保持海上航行自由是共同的责任。这对于维持海上贸易、能源和经济安全很重要，在南海地区进行海上安全合作应该是我们三个国家迫在眉睫的事务。"② 借助这些多边政治舞台，印度不断向外界表态，确保南海海域的航行自由对印度而言具有越来越重要的意义，印度将寻求通过各种手段加强其在南海的利益。

综上，印度介入南海地区的方式灵活多样，程度日益深化，其中有着高度的相互关联性。印度与相关国家在政治上相互呼应，经济上共同获利，军事上彼此支持，形成了一个在南海问题上相互依赖的利益共同体。这意味着，印度对南海的关注不仅仅停留在战略层面，更是成为了一个足以发挥实际作用的行为体。

三、印度在南海问题上的未来影响

在强烈的大国意识和独特的地理环境作用下，印度介入南海事务的方式与程度不断加深。不过，印度自身的实力并不足以成为影响南海问题走

① "Vision Statement ASEAN India Commemorative Summit", December 21, 2012, http://www.asean.org/news/asean-statement-communiques/item/vision-statement-asean-india-commemorative-summit. 登录时间：2014年4月18日。

② "India-Japan-ROK Trilateral Dialogue-Inaugural Address by Shri Sanjay Singh, Secretary (East)", http://www.idsa.in/event/IndiaJapanROKTrilateralDialogueInauguralAddress. 登录时间：2014年4月18日。

向的独立因素。基于老旧的军事技术、有限的海空投送能力以及碎片化的军事采购，印度在南海的军事存在及其所发挥的作用与之在印度洋海域是无法相提并论的。① 未来，印度更大程度上是依靠与其他地区内、外力量联动而发挥其在南海的作用。

首先，借助与美国的战略互动，凸显印度在亚太事务中的重要性。美国的亚太再平衡战略契合了印度东向政策的战略需要，美印双方在南海问题上因此有了进一步互动的战略基础。2009 年奥巴马政府上台后在不同场合强调美国的"亚太国家"身份，并着手实施亚太再平衡战略。2010 年美国南海政策出现重大调整，预示着美国准备在南海问题上发挥更大作用，其中更不乏牵制、防备中国的意图。在这一战略背景下，美国当然不会忽视印度的价值。2010 年公布的美《四年防务评估报告》确认，印度在亚太地区正在成为一个新的军事大国，其未来的安全作用将远远超过印度洋海域。② 在美国全球军事部署中，印度作为"世界上最大、最古老的民主国家"被认为是一个支持和提高美国在这一地区军事存在的稳定因素。③ 用奥巴马的话说，美印之间的联系构成了 21 世纪必然的合作关系。反之，印度也欢迎美国进入该地区，借此对中国在印度洋的"珍珠链"战略加以遏制。④

美印关系的升温反映在很多方面，尤其是两国不断提升的安全与防务联系。美印"2+2"战略对话讨论的问题越来越深入，两国战略与政策的协调得以大大提升；为了更好地实现军队之间的协作，两国频繁和有针对性地举行定期海上联合军演；在售武合同的支持下，美国武器被大量销往印度；每年有数十位印度军方官员前往美国接受培训。⑤ 今后，美印在继续加深防务合作的同时，更会在所谓"南海航行自由"、"支持多边解决争议"等问题上相互呼应，以联手应对中国的"双边解决争端"、"历史水

---

① Walter C. Ladwig III, "India and Military Power Projection: Will the Land of Gandhi Become a Conventional Great Power?", Asian Survey, Vol. 50, No. 6, November/December 2010, pp. 1174-1178.

② The United States Department of Defense, Quadrennial Defense Review Report, February 2010, p. 60.

③ Kanwal Sibal, "The Arc of the India-US Partnership", Indian Defence Review, Vol. 27, No. 2, April-June 2012, p. 38.

④ Sheldon W. Simon, "Conflict and Diplomacy in the South China Sea: The View from Washington", Asian Survey, Vol. 52, No. 6, November/December 2012, p. 1010.

⑤ Andrew J. Shapiro, "A New Era for U. S. Security Assistance", The Washington Quarterly, Vol. 35, No. 4, Fall 2012, p. 28.

域权益"等诉求。其目的不外乎是谋取各自的最大利益，共同扩大在东亚和东南亚地区的政治影响力。

其次，加强与东南亚南海声索国的互动，迎合其争端解决思路，制衡中国。近年来，东南亚一些国家加紧拉拢区域外大国介入南海问题，除美国外，印度、日本等国也成为越南、菲律宾的拉拢对象。双方在政治上相互支持、在安全上相互借重，成为印度与东盟安全合作的显著特点。①

一方面，印度会借机继续与一些东盟国家高调协商南海问题。印度在各种外交场合宣示与东南亚南海声索国的共同立场，表达对这些国家争端立场的支持，看似中立实则明显有悖于中国所倡导的原则，意在取得孤立中国的效果。其中重要一点就是印度试图插手中国与东盟国家就《南海各方行为准则》（COC）正在进行的谈判，使其变数增加。2012年东亚峰会举行前两天，印度外交国务秘书马塔伊毫不隐讳地表达对东南亚国家COC谈判方案的支持，称印度支持各方达成COC并为此采取切实步骤。② 印度还与印度尼西亚就COC的有关内容交换看法，强调航行自由需要被保证，要求相关各方通过对话解决问题。印度尼西亚则暗示中国的崛起对地区和平和安全应该是"建设性的"。③

另一方面，印度长期以来与越南这样的国家进行共同开发，双方形成了利益链条，不仅将印度更深地牵扯进争端，而且将严重损害中国提出的联合开发的有效性。针对第三国进入中国南沙海域进行石油勘探的状况，中国方面早已做出了明确和严肃的表态。印度不顾中国反对和警告，强调其与越南合作的合法性，并宣称今后将继续并不断扩大这种合作。④ 不少印度战略家和政客都认为，印度应该坚定地在南海海域继续进行石油和天然气的合作开采，即使是在中越有争议的水域内，任何软弱和后退都会损

---

① 张贵洪、邱昌情：《印度"东向"政策的新思考》，《国际问题研究》，2012年第4期，第97页。

② "India backs proposed Code of Conduct for South China Sea", The Hindu BusinessLine, November 19, 2012, http://www.thehindubusinessline.com/news/international/india-backs-proposed-code-of-conduct-for-south-china-sea/article4111921.ece. 登录时间：2014年4月19日。

③ "India, Indonesia discuss South China Sea", The Economic Times, July 27, 2012, http://articles.economictimes.indiatimes.com/2012-07-27/news/32889372_1_indonesian-counterpart-foreign-minister-marty-asean-countries. 登录时间：2014年4月19日。

④ "India dismisses Chinese claim on South China Sea", The Financial Express, September 16, 2011, http://www.financialexpress.com/news/India-dismisses-Chinese-claim-on-South-China-Sea/847460. 登录时间：2014年4月20日。

害印度与东南亚国家的关系。① 2012 年 5 月，中国海洋石油总公司公布了南海海域内 19 个区块的招标议项，其中 128 号区块就已经被越南"授权"给印度石油公司开采。中印双方在这一问题上的矛盾将有加深趋势。

再次，中印在南海海域进行某种形式和程度的海上对峙的可能性增加。印度越来越频繁地在南海开展军事活动引发了中印之间海洋摩擦的可能。2011 年 7 月下旬，访越返航的印度海军两栖攻击舰"艾拉瓦特"号与中国军舰一度在南海对峙。中国军舰要求印度军舰表明身份，并解释在该海域出现的原因。这一事件被定义为中印海军在南海"首次相遇"。虽然印度外交部立即否认了双方的"对峙"，意在淡化事件的影响，但很多中印关系学者表示，该事件显示出中印海军缺乏必要的沟通和交流。可以想象，随着中印海上力量的增强以及两国在南海问题上歧见的加深，类似事件出现的频率和影响程度将有扩大之势。

当然，在评估印度未来在南海的作用时，也应看到其不确定性或两面性。未来印度还会在中美之间、中国与东盟国家之间推行"两面下注"策略。一方面，印度的国家利益定位和外交传统决定了印度不会将战略筹码完全置于美国一边。印度海军参谋长维尔马（Nirmal Verma）上将宣称，印度核心利益区域是从马六甲海峡到西部的波斯湾以及到南部的好望角，太平洋和南海不是印度海军的政策重点，印度无意在此进行积极的军事部署。维尔马强调，"印度不应追随美国战略东移至亚太地区的脚步"，南海地区"低度的、不升级的状态"才符合印度的利益。② 印度前外交国务秘书西巴尔（Kanwal Sibal）也表示："印度想要发展与全球各种力量中心具有广泛基础的相互有益的关系，并非埋头一种力量中心而被视为过度的倾斜。"他认为，印度虽然不得不生活于美国按照其价值观和利益构建的国际环境中，但印度不会像英国、法国或日本那样追随美国，这不符合印度的历史，也不符合印度倔强的个性。印度将尽可能地寻求在与美国的关系中保持其独立的决策地位。③ 考虑到中国在领土利益上的不动摇姿态，尼赫鲁大学的中国问题专家孔达帕尼（Srikanth kondapalli）说，"南海问题事关中国的重要利益"，"印度在南海问题上的立场是中立的，印度不想就

---

① Jayadeva Ranade, "China, the South China Sea and Implications for India", p. 174.

② 葛元芬：《印海军参谋长称无意部署南海 望同中国海军合作》，《环球时报》，2012 年 8 月 9 日。

③ Kanwal Sibal, "The Arc of the India-US Partnership", pp. 37, 38, 40.

有关问题疏远中国"。① 在大多数印度战略家和学者看来，如果中国认为印将自己绑上美围堵中国的战车的话，印度就会招致来自中国的怨恨和威胁，从而使中印交恶成为"自我实现"的预言。②

另一方面，在一些具体问题上，印度也不得不顾及在发展与东南亚国家关系和发展与中国关系之间保持平衡。印度石油公司先后于 2011 年和 2012 年宣布退出与越南联合开发南海第 127 号和 128 号区块，这被认为是要减少与中国打交道时的战略和商业成本。更具象征意味的是，尽管印越两国关系密切，但在未来可能的中越冲突发生时，印度会否应越南之请加入冲突、对抗中国却是相当不确定的。③ 大多数印度政策制定者认为，印度要在南海地区聪明地工作，保持有意义的存在，需要与东南亚地区国家保持战略伙伴关系，但同时也不能引起中国的疑虑和警惕。④ 为此，印度谋求在海洋安全保障和海洋学研究方面与中国进行合作。

总之，印度逐渐意识到，南海问题是一个复杂的长期的问题，如果无限制地被牵扯其中，则必将在中印关系上付出高昂的代价。南海问题的发展很可能将印度置于一种两难的困境，印度既希望被视为东南亚国家的坚定盟友，又不愿无条件支持美国的干涉政策，更不能让自己处于不得不在关键问题上选边站的尴尬境地。诚如不少印度学者所言，印度在南海问题上最明智的做法是保持一种中立的政策立场。这表明，印度在南海或广义上的亚太地区发挥的作用，仍然是有限的和不确定的。

结论

印度对于南海地区的战略兴趣不言而喻。这种兴趣既源自于其已实施了 20 余年东向政策的自然延伸，也基于现实的地缘政治与经济利益考虑。在此种政策和利益的驱使下，近年来印度加大了在南海的战略投入，通过单独部署、防务合作等军事手段，联合开发、发表共同声明等经济和政治手段，加强和拓展了与地区国家以及某些对地区事务有着重要影响的域外

---

① Sheela Bhatt, "The sea that was the deepest part of the dialogue", India Abroad, July 29, 2011, p. A5, http: //www. indiaabroad-digital. com/indiaabroad/20110729? pg=5#pg5. 登录时间：2014 年 4 月 19 日。

② Raman Puri and Arun Sahgal, "The South China Sea Dispute: Implications for India", p. 446.

③ Raman Puri and Arun Sahgal, "The South China Sea Dispute: Implications for India", pp. 446-447.

④ James R. Holmes, "Inside, Outside: India's 'Exterior Lines' in the South China Sea", p. 362.

国家在各领域的合作，从而对南海问题的发展演变产生了不应被忽视的影响。

　　印度南海作用的发挥在很大程度上是基于其与地区内、外力量的联动。随着美国介入亚太事务意愿和手段的加大，美印双方涉及南海问题的防务合作、印度与东南亚国家之间的互动应该成为未来观察印度在南海问题上进一步发挥作用的重要方面。印度的这些努力在主观和客观上增加了南海问题的解决难度。但是，印度作用的两面性也说明印远未做好因南海问题与中国进行直接对抗的准备。因此，印度在未来南海问题处理过程中仍然是一个次要的域外行为体。只有意识到印度影响的有限性和不确定性，才可能以综合性方略防止其扩大角色作用，而这并非不可能。

On India's Implication on the South China Sea Disputes

LIU Aming

Abstract：Although the South China Sea（SCS）disputes are the bilateral maritime territorial disputes between China and some Southeast Asian countries, the influence of external countries' strategy and intentions on the disputes is more and more noticeable. Besides the long-existing factor of the U. S. , India, as a South Asian country with regional ambition, has great effect on the disputes. Since the implementation of "Looking East" policy in 1990s, SCS is regarded as the "extending area" which is closely related to India, s national strategy and economic development. In recent years, in order to in? terfere the evolution of the disputes more actively, India increases its strategic investment in SCS area by enforcing economic, political and military relations with Southeast Asian maritime countries. The India' s future role on SCS disputes is worthy of more attention and evaluation.

Key words：India, Looking East Policy, South China Sea（SCS）disputes

（本文原载《南洋问题研究》2014 年第 4 期。）

作者简介：刘阿明，女，1971 年生，河南郑州人，上海社会科学院研究员，国际关系专业博士。长期从事东亚地区国际关系、中美关系、美国亚太战略的研究与教学工作。著有《变动中的东亚与中美关系》等两部专著，并在《世界经济与政治》《国际问题研究》《美国研究》《现代国际关系》等核心期刊上发表论文二十余篇。

三、极地问题研究

北极治理评估体系的构建思路与基本框架

吴雪明

（上海社会科学院世界经济研究所，200020）

摘要： 随着北极战略地位的不断提升，有必要全面评估与分析北极地区的安全态势、发展水平、生态环境、合作空间以及主要国家、国际组织和其他行为体在北极地区的存在与活动。文中提出，应立足于全人类共同利益，以北极地区的和平稳定、适度发展、生态环保、合作共赢等为基本目标，从北极圈、环北极、近北极、外北极等多个层次，从北极圈内部变化、自内向外的影响、外部动向以及由外而内的影响等多个视角，通过层次分析法构建一个较为系统的北极治理评估体系。

关键词： 北极治理；评估框架；指标体系

随着全球气候加速变化，北极治理问题日益凸显，大规模融冰正深刻影响着原住民的生存条件，商业化的能源资源开发与航道利用可能会危及北极脆弱的生态系统和自然环境，北极地区错综复杂的权益主张需要更为有效的争端解决机制与更加完备的治理体系。为此，我们有必要全面了解、记录和评估北极地区的安全态势、发展水平、生态环境、合作空间以及主要国家、国际组织和其他行为体在北极地区的存在与活动。本文提出从北极圈、环北极、近北极、外北极等多个层次，从北极圈内部变化、自内向外的影响、外部动向以及由外而内的影响等多个视角，尝试构建一个较为系统的北极治理评估体系。

一、构建北极治理评估体系的必要性与重要性

进入 21 世纪以来，全球化进程呈现新的发展趋向，引发一系列新的

结构和矛盾，全球性问题向各国蔓延并在各领域深化，从而对全球治理提出现实而紧迫的需求。特别是2008年国际金融危机爆发以来，无论是西方大国、新兴大国还是中小国家，都更加重视全球治理，将其作为争夺新一轮战略制高点的机会。而在新的国际政治经济形势下，北极以其区位独特的战略位置、储量惊人的能源资源、潜力无限的航运贸易、影响广泛的环境气候，在全球格局与国际体系中的战略地位进一步提升，引起全球各方的高度关注，也成为嵌入全球治理的重要领域。

第一，北极的资源状况、开发潜力与承载能力等需要进行统计分析与综合评估。北极的化石能源、矿产资源、海洋生物资源和航道资源等是世界各国关注的重点与争夺的焦点，我们应根据相关统计资料和调查数据，从一个比较客观的视角分析与评估北极能源资源的储量规模、大规模开发的可能以及总体承载能力。这是北极治理评估的重要基础。

第二，北极的气候变化、生态环境与可持续发展需要进行长期的跟踪监测。北极的气候变化速度相对而言更快，而生态环境系统又十分脆弱，北极地区环境变化的外部性很强，北极地区的可持续发展问题需要特别关注，这是北极治理的核心内容之一，需要全球主要大国和国际组织一起提供必要的公共品，来共同保护北极。

第三，北极地区的人口状况、发展水平与人文环境等需要进行广泛的关注和评估。北极地区的生存与发展模式与世界其他地区大为不同，存在很多制约因素，需要对其发展条件、发展水平与发展潜力等进行综合分析与评估。

第四，北极的地缘竞争与大国博弈状况十分复杂，需要进行多层次、多角度的深入剖析。在北极，政治与经济、大国与国际组织、传统安全与非传统安全、合作与竞争等交织在一起，近年来环北极国家以及有关国际组织普遍提升北极的战略地位，非北极国家也希望以"观察员"等身份涉入北极事务，大国的竞争与博弈对全球政治经济格局的变化与长期走势都产生了深远影响，需要进行深入的分析与解构。

第五，北极争端争议问题复杂，而解决机制和治理体系尚在形成过程中，需要从更宽广的视野、更长远的角度进行分析评估和提出建议。北极地区存在的争议包括领土主权、领海划界、航道所有权和通行权以及捕鱼权等。为此，有必要加强北极治理机制的能力，包括整合现有的多层面的北极治理机制，对北极理事会进行改革以及加强其他国际机构在北极治理方面的效力等。有些国家也表示，根据《联合国海洋法公约》，北极具有人类共同财富的国际属性，认为北极国家必需采取更为开放的姿态吸纳所有的利益相关方的参与，方可实现北极事务的有效治理。

为了更好地应对北极地缘竞争态势、更全面地把握北极区域发展状况和更加积极主动地参与北极资源与航道的合作开发与利用，我们应该比较系统地对各主要国家在北极的战略动向做出评估、对北极地区发展的外部条件与周边环境进行分析、对包括中国在内的各主要国家在北极地区的活动以及北极内部区域的经济、社会与可持续发展状况等进行全面评估，为建立系统而有效的北极治理机制提供参考和依据。

二、北极治理评估体系的构建思路

北极治理评估体系的构建充分借鉴与参考了国内外关于北极地区监测与评估相关研究中的基本理念、指标设计与评估方法。

（一）国内外关于北极地区监测与评估的相关研究

关于对北极地区的监测，最早或可追溯到斯科尔斯拜根据他的捕鲸队于1807—1818年在斯匹兹卑尔根沿海得到的气象和冰情观测资料[①]。此后世界主要国家，特别是环北极国家及有关国际组织、科学研究机构，对北极地区都开展了大量专项或综合的跟踪监测研究。比较有影响的单项监测报告包括北极理事会（the Arctic Council）和国际北极科学委员会（IASC）发布的《北极气候影响评估报告（ACIA）》[②]、北极监测和评估工作组（AMAP）发布的《北极雪、水、冰和冻土监测（2012）》、《炭黑对北极气候的影响（2011）》[③] 等报告以及北极动植物保护机构（CAFF）发布的《北极生物多样性科学评估报告（2010）》[④] 等。比较有代表性的综合

[①] R. G. 巴里，章永伟："北极海冰与气候：北极研究一百年的回顾"，《地理科学进展》，1986年第 2 期。

[②] The Arctic Council, the International Arctic Science Committee（IASC）：Arctic Climate Impact Assessment, Cambridge University Press, 2004.

[③] The Arctic Monitoring and Assessment Working Group（AMAP）：Snow, Water, Ice, Permafrost in the Arctic, 2012. AMAP：Report on the Impact of Black Carbon on Arctic Climate, 2011. Source：http://amap. no/swipa/.

[④] The Conservation of Arctic Flora and Fauna（CAFF）：Arctic Biodiversity Trends 2010——Selected indicators of change. CAFF International Secretariat, Akureyri, Iceland. May 2010.

评估报告主要有联合国开发计划署（UNDP）发布的《北极地区人类发展报告（2004）》①、美国国家海洋和大气管理局（NOAA）发布的《北极年度报告（2011）》② 等。

在对北极气候、冰层、环境、生物多样性等进行跟踪监测的同时，国内外有关研究机构和国际组织也在构建北极指标体系和评估方法等方面进行了深入研究。北欧部长理事会（Nordic Council of Ministers）于 2010 年发布了《北极社会指标（Arctic Social Indicators）》，构建了一套北极的社会指标体系并进行了初步评估。③ 北极动植物保护机构（CAFF）在《北极生活多样性评估报告》中创建了"北极物种变化趋势指数（Arctic Species Trend Index）"。国际北极科学委员会（IASC）、北极监测和评估工作组（AMAP）等机构在《北极海岸状况报告》（2010）构建了一个由物理视角、生态学视角、人类视角等多个维度表征的北极海岸线状况评估指标。④ 中国极地研究中心在构建中国极地科学数据库系统、极地生态环境监测指标、北极地区人口指标和区域经济发展指标等方面进行了一系列研究⑤。国内有关专家在北极航线地缘政治分析中也引进了定量分析方法，构建了"北极航线地缘政治安全指数"⑥。

这些国内外现有研究成果为北极治理评估体系的设计提供了重要参考，包括各类指标选择与应用、综合评估与指数合成以及大量基础数据的搜集、整理与分析等。在此基础上，我们在评估理念、研究对象与分析视角等方面进行了完善与创新，提出了一个比较综合的北极治理评估体系。

（二）北极治理评估的理念与目标

构建北极治理评估体系，必须立足于全人类共同利益，要符合中国走和平发展道路和构建和谐世界的基本主张，积极倡导与推动国际社会共同

---

① UNDP：Arctic Human Development Report 2004, Akureyri：Stefansson Arctic Institute.

② NOAA, Richter-Menge, J., M. O. Jeffries and J. E. Overland, Eds.：Arctic Report Card 2011.

③ Nordic Council of Ministers, Arctic Social Indicators：a follow-up to the Arctic Human Development Report, Copenhagen 2010.

④ IASC, AMAP, etc.：State of the Arctic Coast 2010：Scientific Review and Outlook, April 2011.

⑤ 可参考朱建钢等：《中国极地科学数据库系统建设》，《中国测绘学会 2006 年学术年会论文集》；张侠等：《北极地区区域经济特征研究》，《世界地理研究》，2009 年第 1 期；程文芳等：《极地生态环境监测与研究信息平台的设计与实现》，《极地研究》，2009 年第 4 期。

⑥ 李振福：《北极航线地缘政治安全指数研究》，《计算机工程与应用》，2011 年第 35 期。

构筑"和平的北极、发展的北极、绿色的北极、合作的北极"。

第一，要把维护北极的和平、稳定与和谐作为该评估体系的基本理念和首要目标。北极在政治与军事上具有极为重要的战略价值，曾一度是大国部署军力与军事对抗的重要基地。冷战结束后，对抗的气氛大为降低，环北极国家把重心转向对北极环境与生态等的关注。但随着北极环境的快速变化和全球力量格局的新调整，主要国家对北极航道、能源资源等的争夺变得越来越激烈，而且在各国的北极战略中不乏军事上的考虑。就全球共同利益而言，北极的任何国家间冲突都可能带来灾难性后果。和平开发利用北极应该成为各国的共同追求。

第二，要高度关注北极地区的经济、社会与人文发展。北极的发展条件比较特殊，一方面能源资源非常丰富，而人口比较稀少，具备较好的基础条件；另一方面，北极地区气候条件比较恶劣，生态环境比较脆弱，经济发展形态相对比较单一，而且要充分考虑北极的环境承载能力及其对全球气候、生态与环境的影响。因此，北极地区的发展目标应当是适度发展与适当发展，可通过对北极地区的发展条件（气候、环境、生态等）、发展水平（经济、社会、文化等）与发展潜力（人口结构、移民状况、科技研发等）进行长期的跟踪监测，总结其特殊性，提出符合当地实际、切实可行的发展建议。

第三，在北极治理评估中要更加重视可持续发展的理念与目标。全球环境气候是一个不可分割的整体，北极地区是全球大气环境监测的重要区域，对研究人类活动与全球气候环境变化的关系有重要意义。而且，北极环境和生态都十分脆弱，自我修复和调节能力都很弱。北极对全球气候环境变化极为敏感，所受影响可能要比人们预期的范围更大、速度更快。北极地区的气温上升幅度是全球气候变化值的两倍，有关气候模型表明，到2100年北极的温度将上升到 2~9℃。[①] 一旦北极地区环境进一步恶化，其影响对全人类来说将难以预测。因此，无论是当地的资源开发和冶炼，还是北半球国家的工业发展，都必须考虑到对北极环境的影响和破坏。北极治理评估体系的构建中也将充分考虑可持续发展方面的指标，包括内部的变化与外部的影响。

---

① Duncan French and Karen Scott, "International Legal Implications of Climate Change for the Polar Regions: Too Much, Too Little, Too Late?", Melbourne Journal of International Law, Vol. 10. 2009.

第四，要大力提倡合作的理念，包括各个层面的双边与多边合作，这是实现北极和平与发展目标的重要基础。随着气候环境的变化，北极地区现在面临的很多问题，都不是一个国家甚至都不是若干国家能独立解决的，包括北冰洋大陆架划界、北极航道通行、能源资源开采等。这些看似只是北极国家间的事务，但由于北极的特殊性，这些其实都关乎全人类的共同利益，将其放到一个多边平台上可能更有利于解决。

（三）北极治理的评估对象

北极治理的评估对象，根据与北极点的远近不同，大致可分为北极圈、环北极、近北极和外北极等四个层次，根据每个层次的国家、地区或区域组织与北极事务的利益交汇程度不同，参与北极治理的内容、范围、程度也就不同。

第一层是北极圈（及其以北的广大区域），具体包括极区北冰洋、边缘陆地海岸带及岛屿、北极苔原和最外侧的泰加林带，总面积约 2100 万平方公里，其中陆地部分占 800 万平方公里，北冰洋面积 1300 多万平方公里。这个区域包括了环北极八国的 30 个行政区。北极圈内各行政区的经济、社会、人文发展状况以及生态系统、环境保护与可持续发展水平等是北极治理的重要内容，地方政府以及原住民自组织等是这个区域内参与北极治理的重要行为体。应重点评估北极圈内各个区域的发展条件、发展水平、发展阶段和发展瓶颈以及跨区域合作与区域间人员流动等指标。

第二层是环北极，包括俄罗斯、加拿大、美国、丹麦和挪威等五个北冰洋沿岸国家以及冰岛、芬兰和瑞典等三个国土进入北极圈的国家，还包括部分环北极国家的区域组织（如欧盟等）。环北极八国正是北极理事会的八个成员国。这些国家或国际组织是北极治理的主要行为体，其在北极地区的战略规划、政策主张、军事存在、经济开发、争议解决、合作协商等是影响北极治理进程与目标的决定性因素。北极治理中的一些核心问题，包括能源资源开发、北极航道控制权、北冰洋大陆架划界等，环北极国家是起主导作用的。因此，要从多个方面对环北极国家进行长期监测与评估。

第三层是近北极，是指受北极影响较大的非北冰洋沿岸国家，或者说是北极地区以外的北半球国家和区域组织，其中包括英国、法国、德国、荷兰、波兰和西班牙等北极理事会永久观察员国，也包括中国、意大利、日本、韩国等北极理事会的特殊观察员国以及印度、墨西哥、土耳其、沙特阿拉伯等其他关注北极地区或受北极影响较大的国家。北半球国家受到北极气候、环境、生态等变化的影响是比较直接的，不少北半球国家在北极地区也有各种实际存在，包括科考、贸易、人员往来等，而北半球国际的工业化、城市化等也会通过大气污染等对北极地区产生影响，因此都是北极治理体系的重要内容和对象，也需要进行全方位的记录、监测与评估。

第四层是外北极，泛指所有其他国家、地区和国际组织。它们与北极的关联主要是气候、环境等治理主题以及部分南半球国家在北极的科学考察以及他们关于极地治理的相关倡议与活动等。对此，也可以进行相关分析与评估。

（四）北极治理评估体系的构建思路

关于北极治理评估体系的构建，针对上述多重治理目标与多层评估对象，还需要从多个视角进行全方位的评估。

一是内部变化评估，是指要跟踪监测、评估分析北极内部的变化，主要包括北极地区内部的环境、气候、生态等自然条件的变化，拥有的能源、资源储量及被开采程度，航道开通与利用程度以及各行政区的经济与社会发展水平等。

二是自内向外的影响评估，也即要研究与评估北极内部变化对全球和各国带来的各种影响，既有不利的影响，比如北极气候与环境加速变化给世界各国与地区带来的影响，包括北半球大气物理状况改变、温室效应正反馈恶性循环和海平面上升等；也有有利的影响，比如北极冰层大规模消融后，将使北极地区的能源资源更容易开发、北极西北航道和东北航道可能实现商业化运作等。

三是外部动向评估，是指要分析与评估北极以外地区的相关动向，主要包括环北极国家、相关国际组织、近北极国家、外北极国家等的国际地位、国际影响、发展前景的变化和遇到的突发事件以及这些国家（国际组织）出台或形成的关乎北极地区和平与发展的规划、战略、政策、法律、机制等。

四是由外而内的影响评估，也即分析与评估北极外部动向对北极地区的影响，第一是直接影响，主要指环北极国家、近北极国际组织、外北极国家以及相关国际组织直接到北极地区开展活动，包括科学考察、开采资源、人口迁移、贸易往来、军事存在等。第二是间接影响，有好的、创造性的影响，比如在这些国家间形成对维护北极和平、稳定、发展有利的全球治理机制、合作平台、争端解决机制等；也可能有破坏性的影响，比如北半球国家的工业污染，通过长距离传输到北极区内，形成"北极霾"；或者为了争夺北极利益，国与国之间形成恶性竞争、军备竞赛，破坏了北极地区和平、发展、合作原有的机制与平台等；还有一些可能要视具体情况而定的影响，比如多边框架内对北极事务的治理与裁定（如大陆架外部界限划界等问题）将直接影响北极地区的地缘格局、经济利益划分和区域平衡发展，有的区域可能得益，有的区域不一定。

综合起来，构建北极治理评估体系的总体思路可通过图 1 来表述：治理目标是立足于全人类共同利益，努力在北极地区实现和平稳定、适度发展、生态环保与合作共赢；评估对象由近及远包括北极圈、环北极、近北极和外北极；设计思路要综合考虑北极地区内部变化、自内而外的影响、外部动向和由外而内的影响等四个维度。

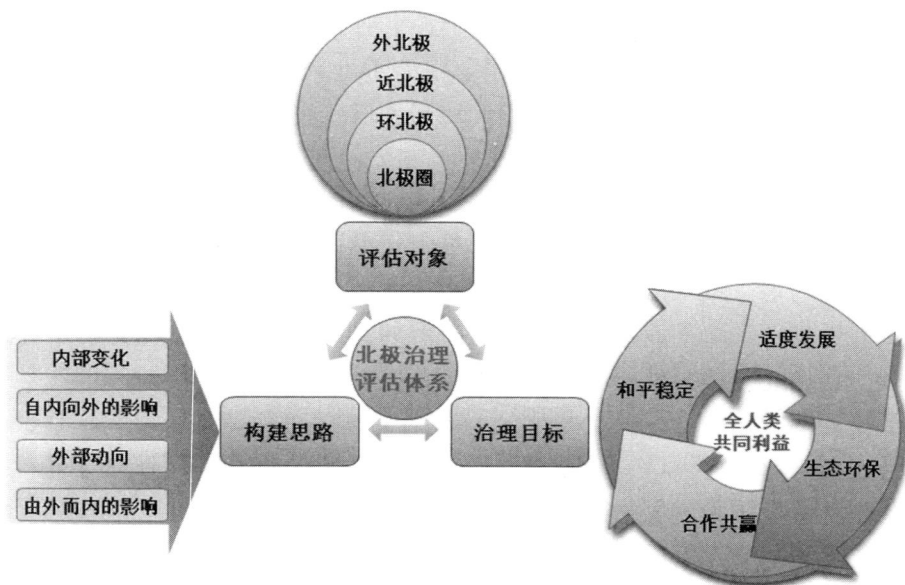

图 1 构建北极治理评估体系的总体思路

三、用层次分析法构建北极治理评估体系

根据以上总体思路，我们用层次分析法来设计北极治理评估体系，目标层包括和平稳定程度、适度发展水平、生态环保质量和合作共赢状态等四个大项，每个目标层可分解为若干准则，然后再根据前述不同层次的评估对象（北极圈、环北极、近北极、外北极）以及不同维度的影响（内部变化、自内向外的影响、外部动向、由外而内的影响）对每个准则设计若干评估方案，最后再根据这些方案挑选一组有代表性的指标来衡量。

（一）和平稳定程度

1. 基本目标

治理目标是维持北极地区的和平、稳定与和谐，拟在各种定量与定性指标的基础上进行综合评估，用"很危险"、"有风险"、"较稳定"、"很太平"等表示每个特定时间段北极地区的和平稳定程度。

2. 准则层

初步考虑用以下三个准则来衡量北极地区的和平稳定程度：

（1）地区和平。主要是指传统安全层面的状况，比如该地区是否存在战争风险、军备竞赛、军事威慑等。

（2）社会安定。主要是指非传统安全层面的状况，包含战争风险以外的其他各种风险因素，比如恐怖主义、跨国犯罪、走私贩毒、流行疾病等。

（3）和谐相处。主要是指各相关行为体之间竞争与博弈的总体状况，比如主要国家北极战略的竞争态势，环北极国家解决北极领土、领海主权争端的手段与方式，环北极国家对非北极国家的排斥程度等。

3. 方案层与指标层

（1）地区和平的评估方案与指标包括以下内容。

第一，北极圈内：①诱发战争的因素，比如能源资源开采、领土领海争端、航道通行权等；②北极的地缘优势及其可能的变化，比如冰层融化后更有利于军事部署和作战安排等；③本地区警察和军事力量的发展，是否严重超越本行政区的治安与边防需要。

第二，环北极国家：①北极战略中的军力部署计划；②关于北极事务

的军费支出；③在其北极圈所辖区域的军事存在；④在北极地区的军事演习。

第三，近北极国家与外北极国家：①因北极事务与环北极国家产生军事冲突的可能性；②作为环北极国家的盟友或战略性合作伙伴在北极发生军事冲突后是否会卷入；③其他地区发生的战争会否影响到或蔓延到北极地区。

（2）社会安定的评估方案与指标包括如下内容。

第一，北极圈内：①本地区恐怖主义组织的存在与分布；②本地区海盗以及其他跨地区的有组织犯罪；③走私贩毒是否存在；④本地区的流行疾病。

第二，由外而内（从环北极、近北极、外北极国家到北极圈内）的直接影响：①外部恐怖主义组织的渗透；②报复性恐怖活动延伸至北极圈内，比如部分环北极国家在有些地区引发的恐怖活动，延伸到该国家在北极区域；③其他地区的海盗活动会否因为北极航道商业化运作后流窜到北极地区；④外部的走私贩毒集团有没有可能北极设立据点开展非法活动；⑤外部流行疾病传播到北极地区的可能性。

第三，外部动向对北极地区的间接影响：①国际金融危机等爆发后引起的低增长、高失业的总体外部环境对北极地区的负面影响；②因局部战争或突发事件造成的全球能源供需状况突变对北极地区的间接影响；③重大自然灾害和次生灾害引发的恐慌效应，比如大地震引发的核泄露引起的各种心理恐慌。

（3）和谐相处的评估方案与指标包括如下内容。

第一，北极圈内：①各行政区间的和谐相处；②移民与原住处民之间的和谐相处。

第二，环北极国家：①各国制定的北极战略的竞争态势，是相互理解，还是针锋相对、竞相拔高；②对于北极圈内所辖区域存在的领土、领海等争端正义解决中的手段、路径与方式方法，是否采取公正、合理的姿态。

第三，北极国家与非北极国家间：①北极国家对近北极国家、外北极国家在某些领域加强合作的善意和提出的合理诉求（如成为观察员）是完全排斥还是适度接受；②非北极国家是否采取不适当的方式过度干预北极事务。

（二）适度发展水平

1．基本目标

治理目标是推动实现北极地区的适度发展，包括经济增长与民生改善、科技进步与教育发展以及实现一定程度的开放。通过各种定量与定性指标的综合评估，可用"发展过快"、"发展适度"、"发展不足"、"发展缓慢"等表示每个特定时间段北极地区的发展水平。

2．准则层

初步考虑用以下三个准则来衡量北极地区的适度发展水平：

（1）民生改善。指通过适度的经济增长实现北极地区人民生活水平的逐步改善。

（2）科教发展。指北极地区能够实现一定程度的科技进步，北极地区人民能获得较好的受教育机会。

（3）适度开放。指北极地区可以实现一定程度的开放，贸易、投资、金融与旅游等有一定程度的发展，实现北极圈内、圈外各种资源的适度有效配置。

3．方案层与指标层

（1）民生改善的评估方案与指标包含如下内容。

第一，北极圈内：①经济社会发展现状评估，包括民生改善的程度；②现有的发展条件与经济增长的制约因素评估；③各行政区域制定的经济增长与民生改善目标是否适度。

第二，环北极国家：①对于北极圈内所辖区域经济增长、社会发展是否高度关注、大力支持，如本国财政收入的转移支付等；②对于北极圈内各区域发展规划的制定与实施的指引、指导；③环北极国家间对于各自所辖区域的发展是否有沟通、协调机制，以保持各区域发展的相对平衡。

（2）科教发展的评估方案与指标包含如下内容。

第一，北极圈内：①科学技术水平的现状评估，包括基础设施、经费投入、产出水平等；②教育发展水平的现状评估，包括教育经费投入、平均受教育年限、成人识字率等。

第二，环北极国家：①北极战略中的科技与教育投入与举措；②对于北极圈内的所辖行政区的科教专项投入和其他支持力度。

第三，近北极国家和外北极国家：①在北极地区的科学考察活动，包括与当地联合开展科学考察与技术攻关；②对北极地区科教发展的资金与技术支持；③将国内先进技术或教育资源引入到北极地区。

（3）适度开放的评估方案与指标包括如下内容。

第一，北极圈内：①对外开放意愿与政策；②开放条件，如开展贸易、吸引投资的便利化措施，开发旅游的配套设施等。

第二，环北极国家：①到北极圈内定居的移民数量是否适度；②商品与服务贸易往来；③在北极的投资；④到北极地区的旅游。

第三，近北极国家与外北极国家：①贸易与投资；②到北极地区的旅游；③开放限制，有的来自于北极圈内，有的来自环北极国家。

（三）生态环保质量

1. 基本目标

治理目标是实现北极地区的可持续发展，包括有节制地开发能源资源、保持生态平衡以及保护环境等。通过各种定量与定性指标的跟踪监测与综合评估，可用"不可持续"、"风险较大"、"总体可控"、"可持续"等标出每个特定时间段的生态环保质量和可持续发展水平。

2. 准则层

初步考虑用以下三个准则来衡量北极地区的生态环保质量。

（1）开采有度。指对于北极地区的石油与天然气、矿产资源、森林资源、渔业资源等的开发要有节制，即使主权已明确的部分，也不能由这些国家单独说了算，而要着眼于整个北极地区可持续发展的需要，制定大家要共同遵守的开发规则。

（2）生态平衡。指要共同保护北极地区脆弱的自然生态，尽可能减少人为的破坏，同时还要联合应对气候变化等可能对北极生态造成的严重破坏。

（3）环境保护。指要保护北极圈的生存与发展环境，在内部尽可能实现低消耗、少污染的绿色发展，同时也要尽可能减少北极圈外的工业化、城市化等的过度发展造成对北极圈环境的间接影响。

3. 方案层与指标层

（1）开采有度的评估方案与指标包括以下内容。

第一，北极圈内：①能源资源储量的综合评估与单项评估；②航道资源可利用程度评估；③对于有节制开发利用是否已形成共识和相应的规则。

第二，环北极国家：①北极战略中的能源资源开发规划是否适当；②已开采现状和影响评估，是否出现了无节制开采或者不顾及后果的乱开采；③在开采规则上是否在多边层面上进行协调。

第三，近北极国家和外北极国家：①在有机会参与共同开发时是否注重适度开采、有效使用；②是否有机会参与制定适度开采的相应规则。

（2）生态平衡的评估方案与指标包括以下内容。

第一，北极圈内：①生物物种的监测、统计与评估；②本地保护生态平衡的法律、条例和规章及其执行情况评估；③气候变化等客观环境变化对生态平衡产生的影响评估；④区域经济社会发展以及其他人类活动造成生态平衡破坏的状况评估。

第二，由外而内的影响：①圈外对圈内直接的负面影响，即圈外国家和其他行为体在北极圈的存在与活动对其生态平衡造成的影响；②圈外对圈内间接的负面影响，比如圈外过度工业化造成的污染通过大气回流等传递到北极圈内，然后对北极圈内的生态平衡造成破坏；③圈外对圈内的积极影响，即共同保护北极圈的生态平衡，包括在宏观上共同商讨与应对全球气候变化等带来的负面影响以及微观上各国组建专家小组赴北极考察生物物种、进行直接保护，并提出保护生态平衡的建议和方案等。

（3）环境保护的评估方案与指标包括以下内容。

第一，北极圈内：①本地居民生产、生活方式的环保效应评估；②居民生产、生活方式变化的趋势及对环境的可能影响；③当代环境保护的意识、规范与标准等；④对当地的气候与环境变化进行长期跟踪监测，获取基础数据。

第二，由外而内的影响：①消极方面，包括北极圈外的工业化、城市化等的过度发展造成对北极圈环境的间接影响；②积极方面，一是各国积累的先进的环保理念与有效的环保措施等应用到北极圈内的环境保护；二是全球的环保专家和环保组织积极呼吁保护北极圈的自然环境，并直接采取一系列行动。

（四）合作共赢状态

1. 基本目标

治理目标是实现各相关主体在北极地区的合作共赢，包括优势互补，合作开发利用北极地区的能源、资源和航道，共同提供公共物品，联合保护北极地区的生态环境以及广泛参与、协商建立比较有效、合理的北极治理机制等。通过各种定量与定性指标的深入分析与综合评估，可用"空间极小"、"难以合作"、"少量合作"、"广泛合作"等标出每个特定时间段北极地区的合作共赢状态。

2. 准则层

初步考虑用以下三个准则来衡量北极地区的合作共赢状态。

（1）利益共享。指通过各相关国家发挥在资金、技术、人员等方面的各自不同优势，合作开发利用北极地区的能源资源，扩大共同利益，减少相互间的分歧。

（2）责任共担。指北极治理相关主体共同为北极地区的和平与发展提供必要的公共品，包括当地发展所需要的基础设施、技术、资金等以及保护北极地区生态环境、实现可持续发展所需要的科学考察和联合攻关等。

（3）机制共建。指在现有北极相关治理机制的基础上，通过与北极治理密切相关的各个国家和国际组织以及其他非国家行为体的广泛参与讨论，不断完善、拓展与创制，形成一套更为合理、有效、公平的北极治理机制。

3. 方案层与指标层

（1）利益共享的评估方案与指标包括以下内容。

第一，北极圈和环北极国家：①哪些是共同财富和共同利益；②北极圈内和环北极国家对于与外部共享一部分能源资源开发利益的意愿评测；③对部分资源进行共同开发的必要性评估。

第二，近北极国家和外北极国家：①各国所具备的资源与优势评估，比如资金优势、技术优势、人才优势等；②合作开发的可能性以及合作对象的选择等。

（2）责任共担的评估方案与指标包括以下内容。

第一，北极圈和环北极国家：①北极地区生存与可持续发展面临的危机与挑战以及内部问题的外溢可能；②环北极国家与北极圈内各区域自身可提供的公共品评估，包括有效性、充足性等。

第二，内外互动：①北极圈内外共同面临的全球性问题，如气候变化、环境污染与生态平衡破坏的变化等；②近北极国家、外北极国家与国际组织和其他行为体对北极圈内各种挑战与问题的关注与解决方案；③北极圈外国家与地区的条件与优势以及提供各类公共品的能力与意愿评估。

（3）机制共建的评估方案与指标包括以下内容。

第一，北极圈内：①区域内经济、社会发展的协调机制；②区域间的协作与治理机制。

第二，环北极国家：①国内治理方略的拓展与延伸；②对于北极地区治理的主张与异同；③现有北极治理机制的成效与改革，如北极理事会等。

第三，近北极国家和外北极国家以及其他国际组织和各类行为体：①北极治理的特殊性评估；②全球各主要国家、国际组织和非国家行为体对于北极治理的主张与建议，包括现有机制的改革与完善以及创建新的治理机制；③北极圈外一些行之有效的全球治理机制和工具在北极圈的应用评估。

综合起来，北极治理评估体系的基本框架如图2所示。

综合来看，随着全球气候加速变化，北极治理问题日益凸显，亟待建立更为有效的争端解决机制与更加完备的治理体系。由于在能源、资源、航道、安全等各方面的现实利益和战略价值，北极八国，特别是北冰洋五国，近两年来对北极主权和能源资源的争夺空前激烈，同时对于北极治理体系与争端解决机制则是比较倾向于通过内部机制解决，力图不让域外国家过多地介入北极事务。然而北极地区的很多问题具有明显的外溢效应，对于全球气候、环境、生态等都有直接或间接的影响，在很多问题上都需要与北极地区外的有关国家和国际组织加强协调与合作。而且，北极地区除环北极八国的陆地领土、领海、专属经济区和大陆架外，还包括公海和国际海底区域，根据《联合国海洋法公约》，这部分区域属于全人类的共同财富。因此，传统国际体系思维下仅限于几个主要利益攸关方的北极国际治理机制可能无法适应北极地区事务的未来发展需要，应以全球体系的思维来构建北极治理体系并组建和完善相应的治理机制和机构。这样一个北极全球治理体系应由国家行为体（环北极八国以及北极圈外的有关国

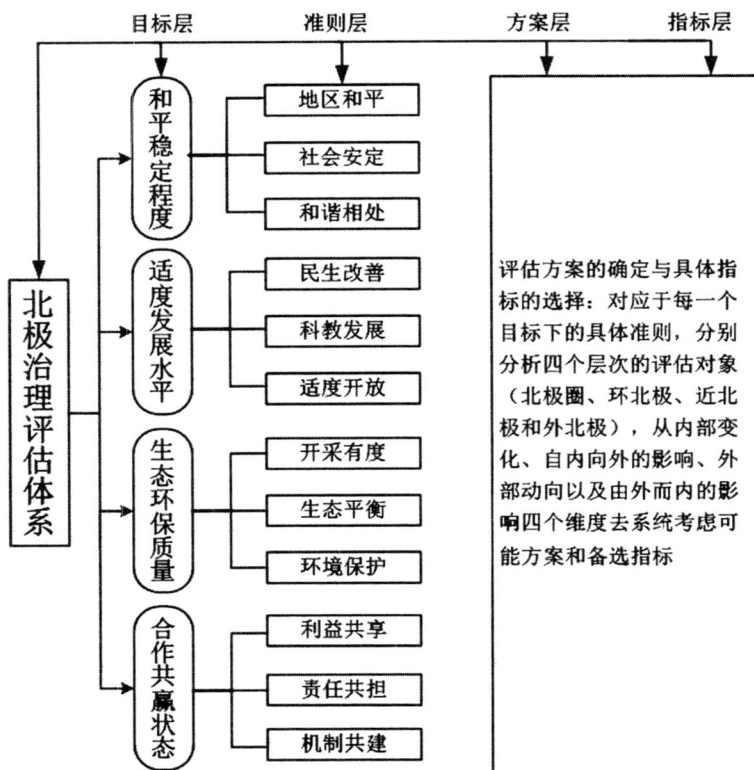

图 2　北极治理评估体系的基本框架

家）、非国家行为体（如跨国公司、原住民自组织等）和超国家行为体（如欧盟等）共同构成力量基础，以人类在北极地区的共同安全、共同威胁、共同挑战、共同发展为治理对象，以北极地区的和平稳定、区域发展、生态保护、合作共赢为治理目标。

中国应积极倡导和参与构建这样一个符合全人类共同利益的北极全球治理体系，在这个过程中，中国也可以有多重身份（或依据）：一是作为《斯瓦尔巴群岛条约》的缔约国，有权进入地处北极的斯瓦尔巴群岛地区从事科研及工业、商业等活动；二是作为《联合国海洋法公约》的缔约国，有权进入北极公海地区进行航行、科研、开发海底资源等活动；三是作为近北极国家，北极地区内部变化与中国发展有着许多动态关联，中国应予积极关注并加强与有关各方的沟通与合作；四是作为联合国常任理事国和新兴的发展中大国，中国也有责任和义务与国际社会一起积极倡导建立更为合理、有效的北极全球治理体系与机制，推动北极地区实现和平稳定、适度发展、合作共赢以及可持续发展等符合人类共同利益的总体目标。

我们认为，中国在继续做好北极科学考察并推动有关合作外，还有必要加大对北极问题软科学研究的支持力度，包括对北极地区的动态监测以及北极治理的综合评估等，这些都可以为中国未来参与北极全球治理体系、形成中国的北极战略框架提供理论与数据的支撑。本文尝试构建一个比较系统的北极治理评估体系，并提出指标选取和数据合成的初步方法，也是希望能够为北极地区的动态监测与综合分析提供一个可资参考的框架与思路。

Constructing an Evaluation Index System of the Global Governance on the Arctic Issues

WU Xueming

Abstract: The strategic position of the Arctic has been raised frequently in recent years. We need to conduct a comprehensive analysis of the Arctic issues, including the security situation, level of development, ecological environment, cooperation potential and the presence and activity of relevant countries, international organizations and other non-state actors. This article tries to construct an evaluation index system of the global governance on the Arctic issues through analytic hierarchy process. The major goals of the system include peace and stability, moderate development, ecological environment and win-win cooperation based on human beings' common interests. There are multiple levels of evaluation objectives, i.e. the Arctic Circle, the circumpolar north, the subarctic regions and the outer-arctic regions. And the indicators of this system are designed and chosen from different solutions, including internal changes, outward influence of the internal changes from the Arctic regions, external changes, and inward influence of the external changes to the Arctic regions.

Keywords：Global Governance on the Arctic Issues，Assessment Framework，the Evaluation Indicators

（本文原载《国际关系研究》2013 年第 3 期。）

　　作者简介：吴雪明，1977 年生。1998 年获得上海交通大学国际金融专业和计算机应用专业双学士学位，2001 年和 2009 年先后获得上海社会科学院世界经济专业硕士、博士学位。现为上海社会科学院国际合作处处长、世界经济研究所副研究员。主要从事中国国际经济地位评估、北极治理指标体系等相关问题研究，主持或参与多项国家社科基金重大、重点、一般项目和上海市社科基金规划办课题。2014 年获得"上海市五四青年奖章"。

美国的北极治理观探析*

程保志

（上海国际问题研究院全球治理研究所，200233）

摘要：作为一个北极国家，美国在北极地区拥有广泛的战略利益，其北极治理观近年来也日趋明晰和成型。增进美国在北极地区的安全利益、致力于北极地区的负责任管理以及加强北极国际合作和多边治理是当前美国北极治理的三大主题。美国联邦政府成立跨部门的协调机制，并专设"北极大使"一职以推动上述三大主题的顺利实施。美国北极利益的重点在于确保北极地区的和平稳定及巩固其在北极事务上的"领导地位"。阿拉斯加州则在促进美国北极国家战略的完善方面发挥着鼓动者和引领者的积极作用。

关键词：美国；北极治理；负责任管理；国际合作

2010年的《美国国家安全战略》文件明确指出：作为一个北极国家，美国在北极地区拥有广泛的根本利益；具体而言包括：确保国家安全的需要、保护环境、负责任地管理资源、对原住民社群负责、支持科学研究以及加强在广泛事务上的国际合作。①美国北极国家身份的强化以及美国对于北极治理问题的日益重视均与北极地区气候、环境的快速变化及其巨大的生态影响密切相关。对美国而言，北极升温、海冰消退所带来的不仅是新航路开辟、油气矿产资源开发等令人垂涎的商机，更为重要的是，为应对石油泄漏、航运事故及其他环境灾难的挑战而必须承担的日益繁重的管理

---

* 本文是国家社科基金项目"北极国际法律秩序的构建与中国权益拓展问题研究"（13CFX122）、中国海洋发展研究会重大项目《中国在推进海洋战略过程中的法制完善研究》（CAMAZDA201501）的阶段性研究成果。

① National Security Strategy, May 2010.

责任。与此同时，北极变暖对当地社群和只适应历史气候及生态条件的野生动植物而言则极具破坏性，由此，北极国家必须加强合作以协助相关社群适应不断变化的北极环境。

一、北极国家身份的确立和强化：美国北极治理的重要基础

1867 年 3 月 30 日，美国政府与沙俄政府正式签署购买阿拉斯加的协议。[①]阿拉斯加总面积达 151.88 万平方公里，720 万美元的售价占美国当时年度财政支出的 2.6%，仅相当于每平方公里 4 美元 74 美分。当年购买阿拉斯加这块广袤、荒芜而极寒领地的行为被斥之为"西沃德的蠢行"[②]，却是日后美国确立北极国家身份并得以主张相关权益的重要基础。

早在 1928 年，美国地理协会就发表了《北极问题研究》报告，显示了对北极问题的重视；"二战"后，美国政府更多次颁布关于北极事务的立法和行政命令。[③]1983 年，里根总统签署的《美国的北极政策》，强调美国在北极地区有着独特的和至关重要的利益，直接关系到美国的国家安全、资源和能源开发、科学调查以及环境保护。1984 年，美国国会正式通过《北极考察和政策法案》把美国对北极的科学研究、经济利益和战略考量三者联系在一起，并以法律的形式确定下来。[④]冷战结束后，美国北极政策面临调整。1994 年 9 月 29 日，老布什政府宣布了《美国北极政策指令》，该指令在认识到北极对冷战后美国保障其国家安全的重大意义的同时，强调了北极环境保护、环境的可持续发展以及原住民和其他北极地区居民的作用。在 2007 年俄罗斯北冰洋底插旗事件之后，时任美国副国务卿内格罗蓬特在参议院听证会上指出：作为一个《联合国海洋法公约》非缔约国，美国无法在北极或其他地方将其主权权利最大化。[⑤]2009 年 1 月 9 日，小布什总统在离任前两周签署了《美国北极政策指令》，该文件重申北极与美国国土安全的重大关系，肯定《联合国海洋法公约》确保美国北极利益的重要性，明确大陆架划界的必要性，并期待通过国际海事组织发

---

① 北极问题研究编写组：《北极问题研究》，海洋出版社，2011 年版，第 249 页。

② 威廉·西沃德是时任美国国务卿，其说服国会而最终促成购买阿拉斯加的交易。

③ 参见白佳玉等：《美国北极政策研究》，《中国海洋大学学报》（社会科学版），2009 年第 5 期；沈鹏：《美国的极地资源开发政策考察》，《国际政治研究》，2012 年第 1 期。

④ 陆俊元：《北极地缘政治与中国应对》，时事出版社，2010 年版，第 147 页。

⑤ 北极问题研究编写组：《北极问题研究》，海洋出版社，2011 年版，第 336 页。

展北极航运。其中，航行自由被置于"最优先"的地位；美国主张，东北航道和西北航道是用于国际航行的海峡，美国船只拥有过境通行权。[①]

近两年来，在包括阿拉斯加州政府、原住民部落、国际能源公司、环保团体及智库等利益团体的大力推动下，奥巴马政府进一步加快了制定和实施美国北极战略的步伐。2013 年 5 月，白宫发布奥巴马任内首份《美国北极地区战略》，强调以可持续的方式开发北极能源和资源，着力改善北极脆弱的生态环境，保护北极原居民的利益与文化，同时以信任及合作精神与其盟国伙伴积极行动是美国北极治理的政策取向。[②] 2014 年 1 月 30 日，奥巴马政府发布《美国北极地区战略实施计划》，对于各战略目标予以细化，确定任务分解后的负责部门和工作完成时限；[③]美国国防部、海岸警卫队、海军、国家海洋与大气管理局等涉北极事务的主管部门也纷纷推出自己的部门北极战略、路线图、行动计划以配合国家北极战略的实施。这些举措正式标志着美国的国家北极战略步入实施期，也与美国 2015 年 5 月接替加拿大成为北极理事会轮值主席国的时机相衔接。至此，美国的北极国家身份得到进一步强化，其对于北极治理的政策立场和利益诉求日益明晰，后续相关配套措施也不断出台。

二、美国北极治理的三大主题

美国北极治理的三大主题主要包括：增进美国在北极地区的安全利益、致力于北极地区的负责任管理以及加强北极国际合作和多边治理。

（一）增进美国在北极地区的安全利益

当前美国在北极的安全利益涵盖了从安全的商业和科学行为到保护环境，乃至国防行动在内的最广泛意义上的各类活动；主要涵盖以下四个方面的内容。

首先，保障北极地区的海洋自由，确保船只和飞行器在该地区的运作

① White House, NSPD-66 / HSPD-25 on Arctic Region Policy, January 9, 2009.

② 刘雨辰：《奥巴马政府的北极战略：动因、利益与行动》，《中国海洋大学学报》（社会科学版），2014 年第 1 期。孙凯：《奥巴马政府的北极政策及其走向》，《国际论坛》，2013 年第 5 期。

③ White House, National Strategy for the Arctic Region (Washington, D. C.: May 10, 2013). White House, Implementation Plan for the National Strategy for the Arctic Region (Washington, D. C.: Jan. 30, 2014)

符合国际法。美国认为，既有国际法已为规制海洋权利和自由提供了全面的基本规范，这类规范适用于北极就如同其在其他海区适用一样；对于北极水域需要解决的特殊问题，美国主张与其他北极国家及国际伙伴一道，根据既有国际法框架来发展专门针对北极的海洋管理机制。尽管美国目前还不是《联合国海洋法公约》缔约国，但其将继续支持和遵守《联合国海洋法公约》所反映的习惯国际法规则。美国政府近年来多次试图推动国会着手优先考虑批准《联合国海洋法公约》，摆脱其不是公约成员国的尴尬地位，以便能利用这一国际法武器为美国获取北极大陆架，参与北极治理提供合法性依据。①

其次，进一步提升海洋空间意识（domain awareness），从而有利于认识北极地区的活动、环境变化趋势对于美国安全、环境及商业利益的长远影响。北极地区的航空及电信需求是美国重点关注的领域，如无人飞行器系统有助于收集北极地区船只航行、气候、溢油以及水文方面的信息数据；远程识别与跟踪系统对于北极海事搜救大有裨益，而通讯卫星对于环境数据的收集和分享则不可或缺。

第三，提升北极基础设施的能力建设，以便行使联邦政府职能推动国际行动（如北极搜救）的开展；例如提升北极气候和海冰预测及预警能力，加强对北极生态系统的科学研究，支持对北极自然资源科学管理和养护，加强北极海域的测绘、制图以及改善对北极环境事故的预防和响应等。

最后，为美国未来能源安全提供保障。北极地区的能源利益构成美国能源安全战略的核心内容，因此负责任地开发北极油气资源符合美国"全方位"加强国家能源安全的战略。根据美国地质调查局的研究指出，美国仅在普拉德霍湾油田就有 299.6 亿桶可采原油和 221.3 万亿立方公尺的天然气储量。美国除持续开发阿拉斯加油田外，近年来也加入北冰洋大陆架的争夺战，把目光瞄准了楚科奇海和波弗特海，并指派"希利"号（Healy）破冰船进行海底地图绘制工作。同时为向联合国大陆架界限委员会登记边界信息做准备。②美国承诺将与其他利益攸关方、相关产业及其他

---

① 由于受到总统选举等国内政治因素的影响，美国参议院近期批准《联合国海洋法公约》的可能性不大。

② 美国认为楚科奇海台是阿拉斯加北极陆架的自然构成，并声称拥有面积比加利福尼亚州还大一倍半的北冰洋水下管辖区。参见桂静：《外大陆架划界中的不确定因素及其在北极的国际实践》，《法治研究》，2013 年第 5 期。

北极国家一道分享开采经验、发展最佳实践，共同开发北极这一能源基地。

（二）致力于北极地区的负责任管理

在北极地区管理方面，保护北极独特而脆弱的环境是美国北极政策的中心目标之一，强调依据可获取的最佳科学信息进行决策，并在资源开发过程中综合考量经济发展、环境保护和文化价值等多重因素。在气候变化和生态保护问题上，美国重视利用科学研究和传统知识增进人们对北极自然和社会生态变化的理解，并致力于加强北极管理综合性架构的制度化建设；限制北极黑炭排放就是一个很好的例证。多年来，美国通过北极理事会、气候和清洁空气联盟及其他多边场合发起减少黑炭排放的全球倡议，由此减缓北极及全球范围内的海冰和冻土消融，并提升全世界曝露于黑炭排放的人类整体健康水平。为提升北极社群对于气候变化的适应性和弹性，美国将继续加强与北极理事会可持续发展工作组的合作。美国承诺将通过促进健康、可持续及富有弹性的社群行动来平衡北极地区日益增加的人类活动，并将传统知识和现代科学信息运用于决策过程。

为有效控制北极事务，保持和增强美国在北极治理中的决策权和话语权，美国势必充分利用其2015年接替加拿大担任北极理事会主席国的机会，巩固和加强其在北极治理中的"领导地位"。在议程设定上，气候变化、海冰监测、可持续发展等长期趋势性研究以及黑炭限排、预防石油泄漏、紧急搜救、管制公海捕鱼、食品安全以及饮用水安全等响应性措施将是美国作为理事会轮值主席国的工作重点。

（三）加强北极国际合作和多边治理

美国重视在《联合国海洋法公约》、国际海事组织、世界气象组织等多边框架内寻求国际合作，强调通过加强与俄罗斯、加拿大等北极国家的双边关系以及强化北极理事会的治理功能，达到增进北极国家集体利益、提升地区整体安全的目的。此外，在财政紧缩期间，为更有效地开发资源和运筹各项能力，美国还致力于追求创新性的制度安排，以对北极治理进行有效管治；美国不仅强调与北极国家和其他伙伴国的合作，同时也培育与阿拉斯加州以及私营企业的伙伴关系以增进美国的战略利益。因此在合作渠道上，美国不仅强调国际层面的合作，也日益重视联邦与阿拉斯加州之间国内层面的协调与合作。①可见，在北极治理机制的构建上，美国既重视北极理事会作为处理地区事务首要平台的作用，又意识到当前有关地区治理机制多样化、碎片化并存的局面，②有意借重其他多边机制和法律框架，包括加入《联合国海洋法公约》以维护其根本利益，同时也不排除在适当情形下与其他北极国家协商制定"新的协调机制"，以赋予自己更多的灵活性和运作空间。

三、美国北极治理的主要组织架构

为推进北极战略的实施，美国联邦政府专门设立了跨部门的协调机制，以避免各部门在涉北极事务上各自为政，相互掣肘。根据《北极考察和政策法案》的规定，北极考察委员会和部门间北极研究政策委员会（Interagency Arctic Research Policy Committee，IAPRC）这两个直接隶属于联邦总统和国会的平行机构得以设立。③

北极考察委员会由总统直接任命的 8 名不同领域专家组成，其职能主要是咨询性质的，负责向总统和国会就北极科学研究方面的事务提出意见和建议；北极考察委员会还要协助和指导部门间北极研究政策委员会制定和修改美国的北极考察计划以及就与北极相关的各种问题在联邦、州和地方政府之间进行协调。部门间北极研究政策委员负责对政府各部门的北极考察事务进行规划和协调，以避免各自为政、互相封锁和重复研究之弊，并负责制定国家统一的北极考察政策和计划。该委员会由 15 个部门的官员或代表组成，而主席则由美国国家科学基金委员会主任兼任。这 15 个涉北极事务的部门包括：国家科学基金会、联邦政府内政部、农业部、商务部、国防部、能源部、卫生与社会服务部、国土安全部、交通部、环境保护署、国家航空与航天管理局、科学技术办公室、史密森学会、国家人文基金会等。部门间北极研究政策委员会定期提出计划和费用报告；在其 2013 年 2 月向国会提交的未来五年的北极研究计划中，列出了北极研究七个重点研究领域，包括海洋冰和海洋生态系统；陆地冰和生态系统；大气

---

① 程保志：《北极治理与欧美政策实践的新发展》，《欧洲研究》，2013 年第 6 期。

② 有关北极治理机制多样化、碎片化的论述，参见程保志：《北极治理论纲：中国学者的视角》，《太平洋学报》，2012 年第 10 期。

③ 参见刘惠荣等：《海洋法视角下的北极法律问题研究》，中国政法大学出版社，2012 年版，第 45—48 页。

研究的表面热能量和质量平衡；观测系统；区域气候模式；对于维持社区的适用工具；人类健康。上述领域都与美国的国家利益密切相关，表明在科技层面上，美国将继续加大对北极地区的研究力度，以保持自身的技术优势。

在北极外交政策上，则以美国国务院为主导，成立一个统一的协调机构，负责联邦对北极政策的统一协调与管理；①为准备 2015 年担任北极理事会轮值主席国，美国国务卿克里专门任命前海岸警卫队司令、退役将军罗伯特·帕普（Robert J. Papp）为美国北极事务特别代表（北极大使），②这表明保障北极地区的海上安全仍是美国的战略重点，而未来两年在美国主导下北极理事会架构内北极国家有望在促进该地区海洋安全问题上取得进展。除国务院外，美国环境保护署、国家核安全局、国家海洋与大气管理局、美国鱼类和野生动物服务局以及美国全球变化研究项目等联邦机构均直接参与北极理事会有关工作组的具体项目工作。

四、美国北极治理的主要特色

（1）维护北极地区的和平与稳定是美国北极治理的首要目标。随着冷战结束，北极在美国战略规划中的地位明显下降，这一方面是由于来自苏（俄）的北方战略威胁大幅降低，另一方面也是因为美国主要精力受中东、亚太等战略优先地区的牵制而无法"北顾"。因此，保持地区安全形势的"低紧张度"和"可控性"符合美国战略利益的最大化。这也是尽管美俄在克里米亚危机、叙利亚问题等方面存在较大的原则性分歧，龃龉不断，但包括美俄在内的北极国家均明确表示，不希望这些问题影响到当前的北极国际合作。要言之，确保北极地区的和平稳定是美国北极政策最重要的一条指导原则，也是美国在北极地区最根本的安全利益所在；为此，美国将通过与盟友、伙伴及其他利益攸关方一道协调行动以使北极地区成为一个免于冲突的区域。

（2）兼顾安全利益与环境利益的平衡是美国在北极治理上的优先方向。维护国家安全利益在美国北极政策文件中一贯被置于优先位置。冷战

---

①　国务院下属的海洋、国际环境与科学事务局专设海洋与极地办公室（Office of Ocean and Polar Affairs），专门负责美国与海洋、南北极相关的国际政策的制定和执行。

②　"Retired Admiral Robert Papp to Serve as U. S. Special Representative for the Arctic"，http：//www. state. gov/secretary/remarks—07/229317. htm，2014-7-25.

时期它主要指传统安全/军事安全，但自小布什政府以来，美国的北极安全观开始趋向多元化。这充分地体现在小布什和奥巴马政府的北极政策均十分重视北极地区出现的新的威胁，尤其是气候变化和人类活动的增多对这一地区可能造成的潜在威胁。因此，环境利益和生物资源保护等内容成为美国北极政策的重点关注事项。①在北极能源、资源开发上，联邦政府在阿拉斯加就面临来自能源巨头和环保团体的双重压力。鉴于此，美国政府倡导环保与开发并举。一方面在经济上加大投入，着手制订北极经济战略，加大美国在北极地区港口、道路、航运中心数据库等基础设施的建设力度，以满足北极开发的需要；另一方面，又不断发布环境保护方面的相关立法，如 1980 年的《阿拉斯加国家重要土地保护法案》，1990 年的《石油污染法》（2005 年修订），2007 年的《北极荒野法》等对北极开发过程中的环境事故进行预警和规制。

（3）在北极航运、气候变化、生态保护等非传统安全议题的治理上，美国倡导多边治理与国际合作，较具开放性。在北极航运问题上，美国海军战争学院的詹姆斯·克拉斯卡（James Kraska）认为西北航道问题不宜仅仅通过美加双边方式解决，应该引入外部势力甚至是中国、日本和韩国等对加拿大施压，即北极航道问题国际化，以此来削弱俄罗斯和加拿大的过度影响力。作为海权大国，美国历来坚持海洋航行自由原则，尤其是公海航行自由原则，并将其视为核心价值观的重要组成部分。因此，面对俄罗斯宣称东北航道绝大部分属于其国内航道和加拿大宣称西北航道大都属于加拿大"历史性内水"，美国坚持认为这两条航道均属于国际航道，任何国家都可过境通行而非仅仅是无害通过。

对于气候变化、环境污染和生态保护等其他非传统安全议题，美国主张通过联合国及其专门组织，以《联合国气候变化框架公约》（UN Framework Convention on Climate Change）、《濒危野生动植物国际贸易公约》（Convention on International Trade in Endangered Species of Wild Fauna and Flora）、《长距离跨国境大气污染公约》（Convention on Long Range Transboundary Air Pollution）及《消耗臭氧层物质蒙特利尔议定书》（Montreal Protocol on Substances that Deplete the Ozone Layer）等有关国际公约为依据，推动北极各国之间的多边合作，以维护美国在该地区的利益。

---

① 郭培清等：《论小布什和奥巴马政府的北极"保守"政策》，《国际观察》，2014 年第 2 期。

（4）"官民结合、上下协同"是美国北极治理的鲜明特色。美国联邦政府虽然在北极事务上居主导地位，但依然强调与阿拉斯加州政府进行咨询与协调以便发挥地方能动性，并鼓励美国公司、国民和非政府组织秉承早期西部开拓者的奉献与冒险精神参与北极开发。

作为美国唯一的"北极州"，阿拉斯加州积极鼓动联邦政府制定北极战略，并对北极理事会、北方论坛等北极区域治理机制的设立与运作贡献颇多。代表阿拉斯加州的联邦参议员丽萨·默考斯基（Lisa Murkowski）和马克·贝基奇（Mark Begich）在国会不断提交议案敦促联邦政府重视北极问题。阿拉斯加州更于 2013 年 3 月成立由该州政商学界及原住民代表组成的北极政策委员会，试图在原住民权利、油气矿产资源开发、基础设施建设等重点领域对联邦北极政策施加影响。阿拉斯加州在北极地区治理机制的构建过程中，也发挥着重要作用。尽管美国联邦政府对于加拿大创立北极理事会的倡议态度极为消极，但阿拉斯加州对于北极理事会 1996 年成立后最初几年的顺利运作发挥了积极而富有建设性的作用，尤其是在环保和气候领域，阿拉斯加州通过"气候变化适应性项目"、"北极航空和海运数据库项目"等，积极参与理事会下属工作组的各项工作；作为美国政府代表团成员，阿拉斯加州代表一直出席理事会各项会议。阿拉斯加州对于"北方论坛"① 的设立居功至伟，这一北方地区地方政府合作机制的设立正是由时任阿拉斯加州州长沃尔特·J·希科尔（Walter J. Hickel）倡议成立的。对于阿拉斯加州而言，北方论坛在某种程度上比北极理事会更为重要。此外，阿拉斯加州在美国北极科学研究上的引领作用也不容忽视，如美国北极科学研究委员会执行主任一职就长期由阿拉斯加州代表担任，现任阿拉斯加州副州长米德·泰特维尔（Mead Treadwell）就于 1994—2002 年担任这一职位，这对于美国北极研究的优先项目设置具有重要影响。

在联邦政府与州政府、州政府与各级地方政府、政府与非政府组织、政府与原住民部落团体等治理主体的互动关系方面，阿拉斯加所处地位十分独特。一方面，在联邦北极政策的发展方面，阿拉斯加州扮演着积极鼓

---

① 北方论坛成立于 1991 年 11 月，由加拿大、中国、芬兰、冰岛、日本、韩国、蒙古、俄罗斯、美国等 9 个国家的 17 个地区组成，是联合国下属的在北方地区唯一的一个非政府组织。论坛旨在创造机会使北方地区的领导人们分享解决问题的知识和经验，提高北方地区人民的生活水平；支持可持续发展，促进北方地区的社会经济合作，不涉及政治问题。

动者的角色，通过定期与美国国务院举行电话会议，敦促联邦政府尽快出台北极战略；另一方面，阿拉斯加州在与各地方政府、原住民部落的关系上，又发挥着重要的引领和支持作用。因纽特等部落作为阿拉斯加州北方地区的原住民，对于北极治理和美国北极政策的发展也具有重要影响。首先，在北极理事会六个"永久参与方"（原住民组织）中，阿拉斯加州就是其中四个组织的成员，其声音在理事会架构中不容忽视；其次，美国联邦法律承认 229 个原住民部落的自治资格，在阿拉斯加州就有十数个原住民部落据此成立地方政府和法院，发号施令，对于当地事务拥有高度的自治权；有的部落还发布了自己的北极政策。①美国联邦政府、阿拉斯加州政府以及原住民地方政府均发布了各自的北极政策文件，彼此各有侧重，联邦政府除了北方地区经济社会发展需求外，更加关注国土安全和能源安全问题；阿拉斯加州政府则更为偏重于油气开发和石油税收的分配问题；原住民部落除了地方经济社会发展的考量外，则更有对自身生存环境和传统生活方式由于北极开发而遭到破坏的隐忧。美国北极政策正是在联邦、阿拉斯加州以及原住民部落等众多行为体的多重互动和博弈中最终得以成型的。

当然，美国政府未来在北极治理上还面临不少挑战，如美国领导力的相对下降、新兴大国的群体性崛起以及全球治理机制的复杂性、国际海洋法的有限性等，尤其是近期"乌克兰危机"持续发酵的"溢出"效应对美俄在包括北极治理问题在内的国际合作均构成了巨大障碍，因此未来两年美国主导北极治理的成效还有待进一步观察。

Responsible Management and Cooperation：the United States' Perspective on Arctic Governance

CHENG Baozhi

Abstract：As an Arctic State, the United States of America has vast and exten-

---

① 作者随上海国际问题研究院代表团于 2014 年 5 月 26 日访问位于美国阿拉斯加州安克雷奇市的北方研究所（The Institute of the North），在与该所有关研究人员进行座谈时获得相关信息。

sive strategic interests in the region and its perspective on Arctic Governance has been formulated clearly and maturely through the years. Advancing the U. S. security in the Arctic, adhering to the responsible management and promoting the multilateral governance and international cooperation in the region are the three main themes of the U. S. perspective on Arctic Governance. In order to safeguard the smooth implementation of the main themes, the federal government has established the inter-agencies coordination mechanisms and the "arctic ambassador" for the special task. The main points of the U. S. strategic interests are maintaining the regional peace and stability in the arctic and ensuring the U. S. leadership in arctic affairs. The State of Alaska is the promoter and initiator for the perfection of the federal Arctic Strategy.

Key Words: the U. S. ; Arctic Governance; responsible management; international cooperation

　　作者简介：程保志，湖北武汉人，武汉大学国际法专业硕士（2005）、博士（2009）毕业；现任上海国际问题研究院海洋与极地研究中心副研究员，主要从事国际组织与全球治理、极地政策与法律问题研究。现主持国家社科基金项目一项，参与承担国家海洋局、外交部等国家部委组织实施的多项国家专项课题，并多次应邀赴北欧、北美进行国际学术交流，就中国参与北极治理问题做英文专题发言。在《国际观察》《欧洲研究》《太平洋学报》《法学》及《国际论坛》等核心刊物发表学术论文十余篇，出版个人专著一部、合著四部。其中《北极治理机制的构建与完善：法律与政策层面的思考》《北极治理论纲：中国学者的视角》先后获国家海洋局极地考察办公室颁发的 2011 年、2012 年度"中国极地科学优秀论文（社科类）"三等奖和二等奖。

东北航道开通的利弊分析[*]

赵雅丹

（上海政法学院国际事务与公共管理学院，201701）

摘要： 由于全球变暖，北极航道即将具备季节性通行的能力。其中东北航道能够一定程度上缩短中国与欧洲，特别是北欧、俄罗斯的运输距离，因而具备了一定的商业前景。除了缩短航距，东北航道的开通还能刺激中国技术和制造业的进步，在一定程度上缓解马六甲困局。但是东北航道开通后虽能带来一定的经济利益，中国为了保障该航道的畅通还需要付出巨大的代价——花费巨额税收提升同时保卫南北两条海洋通道的国防能力，军事战略地位的下降等。因此，本文认为北极航道的开通，必须衡量其收益和成本，选择适合中国现阶段的战略应对，不应一味地强调开通的利益。

关键词： 北极航道；东北航道；石油开发；军事安全

全球气候逐年变暖使得北冰洋不再是冰封之地。由于冰面的大幅缩小，而且适宜通航的时间也正在逐渐延长，出现了两条可能用于商业通行的航道——东北航道和西北航道。由于东北航道将大西洋与太平洋之间的海上航行时间和距离大大缩短，因此，北极航道越来越受到各国的重视，特别是牵涉经济利益较多的沿岸国家。由于东北航道经过储存大量油气资源的北极地区，所以东北航道也被称之为"黄金水道"。从这个称呼中我们就可以看出各国对这条新航道的发展前景给予了很高的期望，同时也对

---

　　* 本文为中国海洋发展研究会重大项目《中国在推进海洋战略过程中的法制完善研究》（CAMAZDA201501）、中国极地研究中心合作项目"加拿大北极安全事务研究"的阶段性研究成果。

其潜在价值给予了足够的肯定。

一、东北航道开通的可能性和制约因素

中国并不是北极国家，但是近年随着中国国力的提升、能源的巨大需求、进出口贸易的繁荣，中国对外贸通路越来越敏感。随着北极航道开通的可能性越来越大，中国对北极事务和北极航道也越来越关注，甚至比加拿大、美国等北极国家更加关注。中国近年加大了对北极的科学考察力度，国家、民间都对北极各国的发展战略投注了较大精力进行研究。比如，2012 年我国进行了第五次北极科学考察，考察的主要路线是：北冰洋东北航线（青岛—白令海—楚科奇海—北冰洋—冰岛—北冰洋—上海），历时 93 天，历程 18 500 海里。时隔一年之后，2013 年 9 月 10 日 21 时，中远集团"永盛"轮成功经由北极东北航道到达荷兰鹿特丹港，顺利完成北极东北航道首航任务。此次航行从中国太仓出发通过北极东北航道到达鹿特丹，历程 7 800 多海里，历时 27 天，相比经马六甲海峡、苏伊士运河的传统航线，航程缩短 2800 多海里，航行时间缩短 9 天。北极圈的冰层的确消融了，航行的确成为现实，但是能够形成具备商业价值和战略意义的航道还存在着多种制约因素。

（一）环境变化和预测能力难以满足商业航运需要

北极夏季冰雪消融，冬季依旧冰天雪地。北冰洋海面的最高温度出现在 7 月，7 月除格陵兰和北冰洋中部外，其他广大范围温度都为正，海岸温度可达 8℃。北冰洋中央有多年海冰区，在夏季表面融化，保持 0℃ 左右的恒温。而 1 月月平均气温在西伯利亚和格陵兰岛的大陆上最寒冷地区可达-44℃，北冰洋中部的气温在-36℃ 左右，而加拿大北极群岛湿度为-32℃，从挪威到巴伦支海的海域由于墨西哥湾暖流向北输送的热量而不会冻结，比北冰洋中心要高出 30℃ 左右。[①]

东北航道的通航环境主要是指通航船只在航行的过程中可能遇到的各种影响航行的因素。影响通航的气候因素有气温，风速，雾等。气温的变动直接影响海面结冰情况，进而决定了是否具备通航能力。即使夏天，气

---

① Arctic Council, Arctic Marine Shipping Assessment 2009 Report, 2009. http：//www.pame.is/index. php/projects/arctic-marine-shippingamsaamsa-2009-report.

温急速变动也存在可能。2014 年 3 月俄罗斯科考船在南极由于气温急剧下降，未能及时撤出，结冰速度超过了船只的破冰能力，因而被冻在了冰面上。"雪龙"号还派直升飞机进行了救援。这种情况在北极的夏天也有可能出现。

除了气温，风也能对通航造成严重影响。据统计，北极地区的平均风速为 14~22 公里/小时，这样的风速会导致船只在航运的过程中出现偏航和减慢航行的速度。当出现偏航的情况时，可能加大引航船只的破冰难度，甚至阻碍航运进程的推进，从而间接影响航运次数和增加航运成本。

东北航道只能季节性通航，而季节性指的是一年大约有四到五个月的时间可以通航。随着物流概念的发展，精确化成为船运公司排期的首要因素。船运公司一般在半年前排定船期，确定装载货物。因此准确预测通航季节对于船运公司安排船期至关重要。但是北极地区气候多变，使精确预测通航时间，特别是每年的首航时间难上加难。现在的气候有可能导致每年的通航时间都不一致，前后可能相差 1 个月左右，这需要船运公司排期具有较大的灵活性。但是这并不符合现今物流运输的精确理念，对于已经安排了固定班期的船运公司，重新安排可能会导致客户的流失。

同时，全球变暖又意味着极端天气情况的增多，对北极地区影响更大，预测天气的能力，特别是船期可能长达一个月（最长 35 天）的精确预测能力难度更大。气温变化和海冰冰情变化，都可能使商业航运的船舶或进入港口停泊等待，从而面临船期的拖延；或需要破冰船的护航以及商业运输船舶的破冰能力改造，从而使成本增加。

要想了解北冰洋因气候变化影响而产生的种种变化，需要在海洋学方面做大量科研工作。开通北极航道的各个国家必须将该领域的科研工作列为重点，如果仅凭船运公司的科研能力和预测能力是不能完成商业需要的，必须由国家承担这一外部性成本。

（二）航线改变与进出口结构

新商运航线的出现，必须有大量的商贸往来和货物运输作为支撑。是否会使用东北航线，关键在于中国的哪些港口与东北航道沿岸港口有商业往来，而且航线缩短明显，成本降低明显，货物运输量充足。

1. 哪些港口的航线缩短明显

国内多位学者对东北航线的开通都有过研究，其中培清，王传兴都有过航线缩短的科学预测。但是中国各个港口从北到南相当分散，比如：北有丹东、天津、大连，还有可能租借朝鲜的罗津；中部有上海、宁波；南部有厦门、深圳、香港。由于各个港口位置不一，其利用东北航线的价值性也差异较大。而欧洲各港口也分布较散。在始航地点和终航地点的选取上，二者的地理位置越靠北，越能彰显出北极航道在缩短航程方面的优势。

因此，可以明显缩短运输距离的是长三角与丹麦，瑞典，芬兰等欧洲北部国家。以上海到欧洲各个港口的航程为例，2012 年上海港货物吞吐量为 7.36 亿吨，同比增长 1.1%；集装箱吞吐量报 3 252.9 万标准箱，同比增长 2.5%，两者均保持世界第一位置。通过航程比较可以看出，从北极航道航行将大大缩短航程，如从上海到纽约，选取北极航道将节省航程约 1 900~4 000 海里，缩短航程占传统航程的 20%~40%；上海到圣约翰节省航程约 3 600~6 300 海里，占传统航程的 32%~45%；到上海到雷克雅未克将缩短航程约 3 100~6 470 海里，占传统航程的 38%~45%。①

而长三角与南欧，珠三角与欧洲的航运距离缩短并不十分明显。2012 年香港港口集装箱吞吐量为 2 309.7 万标准箱，仍维持在全球十大集装箱港口之第三位，排在上海和新加坡之后。深圳港 2012 年箱量至 2 294.1 万标准箱，与香港差距进一步缩窄②。长三角由于是我国经济的另一个中心，货物进出口量不容小觑，但是长三角各港口并无使用东北航道的动力。

2. 进出口结构与运输货物之间的关系

中欧是最为重要的贸易伙伴，具有很强的互补性。但是东北航线能够明显缩短的贸易国是位于东北航道沿线的俄罗斯和北欧各国。那么除了地理位置的影响力，中国的进出口结构将会进一步影响东北航道开通的动力。2013 年 1—10 月，我国进出口总值 21.16 万亿元人民币（折合 3.4 万亿美元），扣除汇率因素同比（下同）增长 7.6%。其中出口 11.2 万亿元人民币（折合 1.8 万亿美元），增长 7.8%；进口 9.96 万亿元人民币（折合 1.6 万亿美元），增长 7.3%；贸易顺差 1.25 万亿元人民币（折合

---

① 张侠、屠景芳、凌晓良：《北极航线的海运经济潜力评估及其对我国经济发展的战略意义》，《中国软科学》，2009 年增刊。

② 2012 年上海港货物吞吐量和集装箱吞吐量均能继续保持世界第一位置，http://www.shanghai.gov.cn/shanghai/node2314/node2315/node18454/u21ai704030.html.

2 004.6 亿美元）。①

　　根据商务部的数据，北欧各国与中国的贸易体量较小，而且逆差明显。以中挪为例，中国挪威的外贸关系中，挪方 2013 年 1—9 月的贸易逆差为 39.1 亿美元，同时中国是挪威第 12 大出口市场和第三大进口来源地。挪威对中国出口的主要商品有机电产品、贱金属及制品、化工产品和活动物及动物产品，1—9 月出口 5.4 亿美元、4.5 亿美元、3.5 亿美元和 2.6 亿美元，占挪威对中国出口总额的 27.0%、22.1%、17.4% 和 13.1%，增长 17.6%、12.1%、57.2% 和 13.0%。机电产品是挪威自中国进口的最主要产品，1—9 月进口额为 25.4 亿美元，占挪威自中国进口总额的 42.9%，增长 6.2%。纺织品及原料、家具玩具和贱金属及制品居挪威自中国进口商品的第二、第三和第四位的商品。②

　　其余北欧各国与中国的外贸关系中，中国均处于逆差地位，北欧各国进口多，出口少，航运货物不均衡，有可能面临单程空载的情况。而且进出口的货物走东北航线，必须考虑寒冷天气对货物的影响。机电产品对航班准确性和天气要求比较严格，以现有条件走东北航线并不可行。只有不要求运输速度的干货货物能够成为运输的主要货物。如果东北航线只能运输矿产品、纺织品及原料、家具玩具等货物，而这些货物在外贸中占比较小，因此，东北航线的商业价值并未有预料的大。

　　同时，东北航线沿途存在大量的无人区，中途没有上货下货的需求，航运公司很容易返程空载。北极地区虽有石油等资源，但是货船与油轮并不相同，尚不能混用；所以利益并不大。当然还要进一步讨论，北欧各国能否成为重要的转运港，吸引整个欧洲的货物通过北欧各国的港口，走东北航线运往中国。这还要取决于依赖季节性通航的预测能力、到达的目的地以及货物自身的性质。目前，国外的航运公司对此兴趣并不大。

　　（三）航运公司的意愿和运能

　　东北航线是否能够开通，还取决于目前航运公司的意愿和运能。自 2008 年以来世界经济一直不景气。全球经济仍处在低迷时期以及新增运力

---

① 2013 年 10 月进出口情况简报，http：//www.mofcom.gov.cn/article/tongjiziliao/cf/201311/20131100390799.shtml.
② 2013 年 1—9 月挪威货物贸易及中挪双边贸易概况，http：//countryreport.mofcom.gov.cn/record/view110209.asp? news_ id=36232.

的不断涌出，这仍是航运企业所面对的两大风险。2011 年，全球各大海运公司造船量大增，今年的交付船舶达 140 万标准箱，而且多是 7 000 标准箱以上的大船。2012—2013 年，船舶过剩比例在 6%～10% 之间，而这一趋势在短期内难以舒缓。① 全球航运公司运能过剩，供求失衡，为保证海运市场份额占有量，各船运公司恶性竞争，个别公司以低于成本价运营，甚至出现"零运费"现象，免收运费，只收取附加费。这种情况下，船运公司认为季节性通行的东北航道，需要水平更高的预测能力，在要付出船只改造费用、船只购买费用、破冰船租用费用、领航费用等更多的成本，自然并无足够的意愿开展。现只有中国一家航运公司愿意购买一艘运油船，从事中俄东北航线上的石油运输。

　　破冰费用是北极航运中的一项重大开支，因此破冰费用对于衡量东北航道的经济效益具有重要的经济意义。从上海到鹿特丹，如果走苏伊士运河，距离为 10 585 海里，耗时 30 天，每航次船租 96 万美元，燃油 210.8 万美元，船员 10 万美元，保险 14 万美元，港杂 16 万美元，过河费 16 万美元，总共需花费 362.8 万；如果走东北航线，距离为 7 200 海里，顺利的话耗时 20 天，每航次船租 96 万美元，燃油 153.7 万美元，船员 8.7 万美元，保险 21 万美元，港杂 16 万美元，引航费 78.4 万美元，总共需花费373.8 万。② 走苏伊士运河航道的航行多了一项过河费，这项过河费占航运费用的 6%，而走东北航道多了一项引航费，引航费即是对破冰船的开支，引航费占航运费用的 31% 左右。在费用的总开支方面，东北航道比苏伊士运河航道的开支多了 11 万美元。2015 年以前，就过河费和引航费相比而言，东北航道的航运不具有经济性；但由于东北航道在燃油方面的开支要比传统航道的开支减少 54.3%，所以东北航道在总成本上的潜在经济优势还是存在的。目前各国的破冰能力中，俄罗斯具备十八艘破冰船，为所有国家中数量最多；俄罗斯，芬兰技术最好，韩国三星造船的破冰能力亦提升很快；加拿大一艘新的非官方破冰船正在建设，预计 2016 年可用。随着破冰能力的提升，引航费用也会逐步下降，从而降低航运公司的成本。2015 年俄罗斯由于自身经济环境的恶化，急需东北航道带来经济效益，因

　　① 海运运能过剩导致"零运费"，http：//sztqb.sznews.com/html/2012 - 10/18/content _ 2241282.htm.

　　② 王宇强、寿建敏：《北极"东北航道"通航对中国航运业的影响》，《国际商贸》，2012 年第 29 期。

此，俄罗斯政府宣布取消引航费用，进一步加大东北航道的优势。

同时，还要考虑污染的外部性成本。由于北极环境脆弱，任何船只航行出现的漏油意外都会导致无法复原的生态灾难，对北极海洋环境和该地区人民生活造成严重后果。这也是加拿大等北极圈内国家最担心的问题。先前制定的"北极安全航运"条例只涉及游轮。加拿大利用其北极理事会主席国的身份，意图新增针对油轮的安全标准。不过，加拿大环境部长和努纳武特地区议会成员在 2014 年北极理事会的白马市会议上表示出忧虑——新条例的出台会使油轮更频繁出现在北方海域。而今年俄罗斯恶化的财政环境，将加剧俄罗斯政府在应对北极生态灾难上的困难。

二、东北航道开通对中国的利弊分析

（一）东北航道开通对中国的有利因素

东北航道一旦开通，对中国的经济效益也是显而易见的。上文已述，上海、罗津到北欧的航运距离大幅缩短，航期可以缩短 10 天左右，燃油费用可以减少 28%。而且俄罗斯北极地区的矿产和石油也可以投入商业运营，达到极大的利用。同时，北极还有丰富的渔业资源。

为了想用北极的经济利益，现有的船运、监测、预报、破冰、开采、环保等技术由于不能完全满足开发需要，会面临着新一波的技术升级。在极寒条件下工作，机器的技术必须更加完备。同样的，中国如果在东北航线开采矿产、石油，还要提升冻土施工的能力，探讨如何修建运输的道路和港口，才能应对生产需要。这些都能促使中国从制造大国转向制造强国。

而更为重要的利益在于东北航线可能成为我国能源战略的一条备用航线，并为我国的战略储备打开一个新的方向，成为中国能源战略的组成部分。目前，中国能源进口航线主要有四条。一是中东航线：波斯湾—霍尔木兹海峡—马六甲海峡—台湾海峡—中国大陆。二是非洲航线：北非—地中海—直布罗陀海峡—好望角—马六甲海峡—台湾海峡—中国大陆；西非—好望角马六甲海峡—台湾海峡—中国大陆。三是东南亚航线：马六甲海峡—台湾海峡—中国大陆。四是拉丁美洲航线：南美洲东海岸—墨西哥湾—巴拿马运河—琉球群岛—中国大陆。[①]其中 3 条航线汇集于马六甲海峡。马六甲可谓控制着中国能源的咽喉。为了摆脱马六甲困局，中国也在不断地尝试着新的方法，比如：美国人所谓的"珍珠链"战略、欧亚大陆桥、中俄石油管道、中哈石油进口管道和中缅石油进口管道。按照国家海关总署及相关文献的数据，2012 年进口额：中俄通道 8.97%，中哈通道 3.95%，海上通道 86.54%，其中中东航线 49.79%，非洲航线 23.87%。北极航线一旦开通，可以使中国对马六甲航道的依赖性下降，一定程度上摆脱马六甲困局，摆脱对新加坡港口、南海的依赖。石油进口通道及其比重会变更为：北极 7.06%，中俄 6.89%，中哈 4.37%，中缅 0.77%，中东 49.47%，非洲 4.04%，东南亚 1.09%，拉美 26.31%。[②]

（二）东北航道开通对中国的不利因素

事务均具备两面性，北极航道线对中国并不一定全是利益。过分强调北极航道线利益，可能会给中国带来负面影响。虽有媒体和学者强调北极航道会缩短中欧、中俄的航程，北极航线能够在一定程度上降低巴拿马运河、苏伊士运河在世界海运网络的中介作用。但是目前全球航运业普遍供过于求，航运公司对北极航道的开发并没有太大的动力。北极由于气候不稳定，通航日期难以确定，破冰设备成本高昂，国内外的航运公司更多是观望，五年之内可能难以实现。同时，我们也发现东北航线能使全球航运网络发生多大程度的改变，学者的研究数据也各不相同，但是下降的幅度不会超过 10%。而且世界石油的主要产区还是位于中东，中国进口的石油目前还是大部分走马六甲海峡。马六甲困局依旧是中国未来十年，甚至十五年的主要矛盾，虽有东北航线的缓解，也不会改变。

1. 国际地缘政治格局的改变

北极地处亚洲、欧洲和美洲三大洲的顶点，是联系三大洲最短的航线，也是核潜艇、导弹、远程轰炸机进行攻击的最短路径，控制了北极就占据了世界军事的制高点，掌握了影响北半球乃至世界军事形势和战略态势的主动权。地缘政治安全观建构的以民族国家为中心的威斯特伐利亚安全模式（a state-centered，Westphalian model of security）仍然主导着北极

---

① 马桂瑛：《中国石油进出口海运路径安全的思考》，《东南亚纵横》，2007 年第 8 期。
② 李振福等：《北极通道开发与中国石油进口通道变化研究》，《资源科学》，2015 年第 8 期。

地区安全事务。冷战时期，北极成为美苏对抗的战略要地。冷战结束后，环北极国家围绕主权、自主性、资源、权力（issues of sovereignty, autonomy, resources and power）的争端仍然存在。大多数环北极国家双管齐下，一方面几乎同时开始维护其在北极的军事存在，强化武装力量及其海岸防卫力量。俄罗斯、加拿大等国每年都举行军事演习，显示其在北极的主权。另一方面，各国均有各自的大陆架划界主张，国家间的划界主张多有重叠。大陆架划界冲突，关系着主权的行使和资源的开采。

与此同时，非北极国家也积极表现出对北极事务的兴趣。非北极国家纷纷进入北极地区，在北极资源开采新技术运用方面试图处于领先地位。俄罗斯和芬兰是破冰船制造技术的传统领先者，这一地位正受到韩国三星重工（Samsung Heavy Industry）的挑战。这些现象表明，国际社会正日益认识到北极地区的重要性，渴望在"沸腾的北极"有所作为。北极航道带来的国际航运中心的变迁与全球贸易中心的转移，进一步影响世界经济地理格局和国家安全、航运安全。北极航道的实际控制权将成为环北极国家和非北极国家共同关注的热点。

东北航线的开通会改变中国的地缘政治格局，会改变中国北方的地区均势。东北航道的实际控制权主要在俄罗斯手中。中国要想顺利、持续地使用东北航道，必须与俄罗斯保持良好的关系。这个中国北方邻居由于中国"有求于他"而重要性凸显，而中国自身的重要性会有所减弱，两国的均势会发生较大的改变。俄罗斯是东北航线开通的最大受益方，大大提升了俄罗斯的战略地位。俄罗斯在北极的利益主要表现在两个方面，一是俄罗斯北冰洋沿岸的油气资源在俄罗斯经济中地位的提升以及对俄罗斯能源安全的重要性；二是将来东北航道的开通带来的经济收益。有了上述利益，俄罗斯会从边缘地带成为国际政治的中心地带，再加上其军事实力和强人政治，俄罗斯很容易单方面谋求自身利益最大化。俄罗斯提出的北极领土划界主张是，从俄罗斯北方国境的最东端和最西端两点与北极点的连线之内的所有领域都属于俄罗斯。这样的主张无非试图对"东方航道"实施垄断性控制。目前，俄罗斯还不断扩大在北极地区的军事存在。"2007年俄罗斯科学考察队北冰洋洋底插旗事件以及随后的俄罗斯战略轰炸机恢复中断15年之久的在北冰洋上空例行执行远程巡逻任务，开启了北极五国在北极地区新的冷战"。2009年出台的《2020年前后俄罗斯联邦在北极的国家政策基础》强调在未来北极争夺中不排除使用武力的可能，首次宣布使用军事力量保障俄罗斯北极地区边境安全和东北航道安全，为俄罗斯开发北极地区资源创造良好环境，计划在 2020 年前部署一支能在北极地区使用的特殊海岸警卫部队。2013 年，俄罗斯颁布《2020 年前俄罗斯联邦北极地区发展和国家安全保障战略》明确提出保障俄罗斯北极领土防卫与安全的系列措施，包括提高军队战备和动员准备水平、完善北极地区战场建设、完善空域和水域监视系统等。2014 年 12 月 1 日，俄罗斯北极战略司令部正式开始运转，北极战略司令部主要管辖俄罗斯在北极地区部署的所有部队，涉及俄罗斯现有的各个兵种，目的是保护俄罗斯在北极地区的利益。

东北航道一旦开通，将会打破中俄目前的平衡，天平将会倾向俄罗斯一方。中国越依赖俄罗斯的能源和东北航线，就越处于不利地位。中国的一条海上生命线被捏在了俄罗斯手中，俄罗斯战略地位就会飙升。目前国际政治中，中美俄处于三国演义的阶段，时敌时友，各国关系具有高度不确定性。各国在平时就应该注意积累手中的牌。但是东北航线开通，大牌却不在中国手里——武器有差距，地理位置不占优势，又没有前沿基地。

同样战略地位得以提升还有日本和韩国。目前，日本的海上生命线在南海、东海与中国重合，中国可利用海空甚至陆基导弹威胁日本航运经济。北极航线一旦开通，日本可一定程度上摆脱中国的威慑，同时还可凭借着对日本海的控制，威慑中国的北极航道是否畅通。中国的海上生命线反倒部分捏在日本的手里，战略地位逆转。

2. 两个航向与海军实力

冷战时期，北极就是兵家必争之地。因为从北极点附近发射的武器可已经过最短距离飞抵目标。美俄也在北极点的冰层下布置了层层叠叠的搭载核武器的舰艇。随着北极冰层的融化，战略核武器会失去冰层的庇护，变得容易被人发现。因此，战略和武器层面北极的重要性在下降，但是北极的商业开发会使得战术层面的重要性日渐增加。北极圈内各国都在建立一种日常巡航和护航的能力。同时，各国追求增强北极军事存在，进行常态化的军事演习，建设基础设施，增多驻军，提升监测、救援、破冰等能力。北极航道就像是武器库上的两条航线，如果没有一个类似"南极条约"的和平机制，东北航道的运行受到国家间关系的影响较大。

东北航线一旦开通，中国一旦对其产生依赖，就有了关乎国家命运的南北两根海上生命线，就必须考虑中国是否同时有保护南北航线的能力，保护诸多海外利益的能力。目前中国的海军实力虽有了长足的进步，拥有了1艘供训练使用的航母，尚未形成一个整建制的航母战斗群。这样的实力与美国的10艘航母战斗群相比，与俄罗斯的核潜艇相比，都存在着明显的差距。同时，日本具有很强的反潜能力。俄罗斯、日本、韩国又占据着地利。假设某国或某国及其盟友在南海和东北航线同时切断中国的海上生命线（即双切断），中国能够同时保卫两条生命线不被切断么？或者说能够双双突破南北两方面的海上封锁（即双突破）。以目前中国的海军实力，这种估计可能是悲观的。

东北航线具备一定的经济利益，但是使用东北航线的成本大多具有外部性——国防就是最大的外部性成本，必须由国家来承担。按照海权的商业理性思维，衡量收益是一个国家成为现代化国家应该具备的本能。国家为了一个可能的航道、一个不是主流的石油进口区域，却要付出如此大的成本来保证南北两个航道的畅通。而此成本主要来自国家财政收入，即税收。在国家税收保持稳定的情况下，为了增加海军支出，并将牺牲其他方面的支出。而国家建设的支出减少也可能引起其他国内问题。因此，北极问题越热，我们越要理性考虑中国的利益目标、保障利益的能力和最佳方式。成为北极理事会观察员国，只是中国在北极事务上的一个里程碑，不可大喜过望，也不可过分高估中国近几年的实力增长。

三、东北航道在中国国家战略中的地位

中国在北极还有很长的路要走，要尽量避免对国家不利的观点成为国内外的热点和发展趋势，才符合中国的国家利益，达到欲望和能力的平衡。

中国首先要从国家战略的角度对北极航线进行定位，判定这到底是一条备用航线还是常态航线。在这一点上，作者认为我们不能为了摆脱某些依赖，而创造出新的依赖；不能为了一个困局，而人为生成两个困局。

如果东北航线对国家战略或地缘政治格局的负面影响太大，中国就不能为了10%的利益、用巨大的成本主张开通东北航线，反倒应该尽量避免东北航线的开通，同时也尽量避免各大国在北极获取利益。中国可以通过环境保护等方面的诉求，成为北极圈各国的平衡角色，力主北极非军事化、非商业化，从一个做生意的生意人转变成为北极治理的一个主体，避免北极地区出现一家独大的局面。中国成为北极理事会观察员，一方面可

以维护为北极的环境保护、科学考察、航道、资源开发多做贡献，另一方面也可尽力维护国家在北极的利益，更重要的是作为一个负责任大国，要推动全球公共利益，避免北极军事化。这也是中国融入国际体系，维护国际秩序的好机会。

其次，中国要协调好东北航道、亚欧大陆桥、南海之间的关系。中国近日提出多项战略和政策，设立三沙市、填海建岛，强化中国在南海的军事存在；以亚欧大陆桥、上合组织为基础建立欧亚经济带；大力发展一带一路经济带。这多项战略间关系着国防力量的转型和发展，因此在军事上还是要分清主次。而东北航道应该作为备用航线，不到万不得已绝不使用，才是最符合中国利益的做法。

四、结论

东北航道的开通能够缩短国内一部分港口到欧洲的距离、能够利用北极地区的石油矿产资源和渔业资源，从而具有客观的经济效益；但是航道开通的代价是巨大的。除了科研能力、航运能力之外，从军事和地缘政治的角度来看，东北航道对中国弊大于利，大大降低了中国的战略地位。中国将一根海上生命线交给了日本、俄罗斯、美国和其他沿途的小国。沿途国家均可以切断东北航道或威胁切断为手段，制约中国；而中国目前的海军实力尚不能兼顾南北。因此，东北航道在现有格局下实在不适宜开通，中国不仅不应该投注过多的热情，而且要避免他国投注过多的热情。或者，中国应该力主北极非军事化，最好能牵头确立北极非军事化的条约，取得国际共识。然后在北极非军事化的框架下，一方面在北极地区开展经贸活动，避免过多军事投入；另一方面全力维护南海的和平稳定。只有先安北方，中国的南方才有活动的能力和空间。

Analysis on the Pros and Cons of the Opening Northeast Passage

ZHAO Yadan

Abstract：Because of global warming, the arctic channel will have the ability to seasonal traffic. The Northeast Passage will presumably shorten the transportation distance between China and Europe, especially the Nordic Countries and Russia, thus it has some certain commercial prospects. In addition to shorten the distance, the opening of the Northeast Passage will stimulate the progress of Chinese technology and manufacturing, and ease the Malacca Strait dilemma. In order to ensure the smooth passage, China need to pay a heavy price, spending enormous tax revenue at the same time to protect the double ocean channels defense capability, reduced military strategic position, etc. Therefore, this paper argues that, with the arctic routes opened, China must weigh the benefits and costs, choosing suitable strategy to deal with, and not blindly emphasizing the national interests.

Keywords：The arctic waterways, The Northeast Passage, oil development, Military security

作者简介：赵雅丹，女，1981 年生，上海政法学院国际事务与公共管理学院讲师，博士。多年从事国防政策、海军史的相关研究，目前集中于海军的战略发展和海权理论的研究。多篇论文发表于《国际观察》《上海大学学报》《华东师范大学学报》《军事历史研究》《国家航海》等刊物，出版过著作 1 部，先后参与或主持过《加拿大北极安全事务研究》《加拿大北极政策与中加合作开发北极资源研究》《郑氏集团海洋文明特性的研究》等课题。

《筹海文集》约稿函

《筹海文集》系借用上海市社会科学界联合会"学术茶社"平台而自发组织成立"筹海"项目的系列成果之一。"筹海"项目旨在汇聚多学科和多领域的各类人才，尤其是青年人才，从多视角对世界重要国家的海洋战略性问题进行系统而全面的研究，为中国建设海洋强国提供学术支撑和经验借鉴，由上海社会科学院创新工程特色人才金永明研究员策划和组织，并由中国太平洋学会、中国海洋发展研究会提供支持、资助，中国国际经济交流中心上海分中心提供赞助，海洋出版社出版的不定期系列学术文集。

"筹海"源于 1562 年郑若曾撰、胡宗宪主持出版的《筹海图编》。《筹海图编》是记载着早在明代就把钓鱼岛列屿划入中国行政管制区域的官方文书，对维护我国在东海的海洋权益具有重要的价值和作用。而《筹海文集》的英文翻译"AD Mare"，来自拉丁语，意为"向海"、"至海"之意，也即"经略海洋"、"谋划海洋"之意。

《筹海文集》主要刊载近年来全国知名专家学者研究海洋战略问题的代表性学术研究成果。它们既包括已经公开出版的作品，也欢迎未公开出版的学术论文。为做好这些工作，《筹海文集》编辑部热诚邀请各单位和机构的专家学者投稿，以支持我们的这项工作，并为推进我国海洋强国战略进程，包括进一步提升国民海洋意识、提升海洋战略问题研究水平贡献力量。

《筹海文集》编辑部主要由上海各高校和科研单位的人员组成，编辑部将在收到各位专家学者的论文后，进行学科分类和规范性的编辑，以完成《筹海文集》的出版工作，所以《筹海文集》是大家合作支持、交流互鉴的学术作品和产物。考虑到人力和财力等方面的因素，目前在《筹海文集》上刊载的论文原则上不支付稿费，仅提供《筹海文集》出版物，但作者可优先参加"筹海"项目的系列活动，如"筹海论坛"、"筹海茶社"、"筹海沙龙"等。我们恳望各位专家学者海涵与理解！

《筹海文集》（第三卷）自 2016 年 10 月起征稿，论文体例和格式参见《筹海文集》（第一卷、第二卷），论文投递专用邮箱为：chxrzyd2014@126.com.

您的支持和参与是我们做好"筹海"项目包括《筹海文集》系列作品的重要前提和必要保障。谢谢您的大力支持！

特此约稿！

《筹海文集》编辑部

2015 年 12 月 28 日

后 记

经过一年多的努力，《筹海文集》（第二卷）终于和大家见面了。这是以金永明教授为首的"筹海学人"团队奉献给海洋问题研究者和爱好者的第二份礼物，是"筹海学人"的集体成果。

"筹海"一词，取自明代抗倭名将胡宗宪、郑若曾等所著《筹海图编》一书，意为"筹划海洋、经略海洋"。晚近以来，中国人对海洋的认识进一步加深。特别是冷战结束后迄今，一方面，我国的现代化事业对海洋资源和海上通道的依赖大幅提高；另一方面，我国的海洋权益再次面临严峻挑战。上海社会科学院法学研究所海洋法专家金永明教授登高一呼，应者云集，"筹海学人"团队迅速集结。这是一个以上海地区高校和研究机构的中青年涉海研究学者为主体、以部分外地和海外学者为支撑的学术共同体，其成员主要来自国际法、国际政治、两岸关系、历史、军事等学科，也有来自实务部门的一线工作者。在上海市社会科学界联合会的支持下，我们定期、不定期地举办"筹海茶社"，一般是围绕某个特定的涉海问题进行不同学科之间的脑力激荡，在充分交流的基础上产生新知识与新思路。同时，我们特别关注海内外在涉海研究方面的新动向。《筹海文集》就是"筹海学人"结合自身和海内外其他学者的研究成果，汇集而成的学术大餐。

由于格外注重成果的创新性和时效性，我们对每篇来稿——不管是否曾经公开发表过——都会重新进行校对和编辑。《筹海文集》（第二卷）共三十六篇、将七十余万字的编辑，必然是一项繁重的工作。为此，我们分工合作，齐头并进，终于在预定的时间内完成了校对和编辑工作。作为本卷的执行主编，我在此向大家表示衷心的感谢！本文集的具体分工如下：金永明负责编辑以下作者的文章：王可菊、郑海麟、张晏瑲、贾宇/张小奕、金永明；张晓东负责编辑以下作者的文章：张晓东、胡波、何奇松、沈瑞英；沈洋负责编辑以下作者的文章：沈洋、倪乐雄、刘中民、李若愚、鞠海龙；王伟男负责编辑以下作者的文章：王伟男、李理、尹丹

阳、冯艳军、宋云霞；刘丹负责编辑以下作者的文章：刘丹、何笑青、桂
静、张丽娜、罗欢欣；章骞负责编辑以下作者的文章：章骞、黄瑶、刘
江永；南琳负责编辑以下作者的文章：张良福、邢广梅、郭渊及英文题
名；赵雅丹负责编辑以下作者的文章：李亚强、李家成、李普前、李金
明；张磊负责编辑以下作者的文章：张磊、张卫彬、王军敏、刘阿明；程
保志负责编辑以下作者的文章：程保志、赵雅丹、吴雪明；陈玲承担"前
言"的翻译工作。

此外，金永明对全部文章进行总体规划和最终统稿。王伟男负责编辑
任务的分工、编辑后稿件的汇总及排版格式的统一等工作。

最后，我们要向各位读者表示感谢！你们的关注是我们工作的重要动
力。若有任何意见或建议，敬请联系我们。我们的专用邮箱是：
chxrzyd2014@ 126. com。

《筹海文集》（第二卷）的出版，得到了中国太平洋学会、中国海洋
发展研究会、中国国际经济交流中心上海分中心的指导和帮助，也得到了
海洋出版社的大力支持，尤其感谢海洋出版社编辑鹿源先生的辛勤工作！

在本书即将付梓之际，传来章骞先生病逝的噩耗。章先生是国内知名
的海军史学者，也是筹海团队的骨干成员之一。他的逝去，是我国海洋研
究学界的一大损失，更是筹海团队的一大损失。在此，我们祈愿，逝者安
息，生者坚强。筹海团队将以更加扎实的研究业绩告慰章先生的在天
之灵。

《筹海文集》编辑部

王伟男（签字）

2015 年 9 月 28 日·上海临港滴水湖畔